Dictionnaire
Italien – Français
Français – Italien

Dizionario
Francese – Italiano
Italiano – Francese

Berlitz Publishing / APA Publications GmbH & Co.
Verlag KG, Singapore Branch, Singapore

Berlitz Dictionaries

Dansk	Engelsk, Fransk, Italiensk, Spansk, Tysk
Deutsch	Dänisch, Englisch, Finnisch, Französisch, Italienisch, Niederländisch, Norwegisch, Portugiesisch, Schwedish, Spanisch
English	Danish, Dutch, Finnish, French, German, Italian, Norwegian, Portuguese, Spanish, Swedish, Turkish
Español	Alemán, Danés, Finlandés, Francés, Holandés, Inglés, Noruego, Sueco
Français	Allemand, Anglais, Danois, Espagnol, Finnois, Italien, Néerlandais, Norvégien, Portugais, Suédois
Italiano	Danese, Finlandese, Francese, Inglese, Norvegese, Olandese, Svedese, Tedesco
Nederlands	Duits, Engels, Frans, Italiaans, Portugees, Spaans
Norsk	Engelsk, Fransk, Italiensk, Spansk, Tysk
Português	Alemão, Francês, Holandês, Inglês, Sueco
Suomi	Englanti, Espanja, Italia, Ranska, Ruotsi, Saksa
Svenska	Engelska, Finska, Franska, Italienska, Portugisiska, Spanska, Tyska

Dictionnaire
Italien - Français

Dizionario
Francese - Italiano

Photo de couverture: © ID Image Direkt CD-ROM GmbH,
Germany

ISBN 981-246-634-7

Imprimé à Singapour par Insight Print Services (Pte) Ltd.,
juin 2004.

Table des matières   # Indice

Préface

En choisissant 12 500 mots-concepts dans chacune des langues de ce dictionnaire, nos rédacteurs se sont souciés des besoins essentiels du voyageur. Cet ouvrage s'avérera indispensable aux millions de touristes, globe-trotters, hommes ou femmes d'affaires qui apprécient l'appoint qu'apporte un dictionnaire pratique et de format réduit. Il leur offre, ainsi qu'aux débutants et aux étudiants, tout le vocabulaire qu'ils seront amenés à rencontrer et à utiliser; il leur propose des mots-clés et des expressions leur permettant de faire face aux situations courantes.

A l'instar de nos manuels de conversation et de nos guides de voyage déjà fort appréciés, nos dictionnaires – réalisés grâce à une banque de données sur ordinateur – sont conçus pour se glisser dans une poche ou dans un sac, assumant ainsi leur rôle de compagnons à tout moment.

Outre tous les éléments contenus dans n'importe quel dictionnaire, nos ouvrages proposent:

● une transcription phonétique à côté de chaque entrée afin d'en faciliter la lecture, apport non négligeable lorsque le mot étranger semble à priori imprononçable

● un lexique pratique visant à simplifier la lecture du menu dans un restaurant et révélant tous les mystères de plats jusqu'alors inconnus

● des informations précieuses sur la façon d'exprimer le temps, de compter, sur les verbes irréguliers, sur les abréviations courantes, en plus des expressions usuelles.

Aucun dictionnaire de ce format ne peut prétendre être exhaustif, mais le but de cet ouvrage est de permettre à son utilisateur d'affronter avec confiance un voyage à l'étranger. Nous n'en serions pas moins très heureux de recevoir de nos lecteurs tous commentaires, critiques et suggestions qui nous permettraient de compléter nos futures rééditions.

Prefazione

Selezionando le 12.500 parole-concetti in ogni lingua di questo dizionario, i nostri redattori hanno tenuto conto innanzitutto delle necessità di chi viaggia. Questo libro si rivelerà prezioso per i milioni di turisti, viaggiatori, uomini d'affari che apprezzano il contributo che può dare un dizionario pratico e di formato ridotto. Di grande utilità sarà anche per i principianti e gli studenti, perchè contiene tutti i vocaboli di base che sentiranno e dovranno usare, oltre a parole-chiave ed espressioni che permettono di affrontare situazioni correnti.

Come i nostri manuali di conversazione e le nostre guide turistiche, già molto apprezzate, questi dizionari – realizzati grazie a una banca dei dati su ordinatore – hanno la dimensione giusta per scivolare in una tasca o in una borsetta, diventando così i compagni indispensabili di ogni momento.

Oltre a tutto quanto si trova normalmente in un dizionario, i nostri volumetti contengono:

● una trascrizione fonetica accanto a ogni lemma, al fine di facilitarne la lettura; ciò si rivela particolarmente utile per quelle parole che sembrano impronunciabili
● un pratico lessico gastronomico, inteso a semplificare la lettura del menù in un ristorante straniero e a svelare i misteri di pietanze complicate e di nomi indecifrabili sui conti
● preziose informazioni sul modo di esprimere il tempo, di contare, sui verbi irregolari, sulle abbreviazioni e le conversioni nel sistema metrico, oltre alle espressioni più correnti.

Nessun dizionario di questo formato può pretendere di essere completo, ma il suo scopo è di permettere a chi lo usa di affrontare con fiducia un viaggio all'estero. Naturalmente saremo lieti di ricevere commenti, critiche e suggerimenti che potrebbero essere di aiuto nella preparazione di future edizioni.

italien-français

italiano-francese

Introduction

Ce dictionnaire a été conçu dans un but pratique. Vous n'y trouverez donc pas d'information linguistique inutile. Les adresses sont classées par ordre alphabétique, sans tenir compte du fait qu'un mot peut être simple ou composé, avec ou sans trait d'union. Seule exception à cette règle: quelques expressions idiomatiques qui ont été classées en fonction du terme le plus significatif.

Lorsqu'une adresse est suivie d'adresses secondaires (p. ex. expressions usuelles ou locutions), ces dernières sont également rangées par ordre alphabétique sous l'adresse principale.

Chaque mot souche est suivi d'une transcription phonétique (voir le Guide de prononciation) et, s'il y a lieu, de l'indication de la catégorie grammaticale (substantif, verbe, adjectif, etc.). Lorsqu'un mot souche peut avoir plusieurs catégories grammaticales, les traductions qui s'y réfèrent sont groupées derrière chacune d'elles.

Les pluriels irréguliers des substantifs sont indiqués entre parenthèses après l'indication de la catégorie grammaticale.

Pour éviter toute répétition, nous avons utilisé un tilde (~) en lieu et place de l'adresse principale.

Un astérisque (*) signale les verbes irréguliers. Pour plus de détails, consulter la liste de ces verbes.

Abréviations

adj	adjectif	*mpl*	masculin pluriel
adv	adverbe	*num*	numéral
art	article	*pl*	pluriel
conj	conjonction	*pref*	préfixe
f	féminin	*prep*	préposition
fpl	féminin pluriel	*pron*	pronom
m	masculin	*v*	verbe

Guide de prononciation

Chaque article de cette partie du dictionnaire est accompagné d'une transcription phonétique qui vous indique la prononciation des mots. Vous la lirez comme si chaque lettre ou groupe de lettres avait la même valeur qu'en français. Au-dessous figurent uniquement les lettres et les symboles ambigus ou particulièrement difficiles à comprendre. *Toutes* les consonnes, y compris celles placées à la fin d'une syllabe ou d'un mot, doivent être prononcées.

Les traits d'union séparent chaque syllabe. Celles que l'on doit accentuer sont imprimées en *italique*.

Les sons de deux langues ne coïncident jamais parfaitement; mais si vous suivez soigneusement nos indications, vous pourrez prononcer les mots étrangers de façon à vous faire comprendre. Pour faciliter votre tâche, nos transcriptions simplifient parfois légèrement le système phonétique de la langue, mais elles reflètent néanmoins les différences de son essentielles.

Consonnes

gh comme **g** dans **g**ai

l^y comme **lli** dans a**lli**é

ng/nng comme dans campi**ng**; ou comme le dernier son de pai**n** prononcé avec l'accent du Midi

r roulé comme dans le Midi

s toujours comme dans **s**i

y toujours comme dans **y**eux

Voyelles et diphtongues

1) Les voyelles longues sont indiquées par un dédoublement (p. ex. **oo**) ou par un accent circonflexe (p. ex. **oû**).

2) Nos transcriptions comprenant un **ï** doivent être lues comme des diphtongues; le **ï** ne doit pas être séparé de la voyelle qui le précède (comme dans tr**ahi**), mais doit se fondre dans celle-ci (comme dans **ai**l).

3) Les lettres imprimées en petits caractères et dans une position surélevée doivent être prononcées d'une façon assez faible et rapide (p.ex. ^{ou}**a**, **é**^{ou}).

A

a (a) *prep* à

abbagliante (ab-ba-*lᵞann*-té) *adj* éblouissant

abbagliare (ab-ba-*lᵞââ*-ré) *v* aveugler

abbaiare (ab-ba-*yââ*-ré) *v* aboyer

abbandonare (ab-bann-dô-*nââ*-ré) *v* abandonner

abbassare (ab-bass-*sââ*-ré) *v* baisser

abbastanza (ab-ba-*stann*-tsa) *adv* assez; plutôt, passablement

abbattere (ab-*bat*-té-ré) *v* *abattre; décourager

abbattuto (ab-ba-*toú*-tô) *adj* déprimé

abbigliamento sportivo (ab-bi-*lᵞa-mén*-tô spôr-*tii*-vô) vêtements de sport

abbigliare (ab-bi-*lᵞââ*-ré) *v* *vêtir

abbonamento (ab-bô-na-*mén*-tô) *m* abonnement *m*; carte d'abonnement

abbonato (ab-bô-*nââ*-tô) *m* abonné *m*

abbondante (ab-bôn-*dann*-té) *adj* abondant

abbondanza (ab-bôn-*dann*-tsa) *f* abondance *f*

abbottonare (ab-bôt-tô-*nââ*-ré) *v* boutonner

abbozzare (ab-bôt-*tsââ*-ré) *v* esquisser

abbracciare (ab-brat-*tchââ*-ré) *v* *étreindre

abbraccio (ab-*brat*-tchô) *m* enlacement *m*, étreinte *f*

abbreviazione (ab-bré-vya-*tsyôô*-né) *f* abréviation *f*

abbronzato (ab-brôn-*dzââ*-tô) *adj* hâlé

abbronzatura (ab-brôn-dza-*toú*-ra) *f* coup de soleil

aberrazione (a-bér-ra-*tsyôô*-né) *f* aberration *f*

abete (a-*béé*-té) *m* conifère *m*, sapin *m*

abile (*ââ*-bi-lé) *adj* capable; habile

abilità (a-bi-li-*ta*) *f* compétence *f*, capacité *f*; habileté *f*

abilitare (a-bi-li-*tââ*-ré) *v* *permettre

abisso (a-*biss*-sô) *m* abîme *m*

abitabile (a-bi-*tââ*-bi-lé) *adj* habitable

abitante (a-bi-*tann*-té) *m* habitant *m*

abitare (a-bi-*tââ*-ré) *v* habiter; résider

abitazione (a-bi-ta-*tsyôô*-né) *f* habitation *f*; demeure *f*

abito (*ââ*-bi-tô) *m* robe *f*; costume *m*; ~ **da sera** tenue de soirée; ~ **femminile** robe *f*

abituale (a-bi-*tᵒᵘââ*-lé) *adj* habituel, ordinaire

abitualmente (a-bi-tᵒᵘal-*mén*-té) *adv* habituellement

abituare (a-bi-*tᵒᵘââ*-ré) *v* familiariser; **abituato** accoutumé, habitué

abitudine (a-bi-*toú*-di-né) *f* habitude *f*; routine *f*

abolire (a-bô-*lii*-ré) *v* abolir

aborto (a-*bor*-tô) *m* fausse couche ; avortement *m*

abramide (a-bra-*mii*-dé) *m* brème *f*

abuso (a-*boú*-zô) *m* abus *m*

accademia (ak-ka-*dèè*-mya) *f* académie *f*

*accadere (ak-ka-*déé*-ré) *v* *survenir, se *produire

accamparsi (ak-kamm-*par*-si) *v* camper

accanto (ak-*kann*-tô) *adv* à côté ; ~ **a** à côté de

accappatoio (ak-kap-pa-*tôô*-yô) *m* peignoir *m*

accelerare (at-tché-lé-*râà*-ré) *v* accélérer

accelerato (at-tché-lé-*râà*-tô) *m* omnibus *m*

acceleratore (at-tché-lé-ra-*tôô*-ré) *m* accélérateur *m*

*accendere (at-*tchèn*-dé-ré) *v* allumer

accendino (at-tchén-*dii*-nô) *m* briquet *m*

accennare (at-tchén-*nâà*-ré) *v* *faire signe ; ~ **a** *faire allusion à

accensione (at-tchén-*syôô*-né) *f* allumage *m* ; contact *m* ; **bobina di ~** bobine d'allumage

accento (at-*tchèn*-tô) *m* accent *m*

accerchiare (at-tchér-*kyâà*-ré) *v* encercler

accertare (at-tchér-*tâà*-ré) *v* s'assurer de

accessibile (at-tchéss-*sii*-bi-lé) *adj* accessible

accesso (at-*tchèss*-sô) *m* accès *m*

accessori (at-tchéss-*sôô*-ri) *mpl* accessoires *mpl*

accessorio (at-tchéss-*sôô*-ryô) *adj* accessoire

accettare (at-tchét-*tâà*-ré) *v* accepter

acchiappare (ak-kyap-*pââ*-ré) *v* attraper

acciaio (at-*tchââ*-yô) *m* acier *m* ; ~ **inossidabile** acier inoxydable

accidentato (at-tchi-dén-*tââ*-tô) *adj* cahoteux

acciuga (at-*tchoú*-gha) *f* anchois *m*

acclamare (ak-kla-*mâà*-ré) *v* acclamer

*accludere (ak-*kloú*-dé-ré) *v* *inclure

accoglienza (ak-kô-*lyèn*-tsa) *f* accueil *m*

*accogliere (ak-*koo*-*lyé*-ré) *v* *accueillir ; accepter

accomodamento (ak-kô-mô-da-*mén*-tô) *m* règlement *m*

accompagnare (ak-kôm-pa-*gnââ*-ré) *v* accompagner ; *conduire

acconciatura (ak-kôn-tcha-*toú*-ra) *f* coiffure *f*

acconsentire (ak-kôn-sén-*tii*-ré) *v* approuver

accontentato (ak-kôn-tén-*tââ*-tô) *adj* satisfait

acconto (ak-*kôn*-tô) *m* acompte *m*

accordare (ak-kôr-*dââ*-ré) *v* accorder ; **accordarsi** *v* *être d'accord

accordo (ak-*kor*-dô) *m* accord *m* ; transaction *f* ; **d'accordo!** d'accord !

*accorgersi di (ak-*kor*-djér-si) noter

*accorrere (ak-*kôr*-ré-ré) *v* *accourir

accreditare (ak-kré-di-*tââ*-ré) *v* créditer

*accrescersi (ak-krésh-*chér*-si) *v* *croître

accudire a (ak-kou-*dii*-ré) s'occuper de

accumulatore (ak-kou-mou-la-*tôô*-ré) *m* accumulateur *m*

accurato (ak-kou-*râà*-tô) *adj* attentif, précis ; soigné

accusa (ak-*koú*-za) *f* accusation *f*

accusare (ak-kou-*zââ*-ré) *v* accuser

accusato (ak-kou-*zââ*-tô) *m* prévenu *m*

acero (a-*tché*-rô) *m* érable *m*

aceto (a-*tché*-tô) *m* vinaigre *m*

acido (a-*tchii*-dô) *m* acide *m*

acne (*ak*-né) f acné f

acqua (*ak*-k°ua) f eau f; ~ **corrente** eau courante; ~ **dentifricia** eau dentifrice; ~ **di mare** eau de mer; ~ **di seltz** eau de Seltz, eau gazeuse; ~ **dolce** eau douce; ~ **ghiacciata** eau glacée; ~ **minerale** eau minérale; ~ **ossigenata** m eau oxygénée; ~ **potabile** eau potable

acquaforte (ak-k°ua-*for*-té) f eau-forte f

acquazzone (ak-k°uat-*tsôô*-né) m averse f

acquerello (ak-k°ué-*rèl*-lô) m couleur à l'eau; aquarelle f

acquisizione (ak-koui-zi-*tsyôô*-né) f acquisition f

acquistare (ak-koui-*stââ*-ré) v *acquérir

acquisto (ak-*koui*-stô) m achat m

acuto (a-*koû*-tô) adj aigu

adattare (a-dat-*tââ*-ré) v adapter; ajuster, adapter à

adattatore (a-*dat*-ta-tô-ré) m adaptateur m

adatto (a-*dat*-tô) adj adéquat, approprié, convenable; juste

addestramento (ad-dé-stra-*mén*-tô) m entraînement m

addestrare (ad-dé-*strââ*-ré) v former, entraîner

addio (ad-*dii*-ô) m adieu m

***addirsi** (ad-*dir*-si) v bien *aller; *être qualifié

additare (ad-di-*tââ*-ré) v montrer du doigt

addizionare (ad-di-tsyô-*nââ*-ré) v additionner

addizione (ad-di-*tsyôô*-né) f addition f

addolcitore (ad-dôl-tchi-*tôô*-ré) m adoucisseur d'eau

addomesticare (ad-dô-mé-sti-*kââ*-ré) v apprivoiser

addormentato (ad-dôr-mén-*tââ*-tô) adj endormi

adeguato (a-dé-*gh°uââ*-tô) adj adéquat; qui convient

adempiere (a-*dèm*-pyé-ré) v accomplir

adempimento (a-dém-pi-*mén*-tô) m performance f

adesso (a-*dèss*-sô) adv à l'heure actuelle

adiacente (a-dya-*tchèn*-té) adj avoisinant

adolescente (a-dô-léch-*chèn*-té) m adolescent m

adoperare (a-dô-pé-*rââ*-ré) v employer

adorabile (a-dô-*rââ*-bi-lé) adj adorable

adottare (a-dôt-*tââ*-ré) v adopter; emprunter

adulto (a-*doul*-tô) adj adulte; m adulte m

aerare (aé-*rââ*-ré) v aérer

aerazione (aé-ra-*tsyôô*-né) f aération f

aereo (a-*èè*-ré-ô) m avion m, appareil m; ~ **a reazione** turboréacteur m

aerodromo (aé-*ro*-dro-mô) m terrain d'aviation

aeroplano (aé-rô-*plââ*-nô) m avion m

aeroporto (aé-rô-*por*-tô) m aéroport m

affabile (af-*fââ*-bi-lé) adj gentil

affacciarsi (af-fat-*tchar*-si) v se montrer

affamato (af-fa-*mââ*-tô) adj affamé

affare (af-*fââ*-ré) m affaire f; bonne affaire; **affari** affaires fpl; *fare affari con *faire des affaires avec; **per affari** pour affaires

affascinante (af-fach-chi-*nann*-té) adj enchanteur, charmant, splendide, séduisant

affascinare (af-fach-chi-*nââ*-ré) v fasciner

affastellare (af-fa-stél-*lââ*-ré) v lier ensemble

affaticato (af-fa-ti-*kââ*-tô) adj las, fatigué

affatto (af-*fat*-tô) *adv* du tout

affermare (af-fér-*mââ*-ré) *v* déclarer

affermativo (af-fér-ma-*tii*-vô) *adj* affirmatif

afferrare (af-fér-*rââ*-ré) *v* saisir; *comprendre

affettato (af-fét-*tââ*-tô) *adj* affecté

affetto (af-*fèt*-tô) *m* affection *f*

affettuoso (af-fét-*t*ᵒᵘ*ôô*-sô) *adj* affectueux

affezionato a (af-fé-tsyô-*nââ*-tô a) attaché à

affezione (af-fé-*tsyôô*-né) *f* affection *f*

affidare (af-fi-*dââ*-ré) *v* *remettre

affilare (af-fi-*lââ*-ré) *v* affiler, aiguiser

affilato (af-fi-*lââ*-tô) *adj* aigu

affinché (af-finng-*ké*) *conj* pour que

affisso (af-*fiss*-sô) *m* affiche *f*

affittacamere (af-fit-ta-*kââ*-mé-ré) *m* logeur *m*; *f* logeuse *f*

affittare (af-fit-*tââ*-ré) *v* louer

affitto (af-*fit*-tô) *m* loyer *m*; *dare in ~ louer; *prendere in ~ louer

*affliggersi** (af-flid-*djér*-si) *v* *avoir de la peine

afflitto (af-*flit*-tô) *adj* affligé

afflizione (af-fli-*tsyôô*-né) *f* affliction *f*

affogare (af-fô-*ghââ*-ré) *v* noyer; **affogarsi** *v* se noyer

affollato (af-fôl-*lââ*-tô) *adj* animé, bondé

affondare (af-fôn-*dââ*-ré) *v* s'enfoncer

affrancare (af-franng-*kââ*-ré) *v* affranchir

affrancatura (af-franng-ka-*toû*-ra) *f* port *m*

affrettarsi (af-frét-*tar*-si) *v* se presser, se hâter

affrontare (af-frôn-*tââ*-ré) *v* aborder, affronter

Africa (*ââ*-fri-ka) *f* Afrique *f*; **Africa del Sud** Afrique du Sud

africano (a-fri-*kââ*-nô) *adj* africain; *m* Africain *m*

agenda (a-*djèn*-da) *f* agenda *m*; ordre du jour

agente (a-*djèn*-té) *m* agent de police; agent *m*; ~ **di viaggio** agent de voyages; ~ **immobiliare** agent immobilier

agenzia (a-djén-*tsii*-a) *f* agence *f*; ~ **viaggi** bureau de voyages

agevolazione (a-djé-vô-la-*tsyôô*-né) *f* facilité *f*

aggeggio (ad-*djéd*-djô) *m* gadget *m*

aggettivo (ad-djét-*tii*-vô) *m* adjectif *m*

aggiudicare (ad-djou-di-*kââ*-ré) *v* décerner

*aggiungere** (ad-*djoun*-djé-ré) *v* ajouter

aggiunta (ad-*djoun*-ta) *f* addition *f*; in ~ **a** outre

aggiustamento (ad-djou-sta-*mén*-tô) *m* arrangement *m*

aggredire (agh-ghré-*dii*-ré) *v* violer

aggressivo (agh-ghréss-*sii*-vô) *adj* agressif

agiato (a-*djââ*-tô) *adj* aisé

agile (a-dji-lé) *adj* souple

agio (*ââ*-djô) *m* bien-être *m*, aise *f*

agire (a-*djii*-ré) *v* agir; opérer

agitare (a-dji-*tââ*-ré) *v* secouer

agitazione (a-dji-ta-*tsyôô*-né) *f* agitation *f*

aglio (*ââ*-lᴵʸô) *m* ail *m*

agnello (a-*gnèl*-lô) *m* agneau *m*

ago (*ââ*-ghô) *m* aiguille *f*

agosto (a-*ghô*-stô) août

agricolo (a-*ghrii*-kô-lô) *adj* agraire

agricoltura (a-ghri-kôl-*toû*-ra) *f* agriculture *f*

agro (*ââ*-ghrô) *adj* aigre

aguzzo (a-*ghout*-tsô) *adj* aigu

aiola (aï-*oo*-la) *f* plate-bande *f*

airone (aï-*rôô*-né) *m* héron *m*

aiutante (a-you-*tann*-té) *m* aide *m*

aiutare (a-you-*tââ*-ré) *v* aider

aiuto (a-*you*-tô) *m* secours *m*, aide *f*; soutien *m*

ala (*ââ*-la) *f* aile *f*

alba (*al*-ba) *f* aube *f*

albergatore (al-bér-gha-*tôô*-ré) *m* aubergiste *m*

albergo (al-*bèr*-ghô) *m* hôtel *m*

albero (*al*-bé-rô) *m* arbre *m*; mât *m*; ~ **a camme** arbre à cames; ~ **a gomiti** vilebrequin *m*

albicocca (al-bi-*kok*-ka) *f* abricot *m*

album (*al*-boum) *m* album *m*; ~ **da disegno** cahier de croquis; ~ **per ritagli** album de collage

alce (*al*-tché) *m* élan *m*

alcool (*al*-kô-ôl) *m* alcool *m*; ~ **metilico** alcool à brûler

alcoolico (al-*koo*-li-kô) *adj* alcoolique

alcuno (al-*koû*-nô) *adj* n'importe quel; **alcuni** *adj* quelques; *pron* certains

alfabeto (al-fa-*bèè*-tô) *m* alphabet *m*

algebra (*al*-djé-bra) *f* algèbre *f*

Algeria (al-djé-*rii*-a) *f* Algérie *f*

algerino (al-djé-*rii*-nô) *adj* algérien; *m* Algérien *m*

aliante (a-*lyann*-té) *m* planeur *m*

alimentari (a-li-mén-*tââ*-ri) *mpl* articles d'épicerie, aliments *mpl*

alimento (a-li-*mén*-tô) *m* aliment *m*; **alimenti** pension alimentaire

allacciare (al-lat-*tchââ*-ré) *v* attacher

allargare (al-lar-*ghââ*-ré) *v* élargir; agrandir; déployer

allarmante (al-lar-*mann*-té) *adj* inquiétant

allarmare (al-lar-*mââ*-ré) *v* alarmer

allarme (al-*lar*-mé) *m* alerte *f*; ~ **d'incendio** alarme d'incendie

allattare (al-lat-*tââ*-ré) *v* allaiter

alleanza (al-lé-*ann*-tsa) *f* alliance *f*

alleato (al-lé-*ââ*-tô) *m* allié *m*; **Alleati** Alliés

allegare (al-lé-*ghââ*-ré) *v* *joindre

allegato (al-lé-*ghââ*-tô) *m* annexe *f*, pièce jointe

allegria (al-lé-*ghrii*-a) *f* gaîté *f*

allegro (al-*léé*-ghrô) *adj* joyeux, content, gai

allenatore (al-lé-na-*tôô*-ré) *m* entraîneur *m*

allergia (al-lér-*djii*-a) *f* allergie *f*

allevare (al-lé-*vââ*-ré) *v* élever

allibrare (al-li-*brââ*-ré) *v* enregistrer

allievo (al-*lyèè*-vô) *m* élève *m*

allodola (al-*loo*-dô-la) *f* alouette *f*

alloggiare (al-lôd-*djââ*-ré) *v* loger

alloggio (al-*lod*-djô) *m* logement *m*; appartement *m*; ~ **e colazione** chambre et petit déjeuner

allontanare (al-lôn-ta-*nââ*-ré) *v* enlever; **allontanarsi** s'éloigner; s'écarter

allora (al-*lôô*-ra) *adv* alors; **da** ~ depuis

allungare (al-loung-*ghââ*-ré) *v* allonger

almanacco (al-ma-*nak*-kô) *m* almanach *m*

almeno (al-*méé*-nô) *adv* au moins

alpinismo (al-pi-*ni*-zmô) *m* alpinisme *m*

alquanto (al-*k*^{ou}*ann*-tô) *adv* assez, passablement; quelque peu

alt! (alt) stop!

altalena (al-ta-*léé*-na) *f* balançoire *f*

altare (al-*tââ*-ré) *m* autel *m*

alternativa (al-tér-na-*tii*-va) *f* alternative *f*

alternato (al-tér-*nââ*-tô) *adj* alternatif

altezza (al-*tét*-tsa) *f* hauteur *f*

altezzoso (al-tét-*tsôô*-sô) *adj* hautain

altitudine (al-ti-*toû*-di-né) *f* altitude *f*

alto (*al*-tô) *adj* haut; grand; fort

altoparlante (al-tô-par-*lann*-té) *m* haut-parleur *m*

altopiano (al-tô-*pyââ*-nô) *m* (pl altipiani) plateau *m*, hautes terres

altrettanto (al-trét-*tann*-tô) *adv* autant

altrimenti (al-tri-*mén*-ti) *adv* autrement ; *conj* sinon

altro (*al*-trô) *adj* autre ; **l'un l'altro** l'un l'autre ; **l'uno o l'altro** l'un ou l'autre ; **tra l'altro** entre autres ; **un ~ altro** un autre ; encore un

d'altronde (dal-*trôn*-dé) d'ailleurs

altrove (al-*trôô*-vé) *adv* ailleurs

altura (al-*toû*-ra) *f* élévation *f*

alveare (al-vé-*ââ*-ré) *m* ruche *f*

alzare (al-*tsââ*-ré) *v* soulever ; **alzarsi** se lever

amabile (a-*mââ*-bi-lé) *adj* doux

amaca (a-*mââ*-ka) *f* hamac *m*

amante (a-*mann*-té) *m* amant *m* ; *f* maîtresse *f*

amare (a-*mââ*-ré) *v* aimer

amaro (a-*mââ*-rô) *adj* amer

amato (a-*mââ*-tô) *adj* aimé

ambasciata (amm-bach-*chââ*-ta) *f* ambassade *f*

ambasciatore (amm-bach-cha-*tôô*-ré) *m* ambassadeur *m*

ambiente (amm-*byén*-té) *m* milieu *m*, environnement *m*

ambiguo (amm-*bii*-gh^{ou}ô) *adj* ambigu

ambizioso (amm-bi-*tsyôô*-sô) *adj* ambitieux

ambra (*amm*-bra) *f* ambre *m*

ambulante (amm-bou-*lann*-té) *adj* ambulant

ambulanza (amm-bou-*lann*-tsa) *f* ambulance *f*

America (a-*mèè*-ri-ka) *f* Amérique *f* ; **~ Latina** Amérique latine

americano (a-mé-ri-*kââ*-nô) *adj* américain ; *m* Américain *m*

ametista (a-mé-*ti*-sta) *f* améthyste *f*

amianto (a-*myann*-tô) *m* amiante *m*

amica (a-*mii*-ka) *f* amie *f*

amichevole (a-mi-*kéé*-vô-lé) *adj* amical

amicizia (a-mi-*tchii*-tsya) *f* amitié *f*

amico (a-*mii*-kô) *m* ami *m*

amido (*ââ*-mi-dô) *m* amidon *m*

ammaccare (amm-mak-*kââ*-ré) *v* contusionner

ammaccatura (amm-mak-ka-*toû*-ra) *f* bosse *f*

ammaestrare (amm-maé-*strââ*-ré) *v* dresser

ammainare (amm-maï-*nââ*-ré) *v* amener

ammalato (amm-ma-*lââ*-tô) *adj* malade

ammazzare (amm-mat-*tsââ*-ré) *v* tuer

ammettere (amm-*mét*-té-ré) *v* *admettre

amministrare (amm-mi-ni-*strââ*-ré) *v* administrer

amministrativo (amm-mi-ni-stra-*tii*-vô) *adj* administratif

amministrazione (amm-mi-ni-stra-*tsyôô*-né) *f* gestion *f*, administration *f*

ammiraglio (amm-mi-ra-l^yô) *m* amiral *m*

ammirare (amm-mi-*rââ*-ré) *v* admirer

ammirazione (amm-mi-ra-*tsyôô*-né) *f* admiration *f*

ammissione (amm-miss-*syôô*-né) *f* accès *m*, admission *f*

ammobiliare (amm-mô-bi-l^y*ââ*-ré) *v* meubler

ammollare (amm-môl-*lââ*-ré) *v* tremper

ammoniaca (amm-mô-*nii*-a-ka) *f* ammoniaque *f*

ammonire (amm-mô-*nii*-ré) *v* avertir

ammontare (amm-môn-*tââ*-ré) *m* montant *m*

ammontare a (amm-môn-*tââ*-ré) se monter à

ammorbidire (amm-môr-bi-*dii*-ré) *v* adoucir

ammortizzatore (amm-môr-tid-dza-*tôô*-ré) *m* amortisseur *m*

ammucchiare (amm-mouk-*kyââ*-ré) *v*

entasser

ammuffito (amm-mouf-*fii*-tô) *adj* moisi

ammutinamento (amm-mou-ti-na-*mén*-tô) *m* mutinerie *f*

amnistia (amm-ni-*stii*-a) *f* amnistie *f*

amo (*ââ*-mô) *m* hameçon *m*

amore (a-*môô*-ré) *m* amour *m* ; trésor *m*, mon amour, chéri *m*

amoretto (a-mô-*rét*-tô) *m* affaire de cœur

ampio (*amm*-pyô) *adj* considérable, vaste

ampliamento (amm-plya-*mén*-tô) *m* agrandissement *m*

ampliare (amm-*plyââ*-ré) *v* étendre

amuleto (a-mou-*léé*-tô) *m* amulette *f*

analfabeta (a-nal-fa-*bèè*-ta) *m* illettré *m*

analisi (a-*nââ*-li-zi) *f* analyse *f*

analista (a-na-*li*-sta) *m* analyste *m*

analizzare (a-na-lid-*dzââ*-ré) *v* analyser

analogo (a-*nââ*-lô-ghô) *adj* analogue

ananas (*a*-na-nass) *m* ananas *m*

anarchia (a-nar-*kii*-a) *f* anarchie *f*

anatomia (a-na-tô-*mii*-a) *f* anatomie *f*

anche (*anng*-ké) *adv* aussi, également ; même

ancora¹ (*anng*-*kôô*-ra) *adv* encore ; encore un peu ; ~ **una volta** une fois de plus

ancora² (*anng*-kô-ra) *f* ancre *f*

***andare** (ann-*dââ*-ré) *v* se rendre, *aller ; ~ **a prendere** *aller prendre, *aller chercher ; ~ **carponi** ramper ; ~ **in macchina** rouler ; ***andarsene** *partir, s'en *aller

andata (ann-*dââ*-ta) *f* allure *f*

andatura (ann-da-*toû*-ra) *f* démarche *f* ; allure *f*

andirivieni (ann-di-ri-*vyèè*-ni) *m* remue-ménage *m*

anello (a-*nèl*-lô) *m* bague *f* ; ~ **di fidanzamento** bague de fiançailles ;

~ **per stantuffo** segment de piston

anemia (a-né-*mii*-a) *f* anémie *f*

anestesia (a-né-sté-*sii*-a) *f* anesthésie *f*

anestetico (a-né-*stèè*-ti-kô) *m* anesthésique *m*

angelo (*ann*-djé-lô) *m* ange *m*

angolo (*anng*-ghô-lô) *m* coin *m* ; angle *m*

angora (*anng*-gho-ra) *f* mohair *m*

anguilla (anng-*ghouil*-la) *f* anguille *f*

anguria (anng-*ghoú*-rya) *f* pastèque *f*

angusto (anng-*ghou*-stô) *adj* étroit ; serré

anima (*ââ*-ni-ma) *f* âme *f* ; nature *f*

animale (a-ni-*mââ*-lé) *m* animal *m* ; bête *f* ; ~ **da preda** bête de proie ; ~ **domestico** animal familier

animato (a-ni-*mââ*-tô) *adj* animé

animo (*ââ*-ni-mô) *m* cœur *m* ; intention *f* ; courage *m*

anitra (*ââ*-ni-tra) *f* canard *m*

***annettere** (ann-*nèt*-té-ré) *v* annexer ; *joindre

anniversario (ann-ni-vér-*sââ*-ryô) *m* anniversaire *m*

anno (*ann*-nô) *m* année *f* ; **all'anno** par année ; ~ **bisestile** année bissextile ; ~ **nuovo** Nouvel An

annodare (ann-nô-*dââ*-ré) *v* nouer

annoiare (ann-nô-*yââ*-ré) *v* fâcher ; ennuyer

annotare (ann-nô-*tââ*-ré) *v* noter

annuale (ann-*nᵒᵘââ*-lé) *adj* annuel

annuario (ann-*nᵒᵘââ*-ryô) *m* annuaire *m*

annuire (ann-*nouii*-ré) *v* opiner de la tête

annullamento (ann-noul-la-*mén*-tô) *m* annulation *f*

annullare (ann-noul-*lââ*-ré) *v* annuler

annunziare (ann-noun-*tsyââ*-ré) *v* annoncer

annunzio (ann-*noun*-tsyô) *m* annonce

f; **~ pubblicitario** annonce publicitaire

anonimo (a-*noo*-ni-mô) *adj* anonyme

anormale (a-nôr-*mââ*-lé) *adj* anormal

ansia (*ann*-sya) *f* souci *m*

ansietà (ann-syé-*ta*) *f* anxiété *f*, souci *m*

ansimare (ann-si-*mââ*-ré) *v* haleter

ansioso (ann-*syôô*-sô) *adj* désireux, impatient

d'anteguerra (dann-té-*ghoo*è*r*-ra) d'avant-guerre

antenato (ann-té-*nââ*-tô) *m* ancêtre *m*

antenna (ann-*tén*-na) *f* antenne *f*

anteriore (ann-té-*ryôô*-ré) *adj* antérieur

anteriormente (ann-té-ryôr-*mén*-té) *adv* antérieurement

antibiotico (ann-ti-*byoo*-ti-kô) *m* antibiotique *m*

anticaglia (ann-ti-*kââ*-lYa) *f* antiquité *f*

antichità (ann-ti-ki-*ta*) *fpl* antiquités; **Antichità** *f* Antiquité

anticipare (ann-ti-tchi-*pââ*-ré) *v* anticiper

anticipatamente (ann-ti-tchi-pa-ta-*mén*-té) *adv* à l'avance

anticipo (ann-*tii*-tchi-pô) *m* avance *f*; **in ~** d'avance

antico (ann-*tii*-kô) *adj* ancien; antique, démodé

anticoncezionale (ann-ti-kôn-tché-tsyô-*nââ*-lé) *m* contraceptif *m*

anticongelante (ann-ti-kôn-djé-*lann*-té) *m* antigel *m*

antipasto (ann-ti-*pa*-stô) *m* hors-d'œuvre *m*

antipatia (ann-ti-pa-*tii*-a) *f* antipathie *f*

antipatico (ann-ti-*pââ*-ti-kô) *adj* antipathique

antiquario (ann-ti-*kooââ*-ryô) *m* antiquaire *m*

antiquato (ann-ti-*kooââ*-tô) *adj* vieilli, démodé; vieillot

antisettico (ann-ti-*sèt*-ti-kô) *m* antiseptique *m*

antologia (ann-tô-lô-*djii*-a) *f* anthologie *f*

anzi (*ann*-tsi) *adv* plutôt, au contraire

anziano (ann-*tsyââ*-nô) *adj* vieux, âgé

ape (*ââ*-pé) *f* abeille *f*

aperitivo (a-pé-ri-*tii*-vô) *m* apéritif *m*

aperto (a-*pèr*-tô) *adj* ouvert; **all'aperto** dehors

apertura (a-pér-*toô*-ra) *f* ouverture *f*

apice (*ââ*-pi-tché) *m* apogée *m*

appagamento (ap-pa-gha-*mén*-tô) *m* satisfaction *f*

apparato (ap-pa-*rââ*-tô) *m* appareil *m*; apparat *m*

apparecchio (ap-pa-*rék*-kyô) *m* appareil *m*

apparente (ap-pa-*rèn*-té) *adj* apparent

apparentemente (ap-pa-rén-té-*mén*-té) *adv* apparemment

apparenza (ap-pa-*rèn*-tsa) *f* apparence *f*

** **apparire** (ap-pa-*rii*-ré) *v* *apparaître, *paraître

apparizione (ap-pa-ri-*tsyôô*-né) *f* apparition *f*

appartamento (ap-par-ta-*mén*-tô) *m* appartement *m*; étage *m*; **blocco di appartamenti** immeuble d'habitation

** **appartenere** (ap-par-té-*néé*-ré) *v* *appartenir

appassionato (ap-pass-syô-*nââ*-tô) *adj* passionné

appello (ap-*pèl*-lô) *m* appel *m*

appena (ap-*pèè*-na) *adv* à peine; **non ~** dès que

** **appendere** (ap-*pèn*-dé-ré) *v* suspendre

appendice (ap-pén-*dii*-tché) *f* appendice *m*

appendicite (ap-pén-di-*tchii*-té) *f* appendicite *f*

appetito (ap-pé-*tii*-tô) *m* appétit *m*

appetitoso (ap-pé-ti-*tôô*-sô) *adj* appétissant

appezzamento (ap-pét-tsa-*mén*-tô) *m* lopin *m*

appiccicare (ap-pit-tchi-*kââ*-ré) *v* coller

appiccicaticcio (ap-pit-tchi-ka-*tit*-tchô) *adj* gluant

applaudire (ap-plaou-*dii*-ré) *v* applaudir

applauso (ap-*plaou*-zô) *m* applaudissements *mpl*

applicare (ap-pli-*kââ*-ré) *v* appliquer; se *apostrophe*servir de

applicazione (ap-pli-ka-*tsyôô*-né) *f* application *f*

appoggiare (ap-pôd-*djââ*-ré) *v* supporter; **appoggiarsi** s'appuyer

apposta (ap-*po*-sta) *adv* intentionnel

apprendere (ap-*prèn*-dé-ré) *v* *apostrophe*apprendre

apprezzamento (ap-prét-tsa-*mén*-tô) *m* appréciation *f*

apprezzare (ap-prét-*tsââ*-ré) *v* apprécier

approfittare (ap-prô-fit-*tââ*-ré) *v* profiter

appropriato (ap-prô-*pryââ*-tô) *adj* approprié, adéquat

approssimativo (ap-prôss-si-ma-*tii*-vô) *adj* approximatif

approvare (ap-prô-*vââ*-ré) *v* approuver; *apostrophe*être d'accord avec

approvazione (ap-prô-va-*tsyôô*-né) *f* approbation *f*; consentement *m*

appuntamento (ap-poun-ta-*mén*-tô) *m* rendez-vous *m*

appuntare (ap-poun-*tââ*-ré) *v* épingler

appuntato (ap-poun-*tââ*-tô) *adj* pointu

appunto (ap-*poun*-tô) *m* note *f*; **blocco per appunti** bloc-notes *m*

apribottiglie (a-pri-bôt-*tii*-l'Yé) *m* ouvre-bouteille *m*

aprile (a-*prii*-lé) avril

*apostrophe***aprire** (a-*prii*-ré) *v* *apostrophe*ouvrir

apriscatole (a-pri-*skââ*-tô-lé) *m* ouvre-boîte *m*

aquila (*a*-koui-la) *f* aigle *m*

Arabia Saudita (a-*rââ*-bya saou-*dii*-ta) Arabie Séoudite

arabo (*a*-ra-bô) *adj* arabe; *m* Arabe *m*

arachide (a-*rââ*-ki-dé) *f* cacahuète *f*

aragosta (a-ra-*ghô*-sta) *f* homard *m*

aragostina (a-ra-ghô-*stii*-na) *f* crevette rose

arancia (a-*rann*-tcha) *f* orange *f*

arancione (a-rann-*tchôô*-né) *adj* orange

arare (a-*rââ*-ré) *v* labourer

aratro (a-*rââ*-trô) *m* charrue *f*

arazzo (a-*rat*-tsô) *m* tapisserie *f*

arbitrario (ar-bi-*trââ*-ryô) *adj* arbitraire

arbitro (*ar*-bi-trô) *m* arbitre *m*

arbusto (ar-*bou*-stô) *m* arbuste *m*

arcata (ar-*kââ*-ta) *f* voûte *f*; arcade *f*

arcato (ar-*kââ*-tô) *adj* arqué

archeologia (ar-ké-ô-lô-*djii*-a) *f* archéologie *f*

archeologo (ar-ké-*o*-lô-ghô) *m* archéologue *m*

architetto (ar-ki-*tét*-tô) *m* architecte *m*

architettura (ar-ki-tét-*toû*-ra) *f* architecture *f*

archivio (ar-*kii*-vyô) *m* archives *fpl*

arcivescovo (ar-tchi-*vé*-skô-vô) *m* archevêque *m*

arco (*ar*-kô) *m* arc *m*; arche *f*

arcobaleno (ar-kô-ba-*léé*-nô) *m* arc-en-ciel *m*

*apostrophe***ardere** (*ar*-dé-ré) *v* brûler; briller

ardesia (ar-*déé*-sya) *f* ardoise *f*

ardore (ar-*dôô*-ré) *m* éclat *m*

area (*ââ*-ré-a) *f* surface *f*; région *f*

arena (a-*réé*-na) *f* arène *f*

argenteria (ar-djén-té-*rii*-a) *f* argenterie *f*

argentiere (ar-djén-*tyèè*-ré) *m* orfèvre *m*

Argentina (ar-djén-*tii*-na) *f* Argentine *f*

argentino (ar-djén-*tii*-nô) *adj* argentin; *m* Argentin *m*

argento (ar-*djèn*-tô) *m* argent *m*; **d'argento** en argent

argilla (ar-*djil*-la) *f* argile *f*

argine (*ar*-dji-né) *m* digue *f*, barrage *m*; rive *f*, berge *f*

argomentare (ar-ghô-mén-*tââ*-ré) *v* argumenter

argomento (ar-ghô-*mén*-tô) *m* argument *m*; sujet *m*

aria (*ââ*-rya) *f* air *m*; **ad ~ condizionata** climatisé; **a tenuta d'aria** hermétique; **condizionamento dell'aria** climatisation *f*

arido (*ââ*-ri-dô) *adj* aride

arieggiare (a-ryéd-*djââ*-ré) *v* aérer

aringa (a-*rinng*-gha) *f* hareng *m*

arioso (a-*ryôô*-sô) *adj* aéré

aritmetica (a-rit-*mèè*-ti-ka) *f* arithmétique *f*

arma (*ar*-ma) *f* (pl armi) arme *f*

armadio (ar-*mââ*-dyô) *m* placard *m*; garde-robe *f*

armare (ar-*mââ*-ré) *v* armer

armatore (ar-ma-*tôô*-ré) *m* armateur *m*

armonia (ar-mô-*nii*-a) *f* harmonie *f*

arnese (ar-*néé*-sé) *m* outil *m*; **cassetta degli arnesi** boîte à outils

aroma (a-*roo*-ma) *m* arôme *m*

arpa (*ar*-pa) *f* harpe *f*

arrabbiato (ar-rab-*byââ*-tô) *adj* irrité

arrampicare (ar-ramm-pi-*kââ*-ré) *v* grimper

arrangiarsi con (ar-rann-*djar*-si) se débrouiller avec

arredare (ar-ré-*dââ*-ré) *v* installer

arrendersi (ar-*rèn*-dér-si) *v* se rendre

arrestare (ar-ré-*stââ*-ré) *v* arrêter

arresto (ar-*rè*-stô) *m* arrestation *f*

arretrato (ar-ré-*trââ*-tô) *adj* arriéré

arricciacapelli (ar-rit-tcha-ka-*pél*-li) *m* fer à friser

arricciare (ar-rit-*tchââ*-ré) *v* friser

arrischiare (ar-ri-*skyââ*-ré) *v* risquer

arrivare (ar-ri-*vââ*-ré) *v* arriver

arrivederci (ar-ri-vé-*dér*-tchi) au revoir

arrivo (ar-*rii*-vô) *m* arrivée *f*; venue *f*; **in ~** attendu

arrogante (ar-rô-*ghann*-té) *adj* snob

arrossire (ar-rôss-*sii*-ré) *v* rougir

arrostire (ar-rô-*stii*-ré) *v* rôtir

arrotondato (ar-rô-tôn-*dââ*-tô) *adj* arrondi

arrugginito (ar-roud-dji-*nii*-tô) *adj* rouillé

arte (*ar*-té) *f* art *m*; **arti e mestieri** arts et métiers; **opera d'arte** œuvre d'art

arteria (ar-*tèè*-rya) *f* artère *f*

articolazione (ar-ti-kô-la-*tsyôô*-né) *f* articulation *f*

articolo (ar-*tii*-kô-lô) *m* article *m*; **articoli da toeletta** articles de toilette

artificiale (ar-ti-fi-*tchââ*-lé) *adj* artificiel

artificio (ar-ti-*fii*-tchô) *m* ruse *f*

artigianato (ar-ti-dja-*nââ*-tô) *m* artisanat *m*

artiglio (ar-*tii*-lʸô) *m* griffe *f*

artista (ar-*ti*-sta) *m* artiste *m/f*

artistico (ar-*ti*-sti-kô) *adj* artistique

ascendere (ach-*chén*-dé-ré) *v* *faire l'ascension de

ascensione (ach-chén-*syôô*-né) *f* montée *f*

ascensore (ach-chén-*sôô*-ré) *m* ascenseur *m*

ascesa (ach-*chéé*-sa) *f* essor *m*; ascension *f*; montée *f*

ascesso (ach-*chèss*-sô) *m* abcès *m*

ascia (*ach*-cha) f hache f

asciugacapelli (ach-chou-gha-ka-*pél*-li) m sèche-cheveux m

asciugamano (ach-chou-gha-*mââ*-nô) m serviette f, serviette de bain

asciugare (ach-chou-*ghââ*-ré) v sécher; essuyer

asciutto (ach-*chout*-tô) adj sec

ascoltare (a-skôl-*tââ*-ré) v écouter

ascoltatore (a-skôl-ta-*tôô*-ré) m auditeur m

asfalto (a-*sfal*-tô) m asphalte m

Asia (*ââ*-zya) f Asie f

asiatico (a-*zyââ*-ti-kô) adj asiatique; m Asiatique m

asilo (a-*zii*-lô) m hospice m, asile m; ~ **infantile** école maternelle

asino (*ââ*-si-nô) m âne m

asma (a-zma) f asthme m

asola (*ââ*-zô-la) f boutonnière f

asparago (a-*spââ*-ra-ghô) m asperge f

aspettare (a-spét-*tââ*-ré) v attendre

aspettativa (a-spét-ta-*tii*-va) f espérance f

aspetto (a-*spèt*-tô) m apparence f, aspect m; **di bell'aspetto** joli

aspirapolvere (a-spi-ra-*pôl*-vé-ré) m aspirateur m; **pulire con l'aspirapolvere** passer l'aspirateur

aspirare (a-spi-*rââ*-ré) v inhaler; aspirer; ~ **a** rechercher

aspirazione (ass-pi-ra-*tsyôô*-né) f aspiration f

aspirina (a-spi-*rii*-na) f aspirine f

aspro (a-sprô) adj âpre

assaggiare (ass-sad-*djââ*-ré) v goûter

assai (ass-*saï*) adv très

*****assalire** (ass-sa-*lii*-ré) v attaquer

assassinare (ass-sass-si-*nââ*-ré) v assassiner

assassinio (ass-sass-*sii*-gnô) m assassinat m

assassino (ass-sass-*sii*-nô) m meurtrier m

asse (ass-sé) m essieu m; f planche f

assedio (ass-*séé*-dyô) m siège m

assegnare (ass-sé-*gnââ*-ré) v assigner

assegno (ass-*séé*-gnô) m allocation f; chèque m; ~ **turistico** chèque de voyage; **libretto di assegni** carnet de chèques

assemblea (ass-sém-*blèè*-a) f assemblée f

assennato (ass-sén-*nââ*-tô) adj pondéré

assente (ass-*sèn*-té) adj absent

assenza (ass-*sèn*-tsa) f absence f

asserire (ass-sé-*rii*-ré) v prétendre

assetato (ass-sé-*tââ*-tô) adj assoiffé

assicurare (ass-si-kou-*rââ*-ré) v assurer

assicurazione (ass-si-kou-ra-*tsyôô*-né) f assurance f; ~ **sulla vita** assurance-vie f; ~ **viaggi** assurance-voyages f

assieme (ass-*syèè*-mé) m jeu m

assistente (ass-si-*stèn*-té) m assistant m

assistenza (ass-si-*stèn*-tsa) f assistance f

*****assistere** (ass-*si*-sté-ré) v assister

associare (ass-sô-*tchââ*-ré) v associer; **associarsi** v adhérer à

associato (ass-sô-*tchââ*-tô) adj affilié

associazione (ass-sô-tcha-*tsyôô*-né) f association f

assolutamente (ass-sô-lou-ta-*mén*-té) adv absolument

assoluto (ass-sô-*loû*-tô) adj absolu

assoluzione (ass-sô-lou-*tsyôô*-né) f acquittement m

assomigliare a (ass-sô-mi-*lʸââ*-ré) ressembler à

assonnato (ass-sôn-*nââ*-tô) adj somnolent

assortimento (ass-sôr-ti-*rnén*-tô) m assortiment m

assortire (ass-sôr-*tii*-ré) v classer; ranger

assortito (ass-sôr-*tii*-tô) *adj* varié

*assumere (ass-*soû*-mé-ré) *v* supposer; engager

assurdo (ass-*sour*-dô) *adj* absurde

asta (*a*-sta) *f* vente aux enchères

astemio (a-*stèè*-myô) *m* antialcoolique *m*

*astenersi da (a-sté-*nér*-si) s'*abstenir de

astore (a-*stôô*-ré) *m* faucon *m*

astratto (a-*strat*-tô) *adj* abstrait

astronomia (a-strô-nô-*mii*-a) *f* astronomie *f*

astuccio (a-*stout*-tchô) *m* étui *m*; ~ di toeletta nécessaire de toilette; ~ per tabacco blague à tabac

astuto (a-*stoû*-tô) *adj* malin

astuzia (a-*stoû*-tsya) *f* ruse *f*

ateo (*ââ*-té-ô) *m* athée *m*

Atlantico (at-*lann*-ti-kô) *m* Océan Atlantique

atleta (at-*lèè*-ta) *m* athlète *m*

atletica (at-*lèè*-ti-ka) *f* athlétisme *m*

atmosfera (at-mô-*sfèè*-ra) *f* atmosphère *f*; ambiance *f*

atomico (a-*too*-mi-kô) *adj* nucléaire, atomique

atomizzatore (a-tô-mid-dza-*tôô*-ré) *m* vaporisateur *m*

atomo (*ââ*-tô-mô) *m* atome *m*

atrio (*ââ*-tryô) *m* vestibule *m*

atroce (a-*trôô*-tché) *adj* atroce

attaccapanni (at-tak-ka-*pann*-ni) *m* porte-manteau *m*; cintre *m*

attaccare (at-tak-*kââ*-ré) *v* fixer, attacher; attaquer

attacco (at-*tak*-kô) *m* attaque *f*; ~ cardiaco crise cardiaque

atteggiamento (at-téd-dja-*mén*-tô) *m* attitude *f*

attempato (at-tém-*pââ*-tô) *adj* âgé

*attendere (at-*tèn*-dé-ré) *v* attendre; ~ a s'occuper de

attento (at-*tèn*-tô) *adj* attentif; prudent; *stare ~ *prendre garde

attenzione (at-tén-*tsyôô*-né) *f* attention *f*; *fare ~ *faire attention; prestare ~ a *faire attention à, prêter attention à

atterrare (at-tér-*rââ*-ré) *v* renverser; atterrir

attesa (at-*téé*-sa) *f* attente *f*

attestato (at-té-*stââ*-tô) *m* certificat *m*

attillato (at-til-*lââ*-tô) *adj* étroit

attimo (*at*-ti-mô) *m* instant *m*

attinenza (at-ti-*nèn*-tsa) *f* relation *f*

attitudine (at-ti-*toû*-di-né) *f* talent *m*, don *m*; attitude *f*

attività (at-ti-vi-*ta*) *f* activité *f*

attivo (at-*tii*-vô) *adj* actif

atto (*at*-tô) *m* acte *m*; document *m*

attore (at-*tôô*-ré) *m* acteur *m*

attorno (at-*tôr*-nô) *adv* autour; ~ a autour de

attraccare (at-trak-*kââ*-ré) *v* accoster

attraente (at-tra-*èn*-té) *adj* séduisant

*attrarre (at-*trar*-ré) *v* attirer

attrattiva (at-tra-*tii*-va) *f* attraction *f*

attraversare (at-tra-vér-*sââ*-ré) *v* traverser

attraverso (at-tra-*vèr*-sô) *prep* à travers

attrazione (at-tra-*tsyôô*-né) *f* attrait *m*; attraction *f*

attrezzatura (at-trét-tsa-*toû*-ra) *f* équipement *m*

attrezzo (at-*trét*-tsô) *m* instrument *m*; attrezzi da pesca attirail de pêche

attribuire a (at-tri-*bouii*-ré) attribuer à

attrice (at-*trii*-tché) *f* actrice *f*

attrito (at-*trii*-tô) *m* friction *f*

attuale (at-t*ou*-*ââ*-lé) *adj* actuel

attualmente (at-t*ou*al-*mén*-té) *adv* actuellement

attuare (at-t*ou*-*ââ*-ré) *v* réaliser

audace (aou-*dââ*-tché) *adj* courageux

audacia (aou-*dââ*-tcha) *f* vaillance *f*; audace *f*

auditorio (aou-di-*tôô*-ryô) *m* auditorium *m*

augurare (aou-ghou-*rââ*-ré) *v* souhaiter

aula (*aou*-la) *f* salle de classe

aumentare (aou-mén-*tââ*-ré) *v* augmenter; relever

aumento (aou-*mén*-tô) *m* augmentation *f*; augmentation de salaire

aureo (*aou*-ré-ô) *adj* en or

aurora (aou-*roo*-ra) *f* lever du jour, aurore *f*; lever du soleil

Australia (aou-*strââ*-lYa) *f* Australie *f*

australiano (aou-stra-*lYââ*-nô) *adj* australien; *m* Australien *m*

Austria (*aou*-strya) *f* Autriche *f*

austriaco (aou-*stri*-a-kô) *adj* autrichien; *m* Autrichien *m*

autentico (aou-*tèn*-ti-kô) *adj* authentique; vrai

autista (aou-*ti*-sta) *m* conducteur *m*, chauffeur *m*

autobus (*aou*-tô-bouss) *m* (pl ~) autobus *m*; car *m*

autocarro (aou-tô-*kar*-rô) *m* camion *m*

autogoverno (aou-tô-ghô-*vèr*-nô) *m* autonomie *f*

automatico (aou-tô-*mââ*-ti-kô) *adj* automatique

automazione (aou-tô-ma-*tsyôô*-né) *f* automatisation *f*

automobile (aou-tô-*moo*-bi-lé) *f* auto *f*, automobile *f*; ~ **club** club automobile

automobilismo (aou-tô-mô-bi-*li*-zmô) *m* automobilisme *m*

automobilista (aou-tô-mô-bi-*li*-sta) *m* automobiliste *m*

autonoleggio (aou-tô-nô-*léd*-djô) *m* location de voitures

autonomo (aou-*too*-nô-mô) *adj* autonome

autore (aou-*tôô*-ré) *m* auteur *m*

autorità (aou-tô-ri-*ta*) *f* autorité *f*

autoritario (aou-tô-ri-*tââ*-ryô) *adj* autoritaire

autorizzare (aou-tô-rid-*dzââ*-ré) *v* autoriser

autorizzazione (aou-tô-rid-dza-*tsyôô*-né) *f* autorisation *f*

autostello (aou-tô-*stèl*-lô) *m* motel *m*

autostoppista (aou-tô-stôp-*pi*-sta) *m* auto-stoppeur *m*; *fare l'autostop *faire de l'auto-stop

autostrada (aou-tô-*strââ*-da) *f* autoroute *f*

autunno (aou-*toun*-nô) *m* automne *m*

avanti (a-*vann*-ti) *adv* en avant; ~ **dritto** tout droit

avant'ieri (a-vann-*tyèè*-ri) *adv* avant-hier

avanzamento (a-vann-tsa-*mén*-tô) *m* avancement *m*

avanzare (a-vann-*tsââ*-ré) *v* avancer; progresser

avanzo (a-*vann*-tsô) *m* restant *m*

avaria (a-va-*rii*-a) *f* panne *f*

avaro (a-*vââ*-rô) *adj* avare

avena (a-*véé*-na) *f* avoine *f*

*avere (a-*véé*-ré) *v* *avoir

avido (*ââ*-vi-dô) *adj* cupide

aviogetto (a-vyô-*djèt*-tô) *m* avion à réaction

avorio (a-*voo*-ryô) *m* ivoire *m*

avvelenare (av-vé-lé-*nââ*-ré) *v* empoisonner

avvenente (av-vé-*nèn*-té) *adj* beau

avvenimento (av-vé-ni-*mén*-tô) *m* événement *m*

avvenire (av-vé-*nii*-ré) *m* avenir *m*

*avvenire (av-vé-*nii*-ré) *v* se passer

avventato (av-vén-*tââ*-tô) *adj* impétueux

avventore (av-vén-*tôô*-ré) *m* client *m*

avventura (av-vén-*toú*-ra) *f* aventure *f*

avverbio (av-*vèr*-byô) *m* adverbe *m*

avversario (av-vér-*sââ*-ryô) *m* adversaire *m*

avversione (av-vér-*syôô*-né) f aversion f

avversità (av-vér-si-*ta*) f malheur m

avverso (av-*vèr*-sô) adj opposé

avvertimento (av-vér-ti-*mén*-tô) m avertissement m

avvertire (av-vér-*tii*-ré) v *prévenir; *percevoir

avviatore (av-vya-*too*-ré) m démarreur m

avvicinare (av-vi-tchi-*nââ*-ré) v approcher

avvisare (av-vi-*zââ*-ré) v *prévenir, avertir

avviso (av-*vii*-zô) m avis m, annonce f; publicité f

avvitare (av-vi-*tââ*-ré) v visser

avvocato (av-vô-*kââ*-tô) m avocat m

***avvolgere** (av-*vol*-djé-ré) v enrouler; envelopper

avvolgibile (av-vôl-*djii*-bi-lé) m store m

avvoltoio (av-vôl-*tôô*-yô) m vautour m

azienda (a-*dzyèn*-da) f entreprise f

azione (a-*tsyôô*-né) f action f

azoto (a-*dzoo*-tô) m azote m

azzardo (ad-*dzar*-dô) m hasard m

azzurro (ad-*dzour*-rô) adj bleu ciel

B

babbo (*bab*-bô) m papa m

babordo (ba-*bôr*-dô) m bâbord m

baby-pullman (*béi*-bi-poul-mann) m berceau de voyage

bacca (*bak*-ka) f baie f

baccano (bak-*kââ*-nô) m fracas m

bacheca (ba-*kèè*-ka) f vitrine f

baciare (ba-*tchââ*-ré) v embrasser

bacino (ba-*tchii*-nô) m bol m; dock m; bassin m

bacio (*bââ*-tchô) m baiser m

badare a (ba-*dââ*-ré) soigner, *prendre soin de; prêter attention à

badia (ba-*dii*-a) f abbaye f

baffi (*baf*-fi) mpl moustache f

bagagliaio (ba-gha-*lᵞââ*-yô) m fourgon m; coffre m

bagaglio (ba-*ghââ*-lᵞô) m bagage m; ~ **a mano** bagage à main

bagnarsi (ba-*gnar*-si) v se baigner

bagnato (ba-*gnââ*-tô) adj mouillé; moite

bagno (*bââ*-gnô) m bain m; ~ **turco** bain turc; **costume da** ~ maillot de bain; **cuffia da** ~ bonnet de bain; *fare il ~ se baigner

baia (*bââ*-ya) f baie f

balbettare (bal-bét-*tââ*-ré) v balbutier

balconata (bal-kô-*nââ*-ta) f balcon m

balcone (bal-*kôô*-né) m balcon m

balena (ba-*léé*-na) f baleine f

baleno (ba-*léé*-nô) m éclair m

ballare (bal-*lââ*-ré) v danser

balletto (bal-*lét*-tô) m ballet m

ballo (*bal*-lô) m danse f; bal m

balsamo (bal-*sââ*-mô) m baume démêlant m

bambina (bamm-*bii*-na) f petite fille f

bambinaia (bamm-bi-*nââ*-ya) f bonne d'enfants; baby-sitter m

bambino (bamm-*bii*-nô) m enfant m; gosse m

bambola (*bamm*-bô-la) f poupée f

bambù (bamm-*bou*) m bambou m

banana (ba-*nââ*-na) f banane f

banca (*banng*-ka) f banque f

bancarella (banng-ka-*rèl*-la) f étal m

banchetto (banng-*két*-tô) m banquet m

banchina (banng-*kii*-na) f quai m

banco (*banng*-kô) m banc m; comptoir m; barre f; stand m; récif m; ~ **di scuola** banc d'école

banconota (banng-kô-*noo*-ta) f billet

de banque

banda (*bann*-da) *f* bande *f*; orchestre *m*

bandiera (bann-*dyèè*-ra) *f* drapeau *m*

bandito (bann-*dii*-tô) *m* bandit *m*

bar (bar) *m* bar *m*; café *m*, bistrot *m*

baracca (ba-*rak*-ka) *f* réduit *m*; échoppe *f*

baratro (*bââ*-ra-trô) *m* crevasse *f*

barattare (ba-rat-*tââ*-ré) *v* troquer

barattolo (ba-*rat*-tô-lô) *m* boîte *f*, boîte métallique

barba (*bar*-ba) *f* barbe *f*

barbabietola (bar-ba-*byèè*-tô-la) *f* betterave *f*

barbiere (bar-*byèè*-ré) *m* coiffeur *m*

barbone (bar-*bôô*-né) *m* vagabond *m*

barca (*bar*-ka) *f* bateau *m*; ~ **a remi** bateau à rames; ~ **a vela** bateau à voiles

barchetta (bar-*két*-ta) *f* canot *m*

barcollante (bar-kôl-*lann*-té) *adj* branlant

bar-emporio (bar-ém-*poo*-ryô) *m* droguerie *f*

barile (ba-*rii*-lé) *m* baril *m*

bariletto (ba-ri-*lét*-tô) *m* baril *m*

barista (ba-*ri*-sta) *m* barman *m*; *f* barmaid *m*

baritono (ba-*rii*-tô-nô) *m* bariton *m*

barocco (ba-*rok*-kô) *adj* baroque

barometro (ba-*roo*-mé-trô) *m* baromètre *m*

barra (*bar*-ra) *f* barre *f*

barriera (bar-*ryèè*-ra) *f* barrière *f*; ~ **di sicurezza** glissière de sécurité

basamento (ba-za-*mén*-tô) *m* carter *m*

basare (ba-*zââ*-ré) *v* baser

base (*bââ*-zé) *f* base *f*

baseball (*béz*-bôl) *m* base-ball *m*

basette (ba-*zét*-té) *fpl* favoris

basilica (ba-*zii*-li-ka) *f* basilique *f*

basso (*bass*-sô) *adj* bas; profond; petit; *m* basse *f*

bassopiano (bass-sô-*pyââ*-nô) *m* plaine *f*

bastante (ba-*stann*-té) *adj* adéquat

bastardo (ba-*star*-dô) *m* bâtard *m*

bastare (ba-*stââ*-ré) *v* *suffire

bastone (ba-*stôô*-né) *m* bâton *m*; canne *f*; ~ **da passeggio** canne *f*; **bastoni da sci** bâtons de ski

battaglia (bat-*tââ*-lʸa) *f* bataille *f*

battello (bat-*tèl*-lô) *m* navire *m*

battere (*bat*-té-ré) *v* *battre; ~ **le mani** applaudir

batteria (bat-té-*rii*-a) *f* pile *f*

batterio (bat-*tèè*-ryô) *m* bactérie *f*

battesimo (bat-*téé*-zi-mô) *m* baptême *m*

battezzare (bat-téd-*dzââ*-ré) *v* baptiser

baule (ba-*oú*-lé) *m* coffre *m*; malle *f*

becco (*bék*-kô) *m* bec *m*; bouc *m*

beffare (béf-*fââ*-ré) *v* *faire marcher

beige (bèèj) *adj* beige

belga (*bèl*-gha) *adj* (pl belgi) belge; *m* Belge *m*

Belgio (*bèl*-djô) *m* Belgique *f*

bellezza (bél-*lét*-tsa) *f* beauté *f*

bellino (bél-*lii*-nô) *adj* joli

bello (*bèl*-lô) *adj* beau; joli

benché (bèng-*ké*) *conj* quoique

benda (*bén*-da) *f* lien *m*

bendare (bén-*dââ*-ré) *v* panser

bene (*bèè*-né) *adv* bien; **va bene!** d'accord!, bien!

***benedire** (bé-né-*dii*-ré) *v* bénir

benedizione (bé-né-di-*tsyôô*-né) *f* bénédiction *f*

beneficiario (bé-né-fi-*tchââ*-ryô) *m* bénéficiaire *m*

beneficio (bé-né-*fii*-tchô) *m* bénéfice *m*

benessere (bé-*nèss*-sé-ré) *m* bien-être *m*

benevolenza (bé-né-vô-*lèn*-tsa) *f* bienveillance *f*

benevolo (bé-*nèè*-vô-lô) *adj* aimable

benvenuto (bèn-vé-*noú*-tô) *adj* bienvenu

benzina (bén-*dzii*-na) *f* essence *f*; ~ **senza piombo** essence sans plomb

***bere** (*béé*-ré) *v* *boire

berretto (bér-*rét*-tô) *m* casquette *f*; béret *m*

bersaglio (bér-*sââ*-lYô) *m* cible *f*; objectif *m*

bestemmia (bé-*stém*-mya) *f* juron *m*

bestemmiare (bé-stém-*myââ*-ré) *v* jurer

bestia (*bè*-stya) *f* bête *f*

bestiame (bé-*styââ*-mé) *m* bétail *m*

betulla (bé-*toul*-la) *m* bouleau *m*

bevanda (bé-*vann*-da) *f* boisson *f*; **bevande alcooliche** boissons alcoolisées, spiritueux *mpl*

biancheria (byanng-ké-*rii*-a) *f* linge *m*; lingerie *f*; ~ **da letto** literie *f*; ~ **personale** sous-vêtements *mpl*

bianco (*byann*-kô) *adj* blanc

biasimare (bya-zi-*mââ*-ré) *v* donner la faute à

biasimo (*byââ*-zi-mô) *m* blâme *m*

bibbia (*bib*-bya) *f* Bible *f*

bibita (*bii*-bi-ta) *f* boisson *f*; ~ **analcoolica** boisson non alcoolisée

biblioteca (bi-blyô-*tèè*-ka) *f* bibliothèque *f*

bicchiere (bik-*kyèè*-ré) *m* verre *m*; gobelet *m*

bicicletta (bi-tchi-*klét*-ta) *f* bicyclette *f*

biglietteria (bi-lYét-té-*rii*-a) *f* guichet *m*; ~ **automatica** distributeur de billets

biglietto (bi-*lYét*-tô) *m* note *f*; billet *m*; ~ **da visita** carte de visite; ~ **gratuito** billet gratuit

bilancia (bi-*lann*-tcha) *f* bascule *f*, balance *f*

bilancio (bi-*lann*-tchô) *m* budget *m*; bilan *m*

bile (*bii*-lé) *f* bile *f*

biliardo (bi-*lYar*-dô) *m* billard *m*

bilingue (bi-*linng*-ghoué) *adj* bilingue

bimbetto (bimm-*bét*-tô) *m* bambin *m*

bimbo (*bimm*-bô) *m* bambin *m*

binario (bi-*nââ*-ryô) *m* voie *f*

binocolo (bi-*noo*-kô-lô) *m* jumelles *fpl*

biologia (byô-lô-*djii*-a) *f* biologie *f*

bionda (*byôn*-da) *f* blonde *f*

biondo (*byôn*-dô) *adj* blond

birbante (bir-*bann*-té) *m* coquin *m*

birichinata (bi-ri-ki-*nââ*-ta) *f* espièglerie *f*

birra (*bir*-ra) *f* bière *f*

birreria (bir-ré-*rii*-a) *f* brasserie *f*

bisaccia (bi-*zat*-tcha) *f* havresac *m*

biscottino (bi-skôt-*tii*-nô) *m* biscuit *m*

biscotto (bi-*skot*-tô) *m* biscuit *m*

bisognare (bi-zô-*gnââ*-ré) *v* *avoir besoin de

bisogno (bi-*zôô*-gnô) *m* besoin *m*; misère *f*

bistecca (bi-*sték*-ka) *f* bifteck *m*

bivio (*bii*-vyô) *m* bifurcation *f*

bizzarro (bid-*dzar*-rô) *adj* bizarre, drôle, étrange

bloccare (blôk-*kââ*-ré) *v* bloquer

blu (blou) *adj* bleu

blusa (*blou*-za) *f* chemisier *m*

boa (*boo*-a) *f* bouée *f*

bocca (*bôk*-ka) *f* bouche *f*; gueule *f*

boccale (bôk-*kââ*-lé) *m* gobelet *m*

boccaporto (bôk-ka-*por*-tô) *m* hublot *m*

bocchino (bôk-*kii*-nô) *m* fume-cigarettes *m*

bocciare (bôt-*tchââ*-ré) *v* échouer

bocciolo (bôt-*tchoo*-lô) *m* bourgeon *m*

boccone (bôk-*kôô*-né) *m* bouchée *f*

boia (*boï*-a) *m* (pl ~) bourreau *m*

Bolivia (bô-*lii*-vya) *f* Bolivie *f*

boliviano (bô-li-*vyââ*-nô) *adj* bolivien; *m* Bolivien *m*

bolla (*bôl*-la) *f* bulle *f*; ampoule *f*,

cloque f

bollettino meteorologico (bôl-lét-*tii*-nô mé-té-ô-rô-*loo*-dji-kô) bulletin météorologique

bollire (bôl-*lii*-ré) v *bouillir

bollitore (bôl-li-*tôô*-ré) m bouilloire f

bomba (*bôm*-ba) f bombe f

bombardare (bôm-bar-*dââ*-ré) v bombarder

bordello (bôr-*dèl*-lô) m bordel m

bordo (*bôr*-dô) m rebord m ; bord m

borghese (bôr-*ghéé*-sé) adj bourgeois ; m civil m

borsa¹ (*bôr*-sa) f sac à main ; ~ **da ghiaccio** sac à glace ; ~ **dell'acqua calda** bouillotte f ; ~ **per la spesa** sac à provisions

borsa² (*bôr*-sa) f bourse f ; ~ **di studio** bourse d'études

borsa³ (*bôr*-sa) f bourse f ; marché des valeurs

borsellino (bôr-sél-*lii*-nô) m bourse f, porte-monnaie m

borsetta (bôr-*sét*-ta) f sac à main

boschetto (bô-*skét*-tô) m bosquet m

bosco (*bo*-skô) m bois m

boscoso (bô-*skôô*-sô) adj boisé

botanica (bô-*tââ*-ni-ka) f botanique f

botola (*bo*-tô-la) f trappe f

botte (*bôt*-té) f tonneau m

bottega (bôt-*téé*-gha) f magasin m

botteghino (bôt-té-*ghii*-nô) m guichet de location

bottiglia (bôt-*tii*-lYa) f bouteille f

bottone (bôt-*tôô*-né) m bouton m

boy-scout (*boï*-skaout) m scout m

a braccetto (a brat-*tchét*-tô) bras-dessus bras-dessous

braccialetto (brat-tcha-*lét*-tô) m bracelet m

braccio¹ (*brat*-tchô) m (pl le braccia) bras m

braccio² (*brat*-tchô) m (pl bracci) bras m ; affluent m

brachetta (bra-*két*-ta) f braguette f

braciola (bra-*tchoo*-la) f côtelette f

bramare (bra-*mââ*-ré) v désirer

bramosia (bra-mô-*zii*-a) f envie f

branchia (*brann*-kya) f branchie f

branda (*brann*-da) f lit de camp

brano (*brââ*-nô) m extrait m, passage m

branzino (brann-*dzii*-nô) m perche f

Brasile (bra-*zii*-lé) m Brésil m

brasiliano (bra-zi-*lYââ*-nô) adj brésilien ; m Brésilien m

bravo (*brââ*-vô) adj habile ; brave

breccia (*brét*-tcha) f brèche f

bretelle (bré-*tèl*-lé) fpl bretelles fpl

breve (*bréé*-vé) adj bref ; concis ; **tra** ~ prochainement

brevetto (bré-*vét*-tô) m brevet m

brezza (*bréd*-dza) f brise f

briciola (*brii*-tchô-la) f miette f

bridge (bridj) m bridge m

brillante (bril-*lann*-té) adj brillant

brillantina (bril-lann-*tii*-na) f crème capillaire ; gel pour les cheveux

brillare (bril-*lââ*-ré) v briller

brindisi (*brinn*-di-zi) m toast m

britannico (bri-*tann*-ni-kô) adj britannique

britanno (bri-*tann*-nô) m Britannique m

brivido (*brii*-vi-dô) m frisson m

brocca (*brok*-ka) f cruche f

bronchite (brông-*kii*-té) f bronchite f

brontolare (brôn-tô-*lââ*-ré) v grogner

bronzeo (*brôn*-dzé-ô) adj en bronze

bronzo (*brôn*-dzô) m bronze m

bruciare (brou-*tchââ*-ré) v brûler

bruciatura (brou-tcha-*toû*-ra) f brûlure f

brughiera (brou-*ghéé*-ra) f bruyère f

bruna (*broû*-na) f brunette f

bruno (*broû*-nô) adj brun

brutale (brou-*tââ*-lé) adj brutal

brutto (*brout*-tô) adj laid ; grave, mauvais

buca (*boû*-ka) f fosse f, trou m; ~ **delle lettere** boîte aux lettres

bucato (bou-*kââ*-tô) adj crevé; m lessive f

bucatura (bou-ka-*toû*-ra) f pneu crevé, crevaison f

buccia (*bout*-tcha) f peau f, pelure f

buco (*boû*-kô) m trou m; ~ **della serratura** trou de la serrure

budella (bou-*dèl*-la) fpl intestins

bue (*boû*-é) m bœuf m

buffé (bouf-*fè*) m buffet m

buffo (*bouf*-fô) adj drôle

buffonata (bouf-fô-*nââ*-ta) f farce f

buio (*boû*-yô) adj sombre, obscur; m ténèbres fpl

bulbo (*boul*-bô) m bulbe m; oignon m; ampoule f

Bulgaria (boul-gha-*rii*-a) f Bulgarie f

bulgaro (*boul*-gha-rô) adj bulgare; m Bulgare m

bullone (boul-*lôô*-né) m boulon m

buongustaio (b^{ou}onn-ghou-*stââ*-yô) m gourmet m

buono (b^{ou}*oo*-nô) adj bon; sage; m reçu m

burocrazia (bou-rô-kra-*tsii*-a) f bureaucratie f

burrasca (bour-*ra*-ska) f tempête f

burro (*bour*-rô) m beurre m

bussare (bouss-*sââ*-ré) v frapper

bussola (*bouss*-sô-la) f boussole f

busta (*bou*-sta) f enveloppe f; housse f

busto (*bou*-stô) m buste m; corset m, gaine f

buttare (bout-*tââ*-ré) v lancer

C

cabaret (ka-ba-*ré*) m boîte de nuit; cabaret m

cabina (ka-*bii*-na) f cabine f; ~ **di coperta** cabine de pont; ~ **telefonica** cabine téléphonique

caccia (*kat*-tcha) f chasse f

cacciare (kat-*tchââ*-ré) v chasser; ~ **di frodo** braconner

cacciatore (kat-tcha-*tôô*-ré) m chasseur m

cacciavite (kat-tcha-*vii*-té) m tournevis m

cadavere (ka-*dââ*-vé-ré) m cadavre m

***cadere** (ka-*déé*-ré) v tomber; ***far** ~ laisser tomber

caduta (ka-*doû*-ta) f chute f

caffè (kaf-*fè*) m café m

caffeina (kaf-fé-*ii*-na) f caféine f

calare (ka-*lââ*-ré) v amener

calce (*kal*-tché) f chaux f

calcestruzzo (kal-tché-*strout*-tsô) m béton m

calcio (*kal*-tchô) m coup de pied; football m; calcium m; ~ **d'inizio** coup d'envoi; ~ **di rigore** penalty m; ***prendere a calci** donner des coups de pied

calcolare (kal-kô-*lââ*-ré) v calculer

calcolatrice (kal-kô-la-*tri*-tché) f calculatrice f

calcolo (*kal*-kô-lô) m calcul m; **calcolo biliare** calcul biliaire; ***fare i calcoli** calculer

caldo (*kal*-dô) adj chaud; m chaleur f

calendario (ka-lén-*dââ*-ryô) m calendrier m

callista (kal-*li*-sta) m pédicure m

callo (*kal*-lô) m cal m; cor au pied

calma (*kal*-ma) f calme m

calmare (kal-*mââ*-ré) v calmer

calmo (*kal*-mô) *adj* calme ; serein

calore (ka-*lôô*-ré) *m* chaleur *f*

caloria (ka-lô-*rii*-a) *f* calorie *f*

calunnia (ka-*loun*-gna) *f* calomnie *f*

calvinismo (kal-vi-*ni*-zmô) *m* calvinisme *m*

calvo (*kal*-vô) *adj* chauve

calza (*kal*-tsa) *f* chaussette *f* ; bas *m* ; **calze elastiche** bas élastiques

calzamaglia (kal-tsa-*mââ*-lᵛa) *f* collants *mpl*

calzatura (kal-tsa-*toú*-ra) *f* chaussures *f*

calzolaio (kal-tsô-*lââ*-yô) *m* cordonnier *m*

calzoleria (kal-tsô-lé-*rii*-a) *f* magasin de chaussures

calzoncini (kal-tsôn-*tchii*-ni) *mpl* short *m* ; culotte de gymnastique

calzoni (kal-*tsôô*-ni) *mpl* pantalon *m* ; ~ **da sci** pantalon de ski

cambiamento (kamm-bya-*mén*-tô) *m* changement *m*, modification *f*

cambiare (kamm-*byââ*-ré) *v* changer ; ~ **marcia** changer de vitesse

cambio (*kamm*-byô) *m* changement *m* ; troc *m* ; change *m* ; ~ **di velocità** boîte de vitesse ; **corso del** ~ cours du change ; ***dare il** ~ relayer

camera (*kââ*-mé-ra) *f* pièce *f* ; ~ **a un letto** chambre pour une personne ; ~ **blindata** chambre forte ; ~ **da letto** chambre à coucher ; ~ **d'aria** chambre à air ; ~ **degli ospiti** chambre d'ami

cameriera (ka-mé-*ryèè*-ra) *f* bonne *f* ; femme de chambre ; serveuse *f*

cameriere (ka-mé-*ryèè*-ré) *m* valet *m* ; garçon *m*

camerino (ka-mé-*rii*-nô) *m* loge *f*

camicia (ka-*mii*-tcha) *f* chemise *f* ; ~ **da notte** chemise de nuit

camino (ka-*mii*-nô) *f* cheminée *f*

camionetta (ka-myô-*nét*-ta) *f* camionnette *f*

cammello (kamm-*mèl*-lô) *m* chameau *m*

cammeo (kamm-*mèè*-ô) *m* camée *m*

camminare (kamm-mi-*nââ*-ré) *v* marcher ; faire des randonnées

campagna (kamm-*pââ*-gna) *f* campagne *f*

campana (kamm-*pââ*-na) *f* cloche *f*

campanello (kamm-pa-*nèl*-lô) *m* sonnette *f*

campanile (kamm-pa-*nii*-lé) *m* clocher *m*

campeggiatore (kamm-péd-dja-*tôô*-ré) *m* campeur *m*

campeggio (kamm-*péd*-djô) *m* camping *m* ; terrain de camping

campione (kamm-*pyôô*-né) *m* champion *m* ; échantillon *m*

campo (*kamm*-pô) *m* champ *m* ; camp *m* ; ~ **di gioco** terrain de jeux ; ~ **di golf** terrain de golf ; ~ **di grano** champ de blé ; ~ **di tennis** court de tennis

camposanto (kamm-pô-*sann*-tô) *m* cimetière *m*

Canadà (ka-na-*da*) *m* Canada *m*

canadese (ka-na-*déé*-zé) *adj* canadien ; *m* Canadien *m*

canale (ka-*nââ*-lé) *m* canal *m*

canapa (*ka*-na-pa) *f* chanvre *m*

canarino (ka-na-*rii*-nô) *m* canari *m*

cancello (kann-*tchèl*-lô) *m* grille *f* ; porte *f*

cancro (*kanng*-krô) *m* cancer *m*

candela (kann-*déé*-la) *f* bougie *f* ; ~ **d'accensione** bougie d'allumage

candelabro (kann-dé-*lââ*-brô) *m* candélabre *m*

candidato (kann-di-*dââ*-tô) *m* candidat *m*

cane (*kââ*-né) *m* chien *m* ; ~ **guida** chien d'aveugle

canguro (kanng-*ghoú*-rô) *m* kangourou *m*

canile (ka-*nii*-lé) *m* chenil *m*

canna (*kann*-na) *f* canne *f*; ~ **da pesca** canne à pêche

cannella (kann-*nèl*-la) *f* cannelle *f*

cannone (kann-*nôô*-né) *m* canon *m*

canoa (ka-*nôô*-a) *f* canot *m*

cantante (kann-*tann*-té) *m* chanteur *m*; *f* chanteuse *f*

cantare (kann-*tââ*-ré) *v* chanter

canticchiare (kann-tik-*kyââ*-ré) *v* fredonner

cantina (kann-*tii*-na) *f* cave *f*

cantiniere (kann-ti-*nyèè*-ré) *m* sommelier *m*

canto (*kann*-tô) *m* chant *m*

canzonare (kann-tsô-*nââ*-ré) *v* se moquer de

canzone (kann-*tsôô*-né) *f* chanson *f*

caos (*kââ*-ôss) *m* chaos *m*

caotico (ka-*oo*-ti-kô) *adj* chaotique

capace (ka-*pââ*-tché) *adj* en mesure; capable

capacità (ka-pa-tchi-*ta*) *f* capacité *f*; don *m*

capanna (ka-*pann*-na) *f* hutte *f*; cabane *f*

caparbio (ka-*par*-byô) *adj* opiniâtre

capello (ka-*pél*-lô) *m* cheveu *m*; **fissatore per capelli** fixateur *m*

capigliatura (ka-pi-*lᵞa-toû*-ra) *f* coiffure *f*

capire (ka-*pii*-ré) *v* *comprendre, *concevoir

capitale (ka-pi-*tââ*-lé) *m* capital *m*; capitale *f*; *adj* essentiel

capitalismo (ka-pi-ta-*li*-zmô) *m* capitalisme *m*

capitano (ka-pi-*tââ*-nô) *m* capitaine *m*

capitare (ka-pi-*tââ*-ré) *v* se *produire

capitolazione (ka-pi-tô-la-*tsyôô*-né) *f* capitulation *f*

capitolo (ka-*pii*-tô-lô) *m* chapitre *m*

capo (*kââ*-pô) *m* tête *f*; chef *m*; cap *m*; ~ **di stato** chef d'Etat

capocameriere (ka-pô-ka-mé-*ryèè*-ré) *m* maître d'hôtel

capocuoco (ka-pô-*kᵒᵘoo*-kô) *m* chef cuisinier

capogiro (ka-pô-*djii*-rô) *m* vertige *m*

capolavoro (ka-pô-la-*vôô*-rô) *m* chef-d'œuvre *m*

capomastro (ka-pô-*ma*-strô) *m* contremaître *m*

capostazione (ka-pô-sta-*tsyôô*-né) *m* chef de gare

capoverso (ka-pô-*vèr*-sô) *m* paragraphe *m*

*capovolgere (ka-pô-*vol*-djé-ré) *v* retourner

cappella (kap-*pèl*-la) *f* chapelle *f*

cappellano (kap-pél-*lââ*-nô) *m* chapelain *m*

cappello (kap-*pèl*-lô) *m* chapeau *m*

cappotto (kap-*pot*-tô) *m* pardessus *m*; ~ **di pelliccia** manteau de fourrure

cappuccio (kap-*pout*-tchô) *m* capuchon *m*

capra (*kââ*-pra) *f* chèvre *f*

capretto (ka-*prét*-tô) *m* chevreau *m*

capriccio (ka-*prit*-tchô) *m* caprice *m*, lubie *f*

capsula (*ka*-psou-la) *f* capsule *f*

caraffa (ka-*raf*-fa) *f* carafe *f*

caramella (ka-ra-*mèl*-la) *f* caramel *m*; bonbon *m*

carato (ka-*rââ*-tô) *m* carat *m*

carattere (ka-*rat*-té-ré) *m* caractère *m*

caratteristica (ka-rat-té-*ri*-sti-ka) *f* caractéristique *f*

caratteristico (ka-rat-té-*ri*-sti-kô) *adj* caractéristique

caratterizzare (ka-rat-té-rid-*dzââ*-ré) *v* caractériser

carbone (kar-*bôô*-né) *m* charbon *m*

carburatore (kar-bou-ra-*tôô*-ré) *m* carburateur *m*

carcere (*kar*-tché-ré) *m* prison *f*

carceriere (kar-tché-*ryèè*-ré) *m* geôlier

m

carciofo (kar-*tchoo*-fô) *m* artichaut *m*

cardinale (kar-di-*nââ*-lé) *m* cardinal *m*; *adj* cardinal

cardine (*kar*-di-né) *m* charnière *f*

cardo (*kar*-dô) *m* chardon *m*

carenza (ka-*rèn*-tsa) *f* carence *f*

caricare (ka-ri-*kââ*-ré) *v* charger; remonter

carico (*kââ*-ri-kô) *m* chargement *m*, cargaison *f*, fret *m*; charge *f*

carillon (ka-ri-*yóa*) *m* carillon *m*

carino (ka-*rii*-nô) *adj* gentil; joli

carità (ka-ri-*ta*) *f* charité *f*

carnagione (kar-na-*djôô*-né) *f* teint *m*

carne (*kar*-né) *f* chair *f*; viande *f*

carnevale (kar-né-*vââ*-lé) *m* carnaval *m*

caro (*kââ*-rô) *adj* cher; *m* chéri *m*

carota (ka-*roo*-ta) *f* carotte *f*

carovana (ka-rô-*va*-na) *f* caravane *f*

carpa (*kar*-pa) *f* carpe *f*

carriera (kar-*ryèè*-ra) *f* carrière *f*

carriola (kar-*ryoo*-la) *f* brouette *f*

carro (*kar*-rô) *m* charrette *f*

carrozza (kar-*rot*-tsa) *f* carrosse *m*; voiture *f*

carrozzeria (kar-rôt-tsé-*rii*-a) *f* carrosserie *f*

carrozzina (kar-rôt-*tsii*-na) *f* voiture d'enfant; poussette *f*

carrozzone (kar-rôt-*tsôô*-né) *m* roulotte *f*

carrucola (kar-*rou*-kô-la) *f* poulie *f*

carta (*kar*-ta) *f* papier *m*; carte *f*; ~ **assorbente** papier buvard; ~ **carbone** papier carbone; ~ **da gioco** carte de jeu; ~ **da imballaggio** papier d'emballage; ~ **da lettere** papier à lettres; papier à écrire; ~ **da macchina** papier à machine; ~ **da parati** papier peint; ~ **di credito** carte de crédit; ~ **d'identità** carte d'identité; ~ **igienica** papier hygié-

nique; ~ **nautica** carte marine; ~ **stradale** carte routière; ~ **verde** carte verte; ~ **vetrata** papier de verre; **di** ~ en papier

cartella (kar-*tèl*-la) *f* serviette *f*; cartable *m*

cartello indicatore (kar-*tèl*-lô inn-di-ka-*tôô*-ré) poteau indicateur

cartellone (kar-tél-*lôô*-né) *m* affiche *f*

cartilagine (kar-ti-*lââ*-dji-né) *f* cartilage *m*

cartoleria (kar-tô-lé-*rii*-a) *f* papeterie *f*

cartolina (kar-tô-*lii*-na) *f* carte postale; ~ **illustrata** carte postale illustrée

cartoncino (kar-tôn-*tchii*-nô) *m* carte *f*

cartone (kar-*tôô*-né) *m* carton *m*; ~ **animato** dessins animés; **di** ~ en carton

cartuccia (kar-*tout*-tcha) *f* cartouche *f*

casa (*kââ*-sa) *f* maison *f*; **a** ~ chez soi; ~ **di campagna** maison de campagne; ~ **di riposo** maison de repos; ~ **galleggiante** maison-bateau; ~ **padronale** manoir *m*; **in** ~ à la maison

casalinga (ka-sa-*linng*-gha) *f* ménagère *f*

casalingo (ka-sa-*linng*-ghô) *adj* fait à la maison

cascata (ka-*skââ*-ta) *f* cascade *f*

cascina (ka-*chii*-na) *f* ferme *f*

casco (*ka*-skô) *m* casque *m*

caseggiato (ka-séd-*djââ*-tô) *m* immeuble d'habitation

caserma (ka-*zèr*-ma) *f* caserne *f*

casinò (ka-si-*nô*) *m* casino *m*

caso *m* hasard *m*; cas *m*; ~ **di emergenza** cas d'urgence; **in** ~ **di** en cas de; **in ogni** ~ de toute façon; **per** ~ par hasard

cassa (*kass*-sa) *f* caisse *f*; ~ **di risparmio** caisse d'épargne; ~ **mobile** conteneur *m*

cassaforte (kass-sa-*for*-té) f coffre-fort

casseruola (kass-sé-*rou*oo-la) f poêle f

cassetta postale (kass-*sét*-ta pô-*stââ*-lé) f boîte aux lettres

cassetto (kass-*sét*-tô) m tiroir m

cassettone (kass-sét-*tôô*-né) m commode f

cassiera (kass-*syèè*-ra) f caissière f

cassiere (kass-*syèè*-ré) m caissier m

castagna (ka-*stââ*-gna) f marron m

castano (ka-*stââ*-nô) adj châtain

castello (ka-*stèl*-lô) m château m

casto (ka-stô) adj chaste, pur

castoro (ka-*stoo*-rô) m castor m

catacomba (ka-ta-*kôm*-ba) f catacombe f

catalogo (ka-*tââ*-lô-ghô) m catalogue m

catarro (ka-*tar*-rô) m catarrhe m

catastrofe (ka-ta-strô-fé) f sinistre m, catastrophe f

categoria (ka-té-ghô-*rii*-a) f catégorie f

categorico (ka-té-*ghoo*-ri-kô) adj formel

catena (ka-*téé*-na) f chaîne f

catino (ka-*tii*-nô) m bassin m

catrame (ka-*trââ*-mé) m goudron m

cattedra (*kat*-té-dra) f pupitre m

cattedrale (kat-té-*drââ*-lé) f cathédrale f

cattivo (kat-*tii*-vô) adj mauvais; méchant; polisson, vilain

cattolico (kat-*too*-li-kô) adj catholique

cattura (kat-*toû*-ra) f capture f

catturare (kat-tou-*rââ*-ré) v capturer

caucciù (kaou-*tchou*) m caoutchouc m

causa (*kaou*-za) f cause f; affaire f; procès m; **a ~ di** en raison de; à cause de

causare (kaou-*zââ*-ré) v causer

cautela (kaou-*tèè*-la) f prudence f

cauto (*kaou*-tô) adj prudent

cauzione (kaou-*tsyôô*-né) f caution f

cavalcare (ka-val-*kââ*-ré) v monter à cheval

cavaliere (ka-va-*lYèè*-ré) m chevalier m

cavalla (ka-*val*-la) f jument f

cavallerizzo (ka-val-lé-*rit*-tzô) m cavalier m

cavalletta (ka-val-*lét*-ta) f sauterelle f

cavallino (ka-val-*lii*-nô) m poney m

cavallo (ka-*val*-lô) m cheval m; ~ **da corsa** cheval de course; ~ **vapore** cheval-vapeur m

cavatappi (ka-va-*tap*-pi) m tire-bouchon m

caverna (ka-*vèr*-na) f caverne f, grotte f

caviale (ka-*vyââ*-lé) m caviar m

caviglia (ka-*vii*-lYa) f cheville f

cavità (ka-vi-*ta*) f cavité f

cavo (*kââ*-vô) m câble m

cavolfiore (ka-vôl-*fyôô*-ré) m chou-fleur

cavolini (ka-vô-*lii*-ni) mpl choux de Bruxelles

cavolo (*kââ*-vô-lô) m chou m

ceco (*tchèè*-kô) adj tchèque; m Tchèque m; **Repubblica ceca** République tchèque

cedere (*tchèè*-dé-ré) v céder

cedimento (tchèè-di-*mén*-tô) m soumission f

cedola (*tchèè*-dô-la) f ticket m

cedro (*tchéé*-drô) m limette f

ceffone (tchéf-*fôô*-né) m claque f

celare (tché-*lââ*-ré) v dissimuler

celebrare (tché-lé-*brââ*-ré) v célébrer

celebrazione (tché-lé-bra-*tsyôô*-né) f célébration f

celebre (*tchèè*-lé-bré) adj célèbre

celebrità (tché-lé-bri-*ta*) f célébrité f

celibato (tché-li-*bââ*-tô) m célibat m

celibe (*tchèè*-li-bé) adj célibataire; m célibataire m

cella (*tchèl*-la) f cellule f

cellofan (*tchèl*-lô-fann) *m* cellophane *f*

cemento (tchè-*mén*-tô) *m* ciment *m*

cena (*tchéé*-na) *f* dîner *m*, souper *m*

cenere (*tchéé*-né-ré) *f* cendre *f*

cenno (tchén-nô) *m* signe *m*

censura (tchén-*soú*-ra) *f* censure *f*

centigrado (tchén-*tii*-ghra-dô) *adj* centigrade

centimetro (tchén-*tii*-mé-trô) *m* centimètre *m*

cento (*tchèn*-tô) *num* cent

centrale (tchén-*trââ*-lé) *adj* central ; ~ **elettrica** centrale *f*

centralinista (tchén-tra-li-*ni*-sta) *f* standardiste *f*

centralino (tchén-tra-*lii*-nô) *m* central téléphonique

centralizzare (tchén-tra-lid-*dzââ*-ré) *v* centraliser

centro (*tchèn*-trô) *m* centre *m* ; ~ **commerciale** centre commercial ; ~ **di ricreazione** centre de loisirs ; ~ **sanitario** dispensaire *m*

ceppo (*tchép*-pô) *m* bloc *m* ; bûche *f*

cera (*tchéé*-ra) *f* cire *f*

ceramica (tché-*rââ*-mi-ka) *f* faïence *f*, céramique *f*, poterie *f*

cerbiatto (tchér-*byat*-tô) *m* faon *m*

cercare (tchér-*kââ*-ré) *v* chercher

cerchio (*tchér*-kyô) *m* cercle *m*

cerchione (tchér-*kyôô*-né) *m* jante *f*

cerimonia (tché-ri-*moo*-gna) *f* cérémonie *f*

cerotto (tché-*rot*-tô) *m* sparadrap *m*

certamente (tchér-ta-*mén*-té) *adv* sûrement

certezza (tchér-*tét*-tsa) *f* certitude *f*

certificato (tchér-ti-fi-*kââ*-tô) *m* attestation *f*, certificat *m* ; ~ **di sanità** certificat médical

certo (*tchèr*-tô) *adj* certain

cervello (tchér-*vèl*-lô) *m* cerveau *m*

cervo (*tchèr*-vô) *m* daim *m*

cespuglio (tché-*spoú*-lʸô) *m* buisson *m*

cessare (tchéss-*sââ*-ré) *v* finir ; cesser

cestino (tché-*stii*-nô) *m* corbeille à papier

ceto (*tchèè*-tô) *m* grade *m* ; ~ **medio** classe moyenne

cetriolo (tché-*tryoo*-lô) *m* concombre *m*

che (ké) *pron* qui ; que ; *conj* que

chi (ki) *pron* qui

chiacchierare (kyak-kyé-*rââ*-ré) *v* bavarder

chiacchierata (kyak-kyé-*rââ*-ta) *f* bavardage *m*

chiacchierone (kyak-kyé-*rôô*-né) *m* moulin à paroles

chiamare (kya-*mââ*-ré) *v* appeler

chiamata (kya-*mââ*-ta) *f* coup de téléphone, appel téléphonique ; ~ **locale** communication locale

chiarificare (kya-ri-fi-*kââ*-ré) *v* clarifier

chiarire (kya-*rii*-ré) *v* éclaircir, expliquer

chiaro (*kyââ*-rô) *adj* clair ; pâle ; net

chiasso (*kyass*-sô) *m* vacarme *m*

chiave (*kyââ*-vé) *f* clé *f* ; ~ **di casa** clé de la maison ; ~ **fissa** clé à écrous

chiavistello (kya-vi-*stèl*-lô) *m* verrou *m*

chiazza (*kiat*-tsa) *f* tache *f*

chiazzato (kyat-*tsââ*-tô) *adj* tacheté

*****chiedere** (*kyèè*-dé-ré) *v* prier ; demander

chieric (*kyèè*-ri-kô) *m* ecclésiastique *m*

chiesa (*kyèè*-za) *f* église *f*

chiglia (*kii*-lʸa) *f* quille *f*

chilo (*kii*-lô) *m* kilo *m*

chilometraggio (ki-lô-mé-*trad*-djô) *m* kilométrage *m*

chilometro (ki-*loo*-mé-trô) *m* kilomètre *m*

chimica (*kii*-mi-ka) *f* chimie *f*

chimico (*kii*-mi-kô) *adj* chimique

chinarsi (ki-*nar*-si) *v* se pencher

chinino (ki-*nii*-nò) *m* quinine *f*

chiocciola di mare (*kyot*-tchô-la di *mââ*-ré) bigorneau *m*

chiodo (*kyoo*-dô) *m* clou *m*

chiosco (*kyo*-skô) *m* kiosque *m*

chirurgo (ki-*rour*-ghô) *m* chirurgien *m*

chitarra (ki-*tar*-ra) *f* guitare *f*

*chiudere (*kyoû*-dé-ré) *v* fermer; ~ a chiave fermer à clé; enfermer

chiunque (*kyoung*-k^{ou}é) *pron* n'importe qui, quiconque; chacun

chiusa (*kyoû*-sa) *f* écluse *f*

chiuso (*kyoû*-sô) *adj* fermé, clos

chiusura lampo (kyou-*soû*-ra *lamm*-pô) fermeture éclair

ci (tchi) *pron* nous

ciabatta (tcha-*bat*-ta) *f* pantoufle *f*

cialda (*tchal*-da) *f* gaufre *f*

ciancia (*tchann*-tcha) *f* causette *f*

ciao! (*tchââ*-ô) bonjour!

ciarlare (tchar-*lââ*-ré) *v* causer

ciarlata (tchar-*lââ*-ta) *f* bavardage *m*

ciarlatano (tchar-la-*tââ*-nô) *m* charlatan *m*

ciascuno (tcha-*skoû*-nô) *adj* tout, chaque

cibo (*tchii*-bô) *m* nourriture *f*; ~ surgelato aliments surgelés

cicatrice (tchi-ka-*trii*-tché) *f* cicatrice *f*

ciclista (tchi-*kli*-sta) *m* cycliste *m*

ciclo (*tchii*-klô) *m* cycle *m*; vélo *m*

cicogna (tchi-*kôô*-gna) *f* cigogne *f*

cieco (*tchèè*-kô) *adj* aveugle

cielo (*tchèè*-lô) *m* ciel *m*

cifra (*tchii*-fra) *f* chiffre *m*

ciglio (*tchii*-l^{Y}ô) *m* (pl le ciglia) cil *m*

cigno (*tchii*-gnô) *m* cygne *m*

cigolare (tchi-ghô-*lââ*-ré) *v* grincer

Cile (*tchii*-lé) *m* Chili *m*

cileno (tchi-*léé*-nô) *adj* chilien; *m* Chilien *m*

ciliegia (tchi-*l^{Y}éé*-dja) *f* cerise *f*

cilindro (tchi-*linn*-drô) *m* cylindre *m*

cima (*tchii*-ma) *f* sommet *m*; apogée *m*; in ~ a au-dessus de

cimice (*tchii*-mi-tché) *f* coléoptère *m*, punaise *f*

cimitero (tchi-mi-*tèè*-rô) *m* cimetière *m*

Cina (*tchii*-na) *f* Chine *f*

cinegiornale (tchi-né-djôr-*nââ*-lé) *m* actualités

cinema (*tchii*-né-ma) *m* cinéma *m*

cinematografo (tchi-né-ma-*too*-ghra-fô) *m* cinéma *m*

cinepresa (tchi-né-*préé*-sa) *f* caméra *f*

cinese (tchi-*néé*-sé) *adj* chinois; *m* Chinois *m*

*cingere (tchinn-djé-ré) *v* encercler

cinghia (*tchinng*-ghya) *f* courroie *f*; ceinture *f*; ~ del ventilatore courroie de ventilateur

cinquanta (tchinng-k^{ou}ann-ta) *num* cinquante

cinque (*tchinng*-k^{ou}é) *num* cinq

ciò (tchô) *pron* cela, ceci

cioccolata (tchôk-kô-*lââ*-ta) *f* chocolat *m*

cioccolatino (tchôk-kô-la-*tii*-nô) *m* praline *f*

cioccolato (tchôk-kô-*lââ*-tô) *m* chocolat *m*

cioè (tchô-*èè*) *adv* notamment

ciottolo (*tchot*-tô-lô) *m* galet *m*

cipolla (tchi-*pôl*-la) *f* oignon *m*

cipollina (tchi-pôl-*lii*-na) *f* ciboulette *f*

cipria (*tchii*-prya) *f* poudre de riz; piumino da ~ houppette *f*

circa (*tchir*-ka) *adv* à peu près; *prep* concernant

circo (*tchir*-kô) *m* cirque *m*

circolazione (tchir-kô-la-*tsyôô*-né) *f* circulation *f*; ~ del sangue circulation *f*

circolo (*tchir*-kô-lô) *m* cercle *m*; club *m*; ~ nautico yacht-club *m*

circondare (tchir-kôn-*dââ*-ré) *v* entourer

circonvallazione (tchir-kôn-val-la-tsyôô-né) f route d'évitement

circostante (tchir-kô-*stann*-té) adj environnant

circostanza (tchir-kô-*stann*-tsa) f circonstance f

cistifellea (tchi-sti-*fèl*-lé-a) f vésicule biliaire

cistite (tchi-*stii*-té) f cystite f

citare (tchi-*tââ*-ré) v citer

citazione (tchi-ta-*tsyôô*-né) f mention f, citation f; convocation f

città (tchit-*ta*) f cité f, ville f

cittadinanza (tchit-ta-di-*nann*-tsa) f citadins mpl; citoyenneté f

cittadino (tchit-ta-*dii*-nô) m citoyen m

civico (*tchii*-vi-kô) adj civique

civile (tchi-*vii*-lé) adj civil

civilizzato (tchi-vi-lid-*dzââ*-tô) adj civilisé

civiltà (tchi-vil-*ta*) f civilisation f

clacson (*klak*-sôn) m klaxon m

classe (*klass*-sé) f classe f; grade m; ~ **turistica** classe touriste

classico (*klass*-si-kô) adj classique

classificare (klass-si-fi-*kââ*-ré) v classer

clausola (*klaou*-zô-la) f clause f

clava (*klââ*-va) f gourdin m

clavicembalo (kla-vi-*tchém*-ba-lô) m clavecin m

clavicola (kla-*vii*-kô-la) f clavicule f

clemenza (klé-*mèn*-tsa) f clémence f

cliente (*klyèn*-té) m client m

clima (*klii*-ma) m climat m

clinica (*klii*-ni-ka) f clinique f

cloro (*kloo*-rô) m chlore m

coagulare (kô-a-ghou-*lââ*-ré) v coaguler

cocaina (kô-ka-*ii*-na) f cocaïne f

cocciuto (kôt-*tchoû*-tô) adj têtu

cocco (*kok*-kô) m chouchou m

coccodrillo (kôk-kô-*dril*-lô) m crocodile m

coda (*kôô*-da) f queue f; *fare la ~ *faire la queue

codardo (kô-*dar*-dô) m lâche m

codice (*koo*-di-tché) m code m; ~ **postale** code postal

coerenza (kô-é-*rèn*-tsa) f cohérence f

cofano (*koo*-fa-nô) m capot m

** **cogliere** (*koo*-lʸé-ré) v *cueillir; *surprendre

cognata (kô-*gnââ*-ta) f belle-sœur f

cognato (kô-*gnââ*-tô) m beau-frère m

cognome (kô-*gnôô*-mé) m nom de famille; ~ **da nubile** nom de jeune fille

coincidenza (kô-inn-tchi-*dèn*-tsa) f communication f, correspondance f

** **coincidere** (kô-inn-*tchii*-dé-ré) v coïncider

** **coinvolgere** (kô-inn-*vol*-djé-ré) v impliquer

colapasta (kô-la-*pa*-sta) m passoire f

colazione (kô-la-*tsyôô*-né) f déjeuner m; **prima** ~ petit déjeuner; **seconda** ~ déjeuner m

colla (*kôl*-la) f colle f

collaborazione (kôl-la-bô-ra-*tsyôô*-né) f collaboration f

collana (kôl-*lââ*-na) f collier m

collare (kôl-*lââ*-ré) m collier m

collega (kôl-*lèè*-gha) m collègue m

collegare (kôl-lé-*ghââ*-ré) v *mettre en communication, brancher, relier

collegio (kôl-*lèè*-djò) m collège m

collera (*kol*-lé-ra) f colère f

collettivo (kôl-lét-*tii*-vô) adj collectif

colletto (kôl-*lét*-tô) m col m; **bottoncino per** ~ bouton de col

collettore (kôl-lét-*tôô*-ré) m quêteur m

collezione (kôl-lé-*tsyôô*-né) f collection f; ~ **d'arte** collection d'art

collezionista (kôl-lé-tsyô-*ni*-sta) m collectionneur m

collina (kôl-*lii*-na) f colline f

collinoso (kôl-li-*nôô*-sô) adj accidenté

collisione (kôl-li-*zyôô*-né) f collision f; abordage m

collo (*kol*-lô) m gorge f, cou m

collocare (kôl-lô-*kââ*-ré) v placer

colmo (*kôl*-mô) adj complet; m sommet m

Colombia (kô-*lôm*-bya) f Colombie f

colombiano (kô-lôm-*byââ*-nô) adj colombien; m Colombien m

colonia (kô-*loo*-gna) f colonie f; ~ **di vacanze** camp de vacances

colonna (kô-*lonn*-na) f pilier m, colonne f

colonnello (kô-lôn-*nèl*-lô) m colonel m

colore (kô-*lôô*-ré) m peinture f; couleur f

colorito (kô-lô-*rii*-tô) adj coloré

colpa (*kôl*-pa) f culpabilité f, faute f, blâme m

colpetto (kôl-*pét*-tô) m coup m

colpevole (kôl-*pée*-vô-lé) adj coupable

colpire (kôl-*pii*-ré) v frapper; toucher

colpo (*kôl*-pô) m coup m, claque f; attaque f; ~ **di sole** insolation f

coltello (kôl-*tèl*-lô) m couteau m

coltivare (kôl-ti-*vââ*-ré) v cultiver

colto (*kôl*-tô) adj cultivé

coltura (kôl-*toû*-ra) f culture f

coma (*koo*-ma) m coma m

comandante (kô-mann-*dann*-té) m commandant m

comandare (kô-mann-*dââ*-ré) v commander

comando (kô-mann-dô) m commandement m; direction f

combattere (kôm-*bat*-té-ré) v lutter, se *battre, *combattre

combattimento (kôm-bat-ti-*mén*-tô) m combat m; lutte f

combinare (kôm-bi-*nââ*-ré) v combiner

combinazione (kôm-bi-na-*tsyôô*-né) f combinaison f

combustibile (kôm-bou-*stii*-bi-lé) m combustible m

come (*kôô*-mé) adv tel que, comme; comment; ~ **pure** aussi bien; aussi bien que; ~ **se** comme si

comico (*koo*-mi-kô) adj comique; m comique m, animateur m

cominciare (kô-minn-*tchââ*-ré) v commencer

comitato (kô-mi-*tââ*-tô) m comité m, commission f

commedia (kôm-*mèè*-dya) f comédie f; ~ **musicale** comédie musicale

commediante (kôm-mé-*dyann*-té) m comédien m

commemorazione (kôm-mé-mô-ra-*tsyôô*-né) f commémoration f

commentare (kôm-mén-*tââ*-ré) v commenter

commento (kôm-*mén*-tô) m commentaire m; note f

commerciale (kôm-mér-*tchââ*-lé) adj commercial

commerciante (kôm-mér-*tchann*-té) m marchand m, commerçant m

commerciare (kôm-mér-*tchââ*-ré) v *faire du commerce

commercio (kôm-*mèr*-tchô) m commerce m; ~ **al minuto** commerce de détail

commessa (kôm-*méss*-sa) f vendeuse f

commesso (kôm-*méss*-sô) m vendeur m; ~ **d'ufficio** employé de bureau

commestibile (kôm-mé-*stii*-bi-lé) adj comestible

***commettere** (kôm-*mét*-té-ré) v *commettre

commissione (kôm-miss-*syôô*-né) f commission f

commovente (kôm-mô-*vèn*-té) adj touchant

commozione (kôm-mô-*tsyôô*-né) *f*
émoi *m*; ~ **cerebrale** commotion *f*

***commuovere** (kôm-*m*ᵒᵘoo-vé-ré) *v*
*émouvoir

comò (kô-*mo*) *m* (pl ~) commode *f*

comodità (kô-mô-di-*ta*) *f* commodité *f*

comodo (*koo*-mô-dô) *adj* approprié;
pratique, confortable, commode; *m*
aise *f*

compact disc (*kôm*-pakt disk) *m*
compact disc *m*; lecteur de compact disc *m*

compagnia (kôm-pa-*gnii*-a) *f* compagnie *f*

compagno (kôm-*pââ*-gnô) *m* compagnon *m*; partenaire *m*; camarade
m; ~ **di classe** camarade de classe

***comparire** (kôm-pa-*rii*-ré) *v* *paraî-
tre; *comparaître

compassione (kôm-pass-*syôô*-né) *f*
compassion *f*; **provare ~ per**
*avoir pitié de

compatriota (kôm-pa-*tryoo*-ta) *m* compatriote *m*

compatto (kôm-*pat*-tô) *adj* compact

compensazione (kôm-pén-sa-*tsyôô*-né)
f compensation *f*

compera (*kôm*-pé-ra) *f* acquisition *f*

competente (kôm-pé-*tèn*-té) *adj* compétent

competere (kôm-*pèè*-té-ré) *v* *concourir

competizione (kôm-pé-ti-*tsyôô*-né) *f*
concours *m*

compiacente (kôm-pya-*tchèn*-té) *adj*
disposé

compiere (*kôm*-pyé-ré) *v* achever;
*commettre; accomplir

compilare (kôm-pi-*lââ*-ré) *v* compiler;
dresser; remplir

compitare (kôm-pi-*tââ*-ré) *v* épeler

compito (*kôm*-pi-tô) *m* tâche *f*

compleanno (kôm-plé-*ann*-nô) *m* anniversaire *m*

complesso (kôm-*plèss*-sô) *adj* complexe; *m* complexe *m*

completamente (kôm-plé-ta-*mén*-té)
adv entièrement, complètement

completare (kôm-plé-*tââ*-ré) *v* achever; remplir

completo (kôm-*plèè*-tô) *adj* complet,
entier

complicato (kôm-pli-*kââ*-tô) *adj* compliqué

complice (*komm*-pli-tché) *m* complice
m

complimentare (kôm-pli-mén-*tââ*-ré) *v*
complimenter

complimento (kôm-pli-*mén*-tô) *m*
compliment *m*

complotto (kôm-*plot*-tô) *m* complot *m*

componimento (kôm-pô-ni-*mén*-tô) *m*
composition *f*

***comporre** (kôm-*pôr*-ré) *v* composer

comportamento (kôm-pôr-ta-*mén*-tô)
m comportement *m*

comportare (kôm-pôr-*tââ*-ré) *v* comporter

compositore (kôm-pô-zi-*tôô*-ré) *m*
compositeur *m*

composizione (kôm-pô-zi-*tsyôô*-né) *f*
composition *f*

comprare (kôm-*prââ*-ré) *v* acheter

compratore (kôm-pra-*tôô*-ré) *m* acheteur *m*

***comprendere** (kôm-*prèn*-dé-ré) *v*
*comprendre

comprensione (kôm-prén-*syôô*-né) *f*
compréhension *f*

comprensivo (kôm-prén-*sii*-vô) *adj*
étendu; compatissant

compreso (kôm-*préé*-sô) *adj* compris

compromesso (kôm-prô-*méss*-sô) *m*
compromis *m*

computare (kôm-pou-*tââ*-ré) *v* calculer

computer (kôm-*pou*-tér) *m* ordinateur
m

comune (kô-*moú*-né) *adj* commun

comunicare (kô-mou-ni-*kââ*-ré) *v* communiquer

comunicato (kô-mou-ni-*kââ*-tô) *m* communiqué *m*

comunicazione (kô-mou-ni-ka-*tsyôô*-né) *f* communication *f*

comunione (kô-mou-*nyôô*-né) *f* communauté *f*

comunismo (kô-mou-*ni*-zmô) *m* communisme *m*

comunista (kô-mou-*ni*-sta) *m* communiste *m*

comunità (kô-mou-ni-*ta*) *f* communauté *f*

comunque (kô-*moung*-k^oué) *adv* quoiqu'il en soit, n'importe comment; pourtant, toutefois

con (kôn) *prep* avec; en, par

*****concedere** (kôn-*tchèè*-dé-ré) *v* concéder

concentrare (kôn-tchén-*trââ*-ré) *v* concentrer

concentrazione (kôn-tchén-tra-*tsyôô*-né) *f* concentration *f*

concepimento (kôn-tché-pi-*mén*-tô) *m* conception *f*

concepire (kôn-tché-*pii*-ré) *v* *concevoir

concernere (kôn-*tchèr*-né-ré) *v* concerner

concerto (kôn-*tchèr*-tô) *m* concert *m*

concessione (kôn-tchéss-*syôô*-né) *f* concession *f*

concetto (kôn-*tchèt*-tô) *m* concept *m*

concezione (kôn-tché-*tsyôô*-né) *f* conception *f*

conchiglia (kông-*kii*-l^ya) *f* coquillage *m*, coquille *f*

concime (kôn-*tchii*-mé) *m* fumier *m*

conciso (kôn-*tchii*-zô) *adj* concis

*****concludere** (kông-*kloû*-dé-ré) *v* *conclure

conclusione (kông-klou-*zyôô*-né) *f* conclusion *f*

concordanza (kông-kôr-*dann*-tsa) *f* entente *f*

concorrente (kông-kôr-*rèn*-té) *m* concurrent *m*

concorrenza (kông-kôr-*rèn*-tsa) *f* concurrence *f*, compétition *f*

concorso (kông-*kôr*-sô) *m* coïncidence *f*

concreto (kông-*krèè*-tô) *adj* concret

concupiscenza (kông-kou-pich-*chèn*-tsa) *f* concupiscence *f*

condanna (kôn-*dann*-na) *f* condamnation *f*

condannare (kôn-dann-*nââ*-ré) *v* condamner

condannato (kôn-dann-*nââ*-tô) *m* condamné *m*

condire (kôn-*dii*-ré) *v* assaisonner

condito (kôn-*dii*-tô) *adj* épicé

*****condividere** (kôn-di-*vii*-dé-ré) *v* partager

condizionale (kôn-di-tsyô-*nââ*-lé) *adj* conditionnel

condizione (kôn-di-*tsyôô*-né) *f* condition *f*

condotta (kôn-*dôt*-ta) *f* conduite *f*

*****condurre** (kôn-*dour*-ré) *v* *conduire

conduttore (kôn-dout-*tôô*-ré) *m* conducteur *m*

confederazione (kôn-fé-dé-ra-*tsyôô*-né) *f* confédération *f*

conferenza (kôn-fé-*rèn*-tsa) *f* conférence *f*; ~ **stampa** conférence de presse

conferma (kôn-*fér*-ma) *f* confirmation *f*

confermare (kôn-fér-*mââ*-ré) *v* confirmer

confessare (kôn-féss-*sââ*-ré) *v* confesser

confessione (kôn-féss-*syôô*-né) *f* confession *f*

confezionare (kôn-fé-tsyô-*nââ*-ré) *v* fa

briquer

confezionato (kôn-fé-tsyô-*nââ*-tô) *adj* de confection

confidente (kôn-fi-*dèn*-té) *adj* confiant

confidenziale (kôn-fi-dén-*tsyââ*-lé) *adj* confidentiel ; familier

confine (kôn-*fii*-né) *m* frontière *f*

confiscare (kôn-fi-*skââ*-ré) *v* confisquer

conflitto (kôn-*flit*-tô) *m* conflit *m*

*__confondere__ (kôn-*fôn*-dé-ré) *v* confondre

in conformità con (inn kôn-fôr-mi-*ta* kôn) conformément à

confortevole (kôn-fôr-*téé*-vô-lé) *adj* confortable

conforto (kôn-*for*-tô) *m* confort *m*

confronto (kôn-*frôn*-tô) *m* comparaison *f* ; confrontation *f*

confusione (kôn-fou-*zyôô*-né) *f* confusion *f*

confuso (kôn-*foû*-zô) *adj* confus

congedare (kôn-djé-*dââ*-ré) *v* *renvoyer

congedo (kôn-*djèè*-dô) *m* permission *f*

congelare (kôn-djé-*lar*-si) *v* geler

congelato (kôn-djé-*lââ*-tô) *adj* congelé

congelatore (kôn-djé-la-*tôô*-ré) *m* congélateur *m*

congettura (kôn-djét-*toû*-ra) *f* conjecture *f*

congetturare (kôn-djét-tou-*rââ*-ré) *v* supposer

congiunto (kôn-*djoun*-tô) *adj* conjoint ; apparenté

congiura (kôn-*djoû*-ra) *f* conspiration *f*

congratularsi (kông-ghra-tou-*lar*-si) *v* congratuler

congratulazione (kông-ghra-tou-la-*tsyôô*-né) *f* félicitation *f*

congregazione (kông-ghré-gha-*tsyôô*-né) *f* congrégation *f*

congresso (kông-*ghrèss*-sô) *m* congrès *m*

coniglio (kô-*nii*-lYô) *m* lapin *m*

coniugi (*koo*-gnou-dji) *mpl* couple marié

connessione (kôn-néss-*syôô*-né) *f* rapport *m*

*__connettere__ (kôn-*nèt*-té-ré) *v* *joindre ; brancher

connotati (kôn-nô-*tââ*-ti) *mpl* signalement *m*

conoscenza (kô-nôch-*chèn*-tsa) *f* connaissance *f*

*__conoscere__ (kô-*nôch*-ché-ré) *v* *connaître

conquista (kông-*koui*-sta) *f* conquête *f*

conquistare (kông-koui-*stââ*-ré) *v* *conquérir

conquistatore (kông-koui-sta-*tôô*-ré) *m* conquérant *m*

consapevole (kôn-sa-*péé*-vô-lé) *adj* conscient

conscio (*konn*-chô) *adj* conscient

consegna (kôn-*séé*-gna) *f* remise *f*, livraison *f*

consegnare (kôn-sé-*gnââ*-ré) *v* livrer ; confier

conseguentemente (kôn-sé-gh^{ou}én-té-*mén*-té) *adv* par conséquent

conseguenza (kôn-sé-gh^{ou}*èn*-tsa) *f* effet *m*, conséquence *f* ; **in ~ di** en raison de

conseguibile (kôn-sé-*ghouii*-bi-lé) *adj* accessible

conseguire (kôn-sé-*ghouii*-ré) *v* se procurer

consenso (kôn-*sèn*-sô) *m* assentiment *m* ; consentement *m*

consentire (kôn-sén-*tii*-ré) *v* *consentir

conservare (kôn-sér-*vââ*-ré) *v* conserver ; garder

conservatore (kôn-sér-va-*tôô*-ré) *adj* conservateur

conservatorio (kôn-sér-va-*too*-ryô) *m* conservatoire *m*

conserve (kôn-*sèr*-vé) *fpl* conserves *fpl*

considerare (kôn-si-dé-*rââ*-ré) *v* considérer; estimer; envisager

considerato (kôn-si-dé-*rââ*-tô) *prep* vu

considerazione (kôn-si-dé-ra-*tsyôô*-né) *f* considération *f*

considerevole (kôn-si-dé-*réé*-vô-lé) *adj* important, considérable

consigliare (kôn-si-*lᵞââ*-ré) *v* conseiller, donner des conseils

consigliere (kôn-si-*lᵞèè*-ré) *m* conseiller *m*

consiglio (kôn-*sii*-lᵞô) *m* conseil *m*; avis *m*

consistere in (kôn-*si*-sté-ré) consister en

consolare (kôn-sô-*lââ*-ré) *v* consoler

consolato (kôn-sô-*lââ*-tô) *m* consulat *m*

consolazione (kôn-sô-la-*tsyôô*-né) *f* réconfort *m*

console (*konn*-sô-lé) *m* consul *m*

consorte (kôn-*sor*-té) *f* épouse *f*

constante (kôn-*stann*-té) *adj* constant

constatare (kôn-sta-*tââ*-ré) *v* constater

consueto (kôn-sᵒᵘ*èè*-tô) *adj* habituel

consulta (kôn-*soul*-ta) *f* consultation *f*

consultare (kôn-soul-*tââ*-ré) *v* consulter

consultazione (kôn-soul-ta-*tsyôô*-né) *f* consultation *f*

consultorio (kôn-soul-*too*-ryô) *m* cabinet de consultations

consumare (kôn-sou-*mââ*-ré) *v* user

consumato (kôn-sou-*mââ*-tô) *adj* usé

consumatore (kôn-sou-ma-*tôô*-ré) *m* utilisateur *m*, consommateur *m*

contadino (kôn-ta-*dii*-nô) *m* paysan *m*

contagioso (kôn-ta-*djôô*-sô) *adj* contagieux, infectieux

contaminazione (kôn-ta-mi-na-*tsyôô*-né) *f* pollution *f*

contanti (kôn-*tann*-ti) *mpl* argent liquide, argent comptant

contare (kôn-*tââ*-ré) *v* compter

contattare (kôn-tat-*tââ*-ré) *v* contacter

contatto (kôn-*tat*-tô) *m* contact *m*

conte (*kôn*-té) *m* comte *m*

contea (kôn-*tèè*-a) *f* comté *m*

contemporaneo (kôn-tém-pô-*rââ*-né-ô) *adj* contemporain; *m* contemporain *m*

*contenere (kôn-té-*néé*-ré) *v* *contenir; *inclure

contento (kôn-*tèn*-tô) *adj* satisfait; content

contenuto (kôn-té-*noú*-tô) *m* contenu *m*

contessa (kôn-*téss*-sa) *f* comtesse *f*

contiguo (kôn-*tii*-ghᵒᵘô) *adj* contigu

continentale (kôn-ti-nén-*tââ*-lé) *adj* continental

continente (kôn-ti-*nèn*-té) *m* continent *m*

continuamente (kôn-ti-nᵒᵘa-*mén*-té) *adv* continuellement

continuare (kôn-ti-nᵒᵘ*ââ*-ré) *v* continuer; durer

continuazione (kôn-ti-nᵒᵘa-*tsyôô*-né) *f* suite *f*

continuo (kôn-*tii*-nᵒᵘô) *adj* continuel, ininterrompu

conto (*kôn*-tô) *m* compte *m*; addition *f*, note *f*; ~ **bancario** compte en banque; **per** ~ **di** au nom de; ***rendere** ~ **di** rendre compte de

contorno (kôn-*tôr*-nô) *m* contour *m*

contrabbandare (kôn-trab-bann-*dââ*-ré) *v* passer en contrebande

*contraddire (kôn-trad-*dii*-ré) *v* *contredire

contraddittorio (kôn-trad-dit-*too*-ryô) *adj* contradictoire

contraffatto (kôn-traf-*fat*-tô) *adj* faux

contralto (kôn-*tral*-tô) *m* contralto *m*

contrario 45 corno

---

contrario (kôn-*trââ*-ryô) *adj* opposé;
m contraire; **al ~** au contraire

*****contrarre** (kôn-*trar*-ré) *v* attraper

contrasto (kôn-*tra*-stô) *m* contraste *m*

contratto (kôn-*trat*-tô) *m* contrat *m*;
~ di affitto location *f*

contravvenzione (kôn-trav-vén-*tsyôô*-né) *f* contravention *f*

contribuire (kôn-tri-*bouii*-ré) *v* contribuer

contributo (kôn-tri-*boû*-tô) *m* contribution *f*

contribuzione (kôn-tri-bou-*tsyôô*-né) *f* contribution *f*

contro (*kôn*-trô) *prep* contre

controllare (kôn-trôl-*lââ*-ré) *v* contrôler

controllo (kôn-*trol*-lô) *m* contrôle *m*;
~ passaporti contrôle des passeports

controllore (kôn-trôl-*lôô*-ré) *m* contrôleur *m*

controversia (kôn-trô-*vèr*-sya) *f* litige *m*

controverso (kôn-trô-*vèr*-sô) *adj* discuté, controversé

contusione (kôn-tou-*zyôô*-né) *f* contusion *f*

conveniente (kôn-vé-*gnèn*-té) *adj* qui convient, pertinent; commode

*****convenire** (kôn-vé-*nii*-ré) *v* *convenir

convento (kôn-*vèn*-tô) *m* couvent *m*

conversazione (kôn-vér-sa-*tsyôô*-né) *f* conversation *f*

convertire (kôn-vér-*tii*-ré) *v* convertir; toucher

*****convincere** (kôn-*vinn*-tché-ré) *v* *convaincre

convinzione (kôn-vinn-*tsyôô*-né) *f* conviction *f*

convitto (kôn-*vit*-tô) *m* internat *m*

convulsione (kôn-voul-*syôô*-né) *f* convulsion *f*

---

cooperante (kô-ô-pé-*rann*-té) *adj* coopérant

cooperativa (kô-ô-pé-ra-*tii*-va) *f* coopérative *f*

cooperativo (kô-ô-pé-ra-*tii*-vô) *adj* coopératif

cooperatore (kô-ô-pé-ra-*tôô*-ré) *adj* coopérant

cooperazione (kô-ô-pé-ra-*tsyôô*-né) *f* collaboration *f*, coopération *f*

coordinare (kô-ôr-di-*nââ*-ré) *v* coordonner

coordinazione (kô-ôr-di-na-*tsyôô*-né) *f* coordination *f*

coperchio (kô-*pèr*-kyô) *m* couvercle *m*

coperta (kô-*pèr*-ta) *f* couverture *f*;
courtepointe *f*; pont *m*

copertina (kô-pér-*tii*-na) *f* couverture *f*, jaquette *f*

coperto (kô-*pèr*-tô) *adj* nuageux

copertone (kô-pér-*tôô*-né) *m* pneu *m*

copia (*koo*-pya) *f* copie *f*; exemplaire *m*; **~ fotostatica** photocopie *f*

copiare (kô-*pyââ*-ré) *v* copier

coppa (*kop*-pa) *f* coupe *f*

coppia (*kop*-pya) *f* couple *m*

copriletto (kô-pri-*lèt*-tô) *m* couvre-lit *m*

*****coprire** (kô-*prii*-ré) *v* *couvrir

coraggio (kô-*rad*-djô) *m* cran *m*, courage *m*

coraggioso (kô-rad-*djôô*-sô) *adj* courageux; brave, audacieux

corallo (kô-*ral*-lô) *m* corail *m*

corazza (kô-*rat*-tsa) *f* armure *f*

corda (*kor*-da) *f* corde *f*

cordiale (kôr-*dyââ*-lé) *adj* cordial

cordicella (kôr-di-*tchèl*-la) *f* fil *m*

cordoglio (kôr-*doo*-lyô) *m* chagrin *m*

cornacchia (kôr-*nak*-kya) *f* corneille *f*

cornice (kôr-*nii*-tché) *f* cadre *m*

corno[1] (*kor*-nô) *m* (pl le corna) corne *f*

corno[2] (*kor*-nô) *m* (pl i corni) cor *m*

coro (*koo*-rò) m chœur m

corona (kô-*rôô*-na) f couronne f

coronare (kô-rô-*nââ*-ré) v couronner

corpo (*kor*-pô) m corps m

corpulento (kôr-pou-*lèn*-tô) adj corpulent

corredo (kôr-*rèè*-dô) m trousseau m

*__correggere__ (kôr-*rèd*-djé-ré) v corriger

corrente (kôr-*rèn*-té) adj courant; f courant m; **con la ~** en aval; **contro ~** en amont; **~ alternata** courant alternatif; **~ continua** courant continu; **~ d'aria** courant d'air

*__correre__ (*kôr*-ré-ré) v *courir; foncer; **~ troppo** rouler trop vite

correttezza (kôr-rét-*tét*-tsa) f exactitude f

corretto (kôr-*rèt*-tô) adj juste, correct

correzione (kôr-ré-*tsyôô*-né) f correction f

corrida (kôr-*rii*-da) f corrida f

corridoio (kôr-ri-*dôô*-yô) m corridor m

corriera f autocar m

corrispondente (kôr-ri-spôn-*dèn*-té) m correspondant m; reporter m

corrispondenza (kôr-ri-spôn-*dèn*-tsa) f correspondance f

*__corrispondere__ (kôr-ri-*spôn*-dé-ré) v *être conforme, concorder; correspondre

*__corrompere__ (kôr-*rôm*-pé-ré) v *corrompre

corrotto (kôr-*rôt*-tô) adj corrompu; vicieux

corruzione (kôr-rou-*tsyôô*-né) f corruption f

corsa (*kôr*-sa) f course f; **~ di cavalli** course de chevaux

corsia (kôr-*sii*-a) f voie f

corso (*kôr*-sô) m cours m; promenade f; **~ accelerato** cours accéléré; **~ del cambio** cours du change

corte (*kôr*-té) f cour f

corteccia (kôr-*tét*-tcha) f écorce f

corteo (kôr-*tèè*-ô) m cortège m

cortese (kôr-*téé*-zé) adj poli, courtois

cortile (kôr-*tii*-lé) m cour f; **~ di ricreazione** terrain de jeux

corto (*kôr*-tô) adj court; **~ circuito** court-circuit m

corvo (*kor*-vô) m corbeau m

cosa (*koo*-sa) f chose f; **che ~** quoi; **qualunque ~** n'importe quoi

coscia (*koch*-cha) f cuisse f

coscienza (kôch-*chèn*-tsa) f conscience f

coscritto (kô-*skrit*-tô) m conscrit m

così (kô-*si*) adv si, ainsi, tellement; aussi; **~ che** de manière que, afin que; **e ~ via** et ainsi de suite

cosiddetto (kô-sid-*dét*-tô) adj soi-disant

cosmetici (kô-*zmèè*-ti-tchi) mpl cosmétiques mpl, produits de beauté

cospirare (kô-spi-*râô*-ré) v conspirer

costa (*ko*-sta) f côte f

costante (kô-*stann*-té) adj constant

costare (kô-*stââ*-ré) v coûter

costatare (kô-sta-*tââ*-ré) v constater

costernato (kô-stér-*nââ*-tô) adj bouleversé

costituire (kô-sti-*touii*-ré) v constituer

costituzione (kô-sti-tou-*tsyôô*-né) f constitution f

costo (*ko*-stô) m coût m; prix m

costola (*ko*-stô-la) f côte f

costoletta (kô-stô-*lét*-ta) f côtelette f

costoso (kô-*stôô*-sô) adj coûteux

*__costringere__ (kô-*strinn*-djé-ré) v *contraindre, obliger

costruire (kô-*strouii*-ré) v *construire, bâtir

costruzione (kô-strou-*tsyôô*-né) f construction f

costume (kô-*stoû*-mé) m coutume f; **~ da bagno** maillot de bain; **~ nazionale** costume national; **costumi** mpl mœurs fpl

cotoletta (kô-tô-*lét*-ta) *f* côte *f*

cotone (kô-*tôô*-né) *m* coton *m*; **di ~** en coton

cozza (*kôt*-tsa) *f* moule *f*

cozzare (kôt-*tsââ*-ré) *v* entrer en collision, tamponner

crampo (*kramm*-pô) *m* crampe *f*

cranio (*krââ*-gnô) *m* crâne *m*

cratere (kra-*tèè*-ré) *m* cratère *m*

cravatta (kra-*vat*-ta) *f* cravate *f*; **~ a farfalla** nœud papillon

cravattino (kra-vat-*tii*-nô) *m* nœud papillon

creare (kré-*ââ*-ré) *v* créer

creatura (kré-a-*toû*-ra) *f* créature *f*

credenza (kré-*dèn*-tsa) *f* placard *m*

credere (*kréé*-dé-ré) *v* *croire; supposer

credibile (kré-*dii*-bi-lé) *adj* croyable

credito (*kréé*-di-tô) *m* crédit *m*

creditore (kré-di-*tôô*-ré) *m* créditeur *m*

credulo (*krèè*-dou-lô) *adj* crédule

crema (*krèè*-ma) *f* crème *f*; **~ da barba** crème à raser; **~ di bellezza** crème de beauté; **~ idratante** crème hydratante; **~ per la notte** crème de nuit; **~ per la pelle** crème de beauté; **~ per le mani** crème pour les mains

cremare (kré-*mââ*-ré) *v* incinérer

cremazione (kré-ma-*tsyôô*-né) *f* crémation *f*

cremisino (kré-mi-*zii*-nô) *adj* cramoisi

cremoso (kré-*môô*-sô) *adj* crémeux

crepa (*krèè*-pa) *f* fente *f*

crepuscolo (kré-*pou*-skô-lô) *m* crépuscule *m*

*****crescere** (*kréch*-ché-ré) *v* grandir

crescione (kréch-*chôô*-né) *m* cresson *m*

crescita (*kréch*-chi-ta) *f* croissance *f*

cresta (*kré*-sta) *f* arête *f*

creta (*kréé*-ta) *f* craie *f*

cricco (*krik*-kô) *m* cric *m*

criminale (kri-mi-*nââ*-lé) *adj* criminel; *m* criminel *m*

criminalità (kri-mi-na-li-*ta*) *f* criminalité *f*

crimine (*krii*-mi-né) *m* crime *m*

crisi (*krii*-zi) *f* crise *f*

cristallino (kri-stal-*lii*-nô) *adj* en cristal

cristallo (kri-*stal*-lô) *m* cristal *m*

cristiano (kri-*styââ*-nô) *adj* chrétien; *m* chrétien *m*

Cristo (*kri*-stô) *m* Christ *m*

critica (*krii*-ti-ka) *f* critique *f*

criticare (kri-ti-*kââ*-ré) *v* critiquer

critico (*krii*-ti-kô) *adj* critique; délicat; *m* critique *m*

croccante (krôk-*kann*-té) *adj* croustillant

croce (*krôô*-tché) *f* croix *f*

crocevia (krô-tché-*vii*-a) *m* jonction *f*, croisement *m*

crociata (krô-*tchââ*-ta) *f* croisade *f*

crocicchio (krô-*tchik*-kyô) *m* carrefour *m*

crociera (krô-*tchèè*-ra) *f* croisière *f*

*****crocifiggere** (krô-tchi-*fid*-djé-ré) *v* crucifier

crocifissione (krô-tchi-fiss-*syôô*-né) *f* crucifixion *f*

crocifisso (krô-tchi-*fiss*-sô) *m* crucifix *m*

crollare (krôl-*lââ*-ré) *v* s'effondrer, s'écrouler

cromo (*kroo*-mô) *m* chrome *m*

cronico (*kroo*-ni-kô) *adj* chronique

cronologico (krô-nô-*loo*-dji-kô) *adj* chronologique

crosta (*kro*-sta) *f* croûte *f*

crostaceo (krô-*stââ*-tché-ô) *m* crustacé *m*

crostino (krô-*stii*-nô) *m* toast *m*

crudele (krou-*dèè*-lé) *adj* cruel

crudo (*kroû*-dô) *adj* cru

cruscotto (krou-*skot*-tô) *m* tableau de

bord

Cuba (*koû*-ba) f Cuba m

cubano (kou-*bââ*-nô) adj cubain; m Cubain m

cubo (*koû*-bô) m cube m

cuccetta (kout-*tchét*-ta) f couchette f

cucchiaiata (kouk-kya-*yââ*-ta) f cuillerée f

cucchiaino (kouk-kya-*ii*-nô) m cuillère à thé; cuillerée à thé

cucchiaio (kouk-*kyââ*-yô) m cuillère f; ~ **da minestra** cuillère à soupe

cucina (kou-*tchii*-na) f cuisine f; cuisinière f; ~ **a gas** cuisinière à gaz

cucinare (kou-tchi-*nââ*-ré) v *cuire; ~ **alla griglia** griller

cucire (kou-*tchii*-ré) v *coudre

cucitura (kou-tchi-*toû*-ra) f couture f

cuculo (*koû*-kou-lô) m coucou m

cugina (kou-*djii*-na) f cousine f

cugino (kou-*djii*-nô) m cousin m

cui (koui) pron dont; à qui; auquel

culla (*koul*-la) f berceau m

culmine (*koul*-mi-né) m apogée m

culto (*koul*-tô) m culte m

cultura (koul-*toû*-ra) f culture f

cumulo (*kou*-mou-lô) m amoncellement m

cuneo (*koû*-né-ô) m cale f

cunetta (kou-*nét*-ta) f caniveau m

cuoco (*kᵘᵒ*oo-kô) m cuisinier m

cuore (*kᵘᵒ*oo-ré) m cœur m

cupidigia (kou-pi-*dii*-dja) f cupidité f

cupo (*koû*-pô) adj sombre

cupola (*koû*-pô-la) f dôme m

cura (*koû*-ra) f soin m; cure f; *aver ~ **di** *prendre soin de; ~ **di bellezza** soins de beauté

curapipe (kou-ra-*pii*-pé) m cure-pipe m

curare (kou-*rââ*-ré) v soigner; guérir; ~ **le unghie** soigner les ongles

curato (kou-*rââ*-tô) adj soigné

curiosità (kou-ryô-si-*ta*) f curiosité f

curioso (kou-*ryôô*-sô) adj curieux

curry (*kour*-ri) m curry m

curva (*kour*-va) f virage m, courbe f

curvare (kour-*vââ*-ré) v courber; **curvato** courbé

curvatura (kour-va-*toû*-ra) f courbe f

curvo (*kour*-vô) adj courbe, courbé

cuscinetto (kouch-chi-*nét*-tô) m coussinet m

cuscino (kouch-*chii*-nô) m coussin m; ~ **elettrico** coussin chauffant

custode (kou-*stoo*-dé) m surveillant m; gardien m

custodia (kou-*stoo*-dya) f garde f

custodire (kou-stô-*dii*-ré) v surveiller

D

da (da) prep de; chez; à partir de; depuis; par

dabbasso (dab-*bass*-sô) adv en bas; vers le bas

dacché (dak-*ké*) adv depuis que

dado (*dââ*-dô) m écrou m

daltonico (dal-*too*-ni-kô) adj daltonien

danese (da-*néé*-sé) adj danois; m Danois m

Danimarca (da-ni-*mar*-ka) f Danemark m

danneggiare (dann-néd-*djââ*-ré) v endommager

danno (*dann*-nô) m dommage m; mal m

dannoso (dann-*nôô*-sô) adj préjudiciable

dappertutto (dap-pér-*tout*-tô) adv partout

*dare** (*dââ*-ré) v donner

data (*dââ*-ta) f date f

dato (*dââ*-tô) m donnée f

dattero (*dat*-té-rô) m datte f

dattilografa (dat-ti-*loo*-ghra-fa) f dactylo *f*

dattilografare (dat-ti-lô-ghra-*fââ*-ré) *v* taper à la machine, dactylographier

dattiloscritto (dat-ti-lô-*skrit*-tô) *adj* dactylographié

davanti (da-*vann*-ti) *prep* devant

davanzale (da-vann-*tsââ*-lé) *m* rebord de fenêtre

davvero (dav-*véé*-rô) *adv* vraiment

dazio (*dââ*-tsyô) *m* droit de douane, droit d'importation

dea (*dèè*-a) *f* déesse *f*

debito (*dèè*-bi-tô) *m* dette *f*; débit *m*

debole (*déé*-bô-lé) *adj* faible; défaillant; indistinct

debolezza (dé-bô-*lét*-tsa) *f* faiblesse *f*

decaffeinizzato (dé-kaf-féï-nit-*tsââ*-tô) *adj* décaféiné

deceduto (dé-tché-*doû*-tô) *adj* décédé

decente (dé-*tchèn*-té) *adj* décent, convenable

decenza (dé-*tchèn*-tsa) *f* décence *f*

*decidere (dé-*tchii*-dé-ré) *v* décider

decimo (*dèè*-tchi-mô) *num* dixième

decisione (dé-tchi-zyôô-né) *f* décision *f*

deciso (dé-*tchii*-zô) *adj* déterminé

decollare (dé-kôl-*lââ*-ré) *v* décoller

decollo (dé-*kol*-lô) *m* décollage *m*

decrepito (dé-*krèè*-pi-tô) *adj* délabré

*decrescere (dé-*kréch*-ché-ré) *v* diminuer

dedicare (dé-di-*kââ*-ré) *v* dédier; consacrer

*dedurre (dé-*dour*-ré) *v* *déduire

deferenza (dé-fé-*rèn*-tsa) *f* considération *f*

deficienza (dé-fi-*tchèn*-tsa) *f* déficience *f*, imperfection *f*

deficit (*dèè*-fi-tchit) *m* déficit *m*

definire (dé-fi-*nii*-ré) *v* définir

definitivo (dé-fi-ni-*tii*-vô) *adj* définitif

definizione (dé-fi-ni-*tsyôô*-né) *f* définition *f*

deformato (dé-fôr-*mââ*-tô) *adj* contrefait

deforme (dé-*fôr*-mé) *adj* difforme

degno di (*dé*-gnô di) digne de

delegato (dé-lé-*ghââ*-tô) *m* délégué *m*

delegazione (dé-lé-gha-*tsyôô*-né) *f* délégation *f*

deliberare (dé-li-bé-*rââ*-ré) *v* discuter

deliberazione (dé-li-bé-ra-*tsyôô*-né) *f* délibération *f*

delicato (dé-li-*kââ*-tô) *adj* délicat; tendre

delinquente (dé-linng-*k*^{ou}*èn*-té) *m* délinquant *m*

delizia (dé-*lii*-tsya) *f* plaisir *m*

deliziare (dé-li-*tsyââ*-ré) *v* enchanter

delizioso (dé-li-*tsyôô*-sô) *adj* délicieux

delucidare (dé-lou-tchi-*dââ*-ré) *v* élucider

*deludere (dé-*loû*-dé-ré) *v* *décevoir, désenchanter; *être décevant

delusione (dé-lou-*zyôô*-né) *f* déception *f*

democratico (dé-mô-*krââ*-ti-kô) *adj* démocratique

democrazia (dé-mô-kra-*tsii*-a) *f* démocratie *f*

demolire (dé-mô-*lii*-ré) *v* démolir

demolizione (dé-mô-li-*tsyôô*-né) *f* démolition *f*

denaro (dé-*nââ*-rô) *m* argent *m*

denominazione (dé-nô-mi-na-*tsyôô*-né) *f* dénomination *f*

denso (*dèn*-sô) *adj* dense, épais

dente (*dèn*-té) *m* dent *f*

dentiera (dén-*tyèè*-ra) *f* dentier *m*

dentifricio (dén-ti-*frii*-tchô) *m* pâte dentifrice

dentista (dén-*ti*-sta) *m* dentiste *m*

dentro (*dén*-trô) *adv* dedans, à l'intérieur; *prep* dans

denutrizione (dé-nou-tri-*tsyôô*-né) *f* dénutrition *f*

deodorante (dé-ô-dô-*rann*-té) *m* désodorisant *m*

deperibile (dé-pé-*rii*-bi-lé) *adj* périssable

depositare (dé-pô-zi-*tââ*-ré) *v* déposer

deposito (dé-*poo*-zi-tô) *m* consigne *f*; dépôt *m*; ~ **bagagli** consigne *f*

depressione (dé-préss-*syôô*-né) *f* dépression *f*

depresso (dé-*prèss*-sô) *adj* déprimé

deprimente (dé-pri-*mén*-té) *adj* déprimant

***deprimere** (dé-*prii*-mé-ré) *v* déprimer

deputato (dé-pou-*tâ*-tô) *m* député *m*

derisione (dé-ri-*zyôô*-né) *f* moquerie *f*

derivare (dé-ri-*vââ*-ré) *v* dériver

***descrivere** (dé-*skrii*-vé-ré) *v* *décrire

descrizione (dé-skri-*tsyôô*-né) *f* description *f*

deserto (dé-*zèr*-tô) *adj* désert; *m* désert *m*

desiderabile (dé-si-dé-*râ*â-bi-lé) *adj* désirable

desiderare (dé-si-dé-*râ*â-ré) *v* désirer, souhaiter; *avoir envie de

desiderio (dé-si-*dèè*-ryô) *m* vœu *m*, désir *m*, souhait *m*; envie *f*

desideroso (dé-si-dé-*rôô*-sô) *adj* désireux

designare (dé-si-*gnââ*-ré) *v* désigner

desistere (dé-*si*-sté-ré) *v* renoncer

destarsi (dé-*star*-si) *v* s'éveiller

destinare (dé-sti-*nââ*-ré) *v* destiner

destinatario (dé-sti-na-*tââ*-ryô) *m* destinataire *m*

destinazione (dé-sti-na-*tsyôô*-né) *f* destination *f*

destino (dé-*stii*-nô) *m* destin *m*, sort *m*

destro (*dè*-strô) *adj* droit; à droite, de droite; adroit

detenuto (dé-té-*noû*-tô) *m* détenu *m*

detenzione (dé-tén-*tsyôô*-né) *f* détention *f*

detergente (dé-tér-*djèn*-té) *m* détergent *m*

determinare (dé-tér-mi-*nââ*-ré) *v* déterminer

determinazione (dé-tér-mi-na-*tsyôô*-né) *f* détermination *f*

detersivo (dé-tér-*sii*-vô) *m* savon en poudre

detestare (dé-té-*stââ*-ré) *v* détester

dettagliante (dét-ta-*lYann*-té) *m* détaillant *m*

dettagliato (dét-ta-*lYââ*-tô) *adj* détaillé

dettaglio (dét-*tââ*-lYô) *m* détail *m*

dettare (dét-*tââ*-ré) *v* dicter

dettato (dét-*tââ*-tô) *m* dictée *f*

deviare (dé-*vyââ*-ré) *v* dévier

deviazione (dé-vya-*tsyôô*-né) *f* déviation *f*

di (di) *prep* de

diabete (dya-*bèè*-té) *m* diabète *m*

diabetico (dya-*bèè*-ti-kô) *m* diabétique *m*

diagnosi (*dyââ*-gnô-zi) *f* diagnostic *m*

diagnosticare (dya-gnô-sti-*kââ*-ré) *v* diagnostiquer

diagonale (dya-ghô-*nââ*-lé) *adj* diagonale; *f* diagonale *f*

diagramma (dya-*ghramm*-ma) *m* graphique *m*; diagramme *m*

dialetto (dya-*lèt*-tô) *m* dialecte *m*

diamante (dya-*mann*-té) *m* diamant *m*

diapositiva (dya-pô-zi-*tii*-va) *f* diapositive *f*

diario (*dyââ*-ryô) *m* journal *m*

diarrea (dyar-*rèè*-a) *f* diarrhée *f*

diavolo (*dyââ*-vô-lô) *m* diable *m*

dibattere (di-*bat*-té-ré) *v* *débattre

dibattito (di-*bat*-ti-tô) *m* débat *m*

dicembre (di-*tchèm*-bré) décembre *m*

diceria (di-tché-*rii*-a) *f* rumeur *f*

dichiarare (di-kya-*rââ*-ré) *v* déclarer

dichiarazione (di-kya-ra-*tsyôô*-né) *f* déclaration *f*

diciannove (di-tchann-*noo*-vé) *num* dix-neuf

diciannovesimo (di-tchann-nô-*vèè*-zi-mô) *num* dix-neuvième

diciassette (di-tchass-*sèt*-té) *num* dix-sept

diciassettesimo (di-tchass-sét-*tèè*-zi-mô) *num* dix-septième

diciottesimo (di-tchôt-*tèè*-zi-mô) *num* dix-huitième

diciotto (di-*tchôt*-tô) *num* dix-huit

didietro (di-*dyèè*-trô) *m* postérieur *m*

dieci (*dyèè*-tchi) *num* dix

dieta (*dyèè*-ta) *f* régime *m*

dietro (*dyèè*-trô) *prep* derrière

*difendere (di-*fèn*-dé-ré) *v* défendre

difensore (di-fén-*sôô*-ré) *m* défenseur *m*

difesa (di-*féé*-sa) *f* défense *f*; plaidoyer *m*

difetto (di-*fèt*-tô) *m* défaut *m*

difettoso (di-fét-*tôô*-sô) *adj* défectueux; imparfait

differente (dif-fé-*rèn*-té) *adj* différent

differenza (dif-fé-*rèn*-tsa) *f* différence *f*

differire (dif-fé-*rii*-ré) *v* différer, varier

difficile (dif-*fii*-tchi-lé) *adj* difficile

difficoltà (dif-fi-kôl-*ta*) *f* difficulté *f*

diffidare di (dif-fi-*dââ*-ré) se méfier de

*diffondere (dif-*fôn*-dé-ré) *v* répandre

diffusione (dif-fou-*zyôô*-né) *f* diffusion *f*

difterite (dif-té-*rii*-té) *f* diphtérie *f*

diga (*dii*-gha) *f* digue *f*

digeribile (di-djé-*rii*-bi-lé) *adj* digestible

digerire (di-djé-*rii*-ré) *v* digérer

digestione (di-djé-*styôô*-né) *f* digestion *f*

digitale (di-*dji*-tââ-lé) *adj* digital

dignità (di-gni-*ta*) *f* dignité *f*; rang *m*

dignitoso (di-gni-*tôô*-sô) *adj* digne

dilettevole (di-lét-*téé*-vô-lé) *adj* déli-

cieux

diletto (di-*lèt*-tô) *adj* cher; *m* délice *m*, agrément *m*

diligente (di-li-*djèn*-té) *adj* assidu

diligenza (di-li-*djèn*-tsa) *f* application *f*

diluire (di-*louii*-ré) *v* diluer

diluito (di-*louii*-tô) *adj* léger

dimagrire (di-ma-*ghrii*-ré) *v* maigrir

dimensione (di-mén-*syôô*-né) *f* dimension *f*, grandeur *f*

dimenticare (di-mén-ti-*kââ*-ré) *v* oublier

*dimettersi (di-*mét*-tér-si) *v* démissionner

dimezzare (di-méd-*dzââ*-ré) *v* diviser en deux

diminuire (di-mi-*nouii*-ré) *v* diminuer; *réduire

diminuzione (di-mi-nou-*tsyôô*-né) *f* diminution *f*

dimissioni (di-miss-*syôô*-ni) *fpl* démission *f*

dimostrare (di-mô-*strââ*-ré) *v* démontrer

dimostrazione (di-mô-stra-*tsyôô*-né) *f* manifestation *f*, démonstration *f*; ***fare una ~** manifester

dinamo (*dii*-na-mô) *f* dynamo *f*

dinanzi a (di-*nann*-tsi a) devant

dintorni (dinn-*tôr*-ni) *mpl* environs *mpl*, alentours *mpl*

dio (*dii*-ô) *m* (pl dei) dieu *m*

dipendente (di-pén-*dèn*-té) *adj* dépendant

dipendenza (di-pén-*dèn*-tsa) *f* annexe *f*

*dipendere da (di-*pèn*-dé-ré) dépendre de

diploma (di-*ploo*-ma) *m* diplôme *m*

diplomarsi (di-plô-*mar*-si) *v* *obtenir un diplôme

diplomatico (di-plô-*mââ*-ti-kô) *m* diplomate *m*

*dire (*dii*-ré) *v* *dire; ***voler ~** *vouloir dire

direttamente (di-rét-ta-*mén*-té) *adv* directement

direttiva (di-rét-*tii*-va) *f* directive *f*

diretto (di-*rèt*-tô) *adj* direct; **~ a** en route pour

direttore (di-rét-*tôô*-ré) *m* directeur *m*; exécutif *m*; **~ di scuola** directeur d'école; **~ d'orchestra** chef d'orchestre

direzione (di-ré-*tsyôô*-né) *f* direction *f*; **indicatore di ~** indicateur de direction

dirigente (di-ri-*djèn*-té) *m* dirigeant *m*

*dirigere (di-*rii*-djé-ré) *v* diriger; *mettre en scène

diritto (di-*rit*-tô) *adj* droit; *m* droit *m*; **~ amministrativo** droit administratif; **~ civile** droit civil; **~ commerciale** droit commercial; **~ elettorale** droit de vote; **~ penale** droit pénal; **sempre ~** tout droit

dirottare (di-rôt-*tââ*-ré) *v* détourner

disabitato (di-za-bi-*tââ*-tô) *adj* inhabité

disadatto (di-za-*dat*-tô) *adj* impropre

disapprovare (di-zap-prô-*vââ*-ré) *v* désapprouver

disastro (di-*za*-strô) *m* désastre *m*, catastrophe *f*

disastroso (di-za-*strôô*-sô) *adj* désastreux

discendente (dich-chén-*dèn*-té) *m* descendant *m*

discendenza (dich-chén-*dèn*-tsa) *f* descendance *f*

discernimento (dich-chér-ni-*mén*-tô) *m* bon sens

discesa (dich-*chéé*-sa) *f* descente *f*; **in ~** vers le bas

disciplina (dich-chi-*plii*-na) *f* discipline *f*

disco (*di*-skô) *m* disque *m*

discorso (di-*skôr*-sô) *m* allocution *f*, discours *m*; entretien *m*

discussione (di-skouss-*syôô*-né) *f* discussion *f*, délibération *f*

*discutere (di-*skoû*-té-ré) *v* discuter; se disputer

disdegno (diz-*déé*-gnô) *m* mépris *m*

*disdire (diz-*dii*-ré) *v* annuler; *partir

disegnare (di-sé-*gnââ*-ré) *v* dessiner

disegno (di-*séé*-gnô) *m* dessin *m*; motif *m*; dessein *m*; **puntina da ~** punaise *f*

disertare (di-zér-*tââ*-ré) *v* déserter

*disfare (di-*sfââ*-ré) *v* *défaire; déballer

disgelarsi (diz-djé-*lar*-si) *v* dégeler, fondre

disgelo (diz-*djèè*-lô) *m* dégel *m*

*disgiungere (diz-*djoun*-djé-ré) *v* *disjoindre

disgrazia (diz-*ghrââ*-tsya) *f* malheur *m*; disgrâce *f*

disgraziatamente (diz-ghra-tsya-ta-*mén*-té) *adv* hélas

disgustoso (diz-ghou-*stôô*-sô) *adj* répugnant, dégoûtant

disimparare (di-zimm-pa-*rââ*-ré) *v* *désapprendre

disinfettante (di-zinn-fét-*tann*-té) *m* désinfectant *m*

disinfettare (di-zinn-fét-*tââ*-ré) *v* désinfecter

disinserire (di-zinn-sé-*rii*-ré) *v* débrancher

disinteressato (di-zinn-té-réss-*sââ*-tô) *adj* désintéressé

disinvoltura (di-zinn-vôl-*toû*-ra) *f* aisance *f*

disoccupato (di-zôk-kou-*pââ*-tô) *adj* en chômage

disoccupazione (di-zôk-kou-pa-*tsyôô*-né) *f* chômage *m*

disonesto (di-zô-*nè*-stô) *adj* malhonnête, inéquitable

disonore (di-zô-*nôô*-ré) *m* déshonneur *m*

disordinato (di-zôr-di-*nââ*-tô) *adj* désordonné

disordine (di-*zôr*-di-né) *m* désordre *m*, gâchis *m*

disossare (di-zôss-*sââ*-ré) *v* désosser

dispari (*di*-spa-ri) *adj* impair

dispensa (di-*spèn*-sa) *f* garde-manger *m*

dispensare (di-spén-*sââ*-ré) *v* dispenser

disperare (di-spé-*rââ*-ré) *v* désespérer

disperato (di-spé-*rââ*-tô) *adj* désespéré

disperazione (di-spé-ra-*tsyôô*-né) *f* désespoir *m*

dispiacere (di-spya-*tchéé*-ré) *m* chagrin *m*

*****dispiacere** (di-spya-*tchéé*-ré) *v* *déplaire

disponibile (di-spô-*nii*-bi-lé) *adj* disponible

*****disporre di** (di-*spôr*-ré) disposer de

dispositivo (di-spô-zi-*tii*-vô) *m* dispositif *m*

disposizione (di-spô-zi-*tsyôô*-né) *f* disposition *f*

disprezzare (di-sprét-*tsââ*-ré) *v* mépriser

disprezzo (di-*sprèt*-tsô) *m* dédain *m*, mépris *m*

disputa (*di*-spou-ta) *f* dispute *f*, discussion *f*

disputare (di-spou-*tââ*-ré) *v* disputer; contester

dissenteria (diss-sén-té-*rii*-a) *f* dysenterie *f*

dissentire (diss-sén-*tii*-ré) *v* *être en désaccord

dissimile (diss-*sii*-mi-lé) *adj* différent

*****dissuadere** (diss-s^ou a-*déé*-ré) *v* dissuader

distante (di-*stann*-té) *adj* éloigné

distanza (di-*stann*-tsa) *f* distance *f*

*****distinguere** (di-*stinng*-gh^ou é-ré) *v* distinguer, discerner

distinto (di-*stinn*-tô) *adj* distinct; distingué

distinzione (di-stinn-*tsyôô*-né) *f* distinction *f*

*****distogliere** (di-*stoo*-l^¥é-ré) *v* détourner

distorsione (di-stôr-*syôô*-né) *f* foulure *f*

distretto (di-*strét*-tô) *m* district *m*

distribuire (di-stri-*bouii*-ré) *v* distribuer

distributore (di-stri-bou-*tôô*-ré) *m* concessionnaire *m*; distributeur *m*; ~ **automatico** appareil à jetons; ~ **di benzina** poste d'essence, station-service *f*

distribuzione (di-stri-bou-*tsyôô*-né) *f* distribution *f*; disposition *f*

*****distruggere** (di-*stroud*-djé-ré) *v* *détruire, dévaster

distruzione (di-strou-*tsyôô*-né) *f* destruction *f*

disturbare (di-stour-*bââ*-ré) *v* déranger; **disturbarsi** s'efforcer

disturbo (di-*stour*-bô) *m* dérangement *m*

ditale (di-*tââ*-lé) *m* dé *m*

dito (*dii*-tô) *m* (pl le dita) doigt *m*; ~ **del piede** orteil *m*

ditta (*dit*-ta) *f* entreprise *f*, firme *f*; affaire *f*

dittafono (dit-*tââ*-fô-nô) *m* dictaphone *m*

dittatore (dit-ta-*tôô*-ré) *m* dictateur *m*

divano (di-*vââ*-nô) *m* canapé *m*

*****divenire** (di-vé-*nii*-ré) *v* *devenir

diventare (di-vén-*tââ*-ré) *v* *devenir

diversione (di-vér-*syôô*-né) *f* diversion *f*

diverso (di-*vèr*-sô) *adj* différent

divertente (di-vér-*tèn*-té) *adj* amusant, divertissant, agréable, plaisant

divertimento (di-vér-ti-*mén*-tô) *m* divertissement *m*, plaisir *m*, amusement *m*

divertire (di-vér-*tii*-ré) *v* divertir, amuser

***dividere** (di-*vii*-dé-ré) *v* diviser

divieto (di-*vyèè*-tô) *m* interdiction *f*; ~ **di sorpasso** défense de doubler; ~ **di sosta** stationnement interdit

divino (di-*vii*-nô) *adj* divin

divisa estera (di-*vii*-za è-sté-ra) monnaie étrangère

divisione (di-vi-zyôô-né) *f* séparation *f*, division *f*; bureau *m*

divisorio (di-vi-*zoo*-ryô) *m* cloison *f*

divorziare (di-vôr-*tsyââ*-ré) *v* divorcer

divorzio (di-*vor*-tsyô) *m* divorce *m*

dizionario (di-tsyô-*nââ*-ryô) *m* dictionnaire *m*

doccia (*dôt*-tcha) *f* douche *f*

docente (dô-*tchèn*-té) *m* professeur *m*

documento (dô-kou-*mén*-tô) *m* document *m*

dodicesimo (dô-di-*tchèè*-zi-mô) *num* douzième

dodici (*dôô*-di-tchi) *num* douze

dogana (dô-*ghââ*-na) *f* douane *f*

doganiere (dô-gha-*gnèè*-ré) *m* douanier *m*

doglie (*doo*-lʸé) *fpl* douleurs

dolce (*dôl*-tché) *adj* sucré; gentil; doux, délicat; *m* gâteau *m*; dessert *m*

dolciumi (dôl-*tchoû*-mi) *mpl* douceurs *fpl*, bonbons; confiserie *f*

***dolere** (dô-*léé*-ré) *v* *faire mal

dolore (dô-*lôô*-ré) *m* douleur *f*

doloroso (dô-lô-*rôô*-sô) *adj* douloureux

domanda (dô-*mann*-da) *f* question *f*; demande *f*

domandare (dô-mann-*dââ*-ré) *v* demander; s'informer

domani (dô-*mââ*-ni) *adv* demain

domenica (dô-*méé*-ni-ka) *f* dimanche *m*

domestica (dô-*mè*-sti-ka) *f* bonne *f*

domestico (dô-*mè*-sti-kô) *adj* domestique; *m* domestique *m*; **faccende domestiche** travaux ménagers

domicilio (dô-mi-*tchii*-lyô) *m* domicile *m*

dominante (dô-mi-*nann*-té) *adj* dominant

dominare (dô-mi-*nââ*-ré) *v* maîtriser; régner

dominazione (dô-mi-na-*tsyôô*-né) *f* domination *f*

dominio (dô-*mii*-gnô) *m* règne *m*

donare (dô-*nââ*-ré) *v* donner

donatore (dô-na-*tôô*-ré) *m* donateur *m*

donazione (dô-na-*tsyôô*-né) *f* don *m*, donation *f*

dondolare (dôn-dô-*lââ*-ré) *v* balancer

donna (*donn*-na) *f* femme *f*

dono (*dôô*-nô) *m* cadeau *m*

dopo (*doo*-pô) *prep* après; derrière; ~ **che** après que

doppio (*dôp*-pyô) *adj* double

dorato (dô-*rââ*-tô) *adj* doré

dormire (dôr-*mii*-ré) *v* *dormir

dormitorio (dôr-mi-*too*-ryô) *m* dortoir *m*

dorso (*door*-sô) *m* dos *m*

dose (*doo*-zé) *f* dose *f*

dotato (dô-*tââ*-tô) *adj* doué

dottore (dôt-*tôô*-ré) *m* docteur *m*

dove (*dôô*-vé) *adv* où; *conj* où

dovere (dô-*véé*-ré) *v* devoir *m*

***dovere** (dô-*véé*-ré) *v* *devoir, *falloir

dovunque (dô-*voung*-kᵒᵘé) *adv* n'importe où; *conj* partout où

dovuto (dô-*voú*-tô) *adj* payable

dozzina (dôd-*dzii*-na) *f* douzaine *f*

drago (*drââ*-ghô) *m* dragon *m*

dramma (*dramm*-ma) *m* drame *m*

drammatico (dramm-*mââ*-ti-kô) *adj* dramatique

drammaturgo (dramm-ma-*tour*-ghô) *m* dramaturge *m*

drapperia (drap-pé-*rii*-a) *f* étoffes *fpl*

drenare (dré-*nââ*-ré) *v* drainer

dritto (*drit*-tô) *adj* droit; *adv* directement

drogheria (drô-ghé-*rii*-a) *f* épicerie *f*

droghiere (drô-*ghyèè*-ré) *m* épicier *m*

dubbio (*doub*-byô) *m* doute *m*

dubbioso (doub-*byôô*-sô) *adj* douteux

dubitare (dou-bi-*tââ*-ré) *v* douter

duca (*doû*-ka) *m* (pl duchi) duc *m*

duchessa (dou-*késs*-sa) *f* duchesse *f*

due (*doû*-é) *num* deux; **tutti e ~** les deux

duna (*doû*-na) *f* dune *f*

dunque (*doung*-k°°é) *conj* donc; alors

duomo (*d°°oo*-mô) *m* cathédrale *f*

durante (dou-*rann*-té) *prep* pendant, durant

durare (dou-*rââ*-ré) *v* durer

durata (dou-*rââ*-ta) *f* durée *f*

duraturo (dou-ra-*toû*-rô) *adj* durable

durevole (dou-*réé*-vô-lé) *adj* durable

duro (*doû*-rô) *adj* coriace, dur

E

e (é) *conj* et

ebano (*èè*-ba-nô) *m* ébène *f*

ebbene! (éb-*bèè*-né) bien!

ebraico (é-*brââ*-i-kô) *adj* juif; *m* hébreu *m*

ebreo (é-*brèè*-ô) *m* juif *m*

eccedenza (ét-tché-*dèn*-tsa) *f* surplus *m*

eccedere (ét-*tchèè*-dé-ré) *v* excéder

eccellente (ét-tchél-*lèn*-té) *adj* excellent

*eccellere (ét-*tchèl*-lé-ré) *v* exceller

eccentrico (ét-*tchèn*-tri-kô) *adj* excentrique

eccessivo (ét-tchéss-*sii*-vô) *adj* excessif

eccesso (ét-*tchèss*-sô) *m* excès *m*

eccetera (ét-*tchèè*-té-ra) et cætera

eccetto (ét-*tchèt*-tô) *prep* excepté

eccezionale (ét-tchéss-syô-*nââ*-lé) *adj* exceptionnel

eccezione (ét-tchéss-*syôô*-né) *f* exception *f*

eccitante (ét-tchi-*tann*-té) *adj* passionnant

eccitare (ét-tchi-*tââ*-ré) *v* exciter

eccitazione (ét-tchi-ta-*tsyôô*-né) *f* excitation *f*

ecco (*èk*-kô) voilà; *adv* voici

eclissi (é-*kliss*-si) *f* éclipse *f*

eco (*èè*-kô) *m/f* écho *m*

economia (é-kô-nô-*mii*-a) *f* économie *f*

economico (é-kô-*noo*-mi-kô) *adj* économique; bon marché, avantageux, économe

economista (é-kô-nô-*mi*-sta) *m* économiste *m*

economizzare (é-kô-nô-mid-*dzââ*-ré) *v* économiser

Ecuador (é-k°°a-dòr) *m* Equateur *m*

ecuadoriano (é-k°°a-dô-*ryââ*-nô) *m* Ecuadorien *m*

eczema (ék-*djèè*-ma) *m* eczéma *m*

edera (*èè*-dé-ra) *f* lierre *m*

edicola (é-*dii*-kô-la) *f* kiosque à journaux, stand de livres

edificare (é-di-fi-*kââ*-ré) *v* bâtir

edificio (é-di-*fii*-tchô) *m* édifice *m*, construction *f*

editore (é-di-*tôô*-ré) *m* éditeur *m*

edizione (é-di-*tsyôô*-né) *f* édition *f*; **~ del mattino** édition du matin

educare (é-dou-*kââ*-ré) *v* éduquer; élever

educazione (é-dou-ka-*tsyôô*-né) f éducation f

effervescenza (éf-fér-véch-*chèn*-tsa) f pétillement m

effettivamente (éf-fét-ti-va-*mén*-té) adv effectivement; en effet

effetto (éf-*fèt*-tô) m effet m; **effetti personali** affaires fpl

effettuare (éf-fét-*t^{ou}ââ*-ré) v réaliser, effectuer; accomplir

efficace (éf-fi-*kââ*-tché) adj efficace, effectif

efficiente (éf-fi-*tchèn*-té) adj efficace

Egitto (é-*djit*-tô) m Egypte f

egiziano (é-dji-*tsyââ*-nô) adj égyptien; m Egyptien m

egli (*é-lʸi*) pron il; ~ **stesso** lui-même

egocentrico (é-ghô-*tchèn*-tri-kô) adj égocentrique

egoismo (é-ghô-*i*-zmô) m égoïsme m

egoista (é-ghô-*i*-sta) adj égoïste

egoistico (é-ghô-*i*-sti-kô) adj égoïste

elaborare (é-la-bô-*rââ*-ré) v élaborer

elasticità (é-la-sti-tchi-*ta*) f élasticité f

elastico (é-*la*-sti-kô) adj élastique; m élastique m

elefante (é-lé-*fann*-té) m éléphant m

elegante (é-lé-*ghann*-té) adj élégant

eleganza (é-lé-*ghann*-tsa) f élégance f

*eleggere (é-*lèd*-djé-ré) v *élire

elementare (é-lé-mén-*tââ*-ré) adj élémentaire

elemento (é-lé-*mén*-tô) m élément m

elencare (é-léng-*kââ*-ré) v *inscrire

elenco (é-*lèng*-kô) m liste f; ~ **telefonico** annuaire téléphonique, bottin m

elettricista (é-lét-tri-*tchi*-sta) m électricien m

elettricità (é-lét-tri-tchi-*ta*) f électricité f

elettrico (é-*lèt*-tri-kô) adj électrique

elettronico (é-lét-*troo*-ni-kô) adj électronique

elevare (é-lé-*vââ*-ré) v élever

elevazione (é-lé-va-*tsyôô*-né) f butte f

elezione (é-lé-*tsyôô*-né) f élection f

elica (*èè*-li-ka) f hélice f

eliminare (é-li-mi-*nââ*-ré) v éliminer

ella (*él*-la) pron elle

elogio (é-*loo*-djô) m éloge m

emancipazione (é-mann-tchi-pa-*tsyôô*-né) f émancipation f

emblema (ém-*blèè*-ma) m emblème m

emergenza (é-mér-*djèn*-tsa) f urgence f

*emergere (é-*mèr*-djé-ré) v *apparaître, émerger; exceller

*emettere (é-*mét*-té-ré) v *émettre

emicrania (é-mi-*krââ*-gna) f migraine f

emigrante (é-mi-*ghrann*-té) m émigrant m

emigrare (é-mi-*ghrââ*-ré) v émigrer

emigrazione (é-mi-ghra-*tsyôô*-né) f émigration f

eminente (é-mi-*nèn*-té) adj éminent

emissione (é-miss-*syôô*-né) f émission f

emorragia (é-môr-ra-*djii*-a) f hémorragie f

emorroidi (é-môr-*roo*-i-di) fpl hémorroïdes fpl

emozione (é-mô-*tsyôô*-né) f émotion f

emporio (ém-*poo*-ryô) m bazar m

enciclopedia (én-tchi-klô-pé-*dii*-a) f encyclopédie f

energia (é-nér-*djii*-a) f énergie f; puissance f; ~ **nucleare** énergie nucléaire

energico (é-*nèr*-dji-kô) adj énergique

enigma (é-*nigh*-ma) m énigme f

enorme (é-*nor*-mé) adj énorme

ente (*èn*-té) m être m; société f

entrambi (én-*tramm*-bi) adj les deux

entrare (én-*trââ*-ré) v entrer

entrata (én-*trââ*-ta) f entrée f; **entra-**

te recettes

entro (*én*-trô) *prep* dans

entusiasmo (én-tou-*zya*-zmô) *m* enthousiasme *m*

entusiastico (én-tou-*zya*-sti-kô) *adj* enthousiaste

epico (*èè*-pi-kô) *adj* épique

epidemia (é-pi-dé-*mii*-a) *f* épidémie *f*

epilessia (é-pi-*léss*-*siia*) *f* épilepsie *f*

epilogo (é-*pii*-lô-ghô) *m* épilogue *m*

episodio (é-pi-*zoo*-dyô) *m* épisode *m*

epoca (*èè*-pô-ka) *f* époque *f*

eppure (ép-*poú*-ré) *conj* pourtant, cependant

equatore (é-kᵒᵘa-*tôô*-ré) *m* équateur *m*

equilibrio (é-koui-*lii*-bryô) *m* équilibre *m*

equipaggiamento (é-koui-pad-dja-*mén*-tô) *m* équipement *m*

equipaggiare (é-koui-pad-*djââ*-ré) *v* équiper

equipaggio (é-koui-*pad*-djô) *m* équipage *m*

equitazione (é-koui-ta-*tsyôô*-né) *f* équitation *f*

equivalente (é-koui-va-*lèn*-té) *adj* équivalent

equivoco (é-*koui*-vô-kô) *adj* équivoque

equo (*èè*-kᵒᵘô) *adj* équitable

erba (*ér*-ba) *f* herbe *f*

erbaccia (ér-*bat*-tcha) *f* mauvaise herbe

eredità (é-ré-di-*ta*) *f* héritage *m*

ereditare (é-ré-di-*tââ*-ré) *v* hériter

ereditario (é-ré-di-*tââ*-ryô) *adj* héréditaire

erica (*èè*-ri-ka) *f* bruyère *f*

***erigere** (é-*ri*-djé-ré) *v* ériger

ernia (*ér*-gna) *f* hernie *f*

eroe (é-*roo*-é) *m* héros *m*

errare (ér-*rââ*-ré) *v* errer; se tromper

erroneo (ér-*roo*-né-ô) *adj* erroné, impropre

errore (ér-*rôô*-ré) *m* erreur *f*

erudito (é-rou-*dii*-tô) *m* érudit *m*

eruzione (é-rou-*tsyôô*-né) *f* éruption *f*

esagerare (é-za-djé-*rââ*-ré) *v* exagérer

esalare (é-za-*lââ*-ré) *v* expirer

esame (é-*zââ*-mé) *m* examen *m*; épreuve *f*

esaminare (é-za-mi-*nââ*-ré) *v* examiner

esantema (é-zann-*tèè*-ma) *m* éruption *f*

esattamente (é-*zat*-ta-mén-té) *adv* juste

esatto (é-*zat*-tô) *adj* juste, exact

esaurire (é-zaou-*rii*-ré) *v* exténuer; **esaurito** épuisé; **esausto** surmené

esca (*é*-ska) *f* amorce *f*

esclamare (é-skla-*mââ*-ré) *v* exclamer

esclamazione (é-skla-ma-*tsyôô*-né) *f* exclamation *f*

***escludere** (é-*skloû*-dé-ré) *v* *exclure

esclusivamente (é-sklou-zi-va-*mén*-té) *adv* exclusivement

esclusivo (é-sklou-*zii*-vô) *adj* exclusif

escogitare (é-skô-dji-*tââ*-ré) *v* *concevoir

escoriazione (é-skô-rya-*tsyôô*-né) *f* égratignure *f*

escrescenza (é-skréch-*chèn*-tsa) *f* tumeur *f*

escursione (é-skour-*syôô*-né) *f* excursion *f*

esecutivo (é-zé-kou-*tii*-vô) *adj* exécutif

esecuzione (é-zé-kou-*tsyôô*-né) *f* exécution *f*

eseguire (é-zé-*ghouii*-ré) *v* exécuter, accomplir, réaliser

esempio (é-*zém*-pyô) *m* exemple *m*; **per ~** par exemple

esemplare (é-zém-*plââ*-ré) *m* spécimen *m*

esentare (é-zén-*tââ*-ré) *v* exempter

esente (é-*zèn*-té) *adj* exempt; **~ da**

tassa exempt d'impôts

esenzione (é-zén-*tsyôô*-né) f exemption f

esercitare (é-zér-tchi-*tââ*-ré) v exercer

esercito (é-*zèr*-tchi-tô) m armée f

esercizio (é-zér-*tchii*-tsyô) m exercice m

esibire (é-zi-*bii*-ré) v exhiber; exposer

esigente (é-zi-*djèn*-té) adj exigeant

esigenza (é-zi-*djèn*-tsa) f demande f; exigence f

*esigere (é-*zii*-djé-ré) v exiger

esiguo (é-*zii*-ghᵒuᵒ) adj menu

esilio (é-*zii*-lᵛô) m exile m

esistenza (é-zi-*stèn*-tsa) f existence f

*esistere (é-*zi*-sté-ré) v exister

esitare (é-zi-*tââ*-ré) v hésiter

esito (*èè*-zi-tô) m résultat m; fin f

esonerare da (é-zô-né-*rââ*-ré) v dispenser de

esotico (é-*zoo*-ti-kô) adj exotique

*espandere (é-*spann*-dé-ré) v étendre

*espellere (é-*spèl*-lé-ré) v expulser

esperienza (é-spé-*ryèn*-tsa) f expérience f

esperimento (é-spé-ri-*mén*-tô) m expérience f

esperto (é-*spèr*-tô) adj expérimenté; habile, expert; m expert m

espirare (é-spi-*rââ*-ré) v expirer

esplicazione (é-spli-ka-*tsyôô*-né) f explication f

esplicito (é-*splii*-tchi-tô) adj explicite

*esplodere (é-*sploo*-dé-ré) v exploser

esplorare (é-splô-*rââ*-ré) v explorer

esplosione (é-splô-*zyôô*-né) f explosion f

esplosivo (é-splô-*zii*-vô) adj explosif; m explosif m

*esporre (é-*spôr*-ré) v exposer, étaler

esportare (é-spôr-*tââ*-ré) v exporter

esportazione (é-spôr-ta-*tsyôô*-né) f exportation f

esposimetro (é-spô-*zii*-mé-trô) m pho-

tomètre m

esposizione (é-spô-zi-*tsyôô*-né) f exposition f

espressione (é-spréss-*syôô*-né) f expression f

espresso (é-*spréss*-sô) adj exprès

*esprimere (é-*sprii*-mé-ré) v exprimer

essa (*éss*-sa) pron elle; ~ **stessa** elle-même

essenza (éss-*sèn*-tsa) f essence f

essenziale (éss-sén-*tsyââ*-lé) adj essentiel

essenzialmente (éss-sén-tsyal-*mén*-té) adv essentiellement

essere (*èss*-sé-ré) m être m; ~ **umano** être humain

*essere (*èss*-sé-ré) v *être

essi (*éss*-si) pron ils; ~ **stessi** eux-mêmes

essiccatoio (éss-si-tᵛa-*tôô*-yô) m séchoir m

est (èst) m est m

estasi (*è*-sta-zi) f extase m

estate (é-*stââ*-té) f été m

*estendere (é-*stèn*-dé-ré) v étendre

esteriore (é-sté-*ryôô*-ré) adj extérieur; m extérieur m

esterno (é-*stèr*-nô) adj externe, extérieur; m extérieur m

all'estero (al-*lè*-sté-rô) à l'étranger

esteso (é-*stéé*-sô) adj étendu

*estinguere (é-*stinng*-ghᵒué-ré) v *éteindre

estintore (é-stinn-*tôô*-ré) m extincteur m

*estorcere (é-*stor*-tché-ré) v extorquer

estorsione (é-stôr-*syôô*-né) f extorsion f

estradare (é-stra-*dââ*-ré) v extrader

estraneo (é-*strââ*-né-ô) adj étranger; m inconnu m

*estrarre (é-*strar*-ré) v arracher; *extraire

estremità (é-stré-mi-*ta*) f bout m

estremo (é-stréé-mô) *adj* extrême; *m* extrême *m*

estuario (é-st^{ou}ââ-ryô) *m* estuaire *m*

esuberante (é-zou-bé-rann-té) *adj* exubérant

esule (èè-zou-lé) *m* exilé *m*

età (é-ta) *f* âge *m*

etere (èè-té-ré) *m* éther *m*

eternità (é-tér-ni-ta) *f* éternité *f*

eterno (é-tèr-nô) *adj* éternel

eterosessuale (é-té-rô-séss-s^{ou}ââ-lé) *adj* hétérosexuel

etichetta (é-ti-két-ta) *f* étiquette *f*

etichettare (é-ti-két-tââ-ré) *v* étiqueter

Etiopia (é-tyoo-pya) *f* Ethiopie *f*

etiopico (é-tyoo-pi-kô) *adj* éthiopien; *m* Ethiopien *m*

Europa (é^{ou}-roo-pa) *f* Europe *f*

europeo (é^{ou}-rô-pèè-ô) *adj* européen; *m* Européen *m*

evacuare (é-va-k^{ou}ââ-ré) *v* évacuer

evaporare (é-va-pô-rââ-ré) *v* évaporer

evasione (é-va-zyôô-né) *f* évasion *f*

evento (é-vèn-tô) *m* événement *m*

eventuale (é-vén-t^{ou}ââ-lé) *adj* éventuel

evidente (é-vi-dèn-té) *adj* évident

evidentemente (é-vi-dèn-té-mén-té) *adv* manifestement

evitare (é-vi-tââ-ré) *v* éviter

evoluzione (é-vô-lou-tsyôô-né) *f* évolution *f*

F

fa (fa) *adv* il y a

fabbrica (fab-bri-ka) *f* usine *f*

fabbricante (fab-bri-kann-té) *m* fabricant *m*

fabbricare (fab-bri-kââ-ré) *v* édifier; fabriquer

fabbricazione (fab-bri-ka-tsyôô-né) *f*

édification *f*

fabbro (fab-brô) *m* forgeron *m*

faccenda (fat-tchèn-da) *f* affaire *f*; **faccende di casa** ménage *m*

facchino (fak-kii-nô) *m* porteur *m*

faccia (fat-tcha) *f* visage *m*; **in ~ a** *prep* en face de

facciata (fat-tchââ-ta) *f* façade *f*; face *f*

facile (fââ-tchi-lé) *adj* facile

facilità (fa-tchi-li-ta) *f* aisance *f*

facilone (fa-tchi-lôô-né) *adj* décontracté

facoltà (fa-kôl-ta) *f* aptitude *f*; faculté *f*

facoltativo (fa-kôl-ta-tii-vô) *adj* facultatif

faggio (fad-djô) *m* hêtre *m*

fagiano (fa-djââ-nô) *m* faisan *m*

fagiolo (fa-djoo-lô) *m* haricot *m*

fagotto (fa-ghot-tô) *m* paquet *m*

falcone (fal-kôô-né) *m* faucon *m*

falegname (fa-lé-gnââ-mé) *m* menuisier *m*

fallace (fal-lââ-tché) *adj* faux

fallimento (fal-li-mén-tô) *m* échec *m*

fallire (fal-lii-ré) *v* échouer

fallito (fal-lii-tô) *adj* en faillite

fallo (fal-lô) *m* méprise *f*

falsificare (fal-si-fi-kââ-ré) *v* *contrefaire, falsifier

falsificazione (fal-si-fi-ka-tsyôô-né) *f* falsification *f*

falso (fal-sô) *adj* faux

fama (fââ-ma) *f* célébrité *f*; renom *m*; **di ~ mondiale** de renommée mondiale

fame (fââ-mé) *f* faim *f*

famigerato (fa-mi-djé-rââ-tô) *adj* notoire

famiglia (fa-mii-l^ya) *f* famille *f*

familiare (fa-mi-l^yââ-ré) *adj* familier

famoso (fa-môô-sô) *adj* fameux

fanale (fa-nââ-lé) *m* phare *m*; **~ anti-**

nebbia phare anti-brouillard; **fanalino posteriore** feu arrière

fanatico (fa-nââ-ti-kô) *adj* fanatique

fanciulla (fann-*tchoul*-la) *f* jeune fille

fanciullo (fann-*tchoul*-lô) *m* gosse *m*

fanfara (fann-*fââ*-ra) *f* fanfare *f*

fango (*fanng*-ghô) *m* boue *f*

fangoso (fanng-*ghôô*-sô) *adj* boueux

fantasia (fann-ta-*zii*-a) *f* fantaisie *f*

fantasma (fann-*ta*-zma) *m* esprit *m*, fantôme *m*

fantastico (fann-*ta*-sti-kô) *adj* fantastique

fante (*fann*-té) *m* valet *m*

fanteria (fann-té-*rii*-a) *f* infanterie *f*

fantino (fann-*tii*-nô) *m* jockey *m*

***fare** (*fââ*-ré) *v* *faire; rendre

farfalla (far-*fal*-la) *f* papillon *m*

farina (fa-*rii*-na) *f* farine *f*

farmacia (far-ma-*tchii*-a) *f* pharmacie *f*; droguerie *f*

farmacista (far-ma-*tchi*-sta) *m* pharmacien *m*

farmaco (*far*-ma-kô) *m* médicament *m*

farmacologia (far-ma-kô-lô-*djii*-a) *f* pharmacologie *f*

faro (*fââ*-rô) *m* phare *m*

farsa (*far*-sa) *f* farce *f*

fasciatura (fach-cha-*toú*-ra) *f* pansement *m*

fascino (*fach*-chi-nô) *m* charme *m*

fascismo (fach-*chi*-zmô) *m* fascisme *m*

fascista (fach-*chi*-sta) *m* fasciste *m*

fascistico (fach-*chi*-sti-kô) *adj* fasciste

fase (*fââ*-zé) *f* phase *f*; étape *f*

fastidioso (fa-sti-*dyôô*-sô) *adj* gênant, fastidieux

fata (*fââ*-ta) *f* fée *f*

fatale (fa-*tââ*-lé) *adj* néfaste, fatal

fatica (fa-*tii*-ka) *f* effort *m*

faticare (fa-ti-*kââ*-ré) *v* peiner

faticoso (fa-ti-*kôô*-sô) *adj* fatigant

fato (*fââ*-tô) *m* destin *m*

fatto (*fat*-tô) *m* fait *m*

fattore (fat-*tôô*-ré) *m* facteur *m*; fermier *m*

fattoressa (fat-tô-*réss*-sa) *f* fermière *f*

fattoria (fat-tô-*rii*-a) *f* ferme *f*

fattura (fat-*toú*-ra) *f* facture *f*

fatturare (fat-tou-*rââ*-ré) *v* facturer

fauci (*faou*-tchi) *fpl* gueule *f*

favola (*fa*-vô-la) *f* fable *f*

favore (fa-*vôô*-ré) *m* faveur *f*; **a ~ di** en faveur de; **per ~** s'il vous plaît

favorevole (fa-vô-*réé*-vô-lé) *adj* favorable

favorire (fa-vô-*rii*-ré) *v* favoriser

favorito (fa-vô-*rii*-tô) *adj* favori; *m* favori *m*

fax (fââks) *m* fax *m*; **mandar un ~** envoyer un fax

fazzoletto (fat-tsô-*lét*-tô) *m* mouchoir *m*; **~ di carta** mouchoir de papier

febbraio (féb-*brââ*-yô) février

febbre (*fèb*-bré) *f* fièvre *f*; **~ del fieno** rhume des foins

febbricitante (féb-bri-tchi-*tann*-té) *adj* fiévreux

fecondo (fé-*kôn*-dô) *adj* fécond

fede (*féé*-dé) *f* croyance *f*, foi *f*; alliance *f*

fedele (fé-*déé*-lé) *adj* fidèle

federa (*fèè*-dé-ra) *f* taie d'oreiller

federale (fé-dé-*rââ*-lé) *adj* fédéral

federazione (fé-dé-ra-*tsyôô*-né) *f* fédération *f*

fegato (*féé*-gha-tô) *m* foie *m*

felice (fé-*lii*-tché) *adj* heureux

felicissimo (féli-*tchiss*-si-mô) *adj* enchanté

felicità (fé-li-tchi-*ta*) *f* bonheur *m*

felicitarsi con (fé-li-tchi-*tar*-si) féliciter

felicitazione (fé-li-tchi-ta-*tsyôô*-né) *f* félicitation *f*

feltro (*fél*-trô) *m* feutre *m*

femmina (*fém*-mi-na) *f* femelle *f*; fille *f*

femminile (fém-mi-_nii_-lé) *adj* féminin

*fendere (_fén_-dé-ré) *v* fendre

fenicottero (fé-ni-_kot_-té-rô) *m* flamant *m*

fenomeno (fé-_noo_-mé-nô) *m* phénomène *m*

ferie (_fèè_-ryé) *fpl* vacances; **in ~** en vacances

ferire (fé-_rii_-ré) *v* blesser

ferita (fé-_rii_-ta) *f* blessure *f*

ferito (fé-_rii_-tô) *adj* blessé

fermaglio (fér-_mââ_-lYô) *m* fermeture *f*; **~ per capelli** pince à cheveux

fermarsi (fér-_mar_-si) *v* s'arrêter

fermata (fér-_mââ_-ta) *f* arrêt *m*

fermentare (fér-mén-_tââ_-ré) *v* fermenter

fermo (_fér_-mô) *adj* ferme; **~ posta** poste restante

feroce (fé-_rôô_-tché) *adj* féroce

ferramenta (fér-ra-_mén_-ta) *fpl* quincaillerie *f*

ferriera (fér-_ryèè_-ra) *f* fonderie *f*

ferro (_fèr_-rô) *m* fer *m*; **di ~** en fer; **~ da stiro** fer à repasser; **~ di cavallo** fer à cheval; **rottame di ~** ferraille *f*

ferrovia (fér-rô-_vii_-a) *f* chemin de fer, voie ferrée

fertile (_fèr_-ti-lé) *adj* fertile

fessura (féss-_soû_-ra) *f* fissure *f*; fente *f*

festa (_fè_-sta) *f* jour de fête; fête *f*; surprise-partie *f*

festival (_fé_-sti-val) *m* festival *m*

festivo (fé-_stii_-vô) *adj* de fête

fetta (_fét_-ta) *f* tranche *f*

feudale (féᵒᵘ-_dââ_-lé) *adj* féodal

fiaba (_fyââ_-ba) *f* conte de fées

fiacco (_fyak_-kô) *adj* faible

fiamma (_fyamm_-ma) *f* flamme *f*

fiammifero (fyamm-_mi_-fé-rô) *m* allumette *f*

fianco (_fyanng_-kô) *m* hanche *f*

fiato (_fyââ_-tô) *m* souffle *m*

fibbia (_fib_-bya) *f* boucle *f*

fibra (_fii_-bra) *f* fibre *f*

fico (_fii_-kô) *m* figue *f*

fidanzamento (fi-dann-tsa-_mén_-tô) *m* fiançailles *fpl*

fidanzata (fi-dann-_tsââ_-ta) *f* fiancée *f*

fidanzato (fi-dann-_tsââ_-tô) *adj* fiancé; *m* fiancé *m*

fidarsi (fi-_dar_-si) *v* *faire confiance

fidato (fi-_dââ_-tô) *adj* digne de confiance; **non ~** douteux

fiducia (fi-_doû_-tcha) *f* confiance *f*

fieno (_fyèè_-nô) *m* foin *m*

fiera (_fyèè_-ra) *f* foire *f*

fierezza (fyé-_rét_-tsa) *f* orgueil *m*

fiero (_fyèè_-rô) *adj* fier

figlia (_fii_-lYa) *f* fille *f*

figliastro (fi-_lYa_-strô) *m* enfant d'un autre lit

figliata (fi-_lYââ_-ta) *f* portée *f*

figlio (_fii_-lYô) *m* fils *m*

figliolo (fi-_lYoo_-lô) *m* fils *m*; garçon *m*

figura (fi-_ghoû_-ra) *f* forme *f*; image *f*

figurarsi (fi-ghou-_rar_-si) *v* se figurer; s'imaginer

fila (_fii_-la) *f* rang *m*, file *f*, rangée *f*

filare (fi-_lââ_-ré) *v* filer

filippino (fi-lip-_pii_-nô) *adj* philippin; *m* Philippin *m*

film (film) *m* (pl **~**) film *m*

filmare (fil-_mââ_-ré) *v* filmer

filo (_fii_-lô) *m* fil *m*

filobus (fi-lô-_bouss_) *m* trolleybus *m*

filosofia (fi-lô-zô-_fii_-a) *f* philosophie *f*

filosofo (fi-_loo_-zô-fô) *m* philosophe *m*

filtrare (fil-_trââ_-ré) *v* filtrer

filtro (_fil_-trô) *m* filtre *m*; percolateur *m*; **~ dell'aria** filtre à air; **~ dell'olio** filtre à huile

finale (fi-_nââ_-lé) *adj* final

finalmente (fi-nal-_mén_-té) *adv* en fin de compte, enfin

finanze (fi-*nann*-tsé) *fpl* finances *fpl*

finanziare (fi-nann-*tsyââ*-ré) *v* financer

finanziario (fi-nann-*tsyââ*-ryô) *adj* financier

finanziatore (fi-nann-tsya-*tôô*-ré) *m* investisseur *m*

finché (finng-*ké*) *conj* jusqu'à, jusqu'à ce que; ~ **non** jusqu'à ce que

fine (*fii*-né) *f* fin *f*; *m* but *m*; **fine-settimana** week-end *m*

finestra (fi-*né*-stra) *f* fenêtre *f*

*****fingere** (*finn*-djé-ré) *v* *feindre

finire (fi-*nii*-ré) *v* finir; se terminer; **finito** terminé; fini

finlandese (finn-lann-*déé*-sé) *adj* finlandais; *m* Finlandais *m*

Finlandia (finn-*lann*-dya) *f* Finlande *f*

fino (*fii*-nô) *adj* fin

fino a (*fii*-nô a) *prep* jusqu'à, jusque

finora (fi-*nôô*-ra) *adv* jusqu'à maintenant, jusqu'à présent

finzione (finn-*tsyôô*-né) *f* fiction *f*

fioraio (fyô-* rââ*-yô) *m* fleuriste *m*

fiore (*fyôô*-ré) *m* fleur *f*

fiorente (fyô-*rèn*-té) *adj* prospère

firma (*fir*-ma) *f* signature *f*

firmare (fir-*mââ*-ré) *v* signer

fischiare (fi-*skyââ*-ré) *v* siffler

fischio (fi-*skyô*) *m* sifflet *m*

fisica (*fii*-zi-ka) *f* physique *f*

fisico (*fii*-zi-kô) *adj* physique; *m* physicien *m*

fisiologia (fi-zyô-lô-*djii*-a) *f* physiologie *f*

fissare (fiss-*sââ*-ré) *v* fixer; arranger

fisso (*fiss*-sô) *adj* fixe

fitta (*fit*-ta) *f* point de côté

fiume (*fyoú*-mé) *m* fleuve *m*

flacone (fla-*kôô*-né) *m* flacon *m*

flagello (fla-*djèl*-lô) *m* fléau *m*

flanella (fla-*nèl*-la) *f* flanelle *f*

flauto (*flaou*-tô) *m* flûte *f*

flessibile (fléss-*sii*-bi-lé) *adj* flexible

floscio (*floch*-chô) *adj* flasque

flotta (*flot*-ta) *f* flotte *f*

fluente (*flou*èn-té) *adj* couramment

fluido (*floú*-i-dô) *adj* fluide; *m* liquide *m*

flusso (*flouss*-sô) *m* marée haute

foca (*foo*-ka) *f* phoque *m*

foce (*foo*-tché) *f* embouchure *f*

focolare (fô-kô-*lââ*-ré) *m* cheminée *f*

fodera (*foo*-dé-ra) *f* doublure *f*

foglia (*foo*-lʸa) *f* feuille *f*

foglio (*foo*-lʸô) *m* feuille *f*; ~ **di registrazione** formulaire d'inscription

fogna (*fôô*-gna) *f* égout *m*

folklore (fôl-*kloo*-ré) *m* folklore *m*

folla (*fol*-la) *f* foule *f*

folle (*fol*-lé) *adj* fou

folletto (fôl-*lét*-tô) *m* elfe *m*

fondamentale (fôn-da-mén-*tââ*-lé) *adj* fondamental

fondamento (fôn-da-*mén*-tô) *m* fondement *m*; base *f*

fondare (fôn-*dââ*-ré) *v* fonder, établir; **fondato** bien fondé

fondazione (fôn-da-*tsyôô*-né) *f* fondation *f*

*****fondere** (*fôn*-dé-ré) *v* fondre

fondo (*fôn*-dô) *m* fond *m*; **fondi** fonds *mpl*; ~ **tinta** fond de teint

fonetico (fô-*nèè*-ti-kô) *adj* phonétique

fontana (fôn-*tââ*-na) *f* fontaine *f*

fonte (*fôn*-té) *f* source *f*

foratura (fô-ra-*toú*-ra) *f* crevaison *f*

forbici (*for*-bi-tchi) *fpl* ciseaux *mpl*; **forbicine per le unghie** ciseaux à ongles

forca (*fôr*-ka) *f* gibet *m*

forchetta (fôr-*két*-ta) *f* fourchette *f*

forcina (fôr-*tchii*-na) *f* épingle à cheveux, pince à cheveux

foresta (fô-*rè*-sta) *f* bois *m*, forêt *f*

forestiero (fô-ré-*styèè*-rô) *m* étranger *m*

forfora (*fôr*-fô-ra) *f* pellicules *fpl*

forma (*fôr*-ma) *f* forme *f*; stature *f*

formaggio (fôr-*mad*-djô) *m* fromage *m*

formale (fôr-*mââ*-lé) *adj* cérémonieux

formalità (fôr-ma-li-*ta*) *f* formalité *f*

formare (fôr-*mââ*-ré) *v* former

formato (fôr-*mââ*-tô) *m* format *m*

formazione (fôr-ma-*tsyôô*-né) *f* formation *f*

formica (fôr-*mii*-ka) *f* fourmi *f*

formidabile (fôr-mi-*dââ*-bi-lé) *adj* formidable

formula (*for*-mou-la) *f* formule *f*

formulario (fôr-mou-*lââ*-ryô) *m* formulaire *m*

fornello (fôr-*nèl*-lô) *m* cuisinière *f*; ~ **a gas** cuisinière à gaz; ~ **a spirito** réchaud à alcool

fornire (fôr-*nii*-ré) *v* fournir

fornitura (fôr-ni-*tou*-ra) *f* fourniture *f*

forno (*fôr*-nô) *m* four *m*; ~ **a micro-onde** four à micro-ondes

forse (*fôr*-sé) *adv* peut-être

forte (*fôr*-té) *adj* fort; *m* fort *m*

fortezza (fôr-*tét*-tsa) *f* forteresse *f*

fortuito (fôr-*toû*-i-tô) *adj* fortuit, accidentel

fortuna (fôr-*toû*-na) *f* sort *m*; chance *f*

fortunato (fôr-tou-*nââ*-tô) *adj* chanceux, heureux

foruncolo (fô-*roung*-kô-lô) *m* furoncle *m*

forza (*for*-tsa) *f* puissance *f*, force *f*

forzare (fôr-*tsââ*-ré) *v* forcer

foschia (fô-*skii*-a) *f* brume *f*

fosco (*fô*-skô) *adj* brumeux

fossato (fôss-*sââ*-tô) *m* fossé *m*; douve *f*

fosso (*fôss*-sô) *m* fossé *m*

foto (*foo*-tô) *f* photo *f*; ~ **per passaporto** photo d'identité

fotocopia (fô-tô-*koo*-pya) *f* photocopie *f*

fotografare (fô-tô-ghra-*fââ*-ré) *v* photographier

fotografia (fô-tô-ghra-*fii*-a) *f* photographie *f*

fotografo (fô-*too*-ghra-fô) *m* photographe *m*

fra (fra) *prep* au milieu de ; entre

fragile (*frââ*-dji-lé) *adj* fragile

fragola (*frââ*-ghô-la) *f* fraise *f*

***fraintendere** (fra-inn-*tèn*-dé-ré) *v* mal *comprendre

frammento (framm-*mén*-tô) *m* fragment *m*

francese (frann-*tchéé*-zé) *adj* français ; *m* Français *m*

Francia (*frann*-tcha) *f* France *f*

franco (*frann*g-kô) *adj* franc ; ~ **di dazio** exempt de droits ; ~ **di porto** port payé

francobollo (frann g-kô-*bôl*-lô) *m* timbre-poste *m*

frangia (*frann*-dja) *f* frange *f*

frase (*frââ*-zé) *f* phrase *f*; locution *f*

fratello (fra-*tèl*-lô) *m* frère *m*

fraternità (fra-tér-ni-*ta*) *f* fraternité *f*

frattanto (frat-*tann*-tô) *adv* entre-temps

nel frattempo (nél frat-*tèm*-pô) entre-temps

frattura (frat-*toû*-ra) *f* fracture *f*

fratturare (frat-tou-*rââ*-ré) *v* fracturer

frazione (fra-*tsyôô*-né) *f* fraction *f*; hameau *m*

freccia (*frét*-tcha) *f* flèche *f*; clignotant *m*

freddino (fréd-*dii*-nô) *adj* frais

freddo (*fréd*-dô) *adj* froid ; *m* froid *m*

freno (*fréé*-nô) *m* frein *m*; ~ **a mano** frein à main ; ~ **a pedale** frein à pédale

frequentare (fré-k^{ou}én-*tââ*-ré) *v* fréquenter

frequente (fré-k^{ou}*èn*-té) *adj* courant, fréquent

frequenza (fré-k^{ou}*èn*-tsa) *f* fréquence

f; assistance f

fresco (*fré*-skô) *adj* frais

fretta (*frét*-ta) f hâte f; **in ~** en vitesse

frettoloso (frét-tô-*lôô*-sô) *adj* précipité

*friggere (*frid*-djé-ré) v *faire sauter, *frire

frigorifero (fri-ghô-*rii*-fé-rô) *m* frigidaire *m*, réfrigérateur *m*, frigo *m*

fringuello (frinng-*ghⁿou*èl-lô) *m* pinson *m*

frittata (frit-*tââ*-ta) f omelette f

frizione (fri-*tsyôô*-né) f embrayage *m*

frode (*froo*-dé) f fraude f

fronte (*frôn*-té) f front *m*; **di ~** devant; en face de; ***far ~ a** affronter

frontiera (frôn-*tyèè*-ra) f frontière f

frontone (frôn-*tôô*-né) *m* pignon *m*

frullatore (froul-la-*tôô*-ré) *m* mixeur *m*

frumento (frou-*mén*-tô) *m* céréale f, blé *m*

frusta (*frou*-sta) f fouet *m*

frutta (*frout*-ta) f fruits

frutteto (frout-*téé*-tô) *m* verger *m*

fruttivendolo (frout-ti-*vén*-dô-lô) *m* marchand de légumes

frutto (*frout*-tô) *m* fruit *m*

fruttuoso (frout-t°u*ôô*-sô) *adj* profitable

fucile (fou-*tchii*-lé) *m* fusil *m*

fuga (*foú*-gha) f fuite f

fuggire (foud-*djii*-ré) v *fuir

fuggitivo (foud-dji-*tii*-vô) *m* fugitif *m*

fulvo (*foul*-vô) *adj* fauve

fumare (fou-*mââ*-ré) v fumer

fumatore (fou-ma-*tôô*-ré) *m* fumeur *m*; **compartimento per fumatori** compartiment fumeurs

fumo (*foú*-mô) *m* fumée f

funerale (fou-né-*rââ*-lé) *m* funérailles *fpl*

fungo (*foung*-ghô) *m* champignon *m*

funzionamento (foun-tsyô-na-*mén*-tô) *m* fonctionnement *m*

funzionare (foun-tsyô-*nââ*-ré) v fonc-

tionner

funzionario (foun-tsyô-*nââ*-ryô) *m* fonctionnaire *m*

funzione (foun-*tsyôô*-né) f fonction f

fuoco (*fⁿou*oo-kô) *m* feu *m*; foyer *m*

fuori (*fⁿou*oo-ri) *adv* hors; dehors; **al di ~** vers l'extérieur; **~ di** hors de, en dehors de

furbo (*four*-bô) *adj* rusé

furfante (four-*fann*-té) *m* scélérat *m*

furgone (four-*ghôô*-né) *m* camion de livraison, fourgon *m*

furibondo (fou-ri-*bôn*-dô) *adj* furibond

furioso (fou-*ryôô*-sô) *adj* furieux

furore (fou-*rôô*-ré) *m* fureur f

furto (*four*-tô) *m* vol *m*

fusibile (fou-*zii*-bi-lé) *m* fusible *m*

fusione (fou-*zyôô*-né) f fusion f

futile (*foú*-ti-lé) *adj* futile

futuro (fou-*toú*-rô) *m* avenir *m*; *adj* futur

G

gabbia (*ghab*-bya) f cage f; **~ da imballaggio** caisse f

gabbiano (ghab-*byââ*-nô) f mouette f; goéland *m*

gabinetto (gha-bi-*nét*-tô) *m* toilettes *fpl*, cabinet *m*; **~ per signore** toilettes pour dames; **~ per signori** toilettes pour hommes

gaiezza (gha-*yét*-tsa) f gaîté f

gaio (*ghââ*-yô) *adj* joyeux

galleggiante (ghal-léd-*djann*-té) *m* flotteur *m*

galleggiare (ghal-léd-*djââ*-ré) v flotter

galleria (ghal-lé-*rii*-a) f tunnel *m*; **~ d'arte** galerie d'art

gallina (ghal-*lii*-na) f poule f

gallo (*ghal*-lô) *m* coq *m*

galoppo (gha-*lop*-pô) *m* galop *m*

gamba (*ghamm*-ba) f jambe f

gamberetto (ghamm-bé-*rét*-tô) m crevette f

gambero (*ghamm*-bé-rô) m crevette f

gambo (*ghamm*-bô) m tige f

gancio (*ghann*-tchô) m patère f

gara (*ghââ*-ra) f compétition f; course f

garante (gha-*rann*-té) m garant m

garantire (gha-rann-*tii*-ré) v garantir

garanzia (gha-rann-*tsii*-a) f garantie f

gargarizzare (ghar-gha-rid-*dzââ*-ré) v se gargariser

garza (*ghar*-dza) f gaze f

gas (ghaz) m gaz m; ~ **di scarico** gaz d'échappement

gastrico (*gha*-stri-kô) adj gastrique

gatto (*ghat*-tô) m chat m

gazza (*ghad*-dza) f pie f

gelare (djé-*lââ*-ré) v geler

gelatina (djé-la-*tii*-na) f gelée f

gelato (djé-*lââ*-tô) m crème glacée; glace f

gelo (*djèè*-lô) m gel m

gelone (djé-*lôô*-né) m engelure f

gelosia (djé-lô-*sii*-a) f jalousie f

geloso (djé-*lôô*-sô) adj jaloux

gemelli (djé-*mèl*-li) mpl jumeaux mpl; boutons de manchettes

gemere (*djèè*-mé-ré) v gémir

gemma (*djèm*-ma) f pierre précieuse; bijou m

generale (djé-né-*rââ*-lé) adj général; global; m général m; **in ~** en général

generare (djé-né-*rââ*-ré) v *produire

generatore (djé-né-ra-*tôô*-ré) m générateur m

generazione (djé-né-ra-*tsyôô*-né) f génération f

genere (*djèè*-né-ré) m catégorie f, genre m

genero (*djèè*-né-rô) m gendre m

generosità (djé-né-rô-s*i-ta*) f générosi-té f

generoso (djé-né-*rôô*-sô) adj généreux

gengiva (djén-*djii*-va) f gencive f

genio (*djèè*-gnô) m génie m

genitale (djé-ni-*tââ*-lé) adj génital

genitori (djé-ni-*tôô*-ri) mpl parents

gennaio (djén-*nââ*-yô) janvier

gente (*djèn*-té) f gens mpl/fpl

gentile (djén-*tii*-lé) adj de bon caractère; gentil

genuino (djé-*nouii*-nô) adj authentique

geografia (djé-ô-ghra-*fii*-a) f géographie f

geologia (djé-ô-lô-*djii*-a) f géologie f

geometria (djé-ô-mé-*trii*-a) f géométrie f

gerarchia (djé-rar-*kii*-a) f hiérarchie f

Germania (djér-*mââ*-nya) f Allemagne f

germe (*djèr*-mé) m germe m; microbe m

gesso (*djèss*-sô) m plâtre m

gesticolare (djé-sti-kô-*lââ*-ré) v gesticuler

gestione (djé-*styôô*-né) f gestion f

gesto (*djè*-stô) m geste m

gettare (djét-*tââ*-ré) v lancer, jeter

getto (*djèt*-tô) m jet m

gettone (djét-*tôô*-né) m jeton m

ghiacciaio (ghyat-*tchââ*-yô) m glacier m

ghiaccio (*ghyat*-tchô) m glace f

ghiaia (*ghyââ*-ya) f gravier m

ghianda (*ghyann*-da) f gland m

ghiandola (*ghyann*-dô-la) f glande f

ghiottoneria (ghyôt-tô-né-*rii*-a) f délicatesse f

ghiribizzo (ghi-ri-*bid*-dzô) m lubie f

ghisa (*ghii*-za) f fonte f

già (dja) adv déjà; auparavant

giacca (*djak*-ka) f veston m, veste f; ~ **e calzoni** ensemble-pantalon; ~ **sportiva** veste de sport, blazer m

giacché (djak-*ké*) *conj* puisque

giacchetta (djak-*két*-ta) *f* veste *f*; ~ **sportiva** veston sport

giaccone (djak-*kôô*-né) *m* cardigan *m*

giacimento (dja-tchi-*mén*-tô) *m* dépôt *m*

giada (*djââ*-da) *f* jade *m*

giallo (*djal*-lô) *adj* jaune

Giappone (djap-*pôô*-né) *m* Japon *m*

giapponese (djap-pô-*néé*-sé) *adj* japonais; *m* Japonais *m*

giara (*djââ*-ra) *f* jarre *f*

giardiniere (djar-di-*gnèè*-ré) *m* jardinier *m*

giardino (djar-*dii*-nô) *m* jardin *m*; ~ **d'infanzia** école maternelle; ~ **pubblico** jardin public; ~ **zoologico** jardin zoologique, zoo *m*

gigante (dji-*ghann*-té) *m* géant *m*

gigantesco (dji-ghann-*té*-skô) *adj* gigantesque

giglio (*djii*-lɣô) *m* lis *m*

ginecologo (dji-né-*koo*-lô-ghô) *m* gynécologue *m*

ginnasta (djinn-*na*-sta) *m* gymnaste *m*

ginnastica (djinn-*na*-sti-ka) *f* gymnastique *f*

ginocchio (dji-*nok*-kyô) *m* (pl le ginocchia) genou *m*

giocare (djô-*kââ*-ré) *v* jouer

giocatore (djô-ka-*tôô*-ré) *m* joueur *m*

giocattolo (djô-*kat*-to-lô) *m* jouet *m*

gioco (*djoo*-kô) *m* jeu *m*; **carta da** ~ carte de jeu; ~ **della dama** jeu de dames; ~ **delle bocce** jeu de quilles

giogo (*djôô*-ghô) *m* joug *m*

gioia (*djoo*-ya) *f* joie *f*; **gioie** bijoux

gioielliere (djô-yél-*lɣèè*-ré) *m* bijoutier *m*

gioiello (djô-*yèl*-lô) *m* joyau *m*, bijou *m*; **gioielli** joaillerie *f*

gioioso (djô-*yôô*-sô) *adj* joyeux

Giordania (djôr-*dââ*-gna) *f* Jordanie *f*

giordano (djôr-*dââ*-nô) *adj* jordanien; *m* Jordanien *m*

giornalaio (djôr-na-*lââ*-yô) *m* marchand de journaux

giornale (djôr-*nââ*-lé) *m* journal *m*; périodique *m*; ~ **del mattino** journal du matin

giornaliero (djôr-na-*lɣèè*-rô) *adj* journalier

giornalismo (djôr-na-*li*-zmô) *m* journalisme *m*

giornalista (djôr-na-*li*-sta) *m* journaliste *m*

giornata (djôr-*nââ*-ta) *f* journée *f*

giorno (*djôr*-nô) *m* jour *m*; **al** ~ par jour; ~ **feriale** jour de la semaine; ~ **lavorativo** jour ouvrable; **quindicina di giorni** quinze jours; **un** ~ une fois; **un** ~ **o l'altro** un jour ou l'autre

giostra (*djo*-stra) *f* chevaux de bois

giovane (*djôô*-va-né) *adj* jeune; *m* garçon *m*; ~ **esploratore** scout *m*; ~ **esploratrice** scout *m*

giovanile (djô-va-*nii*-lé) *adj* juvénile

giovanotto (djô-va-*not*-tô) *m* jeune homme

giovare (djô-*vââ*-ré) *v* *servir

giovedì (djô-vé-*di*) *m* jeudi *m*

gioventù (djô-vén-*tou*) *f* jeunesse *f*

giovinezza (djô-vi-*nét*-tsa) *f* jeunesse *f*

giradischi (dji-ra-*di*-ski) *m* tourne-disque *m*

girare (dji-*râ*â-ré) *v* tourner; endosser; ~ **intorno a** contourner

giro (*djii*-rô) *m* tour *m*; excursion *f*; détour *m*; ~ **d'affari** chiffre d'affaires

gita (*djii*-ta) *f* excursion *f*; ~ **turistica** excursion *f*

giù (djou) *adv* au-dessous, en dessous, en bas; ~ **da** de; **in** ~ vers le bas, en bas

giudicare (djou-di-*kââ*-ré) *v* apprécier; juger

giudice (*djoù*-di-tché) *m* juge *m*

giudizio (*djou*-*dii*-tsyô) *m* jugement *m*

giugno (*djoù*-gnô) juin

giunco (*djoung*-kô) *m* roseau *m*; jonc *m*

*giungere (*djoun*-djé-ré) *v* arriver

giungla (*djoung*-ghla) *f* jungle *f*

giuoco (*dj^{ou}oo*-kô) *m* jeu *m*

giuramento (djou-ra-*mén*-tô) *m* serment *m*

giurare (djou-*râ*-ré) *v* jurer

giuria (djou-*rii*-a) *f* jury *m*

giuridico (djou-*rii*-di-kô) *adj* juridique

giurista (djou-*ri*-sta) *m* juriste *m*

giustamente (djou-sta-*mén*-té) *adv* justement

giustificare (djou-sti-fi-*kââ*-ré) *v* justifier

giustizia (djou-*stii*-tsya) *f* justice *f*; droit *m*

giusto (*djou*-stô) *adj* juste, honnête; légitime

glaciale (ghla-*tchââ*-lé) *adj* glacial

gli (|^yi) *pron* lui

globale (ghlô-*bââ*-lé) *adj* total

globo (*ghloo*-bô) *m* globe *m*

gloria (*ghloo*-rya) *f* gloire *f*

glossario (ghlôss-*sââ*-ryô) *m* vocabulaire *m*

goccia (*ghôt*-tcha) *f* goutte *f*

godere (ghô-*déé*-ré) *v* jouir de

godimento (ghô-di-*mén*-tô) *m* plaisir *m*

goffo (*ghof*-fô) *adj* maladroit

gola (*ghôô*-la) *f* gorge *f*

golf (ghôlf) *m* chandail *m*; golf *m*; campo di ~ terrain de golf

golfo (*ghôl*-fô) *m* golfe *m*

goloso (ghô-*lôô*-sô) *adj* gourmand

gomito (*ghoo*-mi-tô) *m* coude *m*

gomma (*ghôm*-ma) *f* gomme *f*; ~ da masticare chewing-gum *m*; ~ per cancellare gomme *f*

gommapiuma (ghôm-ma-*pyoù*-ma) *f* caoutchouc mousse

gondola (*ghôn*-dô-la) *f* gondole *f*

gonfiabile (ghôn-*fyââ*-bi-lé) *adj* gonflable

gonfiare (ghôn-*fyââ*-ré) *v* gonfler; enfler

gonfiore (ghôn-*fyôô*-ré) *m* enflure *f*

gonna (*ghôn*-na) *f* jupe *f*

gotta (*ghôt*-ta) *f* goutte *f*

governante (ghô-vér-*nann*-té) *f* gouvernante *f*

governare (ghô-vér-*nââ*-ré) *v* gouverner; naviguer

governatore (ghô-vér-na-*tôô*-ré) *m* gouverneur *m*

governo (ghô-*vèr*-nô) *m* régime *m*, gouvernement *m*

gradevole (ghra-*déé*-vô-lé) *adj* agréable, plaisant

gradire (ghra-*dii*-ré) *v* aimer, bien aimer

grado (*ghrââ*-dô) *m* degré *m*; *essere in ~ di *être capable de

graduale (ghra-*d^{ou}ââ*-lé) *adj* graduel

graffetta (ghraf-*fét*-ta) *f* agrafe *f*

graffiare (ghraf-*fyââ*-ré) *v* gratter

graffio (*ghraf*-fyô) *m* égratignure *f*

grafico (*ghrââ*-fi-kô) *adj* graphique; *m* diagramme *m*, graphique *m*

grammatica (ghramm-*mââ*-ti-ka) *f* grammaire *f*

grammaticale (ghramm-ma-ti-*kââ*-lé) *adj* grammatical

grammo (*ghramm*-mô) *m* gramme *m*

grammofono (ghramm-*moo*-fô-nô) *m* phonographe *m*

granaio (ghra-*nââ*-yô) *m* grange *f*

Gran-Bretagna (ghrann bré-*tââ*-gna) Grande-Bretagne *f*, Angleterre *f*

granchio (*ghrann*-kyô) *m* crabe *m*

grande (*ghrann*-dé) *adj* grand; vaste

grandezza (ghrann-*dét*-tsa) *f* taille *f*

grandine (*ghrann*-di-né) *f* grêle *f*

grandioso (ghrann-*dyôô*-sô) *adj* grandiose

granello (ghra-*nèl*-lô) *m* grain *m*

graniglia (ghra-*nii*-lᴵⱽa) *f* gravillon *m*

granito (ghra-*nii*-tô) *m* granit *m*

grano (*ghrââ*-nô) *m* blé *m*, céréale *f*

granturco (ghrann-*tour*-kô) *m* maïs *m*; **pannocchia di** ~ maïs en épi

grasso (*ghrass*-sô) *adj* gros; gras; graisseux; *m* graisse *f*

grassottello (ghrass-sôt-*tèl*-lô) *adj* potelé

grata (*ghrââ*-ta) *f* grille *f*

gratis (*ghrââ*-tiss) *adj* gratuit

gratitudine (ghra-ti-*toû*-di-né) *f* gratitude *f*

grato (*ghrââ*-tô) *adj* reconnaissant

grattacielo (ghrat-ta-*tchèè*-lô) *m* gratte-ciel *m*

grattugia (ghrat-*toû*-dja) *f* râpe *f*

gratuito (ghra-*toû*-i-tô) *adj* à titre gracieux, gratuit

grave (*ghrââ*-vé) *adj* grave

gravità (ghra-vi-*ta*) *f* gravité *f*

grazia (*ghrââ*-tsya) *f* grâce *f*

grazie (*ghrââ*-tsyé) merci

grazioso (ghra-*tsyôô*-sô) *adj* charmant, gracieux

Grecia (*ghrèè*-tcha) *f* Grèce *f*

greco (*ghrèè*-kô) *adj* (pl greci) grec; *m* Grec *m*

gregge (*ghréd*-djé) *m* troupeau *m*

grembiule (ghrém-*byoû*-lé) *m* tablier *m*

gremito (ghré-*mii*-tô) *adj* plein à craquer

gridare (ghri-*dââ*-ré) *v* crier; appeler

grido (*ghrii*-dô) *m* cri *m*; appel *m*

grigio (*ghrii*-djô) *adj* gris

griglia (*ghrii*-lᴵⱽa) *f* grill *m*

grilletto (ghril-*lét*-tô) *m* gâchette *f*

grillo (*ghril*-lô) *m* grillon *m*

grinza (*ghrinn*-tsa) *f* faux pli

grossa (*ghross*-sa) *f* grosse *f*

grossista (ghrôss-*si*-sta) *m* grossiste *m*

grosso (*ghross*-sô) *adj* gros

grossolano (ghrôss-sô-*lââ*-nô) *adj* grossier

grotta (*ghrot*-ta) *f* grotte *f*

gru (ghrou) *f* grue *f*

grullo (*ghroul*-lô) *adj* bête

grumo (*ghroû*-mô) *m* grumeau *m*

grumoso (ghrou-*môô*-sô) *adj* grumeleux

gruppo (*ghroup*-pô) *m* groupe *m*; bande *f*

guadagnare (ghᵒᵘa-da-*gnââ*-ré) *v* gagner

guadagno (ghᵒᵘa-*dââ*-gnô) *m* profit *m*

guadare (ghᵒᵘa-*dââ*-ré) *v* patauger

guado (*ghᵒᵘââ*-dô) *m* gué *m*

guaio (*ghᵒᵘââ*-yô) *m* dérangement *m*

guancia (*ghᵒᵘann*-tcha) *f* joue *f*

guanciale (ghᵒᵘann-*tchââ*-lé) *m* oreiller *m*

guanto (*ghᵒᵘann*-tô) *m* gant *m*

guardare (ghᵒᵘar-*dââ*-ré) *v* regarder; contempler; **guardarsi** *prendre garde

guardaroba (ghᵒᵘar-da-*roo*-ba) *m* garde-robe *f*; vestiaire *m*

guardia (*ghᵒᵘar*-dya) *f* gardien *m*; ~ **del corpo** garde du corps; ~ **forestale** forestier *m*

guardiano (ghᵒᵘar-*dyââ*-nô) *m* garde *m*, gardien *m*

guarigione (ghᵒᵘa-ri-*djôô*-né) *f* guérison *f*

guarire (ghᵒᵘa-*rii*-ré) *v* guérir; se *remettre

guastare (ghᵒᵘa-*stââ*-ré) *v* gâter; **guastarsi** tomber en panne

guasto (*ghᵒᵘa*-stô) *adj* cassé, en dérangement; *m* panne *f*

guerra (*ghᵒᵘèr*-ra) *f* guerre *f*; ~ **mondiale** guerre mondiale

gufo (*ghoû*-fô) *m* hibou *m*

guglia (*ghoû*-lᴵⱽa) *f* aiguille *f*

guida (*ghouii*-dâ) *f* conduite *f*; guide

m; **patente di** ~ permis de conduire

guidare (ghoui-*dââ*-ré) *v* *conduire, accompagner

guinzaglio (ghouinn-*tsââ*-lYô) *m* laisse *f*

guscio (*ghouch*-chô) *m* coquille *f*; ~ **di noce** coquille de noix

gustare (ghou-*stââ*-ré) *v* *prendre plaisir

gusto (*ghou*-stô) *m* goût *m*; saveur *f*; entrain *m*

gustoso (ghou-*stôô*-sô) *adj* bon, succulent

H

hobby (*ob*-bi) *m* passe-temps *m*

hockey (*ok*-ki) *m* hockey *m*

hostess (o-*stéss*) *f* hôtesse de l'air

I

icona (i-*kôô*-na) *f* icône *f*

idea (i-*dèè*-a) *f* idée *f*

ideale (i-dé-*ââ*-lé) *adj* idéal; *m* idéal *m*

identico (i-*dèn*-ti-kô) *adj* identique

identificare (i-dén-ti-fi-*kââ*-ré) *v* identifier

identificazione (i-dén-ti-fi-ka-*tsyôô*-né) *f* identification *f*

identità (i-dén-ti-*ta*) *f* identité *f*

idillio (i-*dil*-lYô) *m* idylle *f*

idioma (i-*dyoo*-ma) *m* idiome *m*

idiomatico (i-dyô-*mââ*-ti-kô) *adj* idiomatique

idiota (i-*dyoo*-ta) *adj* idiot; *m* idiot *m*

idolo (*ii*-dô-lô) *m* idole *f*

idoneo (i-*doo*-né-ô) *adj* approprié

idraulico (i-*draou*-li-kô) *m* plombier *m*

idrogeno (i-*droo*-djé-nô) *m* hydrogène *m*

ieri (*yèè*-ri) *adv* hier

igiene (i-*djèè*-né) *f* hygiène *f*

igienico (i-*djèè*-ni-kô) *adj* hygiénique

ignorante (i-gnô-*rann*-té) *adj* ignorant

ignorare (i-gnô-*rââ*-ré) *v* ignorer

ignoto (i-*gnoo*-tô) *adj* inconnu

il (il) *art* (f la;pl i, gli, le) le *art*

illecito (il-*léé*-tchi-tô) *adj* illicite

illegale (il-lé-*ghââ*-lé) *adj* illicite, illégal

illeggibile (il-léd-*djii*-bi-lé) *adj* illisible

illimitato (il-li-mi-*tââ*-tô) *adj* illimité

illuminare (il-lou-mi-*nââ*-ré) *v* illuminer

illuminazione (il-lou-mi-na-*tsyôô*-né) *f* éclairage *m*, illumination *f*

illusione (il-lou-*zyôô*-né) *f* illusion *f*

illustrare (il-lou-*strââ*-ré) *v* illustrer

illustrazione (il-lou-stra-*tsyôô*-né) *f* illustration *f*

illustre (il-*lou*-stré) *adj* illustre

imballaggio (imm-bal-*lad*-djô) *m* emballage *m*

imballare (imm-bal-*lââ*-ré) *v* emballer

imbarazzante (imm-ba-rat-*tsann*-té) *adj* embarrassant

imbarazzare (imm-ba-rat-*tsââ*-ré) *v* embarrasser; **imbarazzato** confus, gêné

imbarcare (imm-bar-*kââ*-ré) *v* embarquer

imbarco (imm-*bar*-kô) *m* embarquement *m*

imbiancare (imm-byanng-*kââ*-ré) *v* décolorer

imboscata (imm-bô-*skââ*-ta) *f* embuscade *f*

imbrogliare (imm-brô-*lYââ*-ré) *v* duper

imbroglio (imm-*broo*-lYô) *m* fouillis *m*, pagaille *f*

imbronciato (imm-brôn-*tchââ*-tô) *adj*

fâché

imbuto (imm-*boú*-tô) *m* entonnoir *m*

imitare (i-mi-ta-ré) *v* imiter

imitazione (i-mi-ta-*tsyôô*-né) *f* imitation *f*

immacolato (imm-ma-kô-*lââ*-tô) *adj* immaculé

immagazzinare (imm-ma-ghad-dzi-*nââ*-ré) *v* emmagasiner

immaginare (imm-ma-dji-*nââ*-ré) *v* imaginer; s'imaginer

immaginario (imm-ma-dji-*nââ*-ryô) *adj* imaginaire

immaginazione (imm-ma-dji-na-*tsyôô*-né) *f* imagination *f*

immagine (imm-*mââ*-dji-né) *f* image *f*

immangiabile (imm-mann-*djââ*-bi-lé) *adj* immangeable

immediatamente (imm-mé-dya-ta-*mén*-té) *adv* immédiatement

immediato (imm-mé-*dyââ*-tô) *adj* immédiat

immenso (imm-*mèn*-sô) *adj* immense

immigrante (imm-mi-*ghrann*-té) *m* immigrant *m*

immigrare (imm-mi-*ghrââ*-ré) *v* immigrer

immigrazione (imm-mi-ghra-*tsyôô*-né) *f* immigration *f*

imminente (imm-mi-*nèn*-té) *adj* proche

immobile (imm-*moo*-bi-lé) *m* immeuble *m*

immodesto (imm-mô-*dè*-stô) *adj* immodeste

immondizia (imm-môn-*dii*-tsya) *f* détritus *m*, rebut *m*, ordures *fpl*

immunizzare (imm-mou-nid-*dzââ*-ré) *v* immuniser

immunità (imm-mou-ni-*ta*) *f* immunité *f*

impalcatura (imm-pal-ka-*toú*-ra) *f* échafaudage *m*

imparare (imm-pa-*rââ*-ré) *v* *apprendre; ~ a memoria *apprendre par cœur

imparziale (imm-par-*tsyââ*-lé) *adj* impartial

impasticciare (imm-pa-stit-*tchââ*-ré) *v* embrouiller

impasto (imm-*pa*-stô) *m* pâte *f*

impaurito (imm-paou-*rii*-tô) *adj* apeuré, effrayé

impaziente (imm-pa-*tsyèn*-té) *adj* impatient

impeccabile (imm-pék-*kââ*-bi-lé) *adj* impeccable

impedimento (imm-pé-di-*mén*-tô) *m* entrave *f*

impedire (imm-pé-*dii*-ré) *v* empêcher; entraver

impegnare (imm-pé-*gnââ*-ré) *v* donner en gage, *mettre en gage; **impegnarsi** s'engager

impegno (imm-*péé*-gnô) *m* engagement *m*

imperatore (imm-pé-ra-*tôô*-ré) *m* empereur *m*

imperatrice (imm-pé-ra-*trii*-tché) *f* impératrice *f*

imperfetto (imm-pér-*fèt*-tô) *adj* imparfait

imperfezione (imm-pér-fé-*tsyôô*-né) *f* imperfection *f*

imperiale (imm-pé-*ryââ*-lé) *adj* impérial

impermeabile (imm-pér-mé-*ââ*-bi-lé) *adj* imperméable; *m* imperméable *m*

impero (imm-*pèè*-rô) *m* empire *m*

impersonale (imm-pér-sô-*nââ*-lé) *adj* impersonnel

impertinente (imm-pér-ti-*nèn*-té) *adj* insolent, impertinent

impertinenza (imm-pér-ti-*nèn*-tsa) *f* impertinence *f*

impetuoso (imm-pé-*r^{ou}ôô*-sô) *adj* violent

impianto (imm-*pyann*-tô) *m* usine *f*

impiegare (imm-pyé-*ghââ*-ré) *v* employer

impiegato (imm-pyé-*ghââ*-tô) *m* employé de bureau, employé *m*

impiego (imm-*pyèè*-ghô) *m* emploi *m*, poste *m*; **domanda d'impiego** candidature *f*

implicare (imm-pli-*kââ*-ré) *v* impliquer

imponente (imm-pô-*nèn*-té) *adj* imposant, sublime

impopolare (imm-pô-pô-*lââ*-ré) *adj* peu aimé, impopulaire

***imporre** (imm-*pôr*-ré) *v* imposer; ordonner

importante (imm-pôr-*tann*-té) *adj* important, capital

importanza (imm-pôr-*tann*-tsa) *f* importance *f*; ***avere ~** *avoir de l'importance

importare (imm-pôr-*tââ*-ré) *v* importer

importatore (imm-pôr-ta-*tôô*-ré) *m* importateur *m*

importazione (imm-pôr-ta-*tsyôô*-né) *f* importation *f*

importunare (imm-pôr-tou-*nââ*-ré) *v* déranger, tracasser

impossibile (imm-pôss-*sii*-bi-lé) *adj* impossible

imposta[1] (imm-*po*-sta) *f* persienne *f*

imposta[2] (imm-*pô*-sta) *f* taxation *f*; ~ **sul reddito** impôt sur le revenu

impostare (imm-pô-*stââ*-ré) *v* *mettre à la poste, poster

impostazione (imm-pô-sta-*tsyôô*-né) *f* approche *f*

impotente (imm-pô-*tèn*-té) *adj* impuissant; impotent

impotenza (imm-pô-*tèn*-tsa) *f* impotence *f*

impraticabile (imm-pra-ti-*kââ*-bi-lé) *adj* impraticable

imprenditore (imm-prén-di-*tôô*-ré) *m* entrepreneur *m*

impresa (imm-*préé*-sa) *f* entreprise *f*

impressionante (imm-préss-syô-*nann*-té) *adj* impressionnant; frappant

impressionare (imm-préss-syô-*nââ*-ré) *v* *faire impression sur, impressionner

impressione (imm-préss-*syôô*-né) *f* impression *f*

imprigionamento (imm-pri-djô-na-*mén*-tô) *m* emprisonnement *m*

imprigionare (imm-pri-djô-*nââ*-ré) *v* emprisonner

improbabile (imm-prô-*bââ*-bi-lé) *adj* improbable

improprio (imm-*proo*-pryô) *adj* impropre

improvvisamente (imm-prôv-vi-za-*mén*-té) *adv* soudain

improvvisare (imm-prôv-vi-*zââ*-ré) *v* improviser

improvviso (imm-prôv-*vii*-zô) *adj* soudain

impudente (imm-pou-*dèn*-té) *adj* insolent

impugnare (imm-pou-*gnââ*-ré) *v* saisir

impugnatura (imm-pou-gna-*toú*-ra) *f* poignée *f*

impulsivo (imm-poul-*sii*-vô) *adj* impulsif

impulso (imm-*poul*-sô) *m* impulsion *f*

in (inn) *prep* en, dans; à

inabilitato (i-na-bi-li-*tââ*-tô) *adj* handicapé

inabitabile (i-na-bi-*tââ*-bi-lé) *adj* inhabitable

inaccessibile (i-nat-tchéss-*sii*-bi-lé) *adj* inaccessible

inaccettabile (i-nat-tchét-*tââ*-bi-lé) *adj* inacceptable

inadatto (i-na-*dat*-tô) *adj* inadéquat

inadeguato (i-na-dé-*gh{{ou}}ââ*-tô) *adj* inadéquat

inamidare (i-na-mi-*dââ*-ré) *v* amidonner

inaspettato (i-na-spét-*tàâ*-tô) *adj* inattendu

inatteso (i-nat-*téé*-sô) *adj* imprévu

inaugurare (i-naou-ghou-*ràâ*-ré) *v* inaugurer, inaugurer

incantare (inng-kann-*tàâ*-ré) *v* enchanter

incantevole (inng-kann-*téé*-vô-lé) *adj* ravissant

incanto (inng-*kann*-tô) *m* enchantement *m*, attraits

incapace (inng-ka-*pàâ*-tché) *adj* incapable

incaricare (inng-ka-ri-*kàâ*-ré) *v* charger; **incaricarsi di** se charger de; **incaricato di** chargé de

incarico (inng-*kàâ*-ri-kô) *m* tâche assignée

incassare (inng-kass-*sàâ*-ré) *v* encaisser

incauto (inng-*kaou*-tô) *adj* imprudent

incendio (inn-*tchèn*-dyô) *m* incendie *m*

incenso (inn-*tchèn*-sô) *m* encens *m*

incerto (inn-*tchèr*-tô) *adj* incertain

inchiesta (inng-*kyè*-sta) *f* enquête *f*

inchinare (inng-ki-*nàâ*-ré) *v* courber

inchiostro (inng-*kyo*-strô) *m* encre *f*

inciampare (inn-tchamm-*pàâ*-ré) *v* trébucher

incidentale (inn-tchi-dén-*tàâ*-lé) *adj* fortuit, en passant

incidente (inn-tchi-*dèn*-té) *m* accident *m*; incident *m*; ~ **aereo** accident d'avion

***incidere** (inn-*tchii*-dé-ré) *v* graver

incinta (inn-*tchinn*-ta) *adj* enceinte

incisione (inn-tchi-*zyô*-né) *f* incision *f*; gravure *f*

incisore (inn-tchi-*zôô*-ré) *m* graveur *m*

incitare (inn-tchi-*tàâ*-ré) *v* inciter

inclinare (inng-kli-*nàâ*-ré) *v* s'incliner; **inclinato** incliné, en pente

inclinazione (inng-kli-na-*tsyôô*-né) *f* inclinaison *f*; penchant *m*, inclination *f*

***includere** (inng-*kloû*-dé-ré) *v* *inclure

incollare (inng-kôl-*làâ*-ré) *v* coller

incolto (inng-*kôl*-tô) *adj* sauvage, en friche, inculte; ignorant

incolume (inng-*koo*-lou-mé) *adj* indemne

incombustibile (inng-kôm-bou-*stii*-bi-lé) *adj* ignifuge; qui va au four

incompetente (inng-kôm-pé-*tèn*-té) *adj* incompétent

incompleto (inng-kôm-*plèè*-tô) *adj* incomplet

inconcepibile (inng-kôn-tché-*pii*-bi-lé) *adj* inconcevable

incondizionato (inng-kôn-di-tsyô-*nàâ*-tô) *adj* inconditionnel

inconscio (inng-*konn*-chô) *adj* inconscient

inconsueto (inng-kôn-s^{ou}*èè*-tô) *adj* inhabituel

incontrare (inng-kôn-*tràâ*-ré) *v* rencontrer

incontro (inng-*kôn*-trô) *m* rencontre *f*

inconveniente (inng-kôn-vé-*gnèn*-té) *adj* inopportun; *m* inconvénient *m*

incoraggiare (inng-kô-rad-*djàâ*-ré) *v* encourager

incoronare (inng-kô-rô-*nàâ*-ré) *v* couronner

incosciente (inng-kôch-*chèn*-té) *adj* inconscient

incredibile (inng-kré-*dii*-bi-lé) *adj* incroyable

incremento (inng-kré-*mén*-tô) *m* relèvement *m*

increscioso (inng-kréch-*chôô*-sô) *adj* ennuyeux

increspare (inng-kré-*spàâ*-ré) *v* froisser

incrinarsi (inng-kri-*nar*-si) *v* craquer

incrocio (inng-*krôô*-tchô) *m* carrefour

m

incurabile (inngkou-*râ*â-bi-lé) *adj* incurable

indaffarato (inn-daf-fa-*râ*â-tô) *adj* affairé

indagare (inn-da-*ghâ*â-ré) *v* enquêter; s'informer

indagine (inn-*dâ*â-dji-né) *f* enquête *f*; examen *m*

indecente (inn-dé-*tchè*n-té) *adj* indécent

indefinito (inn-dé-fi-*nii*-tô) *adj* indéfini

indemoniato (inn-dé-mô-*gnâ*â-tô) *adj* possédé

indennità (inn-dén-ni-*ta*) *f* indemnité *f*

indesiderabile (inn-dé-si-dé-*râ*â-bi-lé) *adj* indésirable

India (*inn*-dya) *f* Inde *f*

indiano (inn-*dyâ*â-nô) *adj* indien; *m* Indien *m*

indicare (inn-di-*kâ*â-ré) *v* indiquer

indicazione (inn-di-ka-*tsyôô*-né) *f* indication *f*; instruction *f*

indice (*inn*-di-tché) *m* index *m*; table des matières

indietro (inn-*dyèè*-trô) *adv* en arrière; **all'indietro** en arrière

indifferente (inn-dif-fé-*rè*n-té) *adj* indifférent

indigeno (inn-*dii*-djé-nô) *m* indigène *m*

indigestione (inn-di-djé-*styôô*-né) *f* indigestion *f*

indignazione (inn-di-gna-*tsyôô*-né) *f* indignation *f*

indipendente (inn-di-pén-*dè*n-té) *adj* indépendant

indipendenza (inn-di-pén-*dè*n-tsa) *f* indépendance *f*

indiretto (inn-di-*rè*t-tô) *adj* indirect

indirizzare (inn-di-rit-*tsâ*â-ré) *v* adresser

indirizzo (inn-di-*rit*-tsô) *m* adresse *f*

indispensabile (inn-di-spén-*sâ*â-bi-lé) *adj* indispensable

indisposto (inn-di-*spô*-stô) *adj* indisposé

individuale (inn-di-vi-*d*ºu*â*â-lé) *adj* individuel

individuo (inn-di-*vii*-dºuô) *m* individu *m*

indiziato (inn-di-*tsyâ*â-tô) *m* suspect *m*

indizio (inn-*dii*-tsyô) *m* signe *m*

indole (*inn*-dô-lé) *f* nature *f*

indolenzito (inn-dô-lén-*djii*-tô) *adj* douloureux

indolore (inn-dô-*lôô*-ré) *adj* sans douleur

Indonesia (inn-dô-*nèè*-zya) *f* Indonésie *f*

indonesiano (inn-dô-né-*zyâ*â-nô) *adj* indonésien; *m* Indonésien *m*

indossare (inn-dôss-*sâ*â-ré) *v* *mettre; porter

indossatrice (inn-dôss-sa-*trii*-tché) *f* mannequin *m*

indovinare (inn-dô-vi-*nâ*â-ré) *v* deviner

indovinello (inn-dô-vi-*nèl*-lô) *m* énigme *f*

indubbiamente (inn-doub-bya-*mé*n-té) *adv* sans doute

indugio (inn-*doú*-djô) *m* retard *m*

***indurre a** (inn-*dour*-ré) *faire

industria (inn-*dou*-strya) *f* industrie *f*; ~ **mineraria** exploitation minière

industriale (inn-dou-*stryâ*â-lé) *adj* industriel

inefficace (inn-éf-fi-*kâ*â-tché) *adj* inefficace

ineguale (i-né-*gh*ºu*â*â-lé) *adj* inégal

inesatto (i-né-*zat*-tô) *adj* inexact, incorrect

inesperto (i-né-*spèr*-tô) *adj* inexpérimenté

inesplicabile (i-né-spli-*kâ*â-bi-lé) *adj*

inexplicable

inestimabile (i-né-sti-*mââ*-bi-lé) *adj* inestimable

inevitabile (i-né-vi-*tââ*-bi-lé) *adj* inévitable

infastidire (inn-fa-sti-*dii*-ré) *v* agacer; gêner

infatti (inn-*fat*-ti) *conj* en fait, de fait

infedele (inn-fé-*dèè*-lé) *adj* infidèle

infelice (inn-fé-*lii*-tché) *adj* malheureux

inferiore (inn-fé-*ryôô*-ré) *adj* inférieur; moindre

infermeria (inn-fér-mé-*rii*-a) *f* infirmerie *f*

infermiera (inn-fér-*myèè*-ra) *f* infirmière *f*

inferno (inn-*fèr*-nô) *m* enfer *m*

inferriata (inn-fér-*ryââ*-ta) *f* rampe *f*

infettare (inn-fét-*tââ*-ré) *v* infecter

infezione (inn-fé-*tsyôô*-né) *f* infection *f*

infiammabile (inn-fyamm-*mââ*-bi-lé) *adj* inflammable

infiammarsi (inn-fyamm-*mar*-si) *v* s'infecter

infiammazione (inn-fyamm-ma-*tsyôô*-né) *f* inflammation *f*

infierire (inn-fyé-*rii*-ré) *v* rager, sévir

infilare (inn-fi-*lââ*-ré) *v* enfiler

infine (inn-*fii*-né) *adv* enfin

infinito (inn-fi-*nii*-tô) *adj* infini; *m* infinitif *m*

inflazione (inn-fla-*tsyôô*-né) *f* inflation *f*

influente (inn-*flôuèn*-té) *adj* influent

influenza (inn-*flôuèn*-tsa) *f* influence *f*; grippe *f*

influenzare (inn-flou-én-*tsââ*-ré) *v* affecter

influire (inn-*flouii*-ré) *v* influencer

informale (inn-fôr-*mââ*-lé) *adj* sans cérémonie, sans façons

informare (inn-fôr-*mââ*-ré) *v* informer; **informarsi** se renseigner

informazione (inn-fôr-ma-*tsyôô*-né) *f* information *f*

infornare (inn-fôr-*nââ*-ré) *v* *cuire au four

infrangibile (inn-frann-*djii*-bi-lé) *adj* incassable

infrarosso (inn-fra-*rôss*-sô) *adj* infrarouge

infreddolito (inn-fréd-dô-*lii*-tô) *adj* frissonnant

infrequente (inn-fré-*kouèn*-té) *adj* peu fréquent

infruttuoso (inn-frout-*touôô*-sô) *adj* infructueux

ingannare (inng-ghann-*nââ*-ré) *v* tromper, tricher

inganno (inng-*ghann*-nô) *m* tromperie *f*; illusion *f*

ingegnere (inn-djé-*gnèè*-ré) *m* ingénieur *m*

ingente (inn-*djèn*-té) *adj* gigantesque

ingenuo (inn-*djèè*-nᵘô) *adj* ingénu, naïf

Inghilterra (inng-ghil-*tèr*-ra) *f* Angleterre *f*

inghiottire (inng-ghyôt-*tii*-ré) *v* avaler

inginocchiarsi (inn-dji-nôk-*kyar*-si) *v* s'agenouiller

ingiuriare (inn-djou-*ryââ*-ré) *v* injurier

ingiustizia (inn-djou-*stii*-tsya) *f* injustice *f*

ingiusto (inn-*djou*-stô) *adj* injuste

inglese (inng-*ghléé*-sé) *adj* anglais; britannique; *m* Anglais *m*

ingoiare (inng-ghô-*yââ*-ré) *v* avaler

ingorgo (inng-*ghôr*-ghô) *m* embouteillage *m*; goulot d'étranglement

ingrandimento (inng-ghrann-di-*mén*-tô) *m* agrandissement *m*

ingrandire (inng-ghrann-*dii*-ré) *v* agrandir

ingrato (inng-*ghrââ*-tô) *adj* ingrat

ingrediente (inng-ghré-*dyèn*-té) *m* ingrédient *m*

ingresso (inng-*ghrèss*-sô) *m* admission *f*; entrée *f*; prix d'entrée

ingrosso (inng-*ghross*-sô) *m* vente en gros

inguine (*inng*-ghoui né) *m* aine *f*

iniettare (i-gnét-*tââ*-ré) *v* injecter

iniezione (i-gné-*tsyôô*-né) *f* injection *f*, piqûre *f*

ininterrotto (i-ninn-tér-*rôt*-tô) *adj* continu

iniziale (i-ni-*tsyââ*-lé) *adj* initial; *f* initiale *f*; *apporre le iniziali parapher

iniziare (i-ni-*tsyââ*-ré) *v* débuter, commencer

iniziativa (i-ni-tsya-*tii*-va) *f* initiative *f*

inizio (i-*nii*-tsyô) *m* commencement *m*, début *m*

innalzare (inn-nal-*tsââ*-ré) *v* ériger

innamorato (inn-na-mô-*rââ*-tô) *adj* amoureux

innanzi (inn-*nann*-tsi) *adv* en avant; auparavant; ~ **a** devant

innato (inn-*nââ*-tô) *adj* inné

inno (*inn*-nô) *m* hymne *m*; ~ **nazionale** hymne national

innocente (inn-nô-*tchèn*-té) *adj* innocent

innocenza (inn-nô-*tchèn*-tsa) *f* innocence *f*

innocuo (inn-*noo*-kᵘô) *adj* inoffensif

inoculare (i-nô-kou-*lââ*-ré) *v* inoculer

inoculazione (i-nô-kou-la-*tsyôô*-né) *f* inoculation *f*

inoltrare (i-nôl-*trââ*-ré) *v* *faire suivre

inoltre (i-*nôl*-tré) *adv* d'ailleurs, de plus, en outre; également

inondazione (i-nôn-da-*tsyôô*-né) *f* inondation *f*

inopportuno (i-nôp-pôr-*toú*-nô) *adj* inopportun

inquieto (inng-koui-*èè*-tô) *adj* agité, mal à l'aise

inquietudine (inng-koui-é-*toú*-di-né) *f* inquiétude *f*

inquilino (inng-koui-*lii*-nô) *m* locataire *m*; sous-locataire *m*

inquinamento (inng-koui-na-*mén*-tô) *m* pollution *f*

inquisitivo (inng-koui-zi-*tii*-vô) *adj* curieux

insalata (inn-sa-*lââ*-ta) *f* salade *f*

insano (inn-*sââ*-nô) *adj* fou

insegnamento (inn-sé-gna-*mén*-tô) *m* enseignement *m*; enseignements

insegnante (inn-sé-*gnann*-té) *m* instituteur *m*, maître *m*

insegnare (inn-sé-*gnââ*-ré) *v* *apprendre, enseigner

inseguire (inn-sé-*ghouii*-ré) *v* pourchasser

insenatura (inn-sé-na-*toú*-ra) *f* baie *f*, crique *f*

insensato (inn-sén-*sââ*-tô) *adj* dénué de sens

insensibile (inn-sén-*sii*-bi-lé) *adj* insensible

inserire (inn-sé-*rii*-ré) *v* insérer

insetticida (inn-sét-ti-*tchii*-da) *m* insecticide *m*

insettifugo (inn-sét-ti-*foú*-ghô) *m* insectifuge *m*

insetto (inn-*sèt*-tô) *m* insecte *m*

insieme (inn-*syèè*-mé) *adv* ensemble; conjointement

insignificante (inn-si-gni-fi-*kann*-té) *adj* insignifiant; discret

insipido (inn-*sii*-pi-dô) *adj* insipide

insistere (inn-*si*-sté-ré) *v* insister

insoddisfacente (inn-sôd-di-sfa-*tchèn*-té) *adj* insatisfaisant

insolente (inn-sô-*lèn*-té) *adj* insolent, effronté

insolenza (inn-sô-*lèn*-tsa) *f* insolence *f*

insolito (inn-*soo*-li-tô) *adj* inhabituel, insolite

insomma (inn-*sôm*-ma) *adv* bref

insonne (inn-*sonn*-né) *adj* sans sommeil

insonnia (inn-*sonn*-gna) *f* insomnie *f*

insonorizzato (inn-sô-nô-rid-*djââ*-tô) *adj* insonorisé

insopportabile (inn-sôp-pôr-*tââ*-bi-lé) *adj* insupportable

instabile (inn-*stââ*-bi-lé) *adj* instable

installare (inn-stal-*lââ*-ré) *v* installer

installazione (inn-stal-la-*tsyôô*-né) *f* installation *f*

insuccesso (inn-sout-*tchèss*-sô) *m* échec *m*

insufficiente (inn-souf-fi-*tchèn*-té) *adj* insuffisant

insultante (inn-soul-*tann*-té) *adj* désobligeant

insultare (inn-soul-*tââ*-ré) *v* insulter

insulto (inn-*soul*-tô) *m* insulte *f*

insuperato (inn-sou-pé-*rââ*-tô) *adj* sans pareil

insurrezione (inn-sour-ré-*tsyôô*-né) *f* insurrection *f*

intagliare (inn-ta-*lYââ*-ré) *v* entailler, tailler

intanto (inn-*tann*-tô) *adv* en attendant

intatto (inn-*tat*-tô) *adj* intact

intelletto (inn-tél-*lèt*-tô) *m* intelligence *f*; intellect *m*

intellettuale (inn-tél-lét-*t^{ou}ââ*-lé) *adj* intellectuel

intelligente (inn-tél-li-*djèn*-té) *adj* intelligent; alerte

intelligenza (inn-tél-li-*djèn*-tsa) *f* intelligence *f*

*intendere (inn-*tèn*-dé-ré) *v* *avoir l'intention de

intenditore (inn-tén-di-*tôô*-ré) *m* connaisseur *m*

intensità (inn-tén-si-*ta*) *f* intensité *f*

intenso (inn-*tèn*-sô) *adj* intense

intento (inn-*tèn*-tô) *m* but *m*

intenzionale (inn-tén-tsyô-*nââ*-lé) *adj* intentionnel

intenzione (inn-tén-*tsyôô*-né) *f* intention *f*

interamente (inn-té-ra-*mén*-té) *adv* entièrement

interessamento (inn-té-réss-sa-*mén*-tô) *m* intérêt *m*

interessante (inn-té-réss-*sann*-té) *adj* intéressant

interessare (inn-té-réss-*sââ*-ré) *v* intéresser; **interessato** concerné

interesse (inn-té-*rèss*-sé) *m* intérêt *m*

interferenza (inn-tér-fé-*rèn*-tsa) *f* ingérence *f*

interferire (inn-tér-fé-*rii*-ré) *v* *intervenir

interim (*inn*-té-rimm) *m* intérim *m*

interiora (inn-té-*ryôô*-ra) *fpl* entrailles *fpl*

interiore (inn-té-*ryôô*-ré) *m* intérieur *m*

intermediario (inn-tér-mé-*dyââ*-ryô) *m* intermédiaire *m*; ***fare da ~** *servir d'intermédiaire

intermezzo (inn-tér-*mèd*-dzô) *m* interlude *m*

internazionale (inn-tér-na-tsyô-*nââ*-lé) *adj* international

interno (inn-*tèr*-nô) *adj* intérieur, interne; *m* intérieur *m*; **all'interno** à l'intérieur

intero (inn-*téé*-rô) *adj* entier

interpretare (inn-tér-pré-*tââ*-ré) *v* interpréter

interprete (inn-*tèr*-pré-té) *m* interprète *m*

interrogare (inn-tér-rô-*ghââ*-ré) *v* interroger

interrogativo (inn-tér-rô-gha-*tii*-vô) *adj* interrogatif

interrogatorio (inn-tér-rô-gha-*too*-ryô) *m* interrogatoire *m*

interrogazione (inn-tér-rô-gha-*tsyôô*-né) *f* interrogatoire *m*

*interrompere (inn-tér-*rôm*-pé-ré) *v*

*interrompre

interruttore (inn-tér-rout-tôô-ré) *m* commutateur *m*

interruzione (inn-tér-rou-tsyôô-né) *f* interruption *f*

intersezione (inn-tér-sé-tsyôô-né) *f* intersection *f*

interurbana (inn-té-rour-bââ-na) *f* appel interurbain

intervallo (inn-tér-val-lô) *m* intervalle *m* ; entracte *m*, pause *f* ; mi-temps *f*

*intervenire** (inn-tér-vé-nii-ré) *v* *intervenir

intervista (inn-tér-vi-sta) *f* entrevue *f*, interview *f*

intestino (inn-té-stii-nô) *m* intestin *m* ; intestins

intimità (inn-ti-mi-ta) *f* intimité *f*, vie privée

intimo (*inn*-ti-mô) *adj* intime

intirizzito (inn-ti-rid-dzii-tô) *adj* engourdi

intollerabile (inn-tôl-lé-râa-bi-lé) *adj* intolérable

intonarsi con (inn-tô-nar-si) s'accorder avec

intorno (inn-tôr-nô) *adv* autour ; ~ **a** autour de

intorpidito (inn-tôr-pi-dii-tô) *adj* engourdi

intossicazione alimentare (inn-tôss-si-ka-tsyôô-né a-li-mén-tââ-ré) intoxication alimentaire

*intraprendere** (inn-tra-prèn-dé-ré) *v* *entreprendre

*intrattenere** (inn-trat-té-néé-ré) *v* amuser

*intravvedere** (inn-trav-vé-déé-ré) *v* *entrevoir

intricato (inn-tri-kââ-tô) *adj* complexe

intrigo (inn-trii-ghô) *m* intrigue *f*

*introdurre** (inn-trô-dour-ré) *v* *introduire

introduzione (inn-trô-dou-tsyôô-né) *f*

introduction *f*

intromettersi in (inn-trô-mét-tér-si) se mêler de

intuire (inn-touii-ré) *v* *comprendre

inumidire (i-nou-mi-dii-ré) *v* humecter, humidifier

inutile (i-noû-ti-lé) *adj* inutile ; vain

inutilmente (i-nou-til-mén-té) *adv* inutilement

*invadere** (inn-vââ-dé-ré) *v* envahir

invalido (inn-vââ-li-dô) *adj* invalide, infirme ; *m* infirme *m*

invano (inn-vââ-nô) *adv* en vain

invasione (inn-va-zyôô-né) *f* invasion *f*

invece di (inn-véé-tché di) au lieu de

inveire (inn-vé-ii-ré) *v* insulter

inventare (inn-vén-tââ-ré) *v* inventer

inventario (inn-vén-tââ-ryô) *m* inventaire *m*

inventivo (inn-vén-tii-vô) *adj* inventif

inventore (inn-vén-tôô-ré) *m* inventeur *m*

invenzione (inn-vén-tsyôô-né) *f* invention *f*

inverno (inn-vèr-nô) *m* hiver *m*

inverso (inn-vèr-sô) *adj* inverse

invertire (inn-vér-tii-ré) *v* intervertir

investigare (inn-vé-sti-ghââ-ré) *v* enquêter

investigatore (inn-vé-sti-gha-tôô-ré) *m* détective *m*

investigazione (inn-vé-sti-gha-tsyôô-né) *f* investigation *f*

investimento (inn-vé-sti-mén-tô) *m* placement *m*, investissement *m*

investire (inn-vé-stii-ré) *v* placer, investir

inviare (inn-vyââ-ré) *v* *envoyer

inviato (inn-vyââ-tô) *m* envoyé *m*

invidia (inn-vii-dya) *f* envie *f*

invidiare (inn-vi-dyââ-ré) *v* envier

invidioso (inn-vi-dyôô-sô) *adj* envieux

invio (inn-vii-ô) *m* expédition *f*

invisibile (inn-vi-*zii*-bi-lé) *adj* invisible

invitare (inn-vi-*tââ*-ré) *v* prier, demander, inviter

invito (inn-*vii*-tô) *m* invitation *f*

invocare (inn-vô-*kââ*-ré) *v* invoquer

involontario (inn-vô-lôn-*tââ*-ryô) *adj* involontaire

inzuppare (inn-tsoup-*pââ*-ré) *v* tremper

io (*ii*-ô) *pron* je; ~ **stesso** moi-même

iodio (*yoo*-dyô) *m* iode *m*

ipocrisia (i-pô-kri-*sii*-a) *f* hypocrisie *f*

ipocrita (i-*poo*-kri-ta) *m* hypocrite *m*; *adj* hypocrite, fourbe

ipoteca (i-pô-*tèè*-ka) *f* hypothèque *f*

ipotesi (i-*poo*-té-zi) *f* hypothèse *f*

ippodromo (ip-*poo*-drô-mô) *m* hippodrome *m*

ippoglosso (ip-pô-*ghloss*-sô) *m* flétan *m*

ira (*ii*-ra) *f* fureur *f*

iracheno (i-ra-*kéé*-nô) *adj* irakien; *m* Irakien *m*

Iran (*ii*-rann) *m* Iran *m*

iraniano (i-ra-*nyââ*-nô) *adj* iranien; *m* Iranien *m*

Iraq (*ii*-rak) *m* Irak *m*

irascibile (i-rach-*chii*-bi-lé) *adj* irascible, coléreux

irato (i-*rââ*-tô) *adj* en colère

Irlanda (ir-*lann*-da) *f* Irlande *f*

irlandese (ir-lann-*déé*-sé) *adj* irlandais; *m* Irlandais *m*

ironia (i-rô-*nii*-a) *f* ironie *f*

ironico (i-*roo*-ni-kô) *adj* ironique

irragionevole (ir-ra-djô-*néé*-vô-lé) *adj* déraisonnable

irreale (ir-ré-*ââ*-lé) *adj* irréel

irregolare (ir-ré-ghô-*lââ*-ré) *adj* irrégulier

irreparabile (ir-ré-pa-*rââ*-bi-lé) *adj* irréparable

irrequieto (ir-ré-koui-*èè*-tô) *adj* inquiet

irrestringibile (ir-ré-strinn-*djii*-bi-lé) *adj* irrétrécissable

irrevocabile (ir-ré-vô-*kââ*-bi-lé) *adj* irrévocable

irrilevante (ir-ri-lé-*vann*-té) *adj* sans importance

irrisorio (ir-ri-*zoo*-ryô) *adj* ridicule

irritabile (ir-ri-*tââ*-bi-lé) *adj* irritable

irritare (ir-ri-*tââ*-ré) *v* agacer, irriter

irruzione (ir-rou-*tsyôô*-né) *f* invasion *f*, raid *m*

*****iscrivere** (i-*skrii*-vé-ré) *v* *inscrire; **per iscritto** par écrit

iscrizione (i-skri-*tsyôô*-né) *f* inscription *f*

Islanda (i-*zlann*-da) *f* Islande *f*

islandese (i-zlann-*déé*-sé) *adj* islandais; *m* Islandais *m*

isola (*ii*-zô-la) *f* île *f*

isolamento (i-zô-la-*mén*-tô) *m* isolement *m*; isolation *f*

isolare (i-zô-*lââ*-ré) *v* isoler

isolato (i-zô-*lââ*-tô) *adj* isolé; *m* pâté de maisons

isolatore (i-zô-la-*tôô*-ré) *m* isolateur *m*

Isole Filippine (*ii*-zô-lé fi-lip-*pii*-né) Philippines *fpl*

ispessire (i-spéss-*sii*-ré) *v* épaissir

ispettore (i-spét-*tôô*-ré) *m* inspecteur *m*; surveillant *m*

ispezionare (i-spé-tsyô-*nââ*-ré) *v* inspecter

ispezione (i-spé-*tsyôô*-né) *f* inspection *f*

ispirare (i-spi-*rââ*-ré) *v* inspirer

Israele (i-zra-*èè*-lé) *m* Israël *m*

israeliano (i-zra-é-*lᵉyââ*-nô) *adj* israélien; *m* Israélien *m*

issare (iss-*sââ*-ré) *v* hisser

istantanea (i-stann-*tââ*-né-a) *f* instantané *m*

istante (i-*stann*-té) *m* instant *m*; moment *m*; **all'istante** instantanément

isterico (i-*stèè*-ri-kô) *adj* hystérique

istinto (i-*stinn*-tô) *m* instinct *m* •

istituire (i-sti-*touii*-ré) *v* instituer; fonder

istituto (i-sti-*toû*-tô) *m* institut *m*; institution *f*

istituzione (i-sti-tou-*tsyôô*-né) *f* institution *f*

istmo (*ist*-mô) *m* isthme *m*

istruire (i-*strouii*-ré) *v* *instruire; former

istruito (i-*strouii*-tô) *adj* instruit, érudit, savant

istruttivo (i-strout-*tii*-vô) *adj* instructif

istruttore (i-strout-*tôô*-ré) *m* instructeur *m*

istruzione (i-strou-*tsyôô*-né) *f* instruction *f*; formation *f*; **istruzioni per l'uso** mode d'emploi

Italia (i-*tââ*-l^ya) *f* Italie *f*

italiano (i-ta-l^*yââ*-nô) *adj* italien; *m* Italien *m*

itinerario (i-ti-né-*rââ*-ryô) *m* itinéraire *m*

itterizia (it-té-*rii*-tsya) *f* jaunisse *f*

K

kaki (*kââ*-ki) *m* kaki *m*

Kenia (*kèè*-nya) *m* Kenya *m*

L

la (la) *pron* la

là (la) *adv* là; **al di ~** au delà; **al di ~ di** au delà de; **di ~** là

labbro (*lab*-brô) *m* (pl le labbra) lèvre *f*; **pomata per le labbra** pommade pour les lèvres

labirinto (la-bi-*rinn*-tô) *m* labyrinthe *m*

laboratorio (la-bô-ra-*too*-ryô) *m* laboratoire *m*; **~ linguistico** laboratoire de langues

laborioso (la-bô-*ryôô*-sô) *adj* industrieux

lacca (*lak*-ka) *f* vernis *m*; laque *f*; **~ per capelli** laque capillaire

laccio (*lat*-tchô) *m* lacet *m*

lacrima (*lââ*-kri-ma) *f* larme *f*

ladro (*lââ*-drô) *m* voleur *m*

laggiù (lad-*djou*) *adv* là-bas

lagnanza (la-*gnann*-tsa) *f* plainte *f*

lagnarsi (la-*gnar*-si) *v* se *plaindre

lago (*lââ*-ghô) *m* lac *m*

laguna (la-*ghoû*-na) *f* lagune *f*

lama (*lââ*-ma) *f* lame *f*; **~ di rasoio** lame de rasoir

lamentevole (la-mén-*téé*-vô-lé) *adj* lamentable

lamiera (la-*myèè*-ra) *f* plaque *f*

lamina (*lââ*-mi-na) *f* plaque *f*

lampada (*lamm*-pa-da) *f* lampe *f*; **~ da tavolo** lampe de travail; **~ flash** ampoule de flash; **~ portatile** lampe de poche

lampadina (lamm-pa-*dii*-na) *f* ampoule *f*; **~ tascabile** lampe de poche

lampante (lamm-*pann*-té) *adj* évident

lampione (lamm-*pyôô*-né) *m* lampadaire *m*

lampo (*lamm*-pô) *m* éclair *m*

lampone (lamm-*pôô*-né) *m* framboise *f*

lana (*lââ*-na) *f* laine *f*; **di ~** en laine; **~ da rammendo** laine à repriser; **~ pettinata** laine peignée

lancia (*lann*-tcha) *f* lance *f*

lanciare (lann-*tchââ*-ré) *v* jeter, lancer

lancio (*lann*-tchô) *m* jet *m*

landa (*lann*-da) *f* lande *f*

lanterna (lann-*tèr*-na) *f* lanterne *f*; **~ vento** lampe-tempête *f*

lanugine (la-*noû*-dji-né) *f* duvet *m*

lapide (*lââ*-pi-dé) *f* pierre tombale

lardo (*lar*-dô) *m* lard *m*

larghezza (lar-*ghét*-tsa) *f* largeur *f*

largo (*lar*-ghô) *adj* large; *farsi ~ pousser

laringite (la-rinn-*djii*-té) *f* laryngite *f*

lasca (*la*-ska) *f* gardon *m*

lasciare (lach-*chââ*-ré) *v* abandonner, quitter; laisser; autoriser à

lassativo (lass-sa-*tii*-vô) *m* laxatif *m*

lassù (lass-*sou*) *adv* là-haut

lastricare (la-stri-*kââ*-ré) *v* paver

lateralmente (la-té-ral-*mén*-té) *adv* de côté

laterizio (la-té-*rii*-tsyô) *m* brique *f*

latino americano (la-*tii*-nô a-mé-ri-*kââ*-nô) sud-américain

latitudine (la-ti-*toû*-di-néé) *f* latitude *f*

lato (*lââ*-tô) *m* côté *m*

latrare (la-*trââ*-ré) *v* aboyer

latta (*lat*-ta) *f* boîte *f*

lattaio (lat-*tââ*-yô) *m* laitier *m*

latte (*lat*-té) *m* lait *m*

latteo (*lat*-té-ô) *adj* laiteux

latteria (lat-té-*rii*-a) *f* laiterie *f*

lattuga (lat-*toû*-gha) *f* laitue *f*

lavabile (la-*vââ*-bi-lé) *adj* lavable

lavaggio (la-*vad*-djô) *m* lavage *m*; inalterabile al ~ lavable

lavagna (la-*vââ*-gna) *f* tableau noir

lavanderia (la-vann-dé-*rii*-a) *f* blanchisserie *f*; ~ automatica laverie automatique

lavandino (la-vann-*dii*-nô) *m* lavabo *m*

lavare (la-*vââ*-ré) *v* laver; ~ i piatti *faire la vaisselle

lavatrice (la-va-*trii*-tché) *f* machine à laver

lavello (la-*vèl*-lô) *m* évier *m*

lavorare (la-vo-*rââ*-ré) *v* travailler; ~ all'uncinetto *faire du crochet; ~ a maglia tricoter; ~ sodo bûcher; ~

*troppo se surmener

lavoratore (la-vô-ra-*tôô*-ré) *m* ouvrier *m*

lavoro (la-*vôô*-rô) *m* travail *m*; labeur *m*; boulot *m*; datore di ~ employeur *m*; lavori domestici travaux ménagers; ~ fatto a mano travail artisanal

Le (lé) *pron* vous

le (lé) *pron* lui

leale (lé-*ââ*-lé) *adj* loyal

lebbra (*léb*-bra) *f* lèpre *f*

leccare (lék-*kââ*-ré) *v* lécher

leccornia (lék-*kôr*-gna) *f* épicerie fine

lega (*léé*-gha) *f* ligue *f*

legale (lé-*ghââ*-lé) *adj* légal; procuratore ~ avoué *m*

legalizzazione (lé-gha-lid-dza-*tsyôô*-né) *f* légalisation *f*

legame (lé-*ghââ*-mé) *m* lien *m*

legare (lé-*ghââ*-ré) *v* lier, attacher; ~ insieme relier

legato (lé-*ghââ*-tô) *m* legs *m*

legatura (lé-gha-*toû*-ra) *f* reliure *f*

legazione (lé-gha-*tsyôô*-né) *f* légation *f*

legge (*lèd*-djé) *f* loi *f*; droit *m*

leggenda (léd-*djèn*-da) *f* légende *f*

***leggere** (*lèd*-djé-ré) *v* *lire

leggero (léd-*djèe*-rô) *adj* léger

leggibile (léd-*djii*-bi-lé) *adj* lisible

leggio (léd-*djii*-ô) *m* pupitre *m*

legittimazione (lé-djit-ti-ma-*tsyôô*-né) *f* légitimation *f*

legittimo (lé-*djit*-ti-mô) *adj* légitime

legname (lé-*gnââ*-mé) *m* bois d'œuvre

legno (*léé*-gnô) *m* bois *m*; di ~ en bois

Lei (*lèè*-i) *pron* vous; ~ stesso vous-même

lente (*lèn*-té) *f* lentille *f*; ~ d'ingrandimento verre grossissant; lenti a contatto verres de contact

lento (*lèn*-tô) *adj* lent

lenza (*lèn*-tsa) f ligne de pêche

lenzuolo (lén-*ts^{ou}oo*-lô) m drap m

leone (lé-*ôô*-né) m lion m

lepre (*lèè*-pré) f lièvre m

lesione (lé-*zyôô*-né) f lésion f, blessure f

letale (lé-*tââ*-lé) adj fatal

letamaio (lé-ta-*mââ*-yô) m tas de fumier

letame (lé-*tââ*-mé) m fumier m

lettera (*lèt*-té-ra) f lettre f; **carta da lettere** papier à lettres; ~ **di credito** lettre de crédit; ~ **di raccomandazione** lettre de recommandation

letterario (lét-té-*rââ*-ryô) adj littéraire

letteratura (lét-té-ra-*toû*-ra) f littérature f

letto (*lèt*-tô) m lit m; **letti gemelli** lits jumeaux; **lettino da campeggio** lit de camp

lettura (lét-*toû*-ra) f lecture f

leva (*léé*-va) f levier m; ~ **del cambio** levier de vitesse

levare (lé-*vââ*-ré) v enlever

levata (lé-*vââ*-ta) f levée f

levatrice (lé-va-*trii*-tché) f sage-femme f

levigato (lé-vi-*ghââ*-tô) adj uni

levriere (lé-*vryèè*-ré) m lévrier m

lezione (lé-*tsyôô*-né) f leçon f, cours m

li (li) pron (f le) les art/pron

lì (li) adv là

libanese (li-ba-*néé*-sé) adj libanais; m Libanais m

Libano (*lii*-ba-nô) m Liban m

libbra (*lib*-bra) f livre f

liberale (li-bé-*rââ*-lé) adj large; libéral

liberare (li-bé-*rââ*-ré) v délivrer

liberazione (li-bé-ra-*tsyôô*-né) f libération f; délivrance f

Liberia (li-*bèè*-rya) f Libéria m

liberiano (li-bé-*ryââ*-nô) adj libérien; m Libérien m

libero (*lii*-bé-rô) adj libre

libertà (li-bér-*ta*) f liberté f

libraio (li-*brââ*-yô) m libraire m

libreria (li-bré-*rii*-a) f librairie f

libro (*lii*-brô) m livre m; ~ **dei reclami** cahier de doléances; ~ **di cucina** livre de cuisine; ~ **in brossura** livre de poche

licenza (li-*tchèn*-tsa) f licence f, permis m

licenziare (li-tchén-*tsyâ*-ré) v licencier

lieto (*lyèè*-tô) adj content, joyeux

lieve (*lyèè*-vé) adj léger

lievito (*lyèè*-vi-tô) m levure f

lilla (*lil*-la) adj mauve

lima (*lii*-ma) f lime f; **limetta per le unghie** lime à ongles

limitare (li-mi-*tââ*-ré) v limiter

limite (*lii*-mi-té) m limite f; ~ **di velocità** limitation de vitesse

limonata (li-mô-*nââ*-ta) f limonade f

limone (li-*môô*-né) m citron m

limpido (*limm*-pi-dô) adj limpide

lindo (*linn*-dô) adj soigné

linea (*lii*-néa) f ligne f; ~ **aerea** ligne aérienne; ~ **di navigazione** compagnie de navigation; ~ **principale** ligne principale

lineetta (li-né-*ét*-ta) f tiret m; trait d'union

lingua (*linng*-gh^{ou}a) f langue f; ~ **materna** langue maternelle

linguaggio (linng-*gh^{ou}ad*-djô) m langage m

lino (*lii*-nô) m toile f

liquido (*lii*-koui-dô) adj liquide

liquirizia (li-koui-*rii*-tsya) f réglisse f

liquore (li-*k^{ou}oo*-ré) m liqueur f; **spaccio di liquori** magasin de spiritueux

lisca (*li*-ska) f arête f

liscio (*lich*-chô) adj lisse

liso (*lii*-zô) adj usé

lista (*li*-sta) f bande f; liste f; ~ **dei**

vini carte des vins; ~ **di attesa** liste d'attente; **listino prezzi** prix-courant *m*

lite (*lii*-té) *f* querelle *f*

litigare (li-ti-*ghââ*-ré) *v* se quereller, se disputer

litigio (li-*tii*-djô) *m* querelle *f*

litorale (li-tô-*ráâ*-lé) *m* littoral *m*

litro (*lii*-trô) *m* litre *m*

livella (li-*vèl*-la) *f* niveau *m*

livellare (li-vél-*lââ*-ré) *v* niveler

livello (li-*vèl*-lô) *m* niveau *m*; ~ **di vita** niveau de vie

livido (*lii*-vi-dô) *m* bleu *m*

lo (lô) *pron* le

locale (lô-*kââ*-lé) *adj* local

località (lô-ka-li-*ta*) *f* lieu *m*, localité *f*

localizzare (lô-ka-lid-*dzââ*-ré) *v* localiser

locanda (lô-*kann*-da) *f* auberge *f*

locazione (lô-ka-*tsyôô*-né) *f* bail *m*

locomotiva (lô-kô-mô-*tii*-va) *f* locomotive *f*

locomotrice (lô-kô-mô-*trii*-tché) *f* locomotive *f*

lodare (lô-*dââ*-ré) *v* louer

lode (*loo*-dé) *f* louange *f*

loggione (lôd-*djôô*-né) *m* galerie *f*

logica (*loo*-dji-ka) *f* logique *f*

logico (*loo*-dji-kô) *adj* logique

logorare (lô-ghô-*rââ*-ré) *v* user

lombaggine (lôm-*bad*-dji-né) *f* lumbago *m*

longitudine (lôn-dji-*toû*-di-né) *f* longitude *f*

lontano (lôn-*tââ*-nô) *adj* lointain, loin, éloigné

loquace (lô-*k^{ou}ââ*-tché) *adj* bavard

lordo (*lôr*-dô) *adj* brut

loro (*lôô*-rô) *adj* leur; *pron* leur

lotta (*lot*-ta) *f* lutte *f*, combat *m*, lutte *f*

lottare (lot-*tââ*-ré) *v* *combattre, lutter

lotteria (lôt-té-*rii*-a) *f* loterie *f*

lozione (lô-*tsyôô*-né) *f* lotion *f*; ~ **dopo barba** after-shave *m*

lubrificante (lou-bri-fi-*kann*-té) *m* lubrifiant *m*

lubrificare (lou-bri-fi-*kââ*-ré) *v* graisser, huiler, lubrifier

lubrificazione (lou-bri-fi-ka-*tsyôô*-né) *f* lubrification *f*

lucchetto (louk-*két*-tô) *m* cadenas *m*

luccio (*lout*-tchô) *m* brochet *m*

luce (*loû*-tché) *f* lumière *f*; ~ **del giorno** lumière du jour; ~ **del sole** soleil *m*, lumière du soleil; ~ **di posizione** feu de position; ~ **laterale** lumière latérale; ~ **posteriore** feu arrière; **luci di arresto** stops *mpl*

lucentezza (lou-tchén-*tét*-tsa) *f* lustre *m*

lucidare (lou-tchi-*dââ*-ré) *v* polir

lucido (*loû*-tchi-dô) *adj* brillant; luisant

luglio (*loû*-l^{y}ô) juillet

lui (loui) *pron* lui

lumaca (lou-*mââ*-ka) *f* escargot *m*

lume (*loû*-mé) *m* lumière *f*; lampe *f*

luminoso (lou-mi-*nôô*-sô) *adj* lumineux

luna (*loû*-na) *f* lune *f*; ~ **di miele** lune de miel

lunedì (lou-né-*di*) *m* lundi *m*

lunghezza (loung-*ghét*-tsa) *f* longueur *f*; ~ **d'onda** longueur d'onde

lungo (*loung*-ghô) *adj* long; grand; *prep* le long de; **di gran lunga** de beaucoup; **per il** ~ en long

lungofiume (loung-ghô-*fyoû*-mé) *m* bord de la rivière

luogo (*^{lou}oo*-ghô) *m* endroit *m*; **in nessun** ~ nulle part; ~ **di nascita** lieu de naissance; ~ **di riunione** lieu de rencontre; ~ **di villeggiatura** villégiature *f*

lupo (*loû*-pô) *m* loup *m*

luppolo (*loup*-pô-lô) *m* houblon *f*

lusso (*louss*-sô) *m* luxe *m*
lussuoso (louss-s^{ou}ô-sô) *adj* luxueux
lutto (*lout*-tô) *m* deuil *m*

M

ma (ma) *conj* mais; pourtánt
macchia (*mak*-kya) *f* tache *f*; souillure *f*
macchiare (mak-*kyââ*-ré) *v* tacher
macchina (*mak*-ki-na) *f* machine *f*; voiture *f*; ~ **da cucire** machine à coudre; ~ **da scrivere** machine à écrire; ~ **fotografica** appareil photographique; ~ **sportiva** voiture de sport
macchinario (mak-ki-*nââ*-ryô) *m* machinerie *f*
macchiolina (mak-kyô-*lii*-na) *f* tache *f*
macellaio (ma-tchél-*lââ*-yô) *m* boucher *m*
macinare (ma-tchi-*nââ*-ré) *v* *moudre
macinino (ma-tchi-*nii*-nô) *m* moulin *m*
madre (*mââ*-dré) *f* mère *f*
madreperla (ma-dré-*pèr*-la) *f* nacre *f*
maestro (ma-è-strô) *m* maître *m*; maître d'école
magari (ma-*ghââ*-ri) *adv* même; *conj* même si
magazzinaggio (ma-ghad-dzi-*nad*-djô) *m* emmagasinage *m*
magazzino (ma-ghad-*dzii*-nô) *m* entrepôt *m*, magasin *m*; **grande** ~ grand magasin; *tenere in ~ *avoir en stock
maggio (*mad*-djô) mai
maggioranza (mad-djô-*rann*-tsa) *f* majorité *f*
maggiore (mad-*djôô*-ré) *adj* majeur; aîné, plus âgé; le plus âgé
maggiorenne (mad-djô-*rèn*-né) *adj* majeur

magia (ma-*djii*-a) *f* magie *f*
magico (*mââ*-dji-kô) *adj* magique
magistrato (ma-dji-*strââ*-tô) *m* magistrat *m*
maglia (*mââ*-l^ya) *f* maillon *m*; maille *f*; chemise *f*
maglieria (ma-l^yé-*rii*-a) *f* bonneterie *f*
maglietta (ma-l^yét-ta) *f* tricot de corps
maglio (*mââ*-l^yô) *m* maillet *m*
maglione (ma-l^yôô-né) *m* chandail *m*, pull-over *m*
magnete (ma-*gnèè*-té) *m* magnéto *f*
magnetico (ma-*gnèè*-ti-kô) *adj* magnétique
magnetofono (ma-gné-*too*-fô-nô) *m* magnétophone *m*
magnifico (ma-*gnii*-fi-kô) *adj* magnifique, formidable
magro (*mââ*-ghrô) *adj* maigre
mai (maï) *adv* jamais; **non**... ~ ne ... jamais
maiale (ma-*yââ*-lé) *m* cochon *m*
maiuscola (ma-*you*-skô-la) *f* majuscule *f*
malacca (ma-*lak*-ka) *f* rotin *m*
malagevole (ma-la-*djéé*-vô-lé) *adj* rugueux
malaria (ma-*lââ*-rya) *f* malaria *f*
malato (ma-*lââ*-tô) *adj* malade
malattia (ma-lat-*tii*-a) *f* maladie *f*; ~ **venerea** maladie vénérienne
male (*mââ*-lé) *m* mal *m*, tort *m*; maladie *f*; **mal d'aria** mal de l'air; **mal di denti** mal aux dents; **mal di gola** mal de gorge; **mal di mare** mal de mer; **mal di pancia** mal au ventre; **mal di schiena** mal au dos; **mal di stomaco** mal d'estomac; **mal di testa** mal de tête; **mal d'orecchi** mal d'oreille
***maledire** (ma-lé-*dii*-ré) *v* *maudire
malese (ma-*léé*-sé) *adj* malaisien; *m* Malais *m*

Malesia (ma-*lèè*-zya) f Malaysia m

malessere (ma-*lèss*-sé-ré) m gueule de bois

malevolo (ma-*léé*-vô-lô) adj malveillant

malfermo (mal-*fér*-mô) adj instable

malfido (mal-*fii*-dô) adj sujet à caution

malgrado (mal-*ghrââ*-dô) prep malgré

maligno (ma-*lii*-gnô) adj malin

malinconia (ma-linng-kô-*nii*-a) f mélancolie f

malinconico (ma-linng-*koo*-ni-kô) adj mélancolique

malinteso (ma-linn-*téé*-sô) m malentendu m

malizia (ma-*lii*-tsya) f malice f

malizioso (ma-li-*tsyôô*-sô) adj malicieux

malsano (mal-*sââ*-nô) adj malsain

malsicuro (mal-si-*koû*-rô) adj dangereux

malvagio (mal-*vââ*-djô) adj mauvais, méchant

mamma (*mamm*-ma) f maman f

mammifero (mamm-*mii*-fé-rô) m mammifère m

mammut (mamm-*mout*) m mammouth m

mancante (manng-*kann*-té) adj manquant

mancanza (manng-*kann*-tsa) f manque m; défaut m

mancare (manng-*kââ*-ré) v manquer

mancia (*mann*-tcha) f pourboire m

manciata (mann-*tchââ*-ta) f poignée f

mancino (mann-*tchii*-nô) adj gaucher

mandare (mann-*dââ*-ré) v expédier

mandarino (mann-da-*rii*-nô) m mandarine f

mandato (mann-*dââ*-tô) m mandat m

mandorla (*mann*-dôr-la) f amande f

maneggevole (ma-néd-*djéé*-vô-lé) adj commode

maneggiabile (ma-néd-*djââ*-bi-lé) adj maniable

maneggiare (ma-néd-*djââ*-ré) v manipuler

manette (ma-*nét*-té) fpl menottes fpl

mangiare (mann-*djââ*-ré) v manger; m manger m

mangiatoia (mann-dja-*tôô*-ya) f mangeoire f

mania (ma-*nii*-a) f rage f

manica (*mââ*-ni-ka) f manche f; **La Manica** La Manche

manico (*mââ*-ni-kô) m manche m

manicure (ma-ni-*koû*-ra) f manucure f

maniera (ma-*gnéé*-ra) f manière f; **maniere** savoir-vivre m

manifestare (ma-ni-fé-*stââ*-ré) v manifester

manifestazione (ma-ni-fé-sta-*tsyôô*-né) f expression f

mano (*mââ*-nô) f main f; **fatto a ~** fait à la main

manopola (ma-*noo*-pô-la) f bouton m

manoscritto (ma-nô-*skrit*-tô) m manuscrit m

mansueto (mann-s^{ou}*èè*-tô) adj domestiqué

mantella (mann-*tèl*-la) f cape f

mantello (mann-*tèl*-lô) m manteau m

*mantenere (mann-té-*néé*-ré) v *maintenir; garder

mantenimento (mann-té-ni-*mén*-tô) m entretien m

manuale (ma-n^{ou}*ââ*-lé) adj manuel; m manuel m; **~ di conversazione** manuel de conversation

manutenzione (ma-nou-tén-*tsyôô*-né) f entretien m

manzo (*mann*-dzô) m bœuf m

mappa (*map*-pa) f carte f

marca (*mar*-ka) f marque f

marcare (mar-*kââ*-ré) v marquer

marchio (*mar*-kyô) m marque f

marcia (*mar*-tcha) f marche f

marciapiede (mar-tcha-*pyèè*-dé) *m* trottoir *m*

marciare (mar-*tchââ*-ré) *v* marcher

marcio (*mar*-tchô) *adj* pourri

mare (*mââ*-ré) *m* mer *f*; **riva del ~** bord de la mer

marea (ma-*rèè*-a) *f* marée *f*; **alta ~** marée haute; **bassa ~** marée basse

margarina (mar-gha-*rii*-na) *f* margarine *f*

margine (*mar*-dji-né) *m* bord *m*; marge *f*; **~ della strada** bord de la route

marina (ma-*rii*-na) *f* marine *f*

marinaio (ma-ri-*nââ*-yô) *m* marin *m*

marito (ma-*rii*-tô) *m* époux *m*, mari *m*

marittimo (ma-*rit*-ti-mô) *adj* maritime

marmellata (mar-mél-*lââ*-ta) *f* marmelade *f*, confiture *f*

marmo (*mar*-mô) *m* marbre *m*

marocchino (ma-rôk-*kii*-nô) *adj* marocain; *m* Marocain *m*

Marocco (ma-*rok*-kô) *m* Maroc *m*

martedì (mar-té-*di*) *m* mardi *m*

martello (mar-*tèl*-lô) *m* marteau *m*

martire (*mar*-ti-ré) *m* martyr *m*

marzo (*mar*-tsô) mars

mascalzone (ma-skal-*tsôô*-né) *m* salaud *m*

mascara (ma-*skââ*-ra) *m* cosmétique pour les cils

mascella (mach-*chèl*-la) *f* mâchoire *f*

maschera (*ma*-ské-ra) *f* masque *m*; ouvreuse *f*; **~ di bellezza** masque de beauté

maschile (ma-*skii*-lé) *adj* masculin

maschio (*ma*-skyô) *m* mâle *m*

massa (*mass*-sa) *f* tas *m*, masse *f*

massaggiare (mass-sad-*djââ*-ré) *v* masser

massaggiatore (mass-sad-dja-*tôô*-ré) *m* masseur *m*

massaggio (mass-*sad*-djô) *m* massage *m*; **~ facciale** massage facial

massiccio (mass-*sit*-tchô) *adj* massif

massimo (*mass*-si-mô) *adj* le plus grand

masso (*mass*-sô) *m* rocher *m*

masticare (ma-sti-*kââ*-ré) *v* mâcher

matematica (ma-té-*mââ*-ti-ka) *f* mathématiques *fpl*

matematico (ma-té-*mââ*-ti-kô) *adj* mathématique

materasso (ma-té-*rass*-sô) *m* matelas *m*

materia (ma-*tèè*-rya) *f* matière *f*; **~ prima** matière première

materiale (ma-té-*ryââ*-lé) *adj* physique, matériel; *m* matériel *m*

matita (ma-*tii*-ta) *f* crayon *m*

matrice (ma-*trii*-tché) *f* souche *f*

matrigna (ma-*trii*-gna) *f* belle-mère *f*

matrimoniale (ma-tri-mô-*gnââ*-lé) *adj* matrimonial

matrimonio (ma-tri-*moo*-gnô) *m* mariage *m*

mattina (mat-*tii*-na) *f* matin *m*

mattino (mat-*tii*-nô) *m* matin *m*

matto (*mat*-tô) *adj* dément

mattone (mat-*tôô*-né) *m* brique *f*

mattonella (mat-tô-*nèl*-la) *f* carreau *m*

mattutino (mat-tou-*tii*-nô) *adj* tôt

maturità (ma-tou-ri-*ta*) *f* maturité *f*

maturo (ma-*toû*-rô) *adj* mûr

mausoleo (maou-zô-*lèè*-ô) *m* mausolée *m*

mazza (*mat*-tsa) *f* massue *f*; **~ da golf** club de golf

mazzo (*mat*-tsô) *m* bouquet *m*

me (mé) *pron* me

meccanico (mék-*kââ*-ni-kô) *adj* mécanique; *m* monteur *m*, mécanicien *m*

meccanismo (mék-ka-*ni*-zmô) *m* mécanisme *m*

medaglia (mé-*dââ*-lʸa) *f* médaille *f*

medesimo (mé-*déé*-zi-mô) *adj* même

media (*mèè*-dya) *f* moyenne *f*; **in ~**

en moyenne

mediante (mé-*dyann*-té) *prep* au moyen de

mediatore (mé-dya-*tôô*-ré) *m* médiateur *m* ; courtier *m*

medicamento (mé-di-ka-*mén*-tô) *m* médicament *m*

medicina (mé-di-*tchii*-na) *f* médecine *f*

medico (*mèè*-di-kô) *adj* médical ; *m* médecin *m* ; ~ **generico** médecin généraliste

medicone (mé-di-*kôô*-né) *m* guérisseur *m*

medievale (mé-dyé-*vââ*-lé) *adj* médiéval

medio (*mèè*-dyô) *adj* moyen

mediocre (mé-*dyoo*-kré) *adj* modéré, moyen

medioevo (mé-dyô-*èè*-vô) *m* moyen-âge *m*

meditare (mé-di-*tââ*-ré) *v* méditer

Mediterraneo (mé-di-tér-*rââ*-né-ô) *m* Méditerranée *f*

medusa (mé-*doú*-za) *f* méduse *f*

meglio (*mèè*-lYô) *adv* mieux ; le mieux

mela (*méé*-la) *f* pomme *f*

melanzana (mé-lann-*tsââ*-na) *f* aubergine *f*

melma (*mél*-ma) *f* gadoue *f*

melodia (mé-lô-*dii*-a) *f* air *m*, mélodie *f*

melodioso (mé-lô-*dyôô*-sô) *adj* harmonieux

melodramma (mé-lô-*dramm*-ma) *m* mélodrame *m*

melone (mé-*lôô*-né) *m* melon *m*

membrana (mém-*brââ*-na) *f* membrane *f*

membro[1] (*mèm*-brô) *m* (pl le membra) membre *m*

membro[2] (*mèm*-brô) *m* (pl i membri) membre *m* ; **qualità di** ~ affiliation *f*

memorabile (mé-mô-*rââ*-bi-lé) *adj* mémorable

memoria (mé-*moo*-rya) *f* mémoire *f* ; souvenir *m* ; **a** ~ par cœur

ménage (mé-*nââj*) *m* ménage *m*

mendicante (mén-di-*kann*-té) *m* mendiant *m*

mendicare (mén-di-*kââ*-ré) *v* mendier

meno (*méé*-nô) *adv* moins ; moins ; **a** ~ **che** à moins que ; ***fare a** ~ **di** se passer de

mensa (*mén*-sa) *f* cantine *f*

mensile (mén-*sii*-lé) *adj* mensuel

menta (*mén*-ta) *f* menthe *f* ; ~ **peperina** menthe *f*

mentale (mén-*tââ*-lé) *adj* mental

mente (*mén*-té) *f* esprit *m*

mentire (mén-*tii*-ré) *v* *mentir

mento (*mén*-tô) *m* menton *m*

mentre (*mén*-tré) *conj* tandis que

menu (mé-*nou*) *m* menu *m*

menzionare (mén-tsyô-*nââ*-ré) *v* mentionner

menzione (mén-*tsyôô*-né) *f* mention *f*

menzogna (mén-*tsôô*-gna) *f* mensonge *m*

meraviglia (mé-ra-*vii*-lYa) *f* surprise *f* ; merveille *f*

meravigliarsi (mé-ra-vi-*lYar*-si) *v* s'émerveiller

meraviglioso (mé-ra-vi-*lYôô*-sô) *adj* merveilleux

mercante (mér-*kann*-té) *m* commerçant *m*, marchand *m* ; ~ **di vini** négociant en vins

mercanteggiare (mér-kann-téd-*djââ*-ré) *v* marchander

mercanzia (mér-kann-*tsii*-a) *f* marchandise *f*

mercato (mér-*kââ*-tô) *m* marché *m* ; **a buon** ~ bon marché ; ~ **nero** marché noir

merce (*mèr*-tché) *f* marchandise *f*

merceria (mér-tché-*rii*-a) *f* mercerie *f*

mercoledì (mér-kô-lé-*di*) *m* mercredi

m

mercurio (mér-koû-ryô) *m* mercure *m*

merenda (mé-rèn-da) *f* thé *m*

meridionale (mé-ri-dyô-nââ-lé) *adj* méridional

meritare (mé-ri-tââ-ré) *v* mériter

merito (mèè-ri-tô) *m* mérite *m*

merlano (mér-lââ-nô) *m* merlan *m*

merletto (mér-lét-tô) *m* dentelle *f*

merlo (mèr-lô) *m* merle *m*

merluzzo (mér-lout-tsô) *m* morue *f*; aiglefin *m*

meschino (mé-skii-nô) *adj* mesquin; borné

mescolare (mé-skô-lââ-ré) *v* mélanger, mêler; remuer; *battre

mese (méé-sé) *m* mois *m*

messa (méss-sa) *f* messe *f*

messaggero (méss-sad-djèè-rô) *m* messager *m*

messaggio (méss-sad-djô) *m* message *m*

messicano (méss-si-kââ-nô) *adj* mexicain; *m* Mexicain *m*

Messico (mèss-si-kô) *m* Mexique *m*

mestiere (mé-styèè-ré) *m* métier *m*; occupation *f*

mesto (mè-stô) *adj* malheureux

mestruazione (mé-stroᵘa-tsyôô-né) *f* menstruation *f*

metà (mé-ta) *f* moitié *f*; **a ~** à moitié

metallico (mé-tal-li-kô) *adj* métallique

metallo (mé-tal-lô) *m* métal *m*

meticoloso (mé-ti-kô-lôô-sô) *adj* méticuleux

metodico (mé-too-di-kô) *adj* méthodique

metodo (mèè-tô-dô) *m* méthode *f*

metrico (mèè-tri-kô) *adj* métrique

metro (mèè-trô) *m* mètre *m*; compteur *m*; **~ a nastro** centimètre *m*

metropolitana (mé-trô-pô-li-tââ-na) *f* métro *m*

***mettere** (mét-té-ré) *v* poser, *met-

tre; **~ in imbarazzo** déconcerter

mezzanino (méd-dza-nii-nô) *m* entresol *m*

mezzanotte (méd-dza-not-té) *f* minuit *m*

mezzo (mèd-dzô) *adj* demi; du milieu; *m* milieu *m*; moyen *m*; **in ~ a** au milieu de; entre

mezzogiorno (méd-dzô-djôr-nô) *m* midi *m*

mi (mi) *pron* moi; me

miccia (mit-tcha) *f* mèche *f*

micia (mii-tcha) *f* minet *m*

microfono (mi-kroo-fô-nô) *m* microphone *m*

micromotore (mi-krô-mô-tôô-ré) *m* vélomoteur *m*

microsolco (mi-krô-sól-kô) *m* microsillon *m*

midollo (mi-dól-lô) *m* moelle *f*

miele (myèè-lé) *m* miel *m*

miglio (mii-lᵞô) *m* (pl le miglia) mille *m*

miglioramento (mi-lᵞô-ra-mén-tô) *m* amélioration *f*

migliorare (mi-lᵞô-rââ-ré) *v* améliorer

migliore (mi-lᵞôô-ré) *adj* meilleur; supérieur

mignolo (mii-gnô-lô) *m* auriculaire *m*

milionario (mi-lᵞô-nââ-ryô) *m* millionnaire *m*

milione (mi-lᵞôô-né) *m* million *m*

militare (mi-li-tââ-ré) *adj* militaire; *m* soldat *m*

mille (mil-lé) *num* mille

minaccia (mi-nat-tcha) *f* menace *f*

minacciare (mi-nat-tchââ-ré) *v* menacer

minaccioso (mi-nat-tchôô-sô) *adj* menaçant

minatore (mi-na-tôô-ré) *m* mineur *m*

minerale (mi-né-rââ-lé) *m* minéral *m*; minerai *m*

minestra (mi-nè-stra) *f* soupe *f*

miniatura (mi-gna-toû-ra) *f* miniature

f

miniera (mi-*gnèè*-ra) *f* mine *f*

minimo (*mii*-ni-mô) *adj* moindre; *m* minimum *m*

ministero (mi-ni-*stèè*-rô) *m* ministère *m*

ministro (mi-*ni*-strô) *m* ministre *m*; **primo ~** premier ministre

minoranza (mi-nô-*rann*-tsa) *f* minorité *f*

minore (mi-*nôô*-ré) *adj* mineur; cadet

minorenne (mi-nô-*rèn*-né) *adj* mineur; *m* mineur *m*

minuscolo (mi-*nou*-skô-lô) *adj* minuscule

minuto (mi-*noû*-tô) *adj* minuscule; *m* minute *f*

minuzioso (mi-nou-*tsyôô*-sô) *adj* minutieux

mio (*mii*-ô) *adj* (f mia; pl miei, mie) mon

miope (*mii*-ô-pé) *adj* myope

miracolo (mi-*rââ*-kô-lô) *m* miracle *m*

miracoloso (mi-ra-kô-*lôô*-sô) *adj* miraculeux

mirare a (mi-*rââ*-ré) viser; aspirer à

mirino (mi-*rii*-nô) *m* viseur *m*

miscuglio (mi-*skoû*-lYô) *m* mélange *m*

miserabile (mi-zé-*rââ*-bi-lé) *adj* malheureux

miseria (mi-*zèè*-rya) *f* détresse *f*, misère *f*

misericordia (mi-zé-ri-*kor*-dya) *f* miséricorde *f*

misericordioso (mi-zé-ri-kôr-*dyôô*-sô) *adj* miséricordieux

misero (*mii*-zé-rô) *adj* misérable; indigent

missione (miss-*syôô*-né) *f* mission *f*

misterioso (mi-sté-*ryôô*-sô) *adj* mystérieux

mistero (mi-*stèè*-rô) *m* mystère *m*

misto (*mi*-stô) *adj* mélangé, divers; mêlé

misura (mi-*zoû*-ra) *f* mesure *f*; **fatto su ~** fait sur commande, fait sur mesure

misurare (mi-zou-*rââ*-ré) *v* mesurer

misuratore (mi-zou-ra-*tôô*-ré) *m* jauge *f*

mite (*mii*-té) *adj* doux

mitigare (mi-ti-*ghââ*-ré) *v* soulager

mito (*mii*-tô) *m* mythe *m*

mobile (*moo*-bi-lé) *adj* mobile

mobilia (mô-*bii*-lYa) *f* meubles *m*

moda (*moo*-da) *f* mode *f*; **fuori ~** démodé

modellare (mô-dél-*lââ*-ré) *v* façonner

modello (mô-*dèl*-lô) *m* modèle *m*

moderato (mô-dé-*râô*-tô) *adj* modéré

moderno (mô-*dèr*-nô) *adj* moderne

modestia (mô-*dè*-stya) *f* modestie *f*

modesto (mô-*dè*-stô) *adj* modeste

modifica (mô-*dii*-fi-ka) *f* modification *f*

modificare (mô-di-fi-*kââ*-ré) *v* modifier

modista (mô-*di*-sta) *f* modiste *f*

modo (*moo*-dô) *m* façon *f*, mode *m*; **ad ogni ~** de toute façon; **in nessun ~** aucunement; en aucun cas; **in ogni ~** n'importe comment; **nello stesso ~** de la même manière

moglie (*môô*-lYé) *f* femme *f*

molare (mô-*lââ*-ré) *m* molaire *f*

molesto (mô-*lè*-stô) *adj* gênant

molla (*mol*-la) *f* ressort *m*

molleggio (môl-*léd*-djô) *m* suspension *f*

molo (*moo*-lô) *m* jetée *f*; quai *m*

moltiplicare (môl-ti-pli-*kââ*-ré) *v* multiplier

moltiplicazione (môl-ti-pli-ka-*tsyôô*-né) *f* multiplication *f*

molto (*môl*-tô) *adj* beaucoup de; *adv* très; beaucoup

momentaneo (mô-mén-*tââ*-né-ô) *adj* momentané

momento (mô-*mén*-tô) *m* moment *m*; **a momenti** tout à l'heure

monaca (*moo*-na-ka) *f* religieuse *f*

monaco (*moo*-na-kô) *m* moine *m*

monarca (mô-*nar*-ka) *m* monarque *m*

monarchia (mô-nar-*kii*-a) *f* monarchie *f*

monastero (mô-na-*stèè*-rô) *m* cloître *m*, monastère *m*

mondiale (môn-*dyââ*-lé) *adj* mondial

mondo (*môn*-dô) *m* monde *m*

monello (mô-*nèl*-lô) *m* fripon *m*

moneta (mô-*néé*-ta) *f* pièce de monnaie; ~ **spicciola** petite monnaie

monetario (mô-né-*tââ*-ryô) *adj* monétaire

monologo (mô-*noo*-lô-ghô) *m* monologue *m*

monopattino (mô-nô-*pat*-ti-nô) *m* patinette *f*

monopolio (mô-nô-*poo*-lyô) *m* monopole *m*

monotono (mô-*noo*-tô-nô) *adj* monotone, ennuyeux

montagna (môn-*tââ*-gna) *f* montagne *f*

montagnoso (môn-ta-*gnôô*-sô) *adj* montagneux

montare (môn-*tââ*-ré) *v* monter; assembler

montatura (môn-ta-*toû*-ra) *f* monture *f*

monte (*môn*-té) *m* mont *m*

montone (môn-*tôô*-né) *m* mouton *m*

monumento (mô-nou-*mén*-tô) *m* monument *m*; ~ **commemorativo** mémorial *m*

mora (*moo*-ra) *f* mûre *f*

morale (mô-*rââ*-lé) *adj* moral; *f* morale *f*; *m* moral *m*

moralità (mô-ra-li-*ta*) *f* moralité *f*

morbido (*mor*-bi-dô) *adj* mou, doux

morbillo (môr-*bil*-lô) *m* rougeole *f*

*mordere (*mor*-dé-ré) *v* mordre

morfina (môr-*fii*-na) *f* morphine *f*

*morire (mô-*rii*-ré) *v* *mourir

mormorare (môr-mô-*rââ*-ré) *v* chuchoter

morsa (*mor*-sa) *f* mordache *f*

morsetto (môr-*sét*-tô) *m* crampon *m*

morso (*mor*-sô) *m* morsure *f*

mortale (môr-*tââ*-lé) *adj* mortel

morte (*mor*-té) *f* mort *f*

morto (*mor*-tô) *adj* mort

mosaico (mô-*zââ*-i-kô) *m* mosaïque *f*

mosca (*mô*-ska) *f* mouche *f*

moschea (mô-*skèè*-a) *f* mosquée *f*

mossa (*moss*-sa) *f* tour *m*; pas *m*

mostra (*mô*-stra) *f* exposition *f*; exhibition *f*; ***mettere in** ~ étaler

mostrare (mô-*strââ*-ré) *v* montrer; **mostrarsi** se révéler

motivo (mô-*tii*-vô) *m* motif *m*; **a** ~ **di** en raison de

moto (*moo*-tô) *m* mouvement *m*

motocicletta (mô-tô-tchi-*klét*-ta) *f* motocyclette *f*

motonave (mô-tô-*nââ*-vé) *f* bateau à moteur

motore (mô-*tôô*-ré) *m* moteur *m*

motorino (mô-tô-*rii*-nô) *m* vélomoteur *m*

motoscafo (mô-tô-*skââ*-fô) *m* canot automobile

motto (*mot*-tô) *m* devise *f*

movente (mô-*vèn*-té) *m* motif *m*

movimento (mô-vi-*mén*-tô) *m* mouvement *m*

mozione (mô-*tsyôô*-né) *f* motion *f*

mucchio (*mouk*-kyô) *m* tas *m*

muffa (*mouf*-fa) *f* moisissure *f*

muffole (*mouf*-fô-lé) *fpl* moufles *fpl*

mugghiare (mough-*ghyââ*-ré) *v* mugir

mugnaio (mou-*gnââ*-yô) *m* meunier *m*

mulino a vento (mou-*lii*-nô a *vén*-tô) *m* moulin à vent

mulo (*moû*-lô) *m* mulet *m*, mule *f*

multa (*moul*-ta) *f* amende *f*

municipale (mou-ni-tchi-*pââ*-lé) *adj*
municipal

municipalità (mou-ni-tchi-pa-li-*ta*) *f*
municipalité *f*

municipio (mou-ni-*tchii*-pyô) *m* hôtel
de ville

munifico (mou-*nii*-fi-kô) *adj* large

muovere (*m*°⁴*oo*-vé-ré) *v* bouger

murare (mou-*rââ*-ré) *v* maçonner

muratore (mou-ra-*tôô*-ré) *m* maçon *m*

muro (*moú*-rô) *m* mur *m*

muschio (*mou*-skyô) *m* mousse *f*

muscolo (*mou*-skô-lô) *m* muscle *m*

muscoloso (mou-skô-*lôô*-sô) *adj* musclé

museo (mou-*zèè*-ô) *m* musée *m*; ~
delle cere musée des figures de cire

musica (*moú*-zi-ka) *f* musique *f*

musicale (mou-zi-*kââ*-lé) *adj* musical

musicista (mou-zi-*tchi*-sta) *m* musicien
m

muso (*moú*-zô) *m* museau *m*

mussolina (mouss-sô-*lii*-na) *f* mousseline *f*

mutamento (mou-ta-*mén*-tô) *m* changement *m*

mutande (mou-*tann*-dé) *fpl* caleçon
m; culotte *f*

mutandine (mou-tann-*dii*-né) *fpl* culotte *f*, caleçon *m*; slip *m*; ~ **da bagno** caleçon de bain

mutare (mou-*tââ*-ré) *v* changer

muto (*moú*-tô) *adj* muet; interloqué

mutuo (*moú*-t°⁴ô) *adj* mutuel

N

nafta (*naf*-ta) *f* mazout *m*

nailon (*naï*-lôn) *m* nylon *m*

nano (*nââ*-nô) *m* nain *m*

narciso (nar-*tchii*-zô) *m* jonquille *f*

narcosi (nar-*koo*-zi) *f* narcose *f*

narcotico (nar-*koo*-ti-kô) *m* narcotique
m, drogue *f*

narice (na-*rii*-tché) *f* narine *f*

nascere (*nach*-ché-ré) *v* *naître

nascita (*nach*-chi-ta) *f* naissance *f*

nascondere (na-*skôn*-dé-ré) *v* cacher; dissimuler

naso (*nââ*-sô) *m* nez *m*

nastro (*na*-strô) *m* ruban *m*; cordon
m, bande *f*; ~ **adesivo** ruban adhésif

Natale (na-*tââ*-lé) Noël

natica (*nââ*-ti-ka) *f* fesse *f*

nativo (na-*tii*-vô) *adj* indigène

nato (*nââ*-tô) *adj* né

natura (na-*toú*-ra) *f* nature *f*

naturale (na-tou-*rââ*-lé) *adj* naturel

naturalmente (na-tou-ral-*mén*-té) *adv*
évidemment, bien sûr, naturellement

nausea (*naou*-zé-a) *f* nausée *f*, mal au
cœur

nauseante (naou-zé-*ann*-té) *adj* répugnant

nauseato (naou-zé-*ââ*-tô) *adj* ayant
mal au cœur

navale (na-*vââ*-lé) *adj* naval; **cantiere**
~ chantier naval

nave (*nââ*-vé) *f* navire *m*; vaisseau
m; ~ **di linea** paquebot *m*

navigabile (na-vi-*ghââ*-bi-lé) *adj* navigable

navigare (na-vi-*ghââ*-ré) *v* naviguer

navigazione (na-vi-gha-*tsyôô*-né) *f* navigation *f*

nazionale (na-tsyô-*nââ*-lé) *adj* national

nazionalità (na-tsiô-na-li-*ta*) *f* nationalité *f*

nazionalizzare (na-tsyô-na-lid-*dzââ*-ré)
v nationaliser

nazione (na-*tsyôô*-né) *f* nation *f*

ne (né) *pron* en; de lui

né... né (né) ni ... ni

neanche (né-*anng*-ké) *adv* même pas; *conj* non plus

nebbia (*néb*-bya) *f* brouillard *m*

nebbioso (néb-*byôô*-sô) *adj* brumeux, nébuleux

necessario (né-tchéss-*sââ*-ryô) *adj* nécessaire

necessità (né-tchéss-si-*ta*) *f* nécessité *f*; besoin *m*

necroscopia (né-krô-skô-*pii*-a) *f* autopsie *f*

negare (né-*ghââ*-ré) *v* nier; dénier

negativa (né-gha-*tii*-va) *f* négatif *m*

negativo (né-gha-*tii*-vô) *adj* négatif

negligente (né-ghli-*djèn*-té) *adj* négligent

negligenza (né-ghli-*djèn*-tsa) *f* négligence *f*

negoziante (né-ghô-*tsyann*-té) *m* négociant *m*; commerçant *m*; ~ **di stoffe** drapier *m*

negoziare (né-ghô-*tsyââ*-ré) *v* négocier

negozio (né-*ghoo*-tsyô) *m* boutique *f*; ~ **di ferramenta** quincaillerie *f*; ~ **di fiori** fleuriste *m*; ~ **di giocattoli** magasin de jouets

negro (*néé*-ghrô) *m* noir *m*

nemico (né-*mii*-kô) *m* ennemi *m*

nemmeno (ném-*méé*-nô) *adv* même pas; *conj* non plus

neon (*nèè*-ôn) *m* néon *m*

neonato (né-ô-*nââ*-tô) *m* nourrisson *m*

neppure (nép-*poú*-ré) *adv* même pas; *conj* non plus

nero (*néé*-rô) *adj* noir

nervo (*nèr*-vô) *m* nerf *m*

nervoso (nér-*vôô*-sô) *adj* nerveux

nessuno (néss-*soú*-nô) *adj* aucun; *pron* aucun, ne … personne

nettare (nét-*tââ*-ré) *v* nettoyer

netto (*nét*-tô) *adj* net

neutrale (né^{ou}-*trââ*-lé) *adj* neutre

neutro (né^{ou}-trô) *adj* neutre

neve (*néé*-vé) *f* neige *f*; ~ **fangosa** boue *f*

nevicare (né-vi-*kââ*-ré) *v* neiger

nevoso (né-*vôô*-sô) *adj* neigeux

nevralgia (né-vral-*djii*-a) *f* névralgie *f*

nevrosi (né-*vroo*-zi) *f* névrose *f*

nichelio (ni-*kèè*-lyô) *m* nickel *m*

nicotina (ni-kô-*tii*-na) *f* nicotine *f*

nido (*nii*-dô) *m* nid *m*; crèche *f*

niente (*gnèn*-té) *pron* ne … rien; rien

Nigeria (ni-*djèè*-rya) *f* Nigeria *m*

nigeriano (ni-djé-*ryââ*-nô) *adj* nigérien; *m* Nigérien *m*

nipote (ni-*pôô*-té) *m* petit-fils *m*; neveu *m*; *f* petite-fille *f*; nièce *f*

nipotina (ni-pô-*tii*-na) *f* petite-fille *f*

nipotino (ni-pô-*tii*-nô) *m* petit-fils *m*

no (no) non

nobile (*noo*-bi-lé) *adj* noble

nobiltà (nô-bil-*ta*) *f* noblesse *f*

nocca (*nok*-ka) *f* jointure *f*

nocciola (nôt-*tchoo*-la) *f* noisette *f*

nocciolo (*not*-tchô-lô) *m* noyau *m*; fond *m*, cœur *m*

noce (*nôô*-tché) *f* noix *f*; ~ **di cocco** noix de coco; ~ **moscata** muscade *f*

nocivo (nô-*tchii*-vô) *adj* nuisible

nodo (*noo*-dô) *m* nœud *m*; morceau *m*; ~ **scorsoio** boucle *f*

noi (noï) *pron* nous; ~ **stessi** nous-mêmes

noia (*noo*-ya) *f* ennui *m*; tracas *m*

noioso (nô-*yôô*-sô) *adj* fastidieux, ennuyeux

noleggiare (nô-léd-*djââ*-ré) *v* louer

a nolo (a *noo*-lô) à louer

nome (*nôô*-mé) *m* nom *m*; prénom *m*; substantif *m*; **a ~ di** au nom de; ~ **di battesimo** prénom *m*

nomignolo (nô-*mii*-gnô-lô) *m* surnom *m*

nomina (*noo*-mi-na) *f* nomination *f*

nominale (nô-mi-*nââ*-lé) *adj* nominal

nominare (nô-mi-*nââ*-ré) *v* mentionner, nommer

non (nôn) ne … pas; ~… **mai** ne … jamais; ~… **più** ne … plus

nonché (nông-*ké*) *conj* ainsi que

noncurante (nông-kou-*rann*-té) *adj* inattentif

nonna (*nonn*-na) *f* mémé *f*, bonnemaman *f*, grand-mère *f*

nonno (*nonn*-nô) *m* pépé *m*, bon-papa *m*, grand-père *m*, grand-papa *m*; **nonni** grands-parents *mpl*

nono (*noo*-nô) *num* neuvième

nonostante (nô-nô-*stann*-té) *prep* en dépit de, malgré

nord (nord) *m* nord *m*; **polo Nord** pôle nord

nord-est (nor-*dèst*) *m* nord-est *m*

nordico (*nor*-di-kô) *adj* septentrional

nord-ovest (nor-*doo*-vést) *m* nordouest *m*

norma (*nor*-ma) *f* norme *f*; **di** ~ en général

normale (nôr-*mââ*-lé) *adj* normal; standard, ordinaire

norvegese (nôr-vé-*djéé*-sé) *adj* norvégien; *m* Norvégien *m*

Norvegia (nôr-*véé*-dja) *f* Norvège *f*

nostalgia (nô-stal-*djii*-a) *f* mal du pays

nostro (*no*-strô) *adj* notre

nota (*noo*-ta) *f* mémorandum *m*

notaio (nô-*tââ*-yô) *m* notaire *m*

notare (nô-*tââ*-ré) *v* constater; remarquer

notevole (nô-*téé*-vô-lé) *adj* sensible, remarquable, frappant

notificare (nô-ti-fi-*kââ*-ré) *v* notifier

notizia (nô-*tii*-tsya) *f* nouvelle *f*; **notizie** nouvelles, actualités

notiziario (nô-ti-*tsyââ*-ryô) *m* nouvelles

noto (*noo*-tô) *adj* connu

notte (*not*-té) *f* nuit *f*

notturno (nôt-*tour*-nô) *adj* nocturne;

locale ~ boîte de nuit

novanta (nô-*vann*-ta) *num* quatre-vingt-dix

nove (*noo*-vé) *num* neuf

novembre (nô-*vèm*-bré) novembre

novità (nô-vi-*ta*) *f* nouvelle *f*

nozione (nô-*tsyôô*-né) *f* notion *f*

nubifragio (nou-bi-*frââ*-djô) *m* rafale de pluie

nuca (*noû*-ka) *f* nuque *f*

nucleare (nou-klé-*ââ*-ré) *adj* nucléaire

nucleo (*noû*-klé-ô) *m* cœur *m*, noyau *m*

nudo (*noû*-dô) *adj* nu; *m* nu *m*

nulla (*noul*-la) *m* rien

nullo (*noul*-lô) *adj* nul

numerale (nou-mé-*rââ*-lé) *m* nombre *m*

numero (*noû*-mé-rô) *m* nombre *m*; chiffre *m*, numéro *m*; ~ **di targa** numéro d'immatriculation

numeroso (nou-mé-*rôô*-sô) *adj* nombreux

*__nuocere__ ($n^{ou}oo$-tché-ré) *v* *faire du mal

nuotare (n^{ou}ô-*tââ*-ré) *v* nager

nuotatore (n^{ou}ô-ta-*tôô*-ré) *m* nageur *m*

nuoto ($n^{ou}oo$-tô) *m* natation *f*; ~ **a farfalla** brasse papillon; ~ **a rana** brasse *f*

nuovamente (n^{ou}ô-va-*mén*-té) *adv* de nouveau

Nuova Zelanda ($n^{ou}oo$-va tsé-*lann*-da) Nouvelle-Zélande *f*

nuovo ($n^{ou}oo$-vô) *adj* nouveau; **di** ~ de nouveau; ~ **fiammante** flambant neuf

nutriente (nou-*tryèn*-té) *adj* nutritif, nourrissant

nutrire (nou-*trii*-ré) *v* nourrir

nuvola (*noû*-vô-la) *f* nuage *m*

nuvoloso (nou-vô-*lôô*-sô) *adj* couvert, nuageux

O

o (ô) *conj* ou ; ~... **o** ou ... ou, soit ... soit

oasi (*oo*-a-zi) *f* oasis *f*

obbligare (ôb-bli-*ghâô*-ré) *v* obliger

obbligatorio (ob-bli-gha-*too*-ryô) *adj* obligatoire

obbligazione (ôb-bli-gha-*tsyôô*-né) *f* obligation *f*

obbligo (*ob*-bli-ghô) *m* obligation *f*

obeso (ô-*bèè*-zô) *adj* obèse

obiettare (ô-byét-*tââ*-ré) *v* objecter

obiettivo (ô-byét-*tii*-vô) *m* objectif *m*

obiezione (ô-byé-*tsyôô*-né) *f* objection *f*

obliquo (ô-*blii*-k^ou^ô) *adj* oblique

oblungo (ô-*bloung*-ghô) *adj* oblong

oca (*oo*-ka) *f* oie *f*

occasionalmente (ôk-ka-zyô-nal-*mén*-té) *adv* de temps en temps

occasione (ôk-ka-*zyôô*-né) *f* occasion *f* ; **d'occasione** d'occasion

occhiali (ôk-*kyââ*-li) *mpl* lunettes *fpl* ; ~ **da sole** lunettes de soleil ; ~ **di protezione** lunettes de plongée

occhiata (ôk-*kyââ*-ta) *f* aperçu *m*, coup d'œil ; *dare un'occhiata* jeter un coup d'œil

occhio (*ok*-kyô) *m* œil *m* ; ~ **di pernice** durillon *m* ; *tenere d'occhio* surveiller

occidentale (ôt-tchi-dén-*tââ*-lé) *adj* occidental

occidente (ôt-tchi-*dèn*-té) *m* occident *m*

*occorrere** (ôk-*kôr*-ré-ré) *v* *falloir

occupante (ôk-kou-*pann*-té) *m* occupant *m*

occupare (ôk-kou-*pââ*-ré) *v* occuper ; **occuparsi di** s'occuper de, veiller sur

occupazione (ôk-kou-pa-*tsyôô*-né) *f* occupation *f* ; emploi *m*

oceano (ô-*tchèè*-a-nô) *m* océan *m* ; **Oceano Pacifico** Océan Pacifique

oculista (ô-kou-*li*-sta) *m* oculiste *m*

odiare (ô-*dyââ*-ré) *v* *haïr

odio (*oo*-dyô) *m* haine *f*

odorare (ô-dô-*râô*-ré) *v* *sentir

odore (ô-*dôô*-ré) *m* odeur *f*

*offendere** (ôf-*fèn*-dé-ré) *v* offenser, blesser

offensiva (ôf-fén-*sii*-va) *f* offensive *f*

offensivo (ôf-fén-*sii*-vô) *adj* offensif

offerta (ôf-*fèr*-ta) *f* offre *f*

offesa (ôf-*féé*-sa) *f* offense *f*

officina (ôf-fit-*tchii*-na) *f* atelier *m* ; ~ **del gas** usine à gaz

*offrire** (ôf-*frii*-ré) *v* *offrir

offuscato (ôf-fou-*skââ*-tô) *adj* terne

oggettivo (ôd-djét-*tii*-vô) *adj* objectif

oggetto (ôd-*djèt*-tô) *m* objet *m* ; **oggetti smarriti** objets trouvés

oggi (*od*-dji) *adv* aujourd'hui

oggigiorno (ôd-dji-*djôr*-nô) *adv* actuellement

ogni (*ôô*-gni) *adj* chaque

ogniqualvolta (ô-gni-k^ou^al-*vol*-ta) *conj* n'importe quand

ognuno (ô-*gnoû*-nô) *pron* chacun, tout le monde

Olanda (ô-*lann*-da) *f* Hollande *f*

olandese (ô-lann-*déé*-sé) *adj* néerlandais, hollandais ; *m* Néerlandais *m*, Hollandais *m*

oleoso (ô-lé-*ôô*-sô) *adj* huileux

olio (*oo*-lyô) *m* huile *f* ; ~ **abbronzante** huile solaire ; ~ **da tavola** huile de table ; ~ **d'oliva** huile d'olive ; ~ **per capelli** huile capillaire

oliva (ô-*lii*-va) *f* olive *f*

olmo (*ôl*-mô) *m* orme *m*

oltraggio (ôl-*trad*-djô) *m* outrage *m*

oltre (*ôl*-tré) *prep* au delà de ; passé ;

~ **a** outre

oltremarino (ôl-tré-ma-*rii*-nô) *adj* d'outre-mer

oltrepassare (ôl-tré-pass-*sââ*-ré) *v* dépasser; doubler

omaggio (ô-*mad*-djô) *m* hommage *m*

ombelico (ôm-bé-*lii*-kô) *m* nombril *m*

ombra (*ôm*-bra) *f* ombre *f*

ombreggiato (ôm-bréd-*djââ*-tô) *adj* ombragé

ombrellino (ôm-brél-*lii*-nô) *m* parasol *m*

ombrello (ôm-*brèl*-lô) *m* parapluie *m*

ombretto (ôm-*brét*-tô) *m* ombre à paupières

*****omettere** (ô-*mét*-té-ré) *v* *omettre; sauter

omosessuale (ô-mô-séss-s^{ou}*ââ*-lé) *adj* homosexuel

onda (*ôn*-da) *f* vague *f*

ondulare (ôn-dou-*lââ*-ré) *v* boucler

ondulato (ôn-dou-*lââ*-tô) *adj* ondulé

onestà (ô-né-*sta*) *f* honnêteté *f*

onesto (ô-*nè*-stô) *adj* honnête; juste, droit

onice (*oo*-ni-tché) *f* onyx *m*

onnipotente (ôn-ni-pô-*tèn*-té) *adj* omnipotent

onorare (ô-nô-*rââ*-ré) *v* honorer

onorario (ô-nô-*rââ*-ryô) *m* honoraires *mpl*

onore (ô-*nôô*-ré) *m* honneur *m*

onorevole (ô-nô-*réé*-vô-lé) *adj* honorable

opaco (ô-*pââ*-kô) *adj* mat, terne

opale (ô-*pââ*-lé) *m* opale *f*

opera (*oo*-pé-ra) *f* opéra *m*

operaio (ô-pé-*rââ*-yô) *m* travailleur *m*, ouvrier *m*

operare (ô-pé-*ra*-ré) *v* opérer

operazione (ô-pé-ra-*tsyôô*-né) *f* opération *f*

operetta (ô-pé-*rét*-ta) *f* opérette *f*

opinione (ô-pi-*gnôô*-né) *f* opinion *f*

*****opporsi** (ôp-*pôr*-si) *v* s'opposer

opportunità (ôp-pôr-tou-ni-*ta*) *f* chance *f*, occasion *f*

opportuno (ôp-pôr-*toû*-nô) *adj* opportun

opposizione (ôp-pô-zi-*tsyôô*-né) *f* opposition *f*

opposto (ôp-*pô*-stô) *adj* contraire

*****opprimere** (ôp-*prii*-mé-ré) *v* oppresser; opprimer

oppure (ôp-*pou*-ré) *conj* ou bien

opuscolo (ô-*pou*-skô-lô) *m* brochure *f*

ora (*ôô*-ra) *f* heure *f*; *adv* maintenant; **d'ora innanzi** dorénavant; ~ **di arrivo** heure d'arrivée; ~ **di partenza** heure de départ; **ore d'ufficio** heures de bureau; **quarto d'ora** quart d'heure

orale (ô-*rââ*-lé) *adj* oral

oramai (ô-ra-*maï*) *adv* maintenant; à ce moment-là

orario (ô-*rââ*-ryô) *m* horaire *m*; ~ **di apertura** heures d'ouverture; ~ **di ricevimento** heures de consultation; ~ **estivo** heure d'été

orchestra (ôr-*kè*-stra) *f* orchestre *m*

ordinare (ôr-di-*nââ*-ré) *v* classer; commander

ordinario (ôr-di-*nââ*-ryô) *adj* habituel; ordinaire

ordinato (ôr-di-*nââ*-tô) *adj* ordonné

ordinazione (ôr-di-na-*tsyôô*-né) *f* commande *f*; **modulo di ~** bon de commande

ordine (*ôr*-di-né) *m* ordre *m*; **in ~** en règle; *****mettere in ~** arranger

orecchino (ô-rék-*kii*-nô) *m* boucle d'oreille

orecchio (ô-*rék*-kyô) *f* oreille *f*

orecchioni (ô-rék-*kyôô*-ni) *mpl* oreillons *mpl*

orefice (ô-*réé*-fi-tché) *m* orfèvre *m*

orfano (*or*-fa-nô) *m* orphelin *m*

organico (ôr-*ghââ*-ni-kô) *adj* organique

organismo (ôr-gha-*ni*-zmô) *m* organisme *m*

organizzare (ôr-gha-nid-*dzââ*-ré) *v* organiser; préparer

organizzazione (ôr-gha-nid-dza-*tsyôô*-né) *f* organisation *f*

organo (*or*-gha-nô) *m* organe *m*; orgue *m*; **organetto di Barberia** orgue de Barbarie

orgoglio (ôr-*ghoo*-l*Ÿ*ô) *m* orgueil *m*

orgoglioso (ôr-ghô-*lŸôô*-sô) *adj* orgueilleux

orientale (ô-ryén-*tââ*-lé) *adj* oriental

orientarsi (ô-ryén-*tar*-si) *v* s'orienter

oriente (ô-*ryèn*-té) *m* est *m*; orient *m*

originale (ô-ri-dji-*nââ*-lé) *adj* original

originariamente (ô-ri-dji-na-rya-*mén*-té) *adv* originairement

origine (ô-*rii*-dji-né) *f* origine *f*

origliare (ô-ri-*lŸââ*-ré) *v* écouter aux portes

orizzontale (ô-rid-dzôn-*tââ*-lé) *adj* horizontal

orizzonte (ô-rid-*dzôn*-té) *m* horizon *m*

orlo (*ôr*-lô) *m* rebord *m*, bord *m*; ourlet *m*

orlon (*or*-lôn) *m* orlon *m*

ornamentale (ôr-na-mén-*tââ*-lé) *adj* ornemental

ornamento (ôr-na-*mén*-tô) *m* décoration *f*, ornement *m*

oro (*oo*-rô) *m* or *m*; ~ **laminato** or en feuille

orologiaio (ô-rô-lô-*djââ*-yô) *m* horloger *m*

orologio (ô-rô-*loo*-djô) *m* montre *f*; horloge *f*; **cinturino da** ~ bracelet pour montre; ~ **da polso** bracelet-montre *m*; ~ **da tasca** montre de gousset

orrendo (ôr-*rèn*-dô) *adj* hideux

orribile (ôr-*rii*-bi-lé) *adj* horrible, horrifiant

orrore (ôr-*rôô*-ré) *m* horreur *f*

orso (*ôr*-sô) *m* ours *m*

orticoltura (ôr-ti-kôl-*toû*-ra) *f* horticulture *f*

orto (*or*-tô) *m* jardin potager

ortodosso (ôr-tô-*doss*-sô) *adj* orthodoxe

ortografia (ôr-tô-ghra-*fii*-a) *f* orthographe *f*

orzo (*or*-dzô) *m* orge *f*

osare (ô-*zââ*-ré) *v* oser

osceno (ôch-*chèè*-nô) *adj* obscène

oscurità (ô-skou-ri-*ta*) *f* ténèbres *fpl*, obscurité *f*

oscuro (ô-*skoú*-rô) *adj* obscur; vague

ospedale (ô-spé-*dââ*-lé) *m* hôpital *m*

ospitale (ô-spi-*tââ*-lé) *adj* hospitalier

ospitalità (ô-spi-ta-li-*ta*) *f* hospitalité *f*

ospitare (ô-spi-*tââ*-ré) *v* *recevoir

ospite (*o*-spi-té) *f* hôtesse *f*, hôte *m*; *m* invité *m*; **camera degli ospiti** chambre d'ami

ospizio (ô-*spii*-tsyô) *m* asile *m*, foyer *m*

osservare (ôss-sér-*vââ*-ré) *v* observer; considérer; remarquer

osservatorio (ôss-sér-va-*tôô*-ryô) *m* observatoire *m*

osservazione (ôss-sér-va-*tsyôô*-né) *f* observation *f*; remarque *f*

ossessione (ôss-séss-*syôô*-né) *f* obsession *f*

ossia (ôss-*sii*-a) *conj* à savoir; ou plutôt

ossigeno (ôss-*sii*-djé-nô) *m* oxygène *m*

osso (*oss*-sô) *m* (pl le ossa) os *m*

ostacolare (ô-sta-kô-*lââ*-ré) *v* gêner

ostacolo (ô-*stââ*-kô-lô) *m* obstacle *m*

ostaggio (ô-*stad*-djô) *m* otage *m*

ostello (ô-*stèl*-lô) *m* auberge *f*; ~ **della gioventù** auberge de jeunesse

ostia (*o*-stya) *f* gaufrette *f*

ostile (ô-*stii*-lé) *adj* hostile

ostinato (ô-sti-*nââ*-tô) *adj* obstiné

ostrica (*o*-stri-ka) *f* huître *f*

ostruire (ô-*strouii*-ré) *v* obstruer

ottanta (ôt-*tann*-ta) *num* quatre-vingts

ottavo (ôt-*tââ*-vô) *num* huitième

*****ottenere** (ôt-té-*néé*-ré) *v* *obtenir; *acquérir

ottenibile (ôt-té-*nii*-bi-lé) *adj* disponible

ottico (*ot*-ti-kô) *m* opticien *m*

ottimismo (ôt-ti-*mi*-zmô) *m* optimisme *m*

ottimista (ôt-ti-*mi*-sta) *m* optimiste *m*

ottimistico (ôt-ti-*mi*-sti-kô) *adj* optimiste

ottimo (*ot*-ti-mô) *adj* supérieur, de premier ordre, formidable; le meilleur

otto (*ot*-tô) *num* huit

ottobre (ôt-*tôô*-bré) octobre

ottoname (ôt-tô-*nââ*-mé) *m* cuivres *m*

ottone (ôt-*tôô*-né) *m* laiton *m*; cuivre *m*, cuivre jaune

otturazione (ôt-tou-ra-*tsyôô*-né) *f* plombage *m*

ottuso (ôt-*toû*-zô) *adj* émoussé; lent, bête

ovale (ô-*vââ*-lé) *adj* ovale

ovatta (ô-*vat*-ta) *f* ouate *f*

ovest (*oo*-vést) *m* ouest *m*

ovunque (ô-*voung*-k⁰ué) *adv* n'importe où, partout

ovvio (*ov*-vyô) *adj* évident, apparent

ozioso (ô-*tsyôô*-sô) *adj* oisif

P

pacchetto (pak-*két*-tô) *m* paquet *m*

pacco (*pak*-kô) *m* colis *m*

pace (*pââ*-tché) *f* paix *f*

pachistano (pa-ki-*stââ*-nô) *adj* pakistanais; *m* Pakistanais *m*

pacifico (pa-*tchii*-fi-kô) *adj* paisible

pacifismo (pa-tchi-*fi*-zmô) *m* pacifisme *m*

pacifista (pa-tchi-*fi*-sta) *m* pacifiste *m*; *adj* pacifiste

padella (pa-*dèl*-la) *f* poêle à frire

padiglione (pa-di-*lYôô*-né) *m* pavillon *m*

padre (*pââ*-dré) *m* père *m*

padrino (pa-*drii*-nô) *m* parrain *m*

padrona (pa-*drôô*-na) *f* patronne *f*

padrone (pa-*drôôné*) *m* patron *m*; ~ di casa propriétaire *m*

paesaggio (paé-*zad*-djô) *m* paysage *m*

paese (pa-*éé*-zé) *m* pays *m*; ~ natio pays natal

Paesi Bassi (pa-*éé*-zi bass-si) Pays-Bas *mpl*

paga (*pââ*-gha) *f* paye *f*

pagamento (pa-gha-*mén*-tô) *m* paiement *m*

pagano (pa-*ghââ*-nô) *adj* païen; *m* païen *m*

pagare (pa-*ghââ*-ré) *v* payer; ~ a rate payer à tempérament; **pagato in anticipo** payé d'avance

paggio (*pad*-djô) *m* page *m*

pagina (*pââ*-dji-na) *f* page *f*

paglia (*pââ*-lYa) *f* paille *f*

pagliaccio (pa-*lYat*-tchô) *m* clown *m*

pagnotta (pa-*gnot*-ta) *f* miche *f*

paio (*pââ*-yô) *m* (pl le paia) paire *f*

Pakistan (pa-ki-*stann*) *m* Pakistan *m*

pala (*pââ*-la) *f* pelle *f*

palazzo (pa-*lat*-tsô) *m* palais *m*; manoir *m*

palco (*pal*-kô) *m* andouiller *m*

palestra (pa-*lè*-stra) *f* gymnase *m*

palla (*pal*-la) *f* ballon *m*, balle *f*

pallido (*pal*-li-dô) *adj* pâle; terne, mat

pallina (pal-*lii*-na) *f* bille *f*

pallino (pal-*lii*-nô) *m* dada *m*

palloncino (pal-lôn-*tchii*-nô) *m* ballon

m

pallone (pal-*lôô*-né) *m* ballon *m*

pallottola (pal-*lot*-tô-la) *f* balle *f*

palma (*pal*-ma) *f* palme *f*; paume *f*

palo (*pââ*-lô) *m* poteau *m*

palpabile (pal-*pââ*-bi-lé) *adj* palpable

palpare (pal-*pââ*-ré) *v* palper

palpebra (*pal*-pé-bra) *f* paupière *f*

palpitazione (pal-pi-ta-*tsyôô*-né) *f* palpitation *f*

palude (pa-*loû*-dé) *f* marais *m*

paludoso (pa-lou-*dôô*-sô) *adj* marécageux

pancia (*pann*-tcha) *f* ventre *m*

panciotto (pann-*tchot*-tô) *m* gilet *m*

pane (*pââ*-né) *m* pain *m*; ~ **integrale** pain complet

panetteria (pa-nét-té-*rii*-a) *f* boulangerie *f*

panettiere (pa-nét-*tyèè*-ré) *m* boulanger *m*

panfilo (*pann*-fi-lô) *m* yacht *m*

panico (*pââ*-ni-kô) *m* panique *f*

paniere (pa-*gnèè*-ré) *m* panier *m*

panino (pa-*nii*-nô) *m* petit pain, brioche *f*

panna (*pann*-na) *f* crème fraîche

pannello (pann-*nèl*-lô) *m* panneau *m*; **rivestimento a pannelli** lambrissage *m*

panno (*pann*-nô) *m* chiffon *m*

pannolino (pann-nô-*lii*-nô) *m* couche *f*; ~ **igienico** serviette hygiénique

pantaloni (pann-ta-*lôô*-ni) *mpl* pantalon *m*

pantofola (pann-*too*-fô-la) *f* pantoufle *f*

Papa (*pââ*-pa) *m* pape *m*

papà (pa-*pa*) *m* papa *m*

papavero (pa-*pââ*-vé-rô) *m* pavot *m*

pappagallo (pap-pa-*ghal*-lô) *m* perroquet *m*

parabrezza (pa-ra-*bréd*-dza) *m* pare-brise *m*

parafango (pa-ra-*fanng*-ghô) *m* garde-boue *m*

paragonare (pa-ra-ghô-*nââ*-ré) *v* comparer

paragone (pa-ra-*ghôô*-né) *m* comparaison *f*

paragrafo (pa-*rââ*-ghra-fô) *m* paragraphe *m*

paralitico (pa-ra-*lii*-ti-kô) *adj* paralysé

paralizzare (pa-ra-lid-*dzââ*-ré) *v* paralyser

parallela (pa-ral-*lèè*-la) *f* parallèle *m*

parallelo (pa-ral-*lèè*-lô) *adj* parallèle *m*

paralume (pa-ra-*loû*-mé) *m* abat-jour *m*

parata (pa-*rââ*-ta) *f* parade *f*

paraurti (pa-ra-*our*-ti) *m* pare-choc *m*

parcheggio (par-*kèd*-djô) *m* stationnement *m*; parc de stationnement; parking *m*

parchimetro (par-*kii*-mé-trô) *m* parcomètre *m*

parco (*par*-kô) *m* parc *m*; ~ **nazionale** parc national

parecchi (pa-*rék*-ki) *adj* plusieurs, divers

pareggiare (pa-réd-*djââ*-ré) *v* égaliser

parente (pa-*rèn*-té) *m* parent *m*

parere (pa-*réé*-ré) *m* point de vue, idée *f*

** **parere** (pa-*réé*-ré) *v* sembler

parete (pa-*réé*-té) *f* cloison *f*

pari (*pââ*-ri) *adj* pair

parlamentare (par-la-mén-*tââ*-ré) *adj* parlementaire

parlamento (par-la-*mén*-tô) *m* parlement *m*

parlare (par-*lââ*-ré) *v* parler

parola (pa-*roo*-la) *f* mot *m*; parole *f*; ~ **d'ordine** mot de passe

parrocchetto (par-rôk-*két*-tô) *m* perruche *f*

parrocchia (par-*rok*-kya) *f* paroisse *f*

parrucca (par-*rouk*-ka) *f* perruque *f*

parrucchiere (par-rouk-*kyèè*-ré) *m* coiffeur *m*

parsimonioso (par-si-mô-*nyôô*-sô) *adj* parcimonieux

parte (*par*-té) *f* part *f*, partie *f*; parti *m*; **dall'altra** ~ de l'autre côté; **da** ~ de côté, à part; **in** ~ en partie, partiellement; **una** ~ un peu

partecipante (par-té-tchi-*pann*-té) *m* participant *m*

partecipare (par-té-tchi-*pââ*-ré) *v* participer

partenza (par-*tèn*-tsa) *f* départ *m*

particolare (par-ti-kô-*lââ*-ré) *adj* particulier; *m* particularité *f*; **in** ~ en particulier

particolareggiato (par-ti-kô-la-réd-*djââ*-tô) *adj* détaillé

particolarmente (par-ti-kô-lar-*mén*-té) *adv* particulièrement

partire (par-*tii*-ré) *v* *partir; **a** ~ **da** à partir de

partita (par-*tii*-ta) *f* lot *m*; match *m*; ~ **di calcio** match de football; ~ **di pugilato** match de boxe

partito (par-*tii*-tô) *m* parti *m*

parto (*par*-tô) *m* accouchement *m*

parziale (par-*tsyââ*-lé) *adj* partiel; partial

pascolare (pa-skô-*lââ*-ré) *v* *paître

pascolo (*pa*-skô-lô) *m* pâture *f*

Pasqua (*pa*-sk^{ou}a) Pâques

passaggio (pass-*sad*-djô) *m* passage *m*; ~ **a livello** passage à niveau; ~ **pedonale** passage *m*, passage clouté; passage pour piétons

passante (pass-*sann*-té) *m* passant *m*

passaporto (pass-sa-*por*-tô) *m* passeport *m*

passare (pass-*sââ*-ré) *v* passer; réussir; ~ **accanto** passer à côté

passarella (pass-sa-*rèl*-la) *f* passerelle *f*

passatempo (pass-sa-*tèm*-pô) *m* diver-

tissement *m*, amusement *m*; hobby *m*

passato (pass-*sââ*-tô) *adj* passé; *m* passé *m*

passeggero (pass-séd-*djéé*-rô) *m* passager *m*

passeggiare (pass-séd-*djââ*-ré) *v* se promener, flâner

passeggiata (pass-séd-*djââ*-ta) *f* promenade *f*

passera di mare (*pass*-sé-ra di *mââ*-ré) plie *f*

passero (*pass*-sé-rô) *m* moineau *m*

passione (pass-*syôô*-né) *f* passion *f*

passivo (pass-*sii*-vô) *adj* passif

passo (*pass*-sô) *m* démarche *f*, pas *m*; col *m*; fragment *m*; ***stare al** ~ **con** *être à la hauteur de

pasta (*pa*-sta) *f* pâte *f*

pasticca (pa-*stik*-ka) *f* tablette *f*

pasticceria (pa-stit-tché-*rii*-a) *f* pâtisserie *f*; confiserie *f*

pasticciare (pa-stit-*tchââ*-ré) *v* gâcher

pasticciere (pa-stit-*tchèè*-ré) *m* confiseur *m*

pasticcio (pa-*stit*-tchô) *m* confusion *f*

pasto (*pa*-stô) *m* repas *m*

pastore (pa-*stôô*-ré) *m* berger *m*; pasteur *m*, recteur *m*

patata (pa-*tââ*-ta) *f* pomme de terre; **patatine fritte** pommes frites

patria (*pââ*-trya) *f* patrie *f*

patrigno (pa-*trii*-gnô) *m* beau-père *m*

patriota (pa-*tryoo*-ta) *m* patriote *m*

patrocinatore (pa-trô-tchi-na-*tôô*-ré) *m* partisan *m*

pattinaggio (pat-ti-*nad*-djô) *m* patinage *m*; ~ **a rotelle** patinage à roulettes

pattinare (pat-ti-*nââ*-ré) *v* patiner

pattino (*pat*-ti-nô) *m* patin *m*

patto (*pat*-tô) *m* accord *m*; condition *f*

pattuglia (pat-*toû*-l^ya) *f* patrouille *f*

pattugliare (pat-tou-*lYââ*-ré) *v* patrouiller

pattumiera (pat-tou-*myèè*-ra) *f* poubelle *f*, boîte à ordures

paura (pa-*oú*-ra) *f* peur *f*

pausa (*paou*-za) *f* pause *f*

pavimentare (pa-vi-mén-*tââ*-ré) *v* paver

pavimento (pa-vi-*mén*-tô) *m* sol *m*; pavage *m*

pavoncella (pa-vôn-*tchèl*-la) *f* vanneau *m*

pavone (pa-*vôô*-né) *m* paon *m*

paziente (pa-*tsyèn*-té) *adj* patient; *m* patient *m*

pazienza (pa-*tsyèn*-tsa) *f* patience *f*

pazzia (pat-*tsii*-a) *f* démence *f*, folie *f*

pazzo (*pat*-tsô) *adj* fou, insensé; *m* aliéné mental

peccato (pék-*kââ*-tô) *m* péché *m*; **peccato!** dommage!

pecora (*pèè*-kô-ra) *f* mouton *m*

pedaggio (pé-*dad*-djô) *m* péage *m*

pedale (pé-*dââ*-lé) *m* pédale *f*

pedata (pé-*dââ*-ta) *f* coup de pied

pedicure (pé-di-*koú*-ré) *m* pédicure *m*

pedina (pé-*dii*-na) *f* pion *m*

pedone (pé-*dôô*-né) *m* piéton *m*

peggio (*pèd*-djô) *adv* pire; le pire

peggiore (péd-*djôô*-ré) *adj* pire

pelle (*pèl*-lé) *f* peau *f*; cuir *m*; **di ~ en cuir; ~ di cinghiale** peau de porc; **~ di vacca** peau de vache; **~ di vitello** veau *m*; **~ d'oca** chair de poule; **~ scamosciata** daim *m*

pellegrinaggio (pél-lé-ghri-*nad*-djô) *m* pèlerinage *m*

pellegrino (pél-lé-*ghrii*-nô) *m* pèlerin *m*

pellicano (pél-li-*kââ*-nô) *m* pélican *m*

pelliccia (pél-*lit*-tcha) *f* fourrure *f*; pelage *m*

pellicciaio (pél-li-*tchââ*-yô) *m* fourreur *m*

pellicola (pél-*lii*-kô-la) *f* pellicule *f*; **~ a colori** film en couleurs

peloso (pé-*lôô*-sô) *adj* chevelu

peltro (*pél*-trô) *m* étain *m*

pena (*péé*-na) *f* peine *f*

penalità (pé-na-li-*ta*) *f* amende *f*

pendente (pén-*dèn*-té) *adj* en pente; *m* pendentif *m*

pendere (*pèn*-dé-ré) *v* pendre; décliner

pendio (pén-*dii*-ô) *m* pente *f*, coteau *m*, versant *m*

pendolare (pén-dô-*lââ*-ré) *m* navetteur *m*

penetrare (pé-né-*trââ*-ré) *v* pénétrer

penetrazione (pé-né-tra-*tsyôô*-né) *f* compréhension *f*

penicillina (pé-ni-tchil-*lii*-na) *f* pénicilline *f*

penisola (pé-*nii*-zô-la) *f* péninsule *f*

penna (*pén*-na) *f* plume *f*; **~ a sfera** crayon à bille, stylo à bille; **~ stilografica** stylo *m*

pennello (pén-*nèl*-lô) *m* pinceau *m*; **~ da barba** blaireau *m*

penoso (pé-*nôô*-sô) *adj* douloureux

pensare (pén-*sââ*-ré) *v* penser

pensatore (pén-sa-*tôô*-ré) *m* penseur *m*

pensiero (pén-*syèè*-rô) *m* pensée *f*

pensieroso (pén-syé-*rôô*-sô) *adj* pensif

pensionante (pén-syô-*nann*-té) *m* pensionnaire *m*

pensionato (pén-syô-*nââ*-tô) *adj* retraité

pensione (pén-*syôô*-né) *f* pension *f*

Pentecoste (pén-té-*ko*-sté) *f* Pentecôte *f*

pentimento (pén-ti-*mén*-tô) *m* repentir *m*

pentola (*pèn*-tô-la) *f* pot *m*; **~ a pressione** cocotte à pression

penuria (pé-*noú*-rya) *f* pénurie *f*

pepe (*péé*-pé) *m* poivre *m*

per (pér) *prep* pour ; de, par ; fois

pera (péé-ra) *f* poire *f*

percento (pér-*tchèn*-tô) *m* pour cent

percentuale (pér-tchén-*t*^{ou}*ââ*-lé) *f* pourcentage *m*

percepire (pér-tché-*pii*-ré) *v* *percevoir

percettibile (pér-tchét-*tii*-bi-lé) *adj* perceptible

percezione (pér-tché-*tsyôô*-né) *f* perception *f*

perché (pér-*ké*) *adv* pourquoi ; *conj* parce que

perciò (pér-*tcho*) *conj* c'est pourquoi

***percorrere** (pér-*kôr*-ré-ré) *v* *parcourir

***percuotere** (pér-*k*^{ou}*oo*-té-ré) *v* marteler

perdente (pér-*dèn*-té) *adj* ayant une fuite

***perdere** (*pér*-dé-ré) *v* perdre

perdita (*pèr*-di-ta) *f* perte *f*

perdonare (pér-dô-*nââ*-ré) *v* pardonner

perdono (pér-*dôô*-nô) *m* pardon *m* ; clémence *f*

perfetto (pér-*fèt*-tô) *adj* parfait

perfezione (pér-fé-*tsyôô*-né) *f* perfection *f*

perfido (*pèr*-fi-dô) *adj* infâme

perforare (pér-fô-*rââ*-ré) *v* percer

pericolo (pé-*rii*-kô-lô) *m* danger *m* ; péril *m* ; détresse *f*

pericoloso (pé-ri-kô-*lôô*-sô) *adj* périlleux, dangereux

periodico (pé-*ryoo*-di-kô) *adj* périodique ; *m* périodique *m*

periodo (pé-*rii*-ô-dô) *m* période *f*

perire (pé-*rii*-ré) *v* périr

perito (pé-*rii*-tô) *m* spécialiste *m*

perla (*pèr*-la) *f* perle *f*

perlina (pér-*lii*-na) *f* perle *f*

perlustrare (pér-lou-*strââ*-ré) *v* fouiller

permanente (pér-ma-*nèn*-té) *adj* permanent ; *f* permanente *f*

permesso (pér-*méss*-sô) *m* permission *f* ; permis *m* ; *avere il ~ di* *être autorisé à ; ~ di soggiorno* permis de séjour

***permettere** (pér-*mét*-té-ré) *v* autoriser, *permettre

pernice (pér-*nii*-tché) *f* perdrix *f*

però (pé-*rô*) *conj* cependant

perorare (pé-rô-*rââ*-ré) *v* plaider

perpendicolare (pér-pén-di-kô-*lââ*-ré) *adj* perpendiculaire

perquisire (pér-koui-*zii*-ré) *v* fouiller

perseguire (pér-sé-*ghouii*-ré) *v* aspirer à ; *poursuivre

perseverare (pér-sé-vé-*rââ*-ré) *v* persévérer

Persia (*pèr*-sya) *f* Perse *f*

persiana (pér-*syââ*-na) *f* volet *m*, persienne *f*

persiano (pér-*syââ*-nô) *adj* persan ; *m* Persan *m*

persistere (pér-*si*-sté-ré) *v* persister

persona (pér-*sôô*-na) *f* personne *f* ; *per ~* par personne

personaggio (pér-sô-*nad*-djô) *m* personnalité *f* ; personnage *m*

personale (pér-sô-*nââ*-lé) *adj* personnel ; *m* personnel *m*

personalità (pér-sô-na-li-*ta*) *f* personnalité *f*

perspicace (pér-spi-*kââ*-tché) *adj* astucieux

***persuadere** (pér-s^{ou}a-*déé*-ré) *v* persuader

pesante (pé-*sann*-té) *adj* lourd

pesare (pé-*sââ*-ré) *v* peser

pesca¹ (*pè*-ska) *f* pêche *f*

pesca² (*pé*-ska) *f* pêche *f*

pescare (pé-*skââ*-ré) *v* pêcher ; *~ con l'amo* pêcher à la ligne

pescatore (pé-ska-*tôô*-ré) *m* pêcheur *m*

pesce (*péch*-ché) *m* poisson *m* ; *~*

persico perche f

pescecane (péch-ché-*kââ*-né) *m* requin *m*

pescheria (pé-ské-*rii*-a) *f* poissonnerie *f*

pesciolino (péch-chô-*lii*-nô) *m* blanchaille *f*

peso (*péé*-sô) *m* poids *m*; fardeau *m*

pessimismo (péss-si-*mi*-zmô) *m* pessimisme *m*

pessimista (péss-si-*mi*-sta) *m* pessimiste *m*

pessimistico (péss-si-*mi*-sti-kô) *adj* pessimiste

pessimo (*pèss*-si-mô) *adj* le plus mauvais

pestare (pé-*stââ*-ré) *v* piétiner

petalo (*pèè*-ta-lô) *m* pétale *m*

petizione (pé-ti-*tsyôô*-né) *f* pétition *f*

petroliera (pé-trô-*lYèè*-ra) *f* bateau-citerne *m*

petrolio (pé-*troo*-lYô) *m* pétrole *m*

pettegolare (pét-té-ghô-*lââ*-ré) *v* *faire des commérages

pettegolezzo (pét-té-ghô-*lét*-tsô) *m* commérage *m*

pettinare (pét-ti-*nââ*-ré) *v* peigner

pettine (*pèt*-ti-né) *m* peigne *m*; ~ **tascabile** peigne de poche

pettirosso (pét-ti-*rôss*-sô) *m* rougegorge *m*

petto (*pèt*-tô) *m* poitrine *f*

pezzetto (pét-*tsét*-tô) *m* morceau *m*

pezzo (*pèt*-tsô) *m* morceau *m*, pièce *f*; **in due pezzi** deux-pièces *m*; ~ **di ricambio** pièce de rechange, pièce détachée

piacere (pya-*tchéé*-ré) *m* plaisir *m*

*****piacere** (pya-*tchéé*-ré) *v* *plaire

piacevole (pya-*tchéé*-vô-lé) *adj* agréable, plaisant

piacevolissimo (pya-tché-vô-*liss*-si-mô) *adj* ravissant

piaga (*pyââ*-gha) *f* douleur *f*

pianeta (pya-*néé*-ta) *m* planète *f*

*****piangere** (*pyann*-djé-ré) *v* pleurer

pianista (pya-*ni*-sta) *m* pianiste *m*

piano (*pyââ*-nô) *adj* plat, lisse, plan, égal; *m* étage *m*; plan *m*

pianoforte (pya-nô-*for*-té) *m* piano *m*; ~ **a coda** piano à queue

pianta (*pyann*-ta) *f* plante *f*; plan *m*

piantagione (pyann-ta-*djôô*-né) *f* plantation *f*

piantare (pyann-*tââ*-ré) *v* planter

pianterreno (pyann-tér-*réé*-nô) *m* rez-de-chaussée *m*

pianura (pya-*noû*-ra) *f* plaine *f*

piattino (pyat-*tii*-nô) *m* soucoupe *f*

piatto (*pyat*-tô) *adj* plan, plat; *m* assiette *f*, plat *m*

piazza (*pyat*-tsa) *f* square *m*, place *f*; ~ **del mercato** place du marché

piccante (pik-*kann*-té) *adj* piquant; épicé

picchiare (pik-*kyââ*-ré) *v* frapper; donner une claque

piccino (pit-*tchii*-nô) *m* bébé *m*

piccione (pit-*tchôô*-né) *m* pigeon *m*

piccolo (*pik*-kô-lô) *adj* petit

piccone (pik-*kôô*-né) *m* pioche *f*

picnic (pik-*nik*) *m* pique-nique *m*; *****fare un** ~ pique-niquer

pidocchio (pi-*dok*-kyô) *m* pou *m*

piede (*pyèè*-dé) *m* pied *m*; **a piedi** à pied; **in piedi** debout; ~ **di porco** bec-de-corbin

piega (*pyèè*-gha) *f* pli *m*

piegare (pyé-*ghââ*-ré) *v* plier

pieghevole (pyé-*ghéé*-vô-lé) *adj* souple

pieno (*pyèè*-nô) *adj* plein; ~ **zeppo** bourré

pietà (pyé-*ta*) *f* pitié *f*

pietanza (pyé-*tann*-tsa) *f* plat *m*

pietra (*pyèè*-tra) *f* pierre *f*; **di** ~ en pierre; ~ **miliare** borne routière; jalon *m*; ~ **pomice** pierre ponce; ~

preziosa pierre précieuse; ~ **sepolcrale** pierre tombale

pietrina (pyé-*trii*-na) f pierre à briquet

pigiama (pi-*djââ*-ma) m pyjama m

pigliare (pii-*l*ˠ*ââ*-ré) v *prendre

pigro (*pii*-ghrô) adj paresseux; oisif

pila (*pii*-la) f pile f

pilastro (pi-*la*-strô) m colonne f

pillola (*pil*-lô-la) f pilule f

pilota (pi-*loo*-ta) m pilote m

pinguedine (pinng-*gh*ᵒᵘ*èè*-di-né) f obésité f

pinguino (pinng-*ghouii*-nô) m pingouin m

pinze (*pinn*-tsé) fpl pince f

pinzette (pinn-*tsét*-té) fpl pince f

pio (*pii*-ô) adj pieux

pioggerella (pyôd-djé-*rèl*-la) f crachin m

pioggia (*pyod*-dja) f pluie f

piombo (*pyôm*-bô) m plomb m

pioniere (pyô-*gnèè*-ré) m pionnier m

***piovere** (*pyoo*-vé-ré) v *pleuvoir

piovoso (pyô-*vôô*-sô) adj pluvieux

pipa (*pii*-pa) f pipe f

pirata (pi-*rââ*-ta) m pirate m

piroscafo (pi-*roo*-ska-fô) m bateau à vapeur

piscina (pich-*chii*-na) f piscine f

pisello (pi-*sèl*-lô) m pois m

pisolino (pi-zô-*lii*-nô) m somme m

pista (*pi*-sta) f piste f; ~ **da corsa** champ de courses, piste de courses; ~ **di bocce** bowling m; ~ **di decollo** piste de décollage; ~ **di pattinaggio** patinoire f

pistola (pi-*stoo*-la) f pistolet m

pittore (pit-*tôô*-ré) m peintre m

pittoresco (pit-tô-*ré*-skô) adj pittoresque

pittura (pit-*toû*-ra) f peinture f; ~ **ad olio** peinture à l'huile

pitturare (pit-tou-*rââ*-ré) v *peindre

più (pyou) adv plus; prep plus; **per**

lo ~ le plus souvent; ~ ... **più** ... plus; ~ **in là di** au delà de; **tutt'al** ~ tout au plus

piuttosto (pi°ᵘt-*to*-stô) adv plutôt

pizzicare (pit-tsi-*kââ*-ré) v pincer

planetario (pla-né-*tââ*-ryô) m planétarium m

plasmare (pla-*zmâ*-ré) v modeler

plastica (*pla*-sti-ka) f plastique m

plastico (*pla*-sti-kô) adj plastique

platino (*plââ*-ti-nô) m platine f

plurale (plou-*rââ*-lé) m pluriel m

pneumatico (pné°ᵘ-*mââ*-ti-kô) adj pneumatique; m pneu m; ~ **di ricambio** pneu de rechange

poco (*poo*-kô) adj peu; m peu m; **press'a** ~ à peu près; **tra** ~ prochainement

poderoso (pô-dé-*rôô*-sô) adj puissant

poema (pô-*èè*-ma) m poème m

poesia (pô-é-*zii*-a) f poésie f

poeta (pô-*èè*-ta) m poète m

poi (poi) adv puis; par la suite, après

poiché (pôy-*ké*) conj puisque, comme, étant donné que; car

polacco (pô-*lak*-kô) adj polonais; m Polonais m

polio (*poo*-lˠô) f poliomyélite f

poliomielite (pô-lˠô-myé-*lii*-té) f poliomyélite f

polipo (*poo*-li-pô) m pieuvre f

politica (pô-*lii*-ti-ka) f politique f

politico (pô-*lii*-ti-kô) adj politique

polizia (pô-li-*tsii*-a) f police f

poliziotto (pô-li-*tsyot*-tô) m policier m

polizza (pô-*lit*-tsa) f police f; ~ **di assicurazione** police d'assurance

pollame (pôl-*lââ*-mé) m volaille f

pollice (*pol*-li-tché) m pouce m

pollivendolo (pôl-li-*vén*-dô-lô) m marchand de volaille

pollo (*pôl*-lô) m poulet m

polmone (pôl-*môô*-né) m poumon m

polmonite (pôl-mô-*nii*-té) f pneumonie f

Polonia (pô-*loo*-gna) f Pologne f

polpaccio (pôl-*pat*-tchô) m mollet m

polposo (pôl-*pôô*-sô) adj moelleux

polsino (pôl-*sii*-nô) m manchette f

polso (*pôl*-sô) m pouls m; poignet m

poltrona (pôl-*trôô*-na) f fauteuil m; ~ d'orchestra fauteuil d'orchestre

polvere (*pôl*-vé-ré) f poussière f; poudre f; ~ da sparo poudre à canon; ~ dentifricia poudre dentifrice

polveroso (pôl-vé-*rôô*-sô) adj poussiéreux

pomeriggio (pô-mé-*rid*-djô) m après-midi m/f; oggi nel ~ cet après-midi

pomodoro (pô-mô-*doo*-rô) m tomate f

pompa (*pôm*-pa) f pompe f; ~ ad acqua pompe à eau; ~ di benzina pompe à essence

pompare (pôm-*pââ*-ré) v pomper

pompelmo (pôm-*pèl*-mô) m pamplemousse m

pompieri (pôm-*pyèè*-ri) mpl pompiers m

ponderare (pôn-dé-*rââ*-ré) v délibérer

ponte (*pôn*-té) m pont m; ~ di coperta pont principal; ~ levatoio pont-levis m; ~ sospeso pont suspendu

pontefice (pôn-*téé*-fi-tché) m pontife m

popelina (pô-pé-*lii*-na) f popeline f

popolano (pô-pô-*lââ*-nô) adj ordinaire

popolare (pô-pô-*lââ*-ré) adj populaire; danza ~ danse folklorique

popolazione (pô-pô-la-*tsyôô*-né) f population f

popolo (*poo*-pô-lô) m peuple m

popoloso (pô-pô-*lôô*-sô) adj populeux

porcellana (pôr-tchél-*lââ*-na) f porcelaine f

porcellino (pôr-tchél-*lii*-nô) m cochon de lait; ~ d'India cochon d'Inde

porco (*por*-kô) m (pl porci) cochon m

porcospino (pôr-kô-*spii*-nô) m porc-épic m

* **porgere** (*por*-djé-ré) v *remettre, passer

porporino (pôr-pô-*rii*-nô) adj pourpre

* **porre** (*pôr*-ré) v placer; poser

porta (*por*-ta) f porte f; ~ girevole porte tournante; ~ scorrevole porte coulissante

portabagagli (pôr-ta-ba-*ghââ*-lʸi) m porte-bagages m; filet à bagage

portacarte (pôr-ta-*kar*-té) m porte-documents m

portacenere (pôr-ta-*tchéé*-né-ré) m cendrier m

portacipria (pôr-ta-*tchii*-prya) m poudrier m

portafoglio (pôr-ta-*fôô*-lʸô) m portefeuille m

portafortuna (pôr-ta-fôr-*toû*-na) m porte-bonheur m

portalampada (pôr-ta-*lamm*-pa-da) m douille f

portare (pôr-*tââ*-ré) v amener, apporter; porter; portar via emporter

portasigarette (pôr-ta-si-gha-*rét*-té) m étui à cigarettes

portata (pôr-*tââ*-ta) f plat m; portée f, gamme f

portatile (pôr-*tââ*-ti-lé) adj portatif

portatore (pôr-ta-*tôô*-ré) m porteur m

portauovo (pôr-ta-ᵒᵘoo-vô) m coquetier m

portico (*por*-ti-kô) m arcade f

portiere (pôr-*tyèè*-ré) m portier m; gardien de but

portinaio (pôr-ti-*nââ*-yô) m concierge m; portier m

porto (*por*-tô) m port m; ~ di mare port de mer

Portogallo (pôr-tô-*ghal*-lô) m Portugal m

portoghese (pôr-tô-*ghéé*-sé) adj portugais; m Portugais m

portuale (pôr-*t*ᵒᵘ*ââ*-lé) *m* docker *m*

porzione (pôr-*tsyôô*-né) *f* portion *f*

posare (pô-*sââ*-ré) *v* poser

posate (pô-*sââ*-té) *fpl* couvert *m*

positiva (pô-zi-*tii*-va) *f* positif *m*, épreuve *f*

positivo (pô-zi-*tii*-vô) *adj* positif

posizione (pô-zi-*tsyôô*-né) *f* position *f*; situation *f*

***possedere** (pôss-sé-*déé*-ré) *v* posséder

possedimenti (pôss-sé-di-*mén*-ti) *mpl* biens *mpl*

possesso (pôss-*sèss*-sô) *m* possession *f*

possibile (pôss-*sii*-bi-lé) *adj* possible

possibilità (pôss-si-bi-li-*ta*) *f* possibilité *f*

posta (*po*-sta) *f* poste *f*, courrier *m*; enjeu *m*; ~ **aerea** poste aérienne

posteggiare (pô-stéd-*djââ*-ré) *v* se garer

posteggio di autopubbliche (pô-*stéd*-djô di aou-tô-*poub*-bli-ké) station de taxis

poster (*pô*-stér) *m* affiche *f*

posteriore (pô-sté-*ryôô*-ré) *adj* postérieur

postino (pô-*stii*-nô) *m* facteur *m*

posto (*pô*-stô) *m* place *f*; poste *m*; **in qualche ~** quelque part; ***mettere a ~** ranger; ~ **di polizia** commissariat de police; ~ **di pronto soccorso** poste de secours; ~ **libero** vacance *f*

potabile (pô-*tââ*-bi-lé) *adj* potable

potente (pô-*tèn*-té) *adj* puissant

potenza (pô-*tèn*-tsa) *f* puissance *f*; force *f*

potere (pô-*téé*-ré) *m* pouvoir *m*; faculté *f*

***potere** (pô-*téé*-ré) *v* *pouvoir

povero (*poo*-vé-rô) *adj* pauvre

povertà (pô-*vér*-ta) *f* pauvreté *f*

pozzanghera (pôt-*tsanng*-ghé-ra) *f* flaque *f*

pozzo (*pôt*-tsô) *m* source *f*, puits *m*; ~ **di petrolio** puits de pétrole, gisement de pétrole

pranzare (prann-*dzââ*-ré) *v* dîner

pranzo (*prann*-dzô) *m* déjeuner *m*, dîner *m*; lunch *m*; ~ **a prezzo fisso** menu fixe

pratica (*prââ*-ti-ka) *f* pratique *f*

praticamente (pra-ti-ka-*mén*-té) *adv* pratiquement

praticare (pra-ti-*kââ*-ré) *v* pratiquer

pratico (*prââ*-ti-kô) *adj* pratique

prato (*prââ*-tô) *m* pré *m*; gazon *m*, pelouse *f*

precario (pré-*kââ*-ryô) *adj* précaire

precauzione (pré-kaou-*tsyôô*-né) *f* précaution *f*

precedente (pré-tché-*dèn*-té) *adj* précédent

precedenza (pré-tché-*dèn*-tsa) *f* priorité de passage; priorité *f*

precedere (pré-*tchèè*-dé-ré) *v* précéder

precettore (pré-tchét-*tôô*-ré) *m* précepteur *m*

precipitare (pré-tchi-pi-*tââ*-ré) *v* s'écraser; **precipitarsi** se précipiter

precipitazione (pré-tchi-pi-ta-*tsyôô*-né) *f* averse *f*; précipitation *f*

precipizio (pré-tchi-*pii*-tsyô) *m* précipice *m*

precisamente (pré-tchi-za-*mén*-té) *adv* exactement

precisare (pré-tchi-*zââ*-ré) *v* préciser

precisione (pré-tchi-*zyôô*-né) *f* précision *f*

preciso (pré-*tchii*-zô) *adj* précis

predecessore (pré-dé-tchéss-*sôô*-ré) *m* prédécesseur *m*

predicare (pré-di-*kââ*-ré) *v* prêcher

***predire** (pré-*dii*-ré) *v* *prédire

preferenza (pré-fé-*rèn*-tsa) *f* préférence *f*

preferibile (pré-fé-*rii*-bi-lé) *adj* préférable

preferire (pré-fé-*rii*-ré) *v* aimer mieux, préférer

prefisso (pré-*fiss*-sô) *m* préfixe *m*; indicatif *m*

pregare (pré-*ghââ*-ré) *v* prier

preghiera (pré-*ghyè*-ra) *f* prière *f*

pregiudizio (pré-djou-*dii*-tsyô) *m* préjugé *m*

preliminare (pré-li-mi-*nââ*-ré) *adj* préliminaire

prematuro (pré-ma-*toû*-rô) *adj* prématuré

premeditato (pré-mé-di-*tââ*-tô) *adj* délibéré

premere (*prèè*-mé-ré) *v* presser

premio (*prèè*-myô) *m* prix *m*; prime *f*

premura (pré-*moû*-ra) *f* promptitude *f*

premuroso (pré-mou-*rôô*-sô) *adj* prévenant

*__prendere__ (*prèn*-dé-ré) *v* *prendre; saisir; attraper

prenotare (pré-nô-*tââ*-ré) *v* *retenir, réserver

prenotazione (pré-nô-ta-*tsyôô*-né) *f* réservation *f*

preoccuparsi (pré-ôk-kou-*par*-si) *v* s'inquiéter; ~ **di** se soucier de

preoccupato (pré-ôk-kou-*pââ*-tô) *adj* soucieux, inquiet

preoccupazione (pré-ôk-kou-pa-*tsyôô*-né) *f* inquiétude *f*; ennui *m*, souci *m*

preparare (pré-pa-*rââ*-ré) *v* préparer; **preparato** prêt

preparazione (pré-pa-ra-*tsyôô*-né) *f* préparation *f*

preposizione (pré-pô-zi-*tsyôô*-né) *f* préposition *f*

presa (*prèé*-sa) *f* prise *f*

presbiterio (pré-zbi-*tèè*-ryô) *m* presbytère *m*

a prescindere da (a pré-*chinn*-dé-ré da) abstraction faite de

*__prescrivere__ (pré-*skrii*-vé-ré) *v* *prescrire

presentare (pré-zén-*tââ*-ré) *v* *offrir, présenter

presentazione (pré-zén-ta-*tsyôô*-né) *f* présentation *f*

presente (pré-*zèn*-té) *adj* présent; *m* présent *m*

presenza (pré-*zèn*-tsa) *f* présence *f*

preservativo (pré-zér-va-tchii-vô) *m* préservatif *m*

preservazione (pré-zér-va-*tsyôô*-né) *f* conservation *f*

preside (*prèè*-si-dé) *m* directeur *m*, proviseur *m*

presidente (pré-si-*dèn*-té) *m* président *m*

pressante (préss-*sann*-té) *adj* pressant

pressione (préss-*syôô*-né) *f* pression *f*; ~ **gomme** pression des pneus; ~ **sanguigna** tension artérielle

presso (*prèss*-sô) *prep* chez

prestare (pré-*stââ*-ré) *v* prêter

prestigiatore (pré-sti-dja-*tôô*-ré) *m* prestidigitateur *m*

prestigio (pré-*stii*-djô) *m* prestige *m*

prestito (*prè*-sti-tô) *m* prêt *m*; *prendere in ~ emprunter

presto (*prè*-stô) *adv* sous peu, bientôt

*__presumere__ (pré-*zoú*-mé-ré) *v* présumer

presumibile (pré-zou-*mii*-bi-lé) *adj* probable

presuntuoso (pré-zoun-*t*ou*ôô*-sô) *adj* prétentieux, présomptueux

prete (*prèè*-té) *m* prêtre *m*

*__pretendere__ (pré-*tèn*-dé-ré) *v* prétendre

pretesa (pré-*téé*-sa) *f* prétexte *m*; prétention *f*

pretesto (pré-*tè*-stô) *m* prétexte *m*

*__prevedere__ (pré-vé-*déé*-ré) *v* *prévoir

*__prevenire__ (pré-vé-*nii*-ré) *v* *prévenir

preventivo (pré-vén-*tii*-vô) *adj* préventif; *m* budget *m*

previo (prèè-vyô) *adj* préalable

previsione (pré-vi-zyôô-né) *f* prévision *f*

prezioso (pré-*tsyôô*-sô) *adj* de valeur, précieux

prezzare (prét-*tsâà*-ré) *v* fixer le prix

prezzemolo (prét-*tséé*-mô-lô) *m* persil *m*

prezzo (prèt-tsô) *m* prix *m*; tarif *m*; calo di ~ baisse des prix; ~ d'acquisto prix d'achat

prigione (pri-*djôô*-né) *m* prison *f*

prigioniero (pri-djô-*gnèè*-rô) *m* prisonnier *m*

prima (*prii*-ma) *adv* d'abord; avant, d'avance; ~ che avant que; ~ di avant

primario (pri-*mââ*-ryô) *adj* primaire

primato (pri-*mââ*-tô) *m* record *m*

primavera (pri-ma-*véé*-ra) *f* printemps *m*

primitivo (pri-mi-*tii*-vô) *adj* primitif

primo (*prii*-mô) *num* premier, premier, principal

principale (prinnt-chi-*pââ*-lé) *adj* principal, primordial

principalmente (prinn-tchi-pal-*mén*-té) *adv* principalement

principe (*prinn*-tchi-pé) *m* prince *m*

principessa (prinn-tchi-*péss*-sa) *f* princesse *f*

principiante (prinn-tchi-*pyann*-té) *m* débutant *m*

principio (prinn-*tchii*-pyô) *m* début *m*; principe *m*; al ~ au début

priorità (pryô-ri-*ta*) *f* priorité *f*

privare di (pri-*vàà*-ré) priver de

privato (pri-*vàà*-tô) *adj* particulier, privé

privazioni (pri-va-*tsyôô*-ni) *fpl* privation *f*

privilegiare (pri-vi-lé-*djàà*-ré) *v* favoriser

privilegio (pri-vi-*lèè*-djô) *m* privilège *m*

probabile (prô-*bââ*-bi-lé) *adj* vraisemblable, probable

probabilmente (prô-ba-bil-*mén*-té) *adv* probablement

problema (prô-*blèè*-ma) *m* question *f*, problème *m*

procedere (prô-*tchèè*-dé-ré) *v* procéder

procedimento (prô-tché-di-*mén*-tô) *m* procédure *f*; processus *m*

processione (prô-tchéss-*syôô*-né) *f* procession *f*

processo (prô-*tchèss*-sô) *m* procès *m*; procédé *m*

proclamare (prô-kla-*mââ*-ré) *v* proclamer

procurare (prô-kou-*râà*-ré) *v* procurer

prodigo (*proo*-di-ghô) *adj* prodigue; généreux

prodotto (prô-*dôt*-tô) *m* produit *m*

***produrre** (prô-*dour*-ré) *v* *produire

produttore (prô-dout-*tôô*-ré) *m* producteur *m*

produzione (prô-dou-*tsyôô*-né) *f* production *f*

profano (prô-*fââ*-nô) *m* profane *m*

professare (prô-féss-*sàà*-ré) *v* professer

professionale (prô-féss-syô-*nàà*-lé) *adj* professionnel

professione (prô-féss-*syôô*-né) *f* métier *m*, profession *f*

professore (prô-féss-*sôô*-ré) *m* professeur *m*

professoressa (prô-féss-sô-*réss*-sa) *f* professeur *m*

profeta (prô-*fèè*-ta) *m* prophète *m*

profitto (prô-*fit*-tô) *m* profit *m*, gain *m*; bénéfice *m*

profondità (prô-fôn-di-*ta*) *f* profondeur *f*

profondo (prô-*fôn*-dô) *adj* profond

profumo (prô-*foû*-mô) *m* parfum *m*

progettare (prô-djét-*tââ*-ré) *v* planifier; créer

progetto (prô-*djèt*-tô) *m* plan *m*, projet *m*

programma (prô-*ghramm*-ma) *m* programme *m*

progredire (prô-ghré-*dii*-ré) *v* progresser

progressista (prô-ghréss-*si*-sta) *adj* progressiste

progressivo (prô-ghréss-*sii*-vô) *adj* progressif

progresso (prô-*ghréss*-sô) *m* progrès *m*

proibire (prô-i-*bii*-ré) *v* *interdire; proibito passare défense d'entrer

proibitivo (prô-i-bi-*tii*-vô) *adj* inabordable

proiettore (prô-yét-*tôô*-ré) *m* projecteur *m*

prolunga (prô-*loung*-gha) *f* rallonge *f*

prolungamento (prô-loung-gha-*mén*-tô) *m* prolongation *f*

promessa (prô-*méss*-sa) *f* promesse *f*; vœu *m*

*promettere (prô-*mét*-té-ré) *v* *promettre

promontorio (prô-môn-*too*-ryô) *m* promontoire *m*

promozione (prô-mô-*tsyôô*-né) *f* promotion *f*

*promuovere (prô-*mᵒᵘoo*-vé-ré) *v* *promouvoir

pronome (prô-*nôô*-mé) *m* pronom *m*

pronto (*prón*-tô) *adj* prêt; prompt

pronuncia (prô-*noun*-tcha) *f* prononciation *f*

pronunciare (prô-noun-*tchââ*-ré) *v* prononcer

propaganda (prô-pa-*ghann*-da) *f* propagande *f*

propenso (prô-*pèn*-sô) *adj* disposé

*proporre (prô-*pôr*-ré) *v* proposer

proporzionale (prô-pôr-tsyô-*nââ*-lé) *adj* proportionnel

proporzione (prô-pôr-*tsyôô*-né) *f* proportion *f*

proposito (prô-*poo*-zi-tô) *m* intention *f*; **a ~** à propos

proposta (prô-*pô*-sta) *f* proposition *f*

proprietà (prô-pryé-*ta*) *f* propriété *f*

proprietario (prô-pryé-*tââ*-ryô) *m* propriétaire *m*

proprio (*pro*-pryô) *adj* propre

propulsare (prô-poul-*sââ*-ré) *v* propulser

prosaico (prô-*zaï*-kô) *adj* réaliste

prosciugare (prôch-chou-*ghââ*-ré) *v* assécher

prosciutto (prôch-*chout*-tô) *m* jambon *m*

proseguire (prô-sé-*ghouii*-ré) *v* *poursuivre

prosperità (prô-spé-*ri*-ta) *f* prospérité *f*

prospettiva (prô-spét-*tii*-va) *f* perspective *f*; prévision *f*

prospetto (prô-*spèt*-tô) *m* prospectus *m*

prossimamente (prôss-si-ma-*mén*-té) *adv* bientôt

prossimità (prôss-si-mi-*ta*) *f* alentours *mpl*

prossimo (*pross*-si-mô) *adj* prochain, suivant

prostituta (prô-sti-*toû*-ta) *f* prostituée *f*

protagonista (prô-ta-ghô-*ni*-sta) *m* protagoniste *m*

*proteggere (prô-*tèd*-djé-ré) *v* protéger

proteina (prô-té-*ii*-na) *f* protéine *f*

protesta (prô-*tè*-sta) *f* protestation *f*

protestante (prô-té-*stann*-té) *adj* protestant

protestare (prô-té-*stââ*-ré) *v* protester

protezione (prô-té-*tsyôô*-né) f protection f

protuberanza (prô-tou-bé-*rann*-tsa) f bosse f

prova (*proo*-va) f essai m, épreuve f, test m; preuve f; répétition f; ***fare le prove** répéter; **in ~** à l'essai

provare (prô-*vââ*-ré) v essayer; prouver; éprouver, *vivre

provenienza (prô-vé-*gnèn*-tsa) f provenance f

*provenire da (prô-vé-*nii*-ré) *venir de; *provenir de

proverbio (prô-*vèr*-byô) m proverbe m

provincia (prô-*vinn*-tcha) f province f

provinciale (prô-vinn-*tchââ*-lé) adj provincial

provocare (prô-vô-*kââ*-ré) v provoquer

*provvedere (prôv-vé-*déé*-ré) v fournir

provvedimento (prôv-vé-di-*mén*-tô) m mesure f

provvisioni (prôv-vi-*zyôô*-ni) fpl provision f

provvisorio (prôv-vi-*zoo*-ryô) adj provisoire

provvista (prôv-*vi*-sta) f stock m

prudente (prou-*dèn*-té) adj prudent

prudere (*proú*-dé-ré) v démanger

prurito (prou-*rii*-tô) m prurit m, démangeaison f

psichiatra (psi-*kyââ*-tra) m psychiatre m

psichico (*psi*-ki-kô) adj psychique

psicoanalista (psi-kô-a-na-*li*-sta) m psychanalyste m

psicologia (psi-kô-lô-*djii*-a) f psychologie f

psicologico (psi-kô-*loo*-dji-kô) adj psychologique

psicologo (psi-*koo*-lô-ghô) m psychologue m

pubblicare (poub-bli-*kââ*-ré) v publier

pubblicazione (poub-bli-ka-*tsyôô*-né) f publication f

pubblicità (poub-bli-tchi-*ta*) f publicité f

pubblico (*poub*-bli-kô) adj public; m public m

pudore (pou-*dôô*-ré) m pudeur f

pugno (*poú*-gnô) m poing m; coup de poing; **sferrare pugni** donner des coups de poing

pulcino (poul-*tchii*-nô) m poulet m

pulire (pou-*lii*-ré) v nettoyer; **~ a secco** nettoyer à sec

pulito (pou-*lii*-tô) adj propre

pulitura (pou-li-*toú*-ra) f nettoyage m

pulizia (pou-li-*tsii*-a) f nettoyage m

pulpito (*poul*-pi-tô) m chaire f

pulsante (poul-*sann*-té) m poussoir m

*pungere (*poun*-djé-ré) v piquer

punire (pou-*nii*-ré) v punir

punizione (poun-ni-*tsyôô*-né) f punition f

punta (*poun*-ta) f pointe f, bout m

puntare su (poun-*tââ*-ré) v viser

punteggio (poun-*tèd*-djô) m nombre de points

punto (*poun*-tô) m point m; sujet m; suture f; **~ e virgola** point-virgule m; **~ interrogativo** point d'interrogation

puntuale (poun-*t^{ou}ââ*-lé) adj ponctuel

puntura (poun-*toú*-ra) f piqûre f

purché (pour-*ké*) conj pourvu que

pure (*poú*-ré) adv également, de même

puro (*poú*-rô) adj pur

purosangue (pou-rô-*sanng*-gh^{ou}é) adj pur sang

pus (pouss) m pus m

pustoletta (pou-stô-*lét*-ta) f pustule f

puttana (pout-*tââ*-na) f putain f

puzzare (pout-*tsââ*-ré) v *sentir mauvais, puer

puzzle (pazl) m puzzle m

puzzolente (pout-tsô-*lèn*-té) adj malodorant

Q

qua (kᵒᵘa) *adv* ici

quadrato (kᵒᵘa-*drââ*-tô) *adj* carré; *m* carré *m*

quadrettato (kᵒᵘa-drét-*tââ*-tô) *adj* à carreaux

quadretto (kᵒᵘa-*drét*-tô) *m* damier *m*

quadro (kᵒᵘ*ââ*-drô) *m* image *f*; cadre *m*; ~ **di distribuzione** tableau de distribution

quaglia (kᵒᵘ*ââ*-lᵞa) *f* caille *f*

qualche (kᵒᵘal-ké) *adj* quelques

qualcosa (kᵒᵘal-*koo*-sa) *pron* quelque chose

qualcuno (kᵒᵘal-*koû*-nô) *pron* quelqu'un

quale (kᵒᵘ*ââ*-lé) *pron* quel

qualifica (kᵒᵘa-*lii*-fi-ka) *f* qualification *f*

qualificato (kᵒᵘa-li-fi-*kââ*-tô) *adj* qualifié

qualità (kᵒᵘa-li-*ta*) *f* qualité *f*

qualora (kᵒᵘa-*lôô*-ra) *conj* quand, au cas où

qualsiasi (kᵒᵘal-*sii*-a-si) *adj* tout ce que; n'importe quel

quando (kᵒᵘann-dô) *adv* quand; *conj* quand, lorsque

quantità (kᵒᵘann-ti-*ta*) *f* quantité *f*; nombre *m*

quanto (kᵒᵘann-tô) *adj* combien

quantunque (kᵒᵘann-*toung*-kᵒᵘé) *conj* encore que

quaranta (kᵒᵘa-*rann*-ta) *num* quarante

quarantena (kᵒᵘa-rann-*tèè*-na) *f* quarantaine *f*

quartiere (kᵒᵘar-*tyèè*-ré) *m* quartier *m*; ~ **generale** quartier général; ~ **povero** bas quartier

quarto (kᵒᵘar-tô) *num* quatrième; *m* quart *m*

quasi (kᵒᵘ*ââ*-zi) *adv* à peu près, presque

quattordicesimo (kᵒᵘat-tôr-di-*tchèè*-zi-mô) *num* quatorzième

quattordici (kᵒᵘat-*tor*-di-tchi) *num* quatorze

quattro (kᵒᵘat-trô) *num* quatre

quello[1] (kᵒᵘél-lô) *pron* celui-là; cela; **quelli** ceux-là; ~ **che** ce que

quello[2] (kᵒᵘél-lô) *adj* ce; **quei** *adj* ces

quercia (kᵒᵘèr-tcha) *f* chêne *m*

questione (kᵒᵘé-*styôô*-né) *f* question *f*

questo (kᵒᵘé-stô) *adj* ce; **questi** ces

qui (koui) *adv* ici

quiete (koui-*èè*-té) *f* silence *m*

quieto (koui-*èè*-tô) *adj* paisible

quindi (*kouinn*-di) *conj* donc

quindicesimo (kouinn-di-*tchèè*-zi-mô) *num* quinzième

quindici (*kouinn*-di-tchi) *num* quinze

quinto (*kouinn*-tô) *num* cinquième

quiz (kouiz) *m* jeu concours

quota (kᵒᵘ*oo*-ta) *f* quote-part *f*

quotidiano (kᵒᵘô-ti-*dyââ*-nô) *adj* quotidien; *m* quotidien *m*

R

rabarbaro (ra-*bar*-ba-rô) *m* rhubarbe *f*

rabbia (*rab*-bya) *f* colère *f*, rage *f*

rabbioso (rab-*byóó*-sô) *adj* enragé

rabbrividire (rab-bri-vi-*dii*-ré) *v* frissonner

raccapricciante (rak-kap-prit-*tchann*-té) *adj* terrifiant

raccapriccio (rak-kap-*prit*-tchô) *m* épouvante *f*

racchetta (rak-*két*-ta) *f* raquette *f*

*raccogliere (rak-koo-lᵞé-ré) *v* ramasser; rentrer, collectionner; rassembler; *raccogliersi se réunir

raccolta (rak-*kol*-ta) f récolte f; ~ di documenti dossier m

raccolto (rak-*kol*-tô) m moisson f

raccomandare (rak-kô-mann-*dââ*-ré) v recommander

raccomandata (rak-kô-mann-*dââ*-ta) f lettre recommandée

raccomandazione (rak-kô-mann-da-*tsyôô*-né) f recommandation f

raccontare (rak-kôn-*tââ*-ré) v relater, raconter

racconto (rak-*kôn*-tô) m histoire f, récit m; ~ a fumetti bandes dessinées

raccorciare (rak-kôr-*tchââ*-ré) v raccourcir; tailler

*radere (*rââ*-dé-ré) v se raser

radiatore (ra-dya-*tôô*-ré) m radiateur m

radicale (ra-di-*kââ*-lé) adj radical

radice (ra-*dii*-tché) f racine f

radio (*rââ*-dyô) f radio f

radiografare (ra-dyô-ghra-*fââ*-ré) v radiographier

radiografia (ra-dyô-ghra-*fii*-a) f radiographie f

raduno (ra-*doû*-nô) m rassemblement m

radura (ra-*doû*-ra) f clairière f

rafano (*rââ*-fa-nô) m raifort m

raffermo (raf-*fér*-mô) adj rassis

raffica (*raf*-fi-ka) f rafale f, coup de vent

raffigurare (raf-fi-ghou-*rââ*-ré) v représenter

raffineria (raf-fi-né-*rii*-a) f raffinerie f

raffreddore (raf-fréd-*dôô*-ré) m rhume m; *prendere un ~ s'enrhumer

ragazza (ra-*ghat*-tsa) f fille f

ragazzino (ra-*ghat*-tsii-nô) m gamin m

ragazzo (ra-*ghat*-tsô) m garçon m

raggio (*rad*-djô) m rayon m

*raggiungere (rad-*djoun*-djé-ré) v *at-

teindre, *parvenir à

raggiungibile (rad-djoun-*djii*-bi-lé) adj faisable

ragguaglio (ragh-*gh*[ou]*ââ*-lYô) m renseignement m

ragionamento (ra-djô-na-*mén*-tô) m raisonnement m

ragionare (ra-djô-*nââ*-ré) v raisonner

ragione (ra-*djôô*-né) f raison f; *avere ~ *avoir raison

ragionevole (ra-djô-*néé*-vô-lé) adj raisonnable; équitable

ragnatela (ra-gna-*téé*-la) f toile d'araignée

ragno (*rââ*-gnô) m araignée f

raion (*rââ*-yôn) m rayonne f

rallegrare (ral-lé-*ghrââ*-ré) v égayer

rallentare (ral-lén-*tââ*-ré) v freiner, ralentir

rame (*rââ*-mé) m cuivre m

rammendare (ramm-mén-*dââ*-ré) v réparer, repriser

rammentare (ramm-mén-*tââ*-ré) v rappeler; rammentarsi se *souvenir de

ramo (*rââ*-mô) m branche f

ramoscello (ra-môch-*chèl*-lô) m brindille f

rampa (*ramm*-pa) f pente f

rana (*rââ*-na) f grenouille f

rancido (*rann*-tchi-dô) adj rance

randello (rann-*dèl*-lô) m gourdin m

rapida (*rââ*-pi-da) f rapide m

rapidità (ra-pi-di-*ta*) f rapidité f

rapido (*rââ*-pi-dô) adj prompt; rapide

rapina (ra-*pii*-na) f vol m, attaque f

rappezzare (rap-pét-*tsââ*-ré) v rapiécer

rapporto (rap-*por*-tô) m rapport m, compte rendu; liaison f

rappresentante (rap-pré-zén-*tann*-té) m représentant m

rappresentanza (rap-pré-zén-*tann*-tsa) f représentation f

rappresentare (rap-pré-zén-*tââ*-ré) v représenter

rappresentativo (rap-pré-zén-ta-*tii*-vô) *adj* représentatif

rappresentazione (rap-pré-zén-ta-*tsyôô*-né) *f* performance *f*, représentation *f*; ~ **di marionette** théâtre de marionnettes; ~ **teatrale** pièce de théâtre

raramente (ra-ra-*mén*-té) *adv* rarement

raro (*rââ*-rô) *adj* rare

raschiare (ra-*skyââ*-ré) *v* racler

raso (*rââ*-sô) *m* satin *m*

rasoio (ra-*sôô*-yô) *m* rasoir *m*

raspare (ra-*spââ*-ré) *v* râper

rassegna (rass-*séé*-gna) *f* résumé *m*

rassomiglianza (rass-sô-mi-*l*ʸ*ann*-tsa) *f* similitude *f*

rastrello (ra-*strèl*-lô) *m* (pl ~n) râteau *m*

rata (*rââ*-ta) *f* paiement à tempérament

ratto (*rat*-tô) *m* rat *m*

rauco (*raou*-kô) *adj* enroué

ravanello (ra-va-*nèl*-lô) *m* radis *m*

razione (ra-*tsyôô*-né) *f* ration *f*

razza (*rat*-tsa) *f* race *f*

razziale (rat-*tsyââ*-lé) *adj* racial

razzo (*rat*-tsô) *m* fusée *f*

re (ré) *m* (pl ~) roi *m*

reale (ré-*ââ*-lé) *adj* réel, véritable; royal

realizzabile (ré-a-lid-*dzââ*-bi-lé) *adj* faisable, réalisable

realizzare (ré-a-lid-*dzââ*-ré) *v* réaliser; se rendre compte

realtà (ré-al-*ta*) *f* réalité *f*; **in ~** en réalité, en fait

reato (ré-*ââ*-tô) *m* infraction *f*

reazione (ré-a-*tsyôô*-né) *f* réaction *f*

recapitare (ré-ka-pi-*tââ*-ré) *v* *remettre

recare (ré-*kââ*-ré) *v* porter; causer; **recarsi** se *rendre

recensione (ré-tchén-*syôô*-né) *f* critique *f*

recente (ré-*tchèn*-té) *adj* récent; **di ~** l'autre jour

recentemente (ré-tchén-té-*mén*-té) *adv* dernièrement, récemment

recessione (ré-tchéss-*syôô*-né) *f* récession *f*

recinto (ré-*tchinn*-tô) *m* clôture *f*

recipiente (ré-tchi-*pyèn*-té) *m* récipient *m*

reciproco (ré-*tchii*-prô-kô) *adj* réciproque

recital (ré-si-*tal*) *m* récital *m*

recitare (ré-tchi-*tââ*-ré) *v* jouer

reclamare (ré-kla-*mââ*-ré) *v* réclamer

recluta (*ré*-klou-ta) *f* recrue *f*

redattore (ré-dat-*tôô*-ré) *m* rédacteur *m*

reddito (*rèd*-di-tô) *m* revenu *m*

***redigere** (ré-*dii*-djé-ré) *v* rédiger

***redimere** (ré-*dii*-mé-ré) *v* délivrer

refe (*réé*-fé) *m* fil *m*

referenza (ré-fé-*rèn*-tsa) *f* référence *f*

regalo (ré-*ghââ*-lô) *m* don *m*, cadeau *m*

regata (ré-*ghââ*-ta) *f* régate *f*

***reggersi** (*rèd*-djér-si) *v* s'accrocher

reggicalze (réd-dji-*kal*-tsé) *m* porte-jarretelles *m*

reggipetto (réd-dji-*pèt*-tô) *m* soutien-gorge *m*

reggiseno (réd-dji-*séé*-nô) *m* soutien-gorge *m*

regia (ré-*djii*-a) *f* réalisation *f*

regime (ré-*djii*-mé) *m* régime *m*

regina (ré-*djii*-na) *f* reine *f*

regionale (ré-djô-*nââ*-lé) *adj* régional

regione (ré-*djôô*-né) *f* région *f*

regista (ré-*dji*-sta) *m* metteur en scène

registrare (ré-dji-*strââ*-ré) *v* enregistrer, *inscrire

registrazione (ré-dji-stra-*tsyôô*-né) *f* inscription *f*; dossier *m*; enregistrement *m*

regnare (ré-*gnââ*-ré) v régner

regno (*réé*-gnô) m royaume m; règne m

regola (*rèè*-ghô-la) f règle f

regolamentazione (ré-ghô-la-mén-ta-*tsyôô*-né) f règlement m

regolamento (ré-ghô-la-*mén*-tô) m règlement m

regolare (ré-ghô-*lââ*-ré) adj régulier; v régler; ajuster; **regolato** régulier

relativo (ré-la-*tii*-vô) adj relatif

relazione (ré-la-*tsyôô*-né) f rapport m; relation f; compte rendu f; **in ~ a** à propos de

religione (ré-li-*djôô*-né) f religion f

religioso (ré-li-*djôô*-sô) adj religieux

reliquia (ré-*lii*-koui-a) f relique f

relitto (ré-*lit*-tô) m épave f

remare (ré-*mââ*-ré) v ramer

remo (*rèè*-mô) m rame f; pagaie f

remoto (ré-*moo*-tô) adj lointain, écarté

***rendere** (*rèn*-dé-ré) v restituer; payer; **~ conto di** rendre compte de; **~ omaggio** rendre hommage

rene (*rèè*-né) m rein m

renna (*rèn*-na) f renne m

reparto (ré-*par*-tô) m service m, département m

repellente (ré-pél-*lèn*-té) adj répugnant

repertorio (ré-pér-*too*-ryô) m répertoire m

***reprimere** (ré-*prii*-mé-ré) v réprimer

repubblica (ré-*poub*-bli-ka) f république f

repubblicano (ré-poub-bli-*kââ*-nô) adj républicain

reputare (ré-pou-*tââ*-ré) v trouver

reputazione (ré-pou-ta-*tsyôô*-né) f réputation f

resa (*réé*-sa) f reddition f

residente (ré-si-*dèn*-té) adj domicilié; m résident m

residenza (ré-si-*dèn*-tsa) f résidence f

residuo (ré-*sii*-douô) m reste m, restant m

resina (*rèè*-zi-na) f résine f

resistenza (ré-si-*stèn*-tsa) f résistance f; vigueur f

resistere (ré-*si*-sté-ré) v résister

resoconto (ré-sô-*kôn*-tô) m récit m

***respingere** (ré-*spinn*-djé-ré) v rejeter

respirare (ré-spi-*rââ*-ré) v respirer

respiratore (ré-spi-ra-*tôô*-ré) m tube de plongée

respirazione (ré-spi-ra-*tsyôô*-né) f respiration f

respiro (ré-*spii*-rô) m souffle m

responsabile (ré-spôn-*sââ*-bi-lé) adj responsable

responsabilità (ré-spôn-sa-bi-li-*ta*) f responsabilité f

restare (ré-*stââ*-ré) v rester

restauro (ré-*staou*-rô) m réparation f

restio (ré-*stii*-ô) adj à contrecœur

resto (*rè*-stô) m reste m

***restringersi** (ré-*strinn*-djér-si) v rétrécir; se resserrer

restrizione (ré-stri-*tsyôô*-né) f restriction f

rete (*réé*-té) f filet m; réseau m; but m; **~ da pesca** filet de pêche; **~ stradale** réseau routier

reticella (ré-ti-*tchèl*-la) f résille f

retina (*rèè*-ti-na) f rétine f

rettangolare (rét-tanng-ghô-*lââ*-ré) adj rectangulaire

rettangolo (rét-*tanng*-ghô-lô) m rectangle m

rettifica (rét-*tii*-fi-ka) f rectification f

rettile (*rèt*-ti-lé) m reptile m

retto (*rèt*-tô) adj droit; m rectum m

reumatismo (ré*ou*-ma-*ti*-zmô) m rhumatisme m

revisionare (ré-vi-zyô-*nââ*-ré) v reviser

revisione (ré-vi-*zyôô*-né) f révision f

revocare (ré-vô-*kââ*-ré) v révoquer

rialzo (*ryal*-tsô) *m* montée *f*

riassunto (ryass-*soun*-tô) *m* résumé *m*

ribassare (ri-bass-*sââ*-ré) *v* baisser

ribasso (ri-*bass*-sô) *m* rabais *m*

ribellione (ri-bél-*l⁷ôô*-né) *f* rébellion *f*

ribes (*rii*-béss) *m* groseille *f*; ~ **nero** cassis *m*

ributtante (ri-bout-*tann*-té) *adj* lugubre, repoussant

ricamare (ri-ka-*mââ*-ré) *v* broder

ricambio (ri-*kamm*-byô) *m* recharge *f*

ricamo (ri-*kââ*-mô) *v* broderie *f*

ricattare (ri-kat-*tââ*-ré) *v* *faire chanter

ricchezza (rik-*két*-tsa) *f* richesse *f*, fortune *f*

riccio (*rit*-tchô) *m* hérisson *m*; ~ **di mare** oursin *m*

ricciolo (*rit*-tchô-lô) *m* boucle *f*; ondulation *f*

ricciuto (rit-*tchoû*-tô) *adj* bouclé

ricco (*rik*-kô) *adj* riche

ricerca (ri-*tchèr*-ka) *f* recherche *f*; fouille *f*

ricetta (ri-*tchèt*-ta) *f* prescription *f*; recette *f*

ricevere (ri-*tchéé*-vé-ré) *v* *recevoir

ricevimento (ri-tché-vi-*mén*-tô) *m* réception *f*; **capo ufficio** ~ hôtesse *f*

ricevitore (ri-tché-vi-*tôô*-ré) *m* écouteur *m*

ricevuta (ri-tché-*voû*-ta) *f* reçu *m*; bon *m*

richiamare (ri-kya-*mââ*-ré) *v* rappeler

*richiedere (ri-*kyèè*-dé-ré) *v* *requérir; nécessiter

richiesta (ri-*kyè*-sta) *f* requête *f*; demande *f*

richiesto (ri-*kiè*-stô) *adj* requis

riciclabile (ri-tchi-*klââ*-bii-lé) *adj* recyclable

riciclare (ri-tchi-*klââ*-ré) *v* recycler

ricominciare (ri-kô-minn-*tchââ*-ré) *v* recommencer

ricompensa (ri-kôm-*pèn*-sa) *f* récompense *f*

ricompensare (ri-kôm-pén-*sââ*-ré) *v* récompenser

riconciliazione (ri-kôn-tchi-lya-*tsyôô*-né) *f* réconciliation *f*

riconoscente (ri-kô-nôch-*chèn*-té) *adj* reconnaissant

*riconoscere (ri-kô-*nôch*-ché-ré) *v* *reconnaître

riconoscimento (ri-kô-nôch-chi-*mén*-tô) *m* reconnaissance *f*

ricordare (ri-kôr-*dââ*-ré) *v* *retenir; songer à; *far ~ rappeler; **ricordarsi** se *souvenir, se rappeler

ricordo (ri-*kor*-dô) *m* mémoire *f*, souvenir *m*

*ricorrere (ri-*kôr*-ré-ré) *v* se répéter; *recourir; ~ **a** s'adresser à

ricostruire (ri-kô-*strouii*-ré) *v* *reconstruire; reconstituer

ricreazione (ri-kré-a-*tsyôô*-né) *f* récréation *f*

ricuperare (ri-kou-pé-*rââ*-ré) *v* récupérer

ricusare (ri-kou-*zââ*-ré) *v* refuser

ridacchiare (ri-dak-*kyââ*-ré) *v* glousser

*ridere (*rii*-dé-ré) *v* *rire

ridicolizzare (ri-di-kô-lid-*dzââ*-ré) *v* ridiculiser

ridicolo (ri-*dii*-kô-lô) *adj* ridicule, grotesque

ridondante (ri-dôn-*dann*-té) *adj* superflu

ridotto (ri-*dôt*-tô) *m* vestibule *m*, foyer *m*

*ridurre (ri-*dour*-ré) *v* *réduire

riduzione (ri-dou-*tsyôô*-né) *f* rabais *m*, réduction *f*

rieducazione (ryé-dou-ka-*tsyôô*-né) *f* rééducation *f*

riempire (ryém-*pii*-ré) *v* remplir

rientrare (ryén-*trââ*-ré) *v* rentrer; ~ **in** entrer dans

riferimento (ri-fé-ri-*mén*-tô) *m* référence *f*

riferire (ri-fé-*rii*-ré) *v* rapporter, relater

rifiutare (ri-fyou-*tââ*-ré) *v* refuser

rifiuto (ri-*fyoú*-tô) *m* refus *m*; **rifiuti** immondices *fpl*, détritus *m*

riflessione (ri-fléss-*syôô*-né) *f* discussion *f*

riflesso (ri-*flèss*-sô) *m* reflet *m*

*riflettere[1] (ri-*flét*-té-ré) *v* (pp riflesso) refléter

*riflettere[2] (ri-*flét*-té-ré) *v* (pp riflettuto) réfléchir

riflettore (ri-flét-*tôô*-ré) *m* projecteur *m*; réflecteur *m*

riforma (ri-*fôr*-ma) *f* réforme *f*

rifornimento (ri-fôr-ni-*mén*-tô) *m* fourniture *f*

rifugiarsi (ri-fou-*djar*-si) *v* se réfugier

rifugio (ri-*foú*-djô) *m* refuge *m*, abri *m*

riga (*rii*-gha) *f* ligne *f*; règle *f*

rigettare (ri-djét-*tââ*-ré) *v* rejeter; vomir

rigido (*rii*-dji-dô) *adj* raide; rude; sévère

rigirarsi (ri-dji-*rar*-si) *v* se retourner

rigoroso (ri-ghô-*rôô*-sô) *adj* sévère

riguardare (ri-gh^(ou)ar-*dââ*-ré) *v* regarder, toucher; **per quanto riguarda** quant à, concernant, en ce qui concerne; **riguardante** concernant

riguardo (ri-gh^(ou)ar-dô) *m* respect *m*, égard *m*; **~ a** concernant; relatif à, en ce qui concerne

riguardoso (ri-gh^(ou)ar-*dôô*-sô) *adj* prévenant

rilassamento (ri-lass-sa-*mén*-tô) *m* détente *f*

rilassarsi (ri-lass-*sar*-si) *v* se détendre

rilevante (ri-lé-*vann*-té) *adj* important

rilevare (ri-lé-*vââ*-ré) *v* observer; *prendre, *aller chercher; *reprendre

rilievo (ri-*l^yèè*-vô) *m* relief *m*; importance *f*

rima (*rii*-ma) *f* rime *f*

rimandare (ri-mann-*dââ*-ré) *v* ajourner, *renvoyer à; **~ a** *renvoyer à

rimanente (ri-ma-*nèn*-té) *adj* restant

rimanenza (ri-ma-*nèn*-tsa) *f* restant *m*

*rimanere (ri-ma-*néé*-ré) *v* rester

rimborsare (rimm-bôr-*sââ*-ré) *v* rembourser, rendre

rimborso (rimm-*bôr*-sô) *m* remboursement *m*

rimedio (ri-*méé*-dyô) *m* remède *m*

rimessa (ri-*méss*-sa) *f* versement *m*; garage *m*; ***mettere in ~** garer

*rimettere (ri-*mét*-té-ré) *v* *remettre

rimorchiare (ri-môr-*kyââ*-ré) *v* remorquer

rimorchiatore (ri-môr-kya-*tôô*-ré) *m* remorqueur *m*

rimorchio (ri-mor-kyô) *m* remorque *f*

*rimpiangere (rimm-*pyann*-djé-ré) *v* regretter; manquer

rimpianto (rimm-*pyann*-tô) *m* regret *m*

rimproverare (rimm-prô-vé-*rââ*-ré) *v* reprocher, réprimander; blâmer

rimprovero (rimm-*proo*-vé-rô) *m* reproche *m*

rimunerare (ri-mou-né-*rââ*-ré) *v* rémunérer

rimunerativo (ri-mou-né-ra-*tii*-vô) *adj* rentable

rimunerazione (ri-mou-né-ra-*tsyôô*-né) *f* rémunération *f*

rincasare (rinng-ka-*sââ*-ré) *v* rentrer

*rinchiudere (rinng-*kyoù*-dé-ré) *v* enfermer

rinfrescare (rinn-fré-*skââ*-ré) *v* rafraîchir

rinfresco (rinn-*fré*-skô) *m* rafraîchissement *m*

ringhiera (rinng-*ghyèè*-ra) *f* rampe *f*, balustrade *f*

ringraziare (rinng-ghra-*tsyââ*-ré) *v* remercier

rinnovare (rinn-nô-*vââ*-ré) v prolonger; renouveler

rinoceronte (ri-nô-tché-*rôn*-té) m rhinocéros m

rinomanza (ri-nô-*mann*-tsa) f renommée f

rinorragia (ri-nôr-ra-*djii*-a) f saignement de nez

rintracciare (rinn-trat-*tchââ*-ré) v tracer, retracer

rinviare (rinn-*vyââ*-ré) v *renvoyer; ajourner

rinvio (rinn-*vii*-ô) m ajournement m

riordinare (ryôr-di-*nââ*-ré) v ranger

riparare (ri-pa-*rââ*-ré) v abriter; réparer

riparazione (ri-pa-ra-*tsyôô*-né) f réparation f

riparo (ri-*pââ*-rô) m abri m; écran m

ripartire (ri-par-*tii*-ré) v répartir

riparto (ri-*par*-tô) m département m

ripensare (ri-pén-*sââ*-ré) v réfléchir

ripetere (ri-*pé*-té-ré) v répéter

ripetizione (ri-pé-ti-*tsyôô*-né) f répétition f

ripetutamente (ri-pé-tou-ta-*mén*-té) adv toujours et encore

ripido (*rii*-pi-dô) adj abrupt, escarpé

ripieno (ri-*pyèè*-nô) adj farci; m farce f

riportare (ri-pôr-*tââ*-ré) v rapporter, ramener

riposante (ri-pô-*sann*-té) adj reposant

riposarsi (ri-pô-*sar*-si) v se reposer

riposo (ri-*poo*-sô) m repos m

***riprendere** (ri-*prèn*-dé-ré) v *reprendre

ripresa (ri-*préé*-sa) f reprise f

ripristino (ri-pri-*stii*-nô) m reprise f

***riprodurre** (ri-prô-*dour*-ré) v *reproduire

riproduzione (ri-prô-dou-*tsyôô*-né) f reproduction f

riprovare (ri-prô-*vââ*-ré) v gronder

ripugnante (ri-pou-*gnann*-té) adj écœurant

ripugnanza (ri-pou-*gnann*-tsa) f répugnance f

risarcimento (ri-sar-tchi-*mén*-tô) m dédommagement m

risata (ri-*sââ*-ta) f rire m

riscaldamento (ri-skal-da-*mén*-tô) m chauffage m

riscaldatore (ri-skal-da-*tôô*-ré) m appareil de chauffage

riscatto (ri-*skat*-tô) m rançon f

rischiare (ri-*skyââ*-ré) v risquer

rischio (*ri*-skyô) m risque m; hasard m

rischioso (ri-*skyôô*-sô) adj dangereux, risqué

***riscuotere** (ri-sk*ou*oo-té-ré) v encaisser, prélever

risentirsi per (ri-sén-*tir*-si) s'offenser de, en *vouloir à

riserva (ri-*sèr*-va) f réserve f; provision f; ~ **di selvaggina** réserve zoologique

riservare (ri-sér-*vââ*-ré) v réserver, louer

riservato (ri-sér-*vââ*-tô) adj réservé; modeste

riso[1] (*rii*-sô) m rire m

riso[2] (*rii*-sô) m riz m

risoluto (ri-sô-*loû*-tô) adj résolu

***risolvere** (ri-sol-vé-ré) v *résoudre

risparmi (ri-*spar*-mi) mpl économies f

risparmiare (ri-spar-*myââ*-ré) v épargner

rispedire (ri-spé-*dii*-ré) v *renvoyer

rispettabile (ri-spét-*tââ*-bi-lé) adj honorable, respectable

rispettare (ri-spét-*tââ*-ré) v respecter

rispettivo (ri-spét-*tii*-vô) adj respectif

rispetto (ri-*spét*-tô) m respect m

rispettoso (ri-spét-*tôô*-sô) adj respectueux

risplendere (ri-*splèn*-dé-ré) v resplendir

*rispondere (ri-*spôn*-dé-ré) v répondre

risposta (ri-*spô*-sta) f réponse f ; **in ~** en réponse

ristorante (ri-stô-*rann*-té) m restaurant m ; **~ self-service** restaurant libre service

risultare (ri-soul-*tââ*-ré) v résulter ; *apparaître

risultato (ri-soul-*tââ*-tô) m résultat m ; issue f

risvolta (ri-*svol*-ta) f revers m

ritardare (ri-tar-*dââ*-ré) v retarder

ritardo (ri-*tar*-dô) m retard m

*ritenere (ri-té-*néé*-ré) v estimer

ritirare (ri-ti-*râ*â-ré) v retirer

ritmo (*rit*-mô) m rythme m

ritornare (ri-tôr-*nââ*-ré) v retourner, *revenir

ritorno (ri-*tôr*-nô) m retour m ; chemin du retour ; **andata e ~** aller et retour

ritratto (ri-*trat*-tô) m portrait m

ritrovare (ri-trô-*vââ*-ré) v récuperer, retrouver

ritto (*rit*-tô) adj debout

riunione (ryou-*nyôô*-né) f réunion f

riunire (ryou-*nii*-ré) v réunir ; rassembler ; assembler

*riuscire (ryouch-*chii*-ré) v réussir

riva (*rii*-va) f rive f ; **~ del mare** bord de la mer

rivale (ri-*vââ*-lé) m rival m

rivaleggiare (ri-va-léd-*djââ*-ré) v rivaliser

rivalità (ri-va-li-*ta*) f rivalité f

*rivedere (ri-vé-*déé*-ré) v vérifier

rivelare (ri-vé-*lââ*-ré) v révéler

rivelazione (ri-vé-la-*tsyôô*-né) f révélation f

rivendicare (ri-vén-di-*kââ*-ré) v revendiquer

rivendicazione (ri-vén-di-ka-*tsyôô*-né)

f revendication f

rivenditore (ri-vén-di-*tôô*-ré) m revendeur m

rivista (ri-*vi*-sta) f revue f

*rivolgersi a (ri-*vol*-djér-si) s'adresser à

rivolgimento (ri-vôl-dji-*mén*-tô) m revirement m

rivolta (ri-*vol*-ta) f révolte f

rivoltante (ri-vôl-*tann*-té) adj révoltant

rivoltarsi (ri-vôl-*tar*-si) v se révolter

rivoltella (ri-vôl-*tèl*-la) f revolver m

rivoluzionario (ri-vô-lou-tsyô-*nââ*-ryô) adj révolutionnaire

rivoluzione (ri-vô-lou-*tsyôô*-né) f révolution f ; rotation f

roba (*roo*-ba) f affaires fpl

robaccia (rô-*bat*-tcha) f déchets mpl

robusto (rô-*bou*-stô) adj robuste, puissant

roccaforte (rôk-ka-*for*-té) f place forte

rocchetto (rôk-*két*-tô) m bobine f

roccia (*rot*-tcha) f rocher m

roccioso (rôt-*tchôô*-sô) adj rocheux

roco (*roo*-kô) adj rauque

Romania (rô-ma-*nii*-a) f Roumanie f

romantico (rô-*mann*-ti-kô) adj romantique

romanziere (rô-mann-*dzyèè*-ré) m romancier m

romanzo (rô-*mann*-dzô) m roman m ; **~ a puntate** feuilleton m ; **~ poliziesco** roman policier

rombo¹ (*rôm*-bô) m grondement m

rombo² (*rôm*-bô) m barbue f

romeno (rô-*mèè*-nô) adj roumain ; Roumain m

*rompere (*rôm*-pé-ré) v rompre, casser

rompicapo (rôm-pi-*kââ*-pô) m casse-tête m

rondine (*rôn*-di-né) f hirondelle f

rosa (*roo*-za) f rose f ; adj rose

rosario (rô-*záâ*-ryô) *m* rosaire *m*, chapelet *m*

rosolaccio (rô-zô-*lat*-tchô) *m* coquelicot *m*

rospo (*ro*-spô) *m* crapaud *m*

rossetto (rôss-*sét*-tô) *m* rouge à lèvres; rouge *m*

rosso (*rôss*-sô) *adj* rouge

rosticceria (rô-stit-tché-*rii*-a) *f* rôtisserie *f*

rotabile (rô-*tââ*-bi-lé) *f* chaussée *f*

rotolare (rô-tô-*lââ*-ré) *v* rouler

rotolo (*roo*-tô-lô) *m* rouleau *m*

rotonda (rô-*tôn*-da) *f* rond-point *m*

rotondo (rô-*tôn*-dô) *adj* rond

rotta (*rôt*-ta) *f* route *f*; cap *m*

rotto (*rôt*-tô) *adj* brisé

rottura (rôt-*toû*-ra) *f* rupture *f*

rotula (*roo*-tou-la) *f* rotule *f*

roulotte (rou-*lot*-té) *f* caravane *f*

rovesciare (rô-véch-*chââ*-ré) *v* répandre, renverser; retourner

rovescio (rô-*vèch*-chô) *m* revers *m*; **alla rovescia** en sens inverse; à l'envers

rovina (rô-*vii*-na) *f* anéantissement *m*, effondrement *m*, ruine *f*

rovinare (rô-vi-*nââ*-ré) *v* ruiner

rozzo (*rôd*-dzô) *adj* grossier

rubare (rou-*bââ*-ré) *v* voler

rubinetto (rou-bi-*nét*-tô) *m* robinet *m*

rubino (rou-*bii*-nô) *m* rubis *m*

rubrica (rou-*brii*-ka) *f* rubrique *f*

ruga (*roû*-gha) *f* ride *f*

ruggine (*roud*-dji-né) *f* rouille *f*

ruggire (roud-*djii*-ré) *v* rugir

ruggito (roud-*djii*-tô) *m* rugissement *m*

rugiada (rou-*djââ*-da) *f* rosée *f*

rumore (rou-*môô*-ré) *m* bruit *m*

rumoroso (rou-mô-*rôô*-sô) *adj* bruyant

ruota (*rᵒᵘᵒᵒ*-ta) *f* roue *f*; ~ **di ricambio** roue de secours

rurale (rou-*rââ*-lé) *adj* rural

ruscello (rouch-*chèl*-lô) *m* ruisseau *m*

russare (rouss-*sââ*-ré) *v* ronfler

Russia (*rouss*-sya) *f* Russie *f*

russo (*rouss*-sô) *adj* russe; *m* Russe *m*

rustico (*rou*-sti-kô) *adj* rustique

ruvido (*roû*-vi-dô) *adj* accidenté

S

sabato (*sââ*-ba-tô) *m* samedi *m*

sabbia (*sab*-bya) *f* sable *m*

sabbioso (sab-*byôô*-sô) *adj* sableux

saccarina (sak-ka-*rii*-na) *f* saccharine *f*

sacchetto (sak-*két*-tô) *m* sac en papier; pochette *f*

sacco (*sak*-kô) *m* sac *m*; ~ **a pelo** sac de couchage

sacerdote (sa-tchér-*doo*-té) *m* prêtre *m*

sacrificare (sa-kri-fi-*kââ*-ré) *v* sacrifier

sacrificio (sa-kri-*fii*-tchô) *m* sacrifice *m*

sacrilegio (sa-kri-*lèè*-djô) *m* sacrilège *m*

sacro (*sââ*-krô) *adj* sacré

saggezza (sad-*djét*-tsa) *f* sagesse *f*

saggiare (sad-*djââ*-ré) *v* éprouver

saggio (*sad*-djô) *adj* sage; *m* essai *m*

sagrestano (sa-ghré-*stââ*-nô) *m* sacristain *m*

sala (*sââ*-la) *f* salle *f*; ~ **da ballo** salle de bal; ~ **da banchetto** salle de banquet; ~ **da concerti** salle de concert; ~ **da pranzo** salle à manger; ~ **d'aspetto** salle d'attente; ~ **da tè** salon de thé; ~ **di esposizione** salle d'exposition; ~ **di lettura** salle de lecture; ~ **per fumatori** fumoir *m*

salariato (sa-la-*ryââ*-tô) *m* employé *m*

salario (sa-*lââ*-ryô) *m* salaire *m*

salassare (sa-lass-*sââ*-ré) *v* saigner

salato (sa-*lââ*-tô) *adj* salé

saldare (sal-*dââ*-ré) *v* souder; amortir

saldatore (sal-da-*tôô*-ré) *m* fer à souder

saldatura (sal-da-*toú*-ra) *f* soudure *f*

saldo (*sal*-dô) *adj* ferme; *m* solde *m*

sale (*sââ*-lé) *m* sel *m*; **sali da bagno** sels de bain

saliera (sa-*lYèè*-ra) *f* salière *f*

*salire (sa-*lii*-ré) *v* monter; s'accumuler

saliva (sa-*lii*-va) *f* salive *f*

salmone (sal-*môô*-né) *m* saumon *m*

salone (sa-*lôô*-né) *m* salon *m*; foyer *m*; **~ di bellezza** salon de beauté, institut de beauté

salotto (sa-*lot*-tô) *m* salon *m*, salle de séjour; **salottino di prova** cabine d'essayage

salsa (*sal*-sa) *f* sauce *f*

salsiccia (sal-*sit*-tcha) *f* saucisse *f*

saltare (sal-*tââ*-ré) *v* sauter

saltellare (sal-tél-*lââ*-ré) *v* sautiller

saltello (sal-*tèl*-lô) *m* saut *m*

salto (*sal*-tô) *m* saut *m*, bond *m*

salubre (sa-*loú*-bré) *adj* sain

salutare (sa-lou-*tââ*-ré) *v* saluer

salute (sa-*loú*-té) *f* santé *f*

saluto (sa-*loú*-tô) *m* salutation *f*

salvare (sal-*vââ*-ré) *v* sauver

salvataggio (sal-va-*tad*-djô) *m* sauvetage *m*; **cintura di ~** bouée de sauvetage

salvatore (sal-va-*tôô*-ré) *m* sauveur *m*

salvo (*sal*-vô) *prep* excepté

sanatorio (sa-na-*too*-ryô) *m* sanatorium *m*

sandalo (*sann*-da-lô) *m* sandale *f*

sangue (*sanng*-gh^oú é) *m* sang *m*

sanguinare (sanng-ghoui-*nââ*-ré) *v* saigner

sanitario (sa-ni-*tââ*-ryô) *adj* sanitaire

sano (*sââ*-nô) *adj* sain

santo (*sann*-tô) *adj* sacré; *m* saint *m*

santuario (sann-*t^oú ââ*-ryô) *m* sanctuaire *m*

*sapere (sa-*péé*-ré) *v* *avoir goût de; *savoir

sapone (sa-*pôô*-né) *m* savon *m*; **~ da barba** savon à barbe; **~ in polvere** savon en poudre

sapore (sa-*pôô*-ré) *m* saveur *f*

saporito (sa-pô-*rii*-tô) *adj* savoureux

sardina (sar-*dii*-na) *f* sardine *f*

sarta (*sar*-ta) *f* couturière *f*

sarto (*sar*-tô) *m* tailleur *m*

sasso (*sass*-sô) *m* pierre *f*

satellite (sa-*tèl*-li-té) *m* satellite *m*

sauna (*saou*-na) *f* sauna *m*

sbadigliare (zba-di-*lYââ*-ré) *v* bâiller

sbagliarsi (zba-*lYar*-si) *v* se tromper

sbagliato (zba-*lYââ*-tô) *adj* inexact, incorrect; mal placé

sbaglio (*zbââ*-lYô) *m* faute *f*

sbalordire (zba-lôr-*dii*-ré) *v* étonner

sbarcare (zbar-*kââ*-ré) *v* débarquer

sbarra (*zbar*-ra) *f* barre *f*; barreau *m*

sbattere (*zbat*-té-ré) *v* claquer; fouetter

sbiadire (zbya-*dii*-ré) *v* *déteindre

sbottonare (zbôt-tô-*nââ*-ré) *v* déboutonner

sbucciare (zbout-*tchââ*-ré) *v* peler

scaccato (skak-*kââ*-tô) *adj* à damiers

scacchi (*skak*-ki) *mpl* échecs

scacchiera (skak-*kyèè*-ra) *f* damier *m*; échiquier *m*

scacciare (skat-*tchââ*-ré) *v* expulser

scacco! (*skak*-kô) échec!

scadente (ska-*dèn*-té) *adj* piètre

scadenza (ska-*dèn*-tsa) *f* expiration *f*

*scadere (ska-*déé*-ré) *v* expirer

scaduto (ska-*doú*-tô) *adj* périmé

scaffale (skaf-*fââ*-lé) *m* étagère *f*

scala (*skââ*-la) *f* escalier *m*; échelle *f*; **~ di sicurezza** escalier de secours; **~ mobile** escalier roulant; **~ musi-**

cale gamme f

scaldare (skal-*dââ*-ré) v chauffer;
scaldacqua ad immersione thermoplongeur m

scalfire (skal-*fii*-ré) v érafler

scalfittura (skal-fit-*toû*-ra) f rayure f

scalino (ska-*lii*-nô) m marche f

scalo (*skââ*-lô) m quai m

scalpello (skal-*pèl*-lô) m burin m

scalpore (skal-*pôô*-ré) m embarras m

scambiare (skamm *byââ*-ré) v échanger

scambio (*skamm*-byô) m échange m;
aiguillage m

scandalo (*skann*-da-lô) m scandale m;
outrage m

Scandinavia (skann-di-*nââ*-vya) f
Scandinavie f

scandinavo (skann-di-*nââ*-vô) adj
scandinave; m Scandinave m

scappamento (skap-pa-*mén*-tô) m
échappement m; tuyau d'échappement

scappare (skap-*pââ*-ré) v échapper;
s'échapper

scarabeo (ska-ra-*bèè*-ô) m scarabée m

scaricare (skann-ri-*kââ*-ré) v décharger

scarlatto (skar-*lat*-tô) adj écarlate

scarpa (*skar*-pa) f chaussure f; lucido
per scarpe cirage m; scarpe da
ginnastica chaussures de gymnastique, chaussures de basket; scarpe
da tennis chaussures de tennis;
stringa per scarpe lacet m

scarrozzata (skar-rôt-*tsââ*-ta) f promenade en voiture

scarsamente (skar-sa-*mén*-té) adv à
peine

scarsezza (skar-*sét*-tsa) f carence f

scarso (skar-sô) adj rare; faible

scartare (skar-*tââ*-ré) v se débarrasser
de

scassinare (skass-si-*nââ*-ré) v cambrioler

scassinatore (skass-si-na-*tôô*-ré) m
cambrioleur m

scatola (*skââ*-tô-la) f boîte f

scatolone (ska-tô-*lôô*-né) m carton m

scavare (ska-*vââ*-ré) v fouiller, creuser

scavo (*skââ*-vô) m excavation f

*scegliere (*chèè*-lYé-ré) v choisir;
*élire

scellerato (chél-lé-*rââ*-tô) adj mauvais

scelta (*chél*-ta) f choix m

scelto (*chél*-tô) adj choisi

scena (*chèè*-na) f scène f

scenario (ché-*nââ*-ryô) m cadre m

*scendere (*chén*-dé-ré) v descendre

scheggia (*skéd*-dja) f écharde f, éclat
m

scheggiare (skéd-*djââ*-ré) v ébrécher

scheletro (*skèè*-lé-trô) m squelette m

schema (*skèè*-ma) m plan m; schéma
m

schermo (*skér*-mô) m écran m

scherno (*skér*-nô) m dédain m

scherzare (skér-*tsââ*-ré) v plaisanter

scherzo (*skér*-tsô) m blague f, plaisanterie f; plaisir m

schiaccianoci (skyat-tcha-*nôô*-tchi) m
casse-noix m

schiacciare (skyat-*tchââ*-ré) v écraser;
appuyer

schiaffeggiare (skyaf-féd-*djââ*-ré) v
*battre

schiaffo (*skyaf*-fô) m claque f

schiarimento (skya-ri-*mén*-tô) m
éclaircissement m

schiavo (*skyââ*-vô) m esclave m

schioccare (skyôk-*kââ*-ré) v craquer

schiocco (*skyok*-kô) m craquement m

schiuma (*skyoû*-ma) f écume f, mousse f

schivo (*skii*-vô) adj farouche

schizzare (skit-*tsââ*-ré) v éclabousser

schizzo (*skit*-tsô) m esquisse f

sci (chi) m ski m; scarponi da ~
chaussures de ski; ~ d'acqua ski

nautique

sciacquare (chak-*kᵒᵁââ*-ré) v rincer

sciacquata (chak-*kᵒᵁââ*-ta) f rinçage m

sciagura (cha-*ghoú*-ra) f calamité f

scialle (*chal*-lé) m écharpe f, châle m

sciare (*chyââ*-ré) v skier

sciarpa (*char*-pa) f écharpe f

sciatore (chya-*tôô*-ré) m skieur m

sciatto (*chat*-tô) adj mal soigné

scientifico (chén-*tii*-fi-kô) adj scientifique

scienza (*chèn*-tsa) f science f

scienziato (chén-*tsyââ*-tô) m savant m

scimmia (*chimm*-mya) f singe m

scintilla (chinn-*til*-la) f étincelle f

scintillante (chinn-til-*lann*-té) adj scintillant

scintillare (chinn-til-*lââ*-ré) v briller

sciocchezza (chôk-*két*-tsa) f radotage m, sottise f

sciocco (*chok*-kô) adj insensé, absurde, sot; m fou m

*__scilgliere__ (choo-*lᵞé*-ré) v *dissoudre; diluer

scioperare (chô-pé-*rââ*-ré) v *faire grève

sciopero (*choo*-pé-rô) m grève f

sciroppo (chi-*rop*-pô) m sirop m

scivolare (chi-vô-*lââ*-ré) v glisser; déraper

scivolata (chi-vô-*lââ*-ta) f glissade f

scivolo (*chii*-vô-lô) m toboggan m

scodella (skô-*dèl*-la) f assiette à soupe

scogliera (skô-*lᵞéé*-ra) f falaise f

scoglio (*skoo*-lᵞô) m falaise f

scoiattolo (skô-*yat*-tô-lô) m écureuil m

scolara (skô-*lââ*-ra) f écolière f

scolaro (skô-*lââ*-rô) m écolier m; élève m

scolo (*skôô*-lô) m égout m

scolorirsi (skô-lô-*rir*-si) v se faner, décolorer

scommessa (skôm-*méss*-sa) f pari m

*__scommettere__ (skôm-*mét*-té-ré) v parier

scomodità (skô-mô-di-*ta*) f désagrément m

scomodo (*skoo*-mô-dô) adj inconfortable

*__scomparire__ (skôm-pa-*rii*-ré) v *disparaître

scompartimento (skôm-par-ti-*mén*-tô) m compartiment m; ~ **per fumatori** compartiment fumeurs

scomparto (skôm-*par*-tô) m case f

*__sconfiggere__ (skôn-*fid*-djé-ré) v *vaincre

sconfinato (skôn-fi-*nââ*-tô) adj illimité

sconfitta (skôn-*fit*-ta) f défaite f

sconosciuto (skô-nôch-*choú*-tô) adj inconnu

sconsiderato (skôn-si-dé-*rââ*-tô) adj inconsidéré

scontentare (skôn-tén-*tââ*-ré) v *déplaire

scontento (skôn-*tèn*-tô) adj insatisfait, mécontent

sconto (*skôn*-tô) m réduction f, rabais m; **tasso di** ~ taux d'escompte

scontrarsi (skôn-*trar*-si) v entrer en collision

scontro (*skôn*-trô) m collision f

scooter (*skou*-tér) m scooter m

scopa (*skôô*-pa) f balai m

scopare (skô-*pââ*-ré) v balayer

scoperta (skô-*pèr*-ta) f découverte f

scopo (*skoo*-pô) m dessein m; **allo** ~ **di** afin de

scoppiare (skôp-*pyââ*-ré) v éclater

scoppio (*skop*-pyô) m déchaînement m

*__scoprire__ (skô-*prii*-ré) v *découvrir; détecter

*__scorgere__ (skor-*djé*-ré) v *apercevoir

*__scorrere__ (*skôr*-ré-ré) v s'écouler, couler

scorretto (skôr-*rèt*-tô) *adj* incorrect

scorso (skôr-sô) *adj* passé, dernier, précédent

scorta (*skor*-ta) *f* escorte *f*; stock *m*

scortare (skôr-*tââ*-ré) *v* escorter

scortese (skôr-*téé*-zé) *adj* peu aimable, impoli

scossa (skoss-sa) *f* choc *m*

Scozia (skoo-tsya) *f* Ecosse *f*

scozzese (skôt-*tséé*-sé) *adj* écossais; *m* Ecossais *m*

scriminatura (skri-mi-na-*toû*-ra) *f* raie *f*

scritto (skrit-tô) *m* écrit *m*

scrittoio (skrit-*tôô*-yô) *m* bureau *m*

scrittore (skrit-*tôô*-ré) *m* écrivain *m*

scrittura (skrit-*toû*-ra) *f* écriture *f*

scrivania (skri-va-*nii*-a) *f* bureau *m*

scrivano (skri-*vââ*-nô) *m* greffier *m*

*scrivere (*skrii*-vé-ré) *v* *écrire

scrupoloso (skrou-pô-*lôô*-sô) *adj* soigneux

sculacciata (skou-lat-*tchââ*-ta) *f* fessée *f*

scultore (skoul-*tôô*-ré) *m* sculpteur *m*

scultura (skoul-*toû*-ra) *f* sculpture *f*; ~ **in legno** sculpture sur bois, gravure *f*

scuola (sk^{ou}oo-la) *f* école *f*; **marinare la** ~ *faire l'école buissonnière; ~ **di equitazione** manège *m*; ~ **media** école secondaire

*scuotere (sk^{ou}oo-té-ré) *v* choquer

scuro (skoû-rô) *adj* confus

scusa (skoû-za) *f* excuse *f*

scusare (skou-*zââ*-ré) *v* excuser; **scusa!** excusez-moi!

sdolcinatura (zdôl-tchi-na-*toû*-ra) *f* mélo *m*

sdraiarsi (zdra-*yar*-si) *v* se coucher

sdrucciolevole (zdrout-tchô-*léé*-vô-lé) *adj* glissant

se (sé) *conj* si; **se ... o** si ... ou

sé (sé) *pron* soi-même

sebbene (séb-*bèè*-né) *conj* bien que

seccatore (sék-ka-*tôô*-ré) *m* raseur *m*

seccatura (sék-ka-*toû*-ra) *f* ennui *m*

secchio (*sék*-kyô) *m* seau *m*

secolo (*sèè*-kô-lô) *m* siècle *m*

secondario (sé-kôn-*dââ*-ryô) *adj* secondaire

secondo¹ (sé-*kôn*-dô) *num* deuxième

secondo² (sé-*kôn*-dô) *prep* d'après, conformément à, selon

secondo³ (sé-*kôn*-dô) *m* seconde *f*

sedano (*sèè*-da-nô) *m* céleri *m*

sedativo (sé-da-*tii*-vô) *m* sédatif *m*

sede (*sèè*-dé) *f* siège *m*

sedere (sé-*déé*-ré) *m* derrière *m*

*sedere (sé-*déé*-ré) *v* *être assis; ***sedersi** s'*asseoir

sedia (*sèè*-dya) *f* chaise *f*, siège *m*; ~ **a rotelle** fauteuil roulant; ~ **a sdraio** chaise longue

sedicesimo (sé-di-*tchèè*-zi-mô) *num* seizième

sedici (*séé*-di-tchi) *num* seize

sedimento (sé-di-*mén*-tô) *m* sédiment *m*

*sedurre (sé-*dour*-ré) *v* *séduire

seduta (sé-*doû*-ta) *f* séance *f*

sega (*séé*-gha) *f* scie *f*

segatura (sé-gha-*toû*-ra) *f* sciure *f*

seggio (*sèd*-djô) *m* siège *m*

segheria (sé-ghé-*rii*-a) *f* scierie *f*

segmento (ségh-*mén*-tô) *m* section *f*

segnalare (sé-gna-*lââ*-ré) *v* signaler

segnale (sé-*gnââ*-lé) *m* signe *m*, signal *m*; ~ **di soccorso** signal de détresse

segnare (sé-*gnââ*-ré) *v* pointer, marquer

segno (*séé*-gnô) *m* signe *m*; marque *f*; signal *m*

segretaria (sé-ghré-*tââ*-rya) *f* secrétaire *f*

segretario (sé-ghré-*tââ*-ryô) *m* secrétaire *m*

segreto (sé-*ghréé*-tô) *adj* secret; *m* secret

seguente (sé-*ghⁿᵘèn*-té) *adj* suivant

seguire (sé-*ghouii*-ré) *v* *suivre; **in seguito** ensuite

seguitare (sé-ghoui-*tââ*-ré) *v* continuer

sei (sëï) *num* six

selezionare (sé-lé-tsyô-*nââ*-ré) *v* sélectionner; **selezionato** exquis

selezione (sé-lé-*tsyôô*-né) *f* sélection *f*

self-service (*sélf*-seûr-viss) *m* libre-service *m*

sella (*sèl*-la) *f* selle *f*

selvaggina (sél-vad-*djii*-na) *f* gibier *m*

selvaggio (sél-*vad*-djô) *adj* sauvage

selvatico (sél-*vââ*-ti-kô) *adj* sauvage

semaforo (sé-*mââ*-fô-rô) *m* feu de circulation

sembrare (sém-*brââ*-ré) *v* sembler, *paraître

seme (*séé*-mé) *m* pépin *m*

semenza (sé-*mèn*-tsa) *f* semence *f*

semi- (sé-mi) semi-

semicerchio (sé-mi-*tchèr*-kyô) *m* demi-cercle *m*

seminare (sé-mi-*nââ*-ré) *v* semer

seminterrato (sé-minn-tér-*rââ*-tô) *m* sous-sol *m*

semplice (*sém*-pli-tché) *adj* simple

sempre (*sèm*-pré) *adv* toujours; **~ diritto** tout droit

senape (*sèè*-na-pé) *f* moutarde *f*

senato (sé-*nââ*-tô) *m* sénat *m*

senatore (sé-na-*tôô*-ré) *m* sénateur *m*

senile (sé-*nii*-lé) *adj* sénile

seno (*séé*-nô) *m* sein *m*

sensato (sén-*sââ*-tô) *adj* terre-à-terre

sensazionale (sén-sa-tsyô-*nââ*-lé) *adj* spectaculaire, sensationnel

sensazione (sén-sa-*tsyôô*-né) *f* sensation *f*; impression *f*

sensibile (sén-*sii*-bi-lé) *adj* sensible

sensibilità (sén-si-bi-li-*ta*) *f* sensibilité *f*

senso (*sèn*-sô) *m* sens *m*; **~ unico** sens unique

sentenza (sén-*tèn*-tsa) *f* jugement *m*, sentence *f*

sentiero (sén-*tyèè*-rô) *m* sentier *m*, chemin *m*, sentier pour piétons

sentimentale (sén-ti-mén-*tââ*-lé) *adj* sentimental

sentimento (sén-ti-*mén*-tô) *m* sentiment *m*

sentire (sén-*tii*-ré) *v* *sentir; écouter

senza (*sèn*-tsa) *prep* sans; **senz'altro** sans faute

separare (sé-pa-*rââ*-ré) *v* séparer

separatamente (sé-pa-ra-ta-*mén*-té) *adv* séparément

sepoltura (sé-pôl-*toû*-ra) *f* enterrement *m*

seppellimento (sép-pél-li-*mén*-tô) *m* sépulture *f*

seppellire (sép-pél-*lii*-ré) *v* enterrer

sequenza (sé-*kᵒᵘén*-tsa) *f* prise de vue

sequestrare (sé-kᵒᵘé-*strââ*-ré) *v* confisquer

sera (*séé*-ra) *f* soir *m*

serbatoio (sér-ba-*tôô*-yô) *m* réservoir *m*; **~ di benzina** réservoir d'essence

sereno (sé-*réé*-nô) *adj* clair

serie (*sèè*-ryé) *f* (pl~) suite *f*, série *f*

serietà (sé-ryé-*ta*) *f* sérieux *m*; gravité *f*

serio (*sèè*-ryô) *adj* sérieux

sermone (sér-*môô*-né) *m* sermon *m*

serpeggiante (sér-péd-*djann*-té) *adj* serpentant

serpente (sér-*pèn*-té) *m* serpent *m*

serra (*sèr*-ra) *f* serre *f*

serrare (sér-*rââ*-ré) *v* serrer

serratura (sér-ra-*toû*-ra) *f* serrure *f*

servire (sér-*vii*-ré) *v* *servir

servitore (sér-vi-*tôô*-ré) *m* domestique *m*

servizievole (sér-vi-*tsyéé*-vô-lé) *adj*

obligeant, serviable

servizio (sèr-*vii*-tsyô) *m* service *m*; ~ **da tavola** service de table; ~ **da tè** service à thé; ~ **in camera** service d'étage

servo (*sèr*-vô) *m* serviteur *m*

sessanta (séss-*sann*-ta) *num* soixante

sessione (séss-*syôô*-né) *f* séance *f*

sesso (*sèss*-sô) *m* sexe *m*

sessuale (séss-s^{ou}a-lé) *adj* sexuel

sessualità (séss-s^{ou}a-li-*ta*) *f* sexualité *f*

sesto (*sè*-stô) *num* sixième

seta (*séé*-ta) *f* soie *f*; **di** ~ soyeux

setacciare (sét-tat-*tchââ*-ré) *v* tamiser

setaccio (sé-*tat*-tchô) *m* passoire *f*

sete (*séé*-té) *f* soif *f*

settanta (sét-*tann*-ta) *num* soixante-dix

sette (*sèt*-té) *num* sept

settembre (sét-*tèm*-bré) septembre

settentrionale (sét-tén-tryô-*nââ*-lé) *adj* du nord, septentrional

settentrione (sét-tén-*tryôô*-né) *m* nord *m*

setticemia (sét-ti-tché-*mii*-a) *f* septicémie *f*

settico (*sèt*-ti-kô) *adj* septique

settimana (sét-ti-*mââ*-na) *f* semaine *f*

settimanale (sét-ti-ma-*nââ*-lé) *adj* hebdomadaire

settimo (*sèt*-ti-mô) *num* septième

settore (sét-*tôô*-ré) *m* domaine *m*

severo (sé-*vèè*-rô) *adj* sévère, grave

sezione (sé-*tsyôô*-né) *f* division *f*; section *f*

sfacciato (sfat-*tchââ*-tô) *adj* hardi

sfavorevole (sfa-vô-*réé*-vô-lé) *adj* défavorable

sfera (*sfèè*-ra) *f* sphère *f*

sfida (*sfii*-da) *f* défi *m*

sfidare (sfi-*dââ*-ré) *v* défier

sfilacciarsi (sfi-lat-*tchar*-si) *v* s'effilocher

sfiorare (sfyô-*râá*-ré) *v* frôler; effleurer

sfondo (*sfôn*-dô) *m* fond *m*

sfortuna (sfôr-*toû*-na) *f* malchance *f*, infortune *f*

sfortunato (sfôr-tou-*nââ*-tô) *adj* malheureux, infortuné

sforzarsi (sfôr-*tsar*-si) *v* s'efforcer

sforzo (*sfor*-tsô) *m* effort *m*; tension *f*

sfrontato (sfrôn-*tââ*-tô) *adj* effronté

sfruttare (sfrout-*tââ*-ré) *v* exploiter

sfuggire (sfoud-*djii*-ré) *v* échapper

sfumatura (sfou-ma-*toû*-ra) *f* nuance *f*

sgangerato (zghanng-ghé-*râá*-tô) *adj* croulant

sgarbato (zghar-*bââ*-tô) *adj* désagréable

sgocciolamento (zghôt-tchô-la-*mén*-tô) *m* fuite *f*

sgombrare (zghôm-*brââ*-ré) *v* évacuer

sgombro (*zghôm*-brô) *m* maquereau *m*

sgomentare (zghô-mén-*tââ*-ré) *v* terrifier

sgradevole (zghra-*déé*-vô-lé) *adj* désagréable, méchant

sguardo (*zgh^{ou}ar*-dô) *m* regard *m*

shampoo (*chamm*-pô) *m* shampooing *m*

si (si) *pron* se

sì (si) oui

sia … sia (*sii*-a) aussi bien que

Siam (syamm) *m* Siam *m*

siamese (sya-*méé*-zé) *adj* siamois; *m* Siamois *m*

siccità (sit-tchi-*ta*) *f* sécheresse *f*

siccome (sik-*kôô*-mé) *conj* parce que

sicurezza (si-kou-*rét*-tsa) *f* sécurité *f*; **cintura di** ~ ceinture de sécurité

sicuro (si-*koú*-rô) *adj* sûr

siepe (*syèè*-pé) *f* haie *f*

siero (*syèè*-rô) *m* sérum *m*

sifone (si-*fôô*-né) *m* siphon *m*

sigaretta (si-gha-*rét*-ta) *f* cigarette *f*

sigaro (*sii*-gha-rô) *m* cigare *m*

sigillo (si-*djil*-lô) *m* sceau *m*

significare (si-gni-fi-*kââ*-ré) *v* signifier

significativo (si-gni-fi-ka-*tii*-vô) *adj* significatif

significato (si-gni-fi-*kââ*-tô) *m* signification *f*

signora (si-*gnôô*-ra) *f* dame *f*; maîtresse de maison; madame

signore (si-*gnôô*-ré) *m* monsieur *m*

signorina (si-gnô-*rii*-na) *f* demoiselle *f*; mademoiselle

silenziatore (si-lén-tsya-*tôô*-ré) *m* silencieux *m*

silenzio (si-*lèn*-tsyô) *m* silence *m*

silenzioso (si-lén-*tsyôô*-sô) *adj* silencieux

sillaba (*sil*-la-ba) *f* syllabe *f*

simbolo (*simm*-bô-lô) *m* symbole *m*

simile (*sii*-mi-lé) *adj* semblable, pareil; tel; similaire

simpatia (simm-pa-*tii*-a) *f* sympathie *f*

simpatico (simm-*pââ*-ti-kô) *adj* sympathique

simulare (si-mou-*lââ*-ré) *v* simuler

simultaneo (si-moul-*tââ*-né-ô) *adj* simultané

sinagoga (si-na-*ghoo*-gha) *f* synagogue *f*

sincero (sinn-*tchèè*-rô) *adj* sincère

sindacato (sinn-da-*kââ*-tô) *m* syndicat *m*

sindaco (*sinn*-da-kô) *m* maire *m*

sinfonia (sinn-fô-*nii*-a) *f* symphonie *f*

singhiozzo (sinng-*ghiot*-tsô) *m* hoquet *m*

singolare (sinng-ghô-*lââ*-ré) *adj* singulier; *m* singulier *m*

singolarità (sinng-ghô-la-ri-*ta*) *f* particularité *f*

singolo (*sinng*-ghô-lô) *adj* particulier, seul; *m* individu *m*

sinistro (si-*ni*-strô) *adj* à gauche, gauche; sinistre; **a sinistra** de gauche

sino a (*sii*-nô a) jusque, jusqu'à

sinonimo (si-*noo*-ni-mô) *m* synonyme *m*

sintetico (sinn-*tèè*-ti-kô) *adj* synthétique

sintomo (*sinn*-tô-mô) *m* symptôme *m*

sintonizzare (sinn-tô-nid-*dzââ*-ré) *v* accorder

sipario (si-*pââ*-ryô) *m* rideau *m*

sirena (si-*rèè*-na) *f* sirène *f*

Siria (*sii*-rya) *f* Syrie *f*

siriano (si-*ryââ*-nô) *adj* syrien; *m* Syrien *m*

siringa (si-*rinng*-gha) *f* seringue *f*

sistema (si-*stèè*-ma) *m* système *m*; ~ **di raffreddamento** système de refroidissement; ~ **lubrificante** système de lubrification

sistemare (si-sté-*mââ*-ré) *v* régler; **sistemarsi** s'établir

sistematico (si-sté-*mââ*-ti-kô) *adj* systématique

sistemazione (si-sté-ma-*tsyôô*-né) *f* accommodation *f*

sito (*sii*-tô) *m* site *m*

situato (si-*t*ou*ââ*-tô) *adj* situé

situazione (si-*t*ou*a-tsyôô*-né) *f* situation *f*; position *f*

slacciare (zlat-*tchââ*-ré) *v* détacher, dénouer

slegare (zlé-*ghââ*-ré) *v* desserrer; **slegato** lâche

slip (zlip) *mpl* slip *m*

slitta (*zlit*-ta) *f* luge *f*, traîneau *m*

slittare (zlit-*tââ*-ré) *v* glisser

slogan (*zloo*-ghann) *m* slogan *m*

slogato (zlô-*ghââ*-tô) *adj* disloqué

smacchiatore (zmak-kya-*tôô*-ré) *m* détachant *m*

smaltare (zmal-*tââ*-ré) *v* vernir; **smaltato** émaillé

smalto (*zmal*-tô) *m* émail *m*; ~ **per unghie** vernis à ongle

smarrire (zmar-*rii*-ré) *v* perdre; égarer; **smarrito** disparu; égaré

smemorato (zmé-mô-*rââ*-tô) *adj* oublieux

smeraldo (zmé-*ral*-dô) *m* émeraude *f*

*****smettere** (zmét-té-ré) *v* cesser, arrêter

smisurato (zmi-zou-*rââ*-tô) *adj* immense

smoking (*zmo*-kinng) *m* smoking *m*

smorfia (*zmôr*-fya) *f* sourire forcé

smorto (*zmor*-tô) *adj* terne

smussato (zmouss-*sââ*-tô) *adj* émoussé

snello (*znèl*-lô) *adj* mince, svelte

sobborgo (sôb-*bôr*-ghô) *m* faubourg *m*; banlieue *f*

sobrio (*soo*-bryô) *adj* sobre

soccombere (sôk-*kôm*-bé-ré) *v* succomber

soccorso (sôk-*kôr*-sô) *m* aide *f*; **equipaggiamento di pronto ~** trousse de secours; **pronto ~** premier secours

sociale (sô-*tchââ*-lé) *adj* social

socialismo (sô-tcha-*li*-zmô) *m* socialisme *m*

socialista (sô-tcha-*li*-sta) *adj* socialiste; *m* socialiste *m*

società (sô-tchyé-*ta*) *f* société *f*

socio (*soo*-tchô) *m* membre *m*; associé *m*, partenaire *m*

*****soddisfare** (sôd-di-*sfââ*-ré) *v* *satisfaire

soddisfazione (sôd-di-sfa-*tsyôô*-né) *f* satisfaction *f*

sofà (sô-*fa*) *m* canapé *m*

sofferenza (sôf-fé-*rèn*-tsa) *f* souffrance *f*

soffiare (sôf-*fyââ*-ré) *v* souffler

soffione (sôf-*fyôô*-né) *m* pissenlit *m*

soffitta (sôf-*fit*-ta) *f* grenier *m*

soffitto (sôf-*fit*-tô) *m* plafond *m*

soffocare (sôf-fô-*kââ*-ré) *v* suffoquer

*****soffrire** (sôf-*frii*-ré) *v* *souffrir

soggetto (sôd-*djèt*-tô) *m* sujet *m*; **soggetto a** sujet à

soggiornare (sôd-djôr-*nââ*-ré) *v* séjourner

soggiorno (sôd-*djôr*-nô) *m* séjour *m*; salon *m*, pièce de séjour

soglia (*soo*-lYa) *f* seuil *m*

sogliola (*soo*-lYô-la) *f* sole *f*

sognare (sô-*gnââ*-ré) *v* rêver, songer

sogno (*sôô*-gnô) *m* rêve *m*

solamente (sô-la-*mén*-té) *adv* seulement

solco (*sôl*-kô) *m* sillon *m*

soldato (sôl-*dââ*-tô) *m* soldat *m*

sole (*sôô*-lé) *m* soleil *m*

soleggiato (sô-léd-*djââ*-tô) *adj* ensoleillé

solenne (sô-*lèn*-né) *adj* solennel

*****solere** (sô-*léé*-ré) *v* *avoir l'habitude de

solido (*soo*-li-dô) *adj* solide; *m* solide *m*

solitario (sô-li-*tââ*-ryô) *adj* solitaire

solito (*soo*-li-tô) *adj* coutumier, ordinaire, commun

solitudine (sô-li-*toû*-di-né) *f* solitude *f*

sollecito (sôl-*léé*-tchi-tô) *adj* instantané

solleticare (sôl-lé-ti-*kââ*-ré) *v* chatouiller

sollevare (sôl-lé-*vââ*-ré) *v* lever, élever; soulever

sollievo (sôl-*lYèè*-vô) *m* soulagement *m*

solo (*sôô*-lô) *adj* seul; *adv* rien que, seul

soltanto (sôl-*tann*-tô) *adv* seulement

solubile (sô-*loû*-bi-lé) *adj* soluble

soluzione (sô-lou-*tsyôô*-né) *f* solution *f*

somiglianza (sô-mi-*lYann*-tsa) *f* ressemblance *f*

somma (*sôm*-ma) *f* somme *f*

sommario (sôm-*mââ*-ryô) *m* sommaire

m

somministrare (sôm-mi-ni-*strââ*-ré) *v* administrer

sommo (*sôm*-mô) *adj* supérieur

sommossa (sôm-*moss*-sa) *f* émeute *f*

sonare (sô-*nââ*-ré) *v* jouer

sonnifero (sôn-*nii*-fé-rô) *m* somnifère *m*

sonno (*sôn*-nô) *m* sommeil *m*

sonoro (sô-*noo*-rô) *adj* sonore

sopportare (sôp-pôr-*tââ*-ré) *v* supporter, endurer

sopra (*sôô*-pra) *prep* au-dessus de ; par-dessus ; *adv* en haut ; **al di ~** au-dessus ; **di ~** en haut

soprabito (sô-*prââ*-bi-tô) *m* manteau *m* ; pardessus *m*

sopracciglio (sô-prat-*tchii*-lʸô) *m* sourcil *m*

*sopraffare** (sô-praf-*fââ*-ré) *v* déconcerter

soprappeso (sô-prap-*péé*-sô) *m* surcharge *f*

soprattutto (sô-prat-*tout*-tô) *adv* surtout, principalement

sopravvivenza (sô-prav-vi-*vèn*-tsa) *f* survie *f*

*sopravvivere** (sô-prav-*vii*-vé-ré) *v* *survivre

soprintendenza (sô-prinn-tén-*dèn*-tsa) *f* supervision *f*

*soprintendere** (sô-prinn-*tèn*-dé-ré) *v* superviser

sordido (*sor*-di-dô) *adj* répugnant

sordo (*sôr*-dô) *adj* sourd

sorella (sô-*rèl*-la) *f* sœur *f*

sorgente (sôr-*djèn*-té) *f* source *f*

*sorgere** (*sor*-djé-ré) *v* se lever ; surgir

sorpassare (sôr-pass-*sââ*-ré) *v* dépasser

sorprendente (sôr-prén-*dèn*-té) *adj* étonnant

*sorprendere** (sôr-*prèn*-dé-ré) *v* *surprendre

sorpresa (sôr-*préé*-sa) *f* étonnement *m*, surprise *f*

*sorridere** (sôr-*rii*-dé-ré) *v* *sourire

sorriso (sôr-*rii*-sô) *m* sourire *m*

sorsetto (sôr-*sét*-tô) *m* gorgée *f*

sorte (*sor*-té) *f* sort *m*

sorteggio (sôr-*téd*-djô) *m* tirage *m*

sorveglianza (sôr-vé-*lʸann*-tsa) *f* surveillance *f*

sorvegliare (sôr-vé-*lʸââ*-ré) *v* surveiller

*sospendere** (sô-*spèn*-dé-ré) *v* suspendre

sospensione (sô-spén-*syôô*-né) *f* suspension *f*

sospettare (sô-spét-*tââ*-ré) *v* soupçonner

sospetto (sô-*spèt*-tô) *adj* suspect ; *m* défiance *f*, méfiance *f*, soupçon *m*

sospettoso (sô-spét-*tôô*-sô) *adj* soupçonneux, méfiant

sostanza (sô-*stann*-tsa) *f* substance *f*

sostanziale (sô-stann-*tsyââ*-lé) *adj* substantiel

sostare (sô-*stââ*-ré) *v* s'arrêter

sostegno (sô-*stéé*-gnô) *m* soutien *m*

*sostenere** (sô-sté-*néé*-ré) *v* *soutenir

sostituire (sô-sti-*touii*-ré) *v* remplacer, substituer

sostituto (sô-sti-*toû*-tô) *m* substitut *m*

sottaceti (sôt-ta-*tchéé*-ti) *mpl* conserves au vinaigre, marinade *f*

sotterraneo (sô-tér-*rââ*-né-ô) *adj* souterrain

sottile (sôt-*tii*-lé) *adj* mince, fin ; subtil

sotto (*sôt*-tô) *prep* en dessous de, en bas de, au-dessous de, sous ; *adv* dessous

sottolineare (sôt-tô-li-né-*ââ*-ré) *v* souligner

*sottomettere** (sôt-tô-*mét*-té-ré) *v* *soumettre

*sottoporre** (sôt-tô-*pôr*-ré) *v* *soumettre

sottoscritto (sôt-tô-*skrit*-tô) *m* soussigné *m*

*****sottoscrivere** (sôt-tô-*skrii*-vé-ré) *v* signer

sottosopra (sôt-tô-*sôô*-pra) sens dessus dessous

sottotitolo (sôt-tô-*tii*-tô-lô) *m* sous-titre *m*

sottovalutare (sôt-tô-va-lou-*tââ*-ré) *v* sous-estimer

sottoveste (sôt-tô-*vè*-sté) *f* combinaison *f*

*****sottrarre** (sôt-*trar*-ré) *v* *soustraire; *déduire

sovietico (sô-*vyèè*-ti-kô) *adj* soviétique

sovrano (sô-*vrââ*-nô) *m* souverain *m*; dirigeant *m*

sovvenzione (sôv-vén-*tsyôô*-né) *f* subvention *f*

sozzo (*sôd*-dzô) *adj* sale

spaccare (spak-*kââ*-ré) *v* fendre; hacher; **spaccarsi** éclater

spada (*spââ*-da) *f* épée *f*

Spagna (*spââ*-gna) *f* Espagne *f*

spagnolo (spa-*gnôô*-lô) *adj* espagnol; *m* Espagnol *m*

spago (*spââ*-ghô) *m* ficelle *f*, cordon *m*

spalancare (spa-lanng-*kââ*-ré) *v* *ouvrir grand

spalla (*spal*-la) *f* épaule *f*

*****spandere** (*spann*-dé-ré) *v* répandre

sparare (spa-*rââ*-ré) *v* tirer

*****spargere** *v* répandre; verser

sparire (spa-*rii*-ré) *v* *disparaître

sparo (*spââ*-rô) *m* coup de feu

sparpagliare (spar-pa-*lYââ*-ré) *v* disperser

spaventare (spa-vén-*tââ*-ré) *v* effrayer; **spaventarsi** *être effrayé

spaventevole (spa-vén-*téé*-vô-lé) *adj* terrifiant

spavento (spa-*vèn*-tô) *m* panique *f*, frayeur *f*

spaventoso (spa-vén-*tôô*-sô) *adj* affreux, terrible

spaziare (spa-*tsyââ*-ré) *v* espacer

spazio (*spââ*-tsyô) *m* espace *m*, intervalle *m*

spazioso (spa-*tsyôô*-sô) *adj* spacieux

spazzare (spat-*tsââ*-ré) *v* essuyer

spazzatura (spat-tsa-*toú*-ra) *f* rebut *m*, détritus *m*

spazzola (*spat*-tsô-la) *f* brosse *f*; ~ **per capelli** brosse à cheveux ; ~ **per vestiti** brosse à habits ; **spazzolino da denti** brosse à dents; **spazzolino per le unghie** brosse à ongles

spazzolare (spat-tsô-*lââ*-ré) *v* brosser; lustrer

specchio (*spèk*-kyô) *m* miroir *m*

speciale (spé-*tchââ*-lé) *adj* spécial

specialista (spé-tcha-*li*-sta) *m* spécialiste *m*

specialità (spé-tcha-li-*ta*) *f* spécialité *f*

specializzarsi (spé-tcha-lid-*dzar*-si) *v* se spécialiser

specialmente (spé-tchal-*mén*-té) *adv* spécialement

specie (*spèè*-tché) *f* (pl ~) espèce *f*; sorte *f*

specifico (spé-*tchii*-fi-kô) *adj* spécifique

speculare (spé-kou-*lââ*-ré) *v* spéculer

spedire (spé-*dii*-ré) *v* expédier, *envoyer

spedizione (spé-di-*tsyôô*-né) *f* expédition *f*

*****spegnere** (*spèè*-gné-ré) *v* *éteindre

spelonca (spé-*lông*-ka) *f* crevasse *f*

*****spendere** (*spèn*-dé-ré) *v* dépenser

spendereccio (spén-dé-*rét*-tchô) *adj* gaspilleur

spensierato (spén-syé-*rââ*-tô) *adj* insouciant

speranza (spé-*rann*-tsa) *f* espoir *m*

speranzoso (spé-rann-*tsôô*-sô) *adj* plein d'espoir

sperare (spé-*râa*-ré) *v* espérer

spergiuro (spér-*djoú*-rô) *m* faux serment

sperimentare (spé-ri-mén-*tââ*-ré) *v* expérimenter; *faire l'expérience de

spesa (*spéé*-sa) *f* dépense *f*; *fare la ~ *faire des achats; **spese** frais *mpl*; **spese di viaggio** prix du voyage; frais de voyage

spesso (*spéss*-sô) *adj* gros; *adv* souvent

spessore (spéss-*sô*-ré) *m* épaisseur *f*

spettacolo (spét-*tââ*-kô-lô) *m* spectacle *m*

spettatore (spét-ta-*tôô*-ré) *m* spectateur *m*

spettro (*spèt*-trô) *m* spectre *m*, fantôme *m*

spezie (*spèè*-tsyé) *fpl* épices *fpl*

spezzare (spét-*tsââ*-ré) *v* casser; *interrompre

spia (*spii*-a) *f* espion *m*

spiacente (spya-*tchèn*-té) *adj* désolé

spiacevole (spya-*tchéé*-vô-lé) *adj* déplaisant

spiaggia (*spyad*-dja) *f* plage *f*; ~ **per nudisti** plage pour nudistes

spianata (spya-*nââ*-ta) *f* esplanade *f*

spianato (spya-*nââ*-tô) *adj* plan

spiare (*spyââ*-ré) *v* épier

spicciarsi (spit-*tchar*-si) *v* se dépêcher

spiccioli (*spit*-tchô-li) *mpl* petite monnaie

spiedo (*spyèè*-dô) *m* broche *f*

spiegabile (spyé-*ghââ*-bi-lé) *adj* explicable

spiegare (spyé-*ghââ*-ré) *v* déplier; expliquer

spiegazione (spyé-gha-*tsyôô*-né) *f* explication *f*

spietato (spyé-*tââ*-tô) *adj* insensible

spilla (*spil*-la) *f* broche *f*

spillo (*spil*-lô) *m* épingle *f*; ~ **di sicurezza** épingle de sûreté

spina (*spii*-na) *f* épine *f*; fiche *f*; ~ **di pesce** arête *f*; ~ **dorsale** épine dorsale

spinaci (spi-*nââ*-tchi) *mpl* épinards *mpl*

*spingere** (*spinn*-djé-ré) *v* pousser

spinta (*spinn*-ta) *f* coup *m*

spirare (spi-*râa*-ré) *v* *venir à échéance

spirito (*spii*-ri-tô) *m* esprit *m*; humour *m*

spiritoso (spi-ri-*tôô*-sô) *adj* spirituel, drôle

spirituale (spi-ri-*t^ouââ*-lé) *adj* spirituel

splendido (*splèn*-di-dô) *adj* splendide; ravissant

splendore (splén-*dôô*-ré) *m* éblouissement *m*; splendeur *f*

spogliarsi (spô-*l^yar*-si) *v* se déshabiller

spogliatoio (spô-*l^ya*-tôô-yô) *m* vestiaire *m*

spoglio (*spoo*-l^yô) *adj* nu, dénudé

sponda (*spón*-da) *f* rivage *m*

sporco (*spor*-kô) *adj* sale, malpropre

sport (sport) *m* sport *m*; ~ **invernali** sports d'hiver; ~ **velico** yachting *m*

sportello automatico (spor-*tél*-lô aou-tô-*mââ*-ti-kô) *m* distributeur automatique *m*

sportivo (spôr-*tii*-vô) *m* sportif *m*

sposa (*spoo*-za) *f* fiancée *f*

sposalizio (spô-za-*lii*-tsyô) *m* mariage *m*

sposare (spô-*zââ*-ré) *v* épouser; **sposarsi** se marier

sposo (*spoo*-zô) *m* marié *m*

spostamento (spô-sta-*mén*-tô) *m* déplacement *m*

spostare (spô-*stââ*-ré) *v* déplacer, enlever

sprecare (spré-*kââ*-ré) *v* gaspiller

spreco (*sprèè*-kô) *m* gaspillage *m*

spruzzatore (sprout-tsa-*tôô*-ré) *m* aérosol *m*

spugna (*spoû*-gna) *f* éponge *f*; tissu-éponge *m*

spumante (spou-*mann*-té) *adj* mousseux

spumare (spou-*mââ*-ré) *v* mousser

spuntato (spoun-*tââ*-tô) *adj* émoussé

spuntino (spoun-*tii*-nô) *m* casse-croûte *m*

sputare (spou-*tââ*-ré) *v* cracher

sputo (*spoû*-tô) *m* crachat *m*

squadra (*sk^oûââ*-dra) *f* équipe *f*

squadriglia (sk^oua-*drii*-l^ya) *f* escadrille *f*

squama (*sk^oûââ*-ma) *f* écaille *f*

squattrinato (sk^ouat-tri-*nââ*-tô) *adj* fauché

squisito (skoui-*zii*-tô) *adj* exquis

stabile (*stââ*-bi-lé) *adj* ferme, stable; *m* locaux *mpl*

stabilire (sta-bi-*lii*-ré) *v* établir; définir

staccare (stak-*kââ*-ré) *v* détacher

stadio (*stââ*-dyô) *m* stade *m*; phase *f*

staffa (*staf*-fa) *f* étrier *m*

stagione (sta-*djôô*-né) *f* saison *f*; **alta ~** pleine saison; **bassa ~** morte-saison *f*; **fuori ~** hors saison

stagno (*stââ*-gnô) *m* étain *m*; étang *m*

stagnola (sta-*gnoo*-la) *f* papier d'étain

stalla (*stal*-la) *f* étable *f*

stamani (sta-*mââ*-ni) *adv* ce matin

stampa (*stamm*-pa) *f* presse *f*; gravure *f*, estampe *f*; **stampe** imprimé *m*

stampare (stamm-*pââ*-ré) *v* imprimer

stampella (stamm-*pèl*-la) *f* béquille *f*

stancare (stanng-*kââ*-ré) *v* fatiguer

stanco (*stanng*-kô) *adj* fatigué

stanotte (sta-*not*-té) *adv* cette nuit

stantio (stann-*tii*-ô) *adj* étouffant

stantuffo (stann-*touf*-fô) *m* piston *m*; **asta dello ~** tige de piston

stanza (*stann*-tsa) *f* chambre *f*; **~ da**

bagno salle de bain

stappare (stap-*pââ*-ré) *v* déboucher

*stare (*stââ*-ré) *v* rester; **lasciar ~** ne pas toucher; ***star disteso** *être couché; **~ attento a** *faire attention à; **~ in guardia** *prendre garde; **~ in piedi** se *tenir debout

starnutire (star-nou-*tii*-ré) *v* éternuer

stasera (sta-*sèè*-ra) *adv* ce soir

statale (sta-*tââ*-lé) *adj* de l'Etat

statistica (sta-*ti*-sti-ka) *f* statistique *f*

Stati Uniti (*stââ*-ti ou-*nii*-ti) Etats-Unis

stato (*stââ*-tô) *m* Etat *m*; état *m*; **~ di emergenza** état d'urgence

statua (*stââ*-t^oua) *f* statue *f*

stazionario (sta-tsyô-*nââ*-ryô) *adj* stationnaire

stazione (sta-*tsyôô*-né) *f* gare *f*; **~ balneare** station balnéaire; **~ centrale** gare centrale; **~ di servizio** station-service *f*; **~ termale** station thermale

stecca (*sték*-ka) *f* tige *f*; éclisse *f*; cartouche *f*

steccato (sték-*kââ*-tô) *m* barrière *f*

stella (*stél*-la) *f* étoile *f*

stendardo (stén-*dar*-dô) *m* bannière *f*

*stendere (*stén*-dé-ré) *v* étendre

stenografia (sté-nô-ghra-*fii*-a) *f* sténographie *f*

stenografo (sté-*noo*-ghra-fô) *m* sténographe *m*

sterile (*stèè*-ri-lé) *adj* stérile

sterilizzare (sté-ri-lid-*dzââ*-ré) *v* stériliser

stesso (*stéss*-sô) *adj* même

steward (stou-ard) *m* steward *m*

stile (*stii*-lé) *m* style *m*

stima (*stii*-ma) *f* estime *f*; ***fare la ~** évaluer

stimare (sti-*mââ*-ré) *v* estimer

stimolante (sti-mô-*lann*-té) *m* stimulant *m*

stimolare (sti-mô-*lââ*-ré) *v* stimuler,

exhorter

stimolo (*stii*-mô-lô) *m* stimulant *m*

stipendio (sti-*pèn*-dyô) *m* paie *f*, gages *mpl*

stipulare (sti-pou-*lââ*-ré) *v* stipuler

stipulazione (sti-pou-la-*tsyôô*-né) *f* stipulation *f*

stirare (sti-*rââ*-ré) *v* repasser; **non si stira** sans repassage, repassage permanent; **senza stiratura** sans repassage; **stiratura permanente** pli permanent

stitichezza (sti-ti-*két*-tsa) *f* constipation *f*

stitico (*stii*-ti-kô) *adj* constipé

stiva (*stii*-va) *f* cale *f*

stivale (sti-*vââ*-lé) *m* botte *f*

stizza (*stit*-tsa) *f* colère *f*

stoffa (*stof*-fa) *f* tissu *m*

stola (*stoo*-la) *f* étole *f*

stolto (*stôl*-tô) *adj* sot

stomachevole (stô-ma-*kéé*-vô-lé) *adj* dégoûtant

stomaco (*stoo*-ma-kô) *m* estomac *m*; **bruciore di ~** brûlures d'estomac

*****storcere** (stor-tché-ré) *v* tordre; fouler

stordito (stôr-*dii*-tô) *adj* étourdi

storia (*stoo*-rya) *f* histoire *f*; conte *m*

storico (*stoo*-ri-kô) *adj* historique; *m* historien *m*

stornello (stôr-*nèl*-lô) *m* étourneau *m*

storta (*stor*-ta) *f* secousse *f*

storto (*stor*-tô) *adj* courbe

stoviglie (stô-*vii*-l'yé) *fpl* vaisselle *f*; **canovaccio per ~** torchon *m*

strabico (*strââ*-bi-kô) *adj* louche

straccio (*strat*-tchô) *m* chiffon *m*

strada (*strââ*-da) *f* rue *f*, route *f*; **a mezza ~** à mi-chemin; **~ a pedaggio** route à péage; **~ ferrata** voie ferrée; **~ in riparazione** route en réfection; **~ maestra** route principale

strangolare (stranng-ghô-*lââ*-ré) *v* étrangler

straniero (stra-*gnèè*-rô) *adj* étranger; *m* étranger *m*

strano (*strââ*-nô) *adj* étrange; bizarre, singulier

straordinario (stra-ôr-di-*nââ*-ryô) *adj* extraordinaire

strappare (strap-*pââ*-ré) *v* déchirer

strappo (*strap*-pô) *m* déchirure *f*

strato (*strââ*-tô) *m* couche *f*

strattone (strat-*tôô*-né) *m* à-coup *m*

stravagante (stra-va-*ghann*-té) *adj* extravagant

strega (*stréé*-gha) *f* sorcière *f*

stregare (stré-*ghââ*-ré) *v* ensorceler

stretta (*strét*-ta) *f* prise *f*, étreinte *f*; **~ di mano** poignée de main

strettamente (strét-ta-*mén*-té) *adv* fortement

stretto (*strét*-tô) *adj* étroit; juste, serré

stria (*strii*-a) *f* raie *f*

striato (*stryââ*-tô) *adj* rayé

strillare (stril-*lââ*-ré) *v* crier, hurler, pousser des cris

strillo (*stril*-lô) *m* cri *m*

*****stringere** (*strinn*-djé-ré) *v* resserrer

striscia (*strich*-cha) *f* bande *f*

strisciare (strich-*chââ*-ré) *v* ramper

strofa (*stroo*-fa) *f* strophe *f*

strofinare (strô-fi-*nââ*-ré) *v* frotter; ôter

strozzare (strôt-*tsââ*-ré) *v* étrangler, étouffer

strumento (strou-*mén*-tô) *m* outil *m*; instrument *m*; **~ musicale** instrument de musique

struttura (strout-*toû*-ra) *f* structure *f*, texture *f*

struzzo (*strout*-tsô) *m* autruche *f*

stucco (*stouk*-kô) *m* crépi *m*

studente (stou-*dèn*-té) *m* étudiant *m*

studentessa (stou-dén-*téss*-sa) *f* étudiante f

studiare (stou-*dyââ*-ré) v étudier

studio (*stoû*-dyô) m étude f; cabinet m

stufa (*stoû*-fa) f fourneau m; ~ **a gas** fourneau à gaz

stufo di (*stoû*-fô di) dégoûté, las de

stuoia (*st^{ou}oo*-ya) f tapis m

*****stupefare** (stou-pé-*fââ*-ré) v *surprendre

stupendo (stou-*pèn*-dô) adj splendide

stupidaggini (stou-pi-*dad*-dji-ni) fpl sottise f; *dire ~ baratiner

stupido (*stoû*-pi-dô) adj stupide; bête

stupire (stou-*pii*-ré) v étonner, *surprendre

stupore (stou-*pôô*-ré) m étonnement m

stuzzicadenti (stout-tsi-ka-*dèn*-ti) m cure-dent m

stuzzicare (stout-tsi-*kââ*-ré) v taquiner

stuzzichino (stout-tsi-*kii*-nô) m amuse-gueule m

su (sou) prep sur; au-dessus de; de; adv en haut; **in** ~ vers le haut, en haut

subacqueo (sou-*bak*-k^{ou}é-ô) adj sous-marin

subalterno (sou-bal-*tèr*-nô) adj subordonné

subire (sou-*bii*-ré) v subir

subito (*soû*-bi-tô) adv immédiatement, tout de suite, tout à l'heure, sur-le-champ

subordinato (sou-bôr-di-*nââ*-tô) adj subalterne

suburbano (sou-bour-*bââ*-nô) adj suburbain

*****succedere** (sout-*tchèè*-dé-ré) v succéder; arriver, se passer

successione (sout-tchéss-*syôô*-né) f succession f

successivo (sout-tchéss-*sii*-vô) adj prochain, postérieur

successo (sout-*tchèss*-sô) m succès m

succhiare (souk-*kyââ*-ré) v sucer

succo (*souk*-kô) m jus m; ~ **di frutta** jus de fruits

succoso (souk-*kôô*-sô) adj juteux

succursale (souk-kour-*sââ*-lé) f succursale f

sud (soud) m sud m; **polo Sud** pôle sud

sudare (sou-*dââ*-ré) v suer

suddito (*soud*-di-tô) m sujet m

sud-est (sou-*dèst*) m sud-est m

sudicio (*soû*-di-tchô) adj souillé; sale, malpropre

sudiciume (sou-di-*tchoû*-mé) m saleté f

sudore (sou-*dôô*-ré) m sueur f

sud-ovest (soud-*oo*-vést) m sud-ouest m

sufficiente adj suffisant

suffragio (souf-*frââ*-djô) m droit de vote, suffrage m

suggerimento (soud-djé-ri-*mén*-tô) m suggestion f

suggerire (soud-djé-*rii*-ré) v suggérer

sughero (*soû*-ghé-rô) m bouchon m

sugo (*soû*-ghô) m jus m

suicidio (soui-*tchii*-dyô) m suicide m

sunto (*soun*-tô) m résumé m

suo (*soû*-ô) adj (f sua;pl suoi,sue) son; **Suo** adj votre

suocera (*s^{ou}oo*-tché-ra) f belle-mère f

suocero (*s^{ou}oo*-tché-rô) m beau-père m; **suoceri** beaux-parents mpl

suola (*s^{ou}oo*-la) f semelle f

suolo (*s^{ou}oo*-lô) m sol m

suonare (s^{ou}ô-*nââ*-ré) v sonner; ~ **il clacson** klaxonner

suono (*s^{ou}oo*-nô) m son m

superare (sou-pé-*rââ*-ré) v surpasser

superbo (sou-*pèr*-bô) adj superbe

superficiale (sou-pér-fi-*tchââ*-lé) adj superficiel

superficie (sou-pér-*fii*-tché) f surface f

superfluo (sou-*pèr*-fl^{ou}ô) *adj* superflu
superiore (sou-pé-*ryôô*-ré) *adj* supérieur
superlativo (sou-pér-la-*tii*-vô) *adj* superlatif *m*
supermercato (sou-pér-mér-*kââ*-tô) *m* supermarché *m*
superstizione (sou-pér-sti-*tsyôô*-né) *f* superstition *f*
supplementare (soup-plé-mén-*tââ*-ré) *adj* supplémentaire
supplemento (soup-plé-*mén*-tô) *m* supplément *m*
supplicare (soup-pli-*kââ*-ré) *v* supplier
***supporre** (soup-*pôr*-ré) *v* supposer; suspecter; **supposto che** en admettant que
supposta (soup-*pô*-sta) *f* suppositoire *m*
suscitare (souch-chi-*tââ*-ré) *v* susciter
susina (sou-*sii*-na) *f* prune *f*
sussidio (souss-*sii*-dyô) *m* subvention *f*
sussistenza (souss-si-*stèn*-tsa) *f* subsistance *f*
sussurro (souss-*sour*-rô) *m* chuchotement *m*
suturare (sou-tou-*râât*-ré) *v* suturer
svago (*zvââ*-ghô) *m* récréation *f*
svalutare (zva-lou-*tââ*-ré) *v* dévaluer
svalutazione (zva-lou-ta-*tsyôô*-né) *f* dévaluation *f*
svantaggio (zvann-*tad*-djô) *m* désavantage *m*
svedese (zvé-*déé*-zé) *adj* suédois; *m* Suédois *m*
sveglia (*zvéé*-l^ya) *f* réveil *m*
svegliare (zvé-*l^yââ*-ré) *v* réveiller
sveglio (*zvéé*-l^yô) *adj* réveillé; éveillé, adroit, malin
svelare (zvé-*lââ*-ré) *v* révéler
svelto (*zvèl*-tô) *adj* rapide
svendita (*zvén*-di-ta) *f* soldes *m*
***svenire** (zvé-*nii*-ré) *v* s'évanouir

sventolare (zvén-tô-*lââ*-ré) *v* *faire signe
Svezia (*zvèè*-tsya) *f* Suède *f*
sviluppare (zvi-loup-*pââ*-ré) *v* développer
sviluppo (zvi-*loup*-pô) *m* développement *m*
svista (*zvi*-sta) *f* faux pas, inadvertance *f*
svitare (zvi-*tââ*-ré) *v* dévisser
Svizzera (*zvit*-tsé-ra) *f* Suisse *f*
svizzero (*zvit*-tsé-rô) *adj* suisse; *m* Suisse *m*
***svolgere** (*zvol*-djé-ré) *v* dérouler; traiter; déployer
svolta (*zvol*-ta) *f* virage *m*, tournant *m*
swahili (zva-*ii*-li) *m* Swahili *m*

T

tabaccaio (ta-bak-*kââ*-yô) *m* débitant de tabac
tabaccheria (ta-bak-ké-*rii*-a) *f* bureau de tabac
tabacco (ta-*bak*-kô) *m* tabac *m*; ~ **da pipa** tabac pour pipe
tabella (ta-*bèl*-la) *f* tableau *m*, table *f*; ~ **di conversione** tableau de conversions
tabù (ta-*bou*) *m* tabou *m*
taccagno (tak-*kââ*-gnô) *adj* mesquin
tacchino (tak-*kii*-nô) *m* dinde *f*
tacco (*tak*-kô) *m* talon *m*
taccuino (tak-*kouii*-nô) *m* carnet *m*
***tacere** (ta-*tchéé*-ré) *v* se *taire
tachimetro (ta-*kii*-mé-trô) *m* indicateur de vitesse
tagliacarte (ta-l^ya-*kar*-té) *m* coupe-papier *m*
tagliando (ta-*l^yann*-dô) *m* coupon *m*
tagliare (ta-*l^yââ*-ré) *v* couper; décou-

per, tailler

taglio (*tââ-l*ᵞô) *m* coupure *f*; ~ **di capelli** coupe de cheveux

tailandese (taï-lann-*déé*-sé) *adj* thaïlandais; *m* Thaïlandais *m*

Tailandia (taï-*lann*-dya) *f* Thaïlande *f*

talco (*tal*-kô) *m* talc *m*; ~ **per piedi** poudre pour les pieds

tale (*tââ*-lé) *adj* tel

talento (ta-*lèn*-tô) *m* talent *m*; **di ~** doué

talloncino (tal-lôn-*tchiinô*) *m* talon *m*

tallone (tal-*lôô*-né) *m* talon *m*

talmente (tal-*mén*-té) *adv* tellement

taluni (ta-*loú*-ni) *pron* quelques

talvolta (tal-*vol*-ta) *adv* parfois

tamburo (tamm-*boú*-rô) *m* tambour *m*; ~ **del freno** tambour de frein

tampone (tamm-*pôô*-né) *m* tampon *m*

tana (*tââ*-na) *f* tanière *f*

tangibile (tann-*djii*-bi-lé) *adj* tangible

tanto (*tann*-tô) *adv* autant; **di ~ in tanto** de temps en temps; **ogni ~** de temps en temps

tappa (*tap*-pa) *f* étape *f*

tappeto (tap-*péé*-tô) *m* tapis *m*

tappezzare (tap-pét-*tsââ*-ré) *v* capitonner, *recouvrir

tappezzeria (tap-pét-tsé-*rii*-a) *f* tapisserie *f*

tappo (*tap*-pô) *m* bouchon *m*

tardi (*tar*-di) *adv* tard

tardivo (tar-*dii*-vô) *adj* tard

tardo (*tar*-dô) *adj* tardif; lent

targa automobilistica (*tar*-gha aou-tô-mô-bi-*li*-sti-ka) plaque d'immatriculation

tariffa (ta-*rif*-fa) *f* taux *m*, tarif *m*; ~ **del parcheggio** droit de stationnement; ~ **doganale** droit de douane; ~ **notturna** tarif de nuit

tarma (*tar*-ma) *f* mite *f*

tartaruga (tar-ta-*roú*-gha) *f* tortue *f*

tasca (*ta*-ska) *f* poche *f*

tassa (*tass*-sa) *f* impôt *m*; ~ **sugli affari** impôt sur le chiffre d'affaires

tassabile (tass-*sââ*-bi-lé) *adj* imposable

tassametro (tass-*sââ*-mé-trô) *m* taximètre *m*

tassare (tass-*sââ*-ré) *v* imposer

tassì (tass-*si*) *m* taxi *m*

tassista (tass-*si*-sta) *m* chauffeur de taxi

tattica (*tat*-ti-ka) *f* tactique *f*

tatto (*tat*-tô) *m* toucher *m*

taverna (ta-*vèr*-na) *f* café *m*, bistrot *m*; taverne *f*

tavola (*tââ*-vô-la) *f* table *f*; ~ **calda** snack-bar *m*, cafétéria *f*

tavoletta (ta-vô-*lét*-ta) *f* tableau *m*

tazza (*tat*-tsa) *f* tasse *f*; chope *f*; **tazzina da tè** tasse à thé

te (té) *pron* toi

tè (tè) *m* thé *m*

teatro (té-*ââ*-trô) *m* théâtre *m*; ~ **dell'opera** opéra *m*

tecnica (*tèk*-ni-ka) *f* technique *f*

tecnico (*tèk*-ni-kô) *adj* technique; *m* technicien *m*

tecnologia (tèk-nô-lô-*djii*-a) *f* technologie *f*

tedesco (té-*dé*-skô) *adj* allemand; *m* Allemand *m*

tegame (té-*ghââ*-mé) *m* casserole *f*

tegola (*téé*-ghô-la) *f* tuile *f*

teiera (té-*yèè*-ra) *f* théière *f*

telecamera (té-lé-*kââ*-mé-ra) *f* caméra vidéo *f*

telefonare (té-lé-fô-*nââ*-ré) *v* téléphoner

telefonata (té-lé-fô-*nââ*-ta) *f* coup de téléphone

telefonista (té-lé-fô-*ni*-sta) *f* téléphoniste *f*, standardiste *f*

telefono (té-*lèè*-fô-nô) *m* téléphone *m*; ~ **interno** ligne intérieure

telegrafare (té-lé-ghra-*fââ*-ré) *v* télégraphier

telegramma (té-lé-*ghramm*-ma) *m* télégramme *m*

teleobbiettivo (té-lé-ôb-byét-*tii*-vô) *m* télé-objectif *m*

telepatia (té-lé-pa-*tii*-a) *f* télépathie *f*

televisione (té-lé-vi-*zyôô*-né) *f* télévision *f*; ~ **cavo** télévision par câble; ~ **satellite** télévision par satellite

televisore (té-lé-vi-*zôô*-ré) *m* téléviseur *m*

telex (té-*lèks*) *m* télex *m*

tema (*tèè*-ma) *m* thème *m*

temerario (té-mé-*rââ*-ryô) *adj* téméraire

temere (té-*méé*-ré) *v* *craindre

temperamatite (tém-pé-ra-ma-*tii*-té) *m* taille-crayon *m*

temperatura (tém-pé-ra-*toû*-ra) *f* température *f*; ~ **ambientale** température ambiante

temperino (tém-pé-*rii*-nô) *m* couteau de poche, canif *m*

tempesta (tém-*pè*-sta) *f* tempête *f*

tempestoso (tém-pé-*stôô*-sô) *adj* orageux

tempia (*tèm*-pya) *f* tempe *f*

tempio (*tèm*-pyô) *m* temple *m*

tempo (*tèm*-pô) *m* temps *m*; **in** ~ à temps

temporale (tém-pô-*rââ*-lé) *m* orage *m*

temporalesco (tém-pô-ra-*lé*-skô) *adj* orageux

temporaneo (tém-pô-*rââ*-né-ô) *adj* temporaire

tenace (té-*nââ*-tché) *adj* tenace

tenaglie (té-*nââ*-lYé) *fpl* tenailles *fpl*

tenda (*tèn*-da) *f* rideau *m*; tente *f*; ~ **di riparo** marquise *f*

tendenza (tén-*dèn*-tsa) *f* tendance *f*

***tendere** (tén-dé-ré) *v* tendre; *avoir tendance; **tendente** enclin; *~ **a** tendre à, *avoir tendance

tendine (tén-*dii*-né) *m* tendon *m*

***tenere** (té-*néé*-ré) *v* *tenir

tenero (*tèè*-né-rô) *adj* tendre

tennis (*tèn*-niss) *m* tennis *m*; **campo di** ~ court de tennis; ~ **da tavolo** tennis de table

tensione (tén-*syôô*-né) *f* tension *f*

tentare (tén-*tââ*-ré) *v* tenter, essayer

tentativo (tén-ta-*tii*-vô) *m* tentative *f*, effort *m*

tentazione (tén-ta-*tsyôô*-né) *f* tentation *f*

teologia (té-ô-lô-*djii*-a) *f* théologie *f*

teoria (té-ô-*riia*) *f* théorie *f*

teorico (té-*oo*-ri-kô) *adj* théorique

terapia (té-ra-*pii*-a) *f* thérapie *f*

tergicristallo (tér-dji-kri-*stal*-lô) *m* essuie-glace *m*

terital (té-ri-*tal*) *m* Térylène *m*

terminare (tér-mi-*nââ*-ré) *v* terminer; arrêter

termine (*tèr*-mi-né) *m* terme *m*; fin *f*, conclusion *f*; terminus *m*

termometro (tér-*moo*-mé-trô) *m* thermomètre *m*

termos (*tèr*-môss) *m* thermos *m*

termostato (tér-*mo*-sta-tô) *m* thermostat *m*

terra (*tèr*-ra) *f* terre *f*; sol *m*; **a** ~ à terre; par terre

terracotta (tér-ra-*kot*-ta) *f* faïence *f*

terraferma (tér-ra-*fér*-ma) *f* terre ferme

terraglie (tér-*rââ*-lYé) *fpl* poterie *f*, terre cuite

terrazza (tér-*rat*-tsa) *f* terrasse *f*

terremoto (tér-ré-*moo*-tô) *m* tremblement de terre

terreno (tér-*réé*-nô) *m* terroir *m*; terrain *m*

terribile (tér-*rii*-bi-lé) *adj* terrible; affreux

territorio (tér-ri-*too*-ryô) *m* territoire *m*

terrore (tér-*rôô*-ré) *m* terreur *f*

terrorismo (tér-rô-*ri*-zmô) *m* terrorisme *m*; terreur *f*

terrorista (tér-rô-*ri*-sta) *m* terroriste *m*

terzo (*tèr*-tsô) *num* troisième

tesi (*tèè*-zi) *f* thèse *f*

teso (*téé*-sô) *adj* tendu

tesoriere (té-zô-*ryèè*-ré) *m* trésorier *m*

tesoro (té-*zoo*-rô) *m* trésor *m*; **Tesoro** *m* Trésor

tessere (*tèss*-sé-ré) *v* tisser

tessitore (téss-si-*tôô*-ré) *m* tisserand *m*

tessuto (téss-*soû*-tô) *m* tissu *m*; textile *m*

testa (*tè*-sta) *f* tête *f*; **in ~ a** devant; **~ cilindro** tête de cylindre

testamento (té-sta-*mén*-tô) *m* testament *m*

testardo (té-*star*-dô) *adj* obstiné, têtu

testimone (té-sti-*moo*-né) *m* témoin *m*; **~ oculare** témoin oculaire

testimoniare (té-sti-mô-*gnââ*-ré) *v* témoigner

testo (*tè*-stô) *m* texte *m*

tetro (*tèè*-trô) *adj* sombre

tetto (*tét*-tô) *m* toit *m*; **~ di paglia** toit de chaume *m*

ti (ti) *pron* te

tiepido (*tyèè*-pi-dô) *adj* tiède

tifoidea (ti-fô-i-*dèè*-a) *f* typhoïde *f*

tifoso (ti-*fôô*-sô) *m* fan *m*; supporter *m*

tiglio (*tii*-lᵞô) *m* tilleul *m*

tigre (*tii*-ghré) *f* tigre *m*

timbro (*timm*-brô) *m* timbre *m*

timidezza (ti-mi-*dét*-tsa) *f* timidité *f*

timido (*tii*-mi-dô) *adj* timide

timo (*tii*-mô) *m* thym *m*

timone (ti-*môô*-né) *m* gouvernail *m*, barre *f*

timoniere (ti-mô-*gnèè*-ré) *m* timonier *m*

timore (ti-*môô*-ré) *m* crainte *f*

timpano (*timm*-pa-nô) *m* tympan *m*

***tingere** (*tinn*-djé-ré) *v* *teindre

tinta (*tinn*-ta) *f* nuance *f*; **a ~ solida** grand teint

tintoria (tinn-tô-*rii*-a) *f* teinturerie *f*

tintura (tinn-*toû*-ra) *f* colorant *m*, teinture *f*

tipico (*ti*-pi-kô) *adj* typique, caractéristique

tipo (*tii*-pô) *m* type *m*; gars *m*

tiranno (ti-*rann*-nô) *m* tyran *m*

tirare (ti-*rââ*-ré) *v* tirer; souffler; **~ di scherma** *faire de l'escrime

tiratura (ti-ra-*toû*-ra) *f* tirage *m*

tiro (*tii*-rô) *m* lancement *m*; truc *m*

titolo (*tii*-tô-lô) *m* titre *m*; manchette *f*; grade *m*; **titoli** actions

tizio (*tii*-tsyô) *m* type *m*

toccare (tôk-*kââ*-ré) *v* toucher

tocco (*tôk*-kô) *m* attouchement *m*

***togliere** (*too*-lᵞé-ré) *v* ôter, enlever

toletta (tô-*lèt*-ta) *f* coiffeuse *f*; toilettes *fpl*

tollerabile (tôl-lé-*rââ*-bi-lé) *adj* tolérable

tollerare (tôl-lé-*rââ*-ré) *v* tolérer

tomba (*tôm*-ba) *f* tombe *f*

tonico (*too*-ni-kô) *m* tonique *m*; **~ per capelli** tonique capillaire

tonnellata (tôn-nél-*lââ*-ta) *f* tonne *f*

tonno (*tôn*-nô) *m* thon *m*

tono (*too*-nô) *m* ton *m*

tonsille (tôn-*sil*-lé) *fpl* amygdales *fpl*

tonsillite (tôn-sil-*lii*-té) *f* amygdalite *f*

topo (*too*-pô) *m* souris *f*

torace (tô-*rââ*-tché) *m* poitrine *f*

***torcere** (*tor*-tché-ré) *v* tordre

torcia (*tor*-tcha) *f* torche *f*

tordo (*tôr*-dô) *m* grive *f*

tormenta (tôr-*mén*-ta) *f* tempête de neige

tormentare (tôr-mén-*tââ*-ré) *v* tourmenter

tormento (tôr-*mén*-tô) *m* tourment *m*

tornante (tôr-*nann*-té) *m* tournant *m*

tornare (tôr-*nââ*-ré) *v* retourner

torneo (tôr-*nèè*-ô) *m* tournoi *m*

toro (*too*-rô) *m* taureau *m*

torre (*tór*-ré) *f* tour *f*

torrone (tôr-*rôô*-né) *m* nougat *m*

torsione (tôr-*syôô*-né) *f* torsion *f*

torsolo (*tôr*-sô-lô) *m* trognon *m*

torta (*tôr*-ta) *f* gâteau *m*

torto (*tor*-tô) *m* tort *m*; **avere ~ *avoir tort*

tortuoso (tôr-t^{ou}ôô-sô) *adj* tordu

tortura (tôr-*toú*-ra) *f* torture *f*

torturare (tôr-tou-*rââ*-ré) *v* torturer

tosse (*tôss*-sé) *f* toux *f*

tossico (*toss*-si-kô) *adj* toxique

tossire (tôss-*sii*-ré) *v* tousser

totale (tô-*tââ*-lé) *adj* total; *m* ensemble *m*; total *m*

totalitario (tô-ta-li-*tââ*-ryô) *adj* totalitaire

totalizzatore (tô-ta-lid-dza-*tôô*-ré) *m* totalisateur *m*

toupet (tou-*pé*) *m* postiche *m*

tovaglia (tô-*vââ*-l^{y}a) *f* nappe *f*

tovagliolo (tô-va-l^{y}oo-lô) *m* serviette *f*

tra *prep* entre; parmi

traccia (*trat*-tcha) *f* piste *f*, trace *f*

tradimento (tra-di-*mén*-tô) *m* trahison *f*

tradire (tra-*dii*-ré) *v* trahir; révéler

traditore (tra-di-*tôô*-ré) *m* traître *m*

tradizionale (tra-di-tsyô-*nââ*-lé) *adj* traditionnel

tradizione (tra-di-*tsyôô*-né) *f* tradition *f*

*tradurre (tra-*dour*-ré) *v* *traduire

traduttore (tra-dout-*tôô*-ré) *m* traducteur *m*

traduzione (tra-dou-*tsyôô*-né) *f* traduction *f*, version *f*

traffico (*traf*-fi-kô) *m* circulation *f*

tragedia (tra-*djèè*-dya) *f* tragédie *f*

traghetto (tra-*ghét*-tô) *m* ferry-boat *m*

tragico (*trââ*-dji-kô) *adj* tragique

traguardo (tra-*gh^{ou}ar*-dô) *m* ligne d'arrivée; objectif *m*

trainare (traï-*nââ*-ré) *v* remorquer, traîner

tralasciare (tra-lach-*chââ*-ré) *v* *omettre

tram (tramm) *m* tram *m*

trama (*trââ*-ma) *f* intrigue *f*

trambusto (tramm-*bou*-stô) *m* agitation *f*, chichi *m*

tramezzino (tra-méd-*dzii*-nô) *m* tartine *f*, sandwich *m*

tramonto (tra-*môn*-tô) *m* coucher du soleil

tranne (*trann*-né) *prep* sauf

tranquillante (tranng-kouil-*lann*-té) *m* calmant *m*

tranquillità (tranng-kouil-li-*ta*) *f* tranquillité *f*

tranquillizzare (tranng-kouil-lid-*dzââ*-ré) *v* rassurer

tranquillo (tranng-*kouil*-lô) *adj* tranquille

transatlantico (trann-sat-*lann*-ti-kô) *adj* transatlantique

transazione (trann-sa-*tsyôô*-né) *f* transaction *f*

transizione (trann-si-*tsyôô*-né) *f* transition *f*

trapanare (tra-pa-*nââ*-ré) *v* forer

trapano (*trââ*-pa-nò) *m* foreuse *f*

trapassare (tra-pass-*sââ*-ré) *v* trépasser

trappola (*trap*-pô-la) *f* piège *m*

*trarre (*trar*-ré) *v* tirer

trascinare (trach-chi-*nââ*-ré) *v* traîner

*trascorrere (tra-*skôr*-ré-ré) *v* passer

trascurare (tra-skou-*rââ*-ré) *v* négliger; ignorer; **trascurato** négligent

trasferire (tra-sfé-*rii*-ré) *v* transférer

trasformare (tra-sfôr-*mââ*-ré) *v* transformer

trasformatore (tra-sfôr-ma-*tôô*-ré) *m* transformateur *m*

trasgredire (traz-ghré-*dii*-ré) *v* empiéter, outrager

trasgressore (tra-zghrèss-*sôô*-ré) *m* intrus *m*

traslocare (tra-zlô-*kââ*-ré) *v* déménager

trasloco (tra-*zloo*-kô) *m* déménagement *m*

*trasmettere (tra-*zmét*-té-ré) *v* *émettre

trasmettitore (tra-zmét-ti-*tôô*-ré) *m* émetteur *m*

trasmissione (tra-zmiss-*syôô*-né) *f* émission *f*

trasparente (tra-spa-*rèn*-té) *adj* transparent

traspirare (tra-spi-*rââ*-ré) *v* transpirer

traspirazione (tra-spi-ra-*tsyôô*-né) *f* transpiration *f*

trasportare (tra-spôr-*tââ*-ré) *v* transporter

trasporto (tra-*spor*-tô) *m* transport *m*

tratta (*trat*-ta) *f* traite *f*

trattamento (trat-ta-*mén*-tô) *m* traitement *m*

trattare (trat-*tââ*-ré) *v* traiter; ~ **con** s'occuper de

trattativa (trat-ta-*tii*-va) *f* négociation *f*

trattato (trat-*tââ*-tô) *m* dissertation *f*; traité *m*

*trattenere (trat-té-*néé*-ré) *v* *retenir; *contenir; ***trattenersi** séjourner

tratto (*trat*-tô) *m* trait *m*; trait du visage

trattore (trat-*tôô*-ré) *m* tracteur *m*

trave (*trââ*-vé) *f* poutre *f*

traversa (tra-*vèr*-sa) *f* rue transversale

traversata (tra-vér-*sââ*-ta) *f* traversée *f*

travestimento (tra-vé-sti-*mén*-tô) *m* déguisement *m*

travestirsi (tra-vé-*stir*-si) *v* se déguiser

tre (tré) *num* trois; ~ **quarti** trois quarts

tredicesimo (tré-di-*tchèè*-zi-mô) *num* treizième

tredici (*tréé*-di-tchi) *num* treize

tremare (tré-*mââ*-ré) *v* frissonner, trembler

tremendo (tré-*mèn*-dô) *adj* épouvantable

trementina (tré-mén-*tii*-na) *f* térébenthine *f*

treno (*trèè*-nô) *m* train *m*; ~ **direttissimo** train express; ~ **diretto** train direct; ~ **locale** train local; ~ **merci** train de marchandises; ~ **notturno** train de nuit; ~ **passeggeri** train de voyageurs

trenta (*trén*-ta) *num* trente

trentesimo (trén-*tèè*-zi-mô) *num* trentième

triangolare (tryanng-ghô-*lââ*-ré) *adj* triangulaire

triangolo (*tryanng*-ghô-lô) *m* triangle *m*

tribordo (tri-*bôr*-dô) *m* tribord *m*

tribù (tri-*bou*) *f* tribu *f*

tribuna (tri-*boú*-na) *f* tribune *f*

tribunale (tri-bou-*nââ*-lé) *m* tribunal *m*

trifoglio (tri-*foo*-l^yô) *m* trèfle *m*

triglia (*trii*-l^ya) *f* mulet *m*

trimestrale (tri-mé-*strââ*-lé) *adj* trimestriel

trimestre (tri-*mè*-stré) *m* trimestre *m*

trinciato (trinn-*tchââ*-tô) *m* tabac à rouler

trionfante (tryôn-*fann*-té) *adj* triomphant

trionfare (tryôn-*fââ*-ré) *v* triompher

trionfo (*tryôn*-tô) *m* triomphe *m*

triste (*tri*-sté) *adj* triste

tristezza (tri-*stét*-tsa) *f* tristesse *f*

tritare (tri-*tââ*-ré) *v* pulvériser, hacher

triviale (tri-*vyââ*-lé) *adj* trivial

tromba (*trôm*-ba) f trompette f

troncare (trông-*kââ*-ré) v couper

tronco (*trông*-kô) m tronc m

trono (troo-nô) m trône m

tropicale (trô-pi-*kââ*-lé) adj tropical

tropici (*troo*-pi-tchi) mpl tropiques mpl

troppo (*trop*-pô) adv trop

trota (*troo*-ta) f truite f

trovare (trô-*vââ*-ré) v trouver

trovata (trô-*vââ*-ta) f idée f

trucco (*trouk*-kô) m maquillage m ; truc m

truffa (*trouf*-fa) f escroquerie f

truffare (trouf-*fââ*-ré) v escroquer

truffatore (trouf-fa-*tôô*-ré) m escroc m

truppe (*troup*-pé) fpl troupes fpl

tu (tou) pron tu ; ~ **stesso** toi-même

tubatura (tou-ba-*toú*-ra) f tuyau m

tubercolosi (tou-bér-kô-*loo*-zi) f tuberculose f

tubetto (tou-*bét*-tô) m tube m

tubo (*toú*-bô) m tuyau m, tube m

tuffare (touf-*fââ*-ré) v plonger

tulipano (tou-li-*pââ*-nô) m tulipe f

tumore (tou-*môô*-ré) m tumeur f

tumulto (tou-*moul*-tô) m agitation f

tunica (*tou*-ni-ka) f tunique f

Tunisia (tou-ni-*zii*-a) f Tunisie f

tunisino (tou-ni-*zii*-nô) adj tunisien ; m Tunisien m

tuo (*toú*-ô) adj (f tua;pl tuoi,tue) ton

tuonare (t^{ou}ô-*nââ*-ré) v gronder

tuono (t^{ou}oo-nô) m tonnerre m

tuorlo (t^{ou}or-lô) m jaune d'œuf

turbare (tour-*bââ*-ré) v déranger

turbina (tour-*bii*-na) f turbine f

turbolento (tour-bô-*lèn*-tô) adj tapageur

Turchia (tour-*kii*-a) f Turquie f

turco (*tour*-kô) adj turc ; m Turc m

turismo (tou-*ri*-zmô) m tourisme m

turista (tou-*ri*-sta) m touriste m

turno (*tour*-nô) m tour m

tuta (*toú*-ta) f salopette f

tutela (tou-*tèè*-la) f tutelle f

tutore (tou-*tôô*-ré) m tuteur m

tuttavia (tout-ta-*vii*-a) adv pourtant, néanmoins

tutto (*tout*-tô) adj tout ; pron tout ; in ~ en tout ; ~ **compreso** tout compris

tuttora (tout-*tôô*-ra) adv toujours

tweed (touiid) m tweed m

U

ubbidiente (oub-bi-*dyèn*-té) adj obéissant

ubbidienza (oub-bi-*dyèn*-tsa) f obéissance f

ubbidire (oub-bi-*dii*-ré) v obéir

ubicazione (ou-bi-ka-*tsyôô*-né) f situation f

ubriaco (ou-*bryââ*-kô) adj ivre

uccello (out-*tchèl*-lô) m oiseau m ; ~ **marino** oiseau de mer

* **uccidere** (out-*tchii*-dé-ré) v tuer

udibile (ou-*dii*-bi-lé) adj audible

udienza (ou-*dyèn*-tsa) f public m

* **udire** (ou-*dii*-ré) v entendre

udito (ou-*dii*-tô) m ouïe f

uditore (ou-di-*tôô*-ré) m auditeur m

ufficiale (ouf-fi-*tchââ*-lé) adj officiel ; m officier m

ufficio (ouf-*fii*-tchô) m bureau m ; ~ **cambio** bureau de change ; ~ **di collocamento** bureau de l'emploi ; ~ **informazioni** bureau de renseignements ; ~ **oggetti smarriti** bureau des objets trouvés ; ~ **postale** bureau de poste ; ~ **ricevimento** réception f ; ~ **turistico** syndicat d'initiative

ufficioso (ouf-fi-*tchôô*-sô) adj officieux

uguaglianza (ou-gh^{ou}a-*l^{y}ann*-tsa) f

égalité f

uguagliare (ou-gh^{ou}a-*lyââ*-ré) v égaler

uguale (ou-gh^{ou}*ââ*-lé) adj égal; pareil; **ugualmente** adv également, de la même façon

ulcera (*oul*-tché-ra) f ulcère m; ~ **gastrica** ulcère à l'estomac

ulteriore (oul-té-*ryôô*-ré) adj complémentaire

ultimamente (oul-ti-ma-*mén*-té) adv ces derniers temps

ultimo (*oul*-ti-mô) adj dernier, ultime

ultravioletto (oul-tra-vyô-*lét*-tô) adj ultra-violet

umanità (ou-ma-ni-*ta*) f humanité f

umano (ou-*mââ*-nô) adj humain

umidità (ou-mi-di-*ta*) f humidité f

umido (*oû*-mi-dô) adj humide, moite

umile (*oû*-mi-lé) adj humble

umore (ou-*môô*-ré) m humeur f

un (oun) art (uno;f una) un art

unanime (ou-*nââ*-ni-mé) adj unanime

uncino (ou-*tchii*-nô) m crochet m

undicesimo (oun-di-*tchèè*-zi-mô) num onzième

undici (*oun*-di-tchi) num onze

ungherese (oung-ghé-*réé*-zé) adj hongrois; m Hongrois m

Ungheria (oung-ghé-*rii*-a) f Hongrie f

unghia (*oung*-ghya) f ongle m

unguento (oung-gh^{ou}èn-tô) m onguent m

unicamente (ou-ni-ka-*mén*-té) adv uniquement

unico (*oû*-ni-kô) adj unique

uniforme (ou-ni-*fôr*-mé) adj uniforme; f uniforme m

unilaterale (ou-ni-la-té-*rââ*-lé) adj unilatéral

unione (ou-*gnôô*-né) f union f

Unione europea (ou-*gnôô*-né é^{ou}-rô-*pèè*-a) Union européenne

unire (ou-*nii*-ré) v réunir; unir; combiner, *joindre; **unirsi a** s'affilier à

unità (ou-ni-*ta*) f unité f; ~ **monetaria** unité monétaire

unito (ou-*nii*-tô) adj uni

universale (ou-ni-vér-*sââ*-lé) adj universel, mondial

università (ou-ni-vér-si-*ta*) f université f

universo (ou-ni-*vèr*-sô) m univers m

uno (*oû*-nô) num un; pron on

unto (*oun*-tô) adj graisseux

untuoso (oun-t^{ou}*ôô*-sô) adj gras

uomo (^{ou}oo-mô) m (pl uomini) homme m; ~ **d'affari** homme d'affaires; ~ **di stato** homme d'Etat; ~ **politico** politicien m

uovo (^{ou}oo-vô) m (pl le uova) œuf m; **uova di pesce** laitance f

uragano (ou-ra-*ghââ*-nô) m ouragan m

urbano (our-*bââ*-nô) adj urbain

urgente (our-*djèn*-té) adj urgent

urgenza (our-*djèn*-tsa) f urgence f

urina (ou-*rii*-na) f urine f

urlare (our-*lââ*-ré) v hurler, crier

urlo (*our*-lô) m cri m

urtante (our-*tann*-té) adj choquant

urtare (our-*tââ*-ré) v frapper, cogner

urto (*our*-tô) m coup m; poussée f

uruguaiano (ou-rou-gh^{ou}a-*yââ*-nô) adj uruguayen; m Uruguayen m

Uruguay (ou-rou-gh^{ou}*ââ*-i) m Uruguay m

usabile (ou-*zââ*-bi-lé) adj utilisable

usanza (ou-*zann*-tsa) f usage m

usare (ou-*zââ*-ré) v employer; **usato** usé

usciere (ouch-*chèè*-ré) m ouvreur m; huissier m

uscio (*ouch*-chô) m porte f

*** uscire** (ouch-*chii*-ré) v *sortir

uscita (ouch-*chii*-ta) f sortie f; issue f; ~ **di sicurezza** sortie de secours

usignolo (ou-zi-*gnôô*-lô) m rossignol m

uso (*oú*-zô) *m* emploi *m*; **fuori ~** en dérangement

usuale (ou-z^{ou}*âà*-lé) *adj* usuel

utensile (ou-tén-*sii*-lé) *m* ustensile *m*, instrument *m*

utente (ou-*tèn*-té) *m* usager *m*

utero (*oú*-té-rô) *m* utérus *m*

utile (*oú*-ti-lé) *adj* utile

utilità (ou-ti-li-*ta*) *f* utilité *f*

utilizzare (ou-ti-lid-*dzâ*-ré) *v* utiliser; exploiter

uva (*oú*-va) *f* raisin *m*; **~ di Corinto** raisin sec; **~ spina** groseille à maquereau

uvetta (ou-*vét*-ta) *f* raisin sec

V

vacante (va-*kann*-té) *adj* vacant

vacanza (va-*kann*-tsa) *f* congé *m*

vacca (*vak*-ka) *f* vache *f*

vaccinare (vat-tchi-*nââ*-ré) *v* vacciner

vaccinazione (vat-tchi-na-*tsyôô*-né) *f* vaccination *f*

vacillante (va-tchil-*lann*-té) *adj* vacillant

vacillare (va-tchil-*lââ*-ré) *v* vaciller

vagabondaggio (va-gha-bôn-*dad*-djô) *m* vagabondage *m*

vagabondare (va-gha-bôn-*dââ*-ré) *v* vagabonder

vagabondo (va-gha-*bôn*-dô) *m* chemineau *m*

vagare (va-*ghââ*-ré) *v* errer

vaglia (*vââ*-lYa) *m* mandat-poste *m*

vagliare (va-*lYââ*-ré) *v* tamiser

vago (*vââ*-ghô) *adj* vague

vagone (va-*ghôô*-né) *m* wagon *m*; **~ letto** wagon-lit; **~ ristorante** wagon-restaurant

vaiolo (va-*yoo*-lô) *m* variole *f*

valanga (va-*lanng*-gha) *f* avalanche *f*

*valere (va-*léé*-ré) *v* *valoir

valido (*vââ*-li-dô) *adj* valable

valigia (va-*lii*-dja) *f* valise *f*

valle (*val*-lé) *f* vallée *f*

valletto (val-*lét*-tô) *m* valet *m*

valore (va-*lôô*-ré) *m* valeur *f*; **valori** objets de valeur

valoroso (va-lô-*rôô*-sô) *adj* brave

valuta (va-*loú*-ta) *f* monnaie *f*

valutare (va-lou-*tââ*-ré) *v* évaluer, estimer

valutazione (va-lou-ta-*tsyôô*-né) *f* estimation *f*

valvola (*val*-vô-la) *f* soupape *f*; **~ dell'aria** starter *m*

valzer (*val*-tsér) *m* valse *f*

vanga (*vanng*-gha) *f* pelle *f*

vangelo (vann-*djèè*-lô) *m* évangile *m*

vaniglia (va-*nii*-lYa) *f* vanille *f*

vanità (va-ni-*ta*) *f* vanité *f*

vano (*vââ*-nô) *adj* vaniteux, futile; *m* place *f*

vantaggio (vann-*tad*-djô) *m* avantage *m*; avance *f*

vantaggioso (vann-tad-*djôô*-sô) *adj* avantageux

vantarsi (vann-*tar*-si) *v* se vanter

vapore (va-*pôô*-ré) *m* vapeur *f*

vaporizzatore (va-pô-rid-dza-*tôô*-ré) *m* pulvérisateur *m*

vari (*vââ*-ri) *adj* divers

variabile (va-*ryââ*-bi-lé) *adj* variable

variare (va-*ryââ*-ré) *v* varier

variazione (va-rya-*tsyôô*-né) *f* variation *f*

varicella (va-ri-*tchèl*-la) *f* varicelle *f*

varietà (va-ryé-*ta*) *f* variété *f*

varo (*vââ*-rô) *m* lancement *m*

vascello (vach-*chèl*-lô) *m* vaisseau *m*

vasellame (va-zél-*lââ*-mé) *m* faïence *f*

vasellina (va-zél-*lii*-na) *f* vaseline *f*

vaso (*vââ*-zô) *m* vase *m*; bol *m*; **~ sanguigno** vaisseau sanguin

vassoio (vass-*sôô*-yô) *m* plateau *m*

vasto (*va*-stô) *adj* vaste; étendu

vecchiaia (vék-*kyââ*-ya) *f* vieillesse *f*

vecchio (*vék*-kiô) *adj* vieux

***vedere** (vé-*déé*-ré) *v* *voir; remarquer; *far ~ montrer

vedova (*véé*-dô-va) *f* veuve *f*

vedovo (*véé*-dô-vô) *m* veuf *m*

veduta (vé-*doû*-ta) *f* vue *f*

veemente (vé-é-*mén*-té) *adj* violent, vif

vegetariano (vé-djé-ta-*ryââ*-nô) *m* végétarien *m*

vegetazione (vé-djé-ta-*tsyôô*-né) *f* végétation *f*

veicolo (vé-*ii*-kô-lô) *m* véhicule *m*

vela (*véé*-la) *f* voile *f*; ~ **di trinchetto** misaine *f*

veleno (vé-*léé*-nô) *m* poison *m*

velenoso (vé-lé-*nôô*-sô) *adj* vénéneux

velivolo (vé-*lii*-vô-lô) *m* avion *m*

velluto (vél-*loû*-tô) *m* velours *m*; ~ **a coste** velours côtelé; ~ **di cotone** velours de coton

velo (*véé*-lô) *m* voile *m*

veloce (vé-*lôô*-tché) *adj* rapide

velocità (vé-lô-tchi-*ta*) *f* vitesse *f*; rythme *m*; **limite di** ~ limite de vitesse; ~ **di crociera** vitesse de croisière

vena (*véé*-na) *f* veine *f*; ~ **varicosa** varice *f*

vendemmia (vén-*dém*-mya) *f* vendange *f*

vendere (*vén*-dé-ré) *v* vendre; ~ **al minuto** détailler

vendetta (vén-*dét*-ta) *f* vengeance *f*

vendibile (vén-*dii*-bi-lé) *adj* vendable

vendita (*vén*-di-ta) *f* vente *f*; **in** ~ à vendre; ~ **al minuto** commerce de détail; ~ **a rate** achat à tempérament

venerabile (vé-né-*rââ*-bi-lé) *adj* vénérable

venerare (vé-né-*rââ*-ré) *v* adorer

venerdì (vé-*nér*-*di*) *m* vendredi *m*

venezolano (vé-né-tsô-*lââ*-nô) *adj* vénézuélien; *m* Vénézuélien *m*

Venezuela (vé-né-*ts*ᵘᵉᵉè-la) *m* Venezuela *m*

***venire** (vé-*nii*-ré) *v* *venir

ventaglio (vén-*tââ*-lʸô) *m* éventail *m*

ventesimo (vén-*tèè*-zi-mô) *num* vingtième

venti (*vén*-ti) *num* vingt

ventilare (vén-ti-*lââ*-ré) *v* ventiler

ventilatore (vén-ti-la-*tôô*-ré) *m* ventilateur *m*

ventilazione (vén-ti-la-*tsyôô*-né) *f* ventilation *f*

vento (*vèn*-tô) *m* vent *m*

ventoso (vén-*tôô*-sô) *adj* venteux

venuta (vé-*noû*-ta) *f* arrivée *f*

veramente (vé-ra-*mén*-té) *adv* réellement

veranda (vé-*rann*-da) *f* véranda *f*

verbale (vér-*bââ*-lé) *adj* verbal; *m* compte rendu

verbo (*vèr*-bô) *m* verbe *m*

verde (*vér*-dé) *adj* vert

verdetto (vér-*dét*-tô) *m* verdict *m*

verdura (vér-*doû*-ra) *f* légumes *mpl*, légume *m*

vergine (*vèr*-dji-né) *f* vierge *f*

vergogna (vér-*ghôô*-gna) *f* honte *f*; **vergogna!** quelle honte!

vergognoso (vér-ghô-*gnôô*-sô) *adj* honteux

verificare (vé-ri-fi-*kââ*-ré) *v* contrôler, vérifier

verità (vé-ri-*ta*) *f* vérité *f*

veritiero (vé-ri-*tyèè*-rô) *adj* véridique

verme (*vèr*-mé) *m* ver *m*

vernice (vér-*nii*-tché) *f* vernis *m*

verniciare (vér-ni-*tchââ*-ré) *v* vernir, *peindre

vero (*véé*-rô) *adj* vrai; véritable

versamento (vér-sa-*mén*-tô) *m* versement *m*

versare (vér-*sââ*-ré) v verser

versione (vér-*syôô*-né) f version f

verso[1] (*vèr*-sô) prep à ; vers, envers

verso[2] (*vèr*-sô) m vers m

verticale (vér-ti-*kââ*-lé) adj vertical

vertigine (vér-*tii*-dji-né) f vertige m

vescica (véch-*chii*-ka) f vessie f

vescovo (*véé*-skô-vô) m évêque m

vespa (*vé*-spa) f guêpe f

vestaglia (vé-*stââ*-lYa) f négligé m ; robe de chambre

veste (*vè*-sté) f robe f

vestibolo (véss-*tii*-bô-lô) m vestibule m

vestire (vé-*stii*-ré) v habiller ; porter

vestiti (véss-*tii*-ti) mpl vêtements mpl ; **vestito da donna** robe f ; **vestito da uomo** m complet m

veterinario (vé-té-ri-*nââ*-ryô) m vétérinaire m

vetrina (vé-*trii*-na) f vitrine f

vetro (*véé*-trô) m verre m ; carreau m ; ~ **colorato** verre de couleur

vetta (*vét*-ta) f sommet m

vezzeggiare (vét-tséd-*djââ*-ré) v câliner

vi (vi) pron vous

via[1] (*vii*-a) f voie f ; ~ **d'acqua** voie d'eau ; ~ **principale** rue principale ; ~ **selciata** chaussée f

via[2] (*vii*-a) adv loin, parti ; prep via

viadotto (vya-*dót*-tô) m viaduc m

viaggiare (viad-*djââ*-ré) v voyager

viaggiatore (vyad-dja-*tôô*-ré) m voyageur m

viaggio (*vyad*-djô) m voyage m ; ~ **d'affari** voyage d'affaires ; ~ **di ritorno** voyage de retour

viale (*vyââ*-lé) m avenue f

vibrare (vi-*brââ*-ré) v vibrer

vibrazione (vi-bra-*tsyôô*-né) f vibration f

vicario (vi-*kââ*-ryô) m vicaire m

vicenda (vi-*tchèn*-da) f vicissitude f ; événement m

vicinanza (vi-tchi-*nann*-tsa) f voisinage m

vicinato (vi-tchi-*nââ*-tô) m voisinage m

vicino (vi-*tchii*-nô) adj proche, près ; m voisin m ; ~ **a** près de ; à côté de

vicolo (*vii*-kô-lô) m ruelle f ; ~ **cieco** cul-de-sac m

video (*vii*-dé-ô) m écran m

videocassetta (*vii*-dé-ô-kass-*sét*-ta) f vidéocassette f

videoregistratore (*vii*-dé-ô-ré-dji-stra-*tôô*-ré) m magnétophone m

vietato (vyé-*tââ*-tô) adj interdit ; ~ **ai pedoni** interdit aux piétons ; ~ **fumare** défense de fumer ; ~ **l'ingresso** entrée interdite

vigilante (vi-dji-*lann*-té) adj vigilant

vigna (*vii*-gna) f vignoble m

vigore (vi-*ghôô*-ré) m endurance f

vile (*vii*-lé) adj lâche

villa (*vil*-la) f villa f

villaggio (vil-*lad*-djô) m village m

villino (vil-*lii*-nô) m villa f

*****vincere** (*vinn*-tché-ré) v *vaincre ; gagner

vincita (*vinn*-tchi-ta) f gains m

vincitore (vinn-tchi-*tôô*-ré) m vainqueur m

vino (*vii*-nô) m vin m

violentare (vyô-lén-*tââ*-ré) v violer

violento (vyô-*lèn*-tô) adj violent

violenza (vyô-*lèn*-tsa) f violence f

violetta (vyô-*lét*-ta) f violette f

violetto (vyô-*lét*-tô) adj violet

violino (vyô-*lii*-nô) m violon m

virgola (*vir*-ghô-la) f virgule f

virgolette (vir-ghô-*lét*-té) fpl guillemets mpl

virtù (vir-*tou*) f vertu f

virtuoso (vir-tᵒᵘ*ôô*-sô) adj brave

viscido (*vich*-chi-dô) adj glissant

visibile (vi-*zii*-bi-lé) adj visible

visibilità (vi-zi-bi-li-*ta*) *f* visibilité *f*

visione (vi-*zyôô*-né) *f* vision *f*

visita (*vii*-zi-ta) *f* visite *f*; ~ **medica** examen *m*

visitare (vi-zi-*tââ*-ré) *v* rendre visite à; visiter

visitatore (vi-zi-ta-*tôô*-ré) *m* visiteur *m*

viso (*vii*-zô) *m* visage *m*

visone (vi-*zôô*-né) *m* vison *m*

vista (*vi*-sta) *f* vue *f*

vistare (vi-*stââ*-ré) *v* endosser

visto (*vi*-stô) *m* visa *m*

vistoso (vi-*stôô*-sô) *adj* remarquable

vita (*vii*-ta) *f* vie *f*; taille *f*

vitale (vi-*tââ*-lé) *adj* vital

vitamina (vi-ta-*mii*-na) *f* vitamine *f*

vite (*vii*-té) *f* vis *f*; vigne *f*

vitello (vi-*tèl*-lô) *m* veau *m*

vittima (*vit*-ti-ma) *f* victime *f*; dupe *f*

vitto (*vit*-tô) *m* chère *f*, nourriture *f*; ~ **e alloggio** pension complète

vittoria (vit-*too*-rya) *f* victoire *f*

vivace (vi-*vââ*-tché) *adj* animé, vif; éclatant

vivaio (vi-*vââ*-yô) *m* pépinière *f*

vivente (vi-*vèn*-té) *adj* vivant

*****vivere** (*vii*-vé-ré) *v* *vivre

vivido (*vii*-vi-dô) *adj* vif

vivo (*vii*-vô) *adj* en vie, vivant

viziare (vi-*tsyââ*-ré) *v* gâter

vizio (*vii*-tsyô) *m* vice *m*

vocabolario (vô-ka-bô-*lââ*-ryô) *m* vocabulaire *m*

vocale (vô-*kââ*-lé) *adj* vocal; *f* voyelle *f*

voce (*vôô*-tché) *f* voix *f*

voglia (*voo*-lYa) *f* envie *f*; *****aver ~ di** *avoir envie de

voi (*vôô*-i) *pron* vous; ~ **stessi** vous-mêmes

volante (vô-*lann*-té) *m* volant *m*

volare (vô-*lââ*-ré) *v* voler

volentieri (vô-lén-*tyèè*-ri) *adv* volon-tiers

*****volere** (vô-*léé*-ré) *v* *vouloir; *****voler bene** *tenir à, aimer

volgare (vôl-*ghââ*-ré) *adj* grossier, vulgaire

*****volgere** (*vol*-djé-ré) *v* retourner, virer

volo (*vôô*-lô) *m* vol *m*; ~ **charter** vol charter; ~ **di ritorno** vol de retour; ~ **notturno** vol de nuit

volontà (vô-lôn-*ta*) *f* volonté *f*

volontario (vô-lôn-*tââ*-ryô) *adj* volon-taire; *m* volontaire *m*

volpe (*vôl*-pé) *f* renard *m*

volt (vôlt) *m* volt *m*

volta (*vol*-ta) *f* fois *f*; voûte *f*; **ancora una** ~ une fois de plus; **qualche** ~ parfois

voltaggio (vôl-*tad*-djô) *m* voltage *m*

voltare (vôl-*tââ*-ré) *v* tourner; retourner

volume (vô-*loû*-mé) *m* volume *m*; tome *m*

voluminoso (vô-lou-mi-*nôô*-sô) *adj* volumineux

vomitare (vô-mi-*tââ*-ré) *v* vomir

vostro (*vo*-strô) *adj* votre

votare (vô-*tââ*-ré) *v* voter

votazione (vô-ta-*tsyôô*-né) *f* vote *m*

voto (*vôô*-tô) *m* vote *m*; note *f*

vulcano (voul-*kââ*-nô) *m* volcan *m*

vulnerabile (voul-né-*rââ*-bi-lé) *adj* vul-nérable

vuotare (v^{ou}o-*tââ*-ré) *v* vider

vuoto (v^{ou}oo-tô) *adj* vide; creux; *m* vide *m*

Z

zaffiro (dzaf-*fii*-rô) *m* saphir *m*

zaino (*dzaï*-nô) *m* sac à dos, havresac *m*

zampa (*tsamm*-pa) *f* patte *f*

zampillo (tsamm-*pil*-lô) *m* jet *m*

zanzara (dzann-*dzââ*-ra) *f* moustique *m*

zanzariera (dzann-dza-*ryèè*-ra) *f* moustiquaire *f*

zappa (*tsap*-pa) *f* bêche *f*

zattera (*tsat*-té-ra) *f* radeau *m*

zebra (*dzèè*-bra) *f* zèbre *m*

zelante (dzé-*lann*-té) *adj* zélé

zelo (*dzèè*-lô) *m* élan *m*, zèle *m*

zenit (*dzèè*-nit) *m* zénith *m*

zenzero (*dzèn*-dzé-rô) *m* gingembre *m*

zero (*dzèè*-rô) *m* zéro *m*

zia (*tsii*-a) *f* tante *f*

zigomo (*dzii*-ghô-mô) *m* pommette *f*

zigzagare (dzigh-dza-*ghââ*-ré) *v* serpenter

zinco (*dzinng*-kô) *m* zinc *m*

zingaro (*tsinng*-gha-rô) *m* bohémien *m*

zio (*tsii*-ô) *m* oncle *m*

zitella (tsi-*tèl*-la) *f* vieille fille

zitto (*tsit*-tô) *adj* silencieux

zoccolo (*tsok*-kô-lô) *m* sabot *m*

zodiaco (dzô-*dii*-a-kô) *m* zodiaque *m*

zona (*dzôô*-na) *f* zone *f*; région *f*; ~ **di parcheggio** zone de stationnement ; ~ **industriale** zone industrielle

zoologia (dzô-ô-lô-*djii*-a) *f* zoologie *f*

zoom (zoûm) *m* zoom *m*

zoppicante (tsôp-pi-*kann*-té) *adj* boiteux

zoppicare (tsôp-pi-*kââ*-ré) *v* boiter

zoppo (*tsop*-pô) *adj* estropié, boiteux

zuccherare (tsouk-ké-*rââ*-ré) *v* sucrer

zucchero (*tsouk*-ké-rô) *m* sucre *m*; **zolletta di** ~ morceau de sucre

Lexique gastronomique

Mets

abbacchio agneau grillé

~ **alla cacciatora** morceaux d'agneau généralement braisés avec de l'ail, du romarin, du vin blanc, du beurre d'anchois et des piments

(all') abruzzese avec des poivrons rouges et parfois du jambon

acciughe anchois

~ **al limone** anchois frais servis avec une sauce faite de citron, d'huile, de chapelure et d'origan

(all') aceto (au) vinaigre

acetosella oseille

acquacotta soupe au pain et aux légumes, parfois agrémentée d'œufs et de fromage

affettati assiette de charcuteries

affumicato fumé

agliata sorte de vinaigrette à l'ail

aglio ail

agnello agneau

agnolotti sorte de raviolis ronds farcis de légumes, de viande hachée, d'ail et d'herbes

(all') agro assaisonné de jus de citron et d'huile

agrodolce aigre-doux; assaisonnement fait de sucre caramélisé,

de vinaigre, de farine, auquel on peut ajouter des raisins secs, du citron ou des câpres

al, all', alla à la mode de, à la, au

ala aile

albicocca abricot

alice anchois

allodola alouette

alloro laurier

anguilla anguille

~ **alla veneziana** braisée et servie avec du thon dans une sauce à base de citron

anguria pastèque

anice anis

animelle (di vitello) ris (de veau)

anitra canard

~ **selvatica** canard sauvage

annegati tranches de viande au vin blanc et au marsala

antipasto hors-d'œuvre

~ **di mare** de fruits de mer

~ **a scelta** au choix

arachide cacahuète

aragosta langouste

arancia orange

aringa hareng

arista échine de porc rôtie (à la broche ou au four), assaisonnée d'ail, de romarin, de clous de girofle et de jus de citron

arrosto rôti

arsella sorte de moule

asiago fromage fait de lait écrémé, d'une consistance qui va du moelleux au dur, de saveur douce quand il est frais

asparago asperge

assortito varié, assorti

astice homard

attorta pâtisserie aux amandes

avellana noisette

babbaluci escargots servis dans une sauce à l'huile d'olive avec des tomates et des oignons

baccalà morue séchée

~ **alla fiorentina** passée dans la farine et frite à l'huile

~ **alla vicentina** pochée dans du lait avec de l'oignon, de l'ail, du persil, des anchois et de la cannelle

(con) bagna cauda sauce mijotée composée de beurre, d'huile d'olive, d'ail, d'anchois hachés et dans laquelle on plonge des légumes crus et du pain

barbabietola betterave

beccaccia bécasse

Bel Paese fromage crémeux à pâte molle au goût délicat

ben cotto bien cuit

(alla) besciamella (à la) béchamel

bigoli in salsa gros spaghetti nappés d'une sauce aux anchois ou aux sardines

biscotto biscuit

bistecca bifteck, tranche de viande

~ **di manzo** bifteck (bœuf)

~ **(alla) pizzaiola** avec des tomates, de l'ail et du basilic

~ **di vitello** escalope de veau

bocconcini dés de viande saupou-

drés d'herbes et servis en brochette

bollito bouilli

(alla) bolognese accompagné d'une sauce tomate, de viande hachée ou de jambon et de fromage

(alla) brace grillé au charbon de bois

braciola côte, côtelette

~ **di maiale** côtelette de porc

bracioletta petite tranche de viande

~ **a scottadito** côtelette d'agneau grillée au charbon de bois

braciolone alla napoletana tranche de rumsteck recouverte d'ail, de persil, de jambon, de raisins secs, de pignons et d'œuf battu, le tout roulé, sauté et cuit à l'étouffée

branzino bar, loup de mer

brasato braisé

broccolo brocoli

broccoletti strascinati brocolis sautés dans du saindoux et de l'ail

brodetto soupe de poisson avec des oignons et de la pulpe de tomate

brodo bouillon, consommé

~ **vegetale** de légumes

bruschetta épaisse tranche de pain de campagne grillée, frottée à l'ail et arrosée d'huile d'olive

budino flan

bue viande de bœuf

burrida poisson très relevé avec des épices et des herbes, cuit en cocotte

burro beurre

~ **maggiordomo** maître d'hôtel; avec du jus de citron et du persil

busecca soupe épaisse composée de tripes et de légumes

cacciagione gibier

(alla) cacciatora chasseur; la plupart du temps avec des champignons, des herbes, des échalotes, du vin, des tomates, des lamelles de jambon et parfois de langue

cacciucco soupe de poisson épicée, généralement préparée avec des oignons, des poivrons verts, de l'ail, du vin rouge et accompagnée de croûtons frottés à l'ail

caciocavallo fromage à pâte dure, de saveur légèrement douce, fait de lait de vache ou de brebis

calamaretto petit calmar

calamaro calmar

caldo chaud

calzone petite croustade farcie de jambon, de fromage et d'herbes

(alla) campagnola avec des légumes, en particulier des oignons et des tomates

canederli boulette faite de jambon, de saucisse et de chapelure

cannella cannelle

cannelloni alla Barbaroux avec du jambon et du veau hachés, du fromage râpé et nappés de sauce blanche

cannelloni alla laziale farcis de viande et d'oignons et cuits au four dans une sauce tomate

cannelloni alla napoletana farcis de fromage et de jambon dans une sauce à la tomate et aux herbes

cannolo pâtisserie roulée, fourrée au fromage blanc sucré, parfois au nougat et aux fruits confits ou à la crème pâtissière

capitone anguille de mer

capocollo saucisson de porc salé et fumé

caponata sorte de ratatouille, généralement servie froide

cappelletti petits raviolis farcis de viande, de fromage, d'herbes et d'œufs

cappero câpre

cappon magro salade de légumes cuits et de poisson

cappone chapon

capretto cabri

~ **ripieno al forno** farci aux herbes et rôti au four

caprino romano fromage de chèvre à pâte dure

capriolo chevreuil

caramellato caramélisé

(alla) carbonara pâtes nappées d'une sauce composée d'œufs, de fromage, d'huile d'olive et de lamelles de jambon

carbonata 1) côte de porc grillée 2) ragoût de bœuf au vin rouge

carciofo artichaut

~ **alla romana** farci, sauté à l'huile avec de l'ail et du vin blanc

carciofino petit artichaut

cardo cardon

carne viande

~ **a carrargiu** rôtie à la broche

carota carotte

(della) casa spécialité du chef, maison

(alla) casalinga spécialité maison

cassata tranche napolitaine

~ **(alla) siciliana** gâteau de Savoie fourré de fromage blanc sucré, de chocolat et de fruits confits

(in) casseruola (en) cocotte

castagnaccio gâteau de farine de châtaignes garni de pignons, de raisins secs, de noix et cuit au four

castagne châtaignes

caviale caviar

cavolfiore chou-fleur

cavolino di Bruxelles chou de Bruxelles

cavolo chou

cazzoeula porc, saucisse et chou cuits à l'étouffée, parfois mijotés dans du vin blanc

cece pois chiche

cena dîner, souper

cerfoglio cerfeuil

cervo cerf

cetriolino cornichon

cetriolo concombre

chiodo di garofano clou de girofle

ciambella petit pain rond

cicoria chicorée

ciliegia cerise

cima veau farci, servi froid

  ~ **alla genovese** farci d'œufs, de saucisse et de champignons

cinghiale sanglier

cioccolata chocolat

cipolla oignon

cipollina petit oignon

ciuppin soupe de poisson

cocomero pastèque

coda di bue oxtail, queue de bœuf

colazione déjeuner

composta compote

coniglio lapin

  ~ **all'agro** à la sauce aigre; fricassée de lapin au vin rouge, additionné de jus de citron

contorno garniture

copata gaufrette au miel et aux noix

coppa sorte de saucisson

corda tripes d'agneau rôties ou braisées, servies avec une sauce tomate et des petits pois

cornetti 1) haricots verts 2) croissant

cosce di rana cuisses de grenouilles

coscia cuisse

cosciotto gigot, cuissot

costata entrecôte

  ~ **alla fiorentina** grillée sur un feu de bois d'olivier, arrosée de jus de citron et saupoudrée de persil

  ~ **alla pizzaiola** braisée dans une sauce tomate avec de l'ail, de la marjolaine, du persil et de la *mozzarella*

  ~ **al prosciutto** avec du jambon, du fromage, des truffes, panée et frite

costoletta côtelette

  ~ **alla bolognese** côtelette de veau panée, recouverte d'une tranche de jambon, de fromage et d'une sauce tomate

  ~ **alla milanese** côtelette de veau passée dans l'œuf et la chapelure, puis frite

  ~ **alla parmigiana** côtelette panée et cuite au four avec du parmesan

  ~ **alla valdostana** avec du jambon et du fontine

  ~ **alla viennese** escalope de veau panée

cotechino saucisse de porc épicée, servie chaude

cotto cuit

  ~ **a puntino** à point

cozza moule

cozze alla marinara moules marinière; dans une sauce au vin blanc avec du persil et de l'ail

crauti choucroute

crema crème

cremino 1) fromage frais 2) esquimau glacé

crescione cresson

crespolino crêpe fourrée aux épinards, cuite au four avec une sauce au fromage

crocchetta croquette, boulette

crostaceo crustacé

crostata gâteau aux fruits

crostini croûtons

  ~ **in brodo** bouillon avec des croûtons

  ~ **alla provatura** brochette de morceaux de pain et de *provatura*

crostino alla napoletana petit toast recouvert d'anchois revenus au beurre et sur lesquels on fait fondre du fromage

crudo cru

culatello sorte de jambon cru, mariné dans du vin blanc

cuore cœur

  ~ **di sedano** de céleri

cuscusu di Trapani soupe de poisson à la semoule

dattero datte

datteri di mare moules

dentice dentex (poisson)

(alla) diavola en général grillé avec du poivre et du piment en abondance

diverso varié, assorti

dolce 1) doux, sucré 2) dessert

dolci gâteaux, sucreries

(alla) Doria avec des concombres

dragoncello estragon

fagiano faisan

fagiolino haricot vert

fagiolo haricot

faraona pintade

farcito farci

farsumagru bœuf ou veau roulé et farci avec du saucisson, des œufs, du fromage, du persil, des oignons, le tout braisé avec des tomates

fatto in casa fait maison

fava fève

favata potée de haricots, de saucisse, de lard et de condiments

fegatelli di maiale alla fiorentina foie de porc grillé en brochette, avec des feuilles de laurier et des croûtons frits

fegato foie

  ~ **alla veneziana** tranche de foie de veau frite avec des oignons

(ai) ferri au gril, grillé

fesa rouelle (de veau)

  ~ **in gelatina** veau en gelée

fettina petite tranche

fettuccine nouilles souvent servies avec une sauce à la tomate ou aux champignons

  ~ **verdi** pâtes vertes

fico figue

filetto filet

finocchio fenouil

  ~ **in salsa bianca** à la sauce blanche

(alla) fiorentina avec des herbes, de l'huile et souvent des épinards

focaccia 1) fougasse, galette à l'huile d'olive, à laquelle on ajoute parfois des oignons émincés frits 2) gâteau rond

  ~ **di vitello** petit pâté à la viande de veau

fondo di carciofo fond d'artichaut

fonduta fromage fondu avec des jaunes d'œufs, du vin blanc, du lait et des truffes, servi généralement sur des croûtons de pain

ou du riz

fontina fontine; fromage crémeux à pâte molle, essentiellement utilisé en cuisine

formaggio fromage

(al) forno cuit au four

fra diavolo avec une sauce tomate relevée

fragola fraise

~ **di bosco** des bois

frattaglie abats

fregula soupe au safran, servie avec des boulettes de semoule

fresco frais

frittata omelette

~ **semplice** nature

frittatina di patate omelette aux pommes de terre

frittella crêpe, souvent fourrée au jambon et au fromage; beignet aux pommes

fritto 1) frit 2) friture

~ **di mare** friture de mer

~ **alla milanese** panée

~ **misto** friture variée

~ **alla napoletana** friture de poisson, légumes et fromage

~ **alla romana** ris de veau, artichauts et chou-fleur frits

~ **di verdura** friture de légumes

frutta fruit

~ **candita** confit

~ **cotta** compote

frutti di mare fruits de mer

fungo champignon

galantina tartufata galantine truffée

gallina poule

gallinaccio 1) chanterelle 2) dindon

gallinella râle d'eau

gallo cedrone coq de bruyère

gamberetto crevette grise

gambero écrevisse

garofolato ragoût de bœuf piqué de clous de girofle

(in) gelatina (en) gelée, (en) aspic

gelato glace, sorbet

(alla) genovese avec du basilic et d'autres herbes, des pignons, de l'ail et de l'huile

ghiacciato glacé

ginepro genièvre

girello rouelle (de veau)

gnocchi boulette, gnocchi, quenelle

gorgonzola un des fromages à moisissures les plus connus du pays, à la saveur piquante

grana fromage à pâte dure; connu aussi sous le nom de *parmigiano(-reggiano)*

granchio crabe

grasso gras, riche

(alla) graticola saisi à feu vif, sauté

gratinata gratinée

grattugiato râpé

(alla) griglia au gril

grissino gressin, petite flûte de pain biscotté

gruviera gruyère, version italienne du gruyère suisse

guazzetto ragoût avec de l'ail, du romarin, des tomates et des piments

incasciata couches superposées de pâte, d'œufs durs et de fromage râpé, le tout arrosé de jus de viande

indivia endive

insalata salade

~ **all'americana** avec mayonnaise et crevettes

~ **russa** russe

~ **verde** verte

~ **di verdura cotta** de légumes cuits

involtino paupiette

lampone framboise
lampreda lamproie
latte alla portoghese crème caramel
lattuga laitue
lauro laurier
(alla) laziale avec des oignons
lenticchia lentille
lepre lièvre
~ **al lardo con funghi** avec des champignons et du lard
~ **in salmì** en civet
leprotto levraut
lesso 1) bouilli 2) viande ou poisson bouilli
limone citron
lingua langue
linguine nouilles plates
lista dei vini carte des vins
lodigiano fromage à pâte dure de couleur jaune, destiné essentiellement à être râpé
lombata aloyau, longe, carré
luganega saucisse de porc
lumaca escargot
lupo di mare loup de mer
maccheroni macaroni
macedonia di frutta macédoine de fruits
maggiorana marjolaine
magro 1) maigre 2) plat sans viande
maiale porc
~ **al latte** cuit dans du lait
~ **ubriaco** mijoté dans du vin rouge
maionese mayonnaise
mandorla amande
manzo viande de bœuf
~ **arrosto ripieno** farci et rôti
~ **lesso** bouilli
~ **salato** en conserve et salé
~ **(alla marinara)** marinière; avec une sauce composée de

tomates, d'olives, d'ail, de palourdes et de moules
marinato mariné
maritozzo petit pain
marmellata confiture, marmelade
~ **d'arance** marmelade d'oranges
marrone marron, châtaigne
mascarpone fromage à pâte molle de couleur jaune, souvent servi comme entremets
medaglione médaillon (de bœuf ou de veau)
mela pomme
~ **cotogna** coing
melanzana aubergine
melanzane ripiene aubergines farcies avec des anchois, des olives, des oignons, des câpres, de la chapelure, des tomates et gratinées
melone con prosciutto di Parma melon avec du jambon de Parme
menta menthe
meringa meringue
merluzzo cabillaud
messicani paupiettes de veau farcies de viande, de fromage ou d'herbes
midollo moelle
(alla) milanese passé dans l'œuf et pané
millefoglie millefeuille
minestra potage, soupe
~ **in brodo** bouillon avec des nouilles ou du riz et du foie de volaille
~ **di funghi** crème de champignons
minestrone soupe de légumes épaisse
~ **alla genovese** avec des épinards, du basilic et des

macaronis

~ **verde** avec des haricots verts et des herbes

mirtillo myrtille

misto panaché, varié

mitilo moule

(alla) montanara avec différents légumes à racines comestibles

montone mouton

mora mûre

mostarda sauce à base de moutarde, vinaigre et arômes

~ **di frutta** fruits confits dans un sirop aigre-doux

mozzarella fromage à pâte molle, non fermenté et de saveur légèrement douce; fait de lait de bufflonne en Italie du Sud et de lait de vache ailleurs

(alla) napoletana avec du fromage, des tomates, des herbes et parfois des anchois

nasello merlan

naturale nature, au naturel

navone navet

nocciola noisette

noce noix

~ **di cocco** de coco

~ **moscata** muscade

nostrano du pays, du cru

oca oie

olio huile

~ **di semi** de grain

olive agrodolci olives macérées dans du vinaigre additionné de sucre

olive ripiene olives farcies

ombrina ombrine (poisson)

orata daurade

osso os

~ **buco** jarret de veau en ragoût dans du vin, avec des tomates, souvent accompagné de riz

ostrica huître

ovalina petite *mozzarella* faite de lait de bufflonne

ovolo oronge

(alla) paesana avec du lard, des pommes de terre, des carottes, des courgettes, et d'autres légumes à racines comestibles

pagliarino fromage piémontais à pâte assez molle

palomba pigeon ramier

pan di Genova gâteau aux amandes

pan di Spagna gâteau de Savoie

pan tostato pain grillé, toast

pancetta lard, bacon

pandolce gâteau consistant avec des fruits secs et des pignons

pane pain

~ **casareccio** maison

~ **scuro** noir

~ **di segale** de seigle

panettone gâteau milanais haut et léger, avec des raisins secs et des fruits confits

panforte di Siena pain d'épices de Sienne

pangrattato chapelure

panicielli d'uva passula raisins secs enveloppés dans des feuilles de cédrat et cuits au four

panino petit pain

~ **imbottito** sandwich

panna crème

~ **montata** fouettée

panzarotti triangles de pâte de pain, souvent garnis d'une farce faite de viande de porc, d'œufs, de fromage, d'anchois, de tomates et frits

pappardelle nouilles longues et larges

~ **con la lepre** servies avec du lièvre

parmigiano(-reggiano) parmesan

passatelli pâtes faites d'œufs, de parmesan râpé, de chapelure et souvent d'une pincée de muscade

passato purée

~ **di verdura** soupe aux légumes, généralement accompagnée de croûtons

pasta pâtes, l'entrée italienne traditionnelle

~ **asciutta** pâtes en sauce saupoudrées de fromage râpé

pasticcino pâtisserie, tartelette

pasticcio 1) pâté 2) sorte de pâtes ressemblant aux lasagne

pastina petites pâtes de formes variées, servies essentiellement dans les potages

pasto repas

patate pommes de terre

~ **fritte** frites

~ **lesse** pommes vapeur

~ **novelle** nouvelles

~ **in padella** sautées à la poêle

~ **rosolate** rissolées

~ **saltate** coupées en dés et sautées à l'huile ou au beurre

patatina petite pomme de terre nouvelle

pecorino tout fromage de brebis à pâte dure

pepato poivré

pepe poivre

peperonata poivrons verts, tomates et oignons cuits à l'étouffée

peperone poivron (vert ou rouge)

~ **arrostito** grillé

~ **ripieno** farci (généralement avec du riz et de la viande hachée)

pera poire

pernice perdrix

pesca pêche

pesce poisson

~ **spada** espadon

pesto sauce composée d'ail, d'herbes (basilic) et de fromage; servie dans la *minestrone* ou sur les pâtes

petto poitrine

(a) piacere au choix, à discrétion

piatto plat

~ **del giorno** du jour

~ **principale** plat de résistance

primo ~ entrée

piccante piquant, relevé

piccata fine escalope de veau

~ **al marsala** au marsala

piccione pigeon

(alla) piemontese avec des truffes et du riz

pignoli pignons

pinoccate gâteau aux pignons et aux amandes

pisello petit pois

pistacchi pistaches

piviere pluvier

pizzetta petite pizza

polenta pasticciata polenta servie en tranches avec du jus de viande, des champignons, de la sauce blanche, du beurre et du fromage

polenta e uccelli oiseaux à la broche servis avec de la polenta

pollame volaille

pollo poulet

~ **alla diavola** grillé avec du poivre et de la moutarde

~ **novello** jeune poulet

polpetta di carne boulette de viande

polpettone pâté de bœuf ou de veau assaisonné

polpo poulpe

~ **in purgatorio** sauté à l'huile avec des tomates, du persil, de l'ail et des poivrons

(salsa di) pommarola sauce tomate servant à accommoder les pâtes

pomodoro tomate

pompelmo pamplemousse

popone melon

porchetta cochon de lait rôti

porcini cèpes

porro poireau

pranzo déjeuner ou dîner

prezzemolo persil

prezzo prix

~ **fisso** fixe

prima colazione petit déjeuner

primizie légumes de printemps

prosciutto jambon

~ **affumicato** fumé

~ **di cinghiale** de sanglier fumé

provatura fromage à pâte molle légèrement doux, fait de lait de bufflonne

provolone fromage à pâte assez dure de couleur blanche

prugna prune

~ **secca** pruneau

punte di asparago pointes d'asperges

purè di patate purée de pommes de terre

quaglia caille

rabarbaro rhubarbe

rafano raifort, radis

ragù sauce à la viande

ragusano fromage à pâte dure, légèrement doux

rapa rave

ravanello radis

raviggiolo caillebotte; fromage fait de lait de chèvre ou de brebis

razza raie

ribes groseille

~ **nero** cassis

~ **rosso** groseille rouge

riccio di mare oursin

ricotta fromage frais fait de lait de vache ou de brebis

rigaglie abattis

rigatoni sorte de macaronis

ripieno farci

risi e bisi riz et petits pois cuits dans un bouillon de volaille arrosé de xérès sec et servis avec du parmesan râpé

riso riz

~ **in bianco** blanc

risotto riz au beurre avec du vin blanc, du safran et du bouillon

(brodo) ristretto consommé

robiola fromage à pâte molle, riche et doux, fait de lait de brebis

robiolina fromage au lait de chèvre ou de brebis

rognoni rognons

(alla) romana avec des légumes, en particulier des oignons, de la menthe et parfois des anchois

rombo barbue, turbot

rosmarino romarin

rotolo paupiette

salame salami

salato salé

sale sel

salmone saumon

salsa sauce

salsiccia saucisse

saltimbocca tranche de veau roulée et garnie d'une fine tranche de jambon et de sauge, le tout servi dans une sauce au vin et aux herbes

~ **alla romana** sautée à l'huile ou au beurre

(al) sangue saignant

sarda sardine

sardina petite sardine

sardo fromage au lait de brebis, à pâte dure, piquant et aromatique

sartù riz cuit au four avec des tomates, de la viande, des abattis de poulet et des champignons

scalogno échalote

scaloppa, scaloppina escalope (de veau)

~ **alla fiorentina** avec des épinards et une sauce blanche

scamorza fromage semblable à la *mozzarella*, mais plus ferme et salé

scapece poisson frit conservé dans du vinaigre blanc et du safran

(allo) sciroppo au sirop

scorfano rascasse

scorzonera salsifis, scorsonère

sedano céleri

selvaggina gibier

senape moutarde

seppia seiche

servizio (non) compreso service (non) compris

sfogliatella feuilleté à la crème et à la confiture de fruits

sgombro maquereau

silvano meringue ou tourte au chocolat

soffritto sauté

sogliola sole

~ **arrosto** cuite au four avec de l'huile d'olive, des herbes et du vin blanc

~ **dorata** panée et frite

~ **ai ferri** grillée

~ **alla mugnaia** meunière

soppressata 1) saucisse 2) fromage de tête aux pistaches

sottaceti légumes en saumure

sottaceto en saumure

spaghetti aglio e olio spaghetti à l'huile avec de l'ail grillé

spaghetti all'amatriciana spaghetti servis avec une sauce tomate, du lard ou du porc, des oignons, de l'ail et du parmesan

spaghetti alla carbonara spaghetti servis avec du fromage, du lard et des œufs

spaghetti alle vongole spaghetti servis avec une sauce aux palourdes ou aux moules, des tomates, de l'ail et des piments

spalla épaule

spezzatino ragoût de viande ou de volaille

spiedino brochette

~ **di mare** brochette de fruits de mer et de poisson

(allo) spiedo (à la) broche

spigola bar

spinaci épinards

spugnola morille

spumone glace à la crème fouettée ou avec des blancs d'œufs montés en neige

(di) stagione (de) saison

stellette petites pâtes en forme d'étoile

stinco jarret (veau, bœuf)

stoccafisso morue séchée

storione esturgeon

stracchino fromage crémeux de Lombardie

stracciatella bouillon à la semoule ou à la chapelure, avec des œufs et du fromage râpé

stracotto ragoût

strascinati nouilles avec une sauce faite de saucisse émincée, d'œufs battus et de fromage

stufato 1) braisé, en cocotte 2) bœuf en daube

succu tunnu soupe au safran avec des boulettes de semoule

sugo sauce, jus

(carne di) suino (viande de) porc

supplì croquettes de riz avec de la

mozzarella et du jus de viande

suprema di pollo in gelatina suprême de volaille en gelée

susina prune

tacchino dinde

tagliatelle nouilles plates et minces

tagliolini vermicelles, cheveux d'ange

taleggio fromage de consistance assez molle, ressemblant au *stracchino*

tartaruga tortue

tartufo truffe

tartufi di mare coques ou petites palourdes

(al) tegame sauté

(alla) teglia frit

testa di vitello tête de veau

timo thym

tinca tanche

tonnato dans une sauce au thon

tonno thon

tordo grive

torrone nougat

torta tarte, tourte

tortelli petits beignets

tortellini petits anneaux de pâte remplis d'un hachis assaisonné

tortiglione gâteau aux amandes

tortino tarte salée garnie de fromage frais et de légumes

~ **di carciofi** avec des artichauts frits mélangés à des œufs battus

(alla) toscana avec des tomates, du céleri et des herbes

tostato grillé

totano mollusque

tramezzino petit sandwich

trenette nouilles

triglia rouget

trippe alla fiorentina tripes et hachis de bœuf mijotés dans une sauce tomate avec de la

marjolaine et du parmesan

trippe alla milanese tripes mijotées avec des oignons, des poireaux, des carottes, des tomates, des haricots, de la sauge et de la noix muscade

trippe alla romana tripes cuites dans une sauce aigre-douce avec du fromage

tritato haché

trota truite

~ **alle mandorle** assaisonnée et cuite au four avec de la crème, le tout recouvert d'amandes

~ **di ruscello** de rivière

tutto compreso tout compris

uccelletti, uccelli petits oiseaux, en général à la broche

~ **in umido** en daube

uovo œuf

~ **affogato nel vino** poché au vin

~ **al burro** au plat

~ **in camicia** poché

~ **alla fiorentina** frit, servi sur un lit d'épinards

~ **(al) forno** cuit au four

~ **fritto** frit

~ **molle** mollet

~ **ripieno** farci

~ **sodo** dur

~ **strapazzato** brouillé

uva raisin

vaniglia vanille

vario assorti, varié

(alla) veneziana oignons ou échalotes, vin blanc et feuilles de menthe

verdura légumes verts

verza chou vert frisé

vitello veau

~ **all'uccelletto** veau coupé en dés et mijoté dans du vin

vongola petite palourde

zaba(gl)ione sabayon
zampone pied de porc farci de viande, bouilli et servi en tranches
zèppola beignet
zimino court-bouillon de poisson
zucca citrouille, courge, potiron
zucchero sucre
zucchino courgette
zuppa soupe

~ **fredda** froide
~ **inglese** gâteau de Savoie imbibé de rhum, avec des fruits confits, de la crème fraîche ou de la crème fouettée
~ **alla pavese** consommé avec des œufs pochés, des croûtons et du fromage râpé
~ **di vongole** aux palourdes avec du vin blanc

Boissons

abboccato demi-sec (vin)
acqua eau
~ **fredda** glacée
~ **gasata** gazeuse
acquavite alcool, eau-de-vie
Aleatico vin rouge de dessert fait de raisin muscat
amabile légèrement doux (vin)
Americano un des apéritifs les plus populaires, fait de *Campari*, de vermouth, d'angostura et de soda, avec un zeste de citron
aperitivo apéritif
aranciata orangeade
asciutto sec
Asti Spumante célèbre vin blanc pétillant du Piémont
Aurum liqueur d'orange
Barbaresco vin rouge du Piémont ressemblant au *Barolo*, plus clair et légèrement plus sec
Barbera vin rouge sombre et corsé du Piémont et de Lombardie, au bouquet très subtil
Bardolino vin rouge très clair de la

région du Lac de Garde, près de Vérone
Barolo vin rouge de haute qualité provenant du Piémont, comparable aux Côtes-du-Rhône
bibita boisson
birra bière
~ **di barile** (à la) pression
~ **chiara** blonde
~ **scura** brune
~ **alla spina** (à la) pression
caffè café
~ **corretto** arrosé d'alcool ou d'eau-de-vie
~ **expresso** noir très fort
~ **freddo** glacé
~ **macchiato** arrosé d'un peu de lait chaud
~ **nero** noir
~ **ristretto** noir très serré
caffellatte café au lait
Campania région des alentours de Naples particulièrement réputée pour ses vins rouges et blancs, tels le *Capri*, le *Falerno*

et le *Lacrima Christi*

Campari apéritif amer de couleur rouge, avec un goût de quinine

cappuccino café noir nappé de lait battu, parfois saupoudré de chocolat

caraffa carafe

Castelli Romani vin blanc ordinaire du sud-ouest de Rome

Centerbe liqueur aux herbes fortement alcoolisée

Cerasella liqueur de cerise

Certosino liqueur aux herbes, jaune ou verte

Chianti célèbre vin de table (rouge et blanc) de Toscane, mis traditionnellement en bouteille dans un *fiasco;* plusieurs qualités selon le vignoble

Chiaretto le plus célèbre des vins rosés italiens en provenance du Lac de Garde; meilleur lorsqu'il est bu jeune

Cortese vin blanc sec du Piémont à production limitée

dolce doux (vin de dessert)

Emilia-Romagna la région des alentours de Bologne produit principalement du vin rouge, tels le *Sangiovese* ou le *Lambrusco,* pétillant et délicat

Est! Est! Est! vin blanc mi-doux de la région nord de Rome

Etna vins rouges, blancs et rosés des pentes du Mont Etna (Sicile)

Falerno vin rouge et vin blanc sec de Campanie

Fernet-Branca marque de digestif amer

fiasco fiasque garnie de paille

Frascati vin blanc du Latium; peut être sec ou légèrement doux

Freisa produit dans le Piémont, c'est l'un des meilleurs vins rouges italiens; trois types: sec et fruité, clair et légèrement doux ou pétillant

frizzante pétillant

Gattinara vin rouge corsé produit dans le Piémont

granatina, granita sirop ou café servi sur de la glace pilée

grappa marc (eau-de-vie de raisin)

Grignolino vin rouge de bonne qualité au bouquet très subtil; souvent fortement alcoolisé

Lacrima Christi vin très réputé produit sur les pentes du Vésuve (Campanie); le blanc est le meilleur, mais il existe aussi du rouge et du rosé

Lago di Caldaro vin rouge de première qualité produit dans le Tyrol italien; léger et clair

Lagrein Rosato vin rosé des alentours de Bolzano, dans le Tyrol italien

Lambrusco vin rouge pétillant d'Emilie-Romagne

latte lait

~ **al cacao** boisson chocolatée

Lazio Latium; région au sud de Rome qui produit essentiellement du vin blanc: *Castelli Romani, Est! Est! Est!* et *Frascati*

limonata limonade

Lombardia Lombardie; région des alentours de Milan qui produit des vins variés: les rouges *Bonarda, Inferno, Spanna* et *Valtellina,* le rosé *Chiaretto* et le blanc *Lugana*

Lugana vin blanc sec de la région du Lac de Garde (Lombardie)

Marsala célèbre vin de dessert de Sicile

Martini marque de vermouth blanc ou rouge

Millefiori liqueur obtenue en distillant des herbes et des fleurs des Alpes

Moscatello, Moscato nom porté par différents vins de dessert et de table produits à partir de raisin muscat; la plupart sont blancs, dont certains pétillants, mais il existe aussi quelques rouges

Orvieto vin blanc léger du nord de Rome; existe en trois types: sec, légèrement doux et doux

Piemonte Piémont; le nord-ouest est réputé pour sa production des meilleurs vins du pays et de son mousseux: *Asti Spumante;* quelques crus rouges: *Barbaresco, Barbera, Barolo, Dolcetto, Freisa, Gattinara, Grignolino* et *Nebbiolo;* le *Cortese* est un vin blanc léger

Puglia Pouilles; à la pointe sud-est de l'Italie, cette région est la plus grande productrice de vin du pays, surtout du vin de table et des vins de dessert

Punt e Mès marque de vermouth

Sangiovese vin rouge de table d'Emilie-Romagne

Santa Giustina vin rouge de table de bonne qualité, provenant du Tyrol italien

Santa Maddalena vin rouge du Tyrol italien, clair et généralement fruité

sciroppo sirop

secco sec (vin)

Sicilia Sicile; outre le vin de table produit sur cette île, la Sicile est réputée pour ses vins de dessert, spécialement le *Marsala;* l'*Etna*

est un nom à retenir parmi les vins blancs

sidro cidre

Silvestro liqueur aux herbes et à la menthe

Soave vin blanc sec de la région de Vérone; spécialement bon lorsqu'il est bu jeune

spremuta jus de fruit frais

spumante pétillant

Stock eau-de-vie de vin

Strega liqueur aux herbes très alcoolisée

succo jus

tè thé

~ **al latte** au lait

~ **al limone** citron

Terlano vin blanc réputé du Tyrol, au goût délicat

Toscana Toscane; cette région des alentours de Florence est particulièrement connue pour son *Chianti,* vin de table rouge ou blanc, et ses vins de dessert, l'*Aleatico* et le *Vin Santo*

Traminer vin blanc du Tyrol provenant de la région qui a donné son raisin et son nom aux célèbres vins blancs d'Alsace: le *Traminer* et le *Gewürztraminer*

Trentino-Alto Adige cette région des Alpes produit plusieurs vins rouges: *Lago di Caldaro, Santa Giustina, Santa Maddalena;* de bons vins blancs: *Terlano* et *Traminer;* un remarquable rosé: *Lagrein Rosato* et un bon vin de dessert: *Vin Santo*

Valpolicella vin rouge de la région de Vérone, très coloré et légèrement amer

Valtellina région proche de la frontière suisse qui produit un bon vin rouge, sombre

Vecchia Romagna eau-de-vie de vin

Veneto cette région du nord-est de l'Italie produit de très bons vins; parmi les rouges: *Amarone, Bardolino, Merlot, Pinot Nero* et *Valpolicella;* parmi les blancs: *Pinot Grigio* et *Soave;* le *Recioto* est un rouge pétillant

Vin Santo ou **Vinsanto** vin de dessert très délicat, produit principalement en Toscane, mais aussi dans le Trentin et au Tyrol

vino vin
- ~ **aperto** ouvert
- ~ **bianco** blanc
- ~ **del paese** de la région
- ~ **rosatello, rosato** rosé
- ~ **rosso** rouge

Mini-grammaire

Articles

Il y a deux genres en italien, le masculin et le féminin.

1. **Article défini** (le, la, les)

masc. (sing.)	(plur.)
l' devant voyelle	**gli**
lo devant **z** ou **s** + consonne*	**gli**
il devant autres consonnes	**i**

l'amico (l'ami)	**gli amici** (les amis)
lo studente (l'étudiant)	**gli studenti** (les étudiants)
il treno (le train)	**i treni** (les trains)

fém. (sing.)	(plur.)
l' devant voyelle	**le**
la devant voyelle	**le**

l'arancia (l'orange)	**le arance** (les oranges)
la casa (la maison)	**le case** (les maisons)

2. **Article indéfini** (un, une, des)

masc.: un (**uno** devant **z** ou **s** suivi d'une consonne*)

un negozio	un magasin
uno stadio	un stade

fém.: una (**un'** devant voyelle)

une strada	une rue
un'amica	une amie

3. **Article partitif** (du, de la, des)

Dans les phrases affirmatives et dans quelques interrogatives, du, de la, des s'expriment par **di** + **l'article défini**, ce qui donne les formes contractées suivantes (voir aussi p. 162):

masc. (sing.)	(plur.)
dell' devant voyelle	**degli**
dello devant **z** ou **s** + consonne	**degli**
del devant les autres consonnes	**dei**

fém. (sing.)	(plur.)
dell' devant voyelle	**delle**
della devant consonne	**delle**

Noms

Les noms en **o** sont en général masculins. Au pluriel, **o** devient **i**.

il tavolo (la table)	**i tavoli** (les tables)

---

*s + consonne, comme **sb**, **sg**, **sp**, **st**, etc. Quand un **s** est suivi d'une voyelle, le masculin est **il** (pluriel **i**) pour l'article défini et **un** pour l'article indéfini.

Les noms en **a** sont en général féminins. Au pluriel, **a** devient **e**.

la casa (la maison)   **le case** (les maisons)

Les noms en **e** sont ou féminins ou masculins (la seule solution consiste donc à les mémoriser). Au pluriel, **e** devient **i**.

il piede (le pied)   **i piedi** (les pieds)
la notte (la nuit)   **le notti** (les nuits)

Adjectifs

Ils s'accordent en genre et en nombre avec le nom qu'ils qualifient.

masc. (sing.)	(plur.)	fém. (sing.)	(plur.)
leggero (léger)	**leggeri**	**leggera** (légère)	**leggere**
grande (grand)	**grandi**	**grande** (grande)	**grandi**

Les adjectifs suivent en général le nom; certains, d'un usage courant, le précèdent:

un caro amico (un cher ami)   **una strada lunga** (une longue rue)

Le comparatif se forme en mettant **più** devant l'adjectif, le superlatif en mettant **il più** (**la più, i più, le più**).

La casa è più grande che ...   La maison est plus grande que ...
È la più grande.   C'est la plus grande.

Adjectifs et pronoms démonstratifs

ce (celui-ci)	**questo** (quest' devant une voyelle)
cette (celle-ci)	**questa** (quest' devant une voyelle)
ces (ceux-ci/celles-ci)	**questi/queste** (pas d'élision)

Adjectifs possessifs* (mon, ma, mes, etc.)

Ils s'accordent en genre et en nombre avec les noms qu'ils qualifient. Ils sont utilisés avec l'article défini.

	masc.		fém.	
	sing.	plur.	sing.	plur.
mon/mes, ma/mes	**il mio**	**i miei**	**la mia**	**le mie**
ton/tes, ta/tes	**il tuo**	**i tuoi**	**la tua**	**le tue**
son/ses, sa/ses	**il suo**	**i suoi**	**la sua**	**le sue**
votre/vos (polit.)	**il suo**	**i suoi**	**la sua**	**le sue**
notre/nos	**il nostro**	**i nostri**	**la nostra**	**le nostre**
votre/vos	**il vostro**	**i vostri**	**la vostra**	**le vostre**
leur/leurs	**il loro**	**i loro**	**la loro**	**le loro**
votre/vos (polit.)	**il loro**	**i loro**	**la loro**	**le loro**

---

*Il n'y a pas, en italien, de différence entre les adjectifs et les pronoms possessifs (le mien, le tien, le sien, etc.). Par conséquent, vous pouvez employer, en ce qui concerne les pronoms possessifs, le tableau ci-dessous.

Verbes

En italien, il existe trois groupes de conjugaisons régulières, comprenant chacun une série de verbes ayant la même terminaison: *-are, -ere* et *-ire*. Le groupe en *-ire* comprend certains verbes qui, au singulier et à la troisième personne du pluriel du présent, voient leur radical modifié par l'adjonction de *-isc* (par ex.: *fiorire, (io) fior-isco*). Les verbes qui ne peuvent être conjugués selon les modèles ci-après sont considérés comme irréguliers (voir la liste des verbes irréguliers). Notez que certains verbes, s'ils suivent les règles du groupe de conjugaison auquel ils appartiennent, subissent pourtant de légères modifications orthographiques, par ex.: *mangiare, mangerò; cominciare, comincerò; navigare, navigherò*. Le pronom personnel n'est généralement pas exprimé, la terminaison verbale l'indiquant clairement.

		1er groupe	2e groupe	3e groupe
Infinitif		**am are**	**tem ere**	**vest ire**
		(aimer)	*(craindre)*	*(habiller)*
Présent	(io)	am **o**	tem **o**	vest **o**
	(tu)	am **i**	tem **i**	vest **i**
	(egli)	am **a**	tem **e**	vest **e**
	(noi)	am **iamo**	tem **iamo**	vest **iamo**
	(voi)	am **ate**	tem **ete**	vest **ite**
	(essi)	am **ano**	tem **ono**	vest **ono**
Imparfait	(io)	am **avo**	tem **evo**	vest **ivo**
	(tu)	am **avi**	tem **evi**	vest **ivi**
	(egli)	am **ava**	tem **eva**	vest **iva**
	(noi)	am **avamo**	tem **evamo**	vest **ivamo**
	(voi)	am **avate**	tem **evate**	vest **ivate**
	(essi)	am **avano**	tem **evano**	vest **ivano**
Passé simple	(io)	am **ai**	tem **ei**	vest **ii**
	(tu)	am **asti**	tem **esti**	vest **isti**
	(egli)	am **ò**	tem **è**	vest **ì**
	(noi)	am **ammo**	tem **emmo**	vest **immo**
	(voi)	am **aste**	tem **este**	vest **iste**
	(essi)	am **arono**	tem **erono**	vest **irono**
Futur	(io)	am **erò**	tem **erò**	vest **irò**
	(tu)	am **erai**	tem **erai**	vest **irai**
	(egli)	am **erà**	tem **erà**	vest **irà**
	(noi)	am **eremo**	tem **eremo**	vest **iremo**
	(voi)	am **erete**	tem **erete**	vest **irete**
	(essi)	am **eranno**	tem **eranno**	vest **iranno**
Conditionnel	(io)	am **erei**	tem **erei**	vest **irei**
	(tu)	am **eresti**	tem **eresti**	vest **iresti**
	(egli)	am **erebbe**	tem **erebbe**	vest **irebbe**
	(noi)	am **eremmo**	tem **eremmo**	vest **iremmo**
	(voi)	am **ereste**	tem **ereste**	vest **ireste**
	(essi)	am **erebbero**	tem **erebbero**	vest **irebbero**

Subj. prés.	(io)	am i	tem a	vest a
	(tu)	am i	tem a	vest a
	(egli)	am i	tem a	vest a
	(noi)	am iamo	tem iamo	vest iamo
	(voi)	am iate	tem iate	vest iate
	(essi)	am ino	tem ano	vest ano
Part. prés.		am ando	tem endo	vest endo
Part. passé		am ato	tem uto	vest ito

Verbes auxiliaires

avere *(avoir)*   **essere** *(être)*

	Présent	Imparfait	Présent	Imparfait
(io)	ho	avevo	sono	ero
(tu)	hai	avevi	sei	eri
(egli)	ha	aveva	è	era
(noi)	abbiamo	avevamo	siamo	eravamo
(voi)	avete	avevate	siete	eravate
(essi)	hanno	avevano	sono	erano

	Futur	Conditionnel	Futur	Conditionnel
(io)	avrò	avrei	sarò	sarei
(tu)	avrai	avresti	sarai	saresti
(egli)	avrà	avrebbe	sarà	sarebbe
(noi)	avremo	avremmo	saremo	saremmo
(voi)	avrete	avreste	sarete	sareste
(essi)	avranno	avrebbero	saranno	sarebbero

	Subj. prés.	Passé comp.	Subj. prés.	Passé comp.
(io)	abbia	ho avuto	sia	sono stato
(tu)	abbia	hai avuto	sia	sei stato
(egli)	abbia	ha avuto	sia	è stato
(noi)	abbiamo	abbiamo avuto	siamo	siamo stati
(voi)	abbiate	avete avuto	siate	siete stati
(essi)	abbiano	hanno avuto	siano	sono stati

	Passé simple		Passé simple	
(io)	ebbi		fui	
(tu)	avesti		fosti	
(egli)	ebbe		fu	
(noi)	avemmo		fummo	
(voi)	aveste		foste	
(essi)	ebbero		furono	

Verbes irréguliers

Vous trouverez ci-dessous une liste des verbes communément utilisés en italien avec certains de leurs modes de conjugaison. Ainsi a) indique le présent, b) le passé simple c) le futur, d) le conditionnel et e) le participe passé. Certains verbes sont considérés comme irréguliers, bien que seul leur participe passé le soit. Quant aux autres verbes, ils ont une terminaison identique à celle des verbes réguliers, sauf lorsqu'ils se conjuguent au présent. Pour tous les autres temps, seule la première personne du singulier est indiquée. Les verbes dotés d'un préfixe, comme *ac-, am-, ap-, as-, at-, av-, co-, com-, con-, cor-, de-, di-, dis-, e-, es-, im-, in-, inter-, intra-, ot-, per-, pro-, re-, ri-, sopra-, sup-, tra(t)-*, etc., se conjuguent comme le verbe simple.

accendere
allumer
a) accendo; b) accesi; c) accenderò; d) accenderei;
e) acceso

accludere
inclure
a) accludo; b) acclusi; c) accluderò; d) accluderei;
e) accluso

accorgersi
s'apercevoir
a) mi accorgo, ti accorgi, si accorge, ci accorgiamo, vi accorgete, si accorgono; b) mi accorsi; c) mi accorgerò; d) mi accorgerei; e) accorto

addurre
alléguer; prétexter
a) adduco; b) addussi; c) addurrò; d) addurrei;
e) addotto

affliggere
affliger, accabler
a) affliggo; b) afflissi; c) affliggerò; d) affliggerei;
e) afflitto

alludere
faire allusion
a) alludo; b) allusi; c) alluderò; d) alluderei; e) alluso

andare
aller
a) vado, vai, va, andiamo, andate, vanno; b) andai;
c) andrò; d) andrei; e) andato

annettere
annexer
a) annetto; b) annettei; c) annetterò; d) annetterei;
e) annesso

apparire
apparaître
a) appaio, apparisci, appare, appariamo, apparite, appaiono; b) apparsi; c) apparirò; d) apparirei;
e) apparso

appendere
pendre
a) appendo; b) appesi; c) appenderò; d) appenderei;
e) appeso

aprire
ouvrir
a) apro; b) aprii; c) aprirò; d) aprirei; e) aperto

ardere
brûler, dessécher
a) ardo; b) arsi; c) arderò; d) arderei; e) arso

assistere
assister
a) assisto; b) assistei; c) assisterò; d) assisterei;
e) assistito

assolvere
absoudre, acquitter
a) assolvo; b) assolsi; c) assolverò; d) assolverei;
e) assolto

assumere
assumer
a) assumo; b) assunsi; c) assumerò; d) assumerei;
e) assunto

avere
avoir
a) ho, hai, ha, abbiamo, avete, hanno; b) ebbi; c) avrò;
d) avrei; e) avuto

bere *boire*	a) bevo, bevi, beve, beviamo, bevete, bevono; b) bevvi; c) berrò; d) berrei; e) bevuto
cadere *tomber*	a) cado; b) caddi; c) cadrò; d) cadrei; e) caduto
capire *comprendre*	a) capisco, capisci, capisce, capiamo, capite, capiscono; b) capii; c) capirò; d) capirei; e) capito
chiedere *demander*	a) chiedo; b) chiesi; c) chiederò; d) chiederei; e) chiesto
chiudere *fermer*	a) chiudo; b) chiusi; c) chiuderò; d) chiuderei; e) chiuso
cingere *ceindre, entourer*	a) cingo; b) cinsi; c) cingerò; d) cingerei; e) cinto
cogliere *cueillir*	a) colgo, cogli, coglie, cogliamo, cogliete, colgono; b) colsi; c) coglierò; d) coglierei; e) colto
compiere *accomplir*	a) compio, compi, compie, compiamo, compiete, compiono; b) compiei; c) compierò; d) compierei; e) compiuto
comprimere *comprimer; refouler*	a) comprimo; b) compressi; c) comprimerò; d) comprimerei; e) compresso
concludere *conclure*	→ chiudere
condurre *conduire, mener*	a) conduco; b) condussi; c) condurrò; d) condurrei; e) condotto
connettere *joindre; enchaîner*	a) connetto; b) connessi; c) connetterò; d) connetterei; e) connesso
conoscere *connaître*	a) conosco; b) conobbi; c) conoscerò; d) conoscerei; e) conosciuto
coprire *couvrir*	a) copro; b) coprii; c) coprirò; d) coprirei; e) coperto
correre *courir*	a) corro; b) corsi; c) correrò; d) correrei; e) corso
costruire *construire*	→ capire
crescere *croître*	a) cresco; b) crebbi; c) crescerò; d) crescerei; e) cresciuto
cucire *coudre*	a) cucio, cuci, cuce, cuciamo, cucite, cuciono; b) cucii; c) cucirò; d) cucirei; e) cucito
cuocere *cuire*	a) cuocio, cuoci, cuoce, cuociamo, cuocete, cuociono; b) cossi; c) cuocerò; d) cuocerei; e) cotto
dare *donner*	a) do, dai, dà, diamo, date, danno; b) diedi; c) darò; d) darei; e) dato

decidere *décider*	a) decido; b) decisi; c) deciderò; d) deciderei; e) deciso
dedurre *déduire*	→ condurre
deludere *décevoir*	→ alludere
deprimere *déprimer*	→ comprimere
difendere *défendre*	a) difendo; b) difesi; c) difenderò; d) difenderei; e) difeso
dipendere *dépendre*	→ appendere
dipingere *peindre*	a) dipingo; b) dipinsi; c) dipingerò; d) dipingerei; e) dipinto
dire *dire*	a) dico, dici, dice, diciamo, dite, dicono; b) dissi; c) dirò; d) direi; e) detto
dirigere *diriger*	a) dirigo; b) diressi; c) dirigerò; d) dirigerei; e) diretto
discutere *discuter*	a) discuto; b) discussi; c) discuterò; d) discuterei; e) discusso
dissuadere *dissuader*	a) dissuado; b) dissuasi; c) dissuaderò; d) dissuaderei; e) dissuaso
distinguere *distinguer*	a) distinguo; b) distinsi; c) distinguerò; d) distinguerei; e) distinto
dividere *diviser*	a) divido; b) divisi; c) dividerò; d) divederei; e) diviso
dolere *avoir mal ; regretter*	a) dolgo, duoli, duole, dogliamo, dolete, dolgono; b) dolsi; c) dorrò; d) dorrei; e) doluto
dovere *devoir*	a) devo, devi, deve, dobbiamo, dovete, debbono (devono); b) dovetti; c) dovrò; d) dovrei; e) dovuto
eccellere *exceller*	a) eccello; b) eccelsi; c) eccellerò; d) eccellerei; e) eccelso
emergere *émerger ; dominer*	a) emergo; b) emersi; c) emergerò; d) emergerei; e) emerso
erigere *ériger*	a) erigo; b) eressi; c) erigerò; d) erigerei; e) eretto
escludere *exclure*	→ alludere
esigere *exiger*	a) esigo; b) esigei; c) esigerò; d) esigerei; e) esatto
esistere *exister, vivre*	a) esisto; b) esistei; c) esisterò; d) esisterei; e) esistito

espellere
expulser
a) espello; b) espulsi; c) espellerò; d) espellerei; d) espulso

esplodere
exploser
a) esplodo; b) esplosi; c) esploderò; d) esploderei; e) esploso

esprimere
exprimer
→comprimere

essere
être
a) sono, sei, è, siamo, siete, sono; b) fui; c) sarò; d) sarei; e) stato

estinguere
éteindre
→ distinguere

fare
faire
a) faccio, fai, fa, facciamo, fate, fanno; b) feci; c) farò; d) farei; e) fatto

fendere
fendre
a) fendo; b) fendei; c) fenderò; d) fenderei; e) fesso

ferire
blesser
→ capire

figgere
fixer
a) figgo; b) fissi; c) figgerò; d) figgerei; e) fitto

fingere
feindre
a) fingo; b) finsi; c) fingerò; d) fingerei; e) finto

flettere
fléchir; conjuguer
a) fletto; b) flettei; c) fletterò; d) fletterei; e) flesso

fondere
fondre
a) fondo; b) fusi; c) fonderò; d) fonderei; e) fuso

frangere
briser
a) frango; b) fransi; c) frangerò; d) frangerei; e) franto

friggere
frire; frémir
→ affliggere

giacere
être couché; être situé
a) giaccio, giaci, giace, giaciamo, giacete, giacciono; b) giacqui; c) giacerò; d) giacerei; e) giaciuto

giungere
arriver
a) giungo; b) giunsi; c) giungerò; d) giungerei; e) giunto

immergere
tremper, plonger
a) immergo; b) immersi; c) immergerò; d) immergerei; e) immerso

incidere
graver; inciser; avoir une incidence
a) incido; b) incisi; c) inciderò; d) inciderei; e) inciso

includere
joindre, inclure
→ alludere

indurre
induire, pousser
→ condurre

introdurre
introduire
→condurre

invadere
envahir
a) invado; b) invasi; c) invaderò; d) invaderei; e) invaso

leggere
lire
a) leggo; b) lessi; c) leggerò; d) leggerei; e) letto

mettere
mettre
a) metto; b) misi; c) metterò; d) metterei; e) messo

mordere
mordre
a) mordo; b) morsi; c) morderò; d) morderei; e) morso

morire
mourir
a) muoio, muori, muore, moriamo, morite, muoiono;
b) morii; c) morirò; d) morirei; e) morto

muovere
remuer
→mordere; e) mosso

nascere
naître
→conoscere; e) nato

nascondere
cacher
→mordere; e) nascosto

nuocere
nuire
a) nuoccio, nuoci, nuoce, nociamo, nocete, nuociono;
b) nocqui; c) nocerò; d) nocerei; e) nuociuto

nutrire
nourrir
→capire

offendere
offenser, atteindre
a) offendo; b) offesi; c) offenderò; d) offenderei;
e) offeso

offrire
offrir
a) offro; b) offrii; c) offrirò; d) offrirei; e) offerto

opprimere
oppresser, opprimer
→comprimere

parere
sembler, paraître
a) paio, pari, pare, paiamo, parete, paiono; b) parvi;
c) parrò; d) parrei; e) parso

percuotere
battre, frapper
a) percuoto; b) percossi; c) percuoterò; d) percuoterei;
e) percosso

perdere
perdre
a) perdo; b) persi; c) perderò; d) perderei; e) perso

persuadere
convaincre
→dissuadere

piacere
plaire; aimer
a) piaccio, piaci, piace, piacciamo, piacete, piacciono;
b) piacqui; c) piacerò; d) piacerei; e) piaciuto

piangere
pleurer
a) piango; b) piansi; c) piangerò; d) piangerei; e) pianto

piovere
pleuvoir
a) piove; b) piovve; c) pioverà; d) pioverebbe;
e) piovuto

porgere
tendre, offrir
→leggere; e) porto

porre
poser, mettre
a) pongo, poni, pone, poniamo, ponete, pongono;
b) posi; c) porrò; d) porrei; e) posto

potere
pouvoir
a) posso, puoi, può, possiamo, potete, possono;
b) potei; c) potrò; d) potrei; e) potuto

prendere *prendre*	a) prendo; b) presi; c) prenderò; d) prenderei; e) preso
presumere *présumer*	→ assumere
produrre *produire ; provoquer*	→ condurre
proteggere *protéger*	a) proteggo; b) protessi; c) proteggerò; d) proteggerei; e) protetto
pungere *piquer*	a) pungo; b) punsi; c) pungerò; d) pungerei; e) punto
radere *raser*	a) rado; b) rasi; c) raderò; d) raderei; e) raso
redigere *rédiger*	a) redigo; b) redassi; c) redigerò; d) redigerei; e) redatto
redimere *délivrer ; racheter*	a) redimo; b) redensi; c) redimerò; d) redimerei; e) redento
reggere *supporter, résister*	→ leggere
rendere *rendre*	→ prendere
reprimere *réprimer*	→ comprimere
retrocedere *reculer*	a) retrocedo; b) retrocedei; c) retrocederò; d) retrocederei; e) retroceduto
ridere *rire*	→ prendere
ridurre *réduire*	→ condurre
rimanere *rester*	a) rimango, rimani, rimane, rimaniamo, rimanete, rimangono; b) rimasi; c) rimarrò; d) rimarrei; e) rimasto
riprodurre *reproduire*	→ condurre
risolvere *résoudre*	→ assolvere
rispondere *répondre*	a) rispondo; b) risposi; c) risponderò; d) risponderei; e) risposto
rompere *rompre*	a) rompo; b) ruppi; c) romperò; d) romperei; e) rotto
salire *monter*	a) salgo, sali, sale, saliamo, salite, salgono; b) salii; c) salirò; d) salirei; e) salito
sapere *savoir*	a) so, sai, sa, sappiamo, sapete, sanno; b) seppi; c) saprò; d) saprei; e) saputo
scegliere *choisir*	a) scelgo, scegli, sceglie, scegliamo, scegliete, scelgono; b) scelsi; c) sceglierò; d) sceglierei; e) scelto

scendere
descendre
a) scendo; b) scesi; c) scenderò; d) scenderei; e) sceso

sciogliere
défaire, dissoudre
→ cogliere

scomparire
disparaître
→ apparire

scoprire
découvrir
→ coprire

scorgere
apercevoir
a) scorgo; b) scorsi; c) scorgerò; d) scorgerei; e) scorto

scrivere
écrire
→ leggere

scuotere
secouer
→ percuotere

sedere
s'asseoir ; être assis
a) siedo, siedi, siede, sediamo, sedete, siedono; b) sedei; c) sederò; d) sederei; e) seduto

sedurre
séduire
→ condurre

smettere
cesser, arrêter
→ mettere

soffrire
souffrir
→ offrire

solere
avoir l'habitude
a) soglio, suoli, suole, sogliamo, solete, sogliono; b) solei; c) –; d) –; e) solito

sommergere
submerger
→ immergere

sopprimere
supprimer, abolir
→ comprimere

sorgere
se lever, surgir
→ leggere; e) sorto

sospendere
suspendre
→ appendere

spandere
répandre
a) spando; b) spansi; c) spanderò; d) spanderei; e) spanto

spargere
répandre
a) spargo; b) sparsi; c) spargerò; d) spargerei; e) sparso

spegnere
éteindre
a) spengo, spegni, spegne, spegniamo, spegnete, spengono; b) spensi; c) spegnerò; d) spegnerei; e) spento

spendere
dépenser ; employer
a) spendo; b) spesi; c) spenderò; d) spenderei; e) speso

spingere
pousser ; presser
a) spingo; b) spinsi; c) spingerò; d) spingerei; e) spinto

stare
être, rester
a) sto, stai, sta, stiamo, state, stanno; b) stetti; c) starò; d) starei; e) stato

stendere *étendre*	→tendere
stringere *serrer*	a) stringo; b) strinsi; c) stringerò; d) stringerei; e) stretto
struggere *fondre ; consumer*	a) struggo; b) strussi; c) struggerò; d) struggerei; e) strutto
succedere *succéder ; arriver*	a) succedo; b) successi; c) succederò; d) succederei; e) successo
tacere *se taire*	a) taccio, taci, tace, tacciamo, tacete, tacciono; b) tacqui; c) tacerò; d) tacerei; e) taciuto
tendere *tendre ; viser*	a) tendo; b) tesi; c) tenderò; d) tenderei; e) teso
tenere *tenir ; garder*	a) tengo, tieni, tiene, teniamo, tenete, tengono; b) tenni; c) terrò; d) terrei; e) tenuto
tingere *teindre ; tacher*	a) tingo; b) tinsi; c) tingerò; d) tingerei; e) tinto
togliere *enlever, libérer*	→cogliere
torcere *tordre*	a) torco; b) torsi; c) torcerò; d) torcerei; e) torto
tradurre *traduire*	→condurre
trarre *tirer*	a) traggo, trai, trae, traiamo, traete, traggono; b) trassi; c) trarrò; d) trarrei; e) tratto
uccidere *tuer*	a) uccido; b) uccisi; c) ucciderò; d) ucciderei; e) ucciso
udire *entendre, écouter*	a) odo, odi, ode, udiamo, udite, odono; b) udii; c) udirò; d) udirei; e) udito
uscire *sortir*	a) esco, esci, esce, usciamo, uscite, escono; b) uscii; c) uscirò; d) uscirei; e) uscito
valere *valoir*	a) valgo, vali, vale, valiamo, valete, valgono; b) valsi; c) varrò; d) varrei; e) valuto (valso)
vedere *voir*	a) vedo; b) vidi; c) vedrò; d) vedrei; e) visto
venire *venir*	a) vengo, vieni, viene, veniamo, venite, vengono; b) venni; c) verrò; d) verrei; e) venuto
vincere *gagner, vaincre*	a) vinco; b) vinsi; c) vincerò; d) vincerei; e) vinto
vivere *vivre*	a) vivo; b) vissi; c) vivrò; d) vivrei; e) vissuto (vivuto)
volere *vouloir*	a) voglio, vuoi, vuole, vogliamo, volete, vogliono; b) volli (volsi); c) vorrò; d) vorrei; e) voluto (volsuto)
volgere *tourner*	a) volgo; b) volsi; c) volgerò; d) volgerei; e) volto

Abréviations italiennes

ab.	*abitanti*	habitants, population
abb.	*abbonamento*	abonnement
a.C.	*avanti Cristo*	av. J.-C.
A.C.I.	*Automobile Club d'Italia*	Automobile Club d'Italie
A.D.	*anno Domini*	apr. J.-C.
A.G.I.P.	*Azienda Generale Italiana Petroli*	Compagnie nationale italienne des Pétroles
all.	*allegato*	annexe, ci-joint
A.N.A.S.	*Azienda Nazionale Autonoma della Strada*	société nationale d'exploitation du réseau routier
A.N.S.A.	*Azienda Nazionale Stampa Associata*	Agence de presse nationale
Avv.	*Avvocato*	avocat, avoué
C.A.I.	*Club Alpino Italiano*	Club alpin italien
cat.	*categoria*	catégorie
Cav.	*Cavaliere*	Chevalier (titre honorifique)
C.C.I.	*Camera di Commercio Internazionale*	Chambre internationale de Commerce
cfr.	*confronta*	comparez
C.I.T.	*Compagnia Italiana Turismo*	Office national du tourisme
c.m.	*corrente mese*	courant (de ce mois)
Com. in Prov.	*Comune in provincia di...*	litt.: Commune de la province de ...
C.O.N.I.	*Comitato Olimpico Nazionale Italiano*	Comité national olympique italien
C.P.	*casella postale*	boîte postale
C.so	*Corso*	boulevard, rue
c.c.	*conto corrente*	compte courant
d.C.	*dopo Cristo*	apr. J.-C.
dott., dr.	*dottore*	docteur
dott.ssa	*dottoressa*	doctoresse
dozz.	*dozzina*	douzaine
ecc.	*eccetera*	etc.
Ed.	*editore*	éditeur
EE	*Escursionisti Esteri*	plaque minéralogique pour les étrangers résidant temporairement en Italie
Fed.	*federale*	fédéral
F.S.	*Ferrovie dello Stato*	Chemins de fer italiens
I.C.E.	*Istituto Italiano per il Commercio Estero*	Institut italien du Commerce extérieur

I.V.A.	*Imposta sul Valore Aggiunto*	TVA (taxe à la valeur ajoutée)
mod.	*modulo*	formulaire
n/, ns.	*nostro*	notre
p.	*pagina*	page
P.T.	*Poste & Telecomunicazioni*	Postes et Télécommunications
P.za	*piazza*	place
racc.	*raccomandata*	recommandé (poste)
R.A.I.	*Radio Audizioni Italiane*	Radio-Télévision italienne
Rep.	*Repubblica*	république
Rev.	*Reverendo*	Révérend
S.	*Santo*	Saint
S.E.	*Sua Eccellenza*	Son Excellence
sec.	*secolo*	siècle
Sig.	*Signor*	monsieur
Sig.na	*Signorina*	mademoiselle
Sig.a	*Signora*	madame
S.p.A.	*Società per Azioni*	SA (société anonyme)
S.r.l.	*Società a responsabilità limitata*	société à responsabilité limitée
S.S.	*Sua Santità*	Sa Sainteté
T.C.I.	*Touring Club Italiano*	Touring Club d'Italie
v/, vs.	*vostro*	votre
V.le	*Viale*	avenue, boulevard
v.p.	*vedi pagina*	voir page
v.r.	*vedi retro*	tournez, s'il vous plaît

Nombres

Nombres cardinaux		Nombres ordinaux	
0	zero	1°	primo
1	uno	2°	secondo
2	due	3°	terzo
3	tre	4°	quarto
4	quattro	5°	quinto
5	cinque	6°	sesto
6	sei	7°	settimo
7	sette	8°	ottavo
8	otto	9°	nono
9	nove	10°	decimo
10	dieci	11°	undicesimo
11	undici	12°	dodicesimo
12	dodici	13°	tredicesimo
13	tredici	14°	quattordicesimo
14	quattordici	15°	quindicesimo
15	quindici	16°	sedicesimo
16	sedici	17°	diciassettesimo
17	diciassette	18°	diciottesimo
18	diciotto	19°	diciannovesimo
19	diciannove	20°	ventesimo
20	venti	21°	ventunesimo
21	ventuno	22°	ventiduesimo
22	ventidue	23°	ventitreesimo
28	ventotto	24°	ventiquattresimo
30	trenta	30°	trentesimo
31	trentuno	31°	trentunesimo
32	trentadue	32°	trentaduesimo
40	quaranta	33°	trentatreesimo
50	cinquanta	40°	quarantesimo
60	sessanta	50°	cinquantesimo
70	settanta	60°	sessantesimo
80	ottanta	70°	settantesimo
90	novanta	80°	ottantesimo
100	cento	90°	novantesimo
101	centuno	100°	centesimo
230	duecentotrenta	101°	centunesimo
1.000	mille	102°	centoduesimo
1.001	milleuno	230°	duecentotrentesimo
2.000	duemila	1.000°	millesimo
1.000.000	un milione	1.001°	milleunesimo

L'heure

Comme en français, on peut ajouter les expressions *del mattino*, *del pomeriggio* et *di sera*.

Ainsi:

otto del mattino	8 h. du matin
due del pomeriggio	2 h. de l'après-midi
otto di sera	8 h. du soir

Les jours de la semaine

domenica	dimanche	*giovedì*	jeudi
lunedì	lundi	*venerdì*	vendredi
martedì	mardi	*sabato*	samedi
mercoledì	mercredi		

Quelques expressions utiles

Alcune espressioni utili

S'il vous plaît.	Per favore.
Merci beaucoup.	Mille grazie.
Il n'y a pas de quoi.	Prego.
Bonjour.	Buongiorno.
Bonsoir.	Buona sera.
Bonne nuit.	Buona notte.
Au revoir.	Arrivederci.
A bientôt.	A più tardi.
Où se trouve/Où se trouvent...?	Dov'è/Dove sono...?
Comment appelez-vous ceci?	Come si chiama questo?
Que veut dire cela?	Cosa significa?
Parlez-vous anglais?	Parla inglese?
Parlez-vous allemand?	Parla tedesco?
Parlez-vous français?	Parla francese?
Parlez-vous espagnol?	Parla spagnolo?
Parlez-vous italien?	Parla italiano?
Pourriez-vous parler plus lentement, s'il vous plaît?	Può parlare più adagio, per piacere?
Je ne comprends pas.	Non capisco.
Puis-je avoir...?	Posso avere...?
Pouvez-vous m'indiquer...?	Può indicarmi...?
Pouvez-vous me dire...?	Può dirmi...?
Pouvez-vous m'aider, s'il vous plaît?	Può aiutarmi, per piacere?
Je voudrais...	Vorrei...
Nous voudrions...	Vorremmo...
S'il vous plaît, donnez-moi...	Per favore, mi dia...
S'il vous plaît, apportez-moi...	Per favore, mi porti...
J'ai faim.	Ho fame.
J'ai soif.	Ho sete.
Je me suis perdu.	Mi sono perso.
Dépêchez-vous!	Si affretti!

Il y a...   C'è/Ci sono...
Il n'y a pas...   Non c'è/Non ci sono...

Arrivée

Votre passeport, s'il vous plaît.

Avez-vous quelque chose à
déclarer?

Non, rien du tout.

Pouvez-vous prendre mes
bagages, s'il vous plaît?

Où est le bus pour le centre de la
ville, s'il vous plaît?

Par ici, s'il vous plaît.

Où puis-je trouver un taxi?

Quel est le tarif pour... ?

Conduisez-moi à cette adresse,
s'il vous plaît.

Je suis pressé.

Hôtel

Je m'appelle...

Avez-vous réservé?

J'aimerais une chambre avec
bains.

Quel est le prix pour une nuit?

Puis-je voir la chambre?

Quel est le numéro de ma
chambre, s'il vous plaît?

Il n'y a pas d'eau chaude.

Puis-je voir le directeur, s'il vous
plaît?

Y a-t-il eu des appels pour moi?

Y a-t-il du courrier pour moi?

Puis-je avoir ma note, s'il vous
plaît?

L'arrivo

Il passaporto, per favore.

Ha qualcosa da dichiarare?

No, non ho nulla.

Può prendere le mie valige, per
favore?

Dov'è l'autobus per il centro della
città, per favore?

Da questa parte, per piacere.

Dove posso trovare un taxi?

Quanto costa la corsa per...?

Mi porti a questo indirizzo, per
favore.

Ho fretta.

L'albergo

Mi chiamo...

Ha fatto la prenotazione?

Vorrei una camera con bagno.

Qual è il prezzo per una notte?

Posso vedere la camera?

Qual è il numero della mia
camera?

Non c'è acqua calda.

Posso vedere il direttore, per
piacere?

Mi ha telefonato qualcuno?

C'è posta per me?

Posso avere il conto, per favore?

Restaurant

Avez-vous un menu?

Puis-je voir la carte?

Pouvons-nous avoir un cendrier, s'il vous plaît?

Où sont les toilettes, s'il vous plaît?

Je voudrais un hors-d'œuvre.

Avez-vous du potage?

J'aimerais du poisson.

Qu'avez-vous comme poisson?

Je voudrais un steak.

Quels légumes servez-vous?

Je suis servi, merci.

Qu'aimeriez-vous boire?

J'aimerais une bière, s'il vous plaît.

Je voudrais une bouteille de vin.

Puis-je avoir l'addition, s'il vous plaît?

Le service est-il compris?

Merci, c'était très bon.

Al ristorante

Avete un menù a prezzo fisso?

Posso vedere il menù a scelta?

Possiamo avere un portacenere, per favore?

Dove sono i gabinetti, per favore?

Vorrei degli antipasti.

Ha un brodo?

Vorrei del pesce.

Che pesce ha?

Vorrei una bistecca.

Quali verdure ha?

Nient'altro. Grazie.

Cosa desidera bere?

Mi dia una birra, per piacere.

Vorrei una bottiglia di vino.

Posso avere il conto, per piacere?

È compreso il servizio?

Grazie. Abbiamo mangiato molto bene.

Voyages

Où se trouve la gare, s'il vous plaît?

Où est le guichet, s'il vous plaît?

J'aimerais un billet pour...

Première ou deuxième classe?

Première classe, s'il vous plaît.

Aller simple ou aller et retour?

Est-ce que je dois changer de train?

De quel quai part le train pour...?

In viaggio

Dove si trova la stazione, per favore?

Dove si trova lo sportello dei biglietti, per favore?

Vorrei un biglietto per...

Di prima o di seconda classe?

Di prima classe, per piacere.

Andata o andata e ritorno?

Devo cambiare treno?

Da che binario parte il treno per...?

Où est la station de métro la plus proche?	Dov'è la più vicina stazione della metropolitana?
Où est la gare routière, s'il vous plaît?	Dov'è la stazione degli autobus, per piacere?
A quelle heure part le premier autobus pour... ?	Quando passa il primo autobus per... ?
S'il vous plaît, déposez-moi au prochain arrêt.	Mi faccia scendere alla prossima fermata, per piacere.

Distractions

Gli svaghi

Que joue-t-on au cinéma?	Cosa danno al cinema?
A quelle heure commence le film?	A che ora incomincia il film?
Reste-t-il encore des places pour ce soir?	Ci sono ancora posti liberi per questa sera?
Où pouvons-nous aller danser?	Dove possiamo andare a ballare?

Rencontres

Incontri

Bonjour madame/mademoiselle/monsieur.	Buongiorno.
Comment allez-vous?	Come sta?
Très bien, merci. Et vous?	Molto bene. Grazie. E lei?
Puis-je vous présenter... ?	Posso presentarle...?
Je m'appelle...	Mi chiamo...
Enchanté de faire votre connaissance.	Sono molto lieto di fare la sua conoscenza.
Depuis combien de temps êtes-vous ici?	Da quanto tempo è qui?
Enchanté d'avoir fait votre connaissance.	Sono lieto di aver fatto la sua conoscenza.
Est-ce que ça vous dérange que je fume?	Le disturba se fumo?
Avez-vous du feu, s'il vous plaît?	Mi fa accendere, per piacere?
Puis-je vous offrir un verre?	Posso offrirle da bere?
Puis-je vous inviter à dîner ce soir?	Posso invitarla a cena questa sera?
Où nous retrouverons-nous?	Dove possiamo incontrarci?

Magasins et services	Negozi, grandi magazzini e altro

Où se trouve la banque la plus proche, s'il vous plaît?

Dov'è la banca più vicina, per favore?

Où puis-je changer des chèques de voyage?

Dove posso incassare dei travellers' cheque?

Pouvez-vous me donner de la monnaie, s'il vous plaît?

Potrebbe darmi della moneta spicciola, per favore?

Où est la pharmacie la plus proche?

Dov'è la più vicina farmacia?

Comment puis-je m'y rendre?

Come ci si può arrivare?

Peut-on y aller à pied?

Ci si può andare anche a piedi?

Pouvez-vous m'aider, s'il vous plaît?

Può aiutarmi, per piacere?

Combien coûte ceci? Et cela?

Quanto costa questo? E quello?

Ce n'est pas exactement ce que je désire.

Non è quello che volevo.

Cela me plaît.

Questo mi piace.

Pouvez-vous me conseiller quelque chose contre les coups de soleil?

Può consigliarmi qualcosa per una scottatura di sole?

Je voudrais me faire couper les cheveux, s'il vous plaît.

Vorrei farmi tagliare i capelli, per favore.

Je voudrais une manucure, s'il vous plaît.

Vorrei una manicure, per favore.

Directions	Indicazioni stradali

Pouvez-vous me montrer sur la carte où je me trouve?

Può indicarmi sulla cartina dove mi trovo?

Vous n'êtes pas sur la bonne route.

È sulla strada sbagliata.

Continuez tout droit.

Continui diritto.

C'est à gauche/à droite.

È a sinistra/a destra.

Urgences	Urgenze

Appelez vite un médecin.

Chiami subito un medico.

Appelez une ambulance.

Chiami un'ambulanza.

Appelez la police, s'il vous plaît.

Per piacere, chiami la polizia.

francese-italiano

français-italien

Introduzione

Questo dizionario è stato compilato in modo da rispondere quanto meglio possibile a necessità di ordine pratico. Sono state volontariamente omesse informazioni linguistiche ritenute non indispensabili. Le voci sono collocate in ordine alfabetico, siano esse costituite da una parola sola, da due o più parole, o contengano un apostrofo. Come unica eccezione a questa regola, alcune espressioni idiomatiche sono state classificate come voci principali nella posizione alfabetica della parola più significativa nell'espressione stessa. Quando ad una voce susseguono accezioni varie come espressioni e locuzioni particolari, esse sono egualmente collocate in ordine alfabetico.

Ad ogni vocabolo fa seguito la trascrizione fonetica (vedasi la Guida di pronuncia) la quale a sua volta precede, salvo eccezioni, la definizione della categoria grammaticale del vocabolo (nome, verbo, aggettivo, ecc.). Quando un vocabolo rappresenta più di una categoria, le varie traduzioni sono raggruppate dopo le rispettive categorie.

Le forme femminili o plurali degli aggettivi francesi sono indicate ogni qualvolta esse divergano dalla regola generale che definisce la desinenza in questione. Sono così pure indicate le forme plurali dei sostantivi che sfuggono alle regole di una desinenza particolare.

La tilde (~) è usata per rappresentare una voce ogni qualvolta essa si ripeta, in forme irregolari o in accezioni varie.

Nelle forme irregolari femminili o plurali la lineetta sta a rappresentare quella parte del vocabolo che precede la desinenza irregolare.

Un verbo irregolare è segnalato da un asterisco (*) posto dinnanzi. Per dettagli, ci si può riferire all'elenco dei verbi irregolari.

Abbreviazioni

adj	aggettivo	mpl	maschile plurale
adv	avverbio	num	numerale
art	articolo	pl	plurale
conj	congiunzione	pref	prefisso
f	femminile	prep	preposizione
fpl	femminile plurale	pron	pronome
m	maschile	v	verbo

Guida della pronuncia

Ogni lemma di questa parte del dizionario è accompagnato da una trascrizione fonetica che ne indica la pronuncia e che si deve leggere come l'italiano. Diamo spiegazioni (sotto) solo per le lettere e i simboli ambigui o particolarmente difficili da comprendere.

Le lineette indicano le divisioni fra le sillabe, che sono stampate in *corsivo* quando si devono pronunciare accentuate.

Certo, i suoni delle due lingue non coincidono mai perfettamente, ma seguendo alla lettera le nostre indicazioni, potrete pronunciare le parole straniere in modo da farvi comprendere. Per facilitarvi il compito, talvolta le nostre trascrizioni semplificano leggermente il sistema fonetico della lingua pur riflettendo le differenze di suono essenziali.

Consonanti

gh	come in **gh**iro
ng	come in lu**ng**o, ma senza pronunciare la **g** finale
r	di solito pronunciata nel fondo della bocca
s	sempre sonora, come in ro**s**a, mai come in **s**i
ʃ	come in **sc**i
ʒ	il suono dolce della **g** toscana; come **g** in **g**iro, ma senza far sentire la **d** che compone all'inizio tale suono

Il segno (') indica la cosiddetta **h** aspirata e significa che non è possibile né il legamento (*les huttes* – le 'üt) né l'elisione (*la hutte* – la 'üt).

Vocali e dittonghi

e	come in qu**e**sto (chiusa)
ê	come **e** in b**e**lla (aperta)
o	come in p**o**rta (aperta)
ô	come **o** in s**o**le (chiusa)
ö	un suono neutro, come la vocale di f**uo**co nei dialetti settentrionali («f**oe**ch»)
ü	come **i** ma pronunciata arrotondando le labbra

1) Le vocali lunghe sono stampate doppie.

2) Le lettere rialzate (es. u^i, ^{i}ö) si devono pronunciare rapidamente.

3) Il francese ha delle vocali nasali che abbiamo trascritto con il simbolo della vocale più **ng** (es. a**ng**). Questo **ng** *non* si deve pronunciare: serve unicamente a indicare il suono nasale della vocale da pronunciare simultaneamente attraverso la bocca e il naso.

A

à (a) *prep* a; in, verso

abandonner (a-bang-do-*ne*) *v* lasciare

abat-jour (a-ba-*ʒuur*) *m* paralume *m*

*abattre (a-*batr*) *v* abbattere; *uccidere; scoraggiare

abbaye (a-be-*i*) *f* badia *f*

abcès (a-*psse*) *m* ascesso *m*

abeille (a-*bêi*) *f* ape *f*

aberration (a-bê-ra-*ssⁱong*) *f* aberrazione *f*

abîme (a-*bim*) *m* abisso *m*

abîmer (a-bi-*me*) *v* sciupare

abolir (a-bo-*liir*) *v* abolire

abondance (a-bong-*dangss*) *f* abbondanza *f*

abondant (a-bong-*dang*) *adj* abbondante

abonné (a-bo-*ne*) *m* abbonato *m*

abonnement (a-bon-*mang*) *m* abbonamento *m*

d'abord (da-*boor*) prima

abordage (a-bor-*daaʒ*) *m* collisione *f*

aboutir à (a-bu-*tiir*) sboccare; portare
a

aboyer (a-bᵘa-*ⁱe*) *v* latrare, abbaiare

abréviation (a-bre-vⁱa-*ssⁱong*) *f* abbreviazione *f*

abri (a-*bri*) *m* rifugio *m*; riparo *m*

abricot (a-bri-*kô*) *m* albicocca *f*

abriter (a-bri-*te*) *v* riparare

abrupt (a-*brüpt*) *adj* ripido

absence (a-*pssangss*) *f* assenza *f*

absent (a-*pssang*) *adj* assente

absolu (a-psso-*lü*) *adj* assoluto

absolument (a-psso-lü-*mang*) *adv* assolutamente

absorber (a-pssor-*be*) *v* assorbire

s'*abstenir de (ap-sstö-*niir*) *astenersi
da

abstraction faite de (ap-sstrak-*ssⁱong*
fêt dö) a prescindere da

abstrait (ap-*sstre*) *adj* astratto

absurde (a-*pssürd*) *adj* assurdo;
sciocco

abus (a-*bü*) *m* abuso *m*

académie (a-ka-de-*mi*) *f* accademia *f*;
~ **des beaux-arts** accademia di belle arti

accélérateur (ak-sse-le-ra-*töör*) *m* acceleratore *m*

accélérer (ak-sse-le-*re*) *v* accelerare

accent (ak-*ssang*) *m* accento *m*

accepter (ak-ssêp-*te*) *v* accettare; *accogliere

accès (ak-*sse*) *m* accesso *m*; ammissione *f*

accessible (ak-sse-*ssibl*) *adj* accessibile; conseguibile

accessoire (ak-sse-*ssᵘaar*) *adj* accessorio

accessoires (ak-sse-*ssᵘaar*) *mpl* accessori *mpl*

accident (ak-ssi-*dang*) *m* incidente *m*; ~ **d'avion** incidente aereo

accidenté (ak-ssi-dang-*te*) *adj* collinoso; ruvido

accidentel (ak-ssi-dang-*têl*) *adj* fortuito

acclamer (a-kla-*me*) *v* acclamare

accommodation (a-ko-mo-da-*ssi͞ong*) *f* sistemazione *f*

accompagner (a-kong-pa-*gne*) *v* accompagnare; guidare

accomplir (a-kong-*pliir*) *v* adempiere; effettuare, compiere, eseguire

accomplissement (a-kong-pli-*ssmang*) *m* prestazione *f*

accord (a-*koor*) *m* accordo *m*; **d'accord!** va bene!; d'accordo!; **être d'accord* accordarsi; **être d'accord avec* approvare

accorder (a-kor-*de*) *v* accordare; sintonizzare; **s'accorder avec** intonarsi con

accoster (a-ko-*sste*) *v* attraccare

accouchement (a-kuʃ-*mang*) *m* parto *m*

accoutumé (a-ku-tü-*me*) *adj* abituato

s'accrocher (a-kro-*ʃe*) **reggersi*

accueil (a-*köi*) *m* accoglienza *f*

*accueillir (a-kö-*iir*) *v* **accogliere*

accumulateur (a-kü-mü-la-*töör*) *m* accumulatore *m*

s'accumuler (a-kü-mü-*le*) **salire*

accusation (a-kü-sa-*ssi͞ong*) *f* accusa *f*

accuser (a-kü-*se*) *v* accusare

achat (a-*ʃa*) *m* acquisto *m*; ~ **à tempérament** vendita a rate; **faire des achats* **fare la spesa*

acheter (aʃ-*te*) *v* comprare

acheteur (aʃ-*töör*) *m* compratore *m*

achever (aʃ-*ve*) *v* completare; compiere

acide (a-*ssid*) *m* acido *m*

acier (a-*ssi͞e*) *m* acciaio *m*; ~ **inoxydable** acciaio inossidabile

acné (ak-*ne*) *f* acne *f*

acompte (a-*kongt*) *m* acconto *m*

à-coup (a-*ku*) *m* strattone *m*

*acquérir (a-ke-*riir*) *v* **ottenere*; acquistare

acquisition (a-ki-si-*ssi͞ong*) *f* acquisizione *f*, compera *f*

acte (akt) *m* atto *m*

acteur (ak-*töör*) *m* attore *m*

actif (ak-*tif*) *adj* attivo

action (ak-*ssi͞ong*) *f* azione *f*; **actions** titoli

activité (ak-ti-vi-*te*) *f* attività *f*

actrice (ak-*triss*) *f* attrice *f*

actualité (ak-tua-li-*te*) *f* attualità *f*; **actualités** notizie; cinegiornale *m*

actuel (ak-*tuêl*) *adj* attuale

actuellement (ak-tuêl-*mang*) *adv* oggigiorno

adaptateur (a-dap-ta-*töör*) *m* adattatore *m*

adapter (a-dap-*te*) *v* adattare

addition (a-di-*ssi͞ong*) *f* aggiunta *f*; addizione *f*; conto *m*

additionner (a-di-ssi-o-*ne*) *v* addizionare

adéquat (a-de-*kᵘa*) *adj* adeguato; appropriato, adatto; bastante

adhérer à (a-de-*re*) associarsi

adieu (a-*di͞ö*) *m* addio *m*

adjectif (a-dʒêk-*tif*) *m* aggettivo *m*

*admettre (ad-*mêtr*) *v* **ammettere*; **en admettant que** supposto che

administratif (ad-mi-ni-sstra-*tif*) *adj* amministrativo

administration (ad-mi-ni-sstra-*ssi͞ong*) *f* amministrazione *f*

administrer (ad-mi-ni-*sstre*) *v* amministrare; somministrare

admiration (ad-mi-ra-*ssi͞ong*) *f* ammirazione *f*

admirer (ad-mi-*re*) *v* ammirare

admission (ad-mi-*ssi͞ong*) *f* ammissione *f*; ingresso *m*

adolescent (a-do-lê-*ssang*) *m* adolescente *m*

adopter (a-dop-*te*) *v* adottare

adorable (a-do-*rabl*) *adj* adorabile

adorer (a-do-*re*) *v* venerare

adoucir (a-du-*ssiir*) *v* ammorbidire

adoucisseur d'eau (a-du-ssi-*ssöör* dô) addolcitore *m*

adresse (a-*dréss*) *f* indirizzo *m*

adresser (a-dre-*sse*) *v* indirizzare; **s'adresser à** *rivolgersi a

adroit (a-*drᵘa*) *adj* destro; sveglio

adulte (a-*dült*) *m* adulto *m*; *adj* adulto

adverbe (ad-*vêrb*) *m* avverbio *m*

adversaire (ad-vêr-*ssêêr*) *m* avversario *m*

aération (a-e-ra-ss*i*ong) *f* aerazione *f*

aérer (a-e-*re*) *v* aerare, arieggiare; **aéré** arioso

aéroport (a-e-ro-*poor*) *m* aeroporto *m*

aérosol (a-e-ro-*ssol*) *m* spruzzatore *m*

affaire (a-*fêêr*) *f* causa *f*, ditta *f*, faccenda *f*; affare *m*; ~ **de cœur** amoretto *m*

affairé (a-fe-*re*) *adj* indaffarato

affaires (a-*fêêr*) *fpl* affari; effetti personali; **chiffre d'affaires** giro d'affari

affamé (a-fa-*me*) *adj* affamato

affecté (a-fêk-*te*) *adj* affettato

affecter (a-fêk-*te*) *v* influenzare

affection (a-fêk-ss*i*ong) *f* affetto *m*; affezione *f*

affectueux (a-fêk-*tuö*) *adj* affettuoso

affiche (a-*fif*) *f* affisso *m*, cartellone *m*; poster *m*

affiler (a-fi-*le*) *v* affilare

affiliation (a-fi-l*i*a-ss*i*ong) *f* qualità di membro

s'affilier à (a-fi-l*i*e) unirsi a

affirmatif (a-fir-ma-*tif*) *adj* affermativo

affirmer (a-fir-*me*) *v* affermare

affliction (a-flik-ss*i*ong) *f* afflizione *f*

affligé (a-fli-*ʒe*) *adj* afflitto

affluent (a-flü-*ang*) *m* braccio *m*

affranchir (a-frang-*fiir*) *v* affrancare

affreux (a-*frö*) *adj* spaventoso, terribile

affronter (a-frong-*te*) *v* *far fronte a

afin de (a-*fêng* dö) allo scopo di; **afin que** così che

Africain (a-fri-*kêng*) *m* africano *m*

africain (a-fri-*kêng*) *adj* africano

Afrique (a-*frik*) *f* Africa *f*; ~ **du Sud** Africa del Sud

after-shave (af-tör-*fêv*) *m* lozione dopo barba

agacer (a-gha-*sse*) *v* infastidire, irritare

âge (aaʒ) *m* età *f*

âgé (a-*ʒe*) *adj* anziano, attempato; **le plus** ~ maggiore; **plus** ~ maggiore

agence (a-*ʒangss*) *f* agenzia *f*

agenda (a-ʒêng-*da*) *m* agenda *f*

s'agenouiller (aʒ-nu-*'e*) inginocchiarsi

agent (a-*ʒang*) *m* agente *m*; ~ **de police** agente *m*; ~ **de voyages** agente di viaggio; ~ **immobilier** agente immobiliare

agir (a-*ʒiir*) *v* agire

agitation (a-ʒi-ta-ss*i*ong) *f* agitazione *f*, trambusto *m*; tumulto *m*

agiter (a-ʒi-*te*) *v* turbare; agitare; **agité** inquieto

agneau (a-*gnô*) *m* agnello *m*

agrafe (a-*ghraf*) *f* graffetta *f*

agraire (a-*ghrêêr*) *adj* agricolo

agrandir (a-ghrang-*diir*) *v* allargare; ingrandire

agrandissement (a-ghrang-di-*ssmang*) *m* ingrandimento *m*; ampliamento *m*

agréable (a-ghre-*abl*) *adj* gradevole, piacevole; divertente

agréer (a-ghre-*e*) *v* accettare

agrément (a-ghre-*mang*) *m* diletto *m*

agressif (a-ghre-*ssif*) *adj* aggressivo

agricole (a-ghri-*kol*) *adj* agricolo

agriculteur (a-ghri-kül-*töör*) *m* agricoltore *m*

agriculture (a-ghri-kül-*tüür*) *f* agricoltura *f*

aide (êd) *f* aiuto *m*, soccorso *m*; *m* aiutante *m*

aider (e-*de*) *v* aiutare

aigle (êêghl) *m* aquila *f*

aiglefin (êghl-*fêng*) *m* merluzzo *m*

aigre (êêghr) *adj* agro

aigu (e-*ghü*) *adj* (f -guë) acuto; affilato; aguzzo

aiguille (e-*ghuii'*) *f* ago *m*; guglia *f*

aiguiser (e-ghi-*se*) *v* affilare

ail (ai) *m* (pl ails, aulx) aglio *m*

aile (êl) *f* ala *f*

ailleurs (a-*l'öör*) *adv* altrove; **d'ailleurs** inoltre, d'altronde

aimable (e-*mabl*) *adj* benevolo

aimer (e-*me*) *v* *voler bene, amare; gradire; ~ **mieux** preferire

aine (ên) *f* inguine *m*

aîné (e-*ne*) *adj* maggiore

ainsi (êng-*ssi*) *adv* così

air (êêr) *m* aria *f*; melodia *f*; *avoir l'air* *aver l'aria

aisance (ê-*sangss*) *f* facilità *f*; disinvoltura *f*

aise (êês) *f* comodo *m*, agio *m*

aisé (e-*se*) *adj* agiato

ajournement (a-ʒur-nö-*mang*) *m* rinvio *m*

ajourner (a-ʒur-*ne*) *v* rinviare, rimandare

ajouter (a-ʒu-*te*) *v* *aggiungere

ajuster (a-ʒü-*sste*) *v* adattare; regolare

alarmer (a-lar-*me*) *v* allarmare

album (al-*bom*) *m* album *m*; ~ **de collage** album per ritagli

alcool (al-*kol*) *m* alcool *m*; ~ **à brûler** alcool metilico; **réchaud à ~**

fornello a spirito

alcoolique (al-ko-*lik*) *adj* alcoolico

alentours (a-lang-*tuur*) *mpl* dintorni *mpl*; prossimità *f*

alerte (a-*lêrt*) *f* allarme *m*; *adj* intelligente

algèbre (al-ʒêêbr) *f* algebra *f*

Algérie (al-ʒe-*ri*) *f* Algeria *f*

Algérien (al-ʒe-r'*êng*) *m* algerino *m*

algérien (al-ʒe-r'*êng*) *adj* algerino

alimentation (a-li-mang-ta-ss'*ong*) *f* alimentazione *f*

alimenter (a-li-mang-*te*) *v* alimentare

aliments (a-li-*mang*) *mpl* alimentari *mpl*; ~ **surgelés** cibo surgelato

allaiter (a-le-*te*) *v* allattare

allée (a-*le*) *f* viale *m*

Allemagne (al-*magn*) *f* Germania *f*

Allemand (al-*mang*) *m* tedesco *m*

allemand (al-*mang*) *adj* tedesco

*aller** (a-*le*) *v* *andare; ~ **chercher** *andare a prendere, rilevare; **aller et retour** andata e ritorno; ~ **prendre** *andare a prendere; **bien ~** *addirsi; **s'en ~** *andarsene

allergie (a-lêr-*ʒi*) *f* allergia *f*

alliance (a-l'*angss*) *f* alleanza *f*; fede *f*

allié (a-l'*e*) *m* alleato *m*; **Alliés** Alleati

s'allier (a-l'*e*) allearsi

allocation (a-lo-ka-ss'*ong*) *f* assegno *m*

allocution (a-lo-kü-ss'*ong*) *f* discorso *m*

allonger (a-long-*ʒe*) *v* allungare

allumage (a-lü-*maaʒ*) *m* accensione *f*

allumer (a-lü-*me*) *v* *accendere

allumette (a-lü-*mêt*) *f* fiammifero *m*

allure (a-*lüür*) *f* andatura *f*

almanach (al-ma-*nak*) *m* almanacco *m*

alors (a-*loor*) *adv* dunque, allora

alouette (a-*l'ü êt*) *f* allodola *f*

alphabet (al-fa-*be*) *m* alfabeto *m*

alpinisme (al-pi-*nism*) *m* alpinismo *m*

alternatif (al-têr-na-*tif*) *adj* alternato

alternative (al-têr-na-*tiiv*) *f* alternativa *f*

altitude (al-ti-*tüd*) *f* altitudine *f*

aluminium (a-lü-mi-*n'om*) *m* alluminio *m*

amande (a-*mangd*) *f* mandorla *f*

amant (a-*mang*) *m* amante *m*

amateur (a-ma-*töör*) *m* appassionato *m*

ambassade (ang-ba-*ssad*) *f* ambasciata *f*

ambassadeur (ang-ba-ssa-*döör*) *m* ambasciatore *m*

ambiance (ang-*b'angss*) *f* atmosfera *f*

ambigu (ang-bi-*ghü*) *adj* (f -guë) ambiguo

ambitieux (ang-bi-*ss'ö*) *adj* ambizioso

ambre (angbr) *m* ambra *f*

ambulance (ang-bü-*langss*) *f* ambulanza *f*

ambulant (ang-bü-*lang*) *adj* ambulante

âme (aam) *f* anima *f*

amélioration (a-me-l'o-ra-ss'*ong*) *f* miglioramento *m*

améliorer (a-me-l'o-*re*) *v* migliorare

amende (a-*mangd*) *f* multa *f*, penalità *f*

amener (am-*ne*) *v* portare; ammainare, calare

amer (a-*mêêr*) *adj* amaro

Américain (a-me-ri-*kêng*) *m* americano *m*

américain (a-me-ri-*kêng*) *adj* americano

Amérique (a-me-*rik*) *f* America *f*; ~ **latine** America Latina

améthyste (a-me-*tisst*) *f* ametista *f*

ami (a-*mi*) *m* amico *m*

amiante (a-m'*angt*) *m* amianto *m*

amical (a-mi-*kal*) *adj* amichevole

amidon (a-mi-*dong*) *m* amido *m*

amidonner (a-mi-do-*ne*) *v* inamidare

amie (a-*mi*) *f* amica *f*

amiral (a-mi-*ral*) *m* ammiraglio *m*

amitié (a-mi-*t'e*) *f* amicizia *f*

ammoniaque (a-mo-n'*ak*) *f* ammoniaca *f*

amnistie (am-ni-*ssti*) *f* amnistia *f*

amoncellement (a-mong-ssêl-*mang*) *m* cumulo *m*

en amont (ang-na-*mong*) contro corrente

amorce (a-*morss*) *f* esca *f*

amortir (a-mor-*tiir*) *v* saldare

amortisseur (a-mor-ti-*ssöör*) *m* ammortizzatore *m*

amour (a-*muur*) *m* amore *m*; **mon ~** amore *m*

amoureux (a-mu-*rö*) *adj* innamorato

ample (angpl) *adj* esauriente; ampio

ampoule (ang-*pul*) *f* bolla *f*; lampadina *f*, bulbo *m*; ~ **de flash** lampada flash

amulette (a-mü-*lêt*) *f* amuleto *m*

amusant (a-mü-*sang*) *adj* divertente

amuse-gueule (a-müs-*ghöl*) *m* stuzzichino *m*

amusement (a-müs-*mang*) *m* passatempo *m*, divertimento *m*

amuser (a-mü-*se*) *v* divertire, *intrattenere

amygdales (a-mi-*dal*) *fpl* tonsille *fpl*

amygdalite (a-mi-da-*lit*) *f* tonsillite *f*

an (ang) *m* anno *m*

analogue (a-na-*logh*) *adj* analogo

analyse (a-na-*liis*) *f* analisi *f*

analyser (a-na-li-*se*) *v* analizzare

analyste (a-na-*lisst*) *m* analista *m*

ananas (a-na-*na*) *m* ananas *m*

anarchie (a-nar-*fi*) *f* anarchia *f*

anatomie (a-na-to-*mi*) *f* anatomia *f*

ancêtre (ang-*ssêêtr*) *m* antenato *m*

anchois (ang-*f'a*) *m* acciuga *f*

ancien (ang-ss'*êng*) *adj* antico

ancre (angkr) f ancora f

andouiller (ang-du-*l*e) m palco m

âne (aan) m asino m

anéantissement (a-ne-ang-ti-*ssmang*) m rovina f

anémie (a-ne-*mi*) f anemia f

anesthésie (a-nê-sste-*si*) f anestesia f

anesthésique (a-nê-sste-*sik*) m anestetico m

ange (ang3) m angelo m

Anglais (ang-*ghle*) m inglese m

anglais (ang-*ghle*) adj inglese

angle (angghl) m angolo m

Angleterre (ang-ghlö-*têêr*) f Inghilterra f; Gran Bretagna

angoisse (ang-*gh*u*ass*) f angoscia f

anguille (ang-*ghi*i) f anguilla f

animal (a-ni-*mal*) m animale m; ~ familier animale domestico

animateur (a-ni-ma-*töör*) m comico m

animer (a-ni-*me*) v animare; animé animato, vivace, affollato

anneau (a-*nô*) m anello m

année (a-*ne*) f anno m; ~ bissextile anno bisestile; par ~ all'anno

annexe (a-*nêkss*) f allegato m; dipendenza f

annexer (a-nêk-*sse*) v *annettere

anniversaire (a-ni-vêr-*ssêêr*) m anniversario m, compleanno m

annonce (a-*nongss*) f annunzio m, avviso m; ~ publicitaire annunzio pubblicitario

annoncer (a-nong-*sse*) v annunziare

annuaire (a-*nuêr*) m annuario m; ~ téléphonique elenco telefonico

annuel (a-*nuêl*) adj annuale

annulation (a-nü-la-*ssiong*) f annullamento m

annuler (a-nü-*le*) v *disdire, annullare

anonyme (a-no-*nim*) adj anonimo

anormal (a-nor-*mal*) adj anormale

antenne (ang-*tên*) f antenna f

antérieur (ang-te-r*iöör*) adj anteriore

antérieurement (ang-te-r*iör-mang*) adv anteriormente

anthologie (ang-to-lo-*3i*) f antologia f

antialcoolique (ang-ti-al-ko-*lik*) m astemio m

antibiotique (ang-ti-b*i*o-*tik*) m antibiotico m

anticiper (ang-ti-ssi-*pe*) v anticipare

antigel (ang-ti-*3êl*) m anticongelante m

antipathie (ang-ti-pa-*ti*) f antipatia f

antipathique (ang-ti-pa-*tik*) adj antipatico

antiquaire (ang-ti-*kêêr*) m antiquario m

antique (ang-*tik*) adj antico

antiquité (ang-ti-ki-*te*) f anticaglia f; Antiquité Antichità f; antiquités antichità fpl

antiseptique (ang-ti-ssêp-*tik*) m antisettico m

anxiété (ang-kss*i*e-*te*) f ansietà f

août (u) agosto

*apercevoir (a-pêr-ssö-v*u*aar) v *scorgere

aperçu (a-pêr-*ssü*) m occhiata f

apéritif (a-pe-ri-*tif*) m aperitivo m

apeuré (a-pö-*re*) adj impaurito

apogée (a-po-*3e*) m culmine m, apice m; cima f

*apparaître (a-pa-*rêêtr*) v *apparire; risultare

appareil (a-pa-*rêi*) m apparecchio m; aereo m; ~ à jetons distributore automatico; ~ de chauffage riscaldatore m; ~ photographique macchina fotografica

apparemment (a-pa-ra-*mang*) adv apparentemente

apparence (a-pa-*rangss*) f apparenza f; aspetto m

apparent (a-pa-*rang*) adj apparente; ovvio

apparenté (a-pa-rang-*te*) adj congiunto

apparition (a-pa-ri-*ssiong*) *f* apparizione *f*

appartement (a-par-tö-*mang*) *m* appartamento *m*; alloggio *m*

***appartenir** (a-par-tö-*niir*) *v* *appartenere

appel (a-*pêl*) *m* appello *m*, grido *m*; ~ **interurbain** interurbana *f*; ~ **téléphonique** chiamata *f*

appeler (a-*ple*) *v* chiamare, gridare; **s'appeler** chiamarsi

appendice (a-pêng-*diss*) *m* appendice *f*

appendicite (a-pêng-di-*ssit*) *f* appendicite *f*

appétissant (a-pe-ti-*ssang*) *adj* appetitoso

appétit (a-pe-*ti*) *m* appetito *m*

applaudir (a-plô-*diir*) *v* battere le mani, applaudire

applaudissements (a-plô-di-*ssmang*) *mpl* applauso *m*

application (a-pli-ka-*ssiong*) *f* applicazione *f*; diligenza *f*

appliquer (a-pli-*ke*) *v* applicare; **s'appliquer à** applicarsi

apporter (a-por-*te*) *v* portare

appréciation (a-pre-ssia-*ssiong*) *f* apprezzamento *m*

apprécier (a-pre-*ssie*) *v* apprezzare; giudicare

***apprendre** (a-*prangdr*) *v* imparare; insegnare; ~ **par cœur** imparare a memoria

apprivoiser (a-pri-vua-*se*) *v* addomesticare

approbation (a-pro-ba-*ssiong*) *f* approvazione *f*

approche (a-*prof*) *f* impostazione *f*

approcher (a-pro-*fe*) *v* avvicinare

approprié (a-pro-pri-*e*) *adj* appropriato, idoneo, comodo; adatto

approuver (a-pru-*ve*) *v* approvare; acconsentire

approvisionner en (a-pro-vi-sio-*ne*) *provedere di

approximatif (a-prok-ssi-ma-*tif*) *adj* approssimativo

approximativement (a-prok-ssi-ma-tiv-*mang*) *adv* approssimativamente

appuyer (a-pui-*'e*) *v* schiacciare; **s'appuyer** appoggiarsi

âpre (aapr) *adj* aspro

après (a-*pre*) *adv* poi; *prep* dopo; ~ **que** dopo che; **d'après** secondo

après-midi (a-pre-mi-*di*) *m/f* pomeriggio *m*; **cet** ~ oggi nel pomeriggio

apte (apt) *adj* adatto

aptitude (ap-ti-*tüd*) *f* facoltà *f*

aquarelle (a-kua-*rêl*) *f* acquerello *m*

Arabe (a-*rab*) *m* arabo *m*

arabe (a-*rab*) *adj* arabo

Arabie Séoudite (a-ra-bi sse-u-*dit*) Arabia Saudita

araignée (a-re-*gne*) *f* ragno *m*; **toile d'araignée** ragnatela *f*

arbitraire (ar-bi-*trêêr*) *adj* arbitrario

arbitre (ar-*bitr*) *m* arbitro *m*

arbre (arbr) *m* albero *m*; ~ **à cames** albero a camme

arbuste (ar-*büsst*) *m* arbusto *m*

arc (ark) *m* arco *m*

arcade (ar-*kad*) *f* portico *m*, arcata *f*

arc-en-ciel (ar-kang-ssi*êl*) *m* arcobaleno *m*

arche (arf) *f* arco *m*

archéologie (ar-ke-o-lo-*ʒi*) *f* archeologia *f*

archéologue (ar-ke-o-*logh*) *m* archeologo *m*

archevêque (ar-fö-*vêk*) *m* arcivescovo *m*

architecte (ar-fi-*têkt*) *m* architetto *m*

architecture (ar-fi-têk-*tüür*) *f* architettura *f*

archives (ar-*fiiv*) *fpl* archivio *m*

ardoise (ar-*duaas*) *f* ardesia *f*

arène (a-*rên*) *f* arena *f*

arête (a-*rêt*) *f* cresta *f*; lisca *f*, spina di pesce

argent (ar-*ʒang*) *m* argento *m*; denaro *m*; ~ **comptant** contanti *mpl*; ~ **liquide** contanti *mpl*; **en** ~ d'argento

argenterie (ar-ʒang-*tri*) *f* argenteria *f*

Argentin (ar-ʒang-*têng*) *m* argentino *m*

argentin (ar-ʒang-*têng*) *adj* argentino

Argentine (ar-ʒang-*tin*) *f* Argentina *f*

argile (ar-*ʒil*) *f* argilla *f*

argument (ar-ghü-*mang*) *m* argomento *m*

argumenter (ar-ghü-mang-*te*) *v* argomentare

aride (a-*rid*) *adj* arido

arithmétique (a-rit-me-*tik*) *f* aritmetica *f*

armateur (ar-ma-*töör*) *m* armatore *m*

arme (arm) *f* arma *f*

armée (ar-*me*) *f* esercito *m*

armer (ar-*me*) *v* armare

armoire (ar-*mᵘaar*) *f* armadio *m*

armure (ar-*müür*) *f* corazza *f*

arôme (a-*rôm*) *m* aroma *m*

arqué (ar-*ke*) *adj* arcato

arracher (a-ra-*ʃe*) *v* *estrarre

arrangement (a-rangʒ-*mang*) *m* aggiustamento *m*

arranger (a-rang-*ʒe*) *v* *mettere in ordine; fissare

arrestation (a-rê-ssta-*ssⁱong*) *f* arresto *m*

arrêt (a-*rê*) *m* fermata *f*

arrêter (a-re-*te*) *v* terminare, *smettere; arrestare; **s'arrêter** fermarsi

arriéré (a-rⁱe-*re*) *adj* arretrato

arrière (a-rⁱ*êêr*) *m* parte posteriore; **en** ~ all'indietro, indietro

arrivée (a-ri-*ve*) *f* arrivo *m*, venuta *f*

arriver (a-ri-*ve*) *v* arrivare; *succedere

arrondi (a-rong-*di*) *adj* arrotondato

art (aar) *m* arte *f*; **arts et métiers** arti e mestieri

artère (ar-*têêr*) *f* arteria *f*

artichaut (ar-ti-*ʃô*) *m* carciofo *m*

article (ar-*tikl*) *m* articolo *m*; **articles d'épicerie** alimentari *mpl*; **articles de toilette** articoli da toeletta

articulation (ar-ti-kü-la-*ssⁱong*) *f* articolazione *f*

artificiel (ar-ti-fi-*ssⁱêl*) *adj* artificiale

artisan (ar-ti-*sang*) *m* artigiano *m*

artisanat (ar-ti-sa-*na*) *m* artigianato *m*

artiste (ar-*tisst*) *m/f* artista *m*; artista *f*

artistique (ar-ti-*sstik*) *adj* artistico

ascenseur (a-ssang-*ssöör*) *m* ascensore *m*

ascension (a-ssang-ss*ⁱong*) *f* ascesa *f*; *faire l'ascension de *ascendere

Asiatique (a-sⁱa-*tik*) *m* asiatico *m*

asiatique (a-sⁱa-*tik*) *adj* asiatico

Asie (a-*si*) *f* Asia *f*

asile (a-*sil*) *m* ospizio *m*, asilo *m*

aspect (a-*sspe*) *m* aspetto *m*

asperge (a-*sspêrʒ*) *f* asparago *m*

asphalte (a-*ssfalt*) *m* asfalto *m*

aspirateur (a-sspi-ra-*töör*) *m* aspirapolvere *m*; **passer l'aspirateur** pulire con l'aspirapolvere

aspirer (a-sspi-*re*) *v* aspirare; ~ **à** perseguire, mirare a

aspirine (a-sspi-*rin*) *f* aspirina *f*

assaisonner (a-sse-so-*ne*) *v* condire

assassinat (a-ssa-ssi-*na*) *m* assassinio *m*

assassiner (a-ssa-ssi-*ne*) *v* assassinare

assécher (a-sse-*ʃe*) *v* prosciugare

assemblée (a-ssang-*ble*) *f* assemblea *f*

assembler (a-ssang-*ble*) *v* montare; riunire

assentiment (a-ssang-ti-*mang*) *m* consenso *m*

s'*asseoir (a-ssᵘ*aar*) *sedersi

assez (a-*sse*) *adv* abbastanza; alquanto

assidu (a-ssi-*dü*) *adj* diligente

assiette (a-ssi*êt*) *f* piatto *m*; ~ à soupe scodella *f*

assigner (a-ssi-*gne*) *v* assegnare

assistance (a-ssi-*sstangss*) *f* assistenza *f*; frequenza *f*

assistant (a-ssi-*sstang*) *m* assistente *m*

assister (a-ssi-*sste*) *v* *assistere

association (a-sso-ss¡a-ssi*ong*) *f* associazione *f*

associé (a-sso-ss¡*e*) *m* socio *m*

associer (a-sso-ss¡*e*) *v* associare

assoiffé (a-ss*u*a-*fe*) *adj* assetato

assortiment (a-ssor-ti-*mang*) *m* assortimento *m*

assurance (a-ssü-*rangss*) *f* assicurazione *f*; **assurance-vie** *f* assicurazione sulla vita; **assurance-voyages** *f* assicurazione viaggi

assurer (a-ssü-*re*) *v* assicurare; **s'assurer de** accertarsi di, accertare; assicurarsi

asthme (assm) *m* asma *f*

astronomie (a-sstro-no-*mi*) *f* astronomia *f*

astucieux (a-sstü-ss¡*ö*) *adj* perspicace

atelier (a-tö-l¡*e*) *m* officina *f*

athée (a-*te*) *m* ateo *m*

athlète (a-*tlêt*) *m* atleta *m*

athlétisme (a-tle-*tism*) *m* atletica *f*

atmosphère (at-mo-ss*féêr*) *f* atmosfera *f*

atome (a-*tom*) *m* atomo *m*

atomique (a-to-*mik*) *adj* atomico

atroce (a-*tross*) *adj* atroce

attacher (a-ta-*ʃe*) *v* allacciare, attaccare; legare; **attaché à** affezionato a

attaque (a-*tak*) *f* attacco *m*; rapina *f*; colpo *m*

attaquer (a-ta-*ke*) *v* *assalire, attacca-

re

*atteindre (a-*têngdr*) *v* *raggiungere

attendre (a-*tangdr*) *v* aspettare; **en attendant** intanto

attente (a-*tangt*) *f* attesa *f*; aspettativa *f*

attentif (a-tang-*tif*) *adj* accurato, attento

attention (a-tang-ss¡*ong*) *f* attenzione *f*; ***faire ~** *fare attenzione; ***faire ~ à** *stare attento a; **prêter ~ à** badare a

atterrir (a-te-*riir*) *v* atterrare

attestation (a-tê-ssta-ss¡*ong*) *f* certificato *m*

attirer (a-ti-*re*) *v* *attrarre

attitude (a-ti-*tüd*) *f* attitudine *f*; atteggiamento *m*

attouchement (a-tuʃ-*mang*) *m* tocco *m*

attraction (a-trak-ss¡*ong*) *f* attrattiva *f*; attrazione *f*

attrait (a-*tre*) *m* attrazione *f*; **attraits** incanto *m*

attraper (a-tra-*pe*) *v* acchiappare; *prendere; *contrarre

attribuer à (a-tri-*bue*) attribuire a

aube (ôôb) *f* alba *f*

auberge (ô-*bêrʒ*) *f* ostello *m*, locanda *f*; **~ de jeunesse** ostello della gioventù

aubergine (ô-bêr-*ʒin*) *f* melanzana *f*

aubergiste (ô-bêr-*ʒisst*) *m* albergatore *m*

aucun (ô-*köng*) *adj* nessuno; *pron* nessuno

aucunement (ô-kün-*mang*) *adv* in nessun modo

audace (ô-*dass*) *f* audacia *f*

audacieux (ô-da-ss¡*ö*) *adj* coraggioso

au-dessous (ô-dö-*ssu*) *adv* giù; **~ de** sotto

au-dessus (ô-dö-*ssü*) *adv* al di sopra; **~ de** su; sopra

audible (ô-*dibl*) *adj* udibile

auditeur (ô-di-*töör*) *m* ascoltatore *m*, uditore *m*

auditorium (ô-di-to-r'*om*) *m* auditorio *m*

augmentation (ôgh-mang-ta-ss'*ong*) *f* aumento *m*; ~ **de salaire** aumento *m*

augmenter (ôgh-mang-*te*) *v* aumentare

aujourd'hui (ô-ʒur-*dui*) *adv* oggi

auparavant (ô-pa-ra-*vang*) *adv* già

auprès de (ô-*pre* dö) vicino a

auriculaire (ô-ri-kü-*lêêr*) *m* mignolo *m*

aurore (ô-*roor*) *f* aurora *f*

aussi (ô-*ssi*) *adv* anche; così; ~ **bien** come pure; ~ **bien que** come pure; sia ... sia

aussitôt (ô-ssi-*tô*) *adv* subito; ~ **que** appena che

Australie (ô-sstra-*li*) *f* Australia *f*

Australien (ô-sstra-l'*êng*) *m* australiano *m*

australien (ô-sstra-l'*êng*) *adj* australiano

autant (ô-*tang*) *adv* tanto, altrettanto

autel (ô-*têl*) *m* altare *m*

auteur (ô-*töör*) *m* autore *m*

authentique (ô-tang-*tik*) *adj* autentico, genuino

auto (ô-*tô*) *f* automobile *f*

autobus (ô-tô-*büss*) *m* autobus *m*

autocar (ô-tô-*kaar*) *m* corriera *f*

automatique (ô-tô-ma-*tik*) *adj* automatico

automatisation (ô-tô-ma-ti-sa-ss'*ong*) *f* automazione *f*

automne (ô-*ton*) *m* autunno *m*

automobile (ô-tô-mo-*bil*) *f* automobile *f*

automobilisme (ô-tô-mo-bi-*lissm*) *m* automobilismo *m*

automobiliste (ô-tô-mo-bi-*lisst*) *m* automobilista *m*

autonome (ô-to-*nom*) *adj* autonomo

autonomie (ô-to-no-*mi*) *f* autogoverno *m*

autopsie (ô-to-*pssi*) *f* necroscopia *f*

autorisation (ô-to-ri-sa-ss'*ong*) *f* autorizzazione *f*

autoriser (ô-to-ri-*se*) *v* *permettere; autorizzare; ~ **à** lasciare; *être autorisé à* *avere il permesso di

autoritaire (ô-to-ri-*têêr*) *adj* autoritario

autorité (ô-to-ri-*te*) *f* autorità *f*

autoroute (ô-tô-*rut*) *f* autostrada *f*

auto-stoppeur (ô-tô-ssto-*pöör*) *m* autostoppista *m*; *faire de l'autostop* *fare l'autostop

autour (ô-*tuur*) *adv* attorno; intorno; ~ **de** intorno a; attorno a

autre (ôôtr) *adj* altro; **entre autres** tra l'altro

autrefois (ô-trö-f*u*a) *adv* una volta

autrement (ô-trö-*mang*) *adv* altrimenti

Autriche (ô-*trif*) *f* Austria *f*

Autrichien (ô-tri-f'*êng*) *m* austriaco *m*

autrichien (ô-tri-f'*êng*) *adj* austriaco

autruche (ô-*trüf*) *f* struzzo *m*

en aval (ang-na-*val*) con la corrente

avalanche (a-va-*langf*) *f* valanga *f*

avaler (a-va-*le*) *v* ingoiare, inghiottire

avance (a-*vangss*) *f* vantaggio *m*; anticipo *m*; **à l'avance** anticipatamente; **d'avance** prima; in anticipo

avancement (a-vang-*ssmang*) *m* avanzamento *m*

avancer (a-vang-*sse*) *v* avanzare

avant (a-*vang*) *prep* prima di; *adv* prima; ~ **que** prima che; **en ~** in avanti, avanti

avantage (a-vang-*taaʒ*) *m* vantaggio *m*

avantageux (a-vang-ta-*ʒö*) *adj* vantaggioso; economico

avant-hier (a-vang-*t'êêr*) *adv* avant'ieri

avare (a-*vaar*) *adj* avaro

avec (a-*vêk*) *prep* con

avenir (a-*vniir*) *m* futuro *m*

aventure (a-vang-*tüür*) *f* avventura *f*

avenue (a-*vnü*) *f* viale *m*

averse (a-*vêrss*) *f* acquazzone *m*, precipitazione *f*

aversion (a-vêr-*ss'ong*) *f* avversione *f*

avertir (a-vêr-*tiir*) *v* ammonire, avvisare

avertissement (a-vêr-ti-*ssmang*) *m* avvertimento *m*

aveugle (a-*vöghl*) *adj* cieco

aveugler (a-vö-*ghle*) *v* abbagliare

aviation (a-v'a-*ss'ong*) *f* aviazione *f*

avion (a-*v'ong*) *m* aeroplano *m*; aereo *m*, velivolo *m*; ~ **à réaction** aviogetto *m*

avis (a-*vi*) *m* consiglio *m*; avviso *m*

avocat (a-vo-*ka*) *m* avvocato *m*

avoine (a-*v^uan*) *f* avena *f*

*avoir (a-v^u*aar*) *v* *avere

avoisinant (a-v^ua-si-*nang*) *adj* adiacente

avortement (a-vort-*mang*) *m* aborto *m*

avoué (a-vu-*e*) *m* procuratore legale

avouer (a-vu-*e*) *v* confessare

avril (a-*vril*) aprile

azote (a-*sot*) *m* azoto *m*

B

bâbord (ba-*boor*) *m* babordo *m*

baby-sitter (bê-bi-ssi-*töör*) *m* bambinaia *f*

bâche (baaʃ) *f* tela cerata

bactérie (bak-te-*ri*) *f* batterio *m*

bagage (ba-*ghaaʒ*) *m* bagaglio *m*; ~ **à main** bagaglio a mano

bague (bagh) *f* anello *m*; ~ **de fiançailles** anello di fidanzamento

baie (be) *f* bacca *f*; baia *f*, insenatura *f*

se baigner (be-*gne*) bagnarsi, *fare il bagno

bail (bai) *m* (pl baux) locazione *f*

bâiller (ba-*'e*) *v* sbadigliare

bain (bêng) *m* bagno *m*; ~ **turc** bagno turco; **bonnet de** ~ cuffia da bagno; **caleçon de** ~ mutandine da bagno

baiser (be-*se*) *m* bacio *m*

baisse (bêss) *f* diminuzione *f*, ribasso *m*

baisser (be-*sse*) *v* ribassare; abbassare

bal (bal) *m* (pl ~s) ballo *m*

balai (ba-*le*) *m* scopa *f*

balance (ba-*langss*) *f* bilancia *f*

balancer (ba-lang-*sse*) *v* dondolare; **se** ~ dondolarsi

balançoire (ba-lang-ss^u*aar*) *f* altalena *f*

balayer (ba-le-*'e*) *v* scopare

balbutier (bal-bü-*ss'e*) *v* balbettare

balcon (bal-*kong*) *m* balcone *m*; balconata *f*

baleine (ba-*lên*) *f* balena *f*

balle (bal) *f* palla *f*; pallottola *f*

ballet (ba-*le*) *m* balletto *m*

ballon (ba-*long*) *m* pallone *m*, palla *f*; palloncino *m*

balustrade (ba-lü-*sstrad*) *f* ringhiera *f*

bambin (bang-*bêng*) *m* bimbetto *m*, bimbo *m*

bambou (bang-*bu*) *m* bambù *m*

banane (ba-*nan*) *f* banana *f*

banc (bang) *m* banco *m*; ~ **d'école** banco di scuola

bande (bangd) *f* gruppo *m*, banda *f*; nastro *m*, striscia *f*; **bandes dessinées** racconto a fumetti

bandit (bang-*di*) *m* bandito *m*

banlieue (bang-*li̇ö*) *f* sobborgo *m*

bannière (ba-*n'êêr*) *f* stendardo *m*

banque (bangk) *f* banca *f*

banquet (bang-*ke*) *m* banchetto *m*

baptême (ba-*têm*) *m* battesimo *m*

baptiser (ba-ti-*se*) *v* battezzare

bar (baar) *m* bar *m*

baratiner (ba-ra-ti-*ne*) *v* *dire stupidaggini

barbe (barb) *f* barba *f*

barbue (bar-*bü*) *f* rombo *m*

baril (ba-*ri*) *m* barile *m*; bariletto *m*

bariton (ba-ri-*tong*) *m* baritono *m*

barmaid (bar-*mêd*) *f* barista *f*

barman (bar-*man*) *m* barista *m*

baromètre (ba-ro-*mêtr*) *m* barometro *m*

baroque (ba-*rok*) *adj* barocco

barque (bark) *f* barca *f*

barrage (ba-*raaʒ*) *m* argine *m*

barre (baar) *f* sbarra *f*, barra *f*; timone *m*; banco *m*

barreau (ba-*rô*) *m* sbarra *f*

barrière (ba-*ri'êêr*) *f* barriera *f*; steccato *m*

bas¹ (ba) *adj* (f ~se) basso; **en ~** giù; dabbasso, in giù; **en ~ de** sotto; **vers le ~** in giù, dabbasso

bas² (ba) *m* calza *f*

bas-côté (ba-kô-*te*) *m* navata laterale

bascule (ba-*sskül*) *f* bilancia *f*

base (bas) *f* fondamento *m*, base *f*

base-ball (bês-*bol*) *m* baseball *m*

baser (ba-*se*) *v* basare

basilique (ba-si-*lik*) *f* basilica *f*

basse (bass) *f* basso *m*

bassin (ba-*ssêng*) *m* catino *m*, bacino *m*

bataille (ba-*tai*) *f* battaglia *f*

bateau (ba-*tô*) *m* barca *f*; **~ à moteur** motonave *f*; **~ à rames** barca a remi; **~ à vapeur** piroscafo *m*; **~ à voiles** barca a vela; **bateau-citerne** *m* petroliera *f*

bâtiment (ba-ti-*mang*) *m* edificio *m*; edilizia *f*

bâtir (ba-*tiir*) *v* costruire; edificare

bâton (ba-*tong*) *m* bastone *m*; **bâtons de ski** bastoni da sci

*battre** (batr) *v* schiaffeggiare; battere; mescolare; **se ~** combattere

baume démêlant (bôm de-me-*lang*) *m* balsamo *m*

bavard (ba-*vaar*) *adj* loquace

bavardage (ba-var-*daaʒ*) *m* ciarlata *f*, chiacchierata *f*

bavarder (ba-var-*de*) *v* chiacchierare

beau (bô) *adj* (bel; f belle) bello; avvenente

beaucoup (bô-*ku*) *adv* molto; **de ~** di gran lunga

beau-fils (bô-*fiss*) *m* genero *m*

beau-frère (bô-*frêêr*) *m* cognato *m*

beau-père (bô-*pêêr*) *m* suocero *m*; patrigno *m*

beauté (bô-*te*) *f* bellezza *f*; **produits de ~** cosmetici *mpl*

beaux-arts (bô-*saar*) *mpl* belle arti

beaux-parents (bô-pa-*rang*) *mpl* suoceri

bébé (be-*be*) *m* piccino *m*

bec (bêk) *m* becco *m*

bêche (bêʃ) *f* zappa *f*

beige (bêêʒ) *adj* beige

Belge (bêlʒ) *m* belga *m*

belge (bêlʒ) *adj* belga

Belgique (bêl-*ʒik*) *f* Belgio *m*

belle-fille (bêl-*fi'*) *f* nuora *f*

belle-mère (bêl-*mêêr*) *f* suocera *f*; matrigna *f*

belle-sœur (bêl-*ssöör*) *f* cognata *f*

bénédiction (be-ne-dik-*ss'ong*) *f* benedizione *f*

bénéfice (be-ne-*fiss*) *m* beneficio *m*, profitto *m*

bénéficiaire (be-ne-fi-*ss'êêr*) *m* beneficiario *m*

bénéficier de (be-ne-fi-*ss'e*) beneficiare di

bénir (be-*niir*) *v* *benedire

béquille (be-*ki*ʲ) *f* stampella *f*

berceau (bêr-*ssô*) *m* culla *f*; ~ **de voyage** baby-pullman *m*

béret (be-*re*) *m* berretto *m*

berge (bêrʒ) *f* argine *m*

berger (bêr-ʒe) *m* pastore *m*

besogne (bö-*sogn*) *f* compito *m*

besoin (bö-sᵘ*êng*) *m* bisogno *m*, necessità *f*; ***avoir** ~ **de** *aver bisogno di, bisognare

bétail (be-*tai*) *m* bestiame *m*

bête (bêt) *f* animale *m*; *adj* grullo, ottuso, stupido; ~ **de proie** animale da preda

béton (be-*tong*) *m* calcestruzzo *m*

betterave (bê-*traav*) *f* barbabietola *f*

beurre (böör) *m* burro *m*

Bible (bibl) *f* bibbia *f*

bibliothèque (bi-bli-o-*têk*) *f* biblioteca *f*

bicyclette (bi-ssi-*klêt*) *f* bicicletta *f*

bien (b'êng) *adv* bene; **bien!** ebbene!; va bene!; ~ **que** sebbene; **biens** *mpl* merci, possedimenti *mpl*

bien-être (b'êng-*nêêtr*) *m* benessere *m*; agio *m*

bientôt (b'êng-*tô*) *adv* presto; prossimamente

bienveillance (b'êng-ve-ʲ*angss*) *f* benevolenza *f*

bienvenu (b'êng-*vnü*) *adj* benvenuto

bière (b'êêr) *f* birra *f*

bifteck (bif-*têk*) *m* bistecca *f*

bifurcation (bi-für-ka-ss'*ong*) *f* bivio *m*

bifurquer (bi-für-*ke*) *v* biforcarsi

bigorneau (bi-ghor-*nô*) *m* chiocciola di mare

bigoudi (bi-ghu-*di*) *m* bigodino *m*

bijou (bi-*ʒu*) *m* (pl ~x) gioiello *m*; gemma *f*; **bijoux** gioie

bijoutier (bi-ʒu-t'e) *m* gioielliere *m*

bilan (bi-*lang*) *m* bilancio *m*

bile (bil) *f* bile *f*

bilingue (bi-*lênggh*) *adj* bilingue

billard (bi-*ʲaar*) *m* biliardo *m*

bille (biʲ) *f* pallina *f*

billet (bi-*ʲe*) *m* biglietto *m*; ~ **de banque** banconota *f*; ~ **gratuit** biglietto gratuito

biologie (bi-o-lo-ʒi) *f* biologia *f*

biscuit (bi-*sskui*) *m* biscottino *m*; biscotto *m*

bistrot (bi-*sstrô*) *m* bar *m*, taverna *f*

bizarre (bi-*saar*) *adj* bizzarro, strano

blague (blagh) *f* scherzo *m*; ~ **à tabac** astuccio per tabacco

blaireau (blê-*rô*) *m* pennello da barba

blâme (blaam) *m* biasimo *m*, colpa *f*

blâmer (bla-*me*) *v* rimproverare

blanc (blang) *adj* (f blanche) bianco; **in** bianco

blanchaille (blang-*ʲai*) *f* pesciolino *m*

blanchisserie (blang-ʲi-*ssri*) *f* lavanderia *f*

blazer (bla-*sêêr*) *m* giacca sportiva

blé (ble) *m* grano *m*; frumento *m*

blesser (ble-*sse*) *v* ferire; *offendere

blessure (ble-*ssüür*) *f* ferita *f*; lesione *f*

bleu (blö) *adj* (pl bleus) blu; *m* livido *m*

bloc (blok) *m* ceppo *m*

bloc-notes (blok-*not*) *m* blocco per appunti, blocco di carta da lettere

blond (blong) *adj* biondo

blonde (blongd) *f* bionda *f*

bloquer (blo-*ke*) *v* bloccare

bobine (bo-*bin*) *f* rocchetto *m*; ~ **d'allumage** bobina di accensione

bœuf (böf) *m* bue *m*; manzo *m*

bohémien (bo-e-m'*êng*) *m* zingaro *m*

***boire** (bᵘaar) *v* *bere

bois (bᵘa) *m* legno *m*; foresta *f*, bosco *m*; ~ **d'œuvre** legname *m*; **en** ~ di legno

boisé (bᵘa-*se*) *adj* boscoso

boisson (bᵘa-*ssong*) *f* bevanda *f*, bibita *f*

boîte (bᵘat) *f* scatola *f*; latta *f*, barattolo *m*; ~ **à ordures** pattumiera *f*; ~ **à outils** cassetta degli arnesi; ~ **aux lettres** cassetta postale; ~ **d'allumettes** scatola di fiammiferi; ~ **de couleurs** scatola di colori; ~ **de nuit** locale notturno; ~ **de vitesse** cambio di velocità

boiter (bᵘa-*te*) *v* zoppicare

boiteux (bᵘa-*tö*) *adj* zoppicante, zoppo

bol (bol) *m* bacino *m*; vaso *m*

Bolivie (bo-li-*vi*) *f* Bolivia *f*

Bolivien (bo-li-*v'êng*) *m* boliviano *m*

bolivien (bo-li-*v'êng*) *adj* boliviano

bombarder (bong-bar-*de*) *v* bombardare

bombe (bongb) *f* bomba *f*

bon¹ (bong) *adj* buono; gustoso

bon² (bong) *m* ricevuta *f*; ~ **de commande** modulo di ordinazione

bonbon (bong-*bong*) *m* caramella *f*; **bonbons** dolciumi *mpl*

bond (bong) *m* salto *m*

bondé (bong-*de*) *adj* affollato

bondir (bong-*diir*) *v* balzare

bonheur (bo-*nöör*) *m* felicità *f*

bonjour! (bong-*ʒuur*) ciao!

bonne (bon) *f* cameriera *f*; domestica *f*; ~ **d'enfants** bambinaia *f*

bonne-maman (bon-ma-*mang*) *f* nonna *f*

bonneterie (bo-nê-*tri*) *f* maglieria *f*

bon-papa (bong-pa-*pa*) *m* nonno *m*

bonsoir! (bong-ssᵘaar) buona sera!

bonté (bong-*te*) *f* bontà *f*

bord (boor) *m* margine *m*; orlo *m*, bordo *m*; **à** ~ **a bordo**; ~ **de la mer** riva del mare; ~ **de la rivière** lungofiume *m*; ~ **du trottoir** orlo del marciapiede

bordel (bor-*dêl*) *m* bordello *m*

borne routière (born ru-*t'êêr*) pietra miliare

borné (bor-*ne*) *adj* meschino

bosquet (bo-*sske*) *m* boschetto *m*

bosse (boss) *f* ammaccatura *f*, protuberanza *f*

botanique (bo-ta-*nik*) *f* botanica *f*

botte (bot) *f* stivale *m*

bottin (bo-*têng*) *m* elenco telefonico

bouc (buk) *m* becco *m*; ~ **émissaire** capro espiatorio

bouche (buʃ) *f* bocca *f*

bouchée (bu-*ʃe*) *f* boccone *m*

boucher¹ (bu-*ʃe*) *m* macellaio *m*

boucher² (bu-*ʃe*) *v* turare

boucherie (bu-*ʃri*) *f* macelleria *f*

bouchon (bu-*ʃong*) *m* tappo *m*, sughero *m*

boucle (bukl) *f* fibbia *f*; ricciolo *m*; nodo scorsoio; ~ **d'oreille** orecchino *m*

boucler (bu-*kle*) *v* ondulare; **bouclé** ricciuto

boue (bu) *f* fango *m*

bouée (bu-*e*) *f* boa *f*; ~ **de sauvetage** cintura di salvataggio

boueux (bu-*ö*) *adj* fangoso

bouger (bu-*ʒe*) *v* *muovere

bougie (bu-*ʒi*) *f* candela *f*; ~ **d'allumage** candela d'accensione

***bouillir** (bu-*'iir*) *v* bollire

bouilloire (bu-*iᵘaar*) *m* bollitore *m*

bouillotte (bu-*'ot*) *f* borsa dell'acqua calda

boulanger (bu-lang-*ʒe*) *m* panettiere *m*

boulangerie (bu-lang-*ʒri*) *f* panetteria *f*

boule (bul) *f* palla *f*

bouleau (bu-*lô*) *m* betulla *f*

bouleversé (bul-vêr-*sse*) *adj* costernato

boulon (bu-*long*) *m* bullone *m*

boulot (bu-*lô*) *m* lavoro *m*

bouquet (bu-*ke*) *m* mazzo *m*

bourg (buur) *m* borgo *m*

bourgeois (bur-*ʒ*ᵘ*a*) *adj* borghese

bourgeon (bur-*ʒong*) *m* bocciolo *m*

bourré (bu-*re*) *adj* pieno zeppo

bourreau (bu-*rô*) *m* boia *m*

bourse (burss) *f* borsellino *m*; ~ **des valeurs** borsa valori; ~ **d'études** borsa di studio

boussole (bu-*ssol*) *f* bussola *f*

bout (bu) *m* estremità *f*; punta *f*

bouteille (bu-*têi*) *f* bottiglia *f*

boutique (bu-*tik*) *f* boutique *m*; negozio *m*

bouton (bu-*tong*) *m* manopola *f*, bottone *m*; **boutons de manchettes** gemelli *mpl*

boutonner (bu-to-*ne*) *v* abbottonare

boutonnière (bu-to-*n'êêr*) *f* asola *f*

bowling (bô-*ling*) *m* bowling *m*; pista di bocce

boxer (bok-*sse*) *v* *fare del pugilato

bracelet (bra-*ssle*) *m* braccialetto *m*; **bracelet-montre** *m* orologio da polso; ~ **pour montre** cinturino da orologio

braconner (bra-ko-*ne*) *v* cacciare di frodo

braguette (bra-*ghêt*) *f* brachetta *f*

branche (brangʃ) *f* ramo *m*

brancher (brang-*ʃe*) *v* collegare; *connettere

branchie (brang-*ʃi*) *f* branchia *f*

branlant (brang-*lang*) *adj* barcollante

bras (bra) *m* braccio *m*; **bras-dessus bras-dessous** a braccetto

brasse (brass) *f* nuoto a rana; ~ **papillon** nuoto a farfalla

brasser (bra-*sse*) *v* *fare la birra

brasserie (bra-*ssri*) *f* birreria *f*

brave (brav) *adj* coraggioso, valoroso; virtuoso

brèche (brêʃ) *f* breccia *f*

bref (brèf) *adj* (*f* brève) breve

brème (brêm) *f* abramide *m*

Brésil (bre-*sil*) *m* Brasile *m*

Brésilien (bre-si-*l'êng*) *m* brasiliano *m*

brésilien (bre-si-*l'êng*) *adj* brasiliano

bretelles (brö-*têl*) *fpl* bretelle *fpl*

brevet (brö-*ve*) *m* brevetto *m*

bridge (bridʒ) *m* bridge *m*

brillant (bri-*'ang*) *adj* brillante; lucido

briller (bri-*'e*) *v* scintillare, brillare; *ardere

brin d'herbe (brêng dêrb) *m* filo d'erba

brindille (brêng-*di'*) *f* ramoscello *m*

brioche (bri-*oʃ*) *f* panino *m*

brique (brik) *f* laterizio *m*, mattone *m*

briquet (bri-*ke*) *m* accendino *m*

brise (briis) *f* brezza *f*

briser (bri-*se*) *v* *rompere; **brisé** rotto

Britannique (bri-ta-*nik*) *m* britanno *m*

britannique (bri-ta-*nik*) *adj* inglese, britannico

broche (broʃ) *f* spilla *f*; spiedo *m*

brochet (bro-*ʃe*) *m* luccio *m*

brochure (bro-*ʃüür*) *f* opuscolo *m*

broder (bro-*de*) *v* ricamare

broderie (bro-*dri*) *f* ricamo *m*

bronchite (brong-*ʃit*) *f* bronchite *f*

bronze (brongs) *m* bronzo *m*; **en ~** bronzeo

brosse (bross) *f* spazzola *f*; ~ **à habits** spazzola per vestiti

brosser (bro-*sse*) *v* spazzolare

brouette (bru-*êt*) *f* carriola *f*

brouillard (bru-*'aar*) *m* nebbia *f*

brouiller (bru-*'e*) *v* mescolare; *confondere; *mettere il disaccordo

bruit (brui) *m* rumore *m*

brûler (brü-*le*) *v* *ardere; bruciare

brûlure (brü-*lüür*) *f* bruciatura *f*; **brûlures d'estomac** bruciore di stomaco

brume (brüm) *f* foschia *f*

brumeux (brü-*mö*) *adj* nebbioso; fosco

brun (brö̃ng) *adj* bruno

brunette (brü-*nêt*) *f* bruna *f*

brusque (brüssk) *adj* brusco; rude

brut (brüt) *adj* lordo

brutal (brü-*tal*) *adj* brutale

bruyant (brui-*'ang*) *adj* rumoroso

bruyère (brui-*'êêr*) *f* erica *f*; brughiera *f*

bûche (büʃ) *f* ceppo *m*

bûcher (bü-*ʃe*) *v* lavorare sodo

budget (bü-*dʒe*) *m* bilancio *m*; preventivo *m*

buffet (bü-*fe*) *m* buffé *m*

buisson (bui-*ssong*) *m* cespuglio *m*

bulbe (bülb) *m* bulbo *m*

Bulgare (bül-*ghaar*) *m* bulgaro *m*

bulgare (bül-*ghaar*) *adj* bulgaro

Bulgarie (bül-gha-*ri*) *f* Bulgaria *f*

bulle (bül) *f* bolla *f*

bulletin météorologique (bül-tẽng me-te-o-ro-lo-ʒik) bollettino meteorologico

bureau (bü-*rô*) *m* ufficio *m*; scrittoio *m*; scrivania *f*, divisione *f*; ~ **de change** ufficio cambio; ~ **de l'emploi** ufficio di collocamento; ~ **de poste** ufficio postale; ~ **de renseignements** ufficio informazioni; ~ **des objets trouvés** ufficio oggetti smarriti; ~ **de tabac** tabaccheria *f*; ~ **de voyages** agenzia viaggi; **employé de** ~ commesso d'ufficio; **heures de** ~ ore d'ufficio

bureaucratie (bü-rô-kra-*ssi*) *f* burocrazia *f*

burin (bü-*rẽng*) *m* scalpello *m*

buste (büsst) *m* busto *m*

but (bü) *m* fine *m*, intento *m*; rete *f*

butte (büt) *f* elevazione *f*

C

ça (ssa) *pron* ciò

cabane (ka-*ban*) *f* capanna *f*

cabaret (ka-ba-*re*) *m* cabaret *m*

cabine (ka-*bin*) *f* cabina *f*; ~ **de pont** cabina di coperta; ~ **d'essayage** salottino di prova

cabinet (ka-bi-*ne*) *m* gabinetto *m*; studio *m*; ~ **de consultations** consultorio *m*

câble (kabl) *m* cavo *m*

cacahuète (ka-ka-*uêt*) *f* arachide *f*

cachemire (kaʃ-*miir*) *m* cachemire *m*

cacher (ka-*ʃe*) *v* *nascondere

cachet (ka-*ʃe*) *m* timbro *m*; capsula *f*

cadavre (ka-*daavr*) *m* cadavere *m*

cadeau (ka-*dô*) *m* dono *m*, regalo *m*

cadenas (kad-*na*) *m* lucchetto *m*

cadet (ka-*de*) *adj* minore

cadre (kaadr) *m* cornice *f*; scenario *m*; quadro *m*

café (ka-*fe*) *m* caffè *m*; bar *m*, taverna *f*

caféine (ka-fe-*in*) *f* caffeina *f*

cafétéria (ka-fe-te-*ri'a*) *f* tavola calda

cage (kaaʒ) *f* gabbia *f*

cahier (ka-*'e*) *m* quaderno *m*; ~ **de croquis** album da disegno

cahoteux (ka-o-*tö*) *adj* accidentato

caille (kai) *f* quaglia *f*

caillou (ka-*'u*) *m* (pl ~x) ciottolo *m*

caisse (kêss) *f* gabbia da imballaggio; cassa *f*; ~ **d'épargne** cassa di risparmio

caissier (ke-*ssi'e*) *m* cassiere *m*

caissière (kê-*ssi'êêr*) *f* cassiera *f*

cal (kal) *m* callo *m*

calamité (ka-la-mi-*te*) *f* sciagura *f*, calamità *f*

calcium (kal-*ssi'om*) *m* calcio *m*

calcul (kal-*kül*) *m* calcolo *m*; ~ **biliai-**

re calcolo biliare

calculatrice (kal-kü-la-*triss*) *f* calcolatrice *f*

calculer (kal-kü-*le*) *v* *fare i calcoli; computare, calcolare

caleçon (kal-*ssong*) *m* mutande *fpl*; mutandine *fpl*; ~ **de bain** mutandine da bagno

calendrier (ka-lang-dri-*e*) *m* calendario *m*

câliner (ka-li-*ne*) *v* vezzeggiare

calmant (kal-*mang*) *m* tranquillante *m*

calme (kalm) *adj* calmo

calmer (kal-*me*) *v* calmare

calomnie (ka-lom-*ni*) *f* calunnia *f*

calorie (ka-lo-*ri*) *f* caloria *f*

calvinisme (kal-vi-*nissm*) *m* calvinismo *m*

camarade (ka-ma-*rad*) *m* compagno *m*; ~ **de classe** compagno di classe

cambrioler (kang-bri-o-*le*) *v* scassinare

cambrioleur (kang-bri-o-*löör*) *m* scassinatore *m*

camée (ka-*me*) *m* cammeo *m*

caméra (ka-me-*ra*) *f* cinepresa *f*; ~ **vidéo** telecamera

camion (ka-m'*ong*) *m* autocarro *m*; ~ **de livraison** furgone *m*

camionnette (ka-m'o-*nêt*) *f* camionetta *f*

camp (kang) *m* campo *m*; ~ **de vacances** colonia di vacanze

campagne (kang-*pagn*) *f* campagna *f*

camper (kang-*pe*) *v* accamparsi

campeur (kang-*pöör*) *m* campeggiatore *m*

camping (kang-*ping*) *m* campeggio *m*; **terrain de** ~ campeggio *m*

Canada (ka-na-*da*) *m* Canadà *m*

Canadien (ka-na-d'*êng*) *m* canadese *m*

canadien (ka-na-d'*êng*) *adj* canadese

canal (ka-*nal*) *m* canale *m*

canapé (ka-na-*pe*) *m* sofà *m*, divano *m*

canard (ka-*naar*) *m* anitra *f*

canari (ka-na-*ri*) *m* canarino *m*

cancer (kang-*ssêêr*) *m* cancro *m*

candélabre (kang-de-*laabr*) *m* candelabro *m*

candidat (kang-di-*da*) *m* candidato *m*

candidature (kang-di-da-*tüür*) *f* domanda d'impiego

canif (ka-*nif*) *m* temperino *m*

caniveau (ka-ni-*vô*) *m* cunetta *f*

canne (kan) *f* bastone *m*; canna *f*, bastone da passeggio; ~ **à pêche** canna da pesca

cannelle (ka-*nêl*) *f* cannella *f*

canon (ka-*nong*) *m* cannone *m*

canot (ka-*nô*) *m* canoa *f*; barchetta *f*; ~ **automobile** motoscafo *m*

cantine (kang-*tin*) *f* mensa *f*

caoutchouc (ka-u-*tſu*) *m* cauccià *m*; ~ **mousse** gommapiuma *f*

cap (kap) *m* capo *m*; rotta *f*

capable (ka-*pabl*) *adj* capace; abile; *être ~ de *essere in grado di

capacité (ka-pa-ssi-*te*) *f* abilità *f*; capacità *f*

cape (kap) *f* mantella *f*

capitaine (ka-pi-*tên*) *m* capitano *m*

capital (ka-pi-*tal*) *m* capitale *m*; *adj* importante

capitale (ka-pi-*tal*) *f* capitale *f*

capitalisme (ka-pi-ta-*lissm*) *m* capitalismo *m*

capitonner (ka-pi-to-*ne*) *v* tappezzare

capitulation (ka-pi-tü-la-*ss'ong*) *f* capitolazione *f*

capot (ka-*pô*) *m* cofano *m*

caprice (ka-*priss*) *m* capriccio *m*

capsule (ka-*pssül*) *f* capsula *f*

capture (kap-*tüür*) *f* cattura *f*

capturer (kap-tü-*re*) *v* catturare

capuchon (ka-pü-*ſong*) *m* cappuccio *m*

car[1] (kaar) *conj* poiché

car[2] (kaar) *m* autobus *m*

caractère (ka-rak-*têêr*) *m* carattere *m*

caractériser (ka-rak-te-ri-*se*) *v* caratterizzare

caractéristique (ka-rak-te-ri-*sstik*) *f* caratteristica *f*; *adj* tipico, caratteristico

carafe (ka-*raf*) *f* caraffa *f*

caramel (ka-ra-*mél*) *m* caramella di zucchero; caramella *f*

carat (ka-*ra*) *m* carato *m*

caravane (ka-ra-*van*) *f* carovana *f*; roulotte *f*

carburateur (kar-bü-ra-*töör*) *m* carburatore *m*

cardigan (kar-di-*ghang*) *m* giaccone *m*

cardinal (kar-di-*nal*) *m* cardinale *m*; *adj* cardinale

carence (ka-*rangss*) *f* carenza *f*; scarsezza *f*

cargaison (kar-ghe-*song*) *f* carico *m*

carillon (ka-ri-*l'ong*) *m* carillon *m*

carnaval (kar-na-*val*) *m* (pl ~s) carnevale *m*

carnet (kar-*ne*) *m* taccuino *m*; ~ **de chèques** libretto di assegni

carotte (ka-*rot*) *f* carota *f*

carpe (karp) *f* carpa *f*

carré (ka-*re*) *m* quadrato *m*; *adj* quadrato

carreau (ka-*rô*) *m* mattonella *f*; vetro *m*; **à carreaux** quadrettato

carrefour (kar-*fuur*) *m* incrocio *m*; crocicchio *m*

carrière (ka-*r'êêr*) *f* carriera *f*; cava *f*

carrosse (ka-*ross*) *m* carrozza *f*

carrosserie (ka-ro-*ssri*) *f* carrozzeria *f*

cartable (kar-*tabl*) *m* cartella *f*

carte (kart) *f* cartoncino *m*; carta *f*, mappa *f*; ~ **d'abonnement** abbonamento *m*; ~ **de crédit** carta di credito; ~ **de jeu** carta da gioco; ~ **des vins** lista dei vini; ~ **de visite**

biglietto da visita; ~ **d'identité** carta d'identità; ~ **marine** carta nautica; ~ **postale** cartolina *f*, cartolina illustrata; ~ **routière** carta stradale; ~ **verte** carta verde

carter (kar-*têêr*) *m* basamento *m*

cartilage (kar-ti-*laaʒ*) *m* cartilagine *f*

carton (kar-*tong*) *m* cartone *m*; scatolone *m*; **en** ~ di cartone

cartouche (kar-*tuʃ*) *f* cartuccia *f*; stecca *f*

cas (ka) *m* caso *m*; **au** ~ **où** qualora; ~ **d'urgence** caso di emergenza; **en aucun** ~ in nessun modo; **en** ~ **de** in caso di

cascade (ka-*sskad*) *f* cascata *f*

case (kaas) *f* scomparto *m*

caserne (ka-*sêrn*) *f* caserma *f*

casino (ka-si-*nô*) *m* casinò *m*

casque (kassk) *m* casco *m*

casquette (ka-*sskèt*) *f* berretto *m*

casse-croûte (ka-*sskrut*) *m* spuntino *m*

casse-noix (ka-*ssn^{u}a*) *m* schiaccianoci *m*

casser (ka-*sse*) *v* *rompere; **cassé** guasto

casserole (ka-*ssrol*) *f* tegame *m*

casse-tête (ka-*sstêt*) *m* rompicapo *m*

cassis (ka-*ssiss*) *m* ribes nero

castor (ka-*sstoor*) *m* castoro *m*

catacombe (ka-ta-*kongb*) *f* catacomba *f*

catalogue (ka-ta-*logh*) *m* catalogo *m*

catarrhe (ka-*taar*) *m* catarro *m*

catastrophe (ka-ta-*sstrof*) *f* catastrofe *f*, disastro *m*

catégorie (ka-te-gho-*ri*) *f* categoria *f*; genere *m*

cathédrale (ka-te-*dral*) *f* cattedrale *f*; duomo *m*

catholique (ka-to-*lik*) *adj* cattolico

cause (kôôs) *f* causa *f*; **à** ~ **de** a causa di

causer (kô-*se*) *v* causare; ciarlare

causette (kô-*sét*) *f* ciancia *f*

caution (kô-*ssiong*) *f* cauzione *f*; **sujet à** ~ malfido

cavalier (ka-va-*l'e*) *m* cavallerizzo *m*

cave (kav) *f* cantina *f*

caverne (ka-*vêrn*) *f* caverna *f*

caviar (ka-*v'aar*) *m* caviale *m*

cavité (ka-vi-*te*) *f* cavità *f*

ce (ssö) *adj* (cet; f cette, pl ces) quello; questo

ceci (ssö-*ssi*) *pron* questo

céder (sse-*de*) *v* cedere

ceinture (ssêng-*tüür*) *f* cinghia *f*; ~ **de sécurité** cintura di sicurezza

cela (ssö-*la*) *pron* quello

célébration (sse-le-bra-*ssiong*) *f* celebrazione *f*

célèbre (sse-*lébr*) *adj* celebre

célébrer (sse-le-*bre*) *v* celebrare

célébrité (sse-le-bri-*te*) *f* fama *f*, celebrità *f*

céleri (ssêl-*ri*) *m* sedano *m*

célibat (sse-li-*ba*) *m* celibato *m*

célibataire (sse-li-ba-*têêr*) *m* celibe *m*; *adj* celibe

cellophane (ssê-lo-*fan*) *f* cellofan *f*

cellule (ssê-*lül*) *f* cella *f*

celui-là (ssö-lui-*la*) *pron* (f celle-là, pl ceux-là, celles-là) quello

cendre (ssangdr) *f* cenere *f*

cendrier (ssang-dri-*e*) *m* portacenere *m*

censure (ssang-*ssüür*) *f* censura *f*

cent (ssang) *num* cento; **pour** ~ percento *m*

centigrade (ssang-ti-*ghrad*) *adj* centigrado

centimètre (ssang-ti-*mêtr*) *m* centimetro *m*; metro a nastro

central (ssang-*tral*) *adj* centrale; ~ **téléphonique** centralino *m*

centrale (ssang-*tral*) *f* centrale elettrica

centraliser (ssang-tra-li-*se*) *v* centralizzare

centre (ssangtr) *m* centro *m*; ~ **commercial** centro commerciale; ~ **de la ville** centro della città; ~ **de loisirs** centro di ricreazione

cependant (ssö-pang-*dang*) *conj* eppure; però

céramique (sse-ra-*mik*) *f* ceramica *f*

cercle (ssêrkl) *m* circolo *m*, cerchio *m*

céréale (sse-re-*al*) *f* grano *m*; frumento *m*

cérémonie (sse-re-mo-*ni*) *f* cerimonia *f*

cérémonieux (sse-re-mo-*n'ö*) *adj* formale

cerise (ssö-*riis*) *f* ciliegia *f*

certain (ssêr-*têng*) *adj* certo; **certains** *pron* alcuni

certificat (ssêr-ti-fi-*ka*) *m* attestato *m*; certificato *m*; ~ **médical** certificato di sanità

cerveau (ssêr-*vô*) *m* cervello *m*

ces (sse) *adj* questi; quei

cesser (sse-*sse*) *v* *smettere; cessare

ceux-là (ssö-*la*) *pron* (f celles-là) quelli

chacun (ʃa-*köng*) *pron* ognuno; chiunque

chagrin (ʃa-*ghrêng*) *m* dispiacere *m*; cordoglio *m*

chaîne (ʃên) *f* catena *f*

chair (ʃêêr) *f* carne *f*; ~ **de poule** pelle d'oca

chaire (ʃêêr) *f* pulpito *m*

chaise (ʃêes) *f* sedia *f*; ~ **longue** sedia a sdraio

châle (ʃaal) *m* scialle *m*

chalet (ʃa-*le*) *m* chalet *m*

chaleur (ʃa-*löör*) *m* calore *m*, caldo *m*

chambre (ʃangbr) *f* stanza *f*; ~ **à air** camera d'aria; ~ **à coucher** camera da letto; ~ **d'ami** camera degli ospiti; ~ **d'enfants** camera dei bambini; ~ **et petit déjeuner** alloggio e colazione; ~ **forte** camera blindata; ~ **pour une personne** camera a un letto

chameau (ʃa-*mó*) *m* cammello *m*

champ (ʃang) *m* campo *m*; ~ **de blé** campo di grano; ~ **de courses** pista da corsa; **sur-le-champ** subito

champagne (ʃang-*pagn*) *m* champagne *m*

champignon (ʃang-pi-*gnong*) *m* fungo mangereccio, fungo *m*

champion (ʃang-p¹*ong*) *m* campione *m*

chance (ʃangss) *f* successo *m*, fortuna *f*; opportunità *f*

chanceux (ʃang-*sö*) *adj* fortunato

chandail (ʃang-*dai*) *m* maglione *m*, golf *m*

change (ʃangʒ) *m* cambio *m*; **bureau de** ~ ufficio cambio

changement (ʃangʒ-*mang*) *m* cambio *m*; mutamento *m*, cambiamento *m*

changer (ʃang-*ʒe*) *v* cambiare; ~ **de vitesse** cambiare marcia; ~ **en** trasformarsi in; **se** ~ cambiarsi

chanson (ʃang-*ssong*) *f* canzone *f*; ~ **populaire** canzone popolare

chant (ʃang) *m* canzone *f*, canto *m*

chantage (ʃang-*taaʒ*) *m* ricatto *m*

chanter (ʃang-*te*) *v* cantare; *faire ~ ricattare

chanteur (ʃang-*töör*) *m* cantante *m*

chanteuse (ʃang-*töös*) *f* cantante *f*

chantier naval (ʃang-t¹e na-*val*) cantiere navale

chanvre (ʃangvr) *m* canapa *f*

chaos (ka-*ó*) *m* caos *m*

chaotique (ka-o-*tik*) *adj* caotico

chapeau (ʃa-*pó*) *m* cappello *m*

chapelain (ʃa-*plêng*) *m* cappellano *m*

chapelet (ʃa-*ple*) *m* rosario *m*

chapelle (ʃa-*pêl*) *f* cappella *f*

chapitre (ʃa-*pitr*) *m* capitolo *m*

chaque (ʃak) *adj* ogni, ciascuno

charbon (ʃar-*bong*) *m* carbone *m*; ~ **de bois** carbone di legno

charcuterie (ʃar-kü-*tri*) *f* salumi *mpl*; macelleria *f*

chardon (ʃar-*dong*) *m* cardo *m*

charge (ʃarʒ) *f* carico *m*

chargement (ʃar-ʒó-*mang*) *m* carico *m*

charger (ʃar-*ʒe*) *v* caricare; incaricare; **chargé de** incaricato di; **se** ~ **de** incaricarsi di

charité (ʃa-ri-*te*) *f* carità *f*

charlatan (ʃar-la-*tang*) *m* ciarlatano *m*

charmant (ʃar-*mang*) *adj* grazioso; affascinante

charme (ʃarm) *m* fascino *m*

charmer (ʃar-*me*) *v* affascinare, incantare

charnière (ʃar-n¹*êêr*) *f* cardine *m*

charrette (ʃa-*rêt*) *f* carro *m*

charrue (ʃa-*rü*) *f* aratro *m*

chasse (ʃass) *f* caccia *f*

chasser (ʃa-*sse*) *v* cacciare

chasseur (ʃa-*ssöör*) *m* cacciatore *m*; fattorino d'albergo

châssis (ʃa-*ssi*) *m* telaio *m*

chaste (ʃasst) *adj* casto

chat (ʃa) *m* gatto *m*

châtain (ʃa-*têng*) *adj* castano

château (ʃa-*tô*) *m* castello *m*

chatouiller (ʃa-tu-¹*e*) *v* solleticare

chaud (ʃô) *adj* caldo

chaudière (ʃô-d¹*êêr*) *f* caldaia *f*

chauffage (ʃô-*faaʒ*) *m* riscaldamento *m*; ~ **central** riscaldamento centrale

chauffer (ʃô-*fe*) *v* scaldare

chauffeur (ʃô-*föör*) *m* autista *m*; ~ **de taxi** tassista *m*

chaussée (ʃô-*sse*) *f* via selciata; rotabile *f*

chaussette (ʃô-*ssêt*) *f* calza *f*

chaussure (ʃô-*ssüür*) *f* scarpa *f*;

chaussures calzatura *f*; **chaussu-res de basket** scarpe da ginnastica; **chaussures de gymnastique** scarpe da ginnastica; **chaussures de ski** scarponi da sci; **chaussures de tennis** scarpe da tennis

chauve (ʃôôv) *adj* calvo

chaux (ʃô) *f* calce *f*

chef (ʃêf) *m* capo *m*; ~ **cuisinier** capocuoco *m*; ~ **de gare** capostazione *m*; ~ **d'Etat** capo di stato; ~ **d'orchestre** direttore d'orchestra

chef-d'œuvre (ʃê-döövr) *m* capolavoro *m*

chemin (ʃö-mêng) *m* sentiero *m*; **à mi-chemin** a mezza strada; ~ **de fer** ferrovia *f*; ~ **du retour** ritorno *m*

chemineau (ʃö-mi-nô) *m* vagabondo *m*

cheminée (ʃö-mi-ne) *f* camino *m*; focolare *m*

chemise (ʃö-miis) *f* camicia *f*; maglia *f*; ~ **de nuit** camicia da notte

chemisier (ʃö-mi-sⁱe) *m* blusa *f*

chêne (ʃên) *m* quercia *f*

chenil (ʃö-ni) *m* canile *m*

chèque (ʃêk) *m* assegno *m*; ~ **de voyage** assegno turistico

cher (ʃêêr) *adj* diletto, caro

chercher (ʃêr-ʃe) *v* cercare; *aller ~* *andare a prendere

chère (ʃêêr) *f* vitto *m*

chéri (ʃe-ri) *m* amore *m*, caro *m*

cheval (ʃö-val) *m* cavallo *m*; ~ **de course** cavallo da corsa; **cheval-vapeur** *m* cavallo vapore; **chevaux de bois** giostra *f*; **monter à** ~ cavalcare

chevalier (ʃö-va-lⁱe) *m* cavaliere *m*

chevelu (ʃö-vlü) *adj* peloso

cheveu (ʃö-vö) *m* capello *m*; **coupe de cheveux** taglio di capelli

cheville (ʃö-viⁱ) *f* caviglia *f*

chèvre (ʃêêvr) *f* capra *f*

chevreau (ʃö-vrô) *m* capretto *m*

chewing-gum (ʃᵘing-ghom) *m* gomma da masticare

chez (ʃe) *prep* da; presso; ~ **soi** a casa

chic (ʃik) *adj* (f ~) elegante

chichi (ʃi-ʃi) *m* trambusto *m*

chien (ʃⁱêng) *m* cane *m*; ~ **d'aveugle** cane guida

chienne (ʃⁱên) *f* cagna *f*

chiffon (ʃi-fong) *m* panno *m*; straccio *m*

chiffre (ʃifr) *m* cifra *f*; numero *m*

Chili (ʃi-li) *m* Cile *m*

Chilien (ʃi-lⁱêng) *m* cileno *m*

chilien (ʃi-lⁱêng) *adj* cileno

chimie (ʃi-mi) *f* chimica *f*

chimique (ʃi-mik) *adj* chimico

Chine (ʃin) *f* Cina *f*

Chinois (ʃi-nᵘa) *m* cinese *m*

chinois (ʃi-nᵘa) *adj* cinese

chirurgien (ʃi-rür-ʒⁱêng) *m* chirurgo *m*

chlore (kloor) *m* cloro *m*

choc (ʃok) *m* scossa *f*

chocolat (ʃo-ko-la) *m* cioccolata *f*; cioccolato *m*

chœur (köör) *m* coro *m*

choisir (ʃᵘa-siir) *v* *scegliere; **choisi** scelto

choix (ʃᵘa) *m* scelta *f*

chômage (ʃô-maaʒ) *m* disoccupazione *f*; **en** ~ disoccupato

chômeur (ʃô-möör) *m* disoccupato *m*

chope (ʃop) *f* tazza *f*

choquer (ʃo-ke) *v* *scuotere; **choquant** urtante

chose (ʃôôs) *f* cosa *f*; **quelque** ~ qualcosa

chou (ʃu) *m* (pl ~x) cavolo *m*; **chou-fleur** cavolfiore *m*; **choux de Bruxelles** cavolini *mpl*

chouchou (ʃu-ʃu) *m* cocco *m*

chrétien (kre-*t'êng*) *m* cristiano *m*; *adj* cristiano

Christ (krisst) *m* Cristo *m*

chrome (krom) *m* cromo *m*

chronique (kro-*nik*) *adj* cronico *m*

chronologique (kro-no-lo-*ʒik*) *adj* cronologico

chuchotement (ʃü-ʃot-*mang*) *m* sussurro *m*

chuchoter (ʃü-ʃo-*te*) *v* mormorare

chute (ʃüt) *f* caduta *f*

cible (ssibl) *f* bersaglio *m*

ciboulette (ssi-bu-*lêt*) *f* cipollina *f*

cicatrice (ssi-ka-*triss*) *f* cicatrice *f*

ciel (ssiêl) *m* (pl cieux) cielo *m*

cigare (ssi-*ghaar*) *m* sigaro *m*

cigarette (ssi-gha-*rêt*) *f* sigaretta *f*

cigogne (ssi-*ghogn*) *f* cicogna *f*

cil (ssil) *m* ciglio *m*

ciment (ssi-*mang*) *m* cemento *m*

cimetière (ssim-*t'êêr*) *m* cimitero *m*, camposanto *m*

cinéma (ssi-ne-*ma*) *m* cinematografo *m*; cinema *m*

cinq (ssêngk) *num* cinque

cinquante (ssêng-*kangt*) *num* cinquanta

cinquième (ssêng-*k'êm*) *num* quinto

cintre (ssêngtr) *m* attaccapanni *m*

cirage (ssi-*raaʒ*) *m* lucido per scarpe

circonstance (ssir-kong-*sstangss*) *f* circostanza *f*

circuit (ssir-*kui*) *m* circonferenza *f*; circuito *m*

circulation (ssir-kü-la-*ss'ong*) *f* circolazione *f*; traffico *m*; circolazione del sangue

cire (ssiir) *f* cera *f*; **musée des figures de** ~ museo delle cere

cirque (ssirk) *m* circo *m*

ciseaux (ssi-*sô*) *mpl* forbici *fpl*; ~ **à ongles** forbice per le unghie

citation (ssi-ta-*ss'ong*) *f* citazione *f*

cité (ssi-*te*) *f* città *f*

citer (ssi-*te*) *v* citare

citoyen (ssi-t^ua-*'êng*) *m* cittadino *m*

citoyenneté (ssi-t^ua-'ên-*te*) *f* cittadinanza *f*

citron (ssi-*trong*) *m* limone *m*

civil (ssi-*vil*) *m* borghese *m*; *adj* civile

civilisation (ssi-vi-li-sa-*ss'ong*) *f* civiltà *f*

civilisé (ssi-vi-li-*se*) *adj* civilizzato

civique (ssi-*vik*) *adj* civico

clair (klêr) *adj* chiaro; sereno

clairière (klê-*r'êêr*) *f* radura *f*

claque (klak) *f* schiaffo *m*; ceffone *m*, colpo *m*; **donner une** ~ picchiare

claquer (kla-*ke*) *v* sbattere

clarifier (kla-ri-*f'e*) *v* chiarificare

clarté (klar-*te*) *f* chiarore *m*, limpidezza *f*

classe (klass) *f* classe *f*; ~ **moyenne** ceto medio; ~ **touriste** classe turistica

classer (kla-*sse*) *v* classificare; ordinare, assortire

classique (kla-*ssik*) *adj* classico

clause (klôôs) *f* clausola *f*

clavecin (klav-*sséng*) *m* clavicembalo *m*

clavicule (kla-vi-*kül*) *f* clavicola *f*

clé (kle) *f* chiave *f*; ~ **à écrous** chiave fissa; ~ **de la maison** chiave di casa

clémence (kle-*mangss*) *f* clemenza *f*; perdono *m*

client (kli-*ang*) *m* cliente *m*; avventore *m*

clientèle (kli-ang-*têl*) *f* clientela *f*

clignotant (kli-gno-*tang*) *m* freccia *f*

climat (kli-*ma*) *m* clima *m*

climatisation (kli-ma-ti-sa-*ss'ong*) *f* condizionamento dell'aria

climatisé (kli-ma-ti-*se*) *adj* ad aria condizionata

clinique (kli-*nik*) *f* clinica *f*

cloche (kloʃ) *f* campana *f*

clocher (klo-*fe*) *m* campanile *m*

cloison (klᵘa-*song*) *f* divisorio *m*; parete *f*

cloître (klᵘaatr) *m* monastero *m*

cloque (klok) *f* bolla *f*

clos (klô) *adj* chiuso

clôture (klô-*tüür*) *f* recinto *m*

clou (klu) *m* chiodo *m*

clown (klun) *m* pagliaccio *m*

club (klöb) *m* circolo *m*; ~ **automobile** automobile club; ~ **de golf** mazza da golf

coaguler (kô-a-ghü-*le*) *v* coagulare

cocaïne (ko-ka-*in*) *f* cocaina *f*

cochon (ko-*fong*) *m* maiale *m*; porco *m*; ~ **de lait** porcellino *m*; ~ **d'Inde** porcellino d'India

cocktail (kok-*têl*) *m* cocktail *m*

cocotte à pression (ko-kot a prê-*ss'ong*) pentola a pressione

code (kod) *m* codice *m*; ~ **postal** codice postale

cœur (köör) *m* cuore *m*; nocciolo *m*, nucleo *m*; **par** ~ a memoria

coffre (kofr) *m* baule *m*; bagagliaio *m*; **coffre-fort** cassaforte *f*

cognac (ko-*gnak*) *m* cognac *m*

cogner (ko-*gne*) *v* urtare; ~ **contre** urtare contro

cohérence (kô-e-*rangss*) *f* coerenza *f*

coiffeur (kᵘa-*föör*) *m* parrucchiere *m*; barbiere *m*

coiffeuse (kᵘa-*föös*) *f* toletta *f*

coiffure (kᵘa-*füür*) *f* capigliatura *f*, acconciatura *f*

coin (kᵘêng) *m* angolo *m*

coïncidence (kô-êng-ssi-*dangss*) *f* concorso *m*

coïncider (kô-êng-ssi-*de*) *v* *coincidere

col (kol) *m* colletto *m*; passo *m*

coléoptère (ko-le-op-*têêr*) *m* cimice *f*

colère (ko-*lêêr*) *f* collera *f*, rabbia *f*; stizza *f*; **en** ~ irato

coléreux (ko-le-*rö*) *adj* irascibile

colis (ko-*li*) *m* pacco *m*

collaboration (ko-la-bora-*ss'ong*) *f* cooperazione *f*

collants (ko-*lang*) *mpl* calzamaglia *f*

colle (kol) *f* colla *f*

collectif (ko-lêk-*tif*) *adj* collettivo

collection (ko-lêk-*ss'ong*) *f* collezione *f*; ~ **d'art** collezione d'arte

collectionner (ko-lêk-ss'o-*ne*) *v* *raccogliere

collectionneur (ko-lêk-ss'o-*nöör*) *m* collezionista *m*

collège (ko-*lêê₃*) *m* collegio *m*

collègue (ko-*lêgh*) *m* collega *m*

coller (ko-*le*) *v* incollare, appiccicare

collier (ko-*l'e*) *m* collana *f*; collare *m*

colline (ko-*lin*) *f* collina *f*

collision (ko-li-s'*ong*) *f* scontro *m*, collisione *f*; **entrer en** ~ cozzare, scontrarsi

Colombie (ko-long-*bi*) *f* Colombia *f*

Colombien (ko-long-*b'êng*) *m* colombiano *m*

colombien (ko-long-*b'êng*) *adj* colombiano

colonel (ko-lo-*nêl*) *m* colonnello *m*

colonie (ko-lo-*ni*) *f* colonia *f*

colonne (ko-*lon*) *f* colonna *f*; pilastro *m*; ~ **de direction** piantone di guida

colorant (ko-lo-*rang*) *m* tintura *f*

coloré (ko-lo-*re*) *adj* pieno di colore, colorito

coma (ko-*ma*) *m* coma *m*

combat (kong-*ba*) *m* combattimento *m*; lotta *f*

***combattre** (kong-*batr*) *v* lottare; combattere

combien (kong-*b'êng*) *adv* quanto

combinaison (kong-bi-ne-*song*) *f* combinazione *f*; sottoveste *f*

combiner (kong-bi-*ne*) *v* combinare; unire

comble (kongbl) *m* tetto *m*; colmo *m*; *adj* colmo

combler (kong-ble) *v* colmare

combustible (kong-bü-*sstibl*) *m* combustibile *m*

comédie (ko-me-*di*) *f* commedia *f*

comédien (ko-me-*d'êng*) *m* commediante *m*

comestible (ko-mê-*sstibl*) *adj* commestibile

comique (ko-*mik*) *m* comico *m*; *adj* comico

comité (ko-mi-*te*) *m* comitato *m*

commandant (ko-mang-*dang*) *m* comandante *m*

commande (ko-*mangd*) *f* ordinazione *f*; **fait sur ~** fatto su misura

commandement (ko-mangd-*mang*) *m* comando *m*

commander (ko-mang-*de*) *v* comandare; ordinare

comme (kom) *conj* come; come; poiché; **~ si** come se

commémoration (ko-me-mo-ra-*ss'ong*) *f* commemorazione *f*

commencement (ko-mang-*ssmang*) *m* inizio *m*

commencer (ko-mang-*sse*) *v* cominciare; iniziare

comment (ko-*mang*) *adv* come; **n'importe ~** in ogni modo; comunque

commentaire (ko-mang-*têêr*) *m* commento *m*

commenter (ko-mang-*te*) *v* commentare

commérage (ko-me-*raaʒ*) *m* pettegolezzo *m*

commerçant (ko-mêr-*ssang*) *m* commerciante *m*; negoziante *m*, mercante *m*

commerce (ko-*mêrss*) *m* commercio *m*; **~ de détail** commercio al minuto; ***faire du ~** commerciare

commercial (ko-mêr-*ss'al*) *adj* commerciale

***commettre** (ko-*mêtr*) *v* ***commettere, compiere

commission (ko-mi-*ss'ong*) *f* commissione *f*, comitato *m*

commode (ko-*mod*) *f* cassettone *m*; comò *m*; *adj* maneggevole, comodo, conveniente

commodité (ko-mo-di-*te*) *f* comodità *f*

commotion (ko-mô-*ss'ong*) *f* commozione cerebrale

commun (ko-*möng*) *adj* comune; solito

communauté (ko-mü-nô-*te*) *f* comunità *f*; comunione *f*

communication (ko-mü-ni-ka-*ss'ong*) *f* comunicazione *f*; coincidenza *f*; **~ locale** chiamata locale; ***mettre en ~** collegare

communiqué (ko-mü-ni-*ke*) *m* comunicato *m*

communiquer (ko-mü-ni-*ke*) *v* comunicare

communisme (ko-mü-*nissm*) *m* comunismo *m*

communiste (ko-mü-*nisst*) *m* comunista *m*

compact (kong-*pakt*) *adj* compatto

compact disc (kong-*pakt* dissk) *m* compact disc *m*; **lecteur de ~** compact disc

compagnie (kong-pa-*gni*) *f* compagnia *f*; **~ de navigation** linea di navigazione

compagnon (kong-pa-*gnong*) *m* compagno *m*

comparaison (kong-pa-re-*song*) *f* paragone *m*

compartiment (kong-par-ti-*mang*) *m* scompartimento *m*; **~ fumeurs** compartimento per fumatori

compassion (kong-pa-*ss'ong*) *f* compassione *f*

compatir (kong-pa-*tiir*) *v* compatire

compatissant (kong-pa-ti-*ssang*) *adj* comprensivo

compatriote (kong-pa-tri-*ot*) *m* compatriota *m*

compensation (kong-pang-ssa-ss*i*o*ng*) *f* compensazione *f*

compenser (kong-pang-*sse*) *v* compensare

compétence (kong-pe-*tangss*) *f* abilità *f*

compétent (kong-pe-*tang*) *adj* competente

compétition (kong-pe-ti-ss*i*o*ng*) *f* concorrenza *f*; gara *f*

compiler (kong-pi-*le*) *v* compilare

complémentaire (kong-ple-mang-*têêr*) *adj* ulteriore

complet¹ (kong-*ple*) *adj* (*f* -plète) completo; colmo

complet² (kong-*ple*) *m* vestito da uomo *m*

complètement (kong-plêt-*mang*) *adv* completamente

complexe (kong-*plêkss*) *m* complesso *m*; *adj* intricato, complesso

complice (kong-*pliss*) *m* complice *m*

compliment (kong-pli-*mang*) *m* complimento *m*

complimenter (kong-pli-mang-*te*) *v* complimentare

compliqué (kong-pli-*ke*) *adj* complicato

complot (kong-*plô*) *m* complotto *m*

comportement (kong-por-tö-*mang*) *m* comportamento *m*

comporter (kong-por-*te*) *v* comportare; **se ~** comportarsi

composer (kong-pô-*se*) *v* *comporre

compositeur (kong-po-si-*töör*) *m* compositore *m*

composition (kong-po-si-ss*i*o*ng*) *f* composizione *f*; componimento *m*

compréhension (kong-pre-ang-ss*i*o*ng*) *f* comprensione *f*; penetrazione *f*

*comprendre (kong-*prangdr*) *v* *comprendere, capire; afferrare

comprimé (kong-pri-*me*) *m* compressa *f*

compris (kong-*pri*) *adj* compreso; **tout ~** tutto compreso

compromis (kong-pro-*mi*) *m* compromesso *m*

comptable (kong-*tabl*) *m* contabile *m*

compte (kongt) *m* conto *m*; **~ en banque** conto bancario; **~ rendu** relazione *f*, rapporto *m*; verbale *m*; **en fin de ~** finalmente; **rendre ~ de** *rendere conto di; **se rendre ~** realizzare; *rendersi conto

compter (kong-*te*) *v* contare; **~ sur** contare su

compteur (kong-*töör*) *m* metro *m*

comptoir (kong-t*u*aar) *m* banco *m*

comte (kongt) *m* conte *m*

comté (kong-*te*) *m* contea *f*

comtesse (kong-*têss*) *f* contessa *f*

concéder (kong-sse-*de*) *v* *concedere

concentration (kong-ssang-tra-ss*i*o*ng*) *f* concentrazione *f*

concentrer (kong-ssang-*tre*) *v* concentrare

concept (kong-*ssêpt*) *m* concetto *m*

conception (kong-ssê-*pss*i*ong*) *f* concezione *f*; concepimento *m*

concernant (kong-ssêr-*nang*) *prep* riguardante; per quanto riguarda, circa, riguardo a

concerner (kong-ssêr-*ne*) *v* concernere; **concerné** interessato; **en ce qui concerne** per quanto riguarda, riguardo a

concert (kong-*ssêêr*) *m* concerto *m*

concession (kong-ssê-ss*i*o*ng*) *f* concessione *f*

concessionnaire (kong-ssê-ss*i*o-*nêêr*) *m* distributore *m*

*concevoir (kong-ssv*u*aar) *v* concepire; escogitare, capire

concierge (kong-ss'êrʒ) m portinaio m

concis (kong-ssi) adj conciso, breve

***conclure** (kong-klüür) v finire; *concludere

conclusion (kong-klü-s'ong) f termine m, conclusione f

concombre (kong-kongbr) m cetriolo m

concorder (kong-kor-de) v *corrispondere

***concourir** (kong-ku-rir) v competere

concours (kong-kuur) m competizione f

concret (kong-kre) adj (f -crète) concreto

concupiscence (kong-kü-pi-ssangss) f concupiscenza f

concurrence (kong-kü-rangss) f concorrenza f

concurrent (kong-kü-rang) m concorrente m

condamnation (kong-da-na-ss'ong) f condanna f

condamné (kong-da-ne) m condannato m

condamner (kong-da-ne) v condannare

condition (kong-di-ss'ong) f condizione f

conditionnel (kong-di-ss'o-nêl) adj condizionale

conducteur (kong-dük-töör) m autista m; conduttore m

***conduire** (kong-duïr) v guidare, *condurre; accompagnare; **se ~** comportarsi

conduite (kong-duit) f condotta f; guida f

confédération (kong-fe-de-ra-ss'ong) f confederazione f

conférence (kong-fe-rangss) f conferenza f; **~ de presse** conferenza stampa

confesser (kong-fe-sse) v confessare

confession (kong-fê-ss'ong) f confessione f

confiance (kong-f'angss) f fiducia f; **digne de ~** fidato; ***faire ~** fidarsi

confiant (kong-f'ang) adj confidente

confidentiel (kong-fi-dang-ss'êl) adj confidenziale

confier (kong-f'e) v consegnare

confirmation (kong-fir-ma-ss'ong) f conferma f

confirmer (kong-fir-me) v confermare

confiserie (kong-fi-sri) f pasticceria f; dolciumi mpl

confiseur (kong-fi-söör) m pasticciere m

confisquer (kong-fi-sske) v confiscare; sequestrare

confiture (kong-fi-tüür) f marmellata f

conflit (kong-fli) m conflitto m

confondre (kong-fongdr) v *confondere

***être conforme** (êêtr kong-form) *corrispondere

conformément à (kong-for-me-mang) in conformità con, secondo

confort (kong-foor) m conforto m

confortable (kong-for-tabl) adj confortevole, comodo

confus (kong-fü) adj confuso; scuro; imbarazzato

confusion (kong-fü-s'ong) f confusione f; pasticcio m

congé (kong-ʒe) m vacanza f

congélateur (kong-ʒe-la-töör) m congelatore m

congelé (kong-ʒle) adj congelato

congratuler (kong-ghra-tü-le) v congratularsi

congrégation (kong-ghre-gha-ss'ong) f congregazione f

congrès (kong-ghre) m congresso m

conifère (ko-ni-fêêr) m abete m

conjecture (kong-ʒêk-tüür) f congettura f

conjoint (kong-ʒ^uêng) adj congiunto

conjointement (kong-ʒ^uêngt-mang)
adv insieme

connaissance (ko-ne-ssangss) f conoscenza f

connaisseur (ko-ne-ssöör) m intenditore m

*connaître (ko-nêêtr) v *conoscere;
connu noto

connotation (ko-no-ta-ssⁱong) f significato secondario

conquérant (kong-ke-rang) m conquistatore m

*conquérir (kong-ke-riir) v conquista-
re

conquête (kong-kêt) f conquista f

consacrer (kong-ssa-kre) v dedicare

conscience (kong-ssⁱangss) f coscienza f

conscient (kong-ssⁱang) adj conscio;
consapevole

conscrit (kong-sskri) m coscritto m

conseil (kong-ssêi) m consiglio m;
donner des conseils consigliare

conseiller (kong-sse-ⁱe) v consigliare;
m consigliere m

consentement (kong-ssangt-mang) m
approvazione f, consenso m

*consentir (kong-ssang-tiir) v consen-
tire

conséquence (kong-sse-kangss) f conseguenza f

par conséquent (par kong-sse-kang)
conseguentemente

conservateur (kong-ssêr-va-töör) adj
conservatore

conservation (kong-ssêr-va-ssⁱong) f
preservazione f

conservatoire (kong-ssêr-va-t^uaar) m
conservatorio m

conserver (kong-ssêr-ve) v conservare

conserves (kong-ssêrv) fpl conserve

fpl; *mettre en conserve *mettere
in conserva

considérable (kong-ssi-de-rabl) adj
considerevole; ampio

considération (kong-ssi-de-ra-ssⁱong)
f considerazione f; deferenza f

considérer (kong-ssi-de-re) v considerare; osservare

consigne (kong-ssign) f deposito m;
deposito bagagli

consister en (kong-ssi-sste) consistere
in

consoler (kong-sso-le) v consolare

consommateur (kong-sso-ma-töör) m
consumatore m

consommation (kong-sso-ma-ssⁱong) f
consumo m; consumazione f

consommer (kong-sso-me) v consumare

conspiration (kong-sspi-ra-ssⁱong) f
congiura f

conspirer (kong-sspi-re) v cospirare

constant (kong-sstang) adj constante;
costante

constater (kong-ssta-te) v constatare;
costatare, notare

constipation (kong-ssti-pa-ssⁱong) f
stitichezza f

constipé (kong-ssti-pe) adj stitico

constituer (kong-ssti-tue) v costituire

constitution (kong-ssti-tü-ssⁱong) f costituzione f

construction (kong-sstrük-ssⁱong) f
costruzione f; edificio m

*construire (kong-sstruiir) v costruire

consul (kong-ssül) m console m

consulat (kong-ssü-la) m consolato m

consultation (kong-ssül-ta-ssⁱong) f
consulta f; consultazione f

consulter (kong-ssül-te) v consultare

contact (kong-takt) m contatto m, accensione f

contacter (kong-tak-te) v contattare

contagieux (kong-ta-ʒⁱö) adj contagioso

conte (kongt) *m* storia *f*; **~ de fées** fiaba *f*

contempler (kong-tang-*ple*) *v* guardare

contemporain (kong-tang-po-*rêng*) *m* contemporaneo *m*; *adj* contemporaneo

conteneur (kongt-*nöör*) *m* cassa mobile

*contenir (kongt-*niir*) *v* *contenere; *trattenere

content (kong-*tang*) *adj* contento; lieto, allegro

contenu (kongt-*nü*) *m* contenuto *m*

contester (kong-tê-*sste*) *v* disputare

contigu (kong-ti-*ghü*) *adj* (f -guë) contiguo

continent (kong-ti-*nang*) *m* continente *m*

continental (kong-ti-nang-*tal*) *adj* continentale

continu (kong-ti-*nü*) *adj* ininterrotto

continuel (kong-ti-*nuêl*) *adj* continuo

continuellement (kong-ti-nuêl-*mang*) *adv* continuamente

continuer (kong-ti-*nue*) *v* continuare

contour (kong-*tuur*) *m* contorno *m*

contourner (kong-tur-*ne*) *v* girare intorno a

contraceptif (kong-tra-ssêp-*tif*) *m* anticoncezionale *m*

contradictoire (kong-tra-dik-*tuaar*) *adj* contraddittorio

*contraindre (kong-*trêngdr*) *v* *costringere

contraire (kong-*trêêr*) *adj* opposto; *m* contrario *m*; **au ~** al contrario

contralto (kong-tral-*tô*) *m* contralto *m*

contraste (kong-*trasst*) *m* contrasto *m*

contrat (kong-*tra*) *m* contratto *m*

contravention (kong-tra-vang-*ssiong*) *f* contravvenzione *f*

contre (kongtr) *prep* contro

à contrecœur (a kong-trö-*köör*) restio

*contredire (kong-trö-*diir*) *v* *contraddire

*contrefaire (kong-trö-*fêêr*) *v* falsificare

contrefait (kong-trö-*fe*) *adj* deformato

contremaître (kong-trö-*mêêtr*) *m* capomastro *m*

contribution (kong-tri-bü-*ssiong*) *f* contribuzione *f*

contrôle (kong-*trôôl*) *m* controllo *m*

contrôler (kong-trô-*le*) *v* controllare; verificare

contrôleur (kong-trô-*löör*) *m* controllore *m*

controversé (kong-trô-vêr-*sse*) *adj* controverso

contusion (kong-tü-*siong*) *f* contusione *f*

contusionner (kong-tü-si̇-o-ne) *v* ammaccare

*convaincre (kong-*vêngkr*) *v* *convincere

convenable (kong-*vnabl*) *adj* decente; adatto

*convenir (kong-*vniir*) *v* *convenire

conversation (kong-vêr-ssa-*ssiong*) *f* conversazione *f*

convertir (kong-vêr-*tiir*) *v* convertire

conviction (kong-vik-*ssiong*) *f* convinzione *f*

convocation (kong-vo-ka-*ssiong*) *f* citazione *f*

convulsion (kong-vül-*ssiong*) *f* convulsione *f*

coopérant (kô-o-pe-*rang*) *adj* cooperatore; cooperante

coopératif (kô-o-pe-ra-*tif*) *adj* cooperativo

coopération (kô-o-pe-ra-*ssiong*) *f* cooperazione *f*

coopérative (kô-o-pe-ra-*tiiv*) *f* cooperativa *f*

coordination (kô-or-di-na-*ssiong*) *f*

coordinazione f

coordonner (kô-or-do-*ne*) v coordinare

copain (ko-*pêng*) m compagno m

copie (ko-*pi*) f copia f

copier (ko-*p*[i]*e*) v copiare

coq (kok) m gallo m

coquelicot (ko-kli-*kô*) m rosolaccio m

coquetier (kok-*t*[i]*e*) m portauovo m

coquillage (ko-ki-[i]*aaз*) m conchiglia f

coquille (ko-*ki*[i]) f conchiglia f; guscio m; ~ **de noix** guscio di noce

coquin (ko-*kêng*) m birbante m

cor (koor) m corno m; ~ **au pied** callo m

corail (ko-*rai*) m (pl coraux) corallo m

corbeau (kor-*bô*) m corvo m

corbeille à papier (kor-bêi a pa-*p*[i]*e*) cestino m

corde (kord) f corda f

cordial (kor-*d*[i]*al*) adj cordiale

cordon (kor-*dong*) m spago m; nastro m

cordonnier (kor-do-*n*[i]*e*) m calzolaio m

coriace (ko-*r*[i]*ass*) adj duro

corne (korn) f corno m

corneille (kor-*nêi*) f cornacchia f

corps (koor) m corpo m

corpulent (kor-pü-*lang*) adj corpulento

correct (ko-*rêkt*) adj corretto

correction (ko-rêk-ss[i]*ong*) f correzione f

correspondance (ko-rê-sspong-*dangss*) f corrispondenza f; coincidenza f

correspondant (ko-rê-sspong-*dang*) m corrispondente m

correspondre (ko-rê-*sspongdr*) v *corrispondere

corrida (ko-ri-*da*) f corrida f

corridor (ko-ri-*door*) m corridoio m

corriger (ko-ri-*зe*) v *correggere

*corrompre** (ko-*rongpr*) v *corrompere; **corrompu** corrotto

corruption (ko-rü-*pss*[i]*ong*) f corruzione f

corset (kor-*sse*) m busto m

cortège (kor-*têêз*) m corteo m

cosmétiques (ko-ssme-*tik*) mpl cosmetici mpl

costume (ko-*sstüm*) m abito m; costume m; ~ **national** costume nazionale

côte (kôôt) f costa f; costola f; cotoletta f

côté (kô-*te*) m lato m; **à** ~ accanto; **à** ~ **de** vicino a; **de** ~ da parte, lateralmente; **de l'autre** ~ **de** dall'altra parte di; **passer à** ~ passare accanto

coteau (ko-*tô*) m pendio m

côtelette (ko-*tlêt*) f braciola f, cotoletta f

coton (ko-*tong*) m cotone m; **en** ~ di cotone

cou (ku) m collo m

couche (kuʃ) f strato m; pannolino m; **fausse** ~ aborto m

se coucher (ku-*ʃe*) v sdraiarsi

couchette (ku-*ʃêt*) f cuccetta f

coucou (ku-*ku*) m cuculo m

coude (kud) m gomito m

*coudre** (kudr) v cucire

couler (ku-*le*) v *scorrere

couleur (ku-*löör*) f colore m; ~ **à l'eau** acquerello m; **de** ~ di colore

couloir (ku-*l*[u]*aar*) m corridoio m

coup (ku) m colpo m; colpetto m, urto m, spinta f; ~ **de feu** sparo m; ~ **d'envoi** calcio d'inizio; ~ **de pied** calcio m, pedata f; ~ **de poing** pugno m; ~ **de téléphone** telefonata f; **jeter un** ~ **d'œil** *dare un'occhiata

coupable (ku-*pabl*) adj colpevole; **déclarer** ~ dichiarare colpevole

coupe (kup) f coppa f

coupe-papier (kup-pa-pⁱe) *m* tagliacarte *m*

couper (ku-pe) *v* tagliare; troncare

couple (kupl) *m* coppia *f*; ~ **marié** coniugi *mpl*

coupon (ku-*pong*) *m* tagliando *m*

coupure (ku-püür) *f* taglio *m*

cour (kuur) *f* corte *f*; cortile *m*

courage (ku-raaʒ) *m* coraggio *m*

courageux (ku-ra-ʒö) *adj* coraggioso; audace

couramment (ku-ra-*mang*) *adv* fluente

courant (ku-*rang*) *m* corrente *f*; *adj* corrente, frequente; ~ **alternatif** corrente alternata; ***mettre au** ~ *mettere al corrente

courbe (kurb) *f* curvatura *f*, curva *f*; *adj* curvato, curvo, storto

courbé (kur-be) *adj* curvo

courber (kur-be) *v* curvare; inchinare

***courir** (ku-riir) *v* *correre

couronne (ku-ron) *f* corona *f*

couronner (ku-ro-ne) *v* incoronare, coronare

courrier (ku-rⁱe) *m* posta *f*

courroie (ku-r^ua) *f* cinghia *f*; ~ **de ventilateur** cinghia del ventilatore

cours (kuur) *m* corso *m*; lezione *f*; ~ **accéléré** corso accelerato; ~ **du change** corso del cambio

course (kurss) *f* gara *f*, corsa *f*

court (kuur) *adj* corto; ~ **de tennis** campo di tennis

court-circuit (kur-ssir-*kui*) *m* corto circuito

courtepointe (kurt-p^uêngt) *f* coperta *f*

courtier (kur-tⁱe) *m* mediatore *m*

courtois (kur-t^ua) *adj* cortese

cousin (ku-*sêng*) *m* cugino *m*

cousine (ku-sin) *f* cugina *f*

coussin (ku-*ssêng*) *m* cuscino *m*

coussinet (ku-ssi-ne) *m* cuscinetto *m*

coût (ku) *m* costo *m*

couteau (ku-tô) *m* coltello *m*; ~ **de poche** temperino *m*

coûter (ku-te) *v* costare

coûteux (ku-tö) *adj* costoso

coutume (ku-tüm) *f* costume *m*

coutumier (ku-tü-mⁱe) *adj* solito

couture (ku-tüür) *f* cucitura *f*

couturière (ku-tü-rⁱêêr) *f* sarta *f*

couvent (ku-*vang*) *m* convento *m*

couvercle (ku-vêrkl) *m* coperchio *m*

couvert (ku-vêêr) *m* posate *fpl*; prezzo del coperto; *adj* nuvoloso

couverture (ku-vêr-tüür) *f* coperta *f*; copertina *f*

couvre-lit (ku-vrö-li) *m* copriletto *m*

***couvrir** (ku-vriir) *v* *coprire

crabe (krab) *m* granchio *m*

crachat (kra-ʃa) *m* sputo *m*

cracher (kra-ʃe) *v* sputare

crachin (kra-ʃêng) *m* pioggerella *f*

craie (kre) *f* creta *f*

***craindre** (krêngdr) *v* temere

crainte (krêngt) *f* timore *m*

cramoisi (kra-m^ua-si) *adj* cremisino

crampe (krangp) *f* crampo *m*

crampon (krang-*pong*) *m* morsetto *m*

cran (krang) *m* coraggio *m*

crâne (kraan) *m* cranio *m*

crapaud (kra-pô) *m* rospo *m*

craquement (krak-*mang*) *m* schiocco *m*

craquer (kra-ke) *v* incrinarsi, schioccare

cratère (kra-têêr) *m* cratere *m*

cravate (kra-vat) *f* cravatta *f*

crawl (krôôl) *m* crawl *m*

crayon (krê-ⁱong) *m* matita *f*; ~ **à bille** penna a sfera; ~ **pour les yeux** matita per gli occhi

création (kre-a-ssⁱong) *f* creazione *f*

créature (kre-a-tüür) *f* creatura *f*

crèche (krêʃ) *f* nido *m*

crédit (kre-di) *m* credito *m*

créditer (kre-di-te) *v* accreditare

créditeur (kre-di-*töör*) *m* creditore *m*

crédule (kre-*dül*) *adj* credulo

créer (kre-*e*) *v* creare; progettare

crémation (kre-ma-*ssiong*) *f* cremazione *f*

crème (krèm) *f* crema *f*; *adj* color crema; ~ **à raser** crema da barba; ~ **capillaire** brillantina *f*; ~ **de beauté** crema di bellezza; crema per la pelle; ~ **de nuit** crema per la notte; ~ **fraîche** panna *f*; ~ **glacée** gelato *m*; ~ **hydratante** crema idratante

crémeux (kre-*mö*) *adj* cremoso

crépi (kre-*pi*) *m* stucco *m*

crépuscule (kre-pü-*sskül*) *m* crepuscolo *m*

cresson (krê-*ssong*) *m* crescione *m*

creuser (krö-*se*) *v* scavare

creux (krö) *adj* vuoto

crevaison (krö-ve-*song*) *f* foratura *f*, bucatura *f*

crevasse (krö-*vass*) *f* baratro *m*; spelonca *f*

crever (krö-*ve*) *v* scoppiare; crepare; **crevé** bucato

crevette (krö-*vêt*) *f* gamberetto *m*; gambero *m*; ~ **rose** aragostina *f*

cri (kri) *m* grido *m*, strillo *m*, urlo *m*; **pousser des cris** strillare

cric (krik) *m* cricco *m*

cricket (kri-*kêt*) *m* cricket *m*

crier (kri-*e*) *v* gridare; urlare, strillare

crime (krim) *m* crimine *m*

criminalité (kri-mi-na-li-*te*) *f* criminalità *f*

criminel (kri-mi-*nêl*) *m* criminale *m*; *adj* criminale

crique (krik) *f* insenatura *f*

crise (kriis) *f* crisi *f*; ~ **cardiaque** attacco cardiaco

cristal (kri-*sstal*) *m* cristallo *m*; **en** ~ cristallino

critique (kri-*tik*) *f* critica *f*; recensione *f*; *m* critico *m*; *adj* critico

critiquer (kri-ti-*ke*) *v* criticare

crochet (kro-*fe*) *m* uncino *m*; ***faire du** ~ lavorare all'uncinetto

crocodile (kro-ko-*dil*) *m* coccodrillo *m*

***croire** (krᵘaar) *v* credere

croisade (krᵘa-*sad*) *f* crociata *f*

croisement (krᵘas-*mang*) *m* crocevia *m*

croisière (krᵘa-*siêêr*) *f* crociera *f*

croissance (krᵘa-*ssangss*) *f* crescita *f*

***croître** (krᵘaatr) *v* *accrescersi

croix (krᵘa) *f* croce *f*

croulant (kru-*lang*) *adj* sgangerato

croustillant (kru-ssti-*lang*) *adj* croccante

croûte (krut) *f* crosta *f*

croyable (krᵘa-*iaabl*) *adj* credibile

croyance (krᵘa-*iangss*) *f* fede *f*

cru (krü) *adj* crudo

cruche (krüf) *f* brocca *f*

crucifier (krü-ssi-*fie*) *v* *crocifiggere

crucifix (krü-ssi-*fi*) *m* crocifisso *m*

crucifixion (krü-ssi-fi-*kssiong*) *f* crocifissione *f*

cruel (krü-*êl*) *adj* crudele

crustacé (krü-ssta-*sse*) *m* crostaceo *m*

Cuba (kü-*ba*) *m* Cuba *f*

Cubain (kü-*bêng*) *m* cubano *m*

cubain (kü-*bêng*) *adj* cubano

cube (küb) *m* cubo *m*

***cueillir** (kö-*iiir*) *v* *cogliere

cuillère (kui-*iêêr*) *f* cucchiaio *m*; ~ **à soupe** cucchiaio da minestra; ~ **à thé** cucchiaino *m*

cuillerée (kui-*lö-re*) *f* cucchiaiata *f*

cuir (kuiir) *m* pelle *f*; **en** ~ di pelle

***cuire** (kuiir) *v* cucinare; ~ **au four** infornare

cuisine (kui-*sin*) *f* cucina *f*

cuisinier (kui-si-*nie*) *m* cuoco *m*

cuisinière (kui-si-*niêêr*) *f* fornello *m*; cucina *f*; ~ **à gaz** cucina a gas, fornello a gas

cuisse (kuiss) f coscia f
cuivre (kuiivr) m ottone m, rame m;
cuivres ottoname m
cul-de-sac (küd-ssak) m vicolo cieco
culotte (kü-lot) f mutandine fpl, mutande fpl; ~ **de gymnastique** calzoncini mpl
culpabilité (kül-pa-bi-li-te) f colpa f
culte (kült) m culto m
cultiver (kül-ti-ve) v coltivare; **cultivé** colto
culture (kül-tüür) f cultura f; coltura f
cupide (kü-pid) adj avido
cupidité (kü-pi-di-te) f cupidigia f
cure (küür) f cura f
cure-dent (kür-dang) m stuzzicadenti m
cure-pipe (kür-pip) m curapipe m
curieux (kü-riö) adj curioso, inquisitivo
curiosité (kü-rio-si-te) f curiosità f
curry (kö-ri) m curry m
cycle (ssikl) m ciclo m
cycliste (ssi-klisst) m ciclista m
cygne (ssign) m cigno m
cylindre (ssi-lêngdr) m cilindro m;
tête de ~ testa cilindro
cystite (ssi-sstit) f cistite f

D

dactylo (dak-ti-lô) f dattilografa f
dactylographier (dak-ti-lô-ghra-fie) v dattilografare
dada (da-da) m pallino m
daim (dêng) m cervo m; pelle scamosciata
daltonien (dal-to-niêng) adj daltonico
dame (dam) f signora f
damier (da-mie) m scacchiera f; quadretto m; **à damiers** scaccato

Danemark (dan-mark) M Danimarca f
danger (dang-ze) m pericolo m
dangereux (dang-zrö) adj pericoloso;
rischioso; malsicuro
Danois (da-nua) m danese m
danois (da-nua) adj danese
dans (dang) prep in, entro, dentro
danse (dangss) f ballo m; ~ **folklorique** danza popolare
danser (dang-sse) v ballare
date (dat) f data f
datte (dat) f dattero m
davantage (da-vang-taaz) adv di più
de (dö) prep di, da; su, giù da; per
dé (de) m ditale m
déballer (de-ba-le) v *disfare
débarquer (de-bar-ke) v sbarcare
se débarrasser de (de-ba-ra-sse) scartare
débat (de-ba) m dibattito m
***débattre** (de-batr) v dibattere
débit (de-bi) m debito m
déboucher (de-bu-fe) v stappare
debout (dö-bu) adv in piedi; ritto
déboutonner (de-bu-to-ne) v sbottonare
débrancher (de-brang-fe) v disinserire
se débrouiller avec (de-bru-'e) arrangiarsi con
début (de-bü) m principio m, inizio m; **au ~** al principio
débutant (de-bü-tang) m principiante m
débuter (de-bü-te) v iniziare
décaféiné (de-ka-fe-i-ne) adj decaffeinizzato
décédé (de-sse-de) adj deceduto
décembre (de-ssangbr) dicembre
décence (de-ssangss) f decenza f
décent (de-ssang) adj decente
déception (de-ssê-pssiong) f delusione f
décerner (de-ssêr-ne) v aggiudicare
***décevoir** (de-ssvuaar) v *deludere

déchaînement (de-ʃên-*mang*) *m* scoppio *m*

décharger (de-ʃar-ʒe) *v* scaricare

déchets (de-ʃe) *mpl* robaccia *f*

déchirer (de-ʃi-re) *v* strappare

déchirure (de-ʃi-rüür) *f* strappo *m*

décider (de-ssi-de) *v* *decidere

décision (de-ssi-s'ong) *f* decisione *f*

déclaration (de-kla-ra-ss'ong) *f* dichiarazione *f*

déclarer (de-kla-re) *v* dichiarare, affermare

décliner (de-kli-ne) *v* pendere

décollage (de-ko-laaʒ) *m* decollo *m*

décoller (de-ko-le) *v* decollare

décolorer (de-ko-lo-re) *v* scolorirsi; imbiancare

déconcerter (de-kong-ssêr-te) *v* *mettere in imbarazzo; *sopraffare

décontracté (de-kong-trak-te) *adj* facilone

décoration (de-ko-ra-ss'ong) *f* ornamento *m*

décorer (de-ko-re) *v* addobbare; decorare

découper (de-ku-pe) *v* tagliare

décourager (de-ku-ra-ʒe) *v* scoraggiare

découverte (de-ku-vêrt) *f* scoperta *f*

***découvrir** (de-ku-vriir) *v* *scoprire

***décrire** (de-kriir) *v* *descrivere

dédain (de-dêng) *m* disprezzo *m*; scherno *m*

dedans (dö-*dang*) *adv* dentro

dédier (de-d'e) *v* dedicare

dédommagement (de-do-maʒ-*mang*) *m* risarcimento *m*

***déduire** (de-*duiir*) *v* *dedurre; *sottrarre

déesse (de-*êss*) *f* dea *f*

défaillant (de-fa-'*ang*) *adj* debole

***défaire** (de-*fêêr*) *v* *disfare

défaite (de-*fêt*) *f* sconfitta *f*

défaut (de-*fô*) *m* difetto *m*, mancanza *f*

défavorable (de-fa-vo-*rabl*) *adj* sfavorevole

défectueux (de-fêk-*tüö*) *adj* difettoso

défendre (de-*fangdr*) *v* *difendere

défense (de-*fangss*) *f* difesa *f*; ~ **de doubler** divieto di sorpasso; ~ **de fumer** vietato fumare; ~ **d'entrer** proibito passare

défenseur (de-fang-*ssöör*) *m* difensore *m*

défi (de-*fi*) *m* sfida *f*

défiance (de-*f'angss*) *f* sospetto *m*

déficience (de-fi-ss'*angss*) *f* deficienza *f*

déficit (de-fi-*ssit*) *m* deficit *m*

défier (de-*f'e*) *v* sfidare

définir (de-fi-*niir*) *v* stabilire, definire

définition (de-fi-ni-ss'*ong*) *f* definizione *f*

dégel (de-*ʒêl*) *m* disgelo *m*

dégeler (de-*ʒle*) *v* disgelarsi

dégoût (de-*ghu*) *m* disgusto *m*

dégoûtant (de-ghu-*tang*) *adj* disgustoso, stomachevole

dégoûté (de-ghu-*te*) *adj* stufo di

degré (dö-*ghre*) *m* grado *m*

déguisement (de-ghis-*mang*) *m* travestimento *m*

se déguiser (de-ghi-*se*) travestirsi

dehors (dö-*oor*) *adv* fuori, all'aperto; **en ~ de** fuori di

déjà (de-*ʒa*) *adv* già

déjeuner (de-ʒö-*ne*) *m* pranzo *m*; colazione *f*, seconda colazione; **petit ~** prima colazione

au delà de (ô dö-*la* dö) oltre; più in là di

délabré (de-la-*bre*) *adj* decrepito

délai (de-*le*) *m* termine *m*; dilazione *f*

délégation (de-le-gha-ss'*ong*) *f* delegazione *f*

délégué (de-le-*ghe*) *m* delegato *m*

délibération (de-li-be-ra-ss'*ong*) *f* deliberazione *f*; discussione *f*

délibérer (de-li-be-*re*) *v* ponderare; **délibéré** premeditato

délicat (de-li-*ka*) *adj* dolce, delicato; critico

délicatesse (de-li-ka-*têss*) *f* ghiottoneria *f*

délice (de-*liss*) *m* diletto *m*

délicieux (de-li-ss*i*ö) *adj* dilettevole, delizioso

délinquant (de-lê̂ng-*kang*) *m* delinquente *m*

délivrance (de-li-*vrangss*) *f* liberazione *f*

délivrer (de-li-*vre*) *v* liberare, *redimere

demain (dö-mê̂ng) *adv* domani

demande (dö-*mangd*) *f* domanda *f*; richiesta *f*, esigenza *f*

demander (dö-mang-*de*) *v* domandare, *chiedere; invitare; *far pagare

démangeaison (de-mang-ʒe-*song*) *f* prurito *m*

démanger (de-mang-ʒe) *v* prudere

démarche (de-*marʃ*) *f* passo *m*, andatura *f*

démarreur (de-ma-*röör*) *m* avviatore *m*

déménagement (de-me-naʒ-*mang*) *m* trasloco *m*

déménager (de-me-na-ʒe) *v* traslocare

démence (de-*mangss*) *f* pazzia *f*

dément (de-*mang*) *adj* matto

demeure (dö-*möör*) *f* abitazione *f*

demeurer (dö-mö-re) *v* restare; abitare

demi (dö-*mi*) *adj* mezzo

démission (de-mi-ss*i*ong) *f* dimissioni *fpl*

démissionner (de-mi-ss*i*o-ne) *v* *dimettersi

démocratie (de-mo-kra-*ssi*) *f* democrazia *f*

démocratique (de-mo-kra-*tik*) *adj* de-

mocratico

démodé (de-mo-*de*) *adj* fuori moda, antico, antiquato

demoiselle (dö-m*u*a-*sêl*) *f* signorina *f*

démolir (de-mo-*liir*) *v* demolire

démolition (de-mo-li-ss*i*ong) *f* demolizione *f*

démonstration (de-mong-sstra-ss*i*ong) *f* dimostrazione *f*

démontrer (de-mong-*tre*) *v* dimostrare

dénier (de-*n*i*e*) *v* negare

dénomination (de-no-mi-na-ss*i*ong) *f* denominazione *f*

dénouer (de-*n*u*e*) *v* slacciare

dense (dangss) *adj* denso

dent (dang) *f* dente *m*

dentelle (dang-*têl*) *f* merletto *m*

dentier (dang-*t*i*e*) *m* dentiera *f*

dentiste (dang-*tisst*) *m* dentista *m*

dénudé (de-nü-*de*) *adj* spoglio

dénutrition (de-nü-tri-ss*i*ong) *f* denutrizione *f*

départ (de-*paar*) *m* partenza *f*

département (de-par-tö-*mang*) *m* riparto *m*, reparto *m*

dépasser (de-pa-*sse*) *v* oltrepassare; sorpassare

se dépêcher (de-pe-ʃe) spicciarsi

dépendant (de-pang-*dang*) *adj* dipendente

dépendre de (de-*pangdr*) *dipendere da

dépense (de-*pangss*) *f* spesa *f*

dépenser (de-pang-*sse*) *v* *spendere

en dépit de (ang de-*pi*dö) nonostante

déplacement (de-pla-*ssmang*) *m* spostamento *m*

déplacer (de-pla-*sse*) *v* spostare

***déplaire** (de-*plêêr*) *v* scontentare, *dispiacere

déplaisant (de-ple-*sang*) *adj* spiacevole

déplier (de-pli-*e*) *v* spiegare

déployer (de-plᵘa-ᵢe) v allargare

déposer (de-pô-se) v depositare

dépôt (de-pô) m giacimento m; deposito m

dépression (de-prê-ssᵢongᵢ) f depressione f

déprimer (de-pri-me) v *deprimere; **déprimé** abbattuto

depuis (dö-pui) prep da; adv da allora; ~ **que** dacché

député (de-pü-te) m deputato m

déraisonnable (de-re-so-nabl) adj irragionevole

dérangement (de-rangʒ-mangᵢ) m guaio m; disturbo m; **en** ~ guasto, fuori uso

déranger (de-rang-ʒe) v turbare, importunare, disturbare

déraper (de-ra-pe) v scivolare

dernier (dêr-nᵢe) adj ultimo; scorso

dernièrement (dêr-nᵢêr-mangᵢ) adv recentemente

derrière (dê-rᵢêêr) prep dietro, dopo; m sedere m

dès que (de kö) non appena

* **être en désaccord** (êêtr ang de-sa-koor) non *essere d'accordo, dissentire

désagréable (de-sa-ghre-abl) adj sgradevole, sgarbato

désagrément (de-sa-ghre-mangᵢ) m scomodità f

* **désapprendre** (de-sa-prangdr) v disimparare

désapprouver (de-sa-pru-ve) v disapprovare

désastre (de-sasstr) m disastro m

désastreux (de-sa-sströ) adj disastroso

désavantage (de-sa-vang-taaʒ) m svantaggio m

descendance (de-ssang-dangss) f discendenza f

descendant (de-ssang-dang) m discendente m

descendre (de-ssangdr) v *scendere

descente (de-ssangt) f discesa f

description (de-sskri-pssᵢong) f descrizione f

désenchanter (de-sang-ʃang-te) v *deludere

désert (de-sêêr) m deserto m; adj deserto

déserter (de-sêr-te) v disertare

désespérer (de-sê-sspe-re) v disperare

désespoir (de-sê-sspᵘaar) m disperazione f

se déshabiller (de-sa-bi-ᵢe) spogliarsi

déshonneur (de-so-nöör) m disonore m

désigner (de-si-gne) v designare

désinfectant (de-sêng-fêk-tangᵢ) m disinfettante m

désinfecter (de-sêng-fêk-te) v disinfettare

désintéressé (de-sêng-te-re-sse) adj disinteressato

désir (de-siir) m desiderio m

désirable (de-si-rabl) adj desiderabile

désirer (de-si-re) v desiderare, bramare

désireux (de-si-rö) adj ansioso, desideroso

désobligeant (de-so-bli-ʒang) adj poco gentile, insultante

désodorisant (de-so-do-ri-sang) m deodorante m

désoler (de-so-le) v *affliggere; **désolé** spiacente

désordonné (de-sor-do-ne) adj disordinato

désordre (de-sordr) m disordine m

désosser (de-so-sse) v disossare

dessein (de-ssêng) m scopo m; disegno m

desserrer (de-sse-re) v slegare

dessert (de-ssêêr) m dolce m

dessin (de-ssêng) m disegno m; **des-**

sins animés cartone animato

dessiner (de-ssi-*ne*) *v* disegnare

dessous (dö-*ssu*) *adv* sotto; **en ~** giù-o; **en ~ de** sotto

dessus (dö-*ssü*) *m* parte superiore; **au-dessus de** in cima a; **sens ~ dessous** sottosopra

destin (de-ss*têng*) *m* destino *m*; fato *m*

destinataire (de-ssti-na-*têêr*) *m* destinatario *m*

destination (de-ssti-na-ss*i*o*ng*) *f* destinazione *f*

destiner (de-ssti-*ne*) *v* destinare

destruction (de-sstrük-ss*i*o*ng*) *f* distruzione *f*

détachant (de-ta-*fang*) *m* smacchiatore *m*

détacher (de-ta-*fe*) *v* slacciare, staccare

détail (de-*tai*) *m* dettaglio *m*; **commerce de ~** vendita al minuto

détaillant (de-ta-*i*a*ng*) *m* dettagliante *m*

détaillé (de-ta-*i*e) *adj* particolareggiato, dettagliato

détailler (de-ta-*i*e) *v* vendere al minuto

détecter (de-têk-*te*) *v* *scoprire

détective (de-têk-*tiv*) *m* investigatore *m*

*déteindre (de-*têngdr*) *v* sbiadire

se détendre (de-*tangdr*) rilassarsi

détente (de-*tangt*) *f* rilassamento *m*

détention (de-tang-ss*i*o*ng*) *f* detenzione *f*

détenu (det-*nü*) *m* detenuto *m*

détergent (de-têr-*ʒang*) *m* detergente *m*

déterminer (de-têr-mi-*ne*) *v* determinare; **déterminé** *adj* determinato; deciso

détester (de-tê-*sste*) *v* detestare

détour (de-*tuur*) *m* giro *m*

détourner (de-tur-*ne*) *v* *distogliere; dirottare

détresse (de-*trêss*) *f* pericolo *m*; miseria *f*

détritus (de-tri-*tüss*) *m* rifiuti, immondizia *f*, spazzatura *f*

*détruire (de-*truiir*) *v* *distruggere

dette (dèt) *f* debito *m*

deuil (döi) *m* lutto *m*

deux (dö) *num* due; **les ~** tutti e due, entrambi

deuxième (dö-s*i*ê*m*) *num* secondo

deux-pièces (dö-p*i*ê*ss*) *m* in due pezzi

dévaluation (de-va-lua-ss*i*o*ng*) *f* svalutazione *f*

dévaluer (de-va-*lue*) *v* svalutare

devant (dö-*vang*) *prep* davanti, di fronte a, in testa a

dévaster (de-va-*sste*) *v* *distruggere

développement (de-vlop-*mang*) *m* sviluppo *m*

développer (de-vlo-*pe*) *v* sviluppare

*devenir (dö-*vniir*) *v* diventare, *divenire

déviation (de-v*i*a-ss*i*o*ng*) *f* deviazione *f*

dévier (de-*v*i*e*) *v* deviare

deviner (dö-vi-*ne*) *v* indovinare

devise (dö-*viis*) *f* motto *m*

dévisser (de-vi-*sse*) *v* svitare

devoir (dö-*v*u*aar*) *m* dovere *m*

*devoir (dö-*v*u*aar*) *v* *dovere

dévorer (de-vo-*re*) *v* divorare

dévouement (de-vu-*mang*) *m* devozione *f*

diabète (d*i*a-*bêt*) *m* diabete *m*

diabétique (d*i*a-be-*tik*) *m* diabetico *m*

diable (d*i*aabl) *m* diavolo *m*

diagnostic (d*i*agh-no-*sstik*) *m* diagnosi *f*

diagnostiquer (d*i*agh-no-ssti-*ke*) *v* diagnosticare

diagonale (d*i*a-gho-*nal*) *f* diagonale *f*; *adj* diagonale

diagramme (d¹a-*ghram*) *m* diagramma *m*, grafico *m*

dialecte (d¹a-*lêkt*) *m* dialetto *m*

diamant (d¹a-*mang*) *m* diamante *m*

diapositive (d¹a-po-si-*tiiv*) *f* diapositiva *f*

diarrhée (d¹a-*re*) *f* diarrea *f*

dictaphone (dik-ta-*fon*) *m* dittafono *m*

dictateur (dik-ta-*töör*) *m* dittatore *m*

dictée (dik-*te*) *f* dettato *m*

dicter (dik-*te*) *v* dettare

dictionnaire (dik-ss¹o-*nêêr*) *m* dizionario *m*

diesel (d¹e-*sêl*) *m* diesel *m*

dieu (d¹ö) *m* dio *m*

différence (di-fe-*rangss*) *f* differenza *f*

différent (di-fe-*rang*) *adj* differente

différer (di-fe-*re*) *v* differire

difficile (di-fi-*ssil*) *adj* difficile

difficulté (di-fi-kül-*te*) *f* difficoltà *f*

difforme (di-*form*) *adj* deforme

digérer (di-3e-*re*) *v* digerire

digestible (di-3ê-*sstibl*) *adj* digeribile

digestion (di-3ê-*sst¹ong*) *f* digestione *f*

digital (di-3i-*tahl*) *adj* digitale

digne (dign) *adj* dignitoso; ~ **de** degno di

digue (digh) *f* diga *f*, argine *m*

diluer (di-*lue*) *v* *sciogliere, diluire

dimanche (di-*mang/*) *m* domenica *f*

dimension (di-mang-ss¹ong) *f* dimensione *f*

diminuer (di-mi-*nue*) *v* *decrescere, diminuire

diminution (di-mi-nü-ss¹ong) *f* diminuzione *f*

dinde (dêngd) *f* tacchino *m*

dîner (di-*ne*) *v* pranzare; *m* cena *f*, pranzo *m*

diphtérie (dif-te-*ri*) *f* difterite *f*

diplomate (di-plo-*mat*) *m* diplomatico *m*

diplôme (di-*plôôm*) *m* diploma *m*

*dire (diir) *v* *dire

direct (di-*rêkt*) *adj* diretto

directement (di-rêk-tö-*mang*) *adv* direttamente, dritto

directeur (di-rêk-*töör*) *m* direttore *m*; ~ **d'école** direttore di scuola, preside *m*

direction (di-rêk-ss¹ong) *f* direzione *f*, comando *m*; **indicateur de** ~ indicatore di direzione

directive (di-rêk-*tiiv*) *f* direttiva *f*

dirigeant (di-ri-zang) *m* sovrano *m*, dirigente *m*

diriger (di-ri-ze) *v* *dirigere

discerner (di-ssêr-ne) *v* *distinguere

discipline (di-ssi-plin) *f* disciplina *f*

discours (di-sskuur) *m* discorso *m*

discret (di-sskre) *adj* (f -crète) insignificante

discussion (di-sskü-ss¹ong) *f* discussione *f*, riflessione *f*; disputa *f*

discuter (di-sskü-te) *v* *discutere, deliberare

*disjoindre (diss-3ᵘêngdr) *v* *disgiungere

disloqué (di-sslo-ke) *adj* slogato

*disparaître (di-sspa-*rêêtr*) *v* sparire

disparu (di-sspa-*rü*) *adj* smarrito; *m* persona scomparsa

dispensaire (di-sspang-*ssêêr*) *m* centro sanitario

dispenser (di-sspang-sse) *v* dispensare; ~ **de** esonerare da

disperser (di-sspêr-sse) *v* sparpagliare

disponible (di-sspo-nibl) *adj* disponibile; ottenibile

disposé (di-sspô-se) *adj* propenso, compiacente

disposer de (di-sspô-se) *disporre di

dispositif (di-sspô-si-tif) *m* dispositivo *m*

disposition (di-sspô-si-ss¹ong) *f* disposizione *f*

dispute (di-sspüt) *f* disputa *f*

disputer (di-sspü-*te*) *v* disputare; **se ~ *discutere**, litigare

disque (dissk) *m* disco *m*

dissertation (di-ssêr-ta-ss*i*o*ng*) *f* trattato *m*

dissimuler (di-ssi-mü-*le*) *v* celare, *nascondere

*dissoudre (di-*ssudr*) *v* *sciogliere

dissuader (di-ssua-*de*) *v* *dissuadere

distance (di-ss*tangss*) *f* distanza *f*

distinct (di-ss*têng*) *adj* distinto

distinction (di-ss*têng*k-ss*i*o*ng*) *f* distinzione *f*

distinguer (di-ss*têng-ghe*) *v* *distinguere

distraction (di-ss*trak*-ss*i*o*ng*) *f* distrazione *f*; disattenzione *f*

distribuer (di-sstri-*bue*) *v* distribuire

distributeur (di-sstri-bü-*töör*) *m* distributore *m*; **~ automatique** sportello automatico; **~ de billets** biglietteria automatica; **~ d'essence** pompa di alimentazione; **~ de timbres** distributore automatico di francobolli

distribution (di-sstri-bü-ss*i*o*ng*) *f* distribuzione *f*

district (di-*sstri*) *m* distretto *m*

divers (di-*vêr*) *adj* vari, parecchi, diversi; misto

diversion (di-vêr-ss*i*o*ng*) *f* diversione *f*

divertir (di-vêr-*tiir*) *v* divertire

divertissant (di-vêr-ti-*ssang*) *adj* divertente

divertissement (di-vêr-ti-*ssmang*) *m* divertimento *m*, passatempo *m*

diviser (di-vi-*se*) *v* *dividere; **~ en deux** dimezzare

division (di-vi-s*i*o*ng*) *f* divisione *f*; sezione *f*

divorce (di-*vorss*) *m* divorzio *m*

divorcer (di-vor-*sse*) *v* divorziare

dix (diss) *num* dieci

dix-huit (di-*suit*) *num* diciotto

dix-huitième (di-sui-t*i*ê*m*) *num* diciottesimo

dixième (di-s*i*ê*m*) *num* decimo

dix-neuf (dis-*nöf*) *num* diciannove

dix-neuvième (dis-nö-v*i*ê*m*) *num* diciannovesimo

dix-sept (di-*ssêt*) *num* diciassette

dix-septième (di-ssê-t*i*ê*m*) *num* diciassettesimo

dock (dok) *m* bacino *m*

docker (do-*kêr*) *m* portuale *m*

docteur (dok-*töör*) *m* dottore *m*

document (do-kü-*mang*) *m* atto *m*, documento *m*

doigt (d*u*a) *m* dito *m*

domaine (do-*mên*) *m* settore *m*

dôme (dôôm) *m* cupola *f*

domestique (do-mê-*sstik*) *adj* domestico; *m* servitore *m*, domestico *m*

domestiqué (do-mê-ssti-*ke*) *adj* mansueto

domicile (do-mi-*ssil*) *m* domicilio *m*

domicilié (do-mi-ssi-*l'e*) *adj* residente

domination (do-mi-na-ss*i*o*ng*) *f* dominazione *f*

dominer (do-mi-*ne*) *v* dominare

dommage (do-*maaʒ*) *m* danno *m*; **dommage!** peccato!

don (do*ng*) *m* capacità *f*, attitudine *f*; donazione *f*, regalo *m*

donateur (do-na-*töör*) *m* donatore *m*

donation (do-na-ss*i*o*ng*) *f* donazione *f*

donc (do*ng*k) *conj* quindi; dunque

donnée (do-*ne*) *f* dato *m*

donner (do-*ne*) *v* *dare; donare; **étant donné que** poiché

dont (do*ng*) *pron* di cui

doré (do-*re*) *adj* dorato

dorénavant (do-re-na-*vang*) *adv* d'ora innanzi

*dormir (dor-*miir*) *v* dormire

dortoir (dor-t*u*a*ar*) *m* dormitorio *m*

dos (dô) *m* dorso *m*

dose (dôôs) *f* dose *f*

dossier (do-*ss'e*) *m* raccolta di documenti, registrazione *f*

douane (d^uan) *f* dogana *f*; **droit de ~** dazio *m*

douanier (d^ua-*n'e*) *m* doganiere *m*

double (duubl) *adj* doppio

doubler (du-*ble*) *v* oltrepassare

doublure (du-*blüür*) *f* fodera *f*

douceurs (du-*ssöör*) *fpl* dolciumi *mpl*

douche (duʃ) *f* doccia *f*

doué (du-*e*) *adj* dotato, di talento

douille (duⁱ) *f* portalampada *m*

douleur (du-*löör*) *f* dolore *m*; piaga *f*; **douleurs** doglie *fpl*; **sans ~** indolore

douloureux (du-lu-*rö*) *adj* penoso, indolenzito

doute (dut) *m* dubbio *m*; ***mettre en ~** *mettere in dubbio; **sans ~** indubbiamente, senza dubbio

douter (du-*te*) *v* dubitare; **~ de** dubitare di

douteux (du-*tö*) *adj* dubbioso; non fidato

douve (duuv) *f* fossato *m*

doux (du) *adj* (f douce) mite; morbido, amabile, dolce

douzaine (du-*sên*) *f* dozzina *f*

douze (duus) *num* dodici

douzième (du-*s'êm*) *num* dodicesimo

dragon (dra-*ghong*) *m* drago *m*

drainer (dre-*ne*) *v* drenare

dramatique (dra-ma-*tik*) *adj* drammatico

dramaturge (dra-ma-*türʒ*) *m* drammaturgo *m*

drame (dram) *m* dramma *m*

drap (dra) *m* lenzuolo *m*

drapeau (dra-*pô*) *m* bandiera *f*

drapier (dra-*p'e*) *m* negoziante di stoffe

dresser (dre-*sse*) *v* compilare; ammaestrare

drogue (drogh) *f* narcotico *m*

droguerie (dro-*ghri*) *f* farmacia *f*; bar-emporio *m*

droit (dr^ua) *m* giustizia *f*, legge *f*, diritto *m*; *adj* dritto, retto, destro; diritto; onesto; **~ administratif** diritto amministrativo; **~ civil** diritto civile; **~ commercial** diritto commerciale; **~ de douane** tariffa doganale; **~ de stationnement** tariffa del parcheggio; **~ de vote** suffragio *m*; **~ d'importation** dazio *m*; **~ pénal** diritto penale; **droits** diritti *mpl*; **tout ~** sempre diritto

de droite (dö dr^uat) destro

drôle (drôl) *adj* spiritoso, bizzarro, buffo

duc (dük) *m* duca *m*

duchesse (dü-*fêss*) *f* duchessa *f*

dune (dün) *f* duna *f*

dupe (düp) *f* vittima *f*

duper (dü-*pe*) *v* imbrogliare

dur (düür) *adj* duro

durable (dü-*rabl*) *adj* duraturo, durevole

durant (dü-*rang*) *prep* durante

durée (dü-*re*) *f* durata *f*

durer (dü-*re*) *v* durare, continuare

durillon (dü-ri-*'ong*) *m* occhio di pernice

duvet (dü-*ve*) *m* lanugine *f*

dynamo (di-na-*mô*) *f* dinamo *f*

dysenterie (di-ssang-*tri*) *f* dissenteria *f*

E

eau (ô) *f* acqua *f*; **~ courante** acqua corrente; **~ de mer** acqua di mare; **~ dentifrice** acqua dentifricia; **~ de Seltz** acqua di seltz; **~ douce** acqua dolce; **~ gazeuse** acqua di seltz; **~ glacée** acqua ghiacciata; **~**

minérale acqua minerale; ~ **oxygénée** acqua ossigenata *m*; ~ **potable** acqua potabile

eau-forte (ô-*fort*) *f* acquaforte *f*

ébène (e-*bên*) *f* ebano *m*

éblouissant (e-blu-i-*ssang*) *adj* abbagliante

éblouissement (e-blu-i-*ssmang*) *m* splendore *m*

ébrécher (e-bre-*ſe*) *v* scheggiare

écaille (e-*kai*) *f* squama *f*

écarlate (e-kar-*lat*) *adj* scarlatto

écarter (e-kar-*te*) *v* allargare, scostare; allontanare; **écarté** remoto

ecclésiastique (e-kle-s¹a-*sstik*) *m* chierico *m*

échafaudage (e-ſa-fô-*daaʒ*) *m* impalcatura *f*

échange (e-*ſangʒ*) *m* scambio *m*

échanger (e-ſang-*ʒe*) *v* scambiare

échantillon (e-ſang-ti-¹*ong*) *m* campione *m*

échappement (e-ſap-*mang*) *m* scappamento *m*

échapper (e-ſa-*pe*) *v* sfuggire, scappare; **s'échapper** scappare

écharde (e-*ſard*) *f* scheggia *f*

écharpe (e-*ſarp*) *f* sciarpa *f*, scialle *m*

échec (e-*ſêk*) *m* fallimento *m*, insuccesso *m*; **échec!** scacco!; **échecs** scacchi *mpl*

échelle (e-*ſêl*) *f* scala *f*

échiquier (e-ſi-*k¹e*) *m* scacchiera *f*

écho (e-*kô*) *m* eco *m/f*

échoppe (e-*ſop*) *f* baracca *f*

échouer (e-*ſᵘe*) *v* fallire; bocciare

éclabousser (e-kla-bu-*sse*) *v* schizzare

éclair (e-*klêêr*) *m* baleno *m*; lampo *m*

éclairage (e-klê-*raaʒ*) *m* illuminazione *f*

éclaircir (e-klêr-*ssiir*) *v* chiarire

éclaircissement (e-klêr-ssi-*ssmang*) *m* schiarimento *m*

éclairer (e-kle-*re*) *v* illuminare

éclat (e-*kla*) *m* ardore *m*; bagliore *m*; scheggia *f*

éclatant (e-kla-*tang*) *adj* vivace

éclater (e-kla-*te*) *v* scoppiare; spaccarsi

éclipse (e-*klipss*) *f* eclissi *f*

éclisse (e-*kliss*) *f* stecca *f*

écluse (e-*klüüs*) *f* chiusa *f*

écœurant (e-kö-*rang*) *adj* ripugnante

école (e-*kol*) *f* scuola *f*; ~ **maternelle** giardino d'infanzia, asilo infantile; ~ **secondaire** scuola media; *faire l'école buissonnière marinare la scuola

écolier (e-ko-*l¹e*) *m* scolaro *m*

écolière (e-ko-*l¹êêr*) *f* scolara *f*

économe (e-ko-*nom*) *adj* economico

économie (e-ko-no-*mi*) *f* economia *f*; **économies** risparmi *mpl*

économique (e-ko-no-*mik*) *adj* economico

économiser (e-ko-no-mi-*se*) *v* economizzare

économiste (e-ko-no-*misst*) *m* economista *m*

écorce (e-*korss*) *f* corteccia *f*

Ecossais (e-ko-*sse*) *m* scozzese *m*

écossais (e-ko-*sse*) *adj* scozzese

Ecosse (e-*koss*) *f* Scozia *f*

s'écouler (e-ku-*le*) *v* scorrere

écouter (e-ku-*te*) *v* ascoltare; sentire

écouteur (e-ku-*töör*) *m* ricevitore *m*

écran (e-*krang*) *m* video *m*, riparo *m*, schermo *m*

écraser (e-kra-*se*) *v* schiacciare; **s'écraser** precipitare

écrire (e-*kriir*) *v* *scrivere; **par écrit** per iscritto

écriture (e-kri-*tüür*) *f* scrittura *f*

écrivain (e-kri-*vêng*) *m* scrittore *m*

écrou (e-*kru*) *m* dado *m*

s'écrouler (e-kru-*le*) *v* crollare

Ecuadorien (e-kua-do-r¹*êng*) *m* ecuadoriano *m*

écume (e-*küm*) *f* schiuma *f*

écureuil (e-kü-*röi*) *m* scoiattolo *m*

eczéma (êgh-se-*ma*) *m* eczema *m*

édification (e-di-fi-ka-*ss'ong*) *f* fabbricazione *f*

édifice (e-di-*fiss*) *m* edificio *m*

édifier (e-di-*f'e*) *v* fabbricare

éditeur (e-di-*töör*) *m* editore *m*

édition (e-di-*ss'ong*) *f* edizione *f*; ~ **du matin** edizione del mattino

édredon (e-drö-*dong*) *m* trapunta di piume *m*

éducation (êr-*tssii*-ung) *f* educazione *f*

éduquer (e-dü-*ke*) *v* educare

effacer (e-fa-*sse*) *v* cancellare

effectif (e-fêk-*tif*) *adj* efficace

effectivement (e-fêk-tiv-*mang*) *adv* effettivamente

effectuer (e-fêk-*tue*) *v* effettuare

effet (e-*fe*) *m* conseguenza *f*; effetto *m*; **en ~** effettivamente

efficace (e-fi-*kass*) *adj* efficace; efficiente

s'effilocher (e-fi-lo-*fe*) sfilacciarsi

effondrement (e-fong-drö-*mang*) *m* rovina *f*

s'effondrer (e-fong-*dre*) crollare

s'efforcer (e-for-*sse*) sforzarsi; disturbarsi

effort (e-*foor*) *m* fatica *f*, sforzo *m*, tentativo *m*

effrayé (e-fre-*'e*) *adj* spaventato, impaurito

effrayer (e-fre-*'e*) *v* spaventare

effronté (e-frong-*te*) *adj* sfrontato; insolente

égal (e-*ghal*) *adj* uguale, piano

également (e-ghal-*mang*) *adv* pure, inoltre, anche, ugualmente

égaler (e-gha-*le*) *v* uguagliare

égaliser (e-gha-li-*se*) *v* pareggiare

égalité (e-gha-li-*te*) *f* uguaglianza *f*

égard (e-*ghaar*) *m* riguardo *m*

égarer (e-gha-*re*) *v* smarrire

égayer (e-ghe-*'e*) *v* rallegrare

église (e-*ghliis*) *f* chiesa *f*

égocentrique (e-gho-ssang-*trik*) *adj* egocentrico

égoïsme (e-gho-*issm*) *m* egoismo *m*

égoïste (e-gho-*isst*) *adj* egoista, egoistico

égout (e-*ghu*) *m* fogna *f*, scolo *m*

égratignure (e-ghra-ti-*gnüür*) *f* escoriazione *f*, graffio *m*

Egypte (e-*ʒipt*) *f* Egitto *m*

Egyptien (e-ʒi-*pss'êng*) *m* egiziano *m*

égyptien (e-ʒi-*pss'êng*) *adj* egiziano

élaborer (e-la-bo-*re*) *v* elaborare

élan (e-*lang*) *m* zelo *m*; alce *m*

élargir (e-lar-*ʒiir*) *v* allargare

élasticité (e-la-ssti-ssi-*te*) *f* elasticità *f*

élastique (e-la-*sstik*) *adj* elastico; *m* elastico *m*

électeur (e-lêk-*töör*) *m* elettore *m*

élection (e-lêk-*ss'ong*) *f* elezione *f*

électricien (e-lêk-tri-*ss'êng*) *m* elettricista *m*

électricité (e-lêk-tri-ssi-*te*) *f* elettricità *f*

électrique (e-lêk-*trik*) *adj* elettrico

électronique (e-lêk-tro-*nik*) *adj* elettronico

élégance (e-le-*ghangss*) *f* eleganza *f*

élégant (e-le-*ghang*) *adj* elegante

élément (e-le-*mang*) *m* elemento *m*

élémentaire (e-le-mang-*têêr*) *adj* elementare

éléphant (e-le-*fang*) *m* elefante *m*

élevage (êl-*vaaʒ*) *m* allevamento *m*

élévation (e-le-va-*ss'ong*) *f* altura *f*

élève (e-*lêêv*) *m* allievo *m*, scolaro *m*

élever (êl-*ve*) *v* educare, allevare; sollevare

elfe (êlf) *m* folletto *m*

éliminer (e-li-mi-*ne*) *v* eliminare

*élire (e-*liir*) *v* *scegliere, *eleggere

elle (êl) *pron* essa

elle-même (êl-*mêm*) *pron* essa stessa

éloge (e-*lo3*) m elogio m

éloigner (e-l^ua-*gne*) v allontanare; **éloigné** distante, lontano

élucider (e-lü-ssi-*de*) v delucidare

émail (e-*mai*) m (pl émaux) smalto m

émaillé (e-ma-*i*e) adj smaltato

émancipation (e-mang-ssi-pa-*ssiong*) f emancipazione f

emballage (ang-ba-*la3*) m imballaggio m

emballer (ang-ba-*le*) v imballare

embargo (ang-bar-*ghô*) m embargo m

embarquement (ang-bar-kö-*mang*) m imbarco m

embarquer (ang-bar-*ke*) v imbarcarsi; imbarcare

embarras (ang-ba-*ra*) m scalpore m

embarrassant (ang-ba-ra-*ssang*) adj imbarazzante

embarrasser (ang-ba-ra-*sse*) v imbarazzare

emblème (ang-*blêm*) m emblema m

embouchure (ang-bu-*füür*) f foce f

embouteillage (ang-bu-tê-*ia3*) m ingorgo m

embrasser (ang-bra-*sse*) v baciare

embrayage (ang-brê-*ia3*) m frizione f

embrouiller (ang-bru-*i*e) v impasticciare

embuscade (ang-bü-*sskad*) f imboscata f

émeraude (em-*rôd*) f smeraldo m

s'émerveiller (e-mêr-ve-*i*e) meravigliarsi

émetteur (e-mê-*töör*) m trasmettitore m

*émettre (e-*mêtr*) v *emettere; *trasmettere

émeute (e-*mööt*) f sommossa f

émigrant (e-mi-*ghrang*) m emigrante m

émigration (e-mi-ghra-*ssiong*) f emigrazione f

émigrer (e-mi-*ghre*) v emigrare

éminent (e-mi-*nang*) adj eminente

émission (e-mi-*ssiong*) f emissione f; trasmissione f

emmagasinage (ang-ma-gha-si-*naa3*) m magazzinaggio m

emmagasiner (ang-ma-gha-si-*ne*) v immagazzinare

emmener (ang-mö-*ne*) v portare con sé

émoi (e-*m^ua*) m commozione f

émotion (e-mô-*ssiong*) f emozione f

émoussé (e-mu-*sse*) adj smussato, spuntato, ottuso

*émouvoir (e-mu-v^u*aar*) v *commuovere

empêcher (ang-pe-*fe*) v impedire

empereur (ang-*pröör*) m imperatore m

empiéter (ang-pⁱe-*te*) v trasgredire

empire (ang-*piir*) m impero m

emploi (ang-*pl^ua*) m uso m; impiego m, occupazione f; **solliciter un ~** inoltrare una domanda d'impiego

employé (ang-pl^ua-*i*e) m salariato m, impiegato m

employer (ang-pl^ua-*i*e) v usare; impiegare

employeur (ang-pl^ua-*i*öör) m datore di lavoro

empoisonner (ang-p^ua-so-*ne*) v avvelenare

emporter (ang-por-*te*) v portar via

empreinte digitale (ang-prêngt di-3i-*tal*) impronta digitale

emprisonnement (ang-pri-son-*mang*) m imprigionamento m

emprisonner (ang-pri-so-*ne*) v imprigionare

emprunt (ang-*pröng*) m prestito m

emprunter (ang-pröng-*te*) v *prendere in prestito; adottare

en (ang) prep in; con; pron ne

encaisser (ang-ke-*sse*) v *riscuotere,

incassare

enceinte (ang-ssêngt) adj incinta

encens (ang-ssang) m incenso m

encercler (ang-ssêr-kle) v accerchiare, *cingere

enchantement (ang-ʃangt-mang) m incanto m

enchanter (ang-ʃang-te) v deliziare; incantare; enchanté felicissimo

enchanteur (ang-ʃang-töör) adj (f -teresse) affascinante

enclin (ang-klêng) adj tendente

encore (ang-koor) adv ancora; ~ que quantunque; ~ un un altro; ~ un peu ancora

encourager (ang-ku-ra-ʒe) v incoraggiare

encre (angkr) f inchiostro m

encyclopédie (ang-ssi-klo-pe-di) f enciclopedia f

endommager (ang-do-ma-ʒe) v danneggiare

endormi (ang-dor-mi) adj addormentato

endosser (ang-do-sse) v girare; vistare

endroit (ang-drᵘa) m luogo m

endurance (ang-dü-rangss) f vigore m

endurer (ang-dü-re) v sopportare

énergie (e-nêr-ʒi) f energia f; ~ nucléaire energia nucleare

énergique (e-nêr-ʒik) adj energico

énerver (e-nêr-ve) v *dare sui nervi; s'énerver innervosirsi

enfance (ang-fangss) f infanzia f

enfant (ang-fang) m bambino m

enfer (ang-fêêr) m inferno m

enfermer (ang-fêr-me) v *chiudere a chiave, *rinchiudere

enfiler (ang-fi-le) v infilare

enfin (ang-fêng) adv finalmente

enfler (ang-fle) v gonfiare

enflure (ang-flüür) f gonfiore m

s'enfoncer (ang-fong-sse) affondare

engagement (ang-gha3-mang) m impegno m

engager (ang-gha-ʒe) v *assumere; s'engager impegnarsi

engelure (ang-ʒlüür) f gelone m

engourdi (ang-ghur-di) adj intirizzito, intorpidito

engrais (ang-ghre) m concime m

énigme (e-nighm) f enigma m, indovinello m

enjeu (ang-ʒö) m posta f

enlacement (ang-la-ssma) m abbraccio m

enlever (angl-ve) v spostare; *togliere, levare

ennemi (ên-mi) m nemico m

ennui (ang-nui) m noia f, preoccupazione f; seccatura f

ennuyer (ang-nui-'e) v annoiare

ennuyeux (ang-nui-'ö) adj noioso; increscioso, monotono

énorme (e-norm) adj enorme

enquête (ang-kêt) f inchiesta f; indagine f

enquêter (ang-ke-te) v investigare, indagare

s'enrhumer (ang-rü-me) *prendere un raffreddore

enragé (ang-ra-ʒe) adj rabbioso

enregistrement (angr-ʒi-sströ-mang) m registrazione f

enregistrer (angr-ʒi-sstre) v allibrare; registrare

s'enrhumer (ang-rü-me) *prendere un raffreddore

enroué (ang-ru-e) adj rauco

enrouler (ang-ru-le) v *avvolgere

enseignement (ang-ssêgn-mang) m insegnamento m; enseignements insegnamento m

enseigner (ang-sse-gne) v insegnare

ensemble (ang-ssangbl) adv insieme; m totale m

ensoleillé (ang-sso-le-'e) adj soleggiato

ensorceler (ang-ssor-ssö-le) v stregare

ensuite (ang-*ssuit*) *adv* in seguito

entailler (ang-ta-*i*e) *v* intagliare

entasser (ang-ta-*sse*) *v* ammucchiare

entendre (ang-*tangdr*) *v* *udire

entente (ang-*tangt*) *f* concordanza *f*

enterrement (ang-têr-*mang*) *m* sepoltura *f*

enterrer (ang-te-*re*) *v* seppellire

enthousiasme (ang-tu-*s*i*assm*) *m* entusiasmo *m*

enthousiaste (ang-tu-*s*i*asst*) *adj* entusiastico

entier (ang-*t*i*e*) *adj* intero, completo

entièrement (ang-*t*i*êr-mang*) *adv* interamente, completamente

entonnoir (ang-to-n*u*aar) *m* imbuto *m*

entourer (ang-tu-*re*) *v* circondare

entracte (ang-*trakt*) *m* intervallo *m*

entrailles (ang-*trai*) *fpl* interiora *fpl*

entrain (ang-*trêng*) *m* gusto *m*

entraînement (ang-trên-*mang*) *m* addestramento *m*

entraîner (ang-tre-*ne*) *v* addestrare

entraîneur (ang-trê-*nöör*) *m* allenatore *m*

entrave (ang-*traav*) *f* impedimento *m*

entraver (ang-tra-*ve*) *v* impedire

entre (angtr) *prep* tra, in mezzo a, fra

entrée (ang-*tre*) *f* entrata *f*, ingresso *m*; ~ **interdite** vietato l'ingresso

entrepôt (ang-trö-*pô*) *m* magazzino *m*

***entreprendre** (ang-trö-*prangdr*) *v* *intraprendere

entrepreneur (ang-trö-prö-*nöör*) *m* imprenditore *m*

entreprise (ang-trö-*priis*) *f* impresa *f*; azienda *f*, ditta *f*

entrer (ang-*tre*) *v* entrare

entresol (ang-trö-*ssol*) *m* mezzanino *m*

entre-temps (ang-trö-*tang*) *adv* nel frattempo, frattanto

***entretenir** (ang-trö-*tniir*) *v* *mantenere

entretien (ang-trö-*t*i*êng*) *m* mantenimento *m*, manutenzione *f*; discorso *m*

***entrevoir** (ang-trö-v*u*aar) *v* *intravvedere

entrevue (ang-trö-*vü*) *f* intervista *f*

envahir (ang-va-*iir*) *v* *invadere

enveloppe (ang-*vlop*) *f* busta *f*

envelopper (ang-vlo-*pe*) *v* *avvolgere

envers (ang-*vêêr*) *prep* verso; **à l'envers** alla rovescia

envie (ang-*vi*) *f* bramosia *f*, desiderio *m*; invidia *f*; ***avoir** ~ **de** *aver voglia di; desiderare

envier (ang-*v*i*e*) *v* invidiare

envieux (ang-*v*i*ö*) *adj* invidioso

environ (ang-vi-*rong*) *adv* circa

environnant (ang-vi-ro-*nang*) *adj* circostante

environnement (ang-vi-ron-*mang*) *m* ambiente *m*

environs (ang-vi-*rong*) *mpl* dintorni *mpl*

envisager (ang-vi-sa-*ʒe*) *v* considerare

envoyé (ang-v*u*a-*i*e) *m* inviato *m*

***envoyer** (ang-v*u*a-*i*e) *v* spedire; inviare

épais (e-*pe*) *adj* (f ~se) denso

épaisseur (e-pê-*ssöör*) *f* spessore *m*

épaissir (e-pe-*ssiir*) *v* ispessire

épargner (e-par-*gne*) *v* risparmiare

épaule (e-*pôôl*) *f* spalla *f*

épave (e-*paav*) *f* relitto *m*

épée (e-*pe*) *f* spada *f*

épeler (ê-*ple*) *v* compitare

épicé (e-pi-*sse*) *adj* piccante, condito

épicerie (e-pi-*ssri*) *f* drogheria *f*; ~ **fine** negozio di specialità gastronomiche, leccornia *f*

épicier (e-pi-*ss*i*e*) *m* droghiere *m*

épidémie (e-pi-de-*mi*) *f* epidemia *f*

épier (e-p*i*e) *v* spiare

épilepsie (e-pi-lê-*pssi*) *f* epilessia *f*

épilogue (e-pi-*logh*) *m* epilogo *m*

épinards (e-pi-*naar*) *mpl* spinaci *mpl*

épine (e-*pin*) *f* spina *f*; **~ dorsale** spina dorsale

épingle (e-*pêngghl*) *f* spillo *m*; **~ à cheveux** forcina *f*; **~ de sûreté** spillo di sicurezza

épingler (e-pêng-*ghle*) *v* appuntare

épique (e-*pik*) *adj* epico

épisode (e-pi-*sod*) *m* episodio *m*

éponge (e-*pong3*) *f* spugna *f*

époque (e-*pok*) *f* epoca *f*; **de l'époque** di allora

épouse (e-*puus*) *f* consorte *f*

épouser (e-pu-*se*) *v* sposare

épouvantable (e-pu-vang-*tabl*) *adj* tremendo

épouvante (e-pu-*vangt*) *f* raccapriccio *m*

époux (e-*pu*) *m* marito *m*

épreuve (e-*prööv*) *f* esame *m*, prova *f*; positiva *f*

éprouver (e-pru-*ve*) *v* provare; saggiare

épuiser (e-pui-*se*) *v* spossare; esaurire; **épuisé** esaurito

Equateur (e-k^ua-*töör*) *m* Ecuador *m*

équateur (e-k^ua-*töör*) *m* equatore *m*

équilibre (e-ki-*libr*) *m* equilibrio *m*

équipage (e-ki-*paa3*) *m* equipaggio *m*

équipe (e-*kip*) *f* squadra *f*

équipement (e-kip-*mang*) *m* equipaggiamento *m*, attrezzatura *f*

équiper (e-ki-*pe*) *v* equipaggiare

équitable (e-ki-*tabl*) *adj* equo; ragionevole

équitation (e-ki-ta-*ssⁱong*) *f* equitazione *f*

équivalent (e-ki-va-*lang*) *adj* equivalente

équivoque (e-ki-*vok*) *adj* equivoco

érable (e-*rabl*) *m* acero *m*

érafler (e-ra-*fle*) *v* scalfire

ériger (e-ri-*3e*) *v* innalzare; *erigere

errer (e-*re*) *v* errare; vagare

erreur (ê-*röör*) *f* errore *m*

erroné (ê-ro-*ne*) *adj* erroneo

érudit (e-rü-*di*) *m* erudito *m*

éruption (e-rü-*pssⁱong*) *f* esantema *m*, eruzione *f*

escalier (ê-sska-*lⁱe*) *m* scala *f*; **~ de secours** scala di sicurezza; **~ roulant** scala mobile

escargot (ê-sskar-*ghô*) *m* lumaca *f*

escarpé (ê-sskar-*pe*) *adj* ripido

esclave (ê-*ssklaav*) *m* schiavo *m*

escorte (ê-*sskort*) *f* scorta *f*

escorter (ê-sskor-*te*) *v* scortare

*****faire de l'escrime** (fêêr dö lê-*sskrim*) tirare di scherma

escroc (ê-*sskrô*) *m* truffatore *m*

escroquer (ê-sskro-*ke*) *v* truffare

escroquerie (ê-sskro-*kri*) *f* truffa *f*

espace (ê-*sspass*) *m* spazio *m*

espacer (ê-sspa-*sse*) *v* spaziare

Espagne (ê-*sspagn*) *f* Spagna *f*

Espagnol (ê-sspa-*gnol*) *m* spagnolo *m*

espagnol (ê-sspa-*gnol*) *adj* spagnolo

espèce (ê-*sspêss*) *f* specie *f*

espérance (ê-sspe-*rangss*) *f* aspettativa *f*

espérer (ê-sspe-*re*) *v* sperare

espièglerie (ê-sspⁱê-ghlö-*ri*) *f* birichinata *f*

espion (ê-sspⁱ*ong*) *m* spia *f*

esplanade (ê-sspla-*nad*) *f* spianata *f*

espoir (ê-ssp^u*aar*) *m* speranza *f*

esprit (ê-*sspri*) *m* fantasma *m*, spirito *m*; mente *f*

esquisse (ê-*sskiss*) *f* schizzo *m*

esquisser (ê-sski-*sse*) *v* abbozzare

essai (e-*sse*) *m* saggio *m*, prova *f*; **à l'essai** in prova

essayer (e-sse-*ⁱe*) *v* tentare; provare

essence (e-*ssangss*) *f* essenza *f*; benzina *f*; **~ sans plomb** benzina senza piombo

essentiel (e-ssang-*ssⁱêl*) *adj* essenziale, capitale

essentiellement (e-ssang-ss'êl-*mang*) *adv* essenzialmente

essieu (e-ss'ö) *m* asse *m*

essor (e-ssoor) *m* ascesa *f*

essuie-glace (e-ssui-*ghlass*) *m* tergicristallo *m*

essuyer (e-ssui-'e) *v* spazzare, asciugare

est (èsst) *m* oriente *m*, est *m*

estampe (ê-*sstangp*) *f* stampa *f*

estimation (ê-ssti-ma-ss'ong) *f* valutazione *f*

estime (ê-sstim) *f* stima *f*

estimer (ê-ssti-*me*) *v* stimare, *ritenere, considerare; valutare

estomac (ê-ssto-*ma*) *m* stomaco *m*

estropié (ê-sstro-p'e) *adj* zoppo

estuaire (ê-sstuêêr) *m* estuario *m*

et (e) *conj* e

étable (e-*tabl*) *f* stalla *f*

établir (e-ta-*bliir*) *v* stabilire; fondare; **s'établir** sistemarsi

étage (e-*taaз*) *m* piano *m*; appartamento *m*

étagère (e-ta-зêêr) *f* scaffale *m*

étain (e-*têng*) *m* peltro *m*, stagno *m*

étal (e-*tal*) *m* bancarella *f*

étalage (e-ta-*laaз*) *m* vetrina *f*

étaler (e-ta-*le*) *v* *mettere in mostra, *esporre

étang (e-*tang*) *m* stagno *m*

étape (e-*tap*) *f* fase *f*; tappa *f*

Etat (e-*ta*) *m* stato *m*; **Etats-Unis** Stati Uniti

état (e-*ta*) *m* stato *m*; ~ **d'urgence** stato di emergenza

et cætera (êt-sse-te-*ra*) eccetera

été (é-*te*) *m* estate *f*; **plein** ~ piena estate

***éteindre** (e-*têngdr*) *v* *spegnere; *estinguere

étendre (e-*tangdr*) *v* ampliare, *estendere, *espandere, *stendere

étendu (e-tang-*dü*) *adj* esteso, vasto; comprensivo

éternel (e-têr-*nêl*) *adj* eterno

éternité (e-têr-ni-*te*) *f* eternità *f*

éternuer (e-têr-*nue*) *v* starnutire

éther (e-*têêr*) *m* etere *m*

Ethiopie (e-t'o-*pi*) *f* Etiopia *f*

Ethiopien (e-t'o-p'*êng*) *m* etiopico *m*

éthiopien (e-t'o-p'*êng*) *adj* etiopico

étincelle (e-têng-*ssêl*) *f* scintilla *f*

étiqueter (e-tik-*te*) *v* etichettare

étiquette (e-ti-*kêt*) *f* etichetta *f*

étoffes (e-*tof*) *fpl* drapperia *f*

étoile (e-*t^ual*) *f* stella *f*

étole (e-*tol*) *f* stola *f*

étonnant (e-to-*nang*) *adj* sorprendente

étonnement (e-ton-*mang*) *m* sorpresa *f*, stupore *m*

étonner (e-to-*ne*) *v* stupire; sbalordire

étouffant (e-tu-*fang*) *adj* stantio

étouffer (e-tu-*fe*) *v* strozzare

étourdi (e-tur-*di*) *adj* stordito

étourneau (e-tur-*nô*) *m* stornello *m*

étrange (e-*tranз*) *adj* strano; bizzarro

étranger (e-trang-*зe*) *m* straniero *m*, forestiero *m*; *adj* straniero; estraneo; **à l'étranger** all'estero

étrangler (e-trang-*ghle*) *v* strozzare, strangolare

être (êêtr) *m* essere *m*; ~ **humain** essere umano

***être** (êêtr) *v* *essere

***étreindre** (e-*têngdr*) *v* abbracciare

étreinte (e-*têngt*) *f* stretta *f*; abbraccio *m*

étrier (e-tri-*e*) *m* staffa *f*

étroit (e-*tr^ua*) *adj* angusto, stretto, attillato

étude (e-*tüd*) *f* studio *m*

étudiant (e-tü-d'*ang*) *m* studente *m*

étudiante (e-tü-d'*angt*) *f* studentessa *f*

étudier (e-tü-*d¹e*) *v* studiare

étui (e-*tui*) *m* astuccio *m* ; ~ **à ciga-rettes** portasigarette *m*

Europe (ö-*rop*) *f* Europa *f*

Européen (ö-ro-pe-*êng*) *m* europeo *m*

européen (ö-ro-pe-*êng*) *adj* europeo

eux (ö) *pron* loro ; **eux-mêmes** *pron* essi stessi

évacuer (e-va-*kue*) *v* sgombrare, eva-cuare

évaluer (e-va-*lue*) *v* valutare ; *fare la stima

évangile (e-vang-*ʒil*) *m* vangelo *m*

s'évanouir (e-va-*n*uir) *v* *svenire

évaporer (e-va-po-*re*) *v* evaporare

évasion (e-va-*s¹ong*) *f* evasione *f*

éveillé (e-ve-*¹e*) *adj* sveglio

s'éveiller (e-ve-*¹e*) destarsi

événement (e-vèn-*mang*) *m* evento *m*

éventail (e-vang-*tai*) *m* ventaglio *m*

éventuel (e-vang-*tuêl*) *adj* eventuale

évêque (e-*vêk*) *m* vescovo *m*

évidemment (e-vi-da-*mang*) *adv* na-turalmente

évident (e-vi-*dang*) *adj* evidente, ov-vio ; lampante

évier (e-*v¹e*) *m* lavello *m*

éviter (e-vi-*te*) *v* evitare

évolution (e-vo-lü-*s¹ong*) *f* evoluzio-ne *f*

évoquer (e-vo-*ke*) *v* rievocare ; evoca-re

exact (êgh-*sakt*) *adj* esatto

exactement (êgh-sak-tö-*mang*) *adv* precisamente

exactitude (êgh-sak-ti-*tüd*) *f* correttez-za *f*

exagérer (êgh-sa-ʒe-*re*) *v* esagerare

examen (êgh-sa-*mêng*) *m* esame *m* ; visita medica, indagine *f*

examiner (êgh-sa-mi-*ne*) *v* esaminare

excavation (êk-sska-va-*s¹ong*) *f* scavo *m*

excéder (êk-sse-*de*) *v* eccedere

excellent (êk-ssê-*lang*) *adj* eccellente

exceller (êk-sse-*le*) *v* *eccellere

excentrique (êk-ssang-*trik*) *adj* eccen-trico

excepté (êk-ssêp-*te*) *prep* salvo, eccet-to

exception (êk-ssêp-*s¹ong*) *f* eccezione *f*

exceptionnel (êk-ssêp-ss¹o-*nêl*) *adj* ec-cezionale

excès (êk-*sse*) *m* eccesso *m* ; ~ **de vi-tesse** eccesso di velocità

excessif (êk-sse-*ssif*) *adj* eccessivo

excitation (êk-ssi-ta-*s¹ong*) *f* eccita-zione *f*

exciter (êk-ssi-*te*) *v* eccitare

exclamation (êk-sskla-ma-*s¹ong*) *f* es-clamazione *f*

exclamer (êk-sskla-*me*) *v* esclamare

* exclure (êk-ssklüür) *v* *escludere

exclusif (êk-ssklü-*sif*) *adj* esclusivo

exclusivement (êk-ssklü-siv-*mang*) *adv* esclusivamente

excursion (êk-sskür-*s¹ong*) *f* gita *f*, escursione *f* ; giro *m* ; gita turistica

excuse (êk-*ssküüs*) *f* scusa *f*

excuser (êk-sskü-*se*) *v* scusare ; **excu-sez-moi!** scusa!, scusate!

exécuter (êgh-se-kü-*te*) *v* eseguire

exécutif (êgh-se-kü-*tif*) *m* direttore *m* ; *adj* esecutivo

exécution (êgh-se-kü-*s¹ong*) *f* esecu-zione *f*

exemplaire (êgh-sang-*plêêr*) *m* copia *f*

exemple (êgh-*sangpl*) *m* esempio *m* ; **par** ~ per esempio

exempt (êgh-*sang*) *adj* esente ; ~ **de droits** franco di dazio ; ~ **d'impôts** esente da tassa

exempter (êgh-sang-*te*) *v* esentare

exemption (êgh-sang-*pss¹ong*) *f* esen-zione *f*

exercer (êgh-sêr-*sse*) *v* esercitare

exercice (êgh-sêr-*ssiss*) *m* esercizio *m*

exhiber (êgh-si-*be*) *v* esibire

exhibition (êgh-si-bi-*ssiong*) *f* mostra *f*

exhorter (êgh-sor-*te*) *v* stimolare

exigeant (êgh-si-*zang*) *adj* esigente

exigence (êgh-si-*zangss*) *f* esigenza *f*

exiger (êgh-si-*ze*) *v* *esigere

exile (êgh-*sil*) *m* esilio *m*

exilé (êgh-si-*le*) *m* esule *m*

existence (êgh-si-*sstangss*) *f* esistenza *f*

exister (êgh-si-*sste*) *v* *esistere

exotique (êgh-so-*tik*) *adj* esotico

expédier (êk-sspe-*die*) *v* spedire, mandare

expédition (êk-sspe-di-*ssiong*) *f* invio *m*; spedizione *f*

expérience (êk-sspe-*riangss*) *f* esperienza *f*; esperimento *m*; *faire l'expérience de* sperimentare

expérimenter (êk-sspe-ri-mang-*te*) *v* sperimentare; **expérimenté** esperto

expert (êk-*sspêêr*) *adj* esperto; *m* esperto *m*

expiration (êk-sspi-ra-*ssiong*) *f* scadenza *f*

expirer (êk-sspi-*re*) *v* espirare, esalare; *scadere

explicable (êk-sspli-*kabl*) *adj* spiegabile

explication (êk-sspli-ka-*ssiong*) *f* esplicazione *f*, spiegazione *f*

explicite (êk-sspli-*ssit*) *adj* esplicito

expliquer (êk-sspli-*ke*) *v* chiarire, spiegare

exploitation (êk-ssplua-ta-*ssiong*) *f* sfruttamento *m*; impresa *f*; ~ **minière** industria mineraria

exploiter (êk-ssplua-*te*) *v* utilizzare; sfruttare

explorer (êk-ssplo-*re*) *v* esplorare

exploser (êk-ssplo-*se*) *v* *esplodère

explosif (êk-ssplô-*sif*) *m* esplosivo *m*; *adj* esplosivo

explosion (êk-ssplô-*siong*) *f* esplosione *f*

exportation (êk-sspor-ta-*ssiong*) *f* esportazione *f*

exporter (êk-sspor-*te*) *v* esportare

exposer (êk-sspô-*se*) *v* esibire, *esporre

exposition (êk-sspô-si-*ssiong*) *f* esposizione *f*; mostra *f*; ~ **d'art** mostra d'arte

exprès[1] (êk-*sspre*) *adv* apposta

exprès[2] (êk-*ssprêss*) *adj* espresso; per espresso

expression (êk-sspprê-*ssiong*) *f* manifestazione *f*, espressione *f*

exprimer (êk-sspri-*me*) *v* *esprimere

expulser (êk-sspül-*sse*) *v* scacciare; *espellere

exquis (êk-*sski*) *adj* squisito; selezionato

extase (êk-*sstaas*) *m* estasi *f*

exténuer (êk-sste-*nue*) *v* esaurire

extérieur (êk-sste-*riöör*) *m* esterno *m*; esteriore *m*; *adj* esteriore, esterno; **vers l'extérieur** al di fuori

externe (êk-*sstêrn*) *adj* esterno

extincteur (êk-sstêngk-*töör*) *m* estintore *m*

extorquer (êk-sstor-*ke*) *v* *estorcere

extorsion (êk-sstor-*ssiong*) *f* estorsione *f*

extrader (êk-sstra-*de*) *v* estradare

extraire (êk-*sstrêêr*) *v* *estrarre

extrait (êk-*sstre*) *m* brano *m*

extraordinaire (êk-sstra-or-di-*nêêr*) *adj* straordinario

extravagant (êk-sstra-va-*ghang*) *adj* stravagante

extrême (êk-*sstrêm*) *adj* estremo; *m* estremo *m*

exubérant (êgh-sü-be-*rang*) *adj* esuberante

F

fable (fabl) *f* favola *f*

fabricant (fa-bri-*kang*) *m* fabbricante *m*

fabriquer (fa-bri-*ke*) *v* confezionare, fabbricare

façade (fa-*ssad*) *f* facciata *f*

face (fass) *f* facciata *f*; **en ~ de** in faccia a, di fronte a

fâcher (fa-*fe*) *v* annoiare; **fâché** imbronciato

facile (fa-*ssil*) *adj* facile

facilité (fa-ssi-li-*te*) *f* agevolazione *f*

façon (fa-*ssong*) *f* modo *m*; **de la même ~** ugualmente; **de toute ~** in ogni caso; ad ogni modo

façonner (fa-sso-*ne*) *v* modellare

facteur (fak-*töör*) *m* fattore *m*; postino *m*

facture (fak-*tüür*) *f* fattura *f*

facturer (fak-tü-*re*) *v* fatturare

facultatif (fa-kül-ta-*tif*) *adj* facoltativo

faculté (fa-kül-*te*) *f* potere *m*; facoltà *f*

faible (fêbl) *adj* fiacco, debole; scarso

faiblesse (fê-*blêss*) *f* debolezza *f*

faïence (fa-*iangss*) *f* ceramica *f*, terracotta *f*; vasellame *m*

en faillite (ang fa-*iit*) fallito

faim (fêng) *f* fame *f*

*****faire** (fêêr) *v* *fare; *indurre a

faisable (fö-*sabl*) *adj* realizzabile, raggiungibile

faisan (fö-*sang*) *m* fagiano *m*

fait (fe) *m* fatto *m*; **de ~** infatti; **en ~** infatti, in realtà

falaise (fa-*lêês*) *f* scogliera *f*; scoglio *m*

*****falloir** (fa-*luaar*) *v* *occorrere, *dovere

falsification (fal-ssi-fi-ka-*ssiong*) *f* falsificazione *f*

falsifier (fal-ssi-*fie*) *v* falsificare

fameux (fa-*mö*) *adj* famoso

familial (fa-mi-*lial*) *adj* familiare

familiariser (fa-mi-l'a-ri-*se*) *v* abituare

familier (fa-mi-*lie*) *adj* confidenziale, familiare

famille (fa-*mii*) *f* famiglia *f*

fan (fan) *m* tifoso *m*

fanatique (fa-na-*tik*) *adj* fanatico

se faner (fa-*ne*) scolorirsi

fanfare (fang-*faar*) *f* fanfara *f*

fantaisie (fang-te-*si*) *f* fantasia *f*

fantastique (fang-ta-*sstik*) *adj* fantastico

fantôme (fang-*tôôm*) *m* fantasma *m*, spettro *m*

faon (fang) *m* cerbiatto *m*

farce (farss) *f* farsa *f*, buffonata *f*; ripieno *m*

farci (far-*ssi*) *adj* ripieno

fardeau (far-*dô*) *m* peso *m*

farine (fa-*rin*) *f* farina *f*

farouche (fa-*ruf*) *adj* schivo

fasciner (fa-ssi-*ne*) *v* affascinare

fascisme (fa-*fissm*) *m* fascismo *m*

fasciste (fa-*fisst*) *m* fascista *m*; *adj* fascistico

fastidieux (fa-ssti-*d'ö*) *adj* noioso; fastidioso

fatal (fa-*tal*) *adj* (pl ~s) fatale, letale

fatigant (fa-ti-*ghang*) *adj* faticoso

fatigue (fa-*tigh*) *f* stanchezza *f*

fatiguer (fa-ti-*ghe*) *v* stancare; **fatigué** stanco; affaticato

faubourg (fô-*buur*) *m* sobborgo *m*

fauché (fô-*fe*) *adj* squattrinato

faucon (fô-*kong*) *m* falcone *m*; astore *m*

faute (fôôt) *f* sbaglio *m*; colpa *f*; **donner la ~ à** biasimare; **sans ~** senz'altro

fauteuil (fô-*töi*) *m* poltrona *f*; **~ d'orchestre** poltrona d'orchestra;

~ **roulant** sedia a rotelle

faux (fô) *adj* (f **fausse**) falso; fallace; contraffatto

faveur (fa-*vöör*) *f* favore *m*; **en ~ de** a favore di

favorable (fa-vo-*rabl*) *adj* favorevole

favori (fa-vo-*ri*) *m* (f -**rite**) favorito *m*; *adj* favorito; **favoris** basette *fpl*

favoriser (fa-vo-ri-*se*) *v* favorire, privilegiare

fax (fahkss) *m* fax *m*; **envoyer un ~** mandar un fax

fédéral (fe-de-*ral*) *adj* federale

fédération (fe-de-ra-*ssiong*) *f* federazione *f*

*****feindre** (*fêng*dr) *v* *****fingere

félicitation (fe-li-ssi-ta-*ssiong*) *f* congratulazione *f*, felicitazione *f*

féliciter (fe-li-ssi-*te*) *v* felicitarsi con

femelle (fö-*mêl*) *f* femmina *f*

féminin (fe-mi-*nêng*) *adj* femminile

femme (fam) *f* donna *f*, moglie *f*; ~ **de chambre** cameriera *f*

fendre (*fang*dr) *v* *****fendere; spaccare

fenêtre (fö-*nêêtr*) *f* finestra *f*

fente (*fang*t) *f* crepa *f*, fessura *f*

féodal (fe-o-*dal*) *adj* feudale

fer (fêêr) *m* ferro *m*; **en ~** di ferro; ~ **à cheval** ferro di cavallo; ~ **à friser** arricciacapelli *m*; ~ **à repasser** ferro da stiro; ~ **à souder** saldatore *m*

ferme (fêrm) *f* cascina *f*, fattoria *f*; *adj* saldo, stabile; fermo

fermenter (fêr-mang-*te*) *v* fermentare

fermer (fêr-*me*) *v* *****chiudere; **fermé** chiuso; ~ **à clé** *****chiudere a chiave

fermeture (fêrm-*tüür*) *f* fermaglio *m*; ~ **éclair** chiusura lampo

fermier (fêr-*mie*) *m* fattore *m*

fermière (fêr-*mêêr*) *f* fattoressa *f*

féroce (fe-*ross*) *adj* feroce

ferraille (fê-*rai*) *f* rottame di ferro

ferry-boat (fê-ri-*bôt*) *m* traghetto *m*

fertile (fêr-*til*) *adj* fertile

fesse (fèss) *f* natica *f*

fessée (fe-*sse*) *f* sculacciata *f*

festival (fê-ssti-*val*) *m* (pl ~s) festival *m*

fête (fêt) *f* festa *f*

feu (fö) *m* fuoco *m*; ~ **arrière** luce posteriore, fanalino posteriore; ~ **de circulation** semaforo *m*; ~ **de position** luce di posizione

feuille (föi) *f* foglia *f*; foglio *m*

feuilleton (föi-*tong*) *m* romanzo a puntate

feutre (*fööt*r) *m* feltro *m*

février (fe-vri-*e*) *m* febbraio

fiançailles (fiang-*ssai*) *fpl* fidanzamento *m*

fiancé (fiang-*sse*) *m* fidanzato *m*; *adj* fidanzato

fiancée (fiang-*sse*) *f* sposa *f*, fidanzata *f*

fibre (fibr) *f* fibra *f*

ficelle (fi-*ssêl*) *f* spago *m*

fiche (fiʃ) *f* spina *f*

fiction (fik-*ssiong*) *f* finzione *f*

fidèle (fi-*dêl*) *adj* fedele

fier (fiêêr) *adj* fiero

fièvre (fiêêvr) *f* febbre *f*

fiévreux (fie-*vrö*) *adj* febbricitante

figue (figh) *f* fico *m*

se figurer (fi-ghü-*re*) figurarsi

fil (fil) *m* filo *m*; cordicella *f*, refe *m*; ~ **de fer** filo di ferro; ~ **électrique** cordone elettrico

file (fil) *f* fila *f*

filer (fi-*le*) *v* filare

filet (fi-*lê*) *m* rete *f*; ~ **à bagage** portabagagli *m*; ~ **de pêche** rete da pesca

fille (fii) *f* ragazza *f*; figlia *f*; **vieille ~** zitella *f*

film (film) *m* film *m*; ~ **en couleurs** pellicola a colori

filmer (fil-*me*) *v* filmare

fils (fiss) *m* figlio *m*

filtre (filtr) *m* filtro *m*; ~ **à air** filtro dell'aria; ~ **à huile** filtro dell'olio

filtrer (fil-*tre*) *v* filtrare

fin (fêng) *f* termine *m*, fine *f*; esito *m*; *adj* fino; sottile

final (fi-*nal*) *adj* (pl ~s) finale

financer (fi-nang-*sse*) *v* finanziare

finances (fi-*nangss*) *fpl* finanze *fpl*

financier (fi-nang-*ssie*) *adj* finanziario

finir (fi-*niir*) *v* finire; cessare

Finlandais (fêng-lang-*de*) *m* finlandese *m*

finlandais (fêng-lang-*de*) *adj* finlandese

Finlande (fêng-*langd*) *f* Finlandia *f*

firme (firm) *f* ditta *f*

fissure (fi-*ssüür*) *f* fessura *f*

fixateur (fik-ssa-*töör*) *m* fissatore per capelli

fixe (fikss) *adj* fisso

fixer (fik-*sse*) *v* attaccare; fissare; ~ **le prix** prezzare

fjord (f'or) *m* fiordo *m*

flacon (fla-*kong*) *m* flacone *m*

flamant (fla-*mang*) *m* fenicottero *m*

flamme (flam) *f* fiamma *f*

flanelle (fla-*nêl*) *f* flanella *f*

flâner (fla-*ne*) *v* passeggiare

flaque (flak) *f* pozzanghera *f*

flasque (flassk) *adj* floscio

fléau (fle-*ó*) *m* flagello *m*

flèche (flêʃ) *f* freccia *f*

flétan (fle-*tang*) *m* ippoglosso *m*

fleur (flöör) *f* fiore *m*

fleuriste (flö-*risst*) *m* negozio di fiori, fioraio *m*

fleuve (flööv) *m* fiume *m*

flexible (flêk-*ssibl*) *adj* flessibile

flotte (flot) *f* flotta *f*

flotter (flo-*te*) *v* galleggiare

flotteur (flo-*töör*) *m* galleggiante *m*

fluide (flü-*id*) *adj* fluido

flûte (flüt) *f* flauto *m*

foi (f'ua) *f* fede *f*

foie (f'ua) *m* fegato *m*

foin (f'uêng) *m* fieno *m*

foire (f'uaar) *f* fiera *f*

fois (f'ua) *f* volta *f*; *prep* per; **à la** ~ contemporaneamente; **deux** ~ due volte; **une** ~ un giorno; **une** ~ **de plus** ancora una volta

folie (fo-*li*) *f* pazzia *f*

folklore (fol-*kloor*) *m* folklore *m*

foncé (fong-*sse*) *adj* scuro

foncer (fong-*sse*) *v* *correre

fonction (fongk-*ssiong*) *f* funzione *f*

fonctionnaire (fongk-ss'o-*nêêr*) *m* funzionario *m*

fonctionnement (fongk-ss'on-*mang*) *m* funzionamento *m*

fonctionner (fongk-ss'o-*ne*) *v* funzionare

fond (fong) *m* fondo *m*; nocciolo *m*; sfondo *m*; **à** ~ a fondo; **au** ~ in fondo; ~ **de teint** fondo tinta

fondamental (fong-da-mang-*tal*) *adj* fondamentale

fondation (fong-da-*ssiong*) *f* fondazione *f*

fondement (fongd-*mang*) *m* fondamento *m*

fonder (fong-*de*) *v* fondare, istituire; **bien fondé** fondato

fonderie (fong-*dri*) *f* ferriera *f*

fondre (fongdr) *v* *fondere; disgelarsi

fonds (fong) *mpl* fondi

fontaine (fong-*tên*) *f* fontana *f*

fonte (fongt) *f* ghisa *f*

football (fut-*bol*) *m* calcio *m*

force (forss) *f* forza *f*, potenza *f*; ~ **armée** forze militari

forcément (for-sse-*mang*) *adv* per forza

forcer (for-*sse*) *v* forzare

forer (fo-*re*) *v* trapanare

forestier (fo-rê-*sstie*) *m* guardia forestale

forêt (fo-*re*) *f* foresta *f*

foreuse (fo-*röös*) f trapano m

forgeron (for-ʒö-*rong*) m fabbro m

formalité (for-ma-li-*te*) f formalità f

format (for-*ma*) m formato m

formation (for-ma-ss*iong*) f istruzione f

forme (form) f forma f; figura f

formel (for-*mél*) adj categorico

former (for-*me*) v formare; addestrare, istruire

formidable (for-mi-*dabl*) adj ottimo, magnifico; formidabile

formulaire (for-mü-*lêêr*) m formulario m; ~ **d'inscription** foglio di registrazione

formule (for-*mül*) f formula f

fort (foor) adj forte; alto; m forte m

fortement (for-tö-*mang*) adv strettamente

forteresse (for-tö-*rêss*) f fortezza f

fortuit (for-*tui*) adj incidentale, fortuito

fortune (for-*tün*) f ricchezza f

fosse (fôss) f buca f

fossé (fô-*sse*) m fosso m, fossato m

fou¹ (fu) adj (fol; f folle) folle, pazzo; insano

fou² (fu) m sciocco m

foudre (fudr) f fulmine m

fouet (f^ue) m frusta f

fouetter (f^ue-*te*) v sbattere

fouille (fu*i*) f ricerca f

fouiller (fu-*ie*) v perquisire, perlustrare; scavare

fouillis (fu-*ii*) m imbroglio m

foulard (fu-*laar*) m fazzoletto m

foule (ful) f folla f

fouler (fu-*le*) v *storcere

foulure (fu-*lüür*) f distorsione f

four (fuur) m forno m; ~ **à microondes** forno a microonde

fourchette (fur-*fêt*) f forchetta f

fourgon (fur-*ghong*) m bagagliaio m; furgone m

fourmi (fur-*mi*) f formica f

fournaise (fur-*nêês*) f fornace f

fourneau (fur-*nô*) m stufa f; ~ **à gaz** stufa a gas

fournir (fur-*niir*) v fornire, *provvedere

fourniture (fur-ni-*tüür*) f fornitura f; rifornimento m

fourreur (fu-*röör*) m pellicciaio m

fourrure (fu-*rüür*) f pelliccia f

foyer (f^ua-*ie*) m ridotto m, salone m; ospizio m; fuoco m

fracas (fra-*ka*) m baccano m

fraction (frak-ss*iong*) f frazione f

fracture (frak-*tüür*) f frattura f

fracturer (frak-tü-*re*) v fratturare

fragile (fra-ʒil) adj fragile

fragment (fragh-*mang*) m passo m, frammento m

frais¹ (fre) adj (f fraîche) fresco; freddino

frais² (fre) mpl spese; ~ **de voyage** spese di viaggio

fraise (frêês) f fragola f

framboise (frang-b^uaas) f lampone m

franc (frang) adj (f franche) franco

Français (frang-sse) m francese m

français (frang-sse) adj francese

France (frangss) f Francia f

franchir (frang-*fiir*) v varcare

franc-tireur (frang-ti-*röör*) m franco tiratore

frange (frangʒ) f frangia f

frappant (fra-*pang*) adj impressionante, notevole

frappé (fra-*pe*) m frappé m

frapper (fra-*pe*) v picchiare; colpire, bussare, urtare

fraternité (fra-têr-ni-*te*) f fraternità f

fraude (frôôd) f frode f

frayeur (frê-*iöör*) m spavento m

fredonner (frö-do-*ne*) v canticchiare

frein (frêng) m freno m; ~ **à main** freno a mano; ~ **à pédale** freno a

pedale
freiner (fre-*ne*) *v* frenare, rallentare
fréquemment (fre-ka-*mang*) *adv* frequentemente
fréquence (fre-*kangss*) *f* frequenza *f*
fréquent (fre-*kang*) *adj* frequente
fréquenter (fre-kang-*te*) *v* frequentare
frère (frêêr) *m* fratello *m*
fret (fre) *m* carico *m*
en friche (ang friʃ) incolto
friction (frik-*ss¹ong*) *f* attrito *m*
frigidaire (fri-ʒi-*dêêr*) *m* frigorifero *m*
frigo (fri-*ghô*) *m* frigorifero *m*
fripon (fri-*pong*) *m* monello *m*
***frire** (friir) *v* *friggere
friser (fri-*se*) *v* arricciare
frisson (fri-*ssong*) *m* brivido *m*
frissonnant (fri-sso-*nang*) *adj* infreddolito
frissonner (fri-sso-*ne*) *v* rabbrividire, tremare
froid (frᵘa) *m* freddo *m*; *adj* freddo
froisser (frᵘa-*sse*) *v* increspare
fromage (fro-*maaʒ*) *m* formaggio *m*
front (frong) *m* fronte *f*
frontière (frong-*t¹êêr*) *f* confine *m*; frontiera *f*
frotter (fro-*te*) *v* strofinare
fruit (frui) *m* frutto *m*; **fruits** frutta *f*
fugitif (fü-ʒi-*tif*) *m* fuggitivo *m*
***fuir** (fuiir) *v* fuggire
fuite (fuit) *f* fuga *f*; sgocciolamento *m*
fume-cigarettes (füm-ssi-gha-*rêt*) *m* bocchino *m*
fumée (fü-*me*) *f* fumo *m*
fumer (fü-*me*) *v* fumare
fumeur (fü-*möör*) *m* fumatore *m*; **compartiment fumeurs** scompartimento per fumatori
fumier (fü-*m¹e*) *m* concime *m*; letame *m*; **tas de ~** letamaio *m*
fumoir (fü-*mᵘaar*) *m* sala per fumatori
funérailles (fü-ne-*rai*) *fpl* funerale *m*

fureur (fü-*röör*) *f* ira *f*, furore *m*
furibond (fü-ri-*bong*) *adj* furibondo
furieux (fü-*r¹ö*) *adj* furioso
furoncle (fü-*rongkl*) *m* foruncolo *m*
fusée (fü-*se*) *f* razzo *m*
fusible (fü-*sibl*) *m* fusibile *m*
fusil (fü-*si*) *m* fucile *m*
fusion (fü-*s¹ong*) *f* fusione *f*
futile (fü-*til*) *adj* vano, futile
futur (fü-*tüür*) *adj* futuro

G

gâcher (gha-*ʃe*) *v* pasticciare
gâchette (gha-*ʃêt*) *f* grilletto *m*
gâchis (gha-*ʃi*) *m* disordine *m*
gadget (gha-*dʒêt*) *m* aggeggio *m*
gadoue (gha-*du*) *f* melma *f*
gages (ghaaʒ) *mpl* stipendio *m*; **donner en gage** impegnare
gagner (gha-*gne*) *v* *vincere; guadagnare
gai (ghe) *adj* allegro
gain (ghêng) *m* profitto *m*; **gains** guadagni *mpl*; vincita *f*
gaine (ghên) *f* busto *m*
gaîté (ghe-*te*) *f* gaiezza *f*, allegria *f*
galerie (ghal-*ri*) *f* loggione *m*, galleria *f*; **~ d'art** galleria d'arte
galet (gha-*le*) *m* ciottolo *m*
galop (gha-*lô*) *m* galoppo *m*
gamin (gha-*mêng*) *m* ragazzino *m*
gamme (gham) *f* scala musicale; portata *f*
gant (ghang) *m* guanto *m*
garage (gha-*raaʒ*) *m* rimessa *f*
garagiste (gha-ra-*ʒisst*) *m* garagista *m*
garant (gha-*rang*) *m* garante *m*
garantie (gha-rang-*ti*) *f* garanzia *f*
garantir (gha-rang-*tiir*) *v* garantire
garçon (ghar-*ssong*) *m* ragazzo *m*; giovane *m*; cameriere *m*

garde (ghard) m guardiano m; f custodia f; ~ **du corps** guardia del corpo; ***prendre** ~ *stare in guardia

garde-boue (ghard-bu) m parafango m

garde-manger (ghard-mang-ʒe) m dispensa f

garder (ghar-de) v *mantenere; conservare

garde-robe (ghar-drob) f guardaroba m; armadio m

gardien (ghar-d'êng) m guardia f, guardiano m; custode m; ~ **de but** portiere m

gare (ghaar) f stazione f

garer (gha-re) v *mettere in rimessa; **se** ~ posteggiare

se gargariser (ghar-gha-ri-se) gargarizzare

gars (gha) m tipo m

gaspillage (gha-sspi-¹aaʒ) m spreco m

gaspiller (gha-sspi-¹e) v sprecare

gaspilleur (gha-sspi-¹öör) adj spendereccio

gastrique (gha-sstrik) adj gastrico

gâteau (gha-tô) m torta f, dolce m

gâter (gha-te) v guastare; viziare

gauche (ghôôʃ) adj sinistro

gaucher (ghô-ʃe) adj mancino

gaufre (ghôôfr) f cialda f

gaufrette (ghô-frêt) f ostia f

gaz (ghaas) m gas m; ~ **d'échappement** gas di scarico

gaze (ghaas) f garza f

gazon (gha-song) m prato m

géant (ʒe-ang) m gigante m

gel (ʒêl) m gelo m; ~ **pour les cheveux** m brillantina f

gelée (ʒö-le) f gelatina f

geler (ʒö-le) v congelarsi, gelare

gémir (ʒe-miir) v gemere

gênant (ʒê-nang) adj molesto, fastidioso

gencive (ʒang-ssiiv) f gengiva f

gendre (ʒangdr) m genero m

gêner (ʒe-ne) v ostacolare; infastidire; **gêné** imbarazzato; **se** ~ *essere in imbarazzo

général (ʒe-ne-ral) m generale m; adj generale; **en** ~ di norma, in generale

généralement (ʒe-ne-ral-mang) adv generalmente

générateur (ʒe-ne-ra-töör) m generatore m

génération (ʒe-ne-ra-ss'ong) f generazione f

généreux (ʒe-ne-rö) adj generoso, prodigo

générosité (ʒe-ne-ro-si-te) f generosità f

génie (ʒe-ni) m genio m

génital (ʒe-ni-tal) adj genitale

genou (ʒö-nu) m (pl ~x) ginocchio m

genre (ʒangr) m genere m

gens (ʒang) mpl/fpl gente f

gentil (ʒang-ti) adj (f ~le) gentile, affabile; carino; dolce

géographie (ʒe-o-ghra-fi) f geografia f

geôlier (ʒô-l'e) m carceriere m

géologie (ʒe-o-lo-ʒi) f geologia f

géométrie (ʒe-o-me-tri) f geometria f

germe (ʒêrm) m germe m

geste (ʒêsst) m gesto m

gesticuler (ʒê-ssti-kü-le) v gesticolare

gestion (ʒê-sst'ong) f amministrazione f, gestione f

gibet (ʒi-be) m forca f

gibier (ʒi-b'e) m selvaggina f

gigantesque (ʒi-ghang-têssk) adj ingente, gigantesco

gilet (ʒi-le) m panciotto m

gingembre (ʒêng-ʒangbr) m zenzero m

glace (ghlass) f ghiaccio m; gelato m

glacial (ghla-ss'al) adj glaciale

glacier (ghla-ss'e) m ghiacciaio m

gland (ghlang) *m* ghianda *f*

glande (ghlangd) *f* ghiandola *f*

glissade (ghli-*ssad*) *f* scivolata *f*

glissant (ghli-*ssang*) *adj* viscido, sdrucciolevole

glisser (ghli-*sse*) *v* slittare, scivolare

global (ghlo-*bal*) *adj* generale

globe (ghlob) *m* globo *m*

gloire (ghl*u*aar) *f* gloria *f*

glousser (ghlu-*sse*) *v* ridacchiare

gluant (ghlü-*ang*) *adj* appiccicaticcio

gobelet (gho-*ble*) *m* bicchiere *m*, boccale *m*

goéland (gho-e-*lang*) *m* gabbiano *m*

golf (gholf) *m* golf *m*; **terrain de ~** campo di golf

golfe (gholf) *m* golfo *m*

gomme (ghom) *f* gomma *f*; gomma per cancellare

gondole (ghong-*dol*) *f* gondola *f*

gonflable (ghong-*flabl*) *adj* gonfiabile

gonfler (ghong-*fle*) *v* gonfiare

gorge (ghor3) *f* collo *m*, gola *f*

gorgée (ghor-*3e*) *f* sorsetto *m*

gosse (ghoss) *m* bambino *m*, fanciullo *m*

goudron (ghu-*drong*) *m* catrame *m*

goulot d'étranglement (ghu-lo de-trang-ghlö-*mang*) ingorgo *m*

gourdin (ghur-*dêng*) *m* clava *f*, randello *m*

gourmand (ghur-*mang*) *adj* goloso

gourmet (ghur-*me*) *m* buongustaio *m*

goût (ghu) *m* gusto *m*; ***avoir ~ de** *sapere

goûter (ghu-*te*) *v* assaggiare

goutte (ghut) *f* goccia *f*; gotta *f*

gouvernail (ghu-vêr-*nai*) *m* timone *m*

gouvernante (ghu-vêr-*nangt*) *f* governante *f*

gouvernement (ghu-vêr-nö-*mang*) *m* governo *m*

gouverner (ghu-vêr-*ne*) *v* governare

gouverneur (ghu-vêr-*nöör*) *m* governatore *m*

grâce (ghraass) *f* grazia *f*; **~ à** grazie a

gracieux (ghra-ss*i*ö) *adj* grazioso; **à titre ~** gratuito

grade (ghrad) *m* classe *f*; titolo *m*, ceto *m*

graduel (ghra-*duêl*) *adj* graduale

graduellement (ghra-duêl-*mang*) *adv* gradualmente

grain (ghrêng) *m* granello *m*

graisse (ghrèss) *f* grasso *m*

graisser (ghrè-*sse*) *v* lubrificare

graisseux (ghrè-*ssö*) *adj* grasso, unto

grammaire (ghra-*mêêr*) *f* grammatica *f*

grammatical (ghra-ma-ti-*kal*) *adj* grammaticale

gramme (ghram) *m* grammo *m*

grand (ghrang) *adj* grande; lungo, alto

Grande-Bretagne (ghrangd-brö-*tagn*) *f* Gran Bretagna

grandeur (ghrang-*döör*) *f* dimensione *f*

grandiose (ghrang-d*i*ôôs) *adj* grandioso

grandir (ghrang-*diir*) *v* *crescere

grand-mère (ghrang-*mêêr*) *f* nonna *f*

grand-papa (ghrang-pa-*pa*) *m* nonno *m*

grand-père (ghrang-*pêêr*) *m* nonno *m*

grands-parents (ghrang-pa-*rang*) *mpl* nonni

grange (ghrang3) *f* granaio *m*

granit (ghra-*nit*) *m* granito *m*

graphique (ghra-*fik*) *adj* grafico; *m* grafico *m*; diagramma *m*

gras (ghra) *adj* (f ~se) untuoso, grasso

gratitude (ghra-ti-*tüd*) *f* gratitudine *f*

gratte-ciel (ghra-tss*i*êl) *m* grattacielo *m*

gratter (ghra-*te*) *v* graffiare

gratuit (ghra-*tui*) *adj* gratis, gratuito

grave (ghraav) *adj* grave; brutto, severo

graver (ghra-*ve*) *v* *incidere

graveur (ghra-*vöör*) *m* incisore *m*

gravier (ghra-*v*ʲe) *m* ghiaia *f*

gravillon (ghra-vi-ʲ*ong*) *m* graniglia *f*

gravité (ghra-vi-*te*) *f* serietà *f*; gravità *f*

gravure (ghra-*vüür*) *f* incisione *f*; stampa *f*; scultura in legno

Grec (ghrēk) *m* greco *m*

grec (ghrēk) *adj* (f grecque) greco

Grèce (ghrēss) *f* Grecia *f*

greffier (ghre-f*ʲe*) *m* scrivano *m*

grêle (ghrēl) *f* grandine *f*

grenier (ghrö-*n*ʲe) *m* soffitta *f*

grenouille (ghrö-*nu*ʲ) *f* rana *f*

grève (ghrēv) *f* sciopero *m*; ***faire ~** scioperare

gréviste (ghre-*visst*) *m* scioperante *m*

griffe (ghrif) *f* artiglio *m*

grill (ghril) *m* griglia *f*

grille (ghri*ʲ*) *f* cancello *m*; grata *f*

griller (ghri-ʲe) *v* *cuocere arrosto; cucinare alla griglia

grillon (ghri-ʲ*ong*) *m* grillo *m*

grimper (ghrēng-*pe*) *v* arrampicarsi; arrampicare

grincer (ghrēng-*sse*) *v* cigolare

grippe (ghrip) *f* influenza *f*

gris (ghri) *adj* grigio

grive (ghriiv) *f* tordo *m*

grogner (ghro-*gne*) *v* brontolare

grondement (ghrongd-*mang*) *m* rombo *m*

gronder (ghrong-*de*) *v* tuonare; riprovare

gros (ghrò) *adj* (f -se) grosso; spesso, grasso

groseille (ghrò-*sêi*) *f* ribes *m*; **~ à maquereau** uva spina

grosse (ghrôòss) *f* grossa *f*

grossier (ghrò-ss*ʲe*) *adj* rozzo, grosso-lano, volgare

grossir (ghro-*ssiir*) *v* ingrossare; ingrassare

grossiste (ghrò-*ssisst*) *m* grossista *m*

grotesque (ghro-*têssk*) *adj* ridicolo

grotte (ghrot) *f* caverna *f*; grotta *f*

groupe (ghrup) *m* gruppo *m*

grouper (ghru-*pe*) *v* raggruppare

grue (ghrü) *f* gru *f*

grumeau (ghrü-*mô*) *m* grumo *m*

grumeleux (ghrüm-*lö*) *adj* grumoso

gué (ghe) *m* guado *m*

guêpe (ghêp) *f* vespa *f*

ne ... guère (nö ... ghêêr) a mala pena

guérir (ghe-*riir*) *v* curare; guarire

guérison (ghe-ri-*song*) *f* guarigione *f*

guérisseur (ghe-ri-*ssöör*) *m* medicone *m*

guerre (ghêêr) *f* guerra *f*; **d'avant-guerre** d'anteguerra; **~ mondiale** guerra mondiale

gueule (ghöl) *f* fauci *fpl*, bocca *f*; **~ de bois** malessere *m*

guichet (ghi-ʲe) *m* biglietteria *f*; **~ de location** botteghino *m*

guide (ghid) *m* guida *f*

guider (ghi-*de*) *v* guidare

guillemets (ghi*ʲ*-*me*) *mpl* virgolette *fpl*

guitare (ghi-*taar*) *f* chitarra *f*

gymnase (ʒim-*naas*) *f* palestra *f*

gymnaste (ʒim-*nasst*) *m* ginnasta *m*

gymnastique (ʒim-na-*sstik*) *f* ginnastica *f*

gynécologue (ʒi-ne-ko-*logh*) *m* ginecologo *m*

H

habile (a-*bil*) *adj* esperto, abile

habileté (a-bil-*te*) *f* abilità *f*

habiller (a-bi-*ᵉe*) *v* vestire
habitable (a-bi-*tabl*) *adj* abitabile
habitant (a-bi-*tang*) *m* abitante *m*
habitation (a-bi-ta-ss*ong*) *f* abitazione *f*
habiter (a-bi-*te*) *v* abitare
habits (a-bi) *mpl* abiti *m*
habitude (a-bi-*tüd*) *f* abitudine *f*;
   avoir l'habitude de *solere; *d'habitude* di solito
habitué (a-bi-*tue*) *adj* abituato
habituel (a-bi-*tuêl*) *adj* consueto, abituale, ordinario
habituellement (a-bi-tuêl-*mang*) *adv* abitualmente
s'habituer abituarsi
hache ('aʃ) *f* ascia *f*
hacher ('a-*ʃe*) *v* spaccare, tritare
haie ('e) *f* siepe *f*
haine ('ên) *f* odio *m*
***haïr** ('a-*iir*) *v* odiare
hâlé ('a-*le*) *adj* abbronzato
haleter ('al-*te*) *v* ansimare
hamac ('a-*mak*) *m* amaca *f*
hameau ('a-*mô*) *m* frazione *f*
hameçon (am-*ssong*) *m* amo *m*
hanche ('angʃ) *f* fianco *m*
handicapé ('ang-di-ka-*pe*) *adj* inabilitato
hardi ('ar-*di*) *adj* sfacciato
hareng ('a-*rang*) *m* aringa *f*
haricot ('a-ri-*kô*) *m* fagiolo *m*
harmonie (ar-mo-*ni*) *f* armonia *f*
harmonieux (ar-mo-n'*ö*) *adj* melodioso
harpe ('arp) *f* arpa *f*
hasard ('a-*saar*) *m* azzardo *m*, caso *m*; rischio *m*; **par ~** per caso
hâte ('aat) *f* fretta *f*
se hâter ('a-*te*) affrettarsi
hausse ('ôôss) *f* rialzo *m*; aumento *m*
haut ('ô) *m* lato superiore; *adj* alto; **en ~** di sopra, in su, sopra; su; **vers le ~** in su

hautain ('ô-*têng*) *adj* altezzoso
hauteur ('ô-*töör*) *f* altezza *f*; *être à la ~ de* *stare al passo con
haut-parleur ('ô-par-*löör*) *m* altoparlante *m*
havresac ('a-vrö-*ssak*) *m* bisaccia *f*; zaino *m*
hebdomadaire (êb-do-ma-*dêêr*) *adj* settimanale
hébreu (e-*brö*) *m* ebraico *m*
hélas ('e-*laass*) *adv* disgraziatamente
hélice (e-*liss*) *f* elica *f*
hémorragie (e-mo-ra-*ʒi*) *f* emorragia *f*
hémorroïdes (e-mo-ro-*id*) *fpl* emorroidi *fpl*
herbe (êrb) *f* erba *f*; **mauvaise ~** erbaccia *f*
héréditaire (e-re-di-*têêr*) *adj* ereditario
hérisson ('e-ri-*ssong*) *m* riccio *m*
héritage (e-ri-*taaʒ*) *m* eredità *f*
hériter (e-ri-*te*) *v* ereditare
hermétique (êr-me-*tik*) *adj* a tenuta d'aria
hernie ('êr-*ni*) *f* ernia *f*
héron ('e-*rong*) *m* airone *m*
héros ('e-*rô*) *m* eroe *m*
hésiter (e-si-*te*) *v* esitare
hétérosexuel (e-te-ro-ssêk-*ssuêl*) *adj* eterosessuale
hêtre ('êêtr) *m* faggio *m*
heure (öör) *f* ora *f*; **à ... heures** alle ...; **~ d'arrivée** ora di arrivo; **~ de départ** ora di partenza; **~ de pointe** ora di punta; **~ d'été** orario estivo; **heures de bureau** ore d'ufficio; **heures de consultation** orario di ricevimento; **heures d'ouverture** orario di apertura; **tout à l'heure** subito; **toutes les heures** ogni ora
heureux (ö-*rö*) *adj* felice, fortunato
heurter (ör-*te*) *v* urtare
hibou ('i-*bu*) *m* (pl ~x) gufo *m*

hideux ('i-*dö*) *adj* orrendo

hier ('êêr) *adv* ieri

hiérarchie ('ie-rar-*fi*) *f* gerarchia *f*

hippodrome (i-po-*drom*) *m* ippodromo *m*

hirondelle (i-rong-*dêl*) *f* rondine *f*

hisser ('i-*sse*) *v* issare

histoire (i-sst^{u}aar) *f* storia *f*; racconto *m*; ~ **d'amour** storia d'amore; ~ **de l'art** storia dell'arte

historien (i-ssto-r'ê*ng*) *m* storico *m*

historique (i-ssto-*rik*) *adj* storico

hiver (i-vêêr) *m* inverno *m*

hobby ('o-*bi*) *m* passatempo *m*

hockey ('o-*ke*) *m* hockey *m*

Hollandais ('o-lang-*de*) *m* olandese *m*

hollandais ('o-lang-*de*) *adj* olandese

Hollande ('o-*langd*) *f* Olanda *f*

homard ('o-*maar*) *m* aragosta *f*

hommage (o-*maaʒ*) *m* omaggio *m*

homme (om) *m* uomo *m*; ~ **d'affaires** uomo d'affari; ~ **d'Etat** uomo di stato

homosexuel (o-mo-ssêk-*ssuêl*) *adj* omosessuale

Hongrie ('ong-*ghri*) *f* Ungheria *f*

Hongrois ('ong-ghr^{u}a) *m* ungherese *m*

hongrois ('ong-ghr^{u}a) *adj* ungherese

honnête (o-*nêt*) *adj* onesto; giusto

honnêteté (o-nêt-*te*) *f* onestà *f*

honneur (o-*nöör*) *m* onore *m*

honorable (o-no-*rabl*) *adj* onorevole, rispettabile

honoraires (o-no-*rêêr*) *mpl* onorario *m*

honorer (o-no-*re*) *v* onorare

honte ('ongt) *f* vergogna *f*; **avoir ~ *aver vergogna; **quelle honte!** vergogna!

honteux ('ong-*tö*) *adj* vergognoso

hôpital (o-pi-*tal*) *m* ospedale *m*

hoquet ('o-*ke*) *m* singhiozzo *m*

horaire (o-*rêêr*) *m* orario *m*

horizon (o-ri-*song*) *m* orizzonte *m*

horizontal (o-ri-song-*tal*) *adj* orizzontale

horloge (or-*looʒ*) *f* orologio *m*

horloger (or-lo-ʒe) *m* orologiaio *m*

horreur (o-*röör*) *f* orrore *m*

horrible (o-*ribl*) *adj* orribile

horrifiant (o-ri-f'ang) *adj* orribile

hors ('oor) *adv* fuori; ~ **de** fuori di

hors-d'œuvre ('or-*döövr*) *m* antipasto *m*

horticulture (or-ti-kül-*tüür*) *f* orticoltura *f*

hospice (o-*sspiss*) *m* asilo *m*

hospitalier (o-sspi-ta-l'e) *adj* ospitale

hospitalité (o-sspi-ta-li-*te*) *f* ospitalità *f*

hostile (o-*sstil*) *adj* ostile

hôte (ôôt) *m* ospite *m*

hôtel (ô-*têl*) *m* albergo *m*; ~ **de ville** municipio *m*

hôtesse (ô-*têss*) *f* ospite *f*; capo ufficio ricevimento; ~ **de l'air** hostess *f*

houblon ('u-*blong*) *m* luppolo *m*

houppette ('u-*pêt*) *f* piumino da cipria

housse ('uss) *f* busta *f*

hublot ('ü-*blô*) *m* boccaporto *m*

huile (uil) *f* olio *m*; ~ **capillaire** olio per capelli; ~ **de table** olio da tavola; ~ **d'olive** olio d'oliva; ~ **solaire** olio abbronzante

huiler (ui-*le*) *v* lubrificare

huileux (ui-*lö*) *adj* oleoso

huissier (ui-ss'e) *m* usciere *m*

huit ('uit) *num* otto

huitième ('ui-t'êm) *num* ottavo

huître (uitr) *f* ostrica *f*

humain (ü-*mêng*) *adj* umano

humanité (ü-ma-ni-*te*) *f* umanità *f*

humble (öngbl) *adj* umile

humecter (ü-mêk-*te*) *v* inumidire

humeur (ü-*möör*) *f* umore *m*

humide (ü-*mid*) *adj* umido

humidifier (ü-mi-di-f'e) *v* inumidire

humidité (ü-mi-di-*te*) *f* umidità *f*

humour (ü-*muur*) *m* spirito *m*

hurler ('ür-*le*) *v* urlare, strillare

hutte ('üt) *f* capanna *f*

hydrogène (i-dro-*ʒên*) *m* idrogeno *m*

hygiène (i-*ʒ'ên*) *f* igiene *f*

hygiénique (i-ʒ'e-*nik*) *adj* igienico

hymne (imn) *m* inno *m*; ~ **national** inno nazionale

hypocrisie (i-po-kri-*si*) *f* ipocrisia *f*

hypocrite (i-po-*krit*) *m* ipocrita *m*; *adj* ipocrita

hypothèque (i-po-*têk*) *f* ipoteca *f*

hystérique (i-sste-*rik*) *adj* isterico

I

ici (i-*ssi*) *adv* qui

icône (i-*kôôn*) *f* icona *f*

idéal[1] (i-de-*al*) *adj* (pl -aux) ideale

idéal[2] (i-de-*al*) *m* (pl ~s, -aux) ideale *m*

idée (i-*de*) *f* trovata *f*, idea *f*; parere *m*

identification (i-dang-ti-fi-ka-*ssⁱong*) *f* identificazione *f*

identifier (i-dang-ti-*fⁱe*) *v* identificare

identique (i-dang-*tik*) *adj* identico

identité (i-dang-ti-*te*) *f* identità *f*

idiomatique (i-dⁱo-ma-*tik*) *adj* idiomatico

idiome (i-dⁱôôm) *m* idioma *m*

idiot (i-dⁱô) *m* idiota *m*; *adj* idiota

idole (i-*dol*) *f* idolo *m*

idylle (i-*dil*) *f* idillio *m*

ignifuge (igh-ni-*füüʒ*) *adj* incombustibile

ignorant (i-gno-*rang*) *adj* ignorante; incolto

ignorer (i-gno-*re*) *v* ignorare; trascurare

il (il) *pron* egli

île (il) *f* isola *f*

illégal (i-le-*ghal*) *adj* illegale

illettré (i-lê-*tre*) *m* analfabeta *m*

illicite (i-li-*ssit*) *adj* illegale, illecito

illimité (i-li-mi-*te*) *adj* sconfinato, illimitato

illisible (i-li-*sibl*) *adj* illeggibile

illumination (i-lü-mi-na-*ssⁱong*) *f* illuminazione *f*

illuminer (i-lü-mi-*ne*) *v* illuminare

illusion (i-lü-*sⁱong*) *f* inganno *m*, illusione *f*

illustration (i-lü-sstra-*ssⁱong*) *f* illustrazione *f*

illustre (i-*lüsstr*) *adj* illustre

illustré (i-lü-*sstre*) *m* rotocalco *m*

illustrer (i-lü-*sstre*) *v* illustrare

ils (il) *pron* essi

image (i-*maaʒ*) *f* immagine *f*, figura *f*, quadro *m*

imaginaire (i-ma-ʒi-*nêêr*) *adj* immaginario

imagination (i-ma-ʒi-na-*ssⁱong*) *f* immaginazione *f*

imaginer (i-ma-ʒi-*ne*) *v* immaginare; **s'imaginer** figurarsi

imitation (i-mi-ta-*ssⁱong*) *f* imitazione *f*

imiter (i-mi-*te*) *v* imitare

immaculé (i-ma-kü-*le*) *adj* immacolato

immangeable (êng-mang-*ʒabl*) *adj* immangiabile

immédiat (i-me-dⁱa) *adj* immediato

immédiatement (i-me-dⁱat-*mang*) *adv* subito, immediatamente

immense (i-*mangss*) *adj* immenso; smisurato

immérité (i-me-ri-*te*) *adj* non meritato

immeuble (i-*möbl*) *m* immobile *m*; ~ **d'habitation** caseggiato *m*; blocco di appartamenti

immigrant (i-mi-*ghrang*) *m* immigrante *m*

immigration (i-mi-ghra-*ss*'*ong*) *f* immigrazione *f*

immigrer (i-mi-*ghre*) *v* immigrare

immobile (i-mo-*bil*) *adj* immobile

immodeste (i-mo-*dèsst*) *adj* immodesto

immondices (i-mong-*diss*) *fpl* rifiuti

immuniser (i-mü-ni-*se*) *v* immunizzare

immunité (i-mü-ni-*te*) *f* immunità *f*

impair (*êng*-*pêêr*) *adj* dispari

imparfait (*êng*-par-*fe*) *adj* imperfetto; difettoso

impartial (*êng*-par-*ss*'*al*) *adj* imparziale

impatient (*êng*-pa-*ss*'*ang*) *adj* impaziente; ansioso

impeccable (*êng*-pê-*kabl*) *adj* impeccabile

impératrice (*êng*-pe-ra-*triss*) *f* imperatrice *f*

imperfection (*êng*-pêr-fêk-*ss*'*ong*) *f* deficienza *f*; imperfezione *f*

impérial (*êng*-pe-*r*'*al*) *adj* imperiale

imperméable (*êng*-pêr-me-*abl*) *m* impermeabile *m*; *adj* impermeabile

impersonnel (*êng*-pêr-sso-*nêl*) *adj* impersonale

impertinence (*êng*-pêr-ti-*nangss*) *f* impertinenza *f*

impertinent (*êng*-pêr-ti-*nang*) *adj* impertinente

impétueux (*êng*-pe-*tuö*) *adj* avventato

impliquer (*êng*-pli-*ke*) *v* *coinvolgere, implicare

impoli (*êng*-po-*li*) *adj* scortese

impopulaire (*êng*-po-pü-*lêêr*) *adj* impopolare

importance (*êng*-por-*tangss*) *f* rilievo *m*, importanza *f*; *avoir de l'importance* *avere importanza; *sans ~ irrilevante

important (*êng*-por-*tang*) *adj* importante; rilevante, considerevole

importateur (*êng*-por-ta-*töör*) *m* importatore *m*

importation (*êng*-por-ta-*ss*'*ong*) *f* importazione *f*; **taxe d'importation** dazio *m*

importer (*êng*-por-*te*) *v* importare

imposable (*êng*-pô-*sabl*) *adj* tassabile

imposant (*êng*-pô-*sang*) *adj* imponente

imposer (*êng*-pô-*se*) *v* tassare

impossible (*êng*-po-*ssibl*) *adj* impossibile

impôt (*êng*-*pô*) *m* tassa *f*; ~ **sur le chiffre d'affaires** tassa sugli affari; ~ **sur le revenu** imposta sul reddito

impotence (*êng*-po-*tangss*) *f* impotenza *f*

impotent (*êng*-po-*tang*) *adj* impotente

impraticable (*êng*-pra-ti-*kabl*) *adj* impraticabile

impression (*êng*-prê-*ss*'*ong*) *f* impressione *f*; sensazione *f*; *faire ~ sur* impressionare

impressionnant (*êng*-prê-ss'o-*nang*) *adj* impressionante

impressionner (*êng*-prê-ss'o-*ne*) *v* impressionare

imprévu (*êng*-pre-*vü*) *adj* inatteso

imprimé (*êng*-pri-*me*) *m* stampe

imprimer (*êng*-pri-*me*) *v* stampare

imprimerie (*êng*-prim-*ri*) *f* tipografia *f*

improbable (*êng*-pro-*babl*) *adj* improbabile

impropre (*êng*-*propr*) *adj* disadatto, improprio; erroneo

improviser (*êng*-pro-vi-*se*) *v* improvvisare

imprudent (*êng*-prü-*dang*) *adj* incauto

impuissant (*êng*-pui-*ssang*) *adj* impotente

impulsif (*êng*-pül-*ssif*) *adj* impulsivo

impulsion (*êng*-pül-*ss*'*ong*) *f* impulso *m*

inabordable (i-na-bor-*dabl*) *adj* proibitivo

inacceptable (i-nak-ssêp-*tabl*) *adj* inaccettabile

inaccessible (i-nak-sse-*ssibl*) *adj* inaccessibile

inadéquat (i-na-de-*kᵘa*) *adj* inadatto, inadeguato

inadvertance (i-nad-vêr-*tangss*) *f* svista *f*

inattendu (i-na-tang-*dü*) *adj* inaspettato

inattentif (i-na-tang-*tif*) *adj* noncurante

incapable (êng-ka-*pabl*) *adj* incapace

incassable (êng-ka-*ssabl*) *adj* infrangibile

incendie (êng-ssang-*di*) *m* incendio *m*; **alarme d'incendie** allarme d'incendio

incertain (êng-ssêr-*têng*) *adj* incerto

incident (êng-ssi-*dang*) *m* incidente *m*

incinérer (êng-ssi-ne-*re*) *v* cremare

incision (êng-ssi-*sⁱong*) *f* incisione *f*

inciter (êng-ssi-*te*) *v* incitare

inclinaison (êng-kli-nê-*song*) *f* inclinazione *f*

inclination (êng-kli-na-*ssⁱong*) *f* inclinazione *f*; ~ **de la tête** cenno con la testa

incliné (êng-kli-*ne*) *adj* inclinato

s'incliner (êng-kli-*ne*) inclinare

***inclure** (êng-*klüür*) *v* *includere, *accludere; *contenere

incompétent (êng-kong-pe-*tang*) *adj* incompetente

incomplet (êng-kong-*ple*) *adj* (f -plète) incompleto

inconcevable (êng-kong-*ssvabl*) *adj* inconcepibile

inconditionnel (êng-kong-di-ss⁰-nêl*) *adj* incondizionato

inconfortable (êng-kong-for-*tabl*) *adj* scomodo

inconnu (êng-ko-*nü*) *adj* ignoto, sconosciuto; *m* estraneo *m*

inconscient (êng-kong-*ssⁱang*) *adj* inconscio; incosciente

inconsidéré (êng-kong-ssi-de-*re*) *adj* sconsiderato

inconvénient (êng-kong-ve-*nⁱang*) *m* inconveniente *m*

incorrect (êng-ko-*rêkt*) *adj* scorretto, inesatto, sbagliato

incroyable (êng-krᵘa-*ⁱabl*) *adj* incredibile

inculte (êng-*kült*) *adj* incolto

incurable (êng-kü-*rabl*) *adj* incurabile

Inde (êngd) *f* India *f*

indécent (êng-de-*ssang*) *adj* indecente

indéfini (êng-de-fi-*ni*) *adj* indefinito

indemne (êng-*dêmn*) *adj* incolume

indemnité (êng-dêm-ni-*te*) *f* indennità *f*

indépendance (êng-de-pang-*dangss*) *f* indipendenza *f*

indépendant (êng-de-pang-*dang*) *adj* indipendente

indésirable (êng-de-si-*rabl*) *adj* indesiderabile

index (êng-*dêkss*) *m* indice *m*

indicatif (êng-di-ka-*tif*) *m* prefisso *m*

indication (êng-di-ka-*ssⁱong*) *f* indicazione *f*

Indien (êng-*dⁱêng*) *m* indiano *m*

indien (êng-*dⁱêng*) *adj* indiano

indifférent (êng-di-fe-*rang*) *adj* indifferente

indigène (êng-di-*ʒên*) *m* indigeno *m*; *adj* nativo

indigent (êng-di-*ʒang*) *adj* misero

indigestion (êng-di-ʒê-*sstⁱong*) *f* indigestione *f*

indignation (êng-di-gna-*ssⁱong*) *f* indignazione *f*

indiquer (êng-di-*ke*) *v* indicare

indirect (êng-di-*rêkt*) *adj* indiretto

indispensable (êng-di-sspang-*ssabl*)

adj indispensabile

indisposé (êng-di-sspô-*se*) *adj* indisposto

indistinct (êng-di-*sstêng*) *adj* debole

individu (êng-di-vi-*dü*) *m* singolo *m*, individuo *m*

individuel (êng-di-vi-*duêl*) *adj* individuale

Indonésie (êng-do-ne-*si*) *f* Indonesia *f*

Indonésien (êng-do-ne-s'*êng*) *m* indonesiano *m*

indonésien (êng-do-ne-s'*êng*) *adj* indonesiano

industrie (êng-dü-*sstri*) *f* industria *f*

industriel (êng-dü-sstri-*êl*) *adj* industriale

industrieux (êng-dü-sstri-*ö*) *adj* laborioso

inefficace (i-ne-fi-*kass*) *adj* inefficace

inégal (i-ne-*ghal*) *adj* ineguale

inéquitable (i-ne-ki-*tabl*) *adj* disonesto

inestimable (i-nê-ssti-*mabl*) *adj* inestimabile

inévitable (i-ne-vi-*tabl*) *adj* inevitabile

inexact (i-nêgh-*sakt*) *adj* sbagliato, inesatto

inexpérimenté (i-nêk-sspe-ri-mang-*te*) *adj* inesperto

inexplicable (i-nêk-sspli-*kabl*) *adj* inesplicabile

infâme (êng-*faam*) *adj* perfido

infanterie (êng-fang-*tri*) *f* fanteria *f*

infecter (êng-fêk-*te*) *v* infettare; **s'infecter** infiammarsi

infectieux (êng-fêk-ss'*ö*) *adj* contagioso

infection (êng-fêk-ss'*ong*) *f* infezione *f*

inférieur (êng-fe-r'*öör*) *adj* inferiore

infidèle (êng-fi-*dêl*) *adj* infedele

infini (êng-fi-*ni*) *adj* infinito

infinitif (êng-fi-ni-*tif*) *m* infinito *m*

infirme (êng-*firm*) *m* invalido *m*; *adj* invalido

infirmerie (êng-fir-mö-*ri*) *f* infermeria *f*

infirmière (êng-fir-m'*êêr*) *f* infermiera *f*

inflammable (êng-fla-*mabl*) *adj* infiammabile

inflammation (êng-fla-ma-ss'*ong*) *f* infiammazione *f*

inflation (êng-fla-ss'*ong*) *f* inflazione *f*

influence (êng-flü-*angss*) *f* influenza *f*

influencer (êng-flü-ang-*sse*) *v* influire

influent (êng-flü-*ang*) *adj* influente

information (êng-for-ma-ss'*ong*) *f* informazione *f*

informer (êng-for-*me*) *v* informare; **s'informer** informarsi, domandare, indagare

infortune (êng-for-*tün*) *f* sfortuna *f*

infortuné (êng-for-tü-*ne*) *adj* sfortunato

infraction (êng-frak-ss'*ong*) *f* reato *m*

infrarouge (êng-fra-*ruuʒ*) *adj* infrarosso

infructueux (êng-frük-*tuö*) *adj* infruttuoso

ingénieur (êng-ʒe-n'*öör*) *m* ingegnere *m*

ingénu (êng-ʒe-*nü*) *adj* ingenuo *m*

ingérence (êng-ʒe-*rangss*) *f* interferenza *f*

ingrat (êng-*ghra*) *adj* ingrato

ingrédient (êng-ghre-d'*ang*) *m* ingrediente *m*

inhabitable (i-na-bi-*tabl*) *adj* inabitabile

inhabité (i-na-bi-*te*) *adj* disabitato

inhabitué (i-na-bi-*tue*) *adj* non abituato

inhabituel (i-na-bi-*tuêl*) *adj* inconsueto, insolito

inhaler (i-na-*le*) *v* aspirare

ininterrompu (i-nêng-tê-rong-*pü*) *adj* continuo

initial (i-ni-*ss*ⁱ*al*) *adj* iniziale

initiale (i-ni-*ss*ⁱ*al*) *f* iniziale *f*

initiative (i-ni-ssⁱa-*tiiv*) *f* iniziativa *f*

injecter (êng-ʒêk-*te*) *v* iniettare

injection (êng-ʒêk-*ss*ⁱ*ong*) *f* iniezione *f*

injurier (êng-ʒü-rⁱ*e*) *v* ingiuriare

injuste (êng-ʒüsst) *adj* ingiusto

injustice (êng-ʒü-*sstiss*) *f* ingiustizia *f*

inné (i-*ne*) *adj* innato

innocence (i-no-*ssangss*) *f* innocenza *f*

innocent (i-no-*ssang*) *adj* innocente

inoculation (i-no-kü-la-*ss*ⁱ*ong*) *f* inoculazione *f*

inoculer (i-no-kü-*le*) *v* inoculare

inoffensif (i-no-fang-*ssif*) *adj* innocuo

inondation (i-nong-da-*ss*ⁱ*ong*) *f* inondazione *f*

inopportun (i-no-por-*töng*) *adj* inconveniente, inopportuno

inquiet (êng-kⁱ*e*) *adj* (f -ète) preoccupato; irrequieto

inquiétant (êng-kⁱe-*tang*) *adj* allarmante

s'inquiéter (êng-kⁱe-*te*) preoccuparsi

inquiétude (êng-kⁱe-*tüd*) *f* preoccupazione *f*; inquietudine *f*

insatisfaisant (êng-ssa-tiss-fö-*sang*) *adj* insoddisfacente

insatisfait (êng-ssa-ti-*ssfe*) *adj* scontento

inscription (êng-sskri-*pss*ⁱ*ong*) *f* iscrizione *f*; registrazione *f*

*****inscrire** (êng-*sskriir*) *v* *iscrivere, registrare; elencare; **s'** * **inscrire** registrarsi

insecte (êng-*ssêkt*) *m* insetto *m*

insecticide (êng-ssêk-ti-*ssid*) *m* insetticida *m*

insectifuge (êng-ssêk-ti-*füüʒ*) *m* insettifugo *m*

insensé (êng-ssang-*sse*) *adj* insensato, pazzo, sciocco

insensible (êng-ssang-*ssibl*) *adj* insensibile; spietato

insérer (êng-sse-*re*) *v* inserire

insignifiant (êng-ssi-gni-fⁱ*ang*) *adj* insignificante

insipide (êng-ssi-*pid*) *adj* insipido

insister (êng-ssi-*sste*) *v* insistere

insolation (êng-sso-la-*ss*ⁱ*ong*) *f* colpo di sole

insolence (êng-sso-*langss*) *f* insolenza *f*

insolent (êng-sso-*lang*) *adj* impertinente, impudente, insolente

insolite (êng-sso-*lit*) *adj* insolito

insomnie (êng-ssom-*ni*) *f* insonnia *f*

insonorisé (êng-sso-nô-ri-*se*) *adj* insonorizzato

insouciant (êng-ssu-*ss*ⁱ*ang*) *adj* spensierato

inspecter (êng-sspêk-*te*) *v* ispezionare

inspecteur (êng-sspêk-*töör*) *m* ispettore *m*

inspection (êng-sspêk-*ss*ⁱ*ong*) *f* ispezione *f*

inspirer (êng-sspi-*re*) *v* ispirare

instable (êng-*sstabl*) *adj* malfermo, instabile

installation (êng-ssta-la-*ss*ⁱ*ong*) *f* installazione *f*

installer (êng-ssta-*le*) *v* installare; arredare

instant (êng-*sstang*) *m* istante *m*, attimo *m*

instantané (êng-sstang-ta-*ne*) *m* istantanea *f*; *adj* sollecito

instantanément (êng-sstang-ta-ne-*mang*) *adv* all'istante

instinct (êng-*sstêng*) *m* istinto *m*

instituer (êng-ssti-*tue*) *v* istituire

institut (êng-ssti-*tü*) *m* istituto *m*; ~ **de beauté** salone di bellezza

instituteur (êng-ssti-tü-*töör*) *m* insegnante *m*

institution (êng-ssti-tü-*ss*ⁱ*ong*) *f* istituto *m*, istituzione *f*

instructeur (ĕng-sstrük-*töör*) *m* istruttore *m*

instructif (ĕng-sstrük-*tif*) *adj* istruttivo

instruction (ĕng-sstrük-ss*ᵢong*) *f* indicazione *f*, istruzione *f*

***instruire** (ĕng-*sstruiir*) *v* istruire

instrument (ĕng-sstrü-*mang*) *m* strumento *m*; utensile *m*, attrezzo *m*; ~ **de musique** strumento musicale

insuffisant (ĕng-ssü-fi-*sang*) *adj* insufficiente

insulte (ĕng-*ssült*) *f* insulto *m*

insulter (ĕng-ssül-*te*) *v* insultare; inveire

insupportable (ĕng-ssü-por-*tabl*) *adj* insopportabile

insurrection (ĕng-ssü-rĕk-ss*ᵢong*) *f* insurrezione *f*

intact (ĕng-*takt*) *adj* intatto

intellect (ĕng-tĕ-*lĕkt*) *m* intelletto *m*

intellectuel (ĕng-tĕ-lĕk-*tuêl*) *adj* intellettuale

intelligence (ĕng-tĕ-li-*ʒangss*) *f* intelligenza *f*, intelletto *m*

intelligent (ĕng-tĕ-li-*ʒang*) *adj* intelligente

intense (ĕng-*tangss*) *adj* intenso

intention (ĕng-tang-ss*ᵢong*) *f* proposito *m*, intenzione *f*; ***avoir l'intention de** *intendere

intentionnel (ĕng-tang-ss*ᵢo*-*nêl*) *adj* apposta, intenzionale

interdiction (ĕng-tĕr-dik-ss*ᵢong*) *f* divieto *m*

***interdire** (ĕng-tĕr-*diir*) *v* proibire

interdit (ĕng-tĕr-*di*) *adj* vietato; ~ **aux piétons** vietato ai pedoni

intéressant (ĕng-te-rê-*ssang*) *adj* interessante

intéresser (ĕng-te-re-*sse*) *v* interessare

intérêt (ĕng-te-*re*) *m* interesse *m*, interessamento *m*

intérieur (ĕng-te-r*ᵢöör*) *m* interiore *m*,

interno *m*; *adj* interno; in casa; **à l'intérieur** dentro, in casa, all'interno; **à l'intérieur de** dentro a; **vers l'intérieur** verso l'interno

intérim (ĕng-te-*rim*) *m* interim *m*

interloqué (ĕng-tĕr-lo-*ke*) *adj* muto

interlude (ĕng-tĕr-*lüd*) *m* intermezzo *m*

intermédiaire (ĕng-tĕr-me-d*ᵢêêr*) *m* intermediario *m*; ***servir d'intermédiaire** *fare da intermediario

internat (ĕng-tĕr-*na*) *m* convitto *m*

international (ĕng-tĕr-na-ss*ᵢo*-*nal*) *adj* internazionale

interne (ĕng-*têrn*) *adj* interno

interprète (ĕng-tĕr-*prêt*) *m* interprete *m*

interpréter (ĕng-tĕr-pre-*te*) *v* interpretare; ***fare da interprete**

interrogatif (ĕng-tĕ-ro-gha-*tif*) *adj* interrogativo

interrogatoire (ĕng-tĕ-ro-gha-*tᵘaar*) *m* interrogazione *f*, interrogatorio *m*

interroger (ĕng-tĕ-ro-*ʒe*) *v* interrogare

***interrompre** (ĕng-tĕ-*rongpr*) *v* *interrompere

interruption (ĕng-tĕ-rü-*pssᵢong*) *f* interruzione *f*

intersection (ĕng-tĕr-ssĕk-ss*ᵢong*) *f* intersezione *f*

intervalle (ĕng-tĕr-*val*) *m* intervallo *m*; spazio *m*

***intervenir** (ĕng-tĕr-vö-*niir*) *v* *intervenire, interferire

intervertir (ĕng-tĕr-vêr-*tiir*) *v* invertire

interview (ĕng-tĕr-v*ᵢu*) *f* intervista *f*

intestin (ĕng-tĕ-*sstêng*) *m* intestino *m*; **intestins** budella *fpl*

intime (ĕng-*tim*) *adj* intimo

intimité (ĕng-ti-mi-*te*) *f* intimità *f*

intolérable (ĕng-to-le-*rabl*) *adj* intollerabile

intrigue (ĕng-*trigh*) *f* intrigo *m*; trama *f*

introduction (êng-tro-dük-*ss'ong*) *f* introduzione *f*

***introduire** (êng-tro-*duiir*) *v* *introdurre

intrus (êng-*trü*) *m* trasgressore *m*

inutile (i-nü-*til*) *adj* inutile

inutilement (i-nü-til-*mang*) *adv* inutilmente

invalide (êng-va-*lid*) *adj* invalido

invasion (êng-va-*s'ong*) *f* irruzione *f*, invasione *f*

inventaire (êng-vang-*têêr*) *m* inventario *m*

inventer (êng-vang-*te*) *v* inventare

inventeur (êng-vang-*töör*) *m* inventore *m*

inventif (êng-vang-*tif*) *adj* inventivo

invention (êng-vang-*ss'ong*) *f* invenzione *f*

inverse (êng-*vêrss*) *adj* inverso

investigation (êng-vê-ssti-gha-*ss'ong*) *f* investigazione *f*

investir (êng-vê-*sstiir*) *v* investire

investissement (êng-vê-ssti-*ssmang*) *m* investimento *m*

investisseur (êng-vê-ssti-*ssöör*) *m* finanziatore *m*

invisible (êng-vi-*sibl*) *adj* invisibile

invitation (êng-vi-ta-*ss'ong*) *f* invito *m*

invité (êng-vi-*te*) *m* ospite *m*

inviter (êng-vi-*te*) *v* invitare

involontaire (êng-vo-long-*têêr*) *adj* involontario

iode (*i*od) *m* iodio *m*

Irak (i-*rak*) *m* Iraq *m*

Irakien (i-ra-k*i*êng) *m* iracheno *m*

irakien (i-ra-k*i*êng) *adj* iracheno

Iran (i-*rang*) *m* Iran *m*

Iranien (i-ra-n*i*êng) *m* iraniano *m*

iranien (i-ra-n*i*êng) *adj* iraniano

irascible (i-ra-*ssibl*) *adj* irascibile

Irlandais (ir-lang-*de*) *m* irlandese *m*

irlandais (ir-lang-*de*) *adj* irlandese

Irlande (ir-*langd*) *f* Irlanda *f*

ironie (i-ro-*ni*) *f* ironia *f*

ironique (i-ro-*nik*) *adj* ironico

irréel (i-re-*êl*) *adj* irreale

irrégulier (i-re-ghü-*l'e*) *adj* irregolare

irréparable (i-re-pa-*rabl*) *adj* irreparabile

irrétrécissable (i-re-tre-ssi-*ssabl*) *adj* irrestringibile

irrévocable (i-re-vo-*kabl*) *adj* irrevocabile

irritable (i-ri-*tabl*) *adj* irritabile

irrité (i-ri-*te*) *adj* arrabbiato

irriter (i-ri-*te*) *v* irritare

Islandais (i-sslang-*de*) *m* islandese *m*

islandais (i-sslang-*de*) *adj* islandese

Islande (i-*sslangd*) *f* Islanda *f*

isolateur (i-so-la-*töör*) *m* isolatore *m*

isolation (i-so-la-*ss'ong*) *f* isolamento *m*

isolement (i-sol-*mang*) *m* isolamento *m*

isoler (i-so-*le*) *v* isolare

Israël (i-ssra-*êl*) *m* Israele *m*

Israélien (i-ssra-e-*l'êng*) *m* israeliano *m*

israélien (i-ssra-e-*l'êng*) *adj* israeliano

issue (i-*ssü*) *f* risultato *m*; uscita *f*

isthme (issm) *m* istmo *m*

Italie (i-ta-*li*) *f* Italia *f*

Italien (i-ta-*l'êng*) *m* italiano *m*

italien (i-ta-*l'êng*) *adj* italiano

italiques (i-ta-*lik*) *mpl* caratteri corsivi

itinéraire (i-ti-ne-*rêêr*) *m* itinerario *m*

ivoire (i-*v'aar*) *m* avorio *m*

ivre (iivr) *adj* ubriaco

J

jade (ʒad) *m* giada *f*

jadis (ʒa-*diss*) *adv* nel passato

jalon (ʒa-*long*) *m* pietra miliare

jalousie (ʒa-lu-*si*) *f* gelosia *f*

jaloux (ʒa-*lu*) *adj* geloso

jamais (ʒa-*me*) *adv* mai ; **ne … ~** non... mai

jambe (ʒãgb) *f* gamba *f*

jambon (ʒãg-*bong*) *m* prosciutto *m*

jante (ʒãgt) *f* cerchione *m*

janvier (ʒãg-*vʲe*) gennaio

Japon (ʒa-*pong*) *m* Giappone *m*

Japonais (ʒa-po-*ne*) *m* giapponese *m*

japonais (ʒa-po-*ne*) *adj* giapponese

jaquette (ʒa-*két*) *f* copertina *f*

jardin (ʒar-*dêng*) *m* giardino *m* ; **~ potager** orto *m* ; **~ public** giardino pubblico ; **~ zoologique** giardino zoologico

jardinier (ʒar-di-*nʲe*) *m* giardiniere *m*

jarre (ʒaar) *f* giara *f*

jauge (ʒôôʒ) *f* misuratore *m*

jaune (ʒôôn) *adj* giallo ; **~ d'œuf** tuorlo *m*

jaunisse (ʒô-*niss*) *f* itterizia *f*

je (ʒö) *pron* io

jersey (ʒêr-*se*) *m* jersey *m*

jet (ʒe) *m* lancio *m* ; getto *m*, zampillo *m*

jetée (ʒö-*te*) *f* molo *m*

jeter (ʒö-*te*) *v* gettare, lanciare ; **à ~** da buttare

jeton (ʒö-*tong*) *m* gettone *m*

jeu (ʒö) *m* gioco *m*, giuoco *m* ; assieme *m* ; **carte de ~** carta da gioco ; **~ concours** quiz *m* ; **~ de dames** gioco della dama ; **~ de quilles** gioco delle bocce ; **terrain de jeux** cortile di ricreazione

jeudi (ʒö-*di*) *m* giovedì *m*

jeune (ʒön) *adj* giovane

jeunesse (ʒö-*nêss*) *f* gioventù *f*

joaillerie (ʒᵘai-*ri*) *f* gioielli *m*

jockey (ʒo-*ke*) *m* fantino *m*

joie (ʒᵘa) *f* gioia *f*

*****joindre** (ʒᵘêngdr) *v* unire, *connettere ; *annettere, allegare

jointure (ʒᵘêng-*tüür*) *f* nocca *f*

joli (ʒo-*li*) *adj* bello, bellino, di bell'aspetto, carino

jonc (ʒong) *m* giunco *m*

jonction (ʒongk-*ssʲong*) *f* crocevia *f*

jonquille (ʒong-*kiʲ*) *f* narciso *m*

Jordanie (ʒor-da-*ni*) *f* Giordania *f*

Jordanien (ʒor-da-*nʲêng*) *m* giordano *m*

jordanien (ʒor-da-*nʲêng*) *adj* giordano

joue (ʒu) *f* guancia *f*

jouer (ʒu-*e*) *v* giocare ; recitare ; sonare

jouet (ʒu-*e*) *m* giocattolo *m*

joueur (ʒu-*öör*) *m* giocatore *m*

joug (ʒu) *m* giogo *m*

jouir de (ʒu-*iir*) godere

jour (ʒuur) *m* giorno *m* ; **de ~** di giorno ; **~ de fête** festa *f* ; **~ de la semaine** giorno feriale ; **~ ouvrable** giorno lavorativo ; **l'autre ~** di recente ; **par ~** al giorno ; **un ~ ou l'autre** un giorno o l'altro

journal (ʒur-*nal*) *m* giornale *m* ; diario *m* ; **~ du matin** giornale del mattino

journalier (ʒur-na-*lʲe*) *adj* giornaliero

journalisme (ʒur-na-*lissm*) *m* giornalismo *m*

journaliste (ʒur-na-*lisst*) *m* giornalista *m*

journée (ʒur-*ne*) *f* giornata *f*

joyau (ʒᵘa-*ʲó*) *m* gioiello *m*

joyeux (ʒᵘa-*ʲö*) *adj* gioioso, gaio, allegro, lieto

juge (ʒüüʒ) *m* giudice *m*

jugement (ʒüʒ-*mang*) *m* giudizio *m* ; sentenza *f*

juger (ʒü-*ʒe*) *v* giudicare

juif (ʒuif) *adj* ebraico ; *m* ebreo *m*

juillet (ʒüi-*ʲe*) *m* luglio *m*

juin (ʒᵘêng) giugno

jumeaux (ʒü-*mô*) *mpl* gemelli *mpl*

jumelles (ʒü-*mêl*) *fpl* binocolo *m*

jument (ʒü-*mang*) *f* cavalla *f*
jungle (ʒongghl) *f* giungla *f*
jupe (ʒüp) *f* gonna *f*
jupon (ʒü-*pong*) *m* sottoveste *f*
jurer (ʒü-*re*) *v* giurare; bestemmiare
juridique (ʒü-ri-*dik*) *adj* giuridico
juriste (ʒü-*risst*) *m* giurista *m*
juron (ʒü-*rong*) *m* bestemmia *f*
jury (ʒü-*ri*) *m* giuria *f*
jus (ʒü) *m* succo *m*; sugo *m*; ~ **de fruits** succo di frutta
jusque (ʒüssk) *prep* fino a; **jusqu'à** *prep* fino a; finché; **jusqu'à ce que** finché non, finché
juste (ʒüsst) *adj* onesto, giusto; adatto, esatto, corretto; stretto; *adv* esattamente
justement (ʒü-sstö-*mang*) *adv* giustamente
justice (ʒü-*sstiss*) *f* giustizia *f*
justifier (ʒü-ssti-*f'e*) *v* giustificare
juteux (ʒü-*tö*) *adj* succoso
juvénile (ʒü-ve-*nil*) *adj* giovanile

K

kaki (ka-*ki*) *m* kaki *m*
kangourou (kang-ghu-*ru*) *m* canguro *m*
Kenya (ke-*n'a*) *m* Kenia *m*
kilo (ki-*lô*) *m* chilo *m*
kilométrage (ki-lo-me-*traaʒ*) *m* chilometraggio *m*
kilomètre (ki-lo-*mêtr*) *m* chilometro *m*
kiosque (k'ossk) *m* chiosco *m*; ~ **à journaux** edicola *f*
klaxon (klak-*ssong*) *m* clacson *m*
klaxonner (klak-sso-*ne*) *v* suonare il clacson

L

la (la) *art/pron* la
là (la) *adv* là; di là
là-bas (la-*ba*) *adv* laggiù
labeur (la-*böör*) *m* lavoro *m*
laboratoire (la-bo-ra-*t^uaar*) *m* laboratorio *m*; ~ **de langues** laboratorio linguistico
labourer (la-bu-*re*) *v* arare
labyrinthe (la-bi-*rêngt*) *m* labirinto *m*
lac (lak) *m* lago *m*
lacet (la-*sse*) *m* stringa per scarpe, laccio *m*
lâche (laaʃ) *m* codardo *m*; *adj* vile; slegato
lâcher (la-*ʃe*) *v* rilasciare
lagune (la-*ghün*) *f* laguna *f*
laid (le) *adj* brutto
laine (lên) *f* lana *f*; **en** ~ di lana; ~ **à repriser** lana da rammendo; ~ **peignée** lana pettinata
laisse (lêss) *f* guinzaglio *m*
laisser (le-*sse*) *v* lasciare
lait (le) *m* latte *m*
laitance (le-*tangss*) *f* uova di pesce
laiterie (lê-*tri*) *f* latteria *f*
laiteux (le-*tö*) *adj* latteo
laitier (le-*t'e*) *m* lattaio *m*
laiton (le-*tong*) *m* ottone *m*
laitue (le-*tü*) *f* lattuga *f*
lambrissage (lang-bri-*ssaaʒ*) *m* rivestimento a pannelli
lame (lam) *f* lama *f*; ~ **de rasoir** lama di rasoio
lamentable (la-mang-*tabl*) *adj* lamentevole
lampadaire (lang-pa-*dêêr*) *m* lampione *m*
lampe (langp) *f* lampada *f*; ~ **de poche** lampadina tascabile; ~ **de travail** lampada da tavolo; **lampe-**

tempête f lanterna vento
lance (langss) f lancia f
lancement (lang-ssmang) m tiro m; varo m
lancer (lang-sse) v lanciare, gettare, buttare
lande (langd) f landa f
langage (lang-ghaaʒ) m linguaggio m
langue (langgh) f lingua f; ~ **maternelle** lingua materna
lanterne (lang-têrn) f lanterna f
lapin (la-pêng) m coniglio m
laque (lak) f lacca f; ~ **capillaire** lacca per capelli
lard (laar) m lardo m
large (larʒ) adj largo; liberale, munifico
largeur (lar-ʒöör) f larghezza f
larme (larm) f lacrima f
laryngite (la-rêng-ʒit) f laringite f
las (la) adj (f ~se) affaticato; ~ **de** stufo di
latitude (la-ti-tüd) f latitudine f
lavable (la-vabl) adj inalterabile al lavaggio, lavabile
lavabo (la-va-bô) m lavandino m
lavage (la-vaaʒ) m lavaggio m
laver (la-ve) v lavare
laverie automatique (la-vri ô-tô-ma-tik) lavanderia automatica
laxatif (lak-ssa-tif) m lassativo m
le¹ (lö) art (f la, pl les) il, la
le² (lö) pron (f la) lo
leader (li-dêêr) m capo m, duce m; leader m
lécher (le-ʃe) v leccare
leçon (lö-ssong) f lezione f
lecteur (lêk-töör) m lettore m
lecture (lêk-tüür) f lettura f
légal (le-ghal) adj legale
légalisation (le-gha-li-sa-ssiong) f legalizzazione f
légation (le-gha-ssiong) f legazione f
léger (le-ʒe) adj (f légère) leggero; di-

luito
légitimation (le-ʒi-ti-ma-ssiong) f legittimazione f
légitime (le-ʒi-tim) adj legittimo; giusto
legs (le) m legato m
légume (le-ghüm) m verdura f
lendemain (langd-mêng) m giorno seguente
lent (lang) adj lento; ottuso
lentille (lang-tiʸ) f lente f
lèpre (lêpr) f lebbra f
lequel (lö-kêl) pron (f laquelle; pl lesquels, lesquelles) il quale
les (le) art l, le; pron li
lésion (le-siong) f lesione f
lessive (le-ssiv) f bucato m
lettre (lêtr) f lettera f; **boîte aux lettres** buca delle lettere; ~ **de crédit** lettera di credito; ~ **de recommandation** lettera di raccomandazione; ~ **recommandée** raccomandata f
leur (löör) adj loro; pron loro
levée (lö-ve) f levata f
lever (lö-ve) v sollevare; ~ **du jour** aurora f; se ~ alzarsi; *sorgere
levier (lö-viʸe) m leva f; ~ **de vitesse** leva del cambio
lèvre (lêêvr) f labbro m
lévrier (le-vriʸe) m levriere m
levure (lö-vüür) f lievito m
liaison (lʸe-song) f rapporto m
Liban (li-bang) m Libano m
Libanais (li-ba-ne) m libanese m
libanais (li-ba-ne) adj libanese
libéral (li-be-ral) adj liberale
libération (li-be-ra-ssiong) f liberazione f
libérer (li-be-re) v liberare
Libéria (li-be-riʸa) m Liberia f
Libérien (li-be-riʸêng) m liberiano m
libérien (li-be-riʸêng) adj liberiano
liberté (li-bêr-te) f libertà f
libraire (li-brêêr) m libraio m

librairie (li-bre-*ri*) f libreria f

libre (libr) adj libero

libre-service (libr-ssêr-*viss*) m self-service m

licence (li-*ssangss*) f licenza f

licencier (li-ssang-*ssⁱe*) v licenziare

lien (lⁱêng) m benda f; legame m

lier (li-*e*) v legare

lierre (lⁱêêr) m edera f

lieu (lⁱö) m località f; **au ~ de** invece di; *avoir ~ *aver luogo; ~ **de naissance** luogo di nascita; ~ **de rencontre** luogo di riunione

lièvre (lⁱêêvr) m lepre f

ligne (lign) f linea f, riga f; ~ **aérienne** linea aerea; ~ **d'arrivée** traguardo m; ~ **de pêche** lenza f; ~ **intérieure** telefono interno

ligue (ligh) f lega f

lime (lim) f lima f; ~ **à ongles** limetta per le unghie

limette (li-*mêt*) f cedro m

limite (li-*mit*) f limite m; ~ **de vitesse** limite di velocità

limiter (li-mi-*te*) v limitare

limonade (li-mo-*nad*) f limonata f

linge (lêng3) m biancheria f

lingerie (lêng-*3ri*) f biancheria f

lion (lⁱong) m leone m

liqueur (li-*köör*) m liquore m

liquide (li-*kid*) m fluido m; adj liquido

***lire** (liir) v *leggere

lis (liss) m giglio m

lisible (li-*sibl*) adj leggibile

lisse (liss) adj piano, liscio

liste (lisst) f elenco m; ~ **d'attente** lista di attesa

lit (li) m letto m; ~ **de camp** branda f, lettino da campeggio; **lits jumeaux** letti gemelli

literie (li-*tri*) f biancheria da letto

litige (li-*tii3*) m controversia f

litre (litr) m litro m

littéraire (li-te-*rêêr*) adj letterario

littérature (li-te-ra-*tüür*) f letteratura f

littoral (li-to-*ral*) m litorale m

livraison (li-vrê-*song*) f consegna f

livre[1] (liivr) m libro m; ~ **de cuisine** libro di cucina; ~ **de poche** libro in brossura

livre[2] (liivr) f libbra f

livrer (li-*vre*) v consegnare

local (lo-*kal*) adj locale

localiser (lo-ka-li-*se*) v localizzare

localité (lo-ka-li-*te*) f località f

locataire (lo-ka-*têêr*) m inquilino m

location (lo-ka-ssⁱ*ong*) f contratto di affitto; **donner en ~** *dare in locazione; ~ **de voitures** autonoleggio m

locomotive (lo-ko-mo-*tiiv*) f locomotiva f, locomotrice f

locution (lo-kü-ssⁱ*ong*) f frase f

loge (lo3) f camerino m

logement (lo3-*mang*) m alloggio m

loger (lo-*3e*) v alloggiare

logeur (lo-*3öör*) m affittacamere m

logeuse (lo-*3öös*) f affittacamere f

logique (lo-*3ik*) f logica f; adj logico

loi (l^ua) f legge f

loin (l^uêng) adj lontano, via; **plus ~** più lontano

lointain (l^uêng-*têng*) adj lontano, remoto

long (long) adj (f longue) lungo; **en ~** per il lungo; **le ~ de** lungo

longitude (long-3i-*tüd*) f longitudine f

longtemps (long-*tang*) adv a lungo

longueur (long-*ghöör*) f lunghezza f; ~ **d'onde** lunghezza d'onda

lopin (lo-*pêng*) m appezzamento m

lors de (lor dö) all'epoca di

lorsque (lorssk) conj quando

lot (lô) m partita f

loterie (lo-*tri*) f lotteria f

lotion (lo-ssⁱ*ong*) f lozione f

louange (lu-*ang3*) f lode f

louche (lu∫) *adj* strabico
louer (lu-*e*) *v* noleggiare, affittare, *prendere in affitto; *dare in affitto; riservare; lodare; **à ~** a nolo
loup (lu) *m* lupo *m*
lourd (luur) *adj* pesante
loyal (lᵘa-*i*al) *adj* leale
loyer (lᵘa-*i*e) *m* affitto *m*
lubie (lü-*bi*) *f* capriccio *m*, ghiribizzo *m*
lubrifiant (lü-bri-fᵢ*ang*) *m* lubrificante *m*
lubrification (lü-bri-fi-ka-ss*ᶦong*) *f* lubrificazione *f*
lubrifier (lü-bri-*f*ᶦe) *v* lubrificare
lueur (luöör) *f* barlume *m*
luge (lüüʒ) *f* slitta *f*
lugubre (lü-*ghüübr*) *adj* ributtante
lui (lui) *pron* gli; le; **lui-même** *pron* egli stesso
luisant (lui-*sang*) *adj* lucido
lumbago (long-ba-*ghô*) *m* lombaggine *f*
lumière (lü-*m*ᶦ*êêr*) *f* luce *f*
lumineux (lü-mi-*nö*) *adj* luminoso
lunch (lönt∫) *m* pranzo *m*
lundi (löng-*di*) *m* lunedì *m*
lune (lün) *f* luna *f*; **clair de ~** chiaro di luna; **~ de miel** luna di miele
lunettes (lü-*nêt*) *fpl* occhiali *mpl*; **~ de plongée** occhiali di protezione; **~ de soleil** occhiali da sole
lustre (lüsstr) *m* lucentezza *f*
lustrer (lü-*sstre*) *v* spazzolare
lutte (lüt) *f* lotta *f*; combattimento *m*
lutter (lü-*te*) *v* lottare; combattere
luxe (lükss) *m* lusso *m*
luxueux (lük-*ssuö*) *adj* lussuoso

M

mâcher (ma-*∫e*) *v* masticare
machine (ma-*∫in*) *f* macchina *f*; **~ à coudre** macchina da cucire; **~ à écrire** macchina da scrivere; **~ à laver** lavatrice *f*
machinerie (ma-∫in-*ri*) *f* macchinario *m*
mâchoire (ma-*∫ᵘaar*) *f* mascella *f*
maçon (ma-*ssong*) *m* muratore *m*
maçonner (ma-sso-*ne*) *v* murare
madame (ma-*dam*) signora *f*
mademoiselle (mad-mᵘa-*sêl*) signorina *f*
magasin (ma-gha-*sêng*) *m* bottega *f*; magazzino *m*; **grand ~** grande magazino; **~ de chaussures** calzoleria *f*; **~ de jouets** negozio di giocattoli; **~ de spiritueux** spaccio di liquori
magie (ma-*ʒi*) *f* magia *f*
magique (ma-*ʒik*) *adj* magico
magistrat (ma-ʒi-*sstra*) *m* magistrato *m*
magnétique (ma-gne-*tik*) *adj* magnetico
magnéto (ma-gne-*tô*) *f* magnete *m*
magnétophone (ma-gne-to-*fon*) *m* magnetofono *m*
magnétoscope (ma-gne-to-*skôp*) *m* videoregistratore *m*
magnifique (ma-gni-*fik*) *adj* magnifico
mai (me) *m* maggio
maigre (mêêghr) *adj* magro
maigrir (mê-*ghriir*) *v* dimagrire
maille (mai) *f* maglia *f*
maillot de bain (ma-*i*ô dö bêng) costume da bagno
main (mêng) *f* mano *f*; **fait à la ~** fatto a mano
main-d'œuvre (mêng-*döövr*) *f* mano-

dopera f

maintenant (mêngt-*nang*) *adv* ora; **jusqu'à** ~ finora

***maintenir** (mêngt-*niir*) *v* *mantenere

maire (mêêr) *m* sindaco *m*

mairie (me-*ri*) *f* municipio *m*

mais (me) *conj* ma

maïs (ma-*iss*) *m* granturco *m*; ~ **en épi** pannocchia di granturco

maison (me-*song*) *f* casa *f*; **à la** ~ in casa; **fait la** ~ casalingo; **maison-bateau** casa galleggiante; ~ **de campagne** casa di campagna; ~ **de repos** casa di riposo

maître (mêêtr) *m* maestro *m*; ~ **d'école** maestro *m*; ~ **d'hôtel** capocameriere *m*

maîtresse (mê-*trêss*) *f* amante *f*; ~ **de maison** signora *f*

maîtriser (mê-tri-*se*) *v* dominare

majeur (ma-*zöör*) *adj* maggiore; maggiorenne

majorité (ma-zo-ri-*te*) *f* maggior parte, maggioranza *f*

majuscule (ma-zü-*sskül*) *f* maiuscola *f*

mal (mal) *m* (pl maux) male *m*; danno *m*; ***faire du** ~ *nuocere; ***faire** ~ *dolere; ~ **à l'aise** inquieto; ~ **au cœur** nausea *f*; ~ **au dos** mal di schiena; ~ **au ventre** mal di pancia; ~ **aux dents** mal di denti; ~ **de gorge** mal di gola; ~ **de l'air** mal d'aria; ~ **de mer** mal di mare; ~ **d'estomac** mal di stomaco; ~ **de tête** mal di testa; ~ **d'oreille** mal d'orecchi; ~ **du pays** nostalgia *f*

malade (ma-*lad*) *adj* ammalato

maladie (ma-la-*di*) *f* male *m*, malattia *f*; ~ **vénérienne** malattia venerea

maladroit (ma-la-*dr^ua*) *adj* goffo

Malais (ma-*le*) *m* malese *m*

malaisien (ma-le-*sⁱêng*) *adj* malese

malaria (ma-la-*rⁱa*) *f* malaria *f*

malchance (mal-*fangss*) *f* sfortuna *f*

mâle (maal) *adj* maschio

malentendu (ma-lang-tang-*dü*) *m* malinteso *m*

malgré (mal-*ghre*) *prep* malgrado, nonostante

malheur (ma-*löör*) *m* avversità *f*

malheureusement (ma-lö-rös-*mang*) *adv* sfortunatamente

malheureux (ma-lö-*rö*) *adj* infelice, sfortunato; mesto, miserabile

malhonnête (ma-lo-*nêt*) *adj* disonesto

malice (ma-*liss*) *f* malizia *f*

malicieux (ma-li-*ssⁱö*) *adj* malizioso

malin (ma-*lêng*) *adj* (f maligne) maligno; astuto; sveglio

malle (mal) *f* baule *m*

mallette (ma-*lêt*) *f* valigetta a mano

malodorant (ma-lo-do-*rang*) *adj* puzzolente

malpropre (mal-*propr*) *adj* sudicio, sporco

malsain (mal-*ssêng*) *adj* malsano

malveillant (mal-vê-*ⁱang*) *adj* malevolo

maman (ma-*mang*) *f* mamma *f*

mammifère (ma-mi-*fêêr*) *m* mammifero *m*

mammouth (ma-*mut*) *m* mammut *m*

manche (mangf) *m* manico *m*; *f* manica *f*; **La Manche** La Manica

manchette (mang-*fêt*) *f* polsino *m*; titolo *m*

mandarine (mang-da-*rin*) *f* mandarino *m*

mandat (mang-*da*) *m* mandato *m*

mandat-poste (mang-da-*posst*) *m* vaglia *m*, vaglia postale

manège (ma-*nêêʒ*) *m* scuola di equitazione

mangeoire (mang-ʒ^uaar) *f* mangiatoia *f*

manger (mang-*ʒe*) *v* mangiare; *m* mangiare *m*

maniable (ma-*nⁱabl*) *adj* maneggiabile

manier (ma-*n¹e*) *v* maneggiare

manière (ma-*n¹êêr*) *f* maniera *f*; **de la même** ~ nello stesso modo; **de** ~ **que** così che

manifestation (ma-ni-fê-ssta-*ss¹ong*) *f* dimostrazione *f*

manifestement (ma-ni-fê-sstö-*mang*) *adv* evidentemente

manifester (ma-ni-fê-*sste*) *v* manifestare; *fare una dimostrazione

manipuler (ma-ni-pü-*le*) *v* maneggiare

mannequin (man-*kêng*) *m* indossatrice *f*

manoir (ma-*n^uaar*) *m* palazzo *m*, casa padronale

manquant (mang-*kang*) *adj* mancante

manque (mangk) *m* mancanza *f*

manquer (mang-*ke*) *v* mancare; *rimpiangere

manteau (mang-*tô*) *m* mantello *m*, soprabito *m*; ~ **de fourrure** cappotto di pelliccia

manucure (ma-nü-*küür*) *f* manicure *f*

manuel (ma-*nuêl*) *m* manuale *m*; *adj* manuale

manuscrit (ma-nü-*sskri*) *m* manoscritto *m*

maquereau (ma-*krô*) *m* sgombro *m*

maquillage (ma-ki-*¹aa3*) *m* trucco *m*

marais (ma-*re*) *m* palude *f*

marbre (marbr) *m* marmo *m*

marchand (mar-*fang*) *m* mercante *m*; commerciante *m*; ~ **de journaux** giornalaio *m*; ~ **de légumes** fruttivendolo *m*; ~ **de volaille** pollivendolo *m*

marchander (mar-fang-*de*) *v* mercanteggiare

marchandise (mar-fang-*diis*) *f* merce *f*, mercanzia *f*

marche (marf) *f* marcia *f*; scalino *m*; *faire ~ arrière *far marcia indietro

marché (mar-*fe*) *m* mercato *m*; **bon** ~ **a buon mercato**; economico; ~ **des valeurs** borsa *f*; ~ **noir** mercato nero; **place du** ~ piazza del mercato

marcher (mar-*fe*) *v* camminare; marciare; *faire ~ beffare

mardi (mar-*di*) *m* martedì *m*

marécageux (ma-re-ka-*3ö*) *adj* paludoso

marée (ma-*re*) *f* marea *f*; ~ **basse** bassa marea; ~ **haute** flusso *m*; alta marea

margarine (mar-gha-*rin*) *f* margarina *f*

marge (mar3) *f* margine *m*

mari (ma-*ri*) *m* marito *m*

mariage (ma-*r¹aa3*) *m* matrimonio *m*; sposalizio *m*

marié (ma-*r¹e*) *m* sposo *m*

se marier (ma-*r¹e*) sposarsi

marin (ma-*rêng*) *m* marinaio *m*

marinade (ma-ri-*nad*) *f* sottaceti *mpl*

marine (ma-*rin*) *f* marina *f*

maritime (ma-ri-*tim*) *adj* marittimo

marmelade (mar-mö-*lad*) *f* marmellata *f*

marmite (mar-*mit*) *f* pentola *f*

Maroc (ma-*rok*) *m* Marocco *m*

Marocain (ma-ro-*kêng*) *m* marocchino *m*

marocain (ma-ro-*kêng*) *adj* marocchino

marque (mark) *f* segno *m*; marchio *m*, marca *f*; ~ **de fabrique** marchio di fabbrica

marquer (mar-*ke*) *v* marcare, segnare

marquise (mar-*kiis*) *f* tenda di riparo

marron (ma-*rong*) *m* castagna *f*

mars (marss) *m* marzo *m*

marteau (mar-*tô*) *m* martello *m*

marteler (mar-tö-*le*) *v* *percuotere

martyr (mar-*tiir*) *m* martire *m*

masculin (ma-sskü-*lêng*) *adj* maschile

masque (massk) *m* maschera *f*; ~ **de beauté** maschera di bellezza

massage (ma-*ssaaʒ*) *m* massaggio *m* ; ~ **facial** massaggio facciale

masse (mass) *f* massa *f*

masser (ma-*sse*) *v* massaggiare

masseur (ma-*ssöör*) *m* massaggiatore *m*

massif (ma-*ssif*) *adj* massiccio

massue (ma-*ssü*) *f* mazza *f*

mat (mat) *adj* opaco, pallido

mât (ma) *m* albero *m*

match (matʃ) *m* partita *f* ; ~ **de boxe** partita di pugilato ; ~ **de football** partita di calcio

matelas (ma-*tla*) *m* materasso *m*

matériau (ma-te-*r¹ô*) *m* materiale *m*

matériel (ma-te-*r¹êl*) *m* materiale *m* ; *adj* materiale

maternel (ma-têr-*nêl*) *adj* materno

mathématique (ma-te-ma-*tik*) *adj* matematico

mathématiques (ma-te-ma-*tik*) *fpl* matematica *f*

matière (ma-*t¹êêr*) *f* materia *f*

matin (ma-*têng*) *m* mattino *m*, mattina *f* ; **ce** ~ stamani

matinée (ma-ti-*ne*) *f* mattinata *f*

matrimonial (ma-tri-mo-*n¹al*) *adj* matrimoniale

maturité (ma-tü-ri-*te*) *f* maturità *f*

***maudire** (mô-*diir*) *v* *maledire

mausolée (mô-so-*le*) *m* mausoleo *m*

mauvais (mô-*ve*) *adj* cattivo ; brutto, malvagio, scellerato ; **le plus** ~ pessimo

mauve (môôv) *adj* lilla

maximum (mak-ssi-*mom*) *m* massimo *m*

mazout (ma-*sut*) *m* nafta *f*

me (mö) *pron* me ; mi

mécanicien (me-ka-ni-*ss¹êng*) *m* meccanico *m*

mécanique (me-ka-*nik*) *adj* meccanico

mécanisme (me-ka-*nissm*) *m* meccanismo *m*

méchant (me-*fang*) *adj* cattivo ; sgradevole, malvagio

mèche (mêʃ) *f* miccia *f*

mécontent (me-kong-*tang*) *adj* scontento

médaille (me-*dai*) *f* medaglia *f*

médecin (me-*dssêng*) *m* medico *m* ; ~ **généraliste** medico generico

médecine (me-*dssin*) *f* medicina *f*

médiateur (me-d¹a-*töör*) *m* mediatore *m*

médical (me-di-*kal*) *adj* medico

médicament (me-di-ka-*mang*) *m* medicamento *m*, farmaco *m*

médiéval (me-d¹e-*val*) *adj* medievale

méditer (me-di-*te*) *v* meditare

Méditerranée (me-di-te-ra-*ne*) *f* Mediterraneo *m*

méduse (me-*düüs*) *f* medusa *f*

méfiance (me-f¹*angss*) *f* sospetto *m*

méfiant (me-f¹*ang*) *adj* sospettoso

se méfier de (me-f¹*e*) diffidare di

meilleur (me-¹*öör*) *adj* migliore ; **le** ~ ottimo

mélancolie (me-lang-ko-*li*) *f* malinconia *f*

mélancolique (me-lang-ko-*lik*) *adj* malinconico

mélange (me-*langʒ*) *m* miscuglio *m*

mélanger (me-lang-*ʒe*) *v* mescolare

mêler (me-*le*) *v* mescolare ; **mêlé** misto ; **se** ~ **de** intromettersi in

mélo (me-*lô*) *m* sdolcinatura *f*

mélodie (me-lo-*di*) *f* melodia *f*

mélodrame (me-lo-*dram*) *m* melodramma *m*

melon (mö-*long*) *m* melone *m*

membrane (mang-*bran*) *f* membrana *f*

membre (mangbr) *m* socio *m*, membro *m*

mémé (me-*me*) *f* nonna *f*

même (mêm) *adj* stesso ; *adv* anche ; **de** ~ **pure**

mémoire (me-*m^{u}aar*) f memoria f; ricordo m

mémorable (me-mo-*rabl*) adj memorabile

mémorandum (me-mo-rang-*dom*) m nota f

mémorial (me-mo-r*i*al) m monumento commemorativo

menaçant (mö-na-*ssang*) adj minaccioso

menace (mö-*nass*) f minaccia f

menacer (mö-na-*sse*) v minacciare

ménage (me-*naaʒ*) m faccende di casa, ménage m

ménagère (me-na-*ʒêêr*) f casalinga f

mendiant (mang-d*i*ang) m mendicante m

mendier (mang-d*i*e) v mendicare

mener (mö-*ne*) v portare, *condurre

menottes (mö-*not*) fpl manette fpl

mensonge (mang-*ssongʒ*) m menzogna f

menstruation (mang-sstrü-a-ss*i*ong) f mestruazione f

mensuel (mang-*ssuêl*) adj mensile

mental (mang-*tal*) adj mentale; **aliéné** ~ pazzo m

menthe (mangt) f menta f, menta peperina

mention (mang-ss*i*ong) f citazione f, menzione f

mentionner (mang-ss*i*o-*ne*) v nominare, menzionare

*mentir (mang-*tiir*) v mentire

menton (mang-*tong*) m mento m

menu[1] (mö-*nü*) m menu m; ~ **fixe** pranzo a prezzo fisso

menu[2] (mö-*nü*) adj esiguo

menuisier (mö-nui-s*i*e) m falegname m

mépris (me-*pri*) m disprezzo m, disdegno m

méprise (me-*priis*) f fallo m

mépriser (me-pri-*se*) v disprezzare

mer (mêêr) f mare m

mercerie (mêr-ssö-*ri*) f merceria f

merci (mêr-*ssi*) grazie

mercredi (mêr-krö-*di*) m mercoledì m

mercure (mêr-*küür*) m mercurio m

mère (mêêr) f madre f

méridional (me-ri-d*i*o-*nal*) adj meridionale

mérite (me-*rit*) m merito m

mériter (me-ri-*te*) v meritare

merlan (mêr-*lang*) m merlano m

merle (mêrl) m merlo m

merveille (mêr-*vêi*) f meraviglia f

merveilleux (mêr-vê-*l'ö*) adj meraviglioso

mesquin (mê-*sskêng*) adj meschino, taccagno

message (mê-*ssaaʒ*) m messaggio m

messager (mê-ssa-*ʒe*) m messaggero m

messe (mêss) f messa f

mesure (mö-*süür*) f misura f; **en** ~ capace; **fait sur** ~ fatto su misura

mesurer (mö-sü-*re*) v misurare

métal (me-*tal*) m metallo m

métallique (me-ta-*lik*) adj metallico

méthode (me-*tod*) f metodo m

méthodique (me-to-*dik*) adj metodico

méticuleux (me-ti-kü-*lö*) adj meticoloso

métier (me-*t'e*) m mestiere m, professione f

mètre (mêtr) m metro m

métrique (me-*trik*) adj metrico

métro (me-*trô*) m metropolitana f

*mettre (mêtr) v *mettere; indossare

meuble (möbl) m mobile m; **meubles** mobilia f

meubler (mö-*ble*) v ammobiliare; **non meublé** non ammobiliato

meunier (mö-n*i*e) m mugnaio m

meurtrier (mör-tri-*e*) m assassino m

Mexicain (mêk-ssi-*kêng*) m messicano m

mexicain (mêk-ssi-*kéng*) *adj* messicano

Mexique (mêk-*ssik*) *m* Messico *m*

miche (mi∫) *f* pagnotta *f*

microbe (mi-*krob*) *m* germe *m*

microphone (mi-kro-*fon*) *m* microfono *m*

microsillon (mi-kro-ssi-*ʲong*) *m* microsolco *m*

midi (mi-*di*) *m* mezzogiorno *m*

miel (mʲêl) *m* miele *m*

le mien (lö mʲêng) il mio

miette (mʲêt) *f* briciola *f*

mieux (mʲö) *adv* meglio

migraine (mi-*ghrên*) *f* emicrania *f*

milieu (mi-*lʲö*) *m* mezzo *m*; ambiente *m*; **au ~ de** fra, in mezzo a; **du ~** mezzo

militaire (mi-li-*têêr*) *adj* militare

mille (mil) *num* mille; *m* miglio *m*

million (mi-*lʲong*) *m* milione *m*

millionnaire (mi-lʲo-*nêêr*) *m* milionario *m*

mince (mêngss) *adj* sottile, snello

mine¹ (min) *f* miniera *f*

mine² (min) *f* aspetto *m*

minerai (min-*re*) *m* minerale *m*

minéral (mi-ne-*ral*) *m* minerale *m*

minet (mi-*ne*) *m* micia *f*

mineur (mi-*nöör*) *m* minatore *m*; minorenne *m*; *adj* minore; minorenne

miniature (mi-nʲa-*tüür*) *f* miniatura *f*

minimum (mi-ni-*mom*) *m* minimo *m*

ministère (mi-ni-*sstêêr*) *m* ministero *m*

ministre (mi-*nisstr*) *m* ministro *m*; **premier ~** primo ministro

minorité (mi-no-ri-*te*) *f* minoranza *f*

minuit (mi-*nui*) mezzanotte *f*

minuscule (mi-nü-*sskül*) *adj* minuto, minuscolo

minute (mi-*nüt*) *f* minuto *m*

minutieux (mi-nü-*ssʲö*) *adj* minuzioso

miracle (mi-*raakl*) *m* miracolo *m*

miraculeux (mi-ra-kü-*lö*) *adj* miracoloso

miroir (mi-*rʷaar*) *m* specchio *m*

misaine (mi-*sên*) *f* vela di trinchetto *f*

misérable (mi-se-*rabl*) *adj* misero

misère (mi-*sêêr*) *f* miseria *f*; bisogno *m*

miséricorde (mi-se-ri-*kord*) *f* misericordia *f*

miséricordieux (mi-se-ri-kor-*dʲö*) *adj* misericordioso

mite (mit) *f* tarma *f*

mi-temps (mi-*tang*) *f* intervallo *m*

mixeur (mik-*ssöör*) *m* frullatore *m*

mobile (mo-*bil*) *adj* mobile

mode¹ (mod) *f* moda *f*; **à la ~** alla moda

mode² (mod) *m* modo *m*; **~ d'emploi** istruzioni per l'uso

modèle (mo-*dêl*) *m* modello *m*

modeler (mo-*dle*) *v* plasmare

modéré (mo-de-*re*) *adj* moderato; mediocre

moderne (mo-*dêrn*) *adj* moderno

modeste (mo-*dêsst*) *adj* riservato, modesto

modestie (mo-dê-*ssti*) *f* modestia *f*

modification (mo-di-fi-ka-*ssʲong*) *f* cambiamento *m*, modifica *f*

modifier (mo-di-*fʲe*) *v* modificare

modiste (mo-*disst*) *f* modista *f*

moelle (mʷal) *f* midollo *m*

moelleux (mʷa-*lö*) *adj* polposo

mœurs (môrss) *fpl* costumi *mpl*

mohair (mo-*êêr*) *m* angora *f*

moi (mʷa) *pron* mi; **moi-même** *pron* io stesso

moindre (mʷêngdr) *adj* minimo; inferiore

moine (mʷan) *m* monaco *m*

moineau (mʷa-*nô*) *m* passero *m*

moins (mʷêng) *adv* meno; **à ~ que** a meno che; **au ~** almeno

mois (mʷa) *m* mese *m*

moisi (mᵘa-*si*) *adj* ammuffito

moisissure (mᵘa-si-*ssüür*) *f* muffa *f*

moisson (mᵘa-*ssong*) *f* raccolto *m*

moite (mᵘat) *adj* umido; bagnato

moitié (mᵘa-*t'e*) *f* metà *f*; **à ~** a metà

molaire (mo-*lêêr*) *f* molare *m*

mollet (mo-*le*) *m* polpaccio *m*

moment (mo-*mang*) *m* momento *m*; istante *m*

momentané (mo-mang-ta-*ne*) *adj* momentaneo

mon (mong) *adj* (f ma, pl mes) mio

monarchie (mo-nar-*ſi*) *f* monarchia *f*

monarque (mo-*nark*) *m* monarca *m*

monastère (mo-na-*sstêêr*) *m* monastero *m*

monde (mongd) *m* mondo *m*; **tout le ~** ognuno

mondial (mong-*d'al*) *adj* mondiale; universale

monétaire (mo-ne-*têêr*) *adj* monetario

monnaie (mo-*ne*) *f* valuta *f*; **~ étrangère** divisa estera; **petite ~** moneta spicciola, spiccioli *mpl*; **pièce de ~** moneta *f*

monologue (mo-no-*logh*) *m* monologo *m*

monopole (mo-no-*pol*) *m* monopolio *m*

monotone (mo-no-*ton*) *adj* monotono

monsieur (mö-ss'*ö*) *m* (pl messieurs) signore *m*

mont (mong) *m* monte *m*

montagne (mong-*tagn*) *f* montagna *f*

montagneux (mong-ta-*gnö*) *adj* montagnoso

montant (mong-*tang*) *m* ammontare *m*

montée (mong-*te*) *f* rialzo *m*; ascensione *f*, ascesa *f*

monter (mong-*te*) *v* *salire; montare; **se ~ à** ammontare a

monteur (mong-*töör*) *m* meccanico *m*

monticule (mong-ti-*kül*) *m* collina *f*

montre (mongtr) *f* orologio *m*; **~ de gousset** orologio da tasca

montrer (mong-*tre*) *v* mostrare; *far vedere; **~ du doigt** additare

monture (mong-*tüür*) *f* montatura *f*

monument (mo-nü-*mang*) *m* monumento *m*

se moquer de (mo-*ke*) canzonare

moquerie (mo-*kri*) *f* derisione *f*

moral (mo-*ral*) *adj* morale; *m* morale *m*

morale (mo-*ral*) *f* morale *f*

moralité (mo-ra-li-*te*) *f* moralità *f*

morceau (mor-*ssó*) *m* pezzo *m*; pezzetto *m*, nodo *m*; **~ de sucre** zolletta di zucchero

mordache (mor-*daſ*) *f* morsa *f*

mordre (mordr) *v* *mordere

morphine (mor-*fin*) *f* morfina *f*

morsure (mor-*ssüür*) *f* morso *m*

mort (moor) *f* morte *f*; *adj* morto

mortel (mor-*têl*) *adj* mortale

morue (mo-*rü*) *f* merluzzo *m*

mosaïque (mo-sa-*ik*) *f* mosaico *m*

mosquée (mo-*sske*) *f* moschea *f*

mot (mô) *m* parola *f*; **~ de passe** parola d'ordine

motel (mo-*têl*) *m* autostello *m*

moteur (mo-*töör*) *m* motore *m*

motif (mo-*tif*) *m* motivo *m*, movente *m*; disegno *m*

motion (mo-ss'*ong*) *f* mozione *f*

motocyclette (mo-to-ssi-*klêt*) *f* motocicletta *f*

mou (mu) *adj* (f molle) morbido

mouche (muſ) *f* mosca *f*

mouchoir (mu-*ſ*ᵘ*aar*) *m* fazzoletto *m*; **~ de papier** fazzoletto di carta

*moudre (mudr) *v* macinare

mouette (mᵘêt) *f* gabbiano *m*

moufles (mufl) *fpl* muffole *fpl*

mouiller (mu-*'e*) *v* bagnare; **mouillé** bagnato

moule (mul) *f* cozza *f*

moulin (mu-*lêng*) *m* macinino *m*; ~
à paroles chiacchierone *m*; ~ à
vent mulino a vento

*mourir (mu-*riir*) *v* *morire

mousse (muss) *f* schiuma *f*; muschio
m

mousseline (mu-*sslin*) *f* mussolina *f*

mousser (mu-*sse*) *v* spumare

mousseux (mu-*ssö*) *adj* spumante

moustache (mu-*sstaʃ*) *f* baffi *mpl*

moustiquaire (mu-ssti-*kêêr*) *f* zanzariera *f*

moustique (mu-*sstik*) *m* zanzara *f*

moutarde (mu-*tard*) *f* senape *f*

mouton (mu-*tong*) *m* pecora *f*; montone *m*

mouvement (muv-*mang*) *m* moto *m*,
movimento *m*

se *mouvoir (mu-*vᵘaar*) *muoversi

moyen (mᵘa-*ᶦêng*) *m* mezzo *m*; *adj*
medio; mediocre

moyen-âge (mᵘa-ᶦê-*naaʒ*) *m*
medioevo *m*

moyenne (mᵘa-*ᶦên*) *f* media *f*; en ~
in media

muet (mue) *adj* muto

mugir (mü-*ʒiir*) *v* mugghiare

mule (mül) *f* mulo *m*

mulet (mü-*le*) *m* mulo *m*; triglia *f*

multiplication (mül-ti-pli-ka-*ssᶦong*) *f*
moltiplicazione *f*

multiplier (mül-ti-pli-*e*) *v* moltiplicare

municipal (mü-ni-ssi-*pal*) *adj* municipale

municipalité (mü-ni-ssi-pa-li-*te*) *f* municipalità *f*

munir de (mü-*niir*) munire di

mur (müür) *m* muro *m*

mûr (müür) *adj* maturo

mûre (müür) *f* mora *f*

muscade (mü-*sskad*) *f* noce moscata *f*

muscle (müsskl) *m* muscolo *m*

musclé (mü-*sskle*) *adj* muscoloso

museau (mü-*sô*) *m* muso *m*

musée (mü-*se*) *m* museo *m*

musical (mü-si-*kal*) *adj* musicale

music-hall (mü-si-*kol*) *m* teatro di varietà

musicien (mü-si-*ssᶦêng*) *m* musicista
m

musique (mü-*sik*) *f* musica *f*

mutinerie (mü-tin-*ri*) *f* ammutinamento *m*

mutuel (mü-*tuêl*) *adj* mutuo

myope (mᶦop) *adj* miope

mystère (mi-*sstêêr*) *m* mistero *m*

mystérieux (mi-sste-*rᶦö*) *adj* misterioso

mythe (mit) *m* mito *m*

N

nacre (nakr) *f* madreperla *f*

nager (na-*ʒe*) *v* nuotare

nageur (na-*ʒöör*) *m* nuotatore *m*

naïf (na-*if*) *adj* ingenuo

nain (nêng) *m* nano *m*

naissance (ne-*ssangss*) *f* nascita *f*

*naître (nêêtr) *v* *nascere

nappe (nap) *f* tovaglia *f*

narcose (nar-*kôôs*) *f* narcosi *f*

narcotique (nar-ko-*tik*) *m* narcotico *m*

narine (na-*rin*) *f* narice *f*

natation (na-ta-*ssᶦong*) *f* nuoto *m*

nation (na-*ssᶦong*) *f* nazione *f*

national (na-ssᶦo-*nal*) *adj* nazionale

nationaliser (na-ssᶦo-na-li-*se*) *v* nazionalizzare

nationalité (na-ssᶦo-na-li-*te*) *f* nazionalità *f*

nature (na-*tüür*) *f* natura *f*; anima *f*,
indole *f*

naturel (na-tü-*rêl*) *adj* naturale

naturellement (na-tü-rêl-*mang*) *adv*
naturalmente

naufrage (nô-*fraaʒ*) *m* naufragio *m*

nausée (nô-*se*) *f* nausea *f*

naval (na-*val*) *adj* (pl ~s) navale

navetteur (na-vê-*töör*) *m* pendolare *m*

navigable (na-vi-*ghabl*) *adj* navigabile

navigation (na-vi-gha-*ssiong*) *f* navigazione *f*

naviguer (na-vi-*ghe*) *v* navigare; governare; ~ **sur** navigare su

navire (na-*viir*) *m* nave *f*; battello *m*; ~ **de guerre** nave da guerra

né (ne) *adj* nato

néanmoins (ne-ang-*muêng*) *adv* tuttavia

nébuleux (ne-bü-*lö*) *adj* nebbioso

nécessaire (ne-sse-*ssêêr*) *adj* necessario; ~ **de toilette** astuccio di toeletta

nécessité (ne-sse-ssi-*te*) *f* necessità *f*

nécessiter (ne-sse-ssi-*te*) *v* *richiedere

Néerlandais (ne-êr-lang-*de*) *m* olandese *m*

néerlandais (ne-êr-lang-*de*) *adj* olandese

néfaste (ne-*fasst*) *adj* fatale

négatif (ne-gha-*tif*) *m* negativa *f*; *adj* negativo

négligé (ne-ghli-*ʒe*) *m* vestaglia *f*

négligence (ne-ghli-*ʒangss*) *f* negligenza *f*

négligent (ne-ghli-*ʒang*) *adj* negligente, trascurato

négliger (ne-ghli-*ʒe*) *v* trascurare

négociant (ne-gho-*ssiang*) *m* negoziante *m*; ~ **en vins** mercante di vini

négociation (ne-gho-ss ia-*ssiong*) *f* trattativa *f*

négocier (ne-gho-*ssie*) *v* negoziare

neige (nêʒ) *f* neve *f*

neiger (ne-*ʒe*) *v* nevicare

neigeux (nê-*ʒö*) *adj* nevoso

néon (ne-*ong*) *m* neon *m*

nerf (nêêr) *m* nervo *m*

nerveux (nêr-*vö*) *adj* nervoso

net (nêt) *adj* chiaro; netto

nettoyage (nê-tua-*iaaʒ*) *m* pulizia *f*, pulitura *f*

nettoyer (nê-tua-*ie*) *v* nettare, pulire; ~ **à sec** pulire a secco

neuf[1] (nöf) *adj* (f neuve) nuovo

neuf[2] (nöf) *num* nove

neutre (nöötr) *adj* neutro; neutrale

neuvième (nö-*viêm*) *num* nono

neveu (nö-*vö*) *m* nipote *m*

névralgie (ne-vral-*ʒi*) *f* nevralgia *f*

névrose (ne-*vrôôs*) *f* nevrosi *f*

nez (ne) *m* naso *m*; **saignement de** ~ rinorragia *f*

ni ... ni (ni) né... né

nickel (ni-*kêl*) *m* nichelio *m*

nicotine (ni-ko-*tin*) *f* nicotina *f*

nid (ni) *m* nido *m*

nièce (niêss) *f* nipote *f*

nier (ni-*e*) *v* negare

Nigeria (ni-ʒe-*ria*) *m* Nigeria *f*

Nigérien (ni-ʒe-*riêng*) *m* nigeriano *m*

nigérien (ni-ʒe-*riêng*) *adj* nigeriano

niveau (ni-*vô*) *m* livello *m*; livella *f*; ~ **de vie** livello di vita; **passage à** ~ passaggio a livello

niveler (ni-*vle*) *v* livellare

noble (nobl) *adj* nobile

noblesse (no-*blêss*) *f* nobiltà *f*

nocturne (nok-*türn*) *adj* notturno

Noël (no-*êl*) *m* Natale

nœud (nö) *m* nodo *m*; ~ **papillon** cravattino *m*, cravatta a farfalla

noir (nuaar) *adj* nero; *m* negro *m*

noisette (nua-*sét*) *f* nocciola *f*

noix (nua) *f* noce *f*; ~ **de coco** noce di cocco

nom (nong) *m* nome *m*; **au** ~ **de** a nome di, per conto di; ~ **de famille** cognome *m*; ~ **de jeune fille** cognome da nubile

nombre (nongbr) *m* quantità *f*; numero *m*; numerale *m* nombreux (nong-brö) adj numeroso

nombril (nong-bri) m ombelico m

nominal (no-mi-nal) adj nominale

nomination (no-mi-na-ss'ong) f nomina f

nommer (no-me) v nominare

non (nong) no

nord (noor) m nord m; settentrione m

nord-est (no-rêsst) m nord-est m

nord-ouest (no-r^uêsst) m nord-ovest m

normal (nor-mal) adj normale

norme (norm) f norma f

Norvège (nor-vêê3) f Norvegia f

Norvégien (nor-ve-3'êng) m norvegese m

norvégien (nor-ve-3'êng) adj norvegese

notaire (no-têêr) m notaio m

notamment (no-ta-mang) adv cioè

note (not) f commento m, appunto m, biglietto m; voto m; conto m

noter (no-te) v annotare; *accorgersi di

notifier (no-ti-f'e) v notificare

notion (nô-ss'ong) f nozione f

notoire (no-t^uaar) adj famigerato

notre (notr) adj nostro

nouer (nu-e) v annodare

nougat (nu-gha) m torrone m

nourrir (nu-riir) v nutrire; nourrissant nutriente

nourrisson (nu-ri-ssong) m neonato m

nourriture (nu-ri-tüür) f cibo m; vitto m

nous (nu) pron noi; ci; nous-mêmes pron noi stessi

nouveau (nu-vô) adj (nouvel; f nouvelle) nuovo; de ~ di nuovo; Nouvel An anno nuovo

nouvelle (nu-vêl) f notizia f; novità f; nouvelles notiziario m, notizie

Nouvelle-Zélande (nu-vêl-se-langd) f Nuova Zelanda

novembre (no-vangbr) novembre

noyau (n^ua-'ó) m nocciolo m; nucleo m

noyer (n^ua-'e) v affogare

nu (nü) adj nudo; spoglio; m nudo m

nuage (nuaa3) m nuvola f

nuageux (nua-3ö) adj nuvoloso, coperto

nuance (nuangss) f sfumatura f; tinta f

nucléaire (nü-kle-êêr) adj atomico, nucleare

*nuire (nuiir) v *nuocere

nuisible (nui-sibl) adj nocivo

nuit (nui) f notte f; boîte de ~ cabaret m; cette ~ stanotte; de ~ di notte; tarif de ~ tariffa notturna

nul (nül) adj (f nulle) nullo

numéro (nü-me-rô) m numero m; ~ d'immatriculation numero di targa

nuque (nük) f nuca f

nutritif (nü-tri-tif) adj nutriente

nylon (ni-long) m nailon m

O

oasis (ô-a-siss) f oasi f

obéir (o-be-iir) v ubbidire

obéissance (o-be-i-ssangss) f ubbidienza f

obéissant (o-be-i-ssang) adj ubbidiente

obèse (o-bêês) adj obeso

obésité (o-be-si-te) f pinguedine f

objecter (ob-3êk-te) v obiettare

objectif (ob-3êk-tif) m bersaglio m, obiettivo m, traguardo m; adj oggettivo

objection (ob-3êk-ss'ong) f obiezione

f; ***faire ~ à** *opporsi a; *fare
obiezione a

objet (ob-*ʒe*) *m* oggetto *m*; **objets de
valeur** valori; **objets trouvés** oggetti smarriti

obligation (o-bli-gha-*ssⁱong*) *f* obbligazione *f*

obligatoire (o-bli-gha-*t^uaar*) *adj* obbligatorio

obligeant (o-bli-*ʒang*) *adj* servizievole

obliger (o-bli-*ʒe*) *v* obbligare; *costringere

oblique (o-*blik*) *adj* obliquo

oblong (o-*blong*) *adj* (f oblongue) oblungo

obscène (o-*pssên*) *adj* osceno

obscur (op-*ssküür*) *adj* oscuro; buio

obscurité (op-sskü-ri-*te*) *f* oscurità *f*

observation (op-pssêr-va-*ssⁱong*) *f* osservazione *f*

observatoire (o-pssêr-va-*t^uaar*) *m* osservatorio *m*

observer (o-pssêr-*ve*) *v* osservare; rilevare

obsession (o-pssê-*ssⁱong*) *f* ossessione *f*

obstacle (op-*sstakl*) *m* ostacolo *m*

obstiné (op-ssti-*ne*) *adj* ostinato, testardo

obstruer (op-sstrü-*e*) *v* ostruire

*****obtenir** (op-tö-*niir*) *v* *ottenere

occasion (o-ka-*sⁱong*) *f* occasione *f*, opportunità *f*; **d'occasion** d'occasione

occident (ok-ssi-*dang*) *m* occidente *m*

occidental (ok-ssi-dang-*tal*) *adj* occidentale

occupant (o-kü-*pang*) *m* occupante *m*

occupation (o-kü-pa-*ssⁱong*) *f* occupazione *f*; mestiere *m*

occuper (o-kü-*pe*) *v* occupare; **s'occuper de** occuparsi di; accudire a, trattare con

océan (o-sse-*ang*) *m* oceano *m*;

Océan Atlantique Atlantico *m*;
Océan Pacifique Oceano Pacifico

octobre (ok-*tobr*) ottobre

oculiste (o-kü-*lisst*) *m* oculista *m*

odeur (o-*döör*) *f* odore *m*

œil (öi) *m* (pl yeux) occhio *m*; **coup d'œil** occhiata *f*; visione fugace

œuf (öf) *m* uovo *m*; **œufs de poisson** uova di pesce

œuvre (öövr) *f* opera *f*; *f* lavoro *m*; **~ d'art** opera d'arte

offense (o-*fangss*) *f* offesa *f*

offenser (o-fang-*sse*) *v* *offendere; **s'offenser de** risentirsi per

offensif (o-fang-*ssif*) *adj* offensivo

offensive (o-fang-*ssiiv*) *f* offensiva *f*

officiel (o-fi-ssⁱ*êl*) *adj* ufficiale

officier (o-fi-ssⁱ*e*) *m* ufficiale *m*

officieux (o-fi-ssⁱ*ö*) *adj* ufficioso

offre (ofr) *f* offerta *f*

*****offrir** (o-*frir*) *v* *offrire; presentare

oie (^ua) *f* oca *f*

oignon (o-*gnong*) *m* cipolla *f*; bulbo *m*

oiseau (^ua-*sô*) *m* uccello *m*; **~ de mer** uccello marino

oisif (^ua-*sif*) *adj* pigro, ozioso

olive (o-*liiv*) *f* oliva *f*

ombragé (ong-bra-*ʒe*) *adj* ombreggiato

ombre (ongbr) *f* ombra *f*; **~ à paupières** ombretto *m*

omelette (om-*lêt*) *f* frittata *f*

*****omettre** (o-*mêtr*) *v* *omettere; tralasciare

omnibus (om-ni-*büss*) *m* accelerato *m*

omnipotent (om-ni-po-*tang*) *adj* onnipotente

on (ong) *pron* uno

oncle (ongkl) *m* zio *m*

ondulation (ong-dü-la-*ssⁱong*) *f* ricciolo *m*

ondulé (ong-dü-*le*) *adj* ondulato

ongle (ongghl) *m* unghia *f*

onyx (o-*nikss*) *m* onice *f*

onze (ongs) *num* undici

onzième (ong-*s'êm*) *num* undicesimo

opéra (o-pe-*ra*) *m* opera *f*; teatro dell'opera

opération (ô-pe-ra-*ss'ong*) *f* operazione *f*

opérer (o-pe-*re*) *v* operare; agire

opérette (o-pe-*rêt*) *f* operetta *f*

opiniâtre (o-pi-*n'aatr*) *adj* caparbio

opinion (o-pi-*n'ong*) *f* opinione *f*

opposé (o-pô-*se*) *adj* contrario; avverso

s'opposer (o-pô-*se*) *opporsi

opposition (o-pô-zi-ss!*ong*) *f* opposizione *f*

oppresser (o-pre-*sse*) *v* *opprimere

opprimer (o-pri-*me*) *v* *opprimere

opticien (op-ti-ss!*êng*) *m* ottico *m*

optimisme (op-ti-*missm*) *m* ottimismo *m*

optimiste (op-ti-*misst*) *m* ottimista *m*; *adj* ottimistico

or (oor) *m* oro *m*; **en ~** aureo; **~ en feuille** oro laminato

orage (o-*raa3*) *m* temporale *m*

orageux (o-ra-*3ö*) *adj* temporalesco, tempestoso

oral (o-*ral*) *adj* orale

orange (o-*rang3*) *f* arancia *f*; *adj* arancione

orchestre (or-*kêsstr*) *m* orchestra *f*; banda *f*; **fauteuil d'orchestre** poltrona d'orchestra

ordinaire (or-di-*nêêr*) *adj* ordinario, solito, abituale, normale; popolano

ordinateur (or-di-na-*töör*) *m* computer *m*

ordonner (or-do-*ne*) *v* ordinare; **ordonné** *adj* ordinato

ordre (ordr) *m* ordine *m*; **~ du jour** agenda *f*

ordures (or-*düür*) *fpl* immondizia *f*

oreille (o-*rêi*) *f* orecchio *m*

oreiller (o-re-*'e*) *m* guanciale *m*; **taie d'oreiller** federa *f*

oreillons (o-rê-*'ong*) *mpl* orecchioni *mpl*

orfèvre (or-*fêêvr*) *m* orefice *m*; argentiere *m*

organe (or-*ghan*) *m* organo *m*

organique (or-gha-*nik*) *adj* organico

organisation (or-gha-ni-sa-ss!*ong*) *f* organizzazione *f*

organiser (or-gha-ni-*se*) *v* organizzare

orge (or3) *f* orzo *m*

orgue (orgh) *m* (pl f) organo *m*; **~ de Barbarie** organetto di Barberia

orgueil (or-*ghöi*) *m* fierezza *f*

orgueilleux (or-ghö-*'ö*) *adj* orgoglioso

orient (o-*r'ang*) *m* oriente *m*

oriental (o-r!*ang*-*tal*) *adj* orientale

s'orienter (o-r!*ang*-*te*) orientarsi

originairement (o-ri-3i-nêr-*mang*) *adv* originariamente

original (o-ri-3i-*nal*) *adj* originale

origine (o-ri-*3in*) *f* origine *f*

orlon (or-*long*) *m* orlon *m*

orme (orm) *m* olmo *m*

ornement (or-nö-*mang*) *m* ornamento *m*

ornemental (or-nö-mang-*tal*) *adj* ornamentale

orphelin (or-fö-*lêng*) *m* orfano *m*

orteil (or-*têi*) *m* dito del piede

orthodoxe (or-to-*dokss*) *adj* ortodosso

orthographe (or-to-*ghraf*) *f* ortografia *f*

os (oss) *m* (pl ~) osso *m*

oser (ô-*se*) *v* osare

otage (o-*taa3*) *m* ostaggio *m*

ôter (ô-*te*) *v* *togliere; strofinare

ou (u) *conj* o; **~ ... ou** o... o

où (u) *adv* dove; *pron* dove; **n'importe ~** dovunque; ovunque

ouate (ᵘat) *f* ovatta *f*

oublier (u-bli-*e*) *v* dimenticare

oublieux (u-bli-*ö*) *adj* smemorato

ouest (ᵘêsst) *m* ovest *m*
oui (ᵘi) sì
ouïe (u-*i*) *f* udito *m*
ouragan (u-ra-*ghang*) *m* uragano *m*
ourlet (ur-*le*) *m* orlo *m*
ours (urss) *m* orso *m*
oursin (u-*ssêng*) *m* riccio di mare
outil (u-*ti*) *m* arnese *m*, strumento *m*
outrage (u-*traaʒ*) *m* oltraggio *m*;
scandalo *m*
outrager (u-tra-*ʒe*) *v* trasgredire
outre (utr) *prep* in aggiunta a, oltre a;
d'outre-mer oltremarino; **en ~**
inoltre
ouvert (u-*vêêr*) *adj* aperto
ouverture (u-vêr-*tüür*) *f* apertura *f*;
ouverture *f*
ouvrage (u-*vraaʒ*) *m* lavoro *m*
ouvre-boîte (u-vrö-*bᵘat*) *m* apriscatole *m*
ouvre-bouteille (u-vrö-bu-*têi*) *m* apribottiglie *m*
ouvreur (u-*vröör*) *m* usciere *m*
ouvreuse (u-*vröös*) *f* maschera *f*
ouvrier (u-vri-*e*) *m* operaio *m*, lavoratore *m*
*ouvrir (u-*vriir*) *v* *aprire
ovale (o-*val*) *adj* ovale
oxygène (ok-ssi-*ʒên*) *m* ossigeno *m*

P

pacifisme (pa-ssi-*fissm*) *m* pacifismo *m*
pacifiste (pa-ssi-*fisst*) *m* pacifista *m*;
adj pacifista
pagaie (pa-*ghe*) *f* remo *m*
pagaille (pa-*ghai*) *f* imbroglio *m*
page (paaʒ) *f* pagina *f*; *m* paggio *m*
paie (pe) *f* stipendio *m*
paiement (pe-*mang*) *m* pagamento
m; **~ à tempérament** rata *f*

païen (pa-*¹êng*) *m* pagano *m*; *adj* pagano
paille (pai) *f* paglia *f*
pain (pêng) *m* pane *m*; **~ complet**
pane integrale; **petit ~** panino *m*
pair (pêêr) *adj* pari
paire (pêêr) *f* paio *m*
paisible (pe-*sibl*) *adj* pacifico, quieto
*paître (pêêtr) *v* pascolare
paix (pe) *f* pace *f*
Pakistan (pa-ki-*sstang*) *m* Pakistan *m*
Pakistanais (pa-ki-ssta-*ne*) *m* pachistano *m*
pakistanais (pa-ki-ssta-*ne*) *adj* pachistano
palais (pa-*le*) *m* palazzo *m*; palato *m*
pâle (paal) *adj* pallido; chiaro
palme (palm) *f* palma *f*
palpable (pal-*pabl*) *adj* palpabile
palper (pal-*pe*) *v* palpare
palpitation (pal-pi-ta-*ss¹ong*) *f* palpitazione *f*
pamplemousse (pang-plö-*muss*) *m* pompelmo *m*
panier (pa-*n¹e*) *m* paniere *m*
panique (pa-*nik*) *f* panico *m*; spavento *m*
panne (pan) *f* guasto *m*, avaria *f*;
tomber en ~ guastarsi
panneau (pa-*nô*) *m* pannello *m*
pansement (pang-*ssmang*) *m* fasciatura *f*
panser (pang-*sse*) *v* bendare
pantalon (pang-ta-*long*) *m* pantaloni
mpl, calzoni *mpl*; **ensemble-pantalon** giacca e calzoni
pantoufle (pang-*tufl*) *f* ciabatta *f*,
pantofola *f*
paon (pang) *m* pavone *m*
papa (pa-*pa*) *m* papà *m*
pape (pap) *m* Papa *m*
papeterie (pa-pê-*tri*) *f* cartoleria *f*
papier (pa-p¹*e*) *m* carta *f*; **en ~** di
carta; **~ à écrire** carta da lettere; **~**

à **lettres** carta da lettere; ~ **à machine** carta da macchina; ~ **buvard** carta assorbente; ~ **carbone** carta carbone; ~ **d'emballage** carta da imballaggio; ~ **d'étain** stagnola *f*; ~ **de verre** carta vetrata; ~ **hygiénique** carta igienica; ~ **peint** carta da parati

papillon (pa-pi-'*ong*) *m* farfalla *f*

paquebot (pak-*bó*) *m* nave di linea

Pâques (paak) Pasqua

paquet (pa-*ke*) *m* pacchetto *m*; fagotto *m*

par (par) *prep* da; con, per

parade (pa-*rad*) *f* parata *f*

paragraphe (pa-ra-*ghraf*) *m* paragrafo *m*; capoverso *m*

*****paraître** (pa-*rêêtr*) *v* sembrare; *apparire

parallèle (pa-ra-*lêl*) *m* parallela *f*; *adj* parallelo

paralyser (pa-ra-li-*se*) *v* paralizzare; **paralysé** paralitico

parapher (pa-ra-*fe*) *v* *apporre le iniziali

parapluie (pa-ra-*plui*) *m* ombrello *m*

parasol (pa-ra-*ssol*) *m* ombrellino *m*

parc (park) *m* parco *m*; ~ **de stationnement** parcheggio *m*; ~ **national** parco nazionale

parce que (par-sskö) siccome, perché

parcimonieux (par-ssi-mo-n*i*ö) *adj* parsimonioso

parcomètre (par-ko-*mêtr*) *m* parchimetro *m*

*****parcourir** (par-ku-*riir*) *v* *percorrere

parcours (par-*kuur*) *m* percorso *m*

par-dessus (par-dö-*ssü*) *prep* sopra

pardessus (par-dö-*ssü*) *m* cappotto *m*, soprabito *m*

pardon (par-*dong*) *m* perdono *m*; **pardon!** scusi!

pardonner (par-do-*ne*) *v* perdonare

pare-brise (par-*briis*) *m* parabrezza *m*

pare-choc (par-*fok*) *m* paraurti *m*

pareil (pa-*rêi*) *adj* simile, uguale; **sans** ~ insuperato

parent (pa-*rang*) *m* parente *m*; **parents** genitori *mpl*

paresseux (pa-rè-*ssö*) *adj* pigro

parfait (par-*fe*) *adj* perfetto

parfois (par-*f*u*a*) *adv* qualche volta

parfum (par-*föng*) *m* profumo *m*

parfumerie (par-füm-*ri*) *f* profumeria *f*

pari (pa-*ri*) *m* scommessa *f*

parier (pa-r*i*e) *v* *scommettere

parking (par-*king*) *m* parcheggio *m*

parlement (par-lö-*mang*) *m* parlamento *m*

parlementaire (par-lö-mang-*têêr*) *adj* parlamentare

parler (par-*le*) *v* parlare

parmi (par-*mi*) *prep* tra

paroisse (pa-r*u*ass) *f* parrocchia *f*

parole (pa-*rol*) *f* parola *f*

parrain (pa-*rêng*) *m* padrino *m*

part (paar) *f* parte *f*; **à** ~ a parte; da parte; **nulle** ~ in nessun luogo; **quelque** ~ in qualche posto

partager (par-ta-*ʒe*) *v* *condividere

partenaire (par-tö-*nêêr*) *m* socio *m*, compagno *m*

parti (par-*ti*) *m* partito *m*; parte *f*

partial (par-ss*i*al) *adj* parziale

participant (par-ti-ssi-*pang*) *m* partecipante *m*

participer (par-ti-ssi-*pe*) *v* partecipare

particularité (par-ti-kü-la-ri-*te*) *f* singolarità *f*; particolare *m*

particulier (par-ti-kü-l*i*e) *adj* particolare; singolo, privato; **en** ~ in particolare

particulièrement (par-ti-kü-l*i*êr-*mang*) *adv* particolarmente

partie (par-*ti*) *f* parte *f*; **en** ~ in parte

partiel (par-ss*i*êl) *adj* parziale

partiellement (par-ss*i*êl-*mang*) *adv* in

parte

*partir (par-*tiir*) v partire, *andarse-ne; *disdire; **à partir de** a partire da, da; **parti** via

partisan (par-ti-*sang*) m patrocinatore m

partout (par-*tu*) adv dappertutto, ovunque; ~ **où** dovunque

*parvenir à (par-vö-*niir*) *raggiungere

pas (pa) m passo m; mossa f; **faux** ~ svista f; **ne ...** ~ non

passablement (pa-ssa-blö-*mang*) adv alquanto, abbastanza

passage (pa-*ssaaȝ*) m passaggio m; passaggio pedonale; brano m; ~ **à niveau** passaggio a livello; ~ **clou-té** passaggio pedonale; ~ **pour pié-tons** passaggio pedonale

passager (pa-ssa-*ȝe*) m passeggero m

passant (pa-*ssang*) m passante m

passé (pa-*sse*) m passato m; adj pas-sato; scorso; prep oltre

passeport (pa-*sspoor*) m passaporto m

passer (pa-*sse*) v passare; *trascorre-re; *porgere; **en passant** incidental-e; ~ **à côté** passare accanto; ~ **en contrebande** contrabbandare; **se** ~ *succedere; **se** ~ **de** *fare a meno di

passerelle (pa-*ssrêl*) f passarella f

passe-temps (pa-*sstang*) m hobby m

passif (pa-*ssif*) adj passivo

passion (pa-*ssiong*) f passione f

passionnant (pa-ssi-o-*nang*) adj ecci-tante

passionné (pa-ssi-o-*ne*) adj appassio-nato

passoire (pa-ssᵘ*aar*) f setaccio m; co-lapasta m

pastèque (pa-*sstêk*) f anguria f

pasteur (pa-*sstöör*) m pastore m

patauger (pa-tô-*ȝe*) v guadare

pâte (paat) f pasta f; impasto m; ~

dentifrice dentifricio m

patère (pa-*têêr*) f gancio m

paternel (pa-têr-*nêl*) adj paterno

patience (pa-ssi*angss*) f pazienza f

patient (pa-ssi*ang*) m paziente m; adj paziente

patin (pa-*têng*) m pattino m

patinage (pa-ti-*naaȝ*) m pattinaggio m; ~ **à roulettes** pattinaggio a ro-telle

patiner (pa-ti-*ne*) v pattinare

patinette (pa-ti-*nêt*) f monopattino m

patinoire (pa-ti-nᵘ*aar*) f pista di patti-naggio

pâtisserie (pa-ti-*ssri*) f pasticceria f

patrie (pa-*tri*) f patria f

patriote (pa-tri-*ot*) m patriota m

patron (pa-*trong*) m padrone m

patronne (pa-*tron*) f padrona f

patrouille (pa-*truⁱ*) f pattuglia f

patrouiller (pa-tru-ⁱ*e*) v pattugliare

patte (pat) f zampa f

pâture (pa-*tüür*) f pascolo m

paume (pôôm) f palma f

paupière (pô-p*êêr*) f palpebra f

pause (pôôs) f pausa f; intervallo m

pauvre (pôôvr) adj povero

pauvreté (pô-vrö-*te*) f povertà f

pavage (pa-*vaaȝ*) m pavimento m

paver (pa-*ve*) v lastricare, pavimenta-re

pavillon (pa-vi-ⁱ*ong*) m padiglione m; ~ **de chasse** padiglione da caccia

pavot (pa-*vô*) m papavero m

payable (pe-ⁱ*abl*) adj dovuto

paye (pêi) f paga f

payer (pe-ⁱ*e*) v pagare; *rendere; ~ **à tempérament** pagare a rate

pays (pe-*i*) m paese m; ~ **boisé** terre-no boscoso; ~ **natal** paese natio

paysage (pe-i-*saaȝ*) m paesaggio m

paysan (pe-i-*sang*) m contadino m

Pays-Bas (pe-i-*ba*) mpl Paesi Bassi

péage (pe-*aaȝ*) m pedaggio m

peau (pô) f pelle f; buccia f; ~ **de porc** pelle di cinghiale; ~ **de vache** pelle di vacca

péché (pe-*∫e*) m peccato m

pêche[1] (pê∫) f pesca f

pêche[2] (pê∫) f pesca f; **attirail de** ~ attrezzi da pesca

pêcher (pe-*∫e*) v pescare con l'amo, pescare; ~ **à la ligne** pescare con l'amo

pêcheur (pê-*∫öör*) m pescatore m

pédale (pe-*dal*) f pedale m

pédicure (pe-di-*küür*) m callista m, pedicure m

peigne (pêgn) m pettine m; ~ **de poche** pettine tascabile

peigner (pe-*gne*) v pettinare

peignoir (pê-gn^u*aar*) m accappatoio m

*peindre (pêngdr) v pitturare; verniciare

peine (pên) f pena f; **à** ~ appena; scarsamente; ***avoir de la** ~ *affliggersi; ~ **de mort** pena di morte

peiner (pe-*ne*) v faticare

peintre (pêngtr) m pittore m

peinture (pêng-*tüür*) f colore m; pittura f; ~ **à l'huile** pittura ad olio

pelage (pö-*laaʒ*) m pelliccia f

peler (pö-*le*) v sbucciare

pèlerin (pêl-*rêng*) m pellegrino m

pèlerinage (pêl-ri-*naaʒ*) m pellegrinaggio m

pélican (pe-li-*kang*) m pellicano m

pelle (pêl) f pala f, vanga f

pellicule (pê-li-*kül*) f pellicola f; **pellicules** forfora f

pelouse (pö-*luus*) f prato m

pelure (pö-*lüür*) f buccia f

penalty (pe-nal-*ti*) m calcio di rigore

penchant (pang-*∫ang*) m inclinazione f

se pencher (pang-*∫e*) chinarsi

pendant (pang-*dang*) prep durante; ~ **que** mentre

pendentif (pang-dang-*tif*) m pendente m

pendre (pangdr) v pendere

pénétrer (pe-ne-*tre*) v penetrare

pénible (pe-*nibl*) adj difficoltoso; penoso

pénicilline (pe-ni-ssi-*lin*) f penicillina f

péninsule (pe-nêng-*ssül*) f penisola f

pensée (pang-*sse*) f pensiero m

penser (pang-*sse*) v pensare

penseur (pang-*ssöör*) m pensatore m

pensif (pang-*ssif*) adj pensieroso

pension (pang-ss^i*ong*) f pensione f; ~ **alimentaire** alimenti; ~ **complète** pensione completa, vitto e alloggio

pensionnaire (pang-ss^i o-*nêêr*) m pensionante m

pente (pangt) f pendio m; rampa f; **en** ~ inclinato, pendente

Pentecôte (pangt-*kôôt*) f Pentecoste f

pénurie (pe-nü-*ri*) f penuria f

pépé (pe-*pe*) m nonno m

pépin (pe-*pêng*) m seme m

pépinière (pe-pi-n^i*êêr*) f vivaio m

perceptible (pêr-ssêp-*tibl*) adj percettibile

perception (pêr-ssê-*pss^i ong*) f percezione f

percer (pêr-*sse*) v perforare

*percevoir (pêr-ssö-v^u*aar*) v percepire

perche (pêr∫) f pesce persico, branzino m

percolateur (pêr-ko-la-*töör*) m filtro m

perdre (pêrdr) v smarrire, *perdere

perdrix (pêr-*dri*) f pernice f

père (pêêr) m padre m

perfection (pêr-fêk-ss^i*ong*) f perfezione f

performance (pêr-for-*mangss*) f adempimento m; rappresentazione f

péril (pe-*ril*) m pericolo m

périlleux (pe-ri-*'ö*) *adj* pericoloso

périmé (pe-ri-*me*) *adj* scaduto

période (pe-r*i*od) *f* periodo *m*

périodique (pe-r*i*o-*dik*) *adj* periodico; *m* giornale *m*, periodico *m*

périr (pe-*riir*) *v* perire

périssable (pe-ri-*ssabl*) *adj* deperibile

perle (pèrl) *f* perla *f*; perlina *f*

permanent (pèr-ma-*nang*) *adj* permanente

permanente (pèr-ma-*nangt*) *f* permanente *f*

*** permettre** (pèr-*mêtr*) *v* *permettere; abilitare; **se ~** *permettersi

permis (pèr-*mi*) *m* permesso *m*; licenza *f*; **~ de conduire** patente di guida; **~ de pêche** permesso di pesca; **~ de séjour** permesso di soggiorno; **~ de travail** permesso di lavoro

permission (pèr-mi-*ssiong*) *f* permesso *m*; congedo *m*

perpendiculaire (pèr-pang-di-kü-*lêêr*) *adj* perpendicolare

perroquet (pê-ro-*ke*) *m* pappagallo *m*

perruche (pê-*rüf*) *f* parrocchetto *m*

perruque (pê-*rük*) *f* parrucca *f*

Persan (pèr-*ssang*) *m* persiano *m*

persan (pèr-*ssang*) *adj* persiano

Perse (pèrss) *f* Persia *f*

persévérer (pèr-sse-ve-*re*) *v* perseverare

persienne (pèr-ss*i*ên) *f* persiana *f*; imposta *f*

persil (pèr-*ssi*) *m* prezzemolo *m*

persister (pèr-ssi-*sste*) *v* persistere

personnalité (pèr-sso-na-li-*te*) *f* personalità *f*

personne (pèr-*sson*) *f* persona *f*; **ne … personne** nessuno; **par ~** per persona

personnel (pèr-sso-*nêl*) *m* personale *m*; *adj* personale

perspective (pèr-sspèk-*tiiv*) *f* prospettiva *f*

persuader (pèr-ssua-*de*) *v* *persuadere

perte (pèrt) *f* perdita *f*

pertinent (pèr-ti-*nang*) *adj* conveniente

peser (pö-*se*) *v* pesare

pessimisme (pê-ssi-*missm*) *m* pessimismo *m*

pessimiste (pê-ssi-*misst*) *m* pessimista *m*; *adj* pessimistico

pétale (pe-*tal*) *m* petalo *m*

pétillement (pe-ti*i*-*mang*) *m* effervescenza *f*

petit (pö-*ti*) *adj* piccolo; basso

petite-fille (pö-tit-*fi'*) *f* nipotina *f*, nipote *f*

petit-fils (pö-ti-*fiss*) *m* nipotino *m*, nipote *m*

pétition (pe-ti-ss*i*ong) *f* petizione *f*

pétrole (pe-*trol*) *m* petrolio *m*; **gisement de ~** pozzo di petrolio

peu (pö) *adj* poco; *m* poco *m*; **à ~ près** circa; quasi; **~ de** pochi; **quelque ~** alquanto; **sous ~** presto; **un ~** una parte

peuple (pöpl) *m* popolo *m*

peur (pöör) *f* paura *f*

peut-être (pö-*têêtr*) *adv* forse

phare (faar) *m* faro *m*; fanale *m*; **~ anti-brouillard** fanale antinebbia

pharmacie (far-ma-*ssi*) *f* farmacia *f*

pharmacien (far-ma-ss*i*êng) *m* farmacista *m*

pharmacologie (far-ma-ko-lo-*ʒi*) *f* farmacologia *f*

phase (faas) *f* fase *f*, stadio *m*

Philippin (fi-li-*pêng*) *m* filippino *m*

philippin (fi-li-*pêng*) *adj* filippino

Philippines (fi-li-*pin*) *fpl* Isole Filippine

philosophe (fi-lo-*sof*) *m* filosofo *m*

philosophie (fi-lo-so-*fi*) *f* filosofia *f*

phonétique (fo-ne-*tik*) *adj* fonetico

phonographe (fo-no-*ghraf*) *m* grammofono *m*

phoque (fok) *m* foca *f*

photo (fo-*tô*) *f* foto *f*; ~ **d'identité** foto per passaporto

photocopie (fo-to-ko-*pi*) *f* fotocopia *f*

photographe (fo-to-*ghraf*) *m* fotografo *m*

photographie (fo-to-ghra-*fi*) *f* fotografia *f*

photographier (fo-to-ghra-*f'e*) *v* fotografare

photomètre (fo-to-*mêtr*) *m* esposimetro *m*

phrase (fraas) *f* frase *f*

physicien (fi-si-ss'*éng*) *m* fisico *m*

physiologie (fi-s'o-lo-*ʒi*) *f* fisiologia *f*

physique (fi-*sik*) *f* fisica *f*; *adj* fisico; materiale

pianiste (p'a-*nisst*) *m* pianista *m*

piano (p'a-*nô*) *m* pianoforte *m*; ~ **à queue** pianoforte a coda

pie (pi) *f* gazza *f*

pièce (p'èss) *f* pezzo *m*; camera *f*; ~ **de monnaie** moneta *f*; ~ **de rechange** pezzo di ricambio; ~ **de séjour** soggiorno *m*; ~ **détachée** pezzo di ricambio; ~ **de théâtre** rappresentazione teatrale

pied (p'e) *m* piede *m*; **à** ~ a piedi

piège (p'èʒ) *m* trappola *f*

pierre (p'êêr) *f* sasso *m*, pietra *f*; **en** ~ di pietra; ~ **à briquet** pietrina *f*; ~ **ponce** pietra pomice; ~ **précieuse** gemma *f*; pietra preziosa; ~ **tombale** pietra sepolcrale, lapide *f*

piétiner (p'e-ti-*ne*) *v* pestare

piéton (p'e-*tong*) *m* pedone *m*

piètre (p'êtr) *adj* scadente

pieuvre (p'öövr) *f* polipo *m*

pieux (p'ö) *adj* pio

pigeon (pi-*ʒong*) *m* piccione *m*

pignon (pi-*gnong*) *m* frontone *m*

pile (pil) *f* pila *f*; batteria *f*

pilier (pi-*l'e*) *m* colonna *f*

pilote (pi-*lot*) *m* pilota *m*

pilule (pi-*lül*) *f* pillola *f*

pin (pêng) *m* pino *m*

pince (pêngss) *f* pinze *fpl*; pinzette *fpl*; ~ **à cheveux** forcina *f*; fermaglio per capelli

pinceau (pêng-*ssô*) *m* pennello *m*

pincer (pêng-*sse*) *v* pizzicare

pincettes (pêng-*ssét*) *fpl* pinzette *fpl*

pingouin (pêng-gh"*êng*) *m* pinguino *m*

pinson (pêng-*ssong*) *m* fringuello *m*

pioche (p'oʃ) *f* piccone *m*

pion (p'ong) *m* pedina *f*

pionnier (p'o-n'e) *m* pioniere *m*

pipe (pip) *f* pipa *f*

piquant (pi-*kang*) *adj* piccante

pique-nique (pik-*nik*) *m* picnic *m*

pique-niquer (pik-ni-*ke*) *v* *fare un picnic

piquer (pi-*ke*) *v* *pungere

piqûre (pi-*küür*) *f* iniezione *f*; puntura *f*

pirate (pi-*rat*) *m* pirata *m*

pire (piir) *adj* peggiore; *adv* peggio; **le** ~ peggio

pis (pi) *adv* peggio; **tant pis!** non importa!

piscine (pi-*ssin*) *f* piscina *f*

pissenlit (pi-ssang-*li*) *m* soffione *m*

piste (pisst) *f* traccia *f*; pista *f*; ~ **de courses** pista da corsa; ~ **de décollage** pista di decollo

pistolet (pi-ssto-*le*) *m* pistola *f*

piston (pi-*sstong*) *m* stantuffo *m*; **segment de** ~ anello per stantuffo; **tige de** ~ asta dello stantuffo

pitié (pi-*t'e*) *f* pietà *f*; *avoir ~ de provare compassione per

pittoresque (pi-to-*rêssk*) *adj* pittoresco

placard (pla-*kaar*) *m* credenza *f*, armadio *m*

place (plass) *f* posto *m*; vano *m*;

piazza f; ~ **forte** roccaforte f

placement (pla-*ssmang*) m investimento m

placer (pla-*sse*) v *porre; collocare; investire

plafond (pla-*fong*) m soffitto m

plage (plaaʒ) f spiaggia f; ~ **pour nudistes** spiaggia per nudisti

plaider (ple-*de*) v perorare

plaidoyer (plê-dᵘa-*'e*) m difesa f

plaie (ple) f ferita f

se *plaindre** (plêngdr) lagnarsi

plaine (plên) f bassopiano m, pianura f

plainte (plêngt) f lagnanza f

*plaire** (plêêr) v *piacere; **s'il vous plaît** per favore

plaisant (plê-*sang*) adj gradevole; piacevole, divertente

plaisanter (plê-sang-*te*) v scherzare

plaisanterie (ple-sang-*tri*) f scherzo m

plaisir (ple-*siir*) m piacere m; delizia f, scherzo m, divertimento m, godimento m; **avec** ~ con piacere; *prendre** ~ gustare

plan (plang) m piano m, progetto m; pianta f; schema m; adj piano, piatto, spianato; **premier** ~ primo piano

planche (plangʃ) f asse f

plancher (plang-*ʃe*) m pavimento m

planétarium (pla-ne-ta-*r'om*) m planetario m

planète (pla-*nêt*) f pianeta m

planeur (pla-*nöör*) m aliante m

planifier (pla-ni-*f'e*) v progettare

plantation (plang-ta-ss*'ong*) f piantagione f

plante (plangt) f pianta f

planter (plang-*te*) v piantare

plaque (plak) f lamiera f; lamina f; ~ **d'immatriculation** targa automobilistica

plastique (pla-*sstik*) adj plastico; m

plastica f

plat (pla) m piatto m; pietanza f; portata f; adj piatto, piano

plateau (pla-*tô*) m altopiano m; vassoio m

plate-bande (plat-*bangd*) f aiola f

platine (pla-*tin*) m platino m

plâtre (plaatr) m gesso m

plein (plêng) adj pieno m; *faire le ~ *fare il pieno; ~ **à craquer** gremito; **pleine saison** alta stagione

pleurer (plö-*re*) v *piangere

*pleuvoir** (plö-vᵘ*aar*) v *piovere

pli (pli) m piega f; ~ **permanent** stiratura permanente

plie (pli) f passera di mare

plier (pli-*e*) v piegare

plomb (plong) m piombo m

plombage (plong-*baaʒ*) m otturazione f

plombier (plong-*b'e*) m idraulico m

plonger (plong-*ʒe*) v tuffare

pluie (plui) f pioggia f

plume (plüm) f penna f

(la) plupart (plü-*paar*) la maggior parte

pluriel (plü-r'*êl*) m plurale m

plus (plüss) adj più; prep più; **de** ~ inoltre; **ne ... ~** non... più; ~ **...** **plus** più ... più

plusieurs (plü-s'*öör*) adj parecchi

plutôt (plü-*tô*) adv piuttosto, abbastanza

pluvieux (plü-v'*ö*) adj piovoso

pneu (pnö) m (pl ~s) copertone m; pneumatico m; ~ **crevé** bucatura f; ~ **de rechange** pneumatico di ricambio

pneumatique (pnö-ma-*tik*) adj pneumatico

pneumonie (pnö-mo-*ni*) f polmonite f

poche (poʃ) f tasca f; **lampe de** ~ lampada portatile

pochette (po-*ʃêt*) f sacchetto m

poêle (pᵘal) f casseruola f; m stufa f; ~ **à frire** padella f

poème (po-êm) m poema m

poésie (po-e-si) f poesia f

poète (po-êt) m poeta m

poids (pᵘa) m peso m

poignée (pᵘa-gne) f impugnatura f; manciata f; ~ **de main** stretta di mano

poignet (pᵘa-gne) m polso m

poil (pᵘal) m pelo m

poing (pᵘêng) m pugno m

point (pᵘêng) m punto m; ~ **de départ** punto di partenza; ~ **de repère** punto di riferimento; ~ **de vue** parere m, punto di vista; ~ **d'interrogation** punto interrogativo; **point-virgule** m punto e virgola

pointe (pᵘêngt) f punta f; **heure de** ~ ora di punta

pointer (pᵘêng-te) v segnare

pointu (pᵘêng-tü) adj appuntato

poire (pᵘaar) f pera f

poireau (pᵘa-rô) m porro m

pois (pᵘa) m pisello m

poison (pᵘa-song) m veleno m

poisson (pᵘa-ssong) m pesce m

poissonnerie (pᵘa-sson-ri) f pescheria f

poitrine (pᵘa-trin) f petto m; torace m

poivre (pᵘaavr) m pepe m

pôle nord (pôl noor) polo Nord

pôle sud (pôl ssüd) polo Sud

poli (po-li) adj cortese

police (po-liss) f polizia f; polizza f; **commissariat de** ~ posto di polizia; ~ **d'assurance** polizza di assicurazione

policier (po-li-ssⁱe) m poliziotto m

poliomyélite (po-lⁱo-mⁱe-lit) f poliomielite f; polio f

polir (po-liir) v lucidare

polisson (po-li-ssong) adj cattivo

politicien (po-li-ti-ssⁱêng) m uomo politico

politique (po-li-tik) f politica f; adj politico

pollution (po-lü-ssⁱong) f contaminazione f, inquinamento m

Pologne (po-logn) f Polonia f

Polonais (po-lo-ne) m polacco m

polonais (po-lo-ne) adj polacco

pomme (pom) f mela f; ~ **de terre** patata f; **pommes frites** patatine fritte

pommette (po-mêt) f zigomo m

pompe (pongp) f pompa f; ~ **à eau** pompa ad acqua; ~ **à essence** pompa di benzina

pomper (pong-pe) v pompare

pompier (pong-pⁱe) m pompiere m

ponctuel (pongk-tüêl) adj puntuale

pondéré (pong-de-re) adj assennato

pondre (pongdr) v *deporre

poney (po-ne) m cavallino m

pont (pong) m ponte m; coperta f; **pont-levis** m ponte levatoio; ~ **principal** ponte di coperta; ~ **suspendu** ponte sospeso

popeline (po-plin) f popelina f

populaire (po-pü-lêêr) adj popolare

population (po-pü-la-ssⁱong) f popolazione f

populeux (po-pü-lö) adj popoloso

porc (poor) m carne di maiale

porcelaine (por-ssö-lên) f porcellana f

porc-épic (por-ke-pik) m porcospino m

port¹ (poor) m porto m; ~ **de mer** porto di mare

port² (poor) m affrancatura f; ~ **payé** franco di porto, porto franco

portatif (por-ta-tif) adj portatile

porte (port) f porta f; cancello m; ~ **coulissante** porta scorrevole; ~ **tournante** porta girevole

porte-bagages (port-ba-ghaaʒ) m portabagagli *m*

porte-bonheur (port-bo-*nöör*) *m* portafortuna *m*

porte-documents (port-do-kü-*mang*) *m* portacarte *m*

portée (por-*te*) *f* portata *f*; figliata *f*

portefeuille (por-tö-*föi*) *m* portafoglio *m*

porte-jarretelles (port-ʒar-*têl*) *m* reggicalze *m*

porte-manteau (port-mang-*tô*) *m* attaccapanni *m*

porte-monnaie (port-mo-*ne*) *m* borsellino *m*

porter (por-*te*) *v* portare; indossare, vestire; ~ **sur** riguardare; **se ~ bien** *stare bene

porteur (por-*töör*) *m* portatore *m*; facchino *m*

portier (por-*tᵢe*) *m* portiere *m*, portinaio *m*

portion (por-*ssᵢong*) *f* porzione *f*

portrait (por-*tre*) *m* ritratto *m*

Portugais (por-tü-*ghe*) *m* portoghese *m*

portugais (por-tü-*ghe*) *adj* portoghese

Portugal (por-tü-*ghal*) *m* Portogallo *m*

poser (pô-*se*) *v* posare; *mettere, *porre

positif (pô-si-*tif*) *m* positiva *f*; *adj* positivo

position (pô-si-*ssᵢong*) *f* posizione *f*; situazione *f*

posséder (po-sse-*de*) *v* *possedere

possession (po-ssè-*ssᵢong*) *f* possesso *m*

possibilité (po-ssi-bi-li-*te*) *f* possibilità *f*

possible (po-*ssibl*) *adj* possibile

poste¹ (posst) *f* posta *f*; ***mettre à la** ~ impostare; ~ **aérienne** posta aerea; ~ **restante** fermo posta

poste² (posst) *m* posto *m*; impiego

m; ~ **de secours** posto di pronto soccorso; ~ **d'essence** distributore di benzina

poster (po-*sste*) *v* impostare

postérieur (po-sste-*rᵢöör*) *m* didietro *m*; *adj* successivo

postiche (po-*sstif*) *m* toupet *m*

pot (pô) *m* pentola *f*

potable (po-*tabl*) *adj* potabile

potage (po-*taaʒ*) *m* minestra *f*

poteau (po-*tô*) *m* palo *m*; ~ **indicateur** cartello indicatore

potelé (po-*tle*) *adj* grassottello

poterie (po-*tri*) *f* ceramica *f*, terraglie *fpl*

pou (pu) *m* (pl ~x) pidocchio *m*

poubelle (pu-*bêl*) *f* pattumiera *f*

pouce (puss) *m* pollice *m*

poudre (pudr) *f* polvere *f*; ~ **à canon** polvere da sparo; ~ **dentifrice** polvere dentifricia; ~ **de riz** cipria *f*; ~ **pour les pieds** talco per piedi; **savon en** ~ sapone in polvere

poudrier (pu-dri-*e*) *m* portacipria *m*

poule (pul) *f* gallina *f*

poulet (pu-*le*) *m* pulcino *m*, pollo *m*

poulie (pu-*li*) *f* carrucola *f*

pouls (pu) *m* polso *m*

poumon (pu-*mong*) *m* polmone *m*

poupée (pu-*pe*) *f* bambola *f*

pour (puur) *prep* per; ~ **que** affinché

pourboire (pur-*bᵘaar*) *m* mancia *f*

pourcentage (pur-ssang-*taaʒ*) *m* percentuale *f*

pourchasser (pur-*ʃa-sse*) *v* inseguire

pourpre (purpr) *adj* porporino

pourquoi (pur-*kᵘa*) *adv* perché

pourrir (pu-*riir*) *v* marcire; **pourri** marcio

***poursuivre** (pur-*ssuiivr*) *v* proseguire, perseguire

pourtant (pur-*tang*) *adv* tuttavia, eppure, ma; comunque

pourvu que (pur-vü kö) purché

poussée (pu-*sse*) *f* urto *m*

pousser (pu-*sse*) *v* *spingere; *farsi largo

poussette (pu-*ssêt*) *f* carrozzina *f*

poussière (pu-ssⁱ*êêr*) *f* polvere *f*

poussiéreux (pu-ssⁱe-*rö*) *adj* polveroso

poussoir (pu-ss^u*aar*) *m* pulsante *m*

poutre (putr) *f* trave *f*

pouvoir (pu-*v*^u*aar*) *m* potere *m*; ~ **exécutif** potere esecutivo

***pouvoir** (pu-*v*^u*aar*) *v* *potere

praline (pra-*lin*) *f* cioccolatino *m*

pratique (pra-*tik*) *f* pratica *f*; *adj* pratico, comodo

pratiquer (pra-ti-*ke*) *v* praticare

pré (pre) *m* prato *m*

préalable (pre-a-*labl*) *adj* previo

précaire (pre-*kêêr*) *adj* precario

précaution (pre-kô-ssⁱ*ong*) *f* precauzione *f*

précédemment (pre-sse-da-*mang*) *adv* precedentemente

précédent (pre-sse-*dang*) *adj* precedente, scorso

précéder (pre-sse-*de*) *v* precedere

précepteur (pre-ssêp-*töör*) *m* precettore *m*

prêcher (pre-*fe*) *v* predicare

précieux (pre-ssⁱ*ö*) *adj* prezioso

précipice (pre-ssi-*piss*) *m* precipizio *m*

précipitation (pre-ssi-pi-ta-ssⁱ*ong*) *f* precipitazione *f*

précipité (pre-ssi-pi-*te*) *adj* frettoloso

se précipiter (pre-ssi-pi-*te*) precipitarsi

précis (pre-*ssi*) *adj* preciso; accurato

préciser (pre-ssi-*se*) *v* precisare

précision (pre-ssi-sⁱ*ong*) *f* precisione *f*; **précisions** precisazioni *fpl*

prédécesseur (pre-de-ssê-*ssöör*) *m* predecessore *m*

***prédire** (pre-*diir*) *v* *predire

préférable (pre-fe-*rabl*) *adj* preferibile

préférence (pre-fe-*rangss*) *f* preferenza *f*

préférer (pre-fe-*re*) *v* preferire

préfixe (pre-*fikss*) *m* prefisso *m*

préjudiciable (pre-3ü-di-ssⁱ*abl*) *adj* dannoso

préjugé (pre-3ü-*3e*) *m* pregiudizio *m*

prélever (prel-*ve*) *v* *riscuotere

préliminaire (pre-li-mi-*nêêr*) *adj* preliminare

prématuré (pre-ma-tü-*re*) *adj* prematuro

premier (prö-*m*ⁱ*e*) *num* primo; ~ **ministre** primo ministro

***prendre** (*prangdr*) *v* *prendere; rilevare; ~ **garde** *stare attento, guardarsi; ~ **soin de** badare a

prénom (pre-*nong*) *m* nome *m*, nome di battesimo

préparation (pre-pa-ra-ssⁱ*ong*) *f* preparazione *f*

préparer (pre-pa-*re*) *v* preparare; organizzare

préposition (pre-pô-si-ssⁱ*ong*) *f* preposizione *f*

près (pre) *adv* vicino; **à peu** ~ pressa poco; ~ **de** vicino a

prescription (prê-sskri-*pss*ⁱ*ong*) *f* ricetta *f*

***prescrire** (prê-*sskriir*) *v* *prescrivere

présence (pre-*sangss*) *f* presenza *f*

présent (pre-*sang*) *m* presente *m*; *adj* presente; **jusqu'à** ~ finora

présentation (pre-sang-ta-ssⁱ*ong*) *f* presentazione *f*

présenter (pre-sang-*te*) *v* presentare

préservatif (pre-sêr-va-*tif*) *m* preservativo *m*

président (pre-si-*dang*) *m* presidente *m*

présomptueux (pre-songp-*tuö*) *adj* presuntuoso

presque (prêssk) *adv* quasi

pressant (prê-*ssang*) *adj* pressante

presse (prêss) f stampa f

presser (pre-sse) v premere; **se ~** affrettarsi

pression (prê-ssiong) f pressione f; **~ atmosphérique** pressione atmosferica; **~ des pneus** pressione gomme; **~ d'huile** pressione dell'olio

prestidigitateur (prê-ssti-di-ʒi-ta-töör) m prestigiatore m

prestige (prê-sstiiʒ) m prestigio m

présumer (pre-sü-me) v *presumere

prêt (pre) m prestito m; adj pronto; preparato

prétendre (pre-tangdr) v asserire, *pretendere

prétentieux (pre-tang-ssiö) adj presuntuoso

prétention (pre-tang-ssiong) f pretesa f

prêter (pre-te) v prestare; **~ attention à** prestare attenzione a, badare a

prêteur sur gage (prê-tör ssür ghaaʒ) prestatore su pegno

prétexte (pre-têksst) m pretesa f, pretesto m

prêtre (prêêtr) m prete m

preuve (prööv) f prova f

prévenant (prê-vnang) adj premuroso, riguardoso

*prévenir (prê-vniir) v avvisare; *prevenire

préventif (prê-vang-tif) adj preventivo

prévenu (pre-vnü) m accusato m

prévision (pre-vi-siong) f previsione f, prospettiva f

*prévoir (pre-vᵘaar) v *prevedere

prier (pri-e) v pregare; invitare, *chiedere

prière (pri-êêr) f preghiera f

primaire (pri-mêêr) adj primario

prime (prim) f premio m

primordial (pri-mor-diɑl) adj principale

prince (prêngss) m principe m

princesse (prêng-ssêss) f principessa f

principal (prêng-ssi-pal) adj principale; primo

principalement (prêng-ssi-pal-mang) adv soprattutto, principalmente

principe (prêng-ssip) m principio m

printemps (prêng-tang) m primavera f

priorité (pri-o-ri-te) f priorità f; precedenza f; **~ de passage** precedenza f

prise (priis) f stretta f, presa f; **~ de vue** sequenza f

prison (pri-song) f prigione f; carcere m, prigione m

prisonnier (pri-so-nie) m prigioniero m; *faire ~ *far prigioniero; **~ de guerre** prigioniero di guerra

privation (pri-va-ssiong) f privazioni fpl

privé (pri-ve) adj privato

priver de (pri-ve) privare di

privilège (pri-vi-lêêʒ) m privilegio m

prix (pri) m prezzo m; costo m; premio m; **prix-courant** m listino prezzi; **~ d'achat** prezzo d'acquisto; **~ de consolation** premio di consolazione; **~ d'entrée** ingresso m; **~ du voyage** spese di viaggio, prezzo del biglietto

probable (pro-babl) adj probabile; presumibile

probablement (pro-ba-blö-mang) adv probabilmente

problème (pro-blêm) m problema m

procédé (pro-sse-de) m processo m

procéder (pro-sse-de) v procedere

procédure (pro-sse-düür) f procedimento m

procès (pro-sse) m processo m; causa f

procession (pro-ssê-ssiong) f processione f

processus (pro-sse-*ssüss*) *m* procedimento *m*

prochain (pro-*fêng*) *adj* prossimo, successivo

prochainement (pro-fên-*mang*) *adv* tra breve, tra poco

proche (pro*f*) *adj* vicino; imminente

proclamer (pro-kla-*me*) *v* proclamare

procurer (pro-kü-*re*) *v* procurare; **se ~** conseguire

prodigue (pro-*digh*) *adj* prodigo

producteur (pro-dük-*töör*) *m* produttore *m*

production (pro-dük-ss*iong*) *f* produzione *f*; **~ en série** produzione in serie

*produire** (pro-*duiir*) *v* *produrre; generare; **se ~** capitare, *accadere

produit (pro-*dui*) *m* prodotto *m*

profane (pro-*fan*) *m* profano *m*

professer (pro-fe-*sse*) *v* professare

professeur (pro-fê-*ssöör*) *m* docente *m*; professoressa *f*; professore *m*

profession (pro-fê-ss*iong*) *f* professione *f*

professionnel (pro-fê-ssio-*nêl*) *adj* professionale

profit (pro-*fi*) *m* profitto *m*, guadagno *m*

profitable (pro-fi-*tabl*) *adj* fruttuoso

profiter (pro-fi-*te*) *v* approfittare

profond (pro-*fong*) *adj* profondo; basso

profondeur (pro-fong-*döör*) *f* profondità *f*

programme (pro-*ghram*) *m* programma *m*

progrès (pro-*ghre*) *m* progresso *m*

progresser (pro-ghre-*sse*) *v* avanzare, progredire

progressif (pro-ghre-*ssif*) *adj* progressivo

progressiste (pro-ghre-*ssisst*) *adj* progressista

projecteur (pro-ʒêk-*töör*) *m* proiettore *m*; riflettore *m*

projet (pro-*ʒe*) *m* progetto *m*

prolongation (pro-long-gha-ss*iong*) *f* prolungamento *m*

prolonger (pro-long-*ʒe*) *v* rinnovare

promenade (prom-*nad*) *f* passeggiata *f*; corso *m*; **~ en voiture** scarrozzata *f*

se promener (prom-*ne*) passeggiare

promeneur (prom-*nöör*) *m* camminatore *m*

promesse (pro-*mêss*) *f* promessa *f*

*promettre** (pro-*mêtr*) *v* *promettere

promontoire (pro-mong-t*uaar*) *m* promontorio *m*

promotion (pro-mo-ss*iong*) *f* promozione *f*

*promouvoir** (pro-mu-*vuaar*) *v* *promuovere

prompt (pro*ng*) *adj* pronto; rapido

promptitude (pro*ng*-ti-*tüd*) *f* premura *f*

pronom (pro-*nong*) *m* pronome *m*

prononcer (pro-nong-*sse*) *v* pronunciare

prononciation (pro-nong-ss'a-ss*iong*) *f* pronuncia *f*

propagande (pro-pa-*ghangd*) *f* propaganda *f*

prophète (pro-*fêt*) *m* profeta *m*

proportion (pro-por-ss*iong*) *f* proporzione *f*

proportionnel (pro-por-ssio-*nêl*) *adj* proporzionale

propos (pro-*pô*) *m* proposito *m*; **à ~** a proposito; **à ~ de** in relazione a

proposer (pro-pô-*se*) *v* *proporre

proposition (pro-pô-si-ss*iong*) *f* proposta *f*

propre (propr) *adj* pulito; proprio

propriétaire (pro-pri-e-*têêr*) *m* proprietario *m*; padrone di casa

propriété (pro-pri-e-*te*) *f* proprietà *f*

propulser (pro-pül-*sse*) *v* propulsare

prospectus (pro-sspêk-*tüss*) *m* prospetto *m*

prospère (pro-*sspêêr*) *adj* fiorente

prospérité (pro-sspe-ri-*te*) *f* prosperità *f*

prostituée (pro-ssti-*tue*) *f* prostituta *f*

protection (pro-têk-*ss¹ong*) *f* protezione *f*

protéger (pro-te-*ʒe*) *v* *proteggere

protéine (pro-te-*in*) *f* proteina *f*

protestant (pro-tê-*sstang*) *adj* protestante

protestation (pro-tê-ssta-*ss¹ong*) *f* protesta *f*

protester (pro-tê-*sste*) *v* protestare

prouver (pru-*ve*) *v* provare

provenance (pro-*vnangss*) *f* provenienza *f*

*provenir de (pro-*vniir*) *provenire da

proverbe (pro-*vêrb*) *m* proverbio *m*

province (pro-*vêngss*) *f* provincia *f*

provincial (pro-vêng-*ss¹al*) *adj* provinciale

proviseur (pro-vi-*söör*) *m* preside *m*

provision (pro-vi-*s¹ong*) *f* riserva *f*; provvisioni *fpl*

provisoire (pro-vi-*s^uaar*) *adj* provvisorio

provoquer (pro-vo-*ke*) *v* provocare

prudence (prü-*dangss*) *f* cautela *f*

prudent (prü-*dang*) *adj* attento; cauto, prudente

prune (prün) *f* susina *f*

pruneau (prü-*nô*) *m* prugna secca

prurit (prü-*rit*) *m* prurito *m*

psychanalyste (pssi-ka-na-*lisst*) *m* psicoanalista *m*

psychiatre (pssi-*k¹aatr*) *m* psichiatra *m*

psychique (pssi-*ʃik*) *adj* psichico

psychologie (pssi-ko-lo-*ʒi*) *f* psicologia *f*

psychologique (pssi-ko-lo-*ʒik*) *adj* psicologico

psychologue (pssi-ko-*logh*) *m* psicologo *m*

public (pü-*blik*) *m* udienza *f*, pubblico *m*; *adj* pubblico

publication (pü-bli-ka-*ss¹ong*) *f* pubblicazione *f*

publicité (pü-bli-ssi-*te*) *f* pubblicità *f*; avviso *m*

publier (pü-bli-*e*) *v* pubblicare

puer (pue) *v* puzzare

puis (pui) *adv* poi

puisque (puissk) *conj* poiché

puissance (pui-*ssangss*) *f* potenza *f*, forza *f*; energia *f*

puissant (pui-*ssang*) *adj* potente, poderoso; robusto

puits (pui) *m* pozzo *m*; ~ **de pétrole** pozzo di petrolio

pull-over (pü-lo-*vêêr*) *m* maglione *m*

pulvérisateur (pül-ve-ri-sa-*töör*) *m* vaporizzatore *m*

pulvériser (pül-ve-ri-*se*) *v* tritare

punaise (pü-*nêês*) *f* cimice *f*; puntina da disegno

punir (pü-*niir*) *v* punire

punition (pü-ni-*ss¹ong*) *f* punizione *f*

pupitre (pü-*pitr*) *m* leggio *m*; cattedra *f*

pur (püür) *adj* casto, puro

pus (pü) *m* pus *m*

pustule (pü-*sstül*) *f* pustoletta *f*

putain (pü-*têng*) *f* puttana *f*

puzzle (pösl) *m* puzzle *m*

pyjama (pi-ʒa-*ma*) *m* pigiama *m*

Q

quai (ke) *m* scalo *m*, molo *m*; banchina *f*

qualification (ka-li-fi-ka-*ss¹ong*) *f* qualifica *f*

qualifié (ka-li-*f'e*) *adj* qualificato;
*être ~ *addirsi

qualité (ka-li-*te*) *f* qualità *f*

quand (kang) *adv* quando; *conj* quando; qualora; **n'importe ~** ogniqualvolta

quant à (kang-*ta*) per quanto riguarda

quantité (kang-ti-*te*) *f* quantità *f*

quarantaine (ka-rang-*tên*) *f* quarantena *f*

quarante (ka-*rangt*) *num* quaranta

quart (kaar) *m* quarto *m*; **~ d'heure** quarto d'ora

quartier (kar-*t'e*) *m* quartiere *m*; **bas ~** quartiere povero; **~ général** quartiere generale

quatorze (ka-*tors*) *num* quattordici

quatorzième (ka-tor-*s'êm*) *num* quattordicesimo

quatre (katr) *num* quattro

quatre-vingt-dix (ka-trö-vêng-*diss*) *num* novanta

quatre-vingts (ka-trö-*vêng*) *num* ottanta

quatrième (ka-*tr'êm*) *num* quarto

que (kö) *conj* che; *adv* che; **ce ~** quello che

quel (kêl) *pron* quale; **n'importe ~** alcuno; qualsiasi

quelquefois (kêl-kö-*f'a*) *adv* talvolta

quelques (kêlk) *adj* alcuni, taluni, qualche

quelqu'un (kêl-*köng*) *pron* qualcuno

querelle (kö-*rêl*) *f* lite *f*, litigio *m*

se quereller (kö-re-*le*) litigare

question (kê-*sst'ong*) *f* questione *f*; domanda *f*; problema *m*

quêter (ke-*te*) *v* *fare una colletta

quêteur (kê-*töör*) *m* collettore *m*

queue (kö) *f* coda *f*; *faire la ~ *fare la coda

qui (ki) *pron* chi; che; **à ~** a chi; **n'importe ~** chiunque

quiconque (ki-*kongk*) *pron* chiunque

quille (ki*l*) *f* chiglia *f*

quincaillerie (kêng-kai-*ri*) *f* ferramenta *fpl*; negozio di ferramenta

quinine (ki-*nin*) *f* chinino *m*

quinze (kêngs) *num* quindici; **~ jours** quindicina di giorni

quinzième (kêng-*s'êm*) *num* quindicesimo

quitter (ki-*te*) *v* lasciare

quoi (k^ua) *pron* che cosa; **n'importe ~** qualunque cosa

quoique (k^uak) *conj* benché; **quoiqu'il en soit** comunque

quote-part (kot-*paar*) *f* quota *f*

quotidien (ko-ti-*d'êng*) *adj* quotidiano; *m* quotidiano *m*

R

rabais (ra-*be*) *m* riduzione *f*, sconto *m*, ribasso *m*

raccourcir (ra-kur-*ssiir*) *v* raccorciare

race (rass) *f* razza *f*

racial (ra-ss*'al*) *adj* razziale

racine (ra-*ssin*) *f* radice *f*

racler (ra-*kle*) *v* raschiare

raconter (ra-kong-*te*) *v* raccontare

radeau (ra-*dô*) *m* zattera *f*

radiateur (ra-d'a-*töör*) *m* radiatore *m*

radical (ra-di-*kal*) *adj* radicale

radio (ra-*d'ô*) *f* radio *f*

radiographie (ra-d'ô-ghra-*fi*) *f* radiografia *f*

radiographier (ra-d'ô-ghra-*f'e*) *v* radiografare

radis (ra-*di*) *m* ravanello *m*

radotage (ra-do-*taa3*) *m* sciocchezza *f*

rafale (ra-*fal*) *f* raffica *f*; **~ de pluie** nubifragio *m*

raffinerie (ra-fin-*ri*) *f* raffineria *f*; **~ de pétrole** raffineria di petrolio

rafraîchir (ra-fre-*fiir*) *v* rinfrescare

rafraîchissement (ra-frê-ʃi-*ssmang*) *m* rinfresco *m*

rage (raaʒ) *f* rabbia *f*; mania *f*

rager (ra-*ʒe*) *v* infierire

raid (rêd) *m* irruzione *f*

raide (rêd) *adj* rigido

raie (re) *f* stria *f*; scriminatura *f*

raifort (re-*foor*) *m* rafano *m*

rail (rai) *m* rotaia *f*

raisin (re-*sêng*) *m* uva *f*; ~ **sec** uva di Corinto, uvetta *f*

raison (re-*song*) *f* ragione *f*; **en ~ de** a motivo di, in conseguenza di, a causa di

raisonnable (re-so-*nabl*) *adj* ragionevole

raisonner (re-so-*ne*) *v* ragionare

ralentir (ra-lang-*tiir*) *v* rallentare

rallonge (ra-*longʒ*) *f* prolunga *f*

ramasser (ra-ma-*sse*) *v* *raccogliere

rame (ram) *f* remo *m*

ramener (ram-*ne*) *v* riportare

ramer (ra-*me*) *v* remare

rampe (rangp) *f* ringhiera *f*; inferriata *f*

ramper (rang-*pe*) *v* strisciare, *andare carponi

rance (rangss) *adj* rancido

rançon (rang-*ssong*) *f* riscatto *m*

rang (rang) *m* fila *f*

rangée (rang-*ʒe*) *f* fila *f*

ranger (rang-*ʒe*) *v* assortire; riordinare, *mettere a posto

râpe (raap) *f* grattugia *f*

râper (ra-*pe*) *v* raspare

rapide (ra-*pid*) *adj* svelto; veloce, rapido; *m* rapida *f*

rapidement (ra-pid-*mang*) *adv* presto

rapidité (ra-pi-di-*te*) *f* rapidità *f*

rapiécer (ra-pʰe-*sse*) *v* rappezzare

rappeler (ra-*ple*) *v* *far ricordare; richiamare; **se ~** ricordarsi

rapport (ra-*poor*) *m* rapporto *m*; connessione *f*, relazione *f*

rapporter (ra-por-*te*) *v* riportare; riferire

rapprocher (ra-pro-*ʃe*) *v* ravvicinare

raquette (ra-*kêt*) *f* racchetta *f*

rare (raar) *adj* raro; scarso

rarement (rar-*mang*) *adv* raramente

se raser (ra-*se*) *radere

raseur (ra-*söör*) *m* seccatore *m*

rasoir (ra-sʰ*uaar*) *m* rasoio *m*

rassemblement (ra-ssang-blö-*mang*) *m* raduno *m*

rassembler (ra-ssang-*ble*) *v* riunire; *raccogliere

rassis (ra-*ssi*) *adj* raffermo

rassurer (ra-ssü-*re*) *v* tranquillizzare

rat (ra) *m* ratto *m*

râteau (ra-*tô*) *m* rastrello *m*

ration (ra-*ssʰong*) *f* razione *f*

rauque (rôôk) *adj* roco

ravissant (ra-vi-*ssang*) *adj* splendido, piacevolissimo, incantevole

rayé (re-ʰ*e*) *adj* striato

rayon (re-ʰ*ong*) *m* raggio *m*

rayonne (re-ʰ*on*) *f* raion *m*

rayure (re-ʰ*üür*) *f* scalfittura *f*

réaction (re-ak-ssʰ*ong*) *f* reazione *f*

réalisable (re-a-li-*sabl*) *adj* realizzabile

réalisation (re-a-li-sa-ssʰ*ong*) *f* attuazione *f*, realizzazione *f*; regia *f*

réaliser (re-a-li-*se*) *v* attuare; effettuare, eseguire, realizzare

réaliste (re-a-*lisst*) *adj* prosaico

réalité (re-a-li-*te*) *f* realtà *f*; **en ~** in realtà

rébellion (re-bê-lʰ*ong*) *f* ribellione *f*

rebord (rö-*boor*) *m* bordo *m*, orlo *m*; ~ **de fenêtre** davanzale *m*

rebut (rö-*bü*) *m* spazzatura *f*, immondizia *f*

récemment (re-ssa-*mang*) *adv* recentemente

récent (re-*ssang*) *adj* recente

réception (re-ssê-pssʰ*ong*) *f* ricevimento *m*; ufficio ricevimento

récession (re-ssê-*ss¹ong*) f recessione f

recette (rö-*ssêt*) f ricetta f; **recettes** entrate

*recevoir** (rö-ssv*u*aar) v ricevere; ospitare

recharge (rö-*far3*) f ricambio m

réchauffer (re-jô-*fe*) v riscaldare

recherche (rö-*jêrf*) f ricerca f

rechercher (rö-jêr-*fe*) v aspirare a

récif (re-*ssif*) m banco m

récipient (re-ssi-p¹*ang*) m recipiente m

réciproque (re-ssi-*prok*) adj reciproco

récit (re-*ssi*) m racconto m; resoconto m

récital (re-ssi-*tal*) m (pl ~s) recital m

réclamation (re-kla-ma-*ss¹ong*) f rivendicazione f

réclame (re-*klam*) f pubblicità f

réclamer (re-kla-*me*) v reclamare

récolte (re-*kolt*) f raccolta f

recommandation (rö-ko-mang-da-*ss¹ong*) f raccomandazione f

recommander (rö-ko-mang-*de*) v raccomandare

recommencer (rö-ko-mang-*sse*) v ricominciare

récompense (re-kong-*pangss*) f ricompensa f

récompenser (re-kong-pang-*sse*) v ricompensare

réconciliation (re-kong-ssi-l¹a-*ss¹ong*) f riconciliazione f

réconfort (re-kong-*foor*) m consolazione f

reconnaissance (rö-ko-ne-*ssangss*) f riconoscimento m

reconnaissant (rö-ko-ne-*ssang*) adj riconoscente, grato

*reconnaître** (rö-ko-*nêêtr*) v *riconoscere

record (rö-*koor*) m primato m

*recouvrir** (rö-ku-*vriir*) v tappezzare

récréation (re-kre-a-*ss¹ong*) f ricreazione f, svago m

rectangle (rêk-*tangghl*) m rettangolo m

rectangulaire (rêk-tang-ghü-*lêêr*) adj rettangolare

rectification (rêk-ti-fi-ka-*ss¹ong*) f rettifica f

rectum (rêk-*tom*) m retto m

reçu (rö-*ssü*) m ricevuta f; buono m

*recueillir** (rö-kö-*¹iir*) v *raccogliere

reculer (rö-kü-*le*) v indietreggiare; *retrocedere

récupérer (re-kü-pe-*re*) v ricuperare

recyclable (rö-ssi-*klabl*) adj reciclabile

recycler (rö-ssi-*kle*) v riciclare

rédacteur (re-dak-*töör*) m redattore m

rédiger (re-di-*ze*) v *redigere

redouter (rö-du-*te*) v temere

réduction (re-dük-*ss¹ong*) f sconto m, riduzione f

*réduire** (re-*duiir*) v *ridurre; diminuire

réduit (re-*dui*) m baracca f

rééducation (re-e-dü-ka-*ss¹ong*) f rieducazione f

réel (re-*êl*) adj reale

réellement (re-êl-*mang*) adv veramente

référence (re-fe-*rangss*) f referenza f, riferimento m

réfléchir (re-fle-*fiir*) v *riflettere; ripensare

réflecteur (re-flêk-*töör*) m riflettore m

reflet (rö-*fle*) m riflesso m; immagine riflessa

refléter (rö-fle-*te*) v *riflettere

réforme (re-*form*) f riforma f

réfrigérateur (re-fri-ze-ra-*töör*) m frigorifero m

refroidir (rö-fr*u*a-*diir*) v raffreddarsi

refuge (rö-*füü3*) m rifugio m

réfugié (re-fü-*3¹e*) m profugo m

refus (rö-*fü*) m rifiuto m

refuser (rö-fü-*se*) v rifiutare; ricusare

regard (rö-*ghaar*) m sguardo m

regarder (rö-ghar-*de*) v guardare; riguardare

régate (re-*ghat*) f regata f

régime (re-*ʒim*) m regime m; governo m; dieta f

région (re-ʒ'*ong*) f regione f; area f, zona f

régional (re-ʒ'o-*nal*) adj regionale

règle (rêêghl) f regola f; riga f; en ~ in ordine

règlement (rê-ghlö-*mang*) m regolamento m, regolamentazione f; accomodamento m

régler (re-*ghle*) v regolare; sistemare

réglisse (re-*ghliss*) f liquirizia f

règne (rêgn) m regno m; dominio m

régner (re-*gne*) v regnare; dominare

regret (rö-*ghre*) m rimpianto m

regretter (rö-ghre-*te*) v *rimpiangere

régulier (re-ghü-*l'e*) adj regolato, regolare

rein (rêng) m rene m

reine (rên) f regina f

rejeter (röʒ-*te*) v *respingere; rigettare

*rejoindre (rö-ʒ*u*êngdr) v *fare ritorno a

relater (rö-la-*te*) v raccontare; riferire

relatif (rö-la-*tif*) adj relativo; ~ à riguardo a

relation (rö-la-*ss'ong*) f relazione f; attinenza f

relayer (rö-le-*'e*) v *dare il cambio

relèvement (rö-lêv-*mang*) m incremento m

relever (röl-*ve*) v aumentare

relief (rö-*l'êf*) m rilievo m

relier (rö-*l'e*) v collegare; legare insieme

religieuse (rö-li-ʒ'*öös*) f monaca f

religieux (rö-li-ʒ'*ö*) adj religioso

religion (rö-li-ʒ'*ong*) f religione f

relique (rö-*lik*) f reliquia f

reliure (rö-*l'üür*) f legatura f

remarquable (rö-mar-*kabl*) adj notevole; vistoso

remarque (rö-*mark*) f osservazione f

remarquer (rö-mar-*ke*) v notare; *vedere, osservare

remboursement (rang-bur-ssö-*mang*) m rimborso m

rembourser (rang-bur-*sse*) v rimborsare

remède (rö-*mêd*) m rimedio m

remerciement (rö-mêr-ssi-*mang*) m ringraziamento m

remercier (rö-mêr-*ss'e*) v ringraziare

*remettre (rö-*mêtr*) v recapitare; *porgere, affidare; *rimettere; se ~ guarire

remise (rö-*miis*) f consegna f

remonter (rö-mong-*te*) v caricare

remorque (rö-*mork*) f rimorchio m

remorquer (rö-mor-*ke*) v rimorchiare, trainare

remorqueur (rö-mor-*köör*) m rimorchiatore m

remplacer (rang-pla-*sse*) v sostituire

remplir (rang-*pliir*) v riempire; completare; compilare

remue-ménage (rö-mü-me-*naaʒ*) m andirivieni m

remuer (rö-*mue*) v mescolare

rémunération (re-mü-ne-ra-*ss'ong*) f rimunerazione f

rémunérer (re-mü-ne-*re*) v rimunerare

renard (rö-*naar*) m volpe f

rencontre (rang-*kongtr*) f incontro m

rencontrer (rang-kong-*tre*) v incontrare

rendement (rang-dö-*mang*) m rendimento m

rendez-vous (rang-de-*vu*) m appuntamento m

rendre (rangdr) v rimborsare; *fare; ~ compte de *rendere conto di; ~

visite à visitare; **se ~** *arrendersi;
*andare; **se ~ compte** realizzare
renne (rên) *m* renna *f*
renom (rö-*nong*) *m* fama *f*
renommée (rö-no-*me*) *f* rinomanza *f*
renoncer (rö-nong-*sse*) *v* desistere
renouveler (rö-nu-*vle*) *v* rinnovare
renseignement (rang-ssêgn-*mang*) *m*
ragguaglio *m*; **bureau de renseignements** ufficio informazioni
se renseigner (rang-sse-*gne*) informarsi
rentable (rang-*tabl*) *adj* rimunerativo
rentrer (rang-*tre*) *v* rincasare; *raccogliere
renverser (rang-vêr-*sse*) *v* atterrare
* **renvoyer** (rang-v^{u}a-^{i}e) *v* rinviare, rispedire; congedare; **~ à** rimandare
a; rimandare
répandre (re-*pangdr*) *v* *diffondere;
*spandere
réparation (re-pa-ra-*ssiong*) *f* riparazione *f*, restauro *f*
réparer (re-pa-*re*) *v* riparare; rammendare
répartir (re-par-*tiir*) *v* ripartire
repas (re-*pa*) *m* pasto *m*
repasser (rö-pa-*sse*) *v* stirare; **repassage permanent** non si stira
repentir (rö-pang-*tiir*) *m* pentimento
m
répertoire (re-pêr-*t^{u}aar*) *m* repertorio
m
répéter (re-pe-*te*) *v* ripetere; *fare le
prove
répétition (re-pe-ti-*ssiong*) *f* ripetizione *f*; prova *f*
répit (re-*pi*) *m* dilazione *f*
répondre (re-*pongdr*) *v* *rispondere
réponse (re-*pongss*) *f* risposta *f*; **en
~** in risposta
reporter (rö-por-*te*) *m* corrispondente
m
repos (rö-*pô*) *m* riposo *m*

reposant (rö-pô-*sang*) *adj* riposante
se reposer (rö-pô-*se*) riposarsi
repousser (rö-pu-*sse*) *v* *respingere;
ricacciare; **repoussant** ributtante
* **reprendre** (rö-*prangdr*) *v* *riprendere; rilevare
représentant (rö-pre-sang-*tang*) *m*
rappresentante *m*
représentatif (rö-pre-sang-ta-*tif*) *adj*
rappresentativo
représentation (rö-pre-sang-ta-*ssiong*)
f rappresentazione *f*; rappresentanza *f*
représenter (rö-pre-sang-*te*) *v* rappresentare; raffigurare
réprimander (re-pri-mang-*de*) *v* rimproverare
réprimer (re-pri-*me*) *v* *reprimere
reprise (rö-*priis*) *f* ripristino *m*; ripresa *f*
repriser (rö-pri-*se*) *v* rammendare
reproche (rö-*prof*) *m* rimprovero *m*
reprocher (rö-pro-*fe*) *v* rimproverare
reproduction (rö-pro-dük-*ssiong*) *f* riproduzione *f*
* **reproduire** (rö-pro-*duiir*) *v* *riprodurre
reptile (rêp-*til*) *m* rettile *m*
républicain (re-pü-bli-*kêng*) *adj* repubblicano
république (re-pü-*blik*) *f* repubblica *f*
répugnance (re-pü-*gnangss*) *f* ripugnanza *f*
répugnant (re-pü-*gnang*) *adj* repellente; sordido, nauseante, disgustoso
réputation (re-pü-ta-*ssiong*) *f* reputazione *f*
* **requérir** (rö-ke-*riir*) *v* *richiedere
requête (rö-*kêt*) *f* richiesta *f*
requin (rö-*kêng*) *m* pescecane *m*
requis (rö-*ki*) *adj* richiesto
réseau (re-*sô*) *m* rete *f*; **~ routier** rete stradale
réservation (re-sêr-va-*ssiong*) *f* preno-

tazione f

réserve (re-*sêrv*) f riserva f; ~ **zoologique** riserva di selvaggina

réserver (re-sêr-*ve*) v riservare; prenotare

réservoir (re-sêr-*v*ᵘ*aar*) m serbatoio m; ~ **d'essence** serbatoio di benzina

résidence (re-si-*dangss*) f residenza f

résident (re-si-*dang*) m residente m

résider (re-si-*de*) v abitare

résille (re-*siⁱ*) f reticella f

résine (re-*sin*) f resina f

résistance (re-si-*sstangss*) f resistenza f

résister (re-si-*sste*) v resistere

résolu (re-so-*lü*) adj risoluto

*****résoudre** (re-*sudr*) v *risolvere

respect (rê-*sspe*) m rispetto m; riguardo m

respectable (rê-sspêk-*tabl*) adj rispettabile

respecter (rê-sspêk-*te*) v rispettare

respectif (rê-sspêk-*tif*) adj rispettivo

respectueux (rê-sspêk-*tuö*) adj rispettoso

respiration (rê-sspi-ra-*ssⁱong*) f respirazione f

respirer (rê-sspi-*re*) v respirare

resplendir (rê-ssplang-*diir*) v risplendere

responsabilité (rê-sspong-ssa-bi-li-*te*) f responsabilità f

responsable (rê-sspong-*ssabl*) adj responsabile

ressemblance (rö-ssang-*blangss*) f somiglianza f

ressembler à (rö-ssang-*ble*) assomigliare a

resserrer (rö-sse-*re*) v *stringere; se ~ *restringersi

ressort (rö-*ssoor*) m molla f

ressource (rö-*ssurss*) f risorsa f; **ressources** risorse fpl; risorse finanziarie

restant (rê-*sstang*) adj rimanente; m rimanenza f, avanzo m, residuo m

restaurant (rê-sstô-*rang*) m ristorante m; ~ **libre service** ristorante self-service

reste (rêsst) m resto m; residuo m

rester (rê-*sste*) v *rimanere, *stare; restare

restituer (rê-ssti-*tue*) v *rendere

restriction (rê-sstrik-*ssⁱong*) f restrizione f

résultat (re-sül-*ta*) m risultato m; esito m

résulter (re-sül-*te*) v risultare

résumé (re-sü-*me*) m sunto m, riassunto m; rassegna f

retard (rö-*taar*) m indugio m, ritardo m; **en** ~ in ritardo

retarder (rö-tar-*de*) v ritardare

*****retenir** (röt-*niir*) v prenotare; ricordare; *trattenere

rétine (re-*tin*) f retina f

retirer (rö-ti-*re*) v ritirare

retour (rö-*tuur*) m ritorno m; **voyage de** ~ viaggio di ritorno

retourner (rö-tur-*ne*) v tornare; ritornare; *capovolgere, *volgere, voltare; **se** ~ rigirarsi

retracer (rö-tra-*sse*) v rintracciare

retraite (rö-*trêt*) f ritiro m; pensione f

retraité (rö-tre-*te*) adj pensionato

rétrécir (re-tre-*ssiir*) v *restringersi

réunion (re-ü-nⁱ*ong*) f riunione f

réunir (re-ü-*niir*) v unire; riunire; **se** ~ *raccogliersi

réussir (re-ü-*ssiir*) v *riuscire; passare; **réussi** riuscito

rêve (rêêv) m sogno m

réveil (re-*vêi*) m sveglia f

réveiller (re-ve-ⁱ*e*) v svegliare; **réveillé** sveglio

révélation (re-ve-la-*ssⁱong*) f rivelazione f

révéler (re-ve-*le*) *v* svelare, rivelare ;
tradire ; **se ~** mostrarsi

revendeur (rö-vang-*döör*) *m* rivenditore *m*

revendication (rö-vang-di-ka-*ssiong*) *f*
rivendicazione *f*

revendiquer (rö-vang-di-*ke*) *v* rivendicare

** **revenir** (rö-*vniir*) *v* ritornare

revenu (rö-*vnü*) *m* reddito *m*

rêver (re-*ve*) *v* sognare

revers (rö-*vêêr*) *m* rovescio *m* ; risvolta *f*

revirement (rö-vir-*mang*) *m* rivolgimento *m*, cambiamento *m*

reviser (rö-vi-*se*) *v* revisionare

révision (re-vi-*siong*) *f* revisione *f*

** **revoir** (rö-*vuaar*) *v* *rivedere ; **au revoir!** arrivederci!

révoltant (re-vol-*tang*) *adj* rivoltante

révolte (re-*volt*) *f* rivolta *f*

se révolter (re-vol-*te*) rivoltarsi

révolution (re-vo-lü-*ssiong*) *f* rivoluzione *f*

révolutionnaire (re-vo-lü-ssio-*nêêr*)
adj rivoluzionario

revolver (re-vol-*vêêr*) *m* rivoltella *f*

révoquer (re-vo-*ke*) *v* revocare

revue (rö-*vü*) *f* rivista *f*

rez-de-chaussée (rê-dĵô-*sse*) *m* pianterreno *m*

rhinocéros (ri-no-sse-*ross*) *m* rinoceronte *m*

rhubarbe (rü-*barb*) *f* rabarbaro *m*

rhumatisme (rü-ma-*tissm*) *m* reumatismo *m*

rhume (rüm) *m* raffreddore *m* ; **~ des
foins** febbre del fieno

riche (riſ) *adj* ricco

richesse (ri-*ĵêss*) *f* ricchezza *f*

ride (rid) *f* ruga *f*

rideau (ri-*dô*) *m* tenda *f* ; sipario *m*

ridicule (ri-di-*kül*) *adj* ridicolo ; irrisorio

ridiculiser (ri-di-kü-li-*se*) *v* ridicolizzare

rien (r'êng) *pron* nulla *m* ; niente ; **ne
... ~** niente ; **~ que** solo

rime (rim) *f* rima *f*

rinçage (rêng-*ssaaʒ*) *m* sciacquata *f*

rincer (rêng-*sse*) *v* sciacquare

rire (riir) *m* risata *f*, riso *m*

** **rire** (riir) *v* *ridere

risque (rissk) *m* rischio *m*

risquer (ri-*sske*) *v* arrischiare, rischiare ; **risqué** rischioso

rival (ri-*vaaʒ*) *m* sponda *f*

rival (ri-*val*) *m* rivale *m*

rivaliser (ri-va-li-*se*) *v* rivaleggiare

rivalité (ri-va-li-*te*) *f* rivalità *f*

rive (riiv) *f* riva *f*

rivière (ri-*viêêr*) *f* fiume *m*

riz (ri) *m* riso *m*

robe (rob) *f* vestito da donna ; abito
femminile, veste *f* ; **~ de chambre**
vestaglia *f*

robinet (ro-bi-*ne*) *m* rubinetto *m*

robuste (ro-*büsst*) *adj* robusto

rocher (ro-*ĵe*) *m* roccia *f*, masso *m*

rocheux (ro-*ĵö*) *adj* roccioso

roi (r'a) *m* re *m*

rôle (rôôl) *m* parte *f*

roman (ro-*mang*) *m* romanzo *m* ; **~
policier** romanzo poliziesco

romancier (ro-mang-*ssie*) *m* romanziere *m*

romantique (ro-mang-*tik*) *adj* romanti-
tico

rompre (rongpr) *v* *rompere

rond (rong) *adj* rotondo

rond-point (rong-*puêng*) *m* rotonda *f*

ronfler (rong-*fle*) *v* russare

rosaire (rô-*sêêr*) *m* rosario *m*

rose (rôôs) *f* rosa *f* ; *adj* rosa

roseau (rô-*sô*) *m* giunco *m*

rosée (rô-*se*) *f* rugiada *f*

rossignol (ro-ssi-*gnol*) *m* usignolo *m*

rotation (ro-ta-ss*iong*) f rivoluzione f

rotin (ro-*têng*) m malacca f

rôtir (rô-*tiir*) v arrostire

rôtisserie (ro-ti-*ssri*) f rosticceria f

rotule (ro-*tül*) f rotula f

roue (ru) f ruota f; ~ **de secours** ruota di ricambio

rouge (ruuʒ) adj rosso; m rossetto m; ~ **à lèvres** rossetto m

rouge-gorge (ruʒ-*ghorʒ*) m pettirosso m

rougeole (ru-*ʒol*) f morbillo m

rougir (ru-*ʒiir*) v arrossire

rouille (ru¹) f ruggine f

rouillé (ru-¹e) adj arrugginito

rouleau (ru-*lô*) m rotolo m

rouler (ru-*le*) v rotolare; *andare in macchina

roulette (ru-*lêt*) f roulette f

roulotte (ru-*lot*) f carrozzone m

Roumain (ru-*mêng*) m romeno m

roumain (ru-*mêng*) adj romeno

Roumanie (ru-ma-*ni*) f Romania f

route (rut) f strada f; rotta f; **en** ~ **pour** diretto a; ~ **à péage** strada a pedaggio; ~ **d'évitement** circonvallazione f; ~ **en réfection** strada in riparazione; ~ **principale** via maestra, strada maestra, strada principale

routine (ru-*tin*) f abitudine f

royal (rᵘa-¹al) adj reale

royaume (rᵘa-¹ôôm) m regno m

ruban (rü-*bang*) m nastro m; ~ **adhésif** nastro adesivo, nastro gommato

rubis (rü-*bi*) m rubino m

rubrique (rü-*brik*) f rubrica f

ruche (rüʃ) f alveare m

rude (rüd) adj rigido

rue (rü) f strada f; ~ **principale** via principale; ~ **transversale** traversa f

ruelle (ruêl) f vicolo m

rugir (rü-*ʒiir*) v ruggire

rugissement (rü-ʒi-*ssmang*) m ruggito m

rugueux (rü-*ghö*) adj malagevole

ruine (ruin) f rovine; rovina f

ruiner (rui-*ne*) v rovinare

ruisseau (rui-*ssô*) m ruscello m

rumeur (rü-*möör*) f diceria f

rural (rü-*ral*) adj rurale

ruse (rüüs) f artificio m, astuzia f

rusé (rü-*se*) adj furbo

Russe (rüss) m russo m

russe (rüss) adj russo

Russie (rü-*ssi*) f Russia f

rustique (rü-*sstik*) adj rustico

rythme (ritm) m ritmo m; velocità f

S

sable (ssabl) m sabbia f

sableux (ssa-*blö*) adj sabbioso

sabot (ssa-*bô*) m zoccolo m

sac (ssak) m borsetta f; sacco m; ~ **à dos** zaino m; ~ **à glace** borsa da ghiaccio; ~ **à main** borsa f, borsetta f; ~ **à provisions** borsa per la spesa; ~ **de couchage** sacco a pelo; ~ **en papier** sacchetto m

saccharine (ssa-ka-*rin*) f saccarina f

sacré (ssa-*kre*) adj santo, sacro

sacrifice (ssa-kri-*fiss*) m sacrificio m

sacrifier (ssa-kri-*fⁱe*) v sacrificare

sacrilège (ssa-kri-*lêêʒ*) m sacrilegio m

sacristain (ssa-kri-*sstêng*) m sagrestano m

sage (ssaaʒ) adj saggio; buono

sage-femme (ssaʒ-*fam*) f levatrice f

sagesse (ssa-*ʒêss*) f saggezza f

saigner (sse-*gne*) v sanguinare; salassare

sain (ssêng) adj sano; salubre

saint (ssêng) m santo m

saisir (sse-*siir*) *v* afferrare; *prendere, impugnare

saison (ssê-*song*) *f* stagione *f*; hors ~ fuori stagione; morte-saison *f* bassa stagione; pleine ~ alta stagione

salade (ssa-*lad*) *f* insalata *f*

salaire (ssa-*lêêr*) *m* salario *m*

salaud (ssa-*lô*) *m* mascalzone *m*

sale (ssal) *adj* sporco; sudicio, sozzo

salé (ssa-*le*) *adj* salato

saleté (ssal-*te*) *f* sudiciume *m*

salière (ssa-*l¹êêr*) *f* saliera *f*

salir (ssa-*liir*) *v* sporcare

salive (ssa-*liiv*) *f* saliva *f*

salle (ssal) *f* sala *f*; ~ à manger sala da pranzo; ~ d'attente sala d'aspetto; ~ de bain stanza da bagno; ~ de bal sala da ballo; ~ de banquet sala da banchetto; ~ de classe aula *f*; ~ de concert sala da concerti; ~ de lecture sala di lettura; ~ de séjour salotto *m*; ~ d'exposition sala di esposizione

salon (ssa-*long*) *m* soggiorno *m*; salotto *m*, salone *m*; ~ de beauté salone di bellezza; ~ de thé sala da tè

salopette (ssa-lo-*pêt*) *f* tuta *f*

saluer (ssa-*lue*) *v* salutare

salut (ssa-*lü*) *m* benessere *m*

salutation (ssa-lü-ta-*ss¹ong*) *f* saluto *m*

samedi (ssam-*di*) *m* sabato *m*

sanatorium (ssa-na-to-*r¹om*) *m* sanatorio *m*

sanctuaire (ssangk-*tuêêr*) *m* santuario *m*

sandale (ssang-*dal*) *f* sandalo *m*

sandwich (ssang-*dᵘitf*) *m* tramezzino *m*

sang (ssang) *m* sangue *m*; pur ~ purosangue

sanitaire (ssa-ni-*têêr*) *adj* sanitario

sans (ssang) *prep* senza

santé (ssang-*te*) *f* salute *f*

saphir (ssa-*fiir*) *m* zaffiro *m*

sapin (ssa-*pêng*) *m* abete *m*

sardine (ssar-*din*) *f* sardina *f*

satellite (ssa-te-*lit*) *m* satellite *m*

satin (ssa-*têng*) *m* raso *m*

satisfaction (ssa-tiss-fak-*ss¹ong*) *f* appagamento *m*; soddisfazione *f*

*satisfaire (ssa-ti-*ssfêêr*) *v* *soddisfare; satisfait soddisfatto; contento, accontentato

sauce (ssôôss) *f* salsa *f*

saucisse (ssô-*ssiss*) *f* salsiccia *f*

sauf (ssôf) *prep* tranne

saumon (ssô-*mong*) *m* salmone *m*

sauna (ssô-*na*) *m* sauna *f*

saut (ssô) *m* salto *m*; saltello *m*; ~ à ski salto con gli sci

sauter (ssô-*te*) *v* saltare; *omettere; *faire ~ *friggere

sauterelle (ssô-*trêl*) *f* cavalletta *f*

sautiller (ssô-ti-*¹e*) *v* saltellare

sauvage (ssô-*vaaʒ*) *adj* selvaggio; incolto, selvatico

sauver (ssô-*ve*) *v* salvare

sauvetage (ssôv-*taaʒ*) *m* salvataggio *m*

sauveur (ssô-*vöör*) *m* salvatore *m*

savant (ssa-*vang*) *m* scienziato *m*

saveur (ssa-*vöör*) *f* gusto *m*

*savoir (ssa-*vᵘaar*) *v* *sapere

savoir-vivre (ssa-vᵘar-*viivr*) *m* maniere

savon (ssa-*vong*) *m* sapone *m*; ~ à barbe sapone da barba; ~ en poudre detersivo *m*

savoureux (ssa-vu-*rö*) *adj* saporito

scandale (sskang-*dal*) *m* scandalo *m*

Scandinave (sskang-di-*naav*) *m* scandinavo *m*

scandinave (sskang-di-*naav*) *adj* scandinavo

Scandinavie (sskang-di-na-*vi*) *f* Scandinavia *f*

scarabée (sska-ra-*be*) *m* scarabeo *m*

sceau (ssô) *m* sigillo *m*

scélérat (sse-le-*ra*) *m* furfante *m*

scène (ssên) *f* scena *f*; **metteur en ~ regista** *m*; ***mettre en ~** *dirigere

schéma (ʃe-*ma*) *m* schema *m*

scie (ssi) *f* sega *f*

science (ssi'*angss*) *f* scienza *f*

scientifique (ssi'ang-ti-*fik*) *adj* scientifico

scierie (ssi-*ri*) *f* segheria *f*

scintillant (ssêng-ti-'*ang*) *adj* scintillante

sciure (ssi-*üür*) *f* segatura *f*

scolaire (ssko-*lêêr*) *adj* scolastico

scooter (ssku-*têêr*) *m* scooter *m*

scout (sskut) *m* boy-scout *m*; giovane esploratore

sculpteur (sskül-*töör*) *m* scultore *m*

sculpture (sskül-*tüür*) *f* scultura *f*; **~ sur bois** scultura in legno

se (ssö) *pron* si

séance (sse-*angss*) *f* sessione *f*

seau (ssó) *m* secchio *m*

sec (ssêk) *adj* (f sèche) asciutto

sèche-cheveux (ssêʃ-ʃö-*vó*) *m* asciugacapelli *m*

sécher (sse-*ʃe*) *v* asciugare

sécheresse (sse-*frêss*) *f* siccità *f*

séchoir (sse-*fʉaar*) *m* essiccatoio *m*

second (ssö-*ghong*) *adj* secondo

secondaire (ssö-ghong-*dêêr*) *adj* secondario

seconde (ssö-*ghong*d) *f* secondo *m*

secouer (ssö-*kᵘe*) *v* agitare

secours (ssö-*kuur*) *m* aiuto *m*; **premier ~** pronto soccorso

secousse (ssö-*kuss*) *f* storta *f*

secret¹ (ssö-*kre*) *m* segreto *m*

secret² (ssö-*kre*) *adj* (f secrète) segreto

secrétaire (ssö-kre-*têêr*) *m* segretario *m*; *f* segretaria *f*

section (ssêk-*ssi'ong*) *f* sezione *f*; segmento *m*

sécurité (sse-kü-ri-*te*) *f* sicurezza *f*;

glissière de ~ barriera di sicurezza

sédatif (sse-da-*tif*) *m* sedativo *m*

sédiment (sse-di-*mang*) *m* sedimento *m*

*séduire (sse-*duiir*) *v* *sedurre

séduisant (sse-dui-*sang*) *adj* affascinante, attraente

sein (ssêng) *m* seno *m*

seize (ssêês) *num* sedici

seizième (ssê-s'êm) *num* sedicesimo

séjour (sse-*ʒuur*) *m* soggiorno *m*

séjourner (sse-ʒur-*ne*) *v* soggiornare, *trattenersi

sel (ssêl) *m* sale *m*; **sels de bain** sali da bagno

sélection (sse-lêk-*ssi'ong*) *f* selezione *f*

sélectionner (sse-lêk-ss'o-*ne*) *v* selezionare

selle (ssêl) *f* sella *f*

selon (ssö-*long*) *prep* secondo

semaine (ssö-*mên*) *f* settimana *f*

semblable (ssang-*blabl*) *adj* simile

sembler (ssang-*ble*) *v* sembrare, *parere

semelle (ssö-*mêl*) *f* suola *f*

semence (ssö-*mangss*) *f* semenza *f*

semer (ssö-*me*) *v* seminare

semi- (ssö-mi) semi-

sénat (sse-*na*) *m* senato *m*

sénateur (sse-na-*töör*) *m* senatore *m*

sénile (sse-*nil*) *adj* senile

sens (ssangss) *m* senso *m*; **bon ~** discernimento *m*; **en ~ inverse** alla rovescia; **~ unique** senso unico

sensation (ssang-ssa-*ssi'ong*) *f* sensazione *f*

sensationnel (ssang-ssa-ss'o-*nêl*) *adj* sensazionale

sensible (ssang-*ssibl*) *adj* sensibile; notevole

sentence (ssang-*tangss*) *f* sentenza *f*

sentier (ssang-*t'e*) *m* sentiero *m*; **~ pour piétons** sentiero *m*

sentimental (ssang-ti-mang-*tal*) *adj*

sentimentale

*sentir (ssang-tiir) v sentire; odorare; ~ mauvais puzzare

séparation (sse-pa-ra-ssⁱong) f divisione f

séparer (sse-pa-re) v separare

sept (ssèt) num sette

septembre (ssèp-tangbr) settembre

septentrional (ssèp-tang-tri-o-nal) adj nordico, settentrionale

septicémie (ssèp-ti-sse-mi) f setticemia f

septième (ssè-tⁱêm) num settimo

septique (ssèp-tik) adj settico

sépulture (sse-pül-tüür) f seppellimento m

serein (ssö-rêng) adj calmo

série (sse-ri) f serie f

sérieux (sse-rⁱö) adj serio; m serietà f

seringue (ssö-rênggh) f siringa f

serment (ssêr-mang) m giuramento m; faux ~ spergiuro m

sermon (ssêr-mong) m sermone m

serpent (ssêr-pang) m serpente m

serpentant (ssêr-pang-tang) adj serpeggiante

serpenter (ssêr-pang-te) v zigzagare

serre (ssêêr) f serra f

serrer (sse-re) v serrare; serré stretto, angusto

serrure (sse-rüür) f serratura f; trou de la ~ buco della serratura

sérum (sse-rom) m siero m

serveuse (ssêr-vööss) f cameriera f

serviable (ssêr-vⁱabl) adj servizievole

service (ssêr-viss) m servizio m; reparto m; ~ à thé servizio da tè; ~ de table servizio da tavola; ~ d'étage servizio in camera; services postaux servizio postale

serviette (ssêr-vⁱêt) f asciugamano m; tovagliolo m; cartella f; ~ de bain asciugamano m; ~ de papier tovagliolo di carta; ~ hygiénique

pannolino igienico

*servir (ssêr-viir) v servire; giovare; se ~ de applicare

serviteur (ssêr-vi-töör) m servo m

seuil (ssöi) m soglia f

seul (ssöl) adv solo; adj singolo, solo

seulement (ssöl-mang) adv solamente; soltanto

sévère (sse-vêêr) adj rigido; severo; rigoroso

sévir (sse-viir) v infierire

sexe (ssèkss) m sesso m

sexualité (ssèk-ssua-li-te) f sessualità f

sexuel (ssèk-ssuêl) adj sessuale

shampooing (fang-p^uêng) m shampoo m

short (fort) m calzoncini mpl

si (ssi) conj se; adv così; si ... ou se ... o

Siam (ssⁱam) m Siam m

Siamois (ssⁱa-m^ua) m siamese m

siamois (ssⁱa-m^ua) adj siamese

siècle (ssⁱêkl) m secolo m

siège (ssⁱêêʒ) m seggio m, sede f, sedia f; assedio m

le sien (lö ssⁱêng) il suo

siffler (ssi-fle) v fischiare

sifflet (ssi-fle) m fischio m

signal (ssi-gnal) m segnale m; segno m; ~ de détresse segnale di soccorso

signalement (ssi-gnal-mang) m connotati mpl

signaler (ssi-gna-le) v segnalare

signature (ssi-gna-tüür) f firma f

signe (ssign) m segno m; segnale m, cenno m, indizio m; *faire ~ sventolare

signer (ssi-gne) v firmare; *sottoscrivere

significatif (ssi-gni-fi-ka-tif) adj significativo

signification (ssi-gni-fi-ka-ssⁱong) f significato m

signifier (ssi-gni-*fⁱe*) *v* significare

silence (ssi-*langss*) *m* silenzio *m*; quiete *f*

silencieux (ssi-lang-*ssⁱö*) *adj* silenzioso; *m* silenziatore *m*

sillon (ssi-*'ong*) *m* solco *m*

similaire (ssi-mi-*lêêr*) *adj* simile

similitude (ssi-mi-li-*tüd*) *f* rassomiglianza *f*

simple (ssêngpl) *adj* semplice

simplement (ssêng-plö-*mang*) *adv* semplicemente

simuler (ssi-mü-*le*) *v* simulare

simultané (ssi-mül-ta-*ne*) *adj* simultaneo

sincère (ssêng-*ssêêr*) *adj* sincero

singe (ssêngჳ) *m* scimmia *f*

singulier (ssêng-ghü-*lⁱe*) *m* singolare *m*; *adj* strano, singolare

sinistre (ssi-*nisstr*) *adj* sinistro; *m* catastrofe *f*

sinon (ssi-*nong*) *conj* altrimenti

siphon (ssi-*fong*) *m* sifone *m*

sirène (ssi-*rên*) *f* sirena *f*

sirop (ssi-*rô*) *m* sciroppo *m*

site (ssit) *m* sito *m*

situation (ssi-tua-*ssⁱong*) *f* situazione *f*; posizione *f*, ubicazione *f*

situé (ssi-*tue*) *adj* situato

six (ssiss) *num* sei

sixième (ssi-*sⁱêm*) *num* sesto

ski (sski) *m* sci *m*; ~ **nautique** sci d'acqua

skier (sski-*e*) *v* sciare

skieur (sski-*öör*) *m* sciatore *m*

slip (sslip) *m* slip *mpl*, mutandine *fpl*

slogan (ssloghang) *m* slogan *m*

smoking (ssmo-*king*) *m* smoking *m*

snack-bar (ssnak-baar) *m* tavola calda

snob (ssnob) *adj* arrogante

sobre (ssobr) *adj* sobrio

social (sso-*ssⁱal*) *adj* sociale

socialisme (sso-ssⁱa-*lissm*) *m* socialismo *m*

socialiste (sso-ssⁱa-*lisst*) *adj* socialista; *m* socialista *m*

société (sso-ssⁱe-*te*) *f* società *f*

sœur (ssöör) *f* sorella *f*

soi (ss^ua) *pron* sé; **soi-même** *pron* sé stesso

soi-disant (ss^ua-di-*sang*) *adj* cosiddetto

soie (ss^ua) *f* seta *f*

soif (ss^uaf) *f* sete *f*

soigné (ss^ua-*gne*) *adj* lindo, curato; accurato

soigner (ss^ua-*gne*) *v* badare a; curare

soigneux (ss^ua-*gnö*) *adj* scrupoloso

soin (ss^uêng) *m* cura *f*; ***prendre** ~ **de** *aver cura di; **soins de beauté** cura di bellezza

soir (ss^uaar) *m* sera *f*; **ce** ~ stasera

soirée (ss^ua-*re*) *f* serata *f*

soit ... soit (ss^ua) o... o

soixante (ss^ua-*ssangt*) *num* sessanta

soixante-dix (ss^ua-ssangt-*diss*) *num* settanta

sol (ssol) *m* pavimento *m*; terra *f*, suolo *m*

soldat (ssol-*da*) *m* soldato *m*; militare *m*

solde (ssold) *m* saldo *m*; **soldes** svendita *f*, saldi

sole (ssol) *f* sogliola *f*

soleil (sso-*lêi*) *m* sole *m*; luce del sole; **coucher du** ~ tramonto *m*; **coup de** ~ abbronzatura *f*; **lever du** ~ aurora *f*

solennel (sso-la-*nêl*) *adj* solenne

solide (sso-*lid*) *adj* solido; *m* solido *m*

solitaire (sso-li-*têêr*) *adj* solitario

solitude (sso-li-*tüd*) *f* solitudine *f*

soluble (sso-*lübl*) *adj* solubile

solution (sso-lü-*ssⁱong*) *f* soluzione *f*

sombre (ssongbr) *adj* buio, tetro; cupo

sommaire (sso-*mêêr*) *m* sommario *m*

somme (ssom) f somma f; m pisolino m; ~ globale somma globale

sommeil (sso-méi) m sonno m

sommelier (sso-mö-lie) m cantiniere m

sommet (sso-me) m vetta f; colmo m, cima f; ~ de colline vetta f

somnifère (ssom-ni-fêêr) m sonnifero m

somnolent (ssom-no-lang) adj assonnato

son¹ (ssong) adj (f sa, pl ses) suo

son² (ssong) m suono m

songer (ssong-ʒe) v sognare; ~ à ricordare

sonner (sso-ne) v suonare

sonnette (sso-nêt) f campanello m

sorcière (ssor-ss$i$êêr) f strega f

sort (ssoor) m fortuna f, sorte f, destino m

sorte (ssort) f specie f

sortie (ssor-ti) f uscita f; ~ de secours uscita di sicurezza

*sortir (ssor-tiir) v *uscire

sot (ssô) adj (f sotte) sciocco, stolto

sottise (sso-tiis) f sciocchezza f, stupidaggini fpl

souche (ssuʃ) f matrice f

souci (ssu-ssi) m ansietà f, ansia f; preoccupazione f

se soucier de (ssu-ss$i$e) preoccuparsi di

soucieux (ssu-ss$i$ö) adj preoccupato

soucoupe (ssu-kup) f piattino m

soudain (ssu-dêng) adj improvviso; adv improvvisamente

souder (ssu-de) v saldare

soudure (ssu-düür) f saldatura f

souffle (ssufl) m respiro m; fiato m

souffler (ssu-fle) v soffiare; tirare

souffrance (ssu-frangss) f sofferenza f

*souffrir (ssu-friir) v *soffrire

souhait (ss$u$ê) m desiderio m

souhaiter (ss$u$e-te) v desiderare

souillé (ssu-ie) adj sudicio

souillure (ssu-$i$üür) f macchia f

soulagement (ssu-laʒ-mang) m sollievo m

soulager (ssu-la-ʒe) v mitigare

soulever (ssul-ve) v alzare; sollevare

soulier (ssu-lie) m scarpa f

souligner (ssu-li-gne) v sottolineare

*soumettre (ssu-mêtr) v *sottomettere

soupape (ssu-pap) f valvola f

soupçon (ssup-ssong) m sospetto m

soupçonner (ssup-sso-ne) v sospettare

soupçonneux (ssup-sso-nö) adj sospettoso

soupe (ssup) f minestra f

souper (ssu-pe) m cena f

souple (ssupl) adj pieghevole; agile

source (ssurss) f pozzo m; sorgente f

sourcil (ssur-ssi) m sopracciglio m

sourd (ssuur) adj sordo

sourire (ssu-riir) m sorriso m; ~ forcé smorfia f

*sourire (ssu-riir) v *sorridere

souris (ssu-ri) f topo m

sous (ssu) prep sotto

sous-estimer (ssu-sê-ssti-me) v sottovalutare

sous-locataire (ssu-lo-ka-têêr) m inquilino m

sous-marin (ssu-ma-rêng) adj subacqueo

soussigné (ssu-ssi-gne) m sottoscritto m

sous-sol (ssu-ssol) m seminterrato m

sous-titre (ssu-titr) m sottotitolo m

*soustraire (ssu-sstrêêr) v *sottrarre

sous-vêtements (ssu-vêt-mang) mpl biancheria personale

*soutenir (ssut-niir) v *sostenere

souterrain (ssu-tê-rêng) adj sotterraneo

soutien (ssu-t$i$êng) m sostegno m; aiuto m

soutien-gorge (ssu-t'êng-*ghor3*) *m* reggipetto *m*, reggiseno *m*

souvenir (ssu-*vniir*) *m* memoria *f*, ricordo *m* ; **se *souvenir** ricordarsi

souvent (ssu-*vang*) *adv* spesso ; **le plus ~** per lo più

souverain (ssu-*vrêng*) *m* sovrano *m*

soviétique (sso-v'e-*tik*) *adj* sovietico

soyeux (ssu̯a-*'ö*) *adj* di seta

spacieux (sspa-*ss'ö*) *adj* spazioso

sparadrap (sspa-ra-*dra*) *m* cerotto *m*

spécial (sspe-*ss'al*) *adj* speciale

spécialement (sspe-ss'al-*mang*) *adv* specialmente

se spécialiser (sspe-ss'a-li-*se*) specializzarsi

spécialiste (sspe-ss'a-*lisst*) *m* perito *m*, specialista *m*

spécialité (sspe-ss'a-li-*te*) *f* specialità *f*

spécifique (sspe-ssi-*fik*) *adj* specifico

spécimen (sspe-ssi-*mên*) *m* esemplare *m*

spectacle (sspêk-*takl*) *m* spettacolo *m* ; **~ de variétés** spettacollo di varietà

spectaculaire (sspêk-ta-kü-*lêêr*) *adj* sensazionale

spectateur (sspêk-ta-*töör*) *m* spettatore *m*

spectre (sspêktr) *m* spettro *m*

spéculer (sspe-kü-*le*) *v* speculare

sphère (ssfêêr) *f* sfera *f*

spirituel (sspi-ri-tu̯êl) *adj* spirituale ; spiritoso

spiritueux (sspi-ri-*tu̯ö*) *mpl* bevande alcooliche

splendeur (ssplang-*döör*) *f* splendore *m*

splendide (ssplang-*did*) *adj* splendido ; stupendo, affascinante

sport (sspoor) *m* sport *m* ; **sports d'hiver** sport invernali

sportif (sspor-*tif*) *m* sportivo *m*

square (ssk^uaar) *m* piazza *f*

squelette (sskö-*lêt*) *m* scheletro *m* ; ossatura *f*

stable (sstabl) *adj* stabile

stade (sstad) *m* stadio *m*

stand (sstang) *m* banco *m* ; **~ de livres** edicola *f*

standard (sstang-*daar*) *adj* normale

standardiste (sstang-dar-*disst*) *f* telefonista *f*, centralinista *f*

starter (sstar-*têêr*) *m* valvola dell'aria

station (ssta-ss'ong) *f* stazione *f* ; **~ balnéaire** stazione balneare ; **~ de taxis** posteggio di autopubbliche ; **station-service** *f* distributore di benzina ; stazione di servizio ; **~ thermale** stazione termale

stationnaire (ssta-ss'o-*nêêr*) *adj* stazionario

stationnement (ssta-ss'on-*mang*) *m* parcheggio *m* ; **~ interdit** divieto di sosta

statistique (ssta-ti-*sstik*) *f* statistica *f*

statue (ssta-*tü*) *f* statua *f*

stature (ssta-*tüür*) *f* forma *f*

sténographe (sste-nô-*ghraf*) *m* stenografo *m*

sténographie (sste-nô-ghra-*fi*) *f* stenografia *f*

stérile (sste-*ril*) *adj* sterile

stériliser (sste-ri-li-*se*) *v* sterilizzare

steward (sst'u-*u̯ard*) *m* steward *m*

stimulant (ssti-mü-*lang*) *m* stimolo *m* ; stimolante *m*

stimuler (ssti-mü-*le*) *v* stimolare

stipulation (ssti-pü-la-*ss'ong*) *f* stipulazione *f*

stipuler (ssti-pü-*le*) *v* stipulare

stock (sstok) *m* scorta *f* ; provvista *f* ; ***avoir en ~** *tenere in magazzino

stop! (sstop) alt!

stops (sstop) *mpl* luci di arresto

store (sstoor) *m* avvolgibile *m*

strophe (sstrof) *f* strofa *f*

structure (sstrük-*tüür*) f struttura f

stupide (sstü-*pid*) adj stupido

style (sstil) m stile m

stylo (ssti-*lô*) m penna stilografica; ~ **à bille** penna a sfera

subalterne (ssü-bal-*têrn*) adj subordinato

subir (ssü-*biir*) v subire

sublime (ssü-*blim*) adj imponente

subordonné (ssü-bor-do-*ne*) adj subalterno

subsistance (ssüb-si-*sstangss*) f sussistenza f

substance (ssüb-*sstangss*) f sostanza f

substantiel (ssüb-sstang-*ss'êl*) adj sostanziale

substantif (ssüb-sstang-*tif*) m nome m

substituer (ssüb-ssti-*tue*) v sostituire

substitut (ssüb-ssti-*tü*) m sostituto m

subtil (ssüb-*til*) adj sottile

suburbain (ssü-bür-*bê̂ng*) adj suburbano

subvention (ssüb-vang-*ss'ong*) f sovvenzione f; sussidio m

succéder (ssük-sse-*de*) v *succedere

succès (ssük-*sse*) m successo m

succession (ssük-ssê-*ss'ong*) f successione f

succomber (ssü-kong-*be*) v soccombere

succulent (ssü-kü-*lang*) adj gustoso

succursale (ssü-kür-*ssal*) f succursale f

sucer (ssü-*sse*) v succhiare

sucre (ssükr) m zucchero m

sucrer (ssü-*kre*) v zuccherare; **sucré** dolce

sud (ssüd) m sud m

sud-américain (ssü-da-me-ri-*kê̂ng*) adj latino americano

sud-est (ssü-*dêsst*) m sud-est m

sud-ouest (ssü-*d*^u*êsst*) m sud-ovest m

Suède (ssuêd) f Svezia f

Suédois (ssue-*d*^u*a*) m svedese m

suédois (ssue-*d*^u*a*) adj svedese

suer (ssue) v sudare

sueur (ssuöör) f sudore m

***suffire** (ssü-*fiir*) v bastare

suffisant (ssü-fi-*sang*) adj sufficiente

suffoquer (ssü-fo-*ke*) v soffocare

suffrage (ssü-*fraa3*) m suffragio m

suggérer (ssügh-3e-*re*) v suggerire

suggestion (ssügh-3ê-*sst'ong*) f suggerimento m

suicide (ssui-*ssid*) m suicidio m

Suisse (ssuiss) f Svizzera f; m svizzero m

suisse (ssuiss) adj svizzero

suite (ssuit) f continuazione f; serie f; **et ainsi de ~** e così via; **par la ~** poi; **tout de ~** subito

suivant (ssui-*vang*) adj prossimo, seguente

***suivre** (ssuiivr) v seguire; ***faire ~** inoltrare

sujet (ssü-*3e*) m soggetto m; argomento m, punto m; suddito m; **~ à** soggetto a

superbe (ssü-*pêrb*) adj superbo

superficiel (ssü-pêr-fi-*ss'êl*) adj superficiale

superflu (ssü-pêr-*flü*) adj superfluo; ridondante

supérieur (ssü-pe-r'*öör*) adj superiore; sommo; migliore; ottimo

superlatif (ssü-pêr-la-*tif*) adj superlativo; m superlativo m

supermarché (ssü-pêr-mar-*fe*) m supermercato m

superstition (ssü-pêr-ssti-*ss'ong*) f superstizione f

superviser (ssü-pêr-vi-*se*) v *soprintendere

supervision (ssü-pêr-vi-*s'ong*) f soprintendenza f

supplément (ssü-ple-*mang*) m supplemento m

supplémentaire (ssü-ple-mang-*tê̂r*)

adj supplementare

supplier (ssü-pli-*e*) *v* supplicare

supporter[1] (ssü-por-*te*) *v* sopportare; appoggiare

supporter[2] (ssü-por-*têêr*) *m* tifoso *m*

supposer (ssü-pô-*se*) *v* *supporre; *assumere, congetturare, credere

suppositoire (ssü-pô-si-t*u*aar) *m* supposta *f*

supprimer (ssü-pri-*me*) *v* *sopprimere

suprême (ssü-*prêm*) *adj* supremo

sur (ssür) *prep* su

sûr (ssüür) *adj* sicuro; **bien ~** naturalmente

surcharge (ssür-*farʒ*) *f* soprappeso *m*

sûrement (ssür-*mang*) *adv* certamente

surface (ssür-*fass*) *f* superficie *f*; area *f*

surgir (ssür-*ʒiir*) *v* *sorgere

surmené (ssür-mö-*ne*) *adj* esausto

se surmener (ssür-mö-*ne*) lavorare troppo

surnom (ssür-*nong*) *m* nomignolo *m*

surpasser (ssür-pa-*sse*) *v* superare

surplus (ssür-*plü*) *m* eccedenza *f*

***surprendre** (ssür-*prangdr*) *v* *sorprendere; stupire, *stupefare; *cogliere

surprise (ssür-*priis*) *f* sorpresa *f*; meraviglia *f*

surprise-partie (ssür-pris-par-*ti*) *f* festa *f*

surtout (ssür-*tu*) *adv* soprattutto

surveillance (ssür-vê-*i angss*) *f* sorveglianza *f*

surveillant (ssür-vê-*i ang*) *m* ispettore *m*, custode *m*

surveiller (ssür-ve-*i e*) *v* *tenere d'occhio; sorvegliare, custodire

***survenir** (ssür-vö-*niir*) *v* *accadere

survie (ssür-*vi*) *f* sopravvivenza *f*

***survivre** (ssür-*viivr*) *v* *sopravvivere

suspect (ssü-*sspèkt*) *adj* sospetto; *m*

indiziato *m*

suspecter (ssü-sspèk-*te*) *v* *supporre

suspendre (ssü-*sspangdr*) *v* *appendere; *sospendere

suspension (ssü-sspang-*ssi ong*) *f* sospensione *f*; molleggio *m*

suture (ssü-*tüür*) *f* punto *m*

suturer (ssü-tü-*re*) *v* suturare

svelte (ssvèlt) *adj* snello

Swahili (ss*u*a-i-*li*) *m* swahili *m*

syllabe (ssi-*lab*) *f* sillaba *f*

symbole (ssêng-*bol*) *m* simbolo *m*

sympathie (ssêng-pa-*ti*) *f* simpatia *f*

sympathique (ssêng-pa-*tik*) *adj* simpatico

symphonie (ssêng-fo-*ni*) *f* sinfonia *f*

symptôme (ssêngp-*tôôm*) *m* sintomo *m*

synagogue (ssi-na-*ghogh*) *f* sinagoga *f*

syndicat (ssêng-di-*ka*) *m* sindacato *m*; **~ d'initiative** ufficio turistico *m*

synonyme (ssi-no-*nim*) *m* sinonimo *m*

synthétique (ssêng-te-*tik*) *adj* sintetico

Syrie (ssi-*ri*) *f* Siria *f*

Syrien (ssi-r*i êng*) *m* siriano *m*

syrien (ssi-r*i êng*) *adj* siriano

systématique (ssi-sste-ma-*tik*) *adj* sistematico

système (ssi-*sstêm*) *m* sistema *m*; **~ décimal** sistema decimale; **~ de lubrification** sistema lubrificante; **~ de refroidissement** sistema di raffreddamento

T

tabac (ta-*ba*) *m* tabacco *m*; **bureau de ~** tabaccheria *f*; **débitant de ~** tabaccaio *m*; **~ à rouler** trinciato *m*; **tabac pour pipe** tabacco da pitable 299 télépathie

pa

table (tabl) f tavola f; tabella f; ~ **des matières** indice m

tableau (ta-*blô*) m tabella f; tavoletta f; ~ **de bord** cruscotto m; ~ **de conversions** tabella di conversione; ~ **de distribution** quadro di distribuzione; ~ **noir** lavagna f

tablette (ta-*blèt*) f pasticca f

tablier (ta-bli-*e*) m grembiule m

tabou (ta-*bu*) m tabù m

tache (taʃ) f macchia f, macchiolina f, chiazza f

tâche (taaʃ) f compito m

tacher (ta-*ʃe*) v macchiare

tâcher (ta-*ʃe*) v cercare

tacheté (taʃ-*te*) adj chiazzato

tactique (tak-*tik*) f tattica f

taille (tai) f vita f; grandezza f

taille-crayon (tai-krê-*iong*) m temperamatite m

tailler (ta-*ie*) v tagliare, raccorciare; intagliare

tailleur (ta-*iöör*) m sarto m

se *taire (têêr) v *tacere

talc (talk) m talco m

talent (ta-*lang*) m talento m; attitudine f

talon (ta-*long*) m tallone m; tacco m; talloncino m

tambour (tang-*buur*) m tamburo m; ~ **de frein** tamburo del freno

tamiser (ta-mi-*se*) v vagliare, setacciare

tampon (tang-*pong*) m tampone m

tamponner (tang-po-*ne*) v cozzare

tandis que (tang-di kö) mentre

tangible (tang-*ʒibl*) adj tangibile

tanière (ta-n*iêêr*) f tana f

tante (tangt) f zia f

tapageur (ta-pa-*ʒöör*) adj turbolento

taper (ta-*pe*) v picchiare; ~ **à la machine** dattilografare

tapis (ta-*pi*) m tappeto m; stuoia f

tapisserie (ta-pi-*ssri*) f arazzo m, tappezzeria f

taquiner (ta-ki-*ne*) v stuzzicare

tard (taar) adj tardivo

tarif (ta-*rif*) m prezzo m, tariffa f

tartine (tar-*tin*) f tramezzino m

tas (ta) m massa f, mucchio m

tasse (tass) f tazza f; ~ **à thé** tazzina da tè

taudis (tô-*di*) m catapecchia f

taureau (tô-*rô*) m toro m

taux (tô) m tariffa f; ~ **d'escompte** tasso di sconto

taverne (ta-*vêrn*) f taverna f

taxation (tak-ssa-ss*iong*) f imposta f

taxe (takss) f tassa f

taxi (tak-*ssi*) m tassì m; **chauffeur de** ~ tassista m

taximètre (tak-ssi-*mêtr*) m tassametro m

Tchèque (tʃèk) m ceco m

tchèque (tʃèk) adj ceco; **République** ~ Repubblica ceca

te (tö) pron ti

technicien (tèk-ni-ss*iêng*) m tecnico m

technique (tèk-*nik*) f tecnica f; adj tecnico

technologie (tèk-no-lo-*ʒi*) f tecnologia f

*teindre (têngdr) v *tingere

teint (têng) m carnagione f; **grand** ~ a tinta solida

teinture (têng-*tüür*) f tintura f

teinturerie (têng-tür-*ri*) f tintoria f

tel (têl) adj simile, tale; ~ **que** come

télégramme (te-le-*ghram*) m telegramma m

télégraphier (te-le-ghra-f*ie*) v telegrafare

télémètre (te-le-*mêtr*) m telemetro m

télé-objectif (te-le-ob-ʒèk-*tif*) m teleobbiettivo m

télépathie (te-le-pa-*ti*) f telepatia f

téléphone (te-le-*fon*) *m* telefono *m*; **coup de ~** chiamata *f*

téléphoner (te-le-fo-*ne*) *v* telefonare

téléphoniste (te-le-fo-*nisst*) *f* telefonista *f*

téléski (te-le-*sski*) *m* teleferica per sciatori

télévision (te-le-vi-s*iong*) *f* televisione *f*; televisore *m*; **~ par câble** televisione cavo; **~ par satellite** televisione satellite

télex (te-*lêkss*) *m* telex *m*

tellement (têl-*mang*) *adv* così; talmente

témoignage (te-m*u*a-n*iaaʒ*) *m* testimonianza *f*

témoigner (te-m*u*a-*gne*) *v* testimoniare

témoin (te-*mu**êng*) *m* testimone *m*; **~ oculaire** testimone oculare

tempe (*tangp*) *f* tempia *f*

température (tang-pe-ra-*tüür*) *f* temperatura *f*; **~ ambiante** temperatura ambientale

tempête (tang-*pêt*) *f* tempesta *f*; burrasca *f*; **~ de neige** tormenta *f*

temple (*tangpl*) *m* tempio *m*

temporaire (tang-po-*rêêr*) *adj* temporaneo

temps (*tang*) *m* tempo *m*; **à ~** in tempo; **ces derniers ~** ultimamente; **de temps en ~** di tanto in tanto, ogni tanto, occasionalmente; **~ libre** tempo libero

tendance (tang-*dangss*) *f* tendenza *f*; ***avoir ~** *tendere

tendon (tang-*dong*) *m* tendine *m*

tendre¹ (*tangdr*) *adj* delicato; tenero

tendre² (*tangdr*) *v* *tendere; **tendu** teso

tendresse (tang-*drêss*) *f* tenerezza *f*

ténèbres (te-*nêbr*) *fpl* buio *m*; oscurità *f*

*tenir (tö-*niir*) *v* *tenere; **se ~ de-**

bout *stare in piedi; **~ à** *voler bene

tennis (te-*niss*) *m* tennis *m*; **~ de table** tennis da tavolo

tension (tang-ss*iong*) *f* tensione *f*; sforzo *m*; **~ artérielle** pressione sanguigna

tentation (tang-ta-ss*iong*) *f* tentazione *f*

tentative (tang-ta-*tiiv*) *f* tentativo *m*

tente (*tangt*) *f* tenda *f*

tenter (tang-*te*) *v* tentare

tenue (tö-*nü*) *f* contegno *m*; tenuta *f*; **~ de soirée** abito da sera

térébenthine (te-re-bang-*tin*) *f* trementina *f*

terme (*têrm*) *m* termine *m*

terminer (têr-mi-*ne*) *v* terminare; **se ~** finire; **terminé** finito

terminus (têr-mi-*nüss*) *m* termine *m*

terne (*têrn*) *adj* offuscato; pallido, smorto, opaco

terrain (tê-*rêng*) *m* terreno *m*; **~ d'aviation** aerodromo *m*; **~ de camping** campeggio *m*; **~ de golf** campo di golf; **~ de jeux** campo di gioco

terrasse (tê-*rass*) *f* terrazza *f*

terre (*têêr*) *f* terra *f*; **à ~** a terra; **hautes terres** altopiano *m*; **par ~** a terra; **~ cuite** terraglie *fpl*; **~ ferme** terraferma *f*

terre-à-terre (tê-ra-*têêr*) *adj* sensato

terreur (tê-*röör*) *f* terrore *m*; terrorismo *m*

terrible (te-*ribl*) *adj* terribile; spaventoso

terrifiant (tê-ri-f*iang*) *adj* spaventevole; raccapricciante

terrifier (tê-ri-f*ie*) *v* sgomentare

territoire (tê-ri-t*uaar*) *m* territorio *m*

terroir (tê-r*uaar*) *m* terreno *m*

terrorisme (tê-ro-*rissm*) *m* terrorismo *m*

terroriste (tè-ro-*risst*) *m* terrorista *m*

Térylène (te-ri-*lên*) *m* terital *m*

test (tèsst) *m* prova *f*

testament (tê-ssta-*mang*) *m* testamento *m*

tête (têt) *f* testa *f*; capo *m*

têtu (te-*tü*) *adj* testardo, cocciuto

texte (tèksst) *m* testo *m*

textile (têk-*sstil*) *m* tessuto *m*

texture (têk-*sstüür*) *f* struttura *f*

Thaïlandais (ta-i-lang-*de*) *m* tailandese *m*

thaïlandais (ta-i-lang-*de*) *adj* tailandese

Thaïlande (ta-i-*langd*) *f* Tailandia *f*

thé (te) *m* tè *m*; merenda *f*

théâtre (te-*aatr*) *m* teatro *m*; ~ **de marionnettes** rappresentazione di marionette; ~ **de variétés** teatro di varietà

théière (te-*i'êêr*) *f* teiera *f*

thème (têm) *m* tema *m*

théologie (te-o-lo-*ʒi*) *f* teologia *f*

théorie (te-o-*ri*) *f* teoria *f*

théorique (te-o-*rik*) *adj* teorico

thérapie (te-ra-*pi*) *f* terapia *f*

thermomètre (têr-mo-*mêtr*) *m* termometro *m*

thermoplongeur (têr-mô-plong-*ʒöör*) *m* scaldacqua ad immersione

thermos (têr-*moss*) *m* termos *m*

thermostat (têr-mo-*ssta*) *m* termostato *m*

thèse (têês) *f* tesi *f*

thon (tong) *m* tonno *m*

thym (têng) *m* timo *m*

ticket (ti-*ke*) *m* cedola *f*

tiède (t'êd) *adj* tiepido

le tien (lö t'êng) il tuo

tiers (t'êêr) *adj* (f tierce) terzo

tige (tiiʒ) *f* gambo *m*; stecca *f*

tigre (tighr) *m* tigre *f*

tilleul (ti-*'öl*) *m* tiglio *m*

timbre (têngbr) *m* francobollo *m*; timbro *m*

timbre-poste (têng-brö-*posst*) *m* francobollo *m*

timide (ti-*mid*) *adj* timido

timidité (ti-mi-di-*te*) *f* timidezza *f*

timonier (ti-mo-*n'e*) *m* timoniere *m*

tirage (ti-*raaʒ*) *m* sorteggio *m*; tiratura *f*

tire-bouchon (tir-bu-*fong*) *m* cavatappi *m*

tirer (ti-*re*) *v* tirare; sparare

tiret (ti-*re*) *m* lineetta *f*

tiroir (ti-*r'aar*) *m* cassetto *m*

tisser (ti-*sse*) *v* tessere

tisserand (ti-*ssrang*) *m* tessitore *m*

tissu (ti-*ssü*) *m* tessuto *m*; stoffa *f*

tissu-éponge (ti-ssü-e-*pongs*) *m* spugna *f*

titre (titr) *m* titolo *m*

toast (tôsst) *m* crostino *m*; brindisi *m*

toboggan (to-bo-*ghang*) *m* scivolo *m*

toi (t'ua) *pron* te

toile (t'ual) *f* lino *m*; **grosse** ~ tela di canapa; ~ **d'araignée** ragnatela *f*

toilettes (t'ua-*lêt*) *fpl* gabinetto *m*; toletta *f*; ~ **pour dames** gabinetto per signore; ~ **pour hommes** gabinetto per signori

toi-même (t'ua-*mêm*) *pron* tu stesso

toit (t'ua) *m* tetto *m*; ~ **de chaume** *m* tetto di paglia

tolérable (to-le-*rabl*) *adj* tollerabile

tolérer (to-le-*re*) *v* tollerare

tomate (to-*mat*) *f* pomodoro *m*

tombe (tongb) *f* tomba *f*

tomber (tong-*be*) *v* *cadere

tome (tom) *m* volume *m*

ton[1] (tong) *adj* (f ta, pl tes) tuo

ton[2] (tong) *m* tono *m*

tonique (to-*nik*) *m* tonico *m*; ~ **capillaire** tonico per capelli

tonne (ton) *f* tonnellata *f*

tonneau (to-*nô*) *m* botte *f*

tonnerre (to-*nêêr*) *m* tuono *m*

torche (torʃ) *f* torcia *f*

torchon (tor-*ʃong*) *m* canovaccio per stoviglie

tordre (tordr) *v* *torcere; *storcere

tordu (tor-*dü*) *adj* tortuoso

torsion (tor-ss*iong*) *f* torsione *f*

tort (toor) *m* torto *m*; male *m*

tortue (tor-*tü*) *f* tartaruga *f*

torture (tor-*tüür*) *f* tortura *f*

torturer (tor-tü-*re*) *v* torturare

tôt (tô) *adv* mattutino

total (to-*tal*) *adj* totale; globale; *m* totale *m*

totalement (to-tal-*mang*) *adv* totalmente

totalisateur (to-ta-li-sa-*töör*) *m* totalizzatore *m*

totalitaire (to-ta-li-*têêr*) *adj* totalitario

touchant (tu-*ʃang*) *adj* commovente

toucher (tu-*ʃe*) *v* toccare; riguardare, colpire; convertire; *m* tatto *m*

toujours (tu-*ʒuur*) *adv* sempre; ~ **et encore** ripetutamente

tour (tuur) *m* giro *m*; turno *m*; mossa *f*; *f* torre *f*

tourisme (tu-*rissm*) *m* turismo *m*

touriste (tu-*risst*) *m* turista *m*

tourment (tur-*mang*) *m* tormento *m*

tourmenter (tur-mang-*te*) *v* tormentare

tournant (tur-*nang*) *m* tornante *m*, svolta *f*; punto decisivo

tourne-disque (tur-nö-*dissk*) *m* giradischi *m*

tourner (tur-*ne*) *v* voltare; girare, *far girare

tournevis (tur-nö-*viss*) *m* cacciavite *m*

tournoi (tur-n*u*a) *m* torneo *m*

tousser (tu-*sse*) *v* tossire

tout (tu) *adj* tutto; ciascuno; *pron* tutto; **du** ~ affatto; **en** ~ in tutto; ~ **à fait** completamente; ~ **à l'heure** a momenti; ~ **au plus** tutt'al più; o; ~ **ce que** qualsiasi; ~ **de suite** subito; ~ **droit** avanti dritto; ~ **le monde** ognuno

toutefois (tut-f*u*a) *adv* comunque

toux (tu) *f* tosse *f*

toxique (tok-ssik) *adj* tossico

tracas (tra-*ka*) *m* noia *f*

tracasser (tra-ka-*sse*) *v* importunare

trace (trass) *f* traccia *f*

tracer (tra-*sse*) *v* rintracciare

tracteur (trak-*töör*) *m* trattore *m*

tradition (tra-di-ss*iong*) *f* tradizione *f*

traditionnel (tra-di-ss*i*o-*nêl*) *adj* tradizionale

traducteur (tra-dük-*töör*) *m* traduttore *m*

traduction (tra-dük-ss*iong*) *f* traduzione *f*

*traduire (tra-*duiir*) *v* *tradurre

trafic (tra-*fik*) *m* traffico *m*

tragédie (tra-ʒe-*di*) *f* tragedia *f*

tragique (tra-*ʒik*) *adj* tragico

trahir (tra-*iir*) *v* tradire

trahison (tra-i-*song*) *f* tradimento *m*

train (trễng) *m* treno *m*; ~ **de marchandises** treno merci; ~ **de nuit** treno notturno; ~ **de voyageurs** treno passeggeri; ~ **direct** treno diretto; ~ **express** treno direttissimo; ~ **local** treno locale

traîneau (trê-*nô*) *m* slitta *f*

traîner (tre-*ne*) *v* trascinare, trainare

trait (tre) *m* tratto *m*; ~ **de caractère** tratto del carattere; ~ **d'union** lineetta *f*; ~ **du visage** tratto *m*

traite (trêt) *f* tratta *f*

traité (tre-*te*) *m* trattato *m*

traitement (trêt-*mang*) *m* trattamento *m*

traiter (tre-*te*) *v* trattare

traître (trêêtr) *m* traditore *m*

trajet (tra-*ʒe*) *m* tragitto *m*

tram (tram) *m* tram *m*

tranche (trangʃ) *f* fetta *f*

trancher (trang-*ʃe*) *v* troncare; *risolvere

tranquille (trang-*kil*) *adj* tranquillo

tranquillité (trang-ki-li-*te*) *f* tranquillità *f*

transaction (trang-sak-ss*iong*) *f* accordo *m*, transazione *f*

transatlantique (trang-sat-lang-*tik*) *adj* transatlantico

transférer (trang-ssfe-*re*) *v* trasferire

transformateur (trang-ssfor-ma-*töör*) *m* trasformatore *m*

transformer (trang-ssfor-*me*) *v* trasformare

transition (trang-si-ss*iong*) *f* transizione *f*

transparent (trang-sspa-*rang*) *adj* trasparente

transpiration (trang-sspi-ra-ss*iong*) *f* traspirazione *f*

transpirer (trang-sspi-*re*) *v* traspirare

transport (trang-*sspoor*) *m* trasporto *m*

transporter (trang-sspor-*te*) *v* trasportare

trappe (*trap*) *f* botola *f*

travail (tra-*vai*) *m* (pl travaux) lavoro *m*; ~ **artisanal** lavoro fatto a mano; ~ **manuel** lavoro manuale; **travaux ménagers** faccende domestiche, lavori domestici

travailler (tra-va-*ie*) *v* lavorare

travailleur (tra-va-*iöör*) *m* operaio *m*

à travers (a tra-*vêêr*) attraverso

traversée (tra-vêr-*sse*) *f* traversata *f*

traverser (tra-vêr-*sse*) *v* attraversare

trébucher (tre-bü-*ʃe*) *v* inciampare

trèfle (*tréfl*) *m* trifoglio *m*

treize (*trêês*) *num* tredici

treizième (trê-s*iêm*) *num* tredicesimo

trembler (trang-*ble*) *v* tremare

tremper (trang-*pe*) *v* ammollare, inzuppare

trente (trangt) *num* trenta

trentième (trang-t*iêm*) *num* trentesimo

trépasser (tre-pa-*sse*) *v* trapassare

très (tre) *adv* molto; assai

trésor (tre-*soor*) *m* tesoro *m*; amore *m*

trésorier (tre-so-r*ie*) *m* tesoriere *m*

triangle (tri-*angghl*) *m* triangolo *m*

triangulaire (tri-ang-ghü-*lêêr*) *adj* triangolare

tribord (tri-*boor*) *m* tribordo *m*

tribu (tri-*bü*) *f* tribù *f*

tribunal (tri-bü-*nal*) *m* tribunale *m*

tribune (tri-*bün*) *f* tribuna *f*

tricher (tri-*ʃe*) *v* ingannare

tricot (tri-*kô*) *m* tessuto a maglia; maglione *m*; ~ **de corps** maglietta *f*

tricoter (tri-ko-*te*) *v* lavorare a maglia

trier (tri-*e*) *v* *fare la cernita

trimestre (tri-*mêsstr*) *m* trimestre *m*

trimestriel (tri-mê-sstri-*êl*) *adj* trimestrale

triomphant (tri-ong-*fang*) *adj* trionfante

triomphe (tri-*ongf*) *m* trionfo *m*

triompher (tri-ong-*fe*) *v* trionfare

triste (trisst) *adj* triste

tristesse (tri-*sstêss*) *f* tristezza *f*

trivial (tri-v*ial*) *adj* triviale

troc (trok) *m* cambio *m*

trognon (tro-*gnong*) *m* torsolo *m*

trois (tr*u*a) *num* tre; ~ **quarts** tre quarti

troisième (tr*u*a-s*iêm*) *num* terzo

trolleybus (tro-le-*büss*) *m* filobus *m*

tromper (trong-*pe*) *v* ingannare; **se** ~ sbagliarsi; errare

tromperie (trong-*pri*) *f* inganno *m*

trompette (trong-*pêt*) *f* tromba *f*

tronc (trong) *m* tronco *m*

trône (trôôn) *m* trono *m*

trop (trô) *adv* troppo

tropical (tro-pi-*kal*) *adj* tropicale

tropiques (tro-*pik*) *mpl* tropici *mpl*

troquer (tro-*ke*) *v* barattare

trottoir (tro-*t^uaar*) *m* marciapiede *m*

trou (tru) *m* buco *m*; buca *f*

trouble (trubl) *adj* torbido; oscuro; *m* scompiglio *m*

troubler (tru-*ble*) *v* turbare

troupeau (tru-*pó*) *m* gregge *m*

troupes (trup) *fpl* truppe *fpl*

trousseau (tru-*ssó*) *m* corredo *m*

trousse de secours (truss dö ssö-*kuur*) equipaggiamento di pronto soccorso

trouver (tru-*ve*) *v* trovare; reputare

truc (trük) *m* trucco *m*, tiro *m*

truite (truit) *f* trota *f*

tu (tü) *pron* tu

tube (tüb) *m* tubo *m*; tubetto *m*; ∼ **de plongée** respiratore *m*

tuberculose (tü-bêr-kü-*lôôs*) *f* tubercolosi *f*

tuer (tue) *v* *uccidere; ammazzare

tuile (tuil) *f* tegola *f*

tulipe (tü-*lip*) *f* tulipano *m*

tumeur (tü-*möör*) *f* tumore *m*; escrescenza *f*

tunique (tü-*nik*) *f* tunica *f*

Tunisie (tü-ni-*si*) *f* Tunisia *f*

Tunisien (tü-ni-sⁱ*êng*) *m* tunisino *m*

tunisien (tü-ni-sⁱ*êng*) *adj* tunisino

tunnel (tü-*nêl*) *m* galleria *f*

turbine (tür-*bin*) *f* turbina *f*

turboréacteur (tür-bo-re-ak-*töör*) *m* aereo a reazione

Turc (türk) *m* turco *m*

turc (türk) *adj* turco

Turquie (tür-*ki*) *f* Turchia *f*

tutelle (tü-*têl*) *f* tutela *f*

tuteur (tü-*töör*) *m* tutore *m*

tuyau (tui-*ô*) *m* tubo *m*, tubatura *f*; ∼ **d'échappement** scappamento *m*

tympan (têng-*pang*) *m* timpano *m*

type (tip) *m* tipo *m*; tizio *m*

typhoïde (ti-fo-*id*) *f* tifoidea *f*

typique (ti-*pik*) *adj* tipico

tyran (ti-*rang*) *m* tiranno *m*

U

ulcère (ül-*ssêêr*) *m* ulcera *f*; ∼ **à l'estomac** ulcera gastrica

ultime (ül-*tim*) *adj* ultimo

ultra-violet (ül-tra-vⁱo-*le*) *adj* ultravioletto

un (öng) *art* (f une) un *art*; *num* uno; **l'un l'autre** l'un l'altro; **l'un ou l'autre** l'uno o l'altro; **ni l'un ni l'autre** né l'uno né l'altro

unanime (ü-na-*nim*) *adj* unanime

uni (ü-*ni*) *adj* unito; levigato

uniforme (ü-ni-*form*) *m* uniforme *f*; *adj* uniforme

unilatéral (ü-ni-la-te-*ral*) *adj* unilaterale

union (ü-nⁱ*ong*) *f* unione *f*; **Union européenne** Unione europea

unique (ü-*nik*) *adj* unico

uniquement (ü-nik-*mang*) *adv* unicamente

unir (ü-*niir*) *v* unire

unité (ü-ni-*te*) *f* unità *f*; ∼ **monétaire** unità monetaria

univers (ü-ni-*vêêr*) *m* universo *m*

universel (ü-ni-vêr-*ssêl*) *adj* universale *f*

université (ü-ni-vêr-ssi-*te*) *f* università *f*

urbain (ür-*bêng*) *adj* urbano

urgence (ür-*zangss*) *f* urgenza *f*; emergenza *f*

urgent (ür-*zang*) *adj* urgente

urine (ü-*rin*) *f* urina *f*

Uruguay (ü-rü-*ghe*) *m* Uruguay *m*

Uruguayen (ü-rü-ghe-ⁱ*êng*) *m* uruguaiano *m*

uruguayen (ü-rü-ghe-ⁱ*êng*) *adj* uruguaiano

usage (ü-*saaʒ*) *m* usanza *f*

usager (ü-sa-*ʒe*) *m* utente *m*

user (ü-*se*) *v* consumare; logorare;
  usé consumato; liso, usato

usine (ü-*sin*) *f* fabbrica *f*; impianto
  m; ~ **à gaz** officina del gas

ustensile (ü-sstang-*ssil*) *m* utensile *m*

usuel (ü-*suêl*) *adj* usuale

utérus (ü-te-*rüss*) *m* utero *m*

utile (ü-*til*) *adj* utile

utilisable (ü-ti-li-*sabl*) *adj* usabile

utilisateur (ü-ti-li-sa-*töör*) *m* consumatore *m*

utilisation (ü-ti-li-sa-*ssi*ong) *f* utilizza-
  zione *f*

utiliser (ü-ti-li-*se*) *v* utilizzare

utilité (ü-ti-li-*te*) *f* utilità *f*

V

vacance (va-*kangss*) *f* posto libero;
  vacances ferie *fpl*

vacant (va-*kang*) *adj* vacante

vacarme (va-*karm*) *m* chiasso *m*

vaccination (vak-ssi-na-*ssi*ong) *f* vaccinazione *f*

vacciner (vak-ssi-*ne*) *v* vaccinare

vache (vaʃ) *f* vacca *f*

vacillant (va-ssi-*i*ang) *adj* vacillante

vaciller (va-ssi-*l*e) *v* vacillare

vagabond (va-gha-*bong*) *m* barbone
  m

vagabondage (va-gha-bong-*daaʒ*) *m*
  vagabondaggio *m*

vagabonder (va-gha-bong-*de*) *v* vagabondare

vague (vagh) *f* onda *f*; *adj* vago;
  oscuro

vaillance (va-*i*angss) *f* audacia *f*

vain (vêng) *adj* inutile; **en** ~ invano

*vaincre (vêngkr) *v* *vincere; *scon-
  figgere

vainqueur (vêng-*köör*) *m* vincitore *m*

vaisseau (ve-*ssô*) *m* nave *f*, vascello

m; ~ **sanguin** vaso sanguigno

vaisselle (vê-*ssêl*) *f* stoviglie *fpl*;
  *faire la ~ lavare i piatti

valable (va-*labl*) *adj* valido

valet (va-*le*) *m* cameriere *m*, valletto
  m; fante *m*

valeur (va-*löör*) *f* valore *m*

valise (va-*liis*) *f* valigia *f*

vallée (va-*le*) *f* valle *f*

*valoir (va-*l*uaar) *v* *valere; ~ **la peine** *valer la pena

valse (valss) *f* valzer *m*

vanille (va-*ni*i) *f* vaniglia *f*

vaniteux (va-ni-*tö*) *adj* vano

vanneau (va-*nô*) *m* pavoncella *f*

se vanter (vang-*te*) vantarsi

vapeur (va-*pöör*) *f* vapore *m*

vaporisateur (va-po-ri-sa-*töör*) *m* atomizzatore *m*

variable (va-*r*iabl) *adj* variabile

variation (va-r*i*a-ss*i*ong) *f* variazione *f*

varice (va-*riss*) *f* vena varicosa

varicelle (va-ri-*ssêl*) *f* varicella *f*

varier (va-*r*ie) *v* differire, variare; **varié** assortito

variété (va-r*i*e-*te*) *f* varietà *f*

variole (va-r*i*ol) *f* vaiolo *m*

vase (vaas) *m* vaso *m*; *f* fango *m*

vaseline (va-*slin*) *f* vaselina *f*

vaste (vasst) *adj* grande; ampio, vasto

vautour (vô-*tuur*) *m* avvoltoio *m*

veau (vô) *m* vitello *m*; pelle di vitello

végétarien (ve-ʒe-ta-r*i*êng) *m* vegetariano *m*

végétation (ve-ʒe-ta-ss*i*ong) *f* vegetazione *f*

véhicule (ve-i-*kül*) *m* veicolo *m*

veille (vee*i*) *f* vigilia *f*

veiller (ve-*l*e) *v* vegliare; ~ **sur** occuparsi di

veine (vêên) *f* vena *f*

vélo (ve-*lô*) *m* ciclo *m*

vélomoteur (ve-lô-mo-*töör*) *m* motorino *m*, micromotore *m*

velours (vö-*luur*) *m* velluto *m*; ~ côtelé velluto a coste; ~ **de coton** velluto di cotone

vendable (vang-*dabl*) *adj* vendibile

vendange (vang-*dangʒ*) *f* vendemmia *f*

vendeur (vang-*döör*) *m* commesso *m*

vendeuse (vang-*döös*) *f* commessa *f*

vendre (vangdr) *v* vendere; à ~ in vendita

vendredi (vang-drö-*di*) *m* venerdì *m*

vénéneux (ve-ne-*nö*) *adj* velenoso

vénérable (ve-ne-*rabl*) *adj* venerabile

Venezuela (ve-ne-sue-*la*) *m* Venezuela *m*

Vénézuélien (ve-ne-sue-*l'êng*) *m* venezolano *m*

vénézuélien (ve-ne-sue-*l'êng*) *adj* venezolano

vengeance (vang-ʒangss) *f* vendetta *f*

venger (vang-ʒe) *v* vendicare

*venir (ve-*niir*) *v* *venire; *faire ~ *far venire

vent (vang) *m* vento *m*; coup de ~ raffica *f*

vente (vangt) *f* vendita *f*; ~ aux enchères asta *f*; ~ en gros ingrosso *m*

venteux (vang-*tö*) *adj* ventoso

ventilateur (vang-ti-la-*töör*) *m* ventilatore *m*

ventilation (vang-ti-la-*ss'ong*) *f* ventilazione *f*

ventiler (vang-ti-*le*) *v* ventilare

ventre (vangtr) *m* pancia *f*

venue (vö-*nü*) *f* arrivo *m*

ver (vêêr) *m* verme *m*

véranda (ve-rang-*da*) *f* veranda *f*

verbal (vêr-*bal*) *adj* verbale

verbe (vêrb) *m* verbo *m*

verdict (vêr-*dikt*) *m* verdetto *m*

verger (vêr-ʒe) *m* frutteto *m*

véridique (ve-ri-*dik*) *adj* veritiero

vérifier (ve-ri-*f'e*) *v* verificare; *rivedere

véritable (ve-ri-*tabl*) *adj* reale; vero

vérité (ve-ri-*te*) *f* verità *f*

vernir (vêr-*niir*) *v* verniciare; smaltare

vernis (vêr-*ni*) *m* vernice *f*; lacca *f*; ~ à ongle smalto per unghie

verre (vêêr) *m* vetro *m*; bicchiere *m*; ~ **de couleur** vetro colorato; ~ **grossissant** lente d'ingrandimento; verres de contact lenti a contatto

verrou (vê-*ru*) *m* chiavistello *m*

vers (vêêr) *m* verso *m*; *prep* verso; ~ le bas in discesa; ~ le haut verso l'alto

versant (vêr-*ssang*) *m* pendio *m*

versement (vêr-ssö-*mang*) *m* versamento *m*, rimessa *f*

verser (vêr-*sse*) *v* versare

version (vêr-*ss'ong*) *f* versione *f*; traduzione *f*

vert (vêêr) *adj* verde

vertical (vêr-ti-*kal*) *adj* verticale

vertige (vêr-*tiiʒ*) *m* vertigine *f*; capogiro *m*

vertu (vêr-*tü*) *f* virtù *f*

vessie (ve-*ssi*) *f* vescica *f*

veste (vêsst) *f* giacchetta *f*, giacca *f*; ~ **de sport** giacca sportiva

vestiaire (vê-sst'êêr) *m* spogliatoio *m*; guardaroba *m*

vestibule (vê-ssti-*bül*) *m* ridotto *m*, atrio *m*, vestibolo *m*

veston (vê-*sstong*) *m* giacca *f*; ~ **sport** giacchetta sportiva

vêtements (vêt-*mang*) *mpl* vestiti *mpl*; ~ **de sport** abbigliamento sportivo

vétérinaire (ve-te-ri-*nêêr*) *m* veterinario *m*

*vêtir (ve-*tiir*) *v* abbigliare

veuf (vöf) *m* vedovo *m*

veuve (vööv) *f* vedova *f*

via (vi-*a*) *prep* via

viaduc (via-*dük*) *m* viadotto *m*

viande (vi*angd*) *f* carne *f*

vibration (vi-bra-*ssiong*) *f* vibrazione *f*

vibrer (vi-*bre*) *v* vibrare

vicaire (vi-*kêêr*) *m* vicario *m*

vice-président (vi-sspre-si-*dang*) *m* vicepresidente *m*

vicieux (vi-*ssiö*) *adj* corrotto

victime (vik-*tim*) *f* vittima *f*

victoire (vik-tu*aar*) *f* vittoria *f*

vide (vid) *adj* vuoto; *m* vuoto *m*

vidéocassette (vide-ô-kas-*sét*) *f* videocassetta *f*

vider (vi-*de*) *v* vuotare

vie (vi) *f* vita *f*; **en ~** vivo; **~ privée** intimità *f*

vieillard (viê-*iaar*) *m* vecchio *m*

vieillesse (viê-*iéss*) *f* vecchiaia *f*

vieilli (vie-*ii*) *adj* antiquato

vieillot (viê-*iô*) *adj* antiquato

vierge (vi*êrʒ*) *f* vergine *f*

vieux (viö) *adj* (vieil; *f* vieille) vecchio; anziano

vif (vif) *adj* vivido; vivace, veemente

vigilant (vi-ʒi-*lang*) *adj* vigilante

vigne (vign) *f* vite *f*

vignoble (vi-*gnobl*) *m* vigna *f*

vigoureux (vi-ghu-*rö*) *adj* vigoroso

vigueur (vi-*ghöör*) *f* resistenza *f*

vilain (vi-*lêng*) *adj* cattivo

villa (vi-*la*) *f* villa *f*; villino *m*

village (vi-*laaʒ*) *m* villaggio *m*

ville (vil) *f* città *f*

vin (vêng) *m* vino *m*

vinaigre (vi-*nêêghr*) *m* aceto *m*

vingt (vêng) *num* venti

vingtième (vêng-ti*êm*) *num* ventesimo

violation (vio-la-*ssiong*) *f* violazione *f*

violence (vio-*langss*) *f* violenza *f*

violent (vio-*lang*) *adj* violento; veemente, impetuoso

violer (vio-*le*) *v* aggredire, violentare

violet (vio-*le*) *adj* violetto

violette (vio-*lêt*) *f* violetta *f*

violon (vio-*long*) *m* violino *m*

virage (vi-*raaʒ*) *m* curva *f*, svolta *f*

virer (vi-*re*) *v* *volgere

virgule (vir-*ghül*) *f* virgola *f*

vis (viss) *f* vite *f*

visa (vi-*sa*) *m* visto *m*

visage (vi-*saaʒ*) *m* faccia *f*

viser (vi-*se*) *v* puntare su, mirare a

viseur (vi-*söör*) *m* mirino *m*

visibilité (vi-si-bi-li-*te*) *f* visibilità *f*

visible (vi-*sibl*) *adj* visibile

vision (vi-*siong*) *f* visione *f*

visite (vi-*sit*) *f* visita *f*; **rendre ~ à** visitare

visiter (vi-si-*te*) *v* visitare

visiteur (vi-si-*töör*) *m* visitatore *m*

vison (vi-*song*) *m* visone *m*

visser (vi-*sse*) *v* avvitare

vital (vi-*tal*) *adj* vitale

vitamine (vi-ta-*min*) *f* vitamina *f*

vite (vit) *adv* presto

vitesse (vi-*têss*) *f* velocità *f*; **en ~** in fretta; **indicateur de ~** tachimetro *m*; **limitation de ~** limite di velocità; **~ de croisière** velocità di crociera

vitre (vitr) *f* vetro *m*

vitrine (vi-*trin*) *f* bacheca *f*, vetrina *f*

vivant (vi-*vang*) *adj* vivente; vivo

*vivre (viivr) *v* *vivere; provare

vocabulaire (vo-ka-bü-*lêêr*) *m* vocabolario *m*; glossario *m*

vocal (vo-*kal*) *adj* vocale

vœu (vö) *m* desiderio *m*; promessa *f*

voici (vua-*ssi*) *adv* ecco

voie (vua) *f* via *f*; binario *m*; corsia *f*; **~ d'eau** via d'acqua; **~ ferrée** ferrovia *f*; strada ferrata

voilà (vua-*la*) *adv* ecco; ecco

voile (vual) *f* vela *f*; *m* velo *m*

*voir (vuaar) *v* *vedere

voisin (vua-*sêng*) *m* vicino *m*

voisinage (vua-si-*naaʒ*) *m* vicinanza *f*,

vicinato *m*

voiture (vᵘa-*tüür*) *f* macchina *f*; carrozza *f*; ~ **d'enfant** carrozzina *f*; ~ **de sport** macchina sportiva; ~ **Pullman** vettura pullman

voix (vᵘa) *f* voce *f*; **à haute ~** ad alta voce

vol (vol) *m* volo *m*; rapina *f*, furto *m*; ~ **charter** volo charter; ~ **de nuit** volo notturno; ~ **de retour** volo di ritorno

volaille (vo-*lai*) *f* pollame *m*

volant (vo-*lang*) *m* volante *m*

volcan (vol-*kang*) *m* vulcano *m*

voler (vo-*le*) *v* volare; rubare

volet (vo-*le*) *m* persiana *f*

voleur (vo-*löör*) *m* ladro *m*

volontaire (vo-long-*têêr*) *adj* volontario; *m* volontario *m*

volonté (vo-long-*te*) *f* volontà *f*; forza di volontà

volontiers (vo-long-*t'e*) *adv* volentieri

volt (volt) *m* volt *m*

voltage (vol-*taaʒ*) *m* voltaggio *m*

volume (vo-*lüm*) *m* volume *m*

volumineux (vô-lü-mi-*nö*) *adj* voluminoso

vomir (vo-*miir*) *v* rigettare, vomitare

vote (vot) *m* votazione *f*; voto *m*; **droit de ~** diritto elettorale

voter (vo-*te*) *v* votare

votre (votr) *adj* (pl vos) vostro; Suo

*vouloir (vu-*lᵘaar*) *v* *volere; **en ~ à** risentirsi per; ~ **dire** *voler dire

vous (vu) *pron* voi; vi; Lei; Le; **vous-même** *pron* Lei stesso; **vous-mêmes** *pron* voi stessi

voûte (vut) *f* volta *f*, arcata *f*

voyage (vᵘa-*iaaʒ*) *m* viaggio *m*; ~ **d'affaires** viaggio d'affari; ~ **de retour** viaggio di ritorno

voyager (vᵘa-ia-*ʒe*) *v* viaggiare

voyageur (vᵘa-ia-*ʒöör*) *m* viaggiatore *m*

voyelle (vᵘa-*iêl*) *f* vocale *f*

vrai (vre) *adj* vero; autentico

vraiment (vre-*mang*) *adv* davvero

vraisemblable (vre-ssang-*blabl*) *adj* probabile

vu (vü) *prep* considerato

vue (vü) *f* vista *f*; veduta *f*; **point de ~** punto di vista

vulgaire (vül-*ghêêr*) *adj* volgare

vulnérable (vül-ne-*rabl*) *adj* vulnerabile

W

wagon (va-*ghong*) *m* vagone *m*; **wagon-lit** vagone letto; **wagon-restaurant** vagone ristorante

week-end (ᵘi-*kênd*) *m* fine-settimana

Y

y (i) *pron* ci; vi

yacht (*iot*) *m* panfilo *m*; **yacht-club** *m* circolo nautico

yachting (*io-ting*) *m* sport velico

yaourt (*a-uurt*) *m* iogurt *m*, yoghurt *m*, yogurt *m*

yaourtière (*a-uur-têêr*) *f* yogurtiera *f*

yoga (*iô-ga*) *m* joga *m*, yoga *m*

Z

zèbre (*sêêbr*) *m* zebra *f*

zélé (se-*le*) *adj* zelante

zèle (sêl) *m* zelo *m*

zénith (se-*nit*) *m* zenit *m*

zéro (se-*rô*) *m* zero *m*
zinc (sê*ngg*h) *m* zinco *m*
zodiaque (so-*d*i*ak*) *m* zodiaco *m*
zone (sôôn) *f* zona *f*; ~ de stationnement zona di parcheggio; ~ **industrielle** zona industriale
zoo (sô) *m* giardino zoologico
zoologie (sô-o-lo-ʒi) *f* zoologia *f*

Lessico gastronomico

Cibi

à la, à l', au, aux alla, al, alla maniera di

abats, abattis rigaglie

abricot albicocca

agneau agnello

aiglefin varietà di merluzzo

ail aglio

ailloli maionese all'aglio

airelle mirtillo

alouette sans tête involtini di vitello, generalmente ripieni di carne tritata, aglio e prezzemolo

(à l')alsacienne di solito con contorno di crauti, prosciutto e salsicce

amande mandorla

amuse-gueule stuzzichino

anchois acciuga

(à l')ancienne in genere con salsa cremosa al vino, cipolle o scalogno

(à l')andalouse in genere con peperoni, melanzane e pomodori

andouille salsicciotto di trippe (o altra carne)

andouillette piccolo salsicciotto di trippe (o altra carne)

(à l')anglaise 1) verdure bollite o cotte al vapore, specialmente patate 2) verdure, carne, pesce o selvaggina impanate e fritte

anguille au vert anguilla brasata in una salsa bianca servita con prezzemolo e altre verdure

anis anice

artichaut carciofo

asperge asparago

assiette piatto

  ~ anglaise carne fredda affettata

  ~ de charcuterie salumi affettati

assorti variato

aubergine melanzana

ballottine (de volaille) pollo disossato ripieno, servito in gelatina

bar ombrina

barbue rombo

béarnaise salsa a base di tuorli, burro, aceto, scalogno, dragoncello e vino bianco

bécasse beccaccia

béchamel besciamella

beignet frittella, bignè

(à la) Bercy salsa a base di burro, vino bianco e scalogno

betterave barbabietola

beurre burro

  ~ blanc salsa di burro battuto, con scalogno, aceto e vino

bianco

~ **maître d'hôtel** burro battuto con prezzemolo e succo di limone

~ **noir** salsa di burro rosolato, con aceto e prezzemolo

bifteck bistecca di manzo

(à la) bigarade salsa di arance amare, zucchero e aceto

biscotte pane biscottato

biscuit biscotto, galletta

bisque brodetto di aragosta o di gamberi

blanc de volaille petto di pollo

blanchaille bianchetti

blanquette de veau fricassea di vitello in salsa bianca

(au) bleu si dice 1) di pesce molto fresco bollito (di solito la trota) 2) di formaggio a venature blu 3) di carne al sangue

bœuf manzo

~ **bourguignon** spezzatino di manzo in umido con vino rosso, cipolle, pancetta e funghi

~ **en daube** spezzatino di manzo lardellato marinato in vino rosso con verdura e poi stufato

~ **miro(n)ton** carne di manzo bollita o stufato di manzo freddo, servito con una salsa di cipolle

~ **mode** spezzatino di manzo lardellato brasato in vino rosso con carote e cipolle

~ **salé** carne in scatola

bolet porcino

bombe dessert di gelato in uno stampo

(à la) bordelaise salsa al vino rosso con scalogno, midollo di manzo e porcini

bouchée à la reine sfogliatina ripiena di carne, animelle o pesce

e talvolta funghi

boudin sanguinaccio

bouillabaisse brodetto composto di varie qualità di pesce e crostacei stufati in vino bianco, con aglio, zafferano e olio d'oliva

bouilli bollito

bouillon brodo

(à la) bourguignonne con funghi, cipolline o scalogno, brasato in vino rosso

braisé brasato

brandade (de morue) merluzzo con panna, olio e aglio

brie formaggio bianco cremoso e morbido

brioche focaccia al burro

(à la) broche allo spiedo

brochet luccio

(en) brochette cotto su spiedino

cabillaud merluzzo fresco

café glacé dessert di gelato al caffè

caille quaglia

canard (caneton) anatra (anatroccolo)

~ **à l'orange** anatra arrosto con una salsa dolce di arance

cantal formaggio d'Alvernia, semiduro, dal latte di mucca o di capra

câpre cappero

carbonnade carbonata, carne cotta sulle brace

~ **flamande** fette di carne di manzo brasate nella birra con erbe e cipolle

cardon cardo

carotte carota

carottes Vichy carote cotte al vapore

carré filetto, lombata

~ **de l'Est** formaggio a forma quadrata dal gusto aspro

carrelet passerina, passera di mare

à la carte secondo la lista

carte des mets lista delle vivande

carte des vins lista dei vini

cassis ribes nero

cassoulet toulousain fagioli in umido con varie qualità di carne

céleri sedano

~ **en branche** costa di sedano

~-**rave** radice di sedano, sedano rapa

cèpe porcino

cerfeuil cerfoglio

cerise ciliegia

champignon fungo

~ **de Paris** fungo coltivato

chanterelle gallinaccio

charbonnade carne cotta alla griglia su carbonella

charcuterie varietà di salumi

charlotte dolce alla crema fatto in uno stampo rotondo

chasseur alla cacciatora; salsa con funghi, pomodori, aglio, erbe e vino bianco

chateaubriand taglio dal filetto

chaud caldo

chaudrée stufato di pesce e frutti di mare, spesso con aglio, erbe, cipolle e vino bianco

chausson aux pommes dolce ripieno di mele

chevreuil capriolo

chicorée indivia

chou cavolo

~ **de Bruxelles** cavolino di Bruxelles

~ **à la crème** bignè alla crema

~-**fleur** cavolfiore

~ **rouge** cavolo rosso

choucroute crauti

~ **garnie** di solito con prosciutto, pancetta affumicata e salsicce

ciboulette erba cipollina

citron limone

civet de lapin (lièvre) intingolo di coniglio (lepre)

clafoutis varietà di crostata alla frutta, spesso con aggiunta di acquavite

clémentine mandarino senza semi

cochon de lait maialino di latte

(en) cocotte cotto in casseruola di ghisa a fuoco molto lento

cœur cuore

(à la) Colbert passato in pan grattato, uovo battuto e poi fritto

colin nasello

concombre cetriolo

confit d'oie pezzi di oca conservati nel proprio grasso

confiture marmellata

consommation consumazione

consommé brodo servito caldo o freddo

~ **Célestine** con pollo e pastina

~ **(aux) cheveux d'ange** con capelli d'angelo

~ **Colbert** con uova affogate e verdure novelle

~ **julienne** con verdure tagliate a striscie sottilissime

~ **madrilène** freddo e aromatizzato con pomodoro

~ **princesse** con pezzetti di pollo e punte d'asparagi

~ **aux vermicelles** con vermicelli

contre-filet lombata

coq au vin pollo cotto nel vino rosso con pancetta, funghi, cipolle ed erbe

coquelet galletto

coquillage crostaceo

coquille Saint-Jacques mollusco gratinato nella sua conchiglia

corbeille de fruits cestino di frutta

assortita

cornichon cetriolino

côte costata

  ∼ **de bœuf** costata di manzo

  ∼ **de veau** costata di vitello

côtelette cotoletta, braciola

  ∼ **d'agneau** cotoletta d'agnello

  ∼ **de porc** braciola di maiale

coupe coppa di metallo o di vetro usata per servire il dessert

  ∼ **glacée** dessert di gelato

courgette zucchino

couvert coperto

  ∼ **, vin et service compris** coperto, vino e servizio inclusi

crabe granchio

crème 1) dolce con panna o dalla consistenza cremosa

  ∼ **anglaise** crema

  ∼ **caramel** crem caramel

  ∼ **Chantilly** panna montata

  ∼ **glacée** gelato

crème 2) zuppa cremosa

crêpe frittella molto larga e sottile

  ∼ **Suzette** frittella con marmellata d'arance, servita alla fiamma con acquavite o liquore all'arancia

cresson crescione

crevette gamberetto di mare

croissant cornetto

croque-monsieur toast caldo con formaggio e prosciutto

croustade crostata di pesce, frutti di mare, carne o verdure

(en) croûte cibo cotto in un involucro di pasta sfoglia

croûton crostino tostato o fritto

cru crudo

crudités verdure crude servite in insalata come antipasto

crustacé crostaceo

cuisse coscia

cuisses de grenouilles cosce di rana

cuit cotto

  bien ∼ ben cotto

darne filetto di pesce, in genere di salmone

datte dattero

daurade orata

déjeuner pranzo

délice spesso usato per descrivere un dolce, specialità del cuoco

demi mezzo

  ∼**-sel** formaggio cremoso, leggermente salato

demoiselle de Cherbourg piccola aragosta

(à la) dieppoise con contorno di mitili e gamberetti serviti in una salsa di vino bianco

dinde, dindon tacchino

dindonneau tacchino giovane

dîner cena

diplomate dolce fatto in uno stampo con biscotti imbevuti di liquore o d'acquavite di ciliege, crema alla vaniglia e frutta candita

dodine de canard anatra disossata, ripiena, talvolta servita fredda in gelatina

(à la) du Barry con contorno di cavolfiore gratinato con salsa di formaggio

(aux) duxelles con funghi rosolati in burro, vino bianco ed erbe

écrevisse gambero di acqua dolce

  ∼ **à la nage** bollito a fuoco lento nel vino bianco, verdure ed erbe

échalote scalogno

églefin varietà di merluzzo

émincé carne tagliata a fette sottili e cotta in una salsa cremosa

endive indivia

  ∼ **à la bruxelloise** indivia cotta al vapore e avvolta in una fetta di prosciutto cotto

entrecôte grossa bistecca (di manzo) tagliata fra due costole

entrée piatto servito tra gli antipasti o la minestra e il piatto principale; primo piatto in un pranzo semplice

entremets portata fra l'arrosto e la frutta; prende spesso il posto del dessert in un pranzo semplice

épaule spalla

éperlan eperlano

épice spezia

épicé piccante

épinard spinacio

escalope de veau scaloppina di vitello

escalope viennoise scaloppina impanata e fritta

escargot lumaca

estouffade stufato o cotto al vapore con un minimo di liquido, in una pentola ermeticamente chiusa

estragon dragoncello

étuvé stufato con un minimo di liquido

faisan fagiano

farci ripieno

fenouil finocchio

féra lasca (pesce)

fève fava

filet filetto

~ **de bœuf** filetto di manzo

~ **mignon** la parte più sottile del filetto di vitello o di maiale

~ **de sole** filetto di sogliola

(à la) financière salsa con gnocchetti di luccio, tartufi, funghi e madera, talvolta con olive e gamberetti

(aux) fines herbes con erbe aromatiche

(à la) flamande di solito con contorno di patate, carote, cavolo, rape e pancetta, il tutto brasato o, talvolta, cotto nella birra

flambé alla fiamma, di solito si usa acquavite e per i dessert Grand Marnier

flétan passera, pianuzza

foie fegato

~ **gras** fegato di oca o di anitra ingrassata

fond d'artichaut fondo di carciofo

fondue au fromage fonduta

fondue chinoise fette sottilissime di carne immerse in un tegame di brodo bollente, posto sulla tavola, e poi intinte in una varietà di salse

(à la) forestière generalmente soffritto con spugnoli, patate e pancetta

(au) four al forno

frais, fraîche, fresco, fresca

fraise fragola

~ **des bois** fragolina di bosco

framboise lampone

frappé ghiacciato

friand pasticcino di pasta sfoglia con ripieno di carne

fricandeau involtini di carne con pancetta, brasati

fricassée pezzi di carne rosolati, brasati con verdure e serviti con una salsa densa

frit fritto

frites patatine fritte

friture (de poisson) frittura (di pesce)

fromage formaggio

~ **frais** formaggio bianco

~ **de tête** specie di galantina di soppressata

fruit confit frutta candita

fruits de mer frutti di mare

fumé affumicato

galantine carne fredda in gelatina, galantina

garbure zuppa densa di cavolo con lardo (spesso anche con carne di oca), spezie ed erbe

garni guarnito

(avec) garniture (con) contorno di verdure

gâteau torta, crostata

gaufre cialda

gaufrette piccola cialda croccante

(en) gelée (en) gelatina

gélinotte pollastra ingrassata

gibelotte de lapin stufato di coniglio in salsa al vino

gibier selvaggina

~ **de saison** selvaggina di stagione

gigot d'agneau cosciotto d'agnello

girolle gallinaccio

glace gelato

glacé gelato, glassato

goujon ghiozzo

gras-double trippe cotte a fuoco lento nel vino e cipolle

(au) gratin gratinato

gratin dauphinois patate affettate e gratinate con uova, panna e formaggio

gratin de fruits de mer frutti di mare cosparsi di salsa cremosa e gratinati

grillade carne ai ferri

grillé cotto ai ferri

grive tordo

groseille ribes

~ **à maquereau** uva spina

gruyère gruviera

haché tritato, macinato

hachis carne tritata

hareng aringa

haricot fagiolo

~ **de mouton** stufato di carne di montone con fagioli e patate

~ **vert** fagiolino

Henri IV contorno di patatine, salsa *béarnaise* e cuori di carciofi

hollandaise salsa di tuorli, burro e succo di limone

homard gambero di mare

~ **à l'américaine** (o **à l'armoricaine**) gambero di mare alla fiamma e poi cotto nel vino bianco con aglio, pomodori ed erbe

~ **cardinal** alla fiamma, tagliato a pezzi e servito nel suo guscio, gratinato con tartufi e funghi tritati

~ **Newburg** tagliato a pezzi, cotto in sherry e brodo di pesce

~ **Thermidor** cotto a fuoco lento nel vino bianco, rosolato al burro con funghi, erbe, spezie e senape, alla fiamma e poi gratinato con formaggio

hors-d'œuvre (variés) antipasti (misti)

huile olio

huître ostrica

~ **belon** piatta, di color rosa

~ **de claire** piccola

~ **portugaise** piccola ma gonfia

jambon prosciutto

~ **de Bayonne** crudo, leggermente salato

~ **cru** crudo, affumicato

~ **à l'os** prosciutto con l'osso, cotto al forno

jardinière verdure varie

jarret garretto

julienne verdure tagliate a striscie sottilissime

jus sugo di carne

lamproie lampreda

langouste aragosta

langoustine gamberone
langue lingua
lapin coniglio
lard pancetta
légume verdura
lentille lenticchia
levraut leprotto
lièvre lepre
limande lima, piccola sogliola
livarot piccolo formaggio rotondo della Normandia
longe de veau lombo di vitello
(à la) lorraine di solito brasato con cavolo rosso o crauti
loup (de mer) pesce persico
(à la) lyonnaise di solito rosolato con cipolle
macédoine macedonia di frutta
(au) madère (al) madera
maigre magro
maïs granturco
maître d'hôtel rosolato nel burro con prezzemolo e succo di limone
maquereau sgombro
marcassin cinghiale giovane
marchand de vin con vino (di solito rosso) e scalogno
mariné marinato
marinière contorno di mitili o altri frutti di mare cotti a fuoco lento in vino bianco
marjolaine maggiorana
marmelade marmellata
maroilles formaggio semiduro dal gusto forte
marron castagna, marrone
matelote stufato di pesce d'acqua dolce (specialmente anguilla) con vino, cipolle e funghi
médaillon piccolo taglio rotondo di pesce o di carne
menthe menta
menu in Francia indica di solito il menù a prezzo fisso
merguez salsiccia piccante
merlan nasello
merluche baccalà
meunière infarinato e fritto nel burro
miel miele
mijoté cotto a fuoco lento
millefeuille millefoglie
(à la) Mirabeau con acciughe, olive ed estragone
mirabelle piccola prugna gialla
(à la) mode alla maniera di; significa spesso cucinato secondo una ricetta locale
moelle midollo
morille spugnolo
Mornay salsa al formaggio
moule mitilo
moules marinière cotto a fuoco lento in vino bianco, scalogno, timo e prezzemolo
mousse 1) Spuma, spumone 2) pietanza ottenuta con carne o pesce finamente tritati e mescolati con albumi o panna
mousseline 1) salsa che contiene panna, di solito montata 2) variazione della salsa hollandaise, con panna montata
moutarde senape
mouton montone
munster formaggio di pasta tenera dall'odore molto forte
mûre mora
myrtille mirtillo
nature/au naturel al naturale, senza salsa
navarin stufato di montone con rape
navet rapa
(à la/en) neige con albumi battuti
(à la) niçoise la pietanza può contenere aglio, acciughe, olive, ci-

polle e pomodori

(à la) nivernaise contorno di carote, cipolle e patate

noisette 1) nocciola 2) girello

noix noce

~ **de coco** noce di cocco

~ **de muscade** noce moscata

~ **de veau** girello di vitello

(à la) normande in genere cotto con gambero di fiume, ghiozzo, ostriche, mitili, gamberetti, funghi, panna e talvolta tartufi

nouilles pasta (fettuccine, tagliatelle)

œuf uovo

~ **brouillé** strapazzato

~ **à la coque** bazzotto

~ **dur** sodo

~ **farci** ripieno

~ **en gelée** affogato e servito in gelatina

~ **au jambon** al prosciutto

~ **au/sur le plat** al tegame

~ **poché** affogato

~ **Rossini** con tartufi e madera

oie oca

oignon cipolla

omble-chevalier pesce d'acqua dolce

omelette frittata

~ **norvégienne** gelato ricoperto di uno strato di albumi battuti, dorato velocemente al forno e servito alla fiamma

ortolan ortolano (uccello)

os osso

~ **à moelle** osso con midollo

oseille acetosella

oursin riccio di mare

pain pane

palourde mollusco

pamplemousse pompelmo

panaché misto

pané impanato

(en) papillotte al cartoccio

parfait dolce al gelato

Parmentier con patate

pastèque anguria, cocomero

pâté 1) pasticcio di carne o di pesce 2) pasticcio, spesso di fegato, presentato in un vasetto di ceramica

~ **ardennais** pasticcio di carne di maiale con condimenti, inserito in una pagnotta di pane, servito a fette

~ **de campagne** pasticcio di varie qualità di carne che lo rendono particolarmente saporito

~ **en croûte** timballo

~ **de foie gras** pasticcio di fegato d'oca o d'anatra

pâtes pasta (spaghetti, maccheroni, tagliatelle, ecc.)

paupiettes (de veau) involtini (di vitello)

(à la) paysanne con verdure varie

pêche pesca

~ **melba** pesche sciroppate con gelato alla vaniglia, marmellata di lamponi e panna montata

perche pesce persico

perdreau pernice giovane

perdrix pernice

(à la) périgourdine spesso con pasticcio di fegato e tartufi

persil prezzemolo

petit piccolo

~ **déjeuner** colazione

~ **four** pasticcino da tè

~ **pain** panino

~ **salé (au chou)** maiale salato (con cavolo)

~-**suisse** formaggino doppia panna

petit pois pisello

pied de porc piedino di maiale

pigeonneau piccioncino

pintade faraona

piperade frittata con peperoni, aglio, pomodori e prosciutto

piquant piccante

pissaladière crostata con cipolle, acciughe e olive nere

plat piatto

~ **du jour** specialità del giorno

~ **principal** piatto principale

plateau de fromages piatto di formaggi vari

plie passerino

poché affogato

(à la) poêle fritto in padella

(à) point a puntino

pointe d'asperge punta d'asparago

poire pera

~ **à la Condé** servita calda su riso alla vaniglia

~ **Belle Hélène** con gelato alla vaniglia e crema al cioccolato calda

poireau porro

pois pisello

~ **chiche** cece

poisson pesce

~ **d'eau douce** d'acqua dolce

~ **de mer** di mare

poitrine petto

(au) poivre (al) pepe

poivron peperone

pomme mela

pommes (de terre) patate

~ **allumettes** fritte, dalla forma di fiammiferi

~ **chips** patatine fritte

~ **dauphine** patate impastate con burro, tuorli, farina e poi fritte

~ **duchesse** passato di patate con burro e tuorli

~ **en robe des champs** bollite con la buccia

~ **frites** fritte, a forma di bastoncini

~ **mousseline** purè

~ **nature** bollite

~ **nouvelles** novelle

~ **vapeur** al vapore

pont-l'évêque formaggio tenero, forte e piccante

porc maiale

port-salut formaggio tenero, giallo e di sapore delicato

potage minestra

~ **bonne femme** con patate, porri, funghi, cipolle, riso e talvolta pancetta

~ **cancalais** brodo di pesce (spesso con ostriche o frutti di mare)

~ **Condé** purè di fagioli rossi

~ **Crécy** con carote

~ **cultivateur** con verdure varie, pancetta o carne di maiale

~ **du Barry** passato di cavolfiore

~ **julienne** con verdure tagliate a striscie sottilissime

~ **Longchamp** con piselli e cerfoglio

~ **Saint-Germain** con piselli secchi, porri e cipolle

~ **soissonnais** con fagioli

pot-au-feu carne in brodo con verdure

potée zuppa di carne di maiale o di manzo lessata e verdure, specialmente cavolo

potiron zucca

poularde pollastra

~ **de Bresse** nutrita con grano; rinomata per la sua ottima qualità

~ **demi-deuil** con tartufi infilati sotto la pelle e cotta nel brodo a fuoco lento

poule gallina

~ **au pot** bollita con verdure

~ **au riz** bollita e servita con riso

poulet pollo

~ **Marengo** rosolato nell'olio, cotto nel vino bianco, con pomodori, aglio, scalogno e funghi

pourboire mancia

praire mollusco

pré-salé agnello allevato nei pascoli vicini al mare Atlantico

(à la) printanière con verdure novelle

prix prezzo

~ **fixe** prezzo fisso

profiterole au chocolat piccolo bignè ripieno di panna montata o crema, coperto di cioccolata calda

(à la) provençale spesso con aglio, cipolle, erbe, olive, olio d'oliva e pomodori

prune prugna (gialla)

pruneaù prugna (nera)

~ **sec** prugna secca

pudding sformato, crema inglese

puits d'amour pasticcino ripieno di crema al liquore

purée passato di frutta o verdure

~ **de pommes de terre** purea di patate

quenelle polpettina leggera di pesce o di carne tritata

queue coda

quiche crostata con ripieno di carne o verdure, uova e panna

~ **lorraine** crostata con formaggio, prosciutto, uova e panna

râble de lièvre parte del dorso della lepre

raclette porzione di formaggio caldo raschiata da un grande pezzo di formaggio posto davanti a una fonte di calore; si serve con patate lesse e cetriolini sott'aceto

radis ravanello

en ragoût ragù, intingolo in umido

raie razza

raifort rafano

raisin uva

~ **sec** uva passa

ramequin crostatina al formaggio

rascasse scorfano, uno degli ingredienti principali della *bouillabaisse*

ratatouille piatto mediterraneo a base di pomodori, peperoni, cipolle, zucchini e aglio; si mangia caldo o freddo

ravigote salsa all'aceto con uova sode sminuzzate ed erbe

reblochon formaggio dolce e cremoso della Savoia

(à la) reine con carne o pollo tritato

reine-claude susina regina claudia

repas pasto

rhubarbe rabarbaro

(à la) Richelieu contorno di pomodori, piselli, pancetta e patate

rillettes di solito carne macinata di maiale (talvolta di oca o anatra) cotta nel suo grasso

ris de veau animelle di vitello

rissole polpetta di carne macinata racchiusa in un involucro di pasta sfoglia

riz riso

~ **pilaf** bollito in brodo con cipolle

romarin rosmarino

roquefort formaggio a venature blu, saporito e piccante, fatto con latte di capra

rôti arrosto

rouelle de veau girello di vitello

roulade 1) involtino di carne 2) dolce a forma di rotolo ripieno di crema o marmellata

sabayon zabaione

safran zafferano

saignant al sangue

saint-pierre pesce San Pietro

salade insalata

~ **chiffonnade** lattuga tritata con acetosella in burro sfuso, servita con salsa

~ **de fruits** macedonia di frutta

~ **niçoise** lattuga, pomodori, fagiolini, uova sode, tonno, olive, peperoni, patate e acciughe

~ **russe** insalata russa

~ **verte** verde

salé salato

salmis salmì, intingolo di selvaggina

salpicon contorno o ripieno di verdure, funghi o altri elementi legati con una salsa

salsifis scorzonera

sandre luccioperca

sanglier cinghiale

sarcelle alzavola (uccello)

sauce salsa

~ **béarnaise** aceto, tuorli, burro, scalogno e dragoncello

~ **béchamel** besciamella

~ **(au) beurre blanc** burro, scalogno, aceto e talvolta succo di limone

~ **(au) beurre noir** burro rosolato

~ **bordelaise** salsa scura con porcini, vino rosso, scalogno e midollo di manzo

~ **bourguignonne** salsa con vino rosso, odori, cipolle e spezie (talvolta dragoncello)

~ **chasseur** alla cacciatora

~ **diable** salsa piccante con vino bianco, odori, aceto e pepe di Caienna

~ **financière** con madera, odori, spezie, funghi, tartufi e olive

~ **hollandaise** burro, tuorli e aceto

~ **lyonnaise** cipolle, vino bianco e burro

~ **madère** al madera

~ **Mornay** besciamella con formaggio

~ **ravigote** salsa con cipolle tritate, capperi e odori, servita fredda

~ **rémoulade** maionese arricchita con odori e senape

~ **suprême** a base di brodo di pollo, densa e delicata, servita con pollame

~ **tartare** a base di maionese, con cetriolini, capperi, olive ed erba cipollina

~ **vinaigrette** olio, aceto e odori (talvolta senape)

saucisse salsiccia

~ **de Francfort** wurstel

saucisson salsicciotto

saumon salmone

sauté rosolato in burro, olio o grasso

savarin pan di Spagna imbevuto di rum; di solito ricoperto di crema

sel sale

selon grosseur (ou **grandeur**) prezzo secondo la grandezza (ad esempio per l'aragosta), spesso abbreviato con *s. g.*

service (non) compris servizio (non) compreso

sorbet sorbetto

soufflé à la reine soufflé con pollo o carne macinata

soufflé Rothschild soufflé al gusto di vaniglia, con frutta candita

soupe zuppa

~ **au pistou** con verdure, tagliatelle, aglio, basilica e formaggio

~ **à l'oignon** zuppa gratinata di cipolle sminuzzate, crostini fritti e formaggio grattugiato

spécialité (du chef) specialità del ristorante

steak bistecca

~ **hâché** medaglione di carne macinata

~ **au poivre** ai ferri con grani di pepe macinati (talvolta alla fiamma)

~ **tartare** manzo crudo tritato con una salsa di tuorli, capperi, cipolle, olio, senape e prezzemolo

sucre zucchero

suprême de volaille petti di pollo con una salsa alla panna

sur commande su ordinazione

(en) sus in più, prezzo supplementare

tarte torta, crostata

~ **Tatin** crostata con mele caramellate

tartelette crostatina

tendrons de veau petto di vitello

(en) terrine carne, pesce, selvaggina o pollame sminuzzato cotto in un recipiente di terracotta, chiamato *terrine,* e servito freddo

tête testa

thon tonno

(en) timbale timballo

tomme formaggio morbido e dolce

tortue tartaruga

tournedos medaglione di filetto

~ **Rossini** guarnito con pastic-cio di fegato e tartufi, servito con salsa al madera

tout compris tutto compreso

tranche fetta

~ **napolitaine** cassata

tripes trippe

~ **à la mode de Caen** cotte al forno, con piedini di vitello, verdure, acquavite di mele o sidro

truffe tartufo

truite trota

vacherin 1) formaggio a pasta molle 2) meringa o dolce alla mandorla su una crosta zuccherata, ricoperta da panna montata, frutta fresca o gelato

~ **glacé** dolce semifreddo servito come una fetta di torta

vanille vaniglia

(à la) vapeur cotto al vapore

varié misto, variato

veau vitello

velouté zuppa cremosa di verdure o pollame, resa densa con l'aggiunta di burro o farina

vert-pré contorno di crescione

viande carne

~ **séchée** carne di manzo essicata, servita come antipasto tagliata a fette sottilissime

viandes froides fette di carne fredda e affettati misti

vinaigre aceto

vinaigrette salsa per insalata composta di olio, aceto, odori e senape

volaille pollame

vol-au-vent sfogliatina ripiena di carne, animelle o pesce e talvolta funghi

waterzooi de poulet pollo cotto in vino bianco con verdure sminuzzate, panna e tuorli

Alsace produce in pratica solo vino bianco secco, specialmente *Gewurztraminer, Riesling, Sylvaner, Traminer;* 93 comuni situati sulla riva del Reno; le denominazioni *grand vin* o *grand cru* sono talvolta usate per indicare un vino di qualità eccezionale

Amer Picon aperitivo a base di vino e acquavite aromatizzato con chinina

Anjou regione del distretto della Loira; produce in particolare vino bianco e squisito rosato

apéritif spesso agrodolce; qualche aperitivo è a base di vino e acquavite, erbe e amari *(Amer Picon, Byrrh, Dubonnet)*, qualche altro a base di anice ed è chiamato *pastis* (come *Pernod, Ricard)*; un aperitivo può essere anche semplicemente il vermouth (come *Noilly Prat*) o una bevanda come il *blanc-cassis*

appellation d'origine contrôlée (A.O.C.) denominazione d'origine controllata applicata in Francia a oltre 250 vini; il livello costante della qualità è rigidamente controllato da ispettori governativi

armagnac acquavite della regione di Armagnac, a ovest di Tolosa

Beaujolais estesi vigneti principalmente a sud della Borgogna; producono soprattutto vino rosso, come, per esempio, *Brouilly, Chénas, Chiroubles, Côte de Brouilly, Fleurie, Juliénas, Morgon, Moulin-à-Vent, St-Amour*

Belgique Belgio; anche se la lavorazione del vino in Belgio risale ai Romani, oggi questo Paese produce vino solo incidentalmente; essenzialmente vino bianco, talvolta rosato e spumante

bénédictine liquore verde scuro a base di acquavite, erbe e scorza d'arancia con in più, forse, il segreto della formula

Berry distretto della Loira che produce vino rosso, bianco e rosato; come *Châteaumeillant, Menetou-Salon, Quincy, Reuilly, Sancerre, Sauvignon*

bière birra

~ **blonde** bionda, chiara

~ **(en) bouteille** in bottiglia

~ **brune** bruna, scura

~ **pression** alla spina

~ **des Trappistes** birra di malto fatta dai monaci trappisti

blanc-cassis vino bianco con l'aggiunta di liquore di ribes nero

Blayais regione di Bordeaux che produce principalmente vini rossi e bianchi

boisson bevanda, bibita

Bordeaux diviso in parecchie regioni: Blayais, Bourgeais, Entre-Deux-Mers, Fronsac, Graves, Médoc, Pomerol, St-Emilion, Sauternais; tra i vini ufficialmente riconosciuti, 34 sono rossi, 23 bianchi e due rosati, divisi in tre categorie: generale (come *Bordeaux* o *Bordeaux supérieur*), regionale (come *Entre-Deux-Mers, Graves, Médoc*) e comunale (come

Margaux, Pauillac, St-Julien, Sauternes)

Bourgeais regione di Bordeaux che produce vino rosso e bianco da tavola

Bourgogne la Borgogna, divisa in cinque regioni: Beaujolais, Chablis, Côte Chalonnaise, Côte d'Or (che comprende la Côte de Beaune e la Côte de Nuits) e Mâconnais; la Borgogna conta il maggior numero di vini a denominazione d'origine tra i distretti vinicoli francesi; vi sono quattro categorie di vini: generico o regionale (come il *Bourgogne* rosso, bianco e rosato), sottoregionale (come: *Beaujolais, Beaujolais supérieur, Beaujolais-Villages, Côte de Beaune-Villages, Mâcon, Mâcon supérieur, Mâcon-Villages*), comunale (come: *Beaune, Chablis, Fleurie, Meursault, Nuits-St-Georges, Volnay*) e vigneto (come: *Chambertin, Clos de Vougeot, Musigny*)

brut extra secco, riferito allo champagne

Byrrh aperitivo a base di vino e chinina, rafforzato con acquavite

café caffè

~ **complet** con pane, cornetti, burro e marmellata; prima colazione

~ **crème** con panna

~ **filtre** filtrato

~ **frappé** ghiacciato

~ **au lait** caffe latte

~ **liégeois** freddo con gelato e ricoperto con panna montata

~ **nature, noir** nero

~ **sans caféine** decaffeinato

calvados acquavite della Normandia distillata dalle mele

cassis liquore di ribes nero

Chablis regione della Borgogna nota per i suoi vini bianchi

chambrer portare un vino a temperatura ambiente

Champagne distretto diviso in tre grandi regioni: Côte des Blancs, Montagne de Reims e Vallée de la Marne, con circa 200 km di caverne per la fermentazione del vino; vi è il comune vino rosso, il bianco e il rosato, ma la produzione più abbondante è concentrata sullo spumante e sul rosato che fanno la fama della regione in tutto il mondo; le vigne hanno poca importanza nella classificazione dei vini di Champagne poichè, seguendo la tradizione, certe varietà di champagne si ottengono tagliando vini di vigneti diversi in proporzioni gelosamente tenute segrete; lo champagne è classificato secondo la quantità di zucchero che vi è stata aggiunta: *brut* (extra secco) contiene circa 1,5% di zucchero aggiunto, *extra-sec* (molto secco) dall'1,5 al 2,5%, *sec* (secco) dal 2,5% al 5%, *demi-sec* (semisecco) dal 5 all'8% e *doux* (dolce) dall'8 al 15%

Chartreuse liquore di erbe e droghe, dal colore giallo o verde, prodotto dai monaci della Grande-Chartreuse (Gran Certosa) nelle Alpi francesi

château castello, parola tradizionalmente usata nella regione della Gironda per designare un vino di qualità eccezionale; sinonimi sono *clos, domaine*

chocolat latte al cacao

~ **chaud** caldo

cidre sidro

citron pressé spremuta di limone

citronnade limonata

clos vigneto; di solito indica un vino di qualità eccezionale

cognac il famoso distillato di vino della regione Charente e Charente-Maritime

Cointreau liquore all'arancia

Corse Corsica; produce delicati vini nelle zone collinose di Capo Corsica; i vini rossi, bianchi e rosati sono caratterizzati da un sapore ricco e corposo; il miglior vino, prodotto vicino a Bastia, è un rosato, il famoso *Patrimonio*

Côte de Beaune la famosa Côte d'Or, la parte meridionale della Borgogna, produce soprattutto vino rosso, come, per esempio, il prestigioso *Aloxe-Corton* e poi *Beaune, Blagny, Chassagne-Montrachet, Meursault, Pernand-Vergelesses, Puligny-Montrachet, Santenay, Savigny-lès-Beaune, Volnay*

Côte de Nuits regione della Borgogna nota specialmente per i suoi vini rossi: *Chambolle-Musigny, Fixin, Gevrey-Chambertin, Morey-St-Denis, Nuits-St-Georges, Vosne-Romanée*

Côte d'Or nota regione della Borgogna formata dalle coste di Beaune e di Nuits; celebre per i suoi vini rossi e bianchi

Côtes du Rhône si estendono da Vienne ad Avignon lungo le rive del Rodano, tra i distretti vinicoli della Borgogna e della Provenza; oltre un centinaio di comuni offrono una grande varietà di vini rossi e rosati con caratteristiche varie; è divisa in regione settentrionale e meridionale, con rinomati vini: *Château-Grillet, Châteauneuf-du-Pape, Condrieu, Cornas, Côte-Rôtie, Crozes-Hermitage, Hermitage, Lirac, St-Joseph, St-Péray, Tavel*

crème 1) panna 2) liquore dolce come: *crème de menthe, crème de cacao*

cru produzione 1) riferito a un vigneto particolare e ai suoi vini 2) metodo di classificazione di vini: *premier cru, grand cru, cru classé*

curaçao nome originario delle Antille olandesi ora usato per un liquore a base di bucce d'arancia

cuvée miscela di vini di vari vigneti usata particolarmente, secondo la tradizione, nella lavorazione dello champagne

domaine proprietà, tenuta; usato nelle etichette di vini per indicare un vino di eccezionale qualità

eau acqua

~ **gazeuse** gasata

Entre-Deux-Mers vasta regione di Bordeaux chiamata «Tra due mari»; in realtà è tra due fiumi; produce vini bianchi

extra-sec molto secco (per champagne)

framboise liquore o acquavite di lamponi

frappé 1) ghiacciato 2) frappè

Fronsac regione di Bordeaux che produce principalmente vino rosso

Gueuzelambic birra fiamminga forte e amara distillata del frumento e dall'orzo

grand cru, grand vin indica un vino di eccezionale qualità

Grand Marnier liquore all'arancia

Graves regione di Bordeaux particolarmente nota per il suo vino bianco e rosso

Jura striscia di terra larga 6 km che si estende parallela, per 80 km, alla frontiera della Svizzera e della Borgogna; offre vini bianchi, rosati, dorati e spumanti; tra i vini ufficialmente riconosciuti: *Arbois, Château-Chalon, Côtes du Jura* e *l'Etoile*

kirsch acquavite di ciliege

Kriekenlambic birra di Bruxelles forte e amara aromatizzata con amarene

lait latte

~ **écrémé** scremato, magro

Languedoc distretto che si trova a sud-ovest del delta del Rodano; il suo comune vino da tavola si chiama spesso *vin du Midi*, ma vi si producono altri vini ufficialmente riconosciuti, in maggior parte bianchi, tra i quali: *Blanquette de Limoux* (spumante), *Clairette du Languedoc, Fitou* e *Muscats* di Frontignan, Lunel, Mireval e *St-Jean-de-Minervois*

limonade 1) bibita al limone 2) bibita analcoolica

Loire distretto di 200 000 ettari che si estende attorno al più lungo fiume della Francia, la Loira; produce vini rossi, bianchi e rosati particolarmente fini, in quattro regioni: Anjou *(Co-*

teaux-de-l'Aubance, Coteaux-du-Layon, Coteaux-de-la-Loire, Saumur) Berry e Nivernais *(Menetou-Salon, Puilly-sur-Loire, Quincy, Reuilly, Sancerre),* Nantais *(Muscadet)* e Touraine *(Bourgueil, Chinon, Montlouis, Vouvray)*

Lorraine rinomato e fiorente distretto vinicolo fino al XVIII secolo, oggi però ha minore importanza; produce buoni vini bianchi *(Vins de la Moselle, Côtes-de-Toul)*

Mâcon regione della Borgogna che produce principalmente vino rosso

marc grappa

Médoc regione di Bordeaux che produce vini rossi assai rinomati, come: *Listrac, Margaux, Moulis, Pauillac, St-Estèphe, St-Julien*

mirabelle acquavite di mirabella prodotta soprattutto nell'Alsazia-Lorena

Muscadet vino bianco della Loira

muscat 1) qualità d'uva 2) nome di un vino da dessert; particolarmente famoso il moscato di Frontignan (Linguadoca)

Nantais regione della Loira soprattutto rinomata per il *Muscadet* (vino bianco), ma anche per altri vini come: *Coteaux d'Ancenis, Gros-Plant*

Neuchâtel regione della Svizzera che produce principalmente vino bianco (qualche nome: *Auvernier, Cormondrèche, Cortaillod, Hauterive)*

Noilly Prat vermuth francese

orange pressée spremuta d'arancia

pastis aperitivo all'anice

Pernod aperitivo all'anice

pétillant spumeggiante, frizzante

Pomerol regione di Bordeaux che produce vino rosso (come: *Château Pétrus, Lalande-de-Pomerol, Néac*)

Provence Provenza, distretto vinicolo molto antico; i coloni Greci vi piantarono le prime viti circa 2.500 anni fa; vi si producono vini rossi, bianchi e rosati come: *Bandol, Bellet, Cassis, Coteaux d'Aix-en-Provence, Coteaux-des-Baux, Coteaux-de-Pierrevert, Côtes-de-Provence, Palette*

quetsche acquavite di prugne

rancio vino da dessert prodotto in particolare nel Rossiglione; è invecchiato in botti di quercia sotto il sole del Mezzogiorno

Ricard aperitivo all'anice

Roussillon distretto con Perpignan come capoluogo; i suoi vini hanno caratteristiche simili a quelli della Linguadoca che è subito al nord: vi si produce buon vino rosso, bianco e rosato, per esempio: *Corbières du Roussillon* e *Roussillon Dels Aspres;* la regione produce circa i tre quarti del vino dolce naturale di Francia, di solito chiamato *rancio*, vino invecchiato in botti di quercia sotto il sole del Mezzogiorno; notevoli sono: *Banyuls, Côtes-d'Agly, Côtes-du-Haut-Roussillon, Grand-Roussillon, Muscat de Rivesaltes, Rivesaltes*

St-Emilion regione di Bordeaux che produce vini rossi: *Lussac, Montagne, Parsac, Puisseguin, St-Georges*

St-Raphaël aperitivo a base di chinina

Sauternais regione del Bordolese nota per il suo vino bianco; particolarmente rinomato è il prestigioso *Château d'Yquem*

Savoie Savoia; distretto alpino che produce principalmente vino bianco, secco, chiaro e spesso leggermente aspro (ad esempio *Crépy, Seyssel*), ma anche buone qualità di vino rosso, rosato e spumante, principalmente prodotte nelle vicinanze di Chambéry

Sud-Ouest distretto a sud-ovest della Francia; produce vini abbastanza diversi, soprattutto bianchi, ma anche qualche rosso e rosato; il distretto comprende le precedenti province dell'Aquitania, Béarn, Guascogna e Linguadoca; di fama particolare sono: *Bergerac, Côtes-de-Duras, Gaillac, Jurançon, Madiran, Monbazillac, Montravel*

Suisse Svizzera; i due terzi della sua produzione vinicola son dati dal vino bianco; circa 230 vigneti diversi sono sparsi su una dozzina dei 23 cantoni del Paese; comunque solo quattro hanno particolare importanza: Neuchâtel, Ticino, Vallese e Vaud

Suze aperitivo a base di genziana

thé tè

Touraine distretto vinicolo della Loira noto da 14 secoli, produce vini bianchi, rossi e rosati come: *Bourgueil, Chinon, Montlouis, St-Nicolas-de-Bourgueil, Vouvray*

Triple Sec tipo di liquore d'arancia

Valais regione della Svizzera che produce quasi un quarto del vino svizzero; la zona nella valle del Rodano è nota come produttrice del migliore vino rosso svizzero *(Dôle)* e di altri vini bianchi delicati come: *Arvine, Ermitage, Fendant, Johannisberg, Malvoisie*

Vaud regione della Svizzera che produce soprattutto vino bianco *(Aigle, Dézaley, Mont-sur-Rolle, Lavaux, Yvorne)*

V.D.Q.S. (vin délimité de qualité supérieure) vino di eccezionale qualità, prodotto secondo una caratterizzazione accuratamente definita e controllata da ispettori governativi

Vieille Cure liquore distillato dal vino

vin vino
- ~ **blanc** vino bianco
- ~ **chambré** vino a temperatura ambiente
- ~ **doux** dolce, vino da dessert
- ~ **gris** dal colore rosato
- ~ **mousseux** spumante
- ~ **ordinaire** vino da tavola, da pasto
- ~ **(du) pays** vino locale
- ~ **rosé** rosato, rosatello
- ~ **rouge** rosso
- ~ **sec** secco

V.S.O.P. (very special old pale) si riferisce al cognac e all'armagnac, invecchiato per almeno cinque anni nelle botti

(vin de) xérès sherry

Mini-grammatica

Articoli

In francese esistono due generi: maschile e femminile.

(a) **Articolo determinativo** (il, lo, la, l'/i, gli, le)
    masc. **le** train (il treno)   } **le** e **la** si elidono davanti
    fem. **la** voiture (la vettura)   } ad una vocale o **h** muta: **l'**avion (l'aereo)
    plurale (masc. e fem.) **les** trains, **les** voitures, **les** avions.

(b) **Articolo indeterminativo** (uno/una)
    masc. **un** timbre (un francobollo)
    fem. **une** lettre (una lettera).

(c) **Partitivo** (del/qualche)
    Espresso da **de**, **du**, **de la**, **de l'**, **des** come segue:
    masc. **du** (=de+le)   } **de l'** davanti a vocale o **h** muta.
    fem. **de la**   }
    plurale (masc. e fem.)   **des**
    du sel (del sale)   **de la** viande (della carne)
    de l'eau (dell'acqua)   **des** oranges (qualche arancia)

Nelle proposizioni negative si usa generalmente **de**.

Il n'y a pas **de** taxis.   Non vi sono taxi.
Je n'ai pas **d'**argent.   Non ho denaro.
(Notare la forma apostrofata **d'** davanti a una vocale.)

Nomi

(a) Come già detto, anche in francese vi sono solo due generi: maschile e femminile.
    Tuttavia, i nomi non hanno sempre lo stesso genere nelle due lingue. Possiamo
    notare che i sostantivi terminanti in **-e**, **-té**, **-tion** sono per lo più femminili.
    Per meglio individuare e ricordare il genere, si consiglia di imparare sempre il
    nome con il relativo articolo.

(b) Il plurale della maggior parte dei nomi si forma aggiungendo **s** al singolare. (La **s**
    finale non si pronuncia.)

(c) Il complemento di specificazione si forma con la preposizione **de** (di) semplice
    o articolata.
    la chambre de Robert   la stanza di Roberto
    le début du mois   l'inizio del mese
    les valises des voyageurs   le valige dei viaggiatori

Aggettivi

(a) Gli aggettivi concordano col sostantivo in genere e numero. Il femminile si
    ottiene per lo più aggiungendo una **e** al maschile (se l'aggettivo non termina già
    in e). Per il plurale si aggiunge **s**.
    (i) un grand magasin   des grands magasins (grandi magazzini)
    (ii) une auto anglaise   des autos anglaises (auto inglesi)

(b) Come in italiano, l'aggettivo può precedere o seguire il nome secondo i casi.

(c) **Aggettivi dimostrativi**

Questo/quello	**ce**
	cet (davanti a vocale o **h** muta)
Questa/quella	**cette**
Questi(e)/quelli(e)	**ces** (masc. e fem.)

(d) **Aggettivi possessivi**
Concordano in genere e numero con il sostantivo, lo precedono sempre e non vogliono mai l'articolo.

masc.		fem.		plur.	
mio	mon	mia	ma	miei/mie	mes
tuo	ton	tua	ta	tuoi/tue	tes
suo	son	sua	sa	suoi/sue	ses
nostro	notre	nostra	notre	nostri(e)	nos
vostro	votre	vostra	votre	vostri(e)	vos
loro	leur	loro	leur	loro	leurs

Es. **sa chambre**   la sua stanza
    ses vêtements   il suoi vestiti

Pronomi personali

Soggetto		Complemento diretto		Complemento indiretto		Dopo una preposizione	
io	je	mi	me	mi	me	me	moi
tu	tu	ti	te	ti	te	te	toi
egli	il	lo	le	gli	lui	lui	lui
ella	elle	la	la	le	lui	lei	elle
noi	nous	ci	nous	ci	nous	noi	nous
voi	vous	vi	vous	vi	vous	voi	vous
essi	ils	li	les	loro	leur	loro	eux
esse	elles	le	les			loro	elles

Notare che al posto del «Lei» in francese si usa il «Voi»: **Vous**.

Proposizioni negative

La forma negativa del verbo si ottiene premettendo **ne** al verbo e facendolo seguire da **pas** (**ne** si elide davanti a una vocale).

Je parle français.	Parlo francese.
Je ne parle pas français.	Non parlo francese.
Elle est riche.	È ricca.
Elle n'est pas riche.	Non è ricca.

Proposizioni interrogative

Le domande si possono formulare in due modi:

(a) Invertendo la posizione del soggetto e del verbo (si mette prima il verbo, poi il soggetto):

Est-elle riche?	È ricca?
Avez-vous des enfants?	Avete bambini?
Parle-t-il français?	Parla francese?
	(tra due vocali si inserisce una «t»)

(b) Mettendo davanti al verbo l'espressione **«Est-ce que»** e proseguendo la frase nella costruzione normale.

Est-ce que vous parlez français?	Parla francese?
Est-ce qu'il habite à Paris?	Vive a Parigi?

Per tradurre «c'è/vi sono» si adopera l'espressione **il y a**:

Il y a une lettre pour vous.	C'è una lettera per Lei.
Il y a trois colis pour elle.	Vi sono tre pacchi per lei.
Y a-t-il du courrier pour moi?	C'è posta per me?
Il n'y a pas de lettres pour vous.	Non ci sono lettere per Lei.

Preposizioni

Fate attenzione alle perposizioni **a** (a) e **de** (di, da) nelle forme composte.

à + le = au	de + le = du
à + les = aux	de + les = des

Verbi

In francese i verbi regolari si suddividono in tre coniugazioni le cui desinenze dell'infinito terminano in *-er, -ir* e *-re*. Alcuni verbi del gruppo che finisce in *-ir* aggiungono *-iss* alla radice (es.: *finir*, nous *finissons*). La coniugazione considerata la più regolare è quella che termina in *-er*. I verbi che non seguono una delle tre coniugazioni sotto elencate sono irregolari (vedi elenco dei verbi irregolari). Da notare ancora che alcuni verbi, pur seguendo la coniugazione regolare del gruppo al quale appartengono presentano piccoli cambiamenti nell'ortografia della radice, es.: *acheter, j'achète; broyer, je broie*.

		1ª coniug. **chant er** *(cantare)*	2ª coniug. **fin ir** *(finire)*	3ª coniug. **vend re**[1] *(vendere)*
Infinito		**chant er** *(cantare)*	**fin ir** *(finire)*	**vend re**[1] *(vendere)*
Presente	je	chant **e**	fin **is**	vend **s**
	tu	chant **es**	fin **is**	vend **s**
	il	chant **e**	fin **it**	vend **–**
	nous	chant **ons**	fin **issons**	vend **ons**
	vous	chant **ez**	fin **issez**	vend **ez**
	ils	chant **ent**	fin **issent**	vend **ent**
Imperfetto	je	chant **ais**	fin **issais**	vend **ais**
	tu	chant **ais**	fin **issais**	vend **ais**
	il	chant **ait**	fin **issait**	vend **ait**
	nous	chant **ions**	fin **issions**	vend **ions**
	vous	chant **iez**	fin **issiez**	vend **iez**
	ils	chant **aient**	fin **issaient**	vend **aient**
Futuro	je	chant **erai**	fin **irai**	vend **rai**
	tu	chant **eras**	fin **iras**	vend **ras**
	il	chant **era**	fin **ira**	vend **ra**
	nous	chant **erons**	fin **irons**	vend **rons**
	vous	chant **erez**	fin **irez**	vend **rez**
	ils	chant **eront**	fin **iront**	vend **ront**
Condizionale	je	chant **erais**	fin **irais**	vend **rais**
	tu	chant **erais**	fin **irais**	vend **rais**
	il	chant **erait**	fin **irait**	vend **rait**
	nous	chant **erions**	fin **irions**	vend **rions**
	vous	chant **eriez**	fin **iriez**	vend **riez**
	ils	chant **eraient**	fin **iraient**	vend **raient**
Congiuntivo presente[2]	je	chant **e**	fin **isse**	vend **e**
	tu	chant **es**	fin **isses**	vend **es**
	il	chant **e**	fin **isse**	vend **e**
	nous	chant **ions**	fin **issions**	vend **ions**
	vous	chant **iez**	fin **issiez**	vend **iez**
	ils	chant **ent**	fin **issent**	vend **ent**
Participio passato		chant **é(e)**	fin **i(e)**	vend **u(e)**

[1] sono coniugati nello stesso modo tutti i verbi che terminano in *-andre, -endre, -ondre, -ordre* (eccetto *prendre* e tutti i suoi composti).

[2] Tutte le voci del congiuntivo sono precedute da *que*. Es.: *que je chante, que nous finissions, qu'ils aient*.

Verbi ausiliari

	avoir *(avere)*		être *(essere)*	
	Presente	*Imperfetto*	*Presente*	*Imperfetto*
j',je	ai	avais	suis	étais
tu	as	avais	es	étais
il	a	avait	est	était
nous	avons	avions	sommes	étions
vous	avez	aviez	êtes	étiez
ils	ont	avaient	sont	étaient
	Futuro	*Condizionale*	*Futuro*	*Condizionale*
j',je	aurai	aurais	serai	serais
tu	auras	aurais	seras	serais
il	aura	aurait	sera	serait
nous	aurons	aurions	serons	serions
vous	aurez	auriez	serez	seriez
ils	auront	auraient	seront	seraient
	Cong. pres.[1]	*Passato prossimo*	*Cong. pres.*[1]	*Passato prossimo*
j',je	aie	ai eu	sois	ai été
tu	aies	as eu	sois	as été
il	ait	a eu	soit	a été
nous	ayons	avons eu	soyons	avons été
vous	ayez	avez eu	soyez	avez été
ils	aient	ont eu	soient	ont été

[1] Tutte le voci del congiuntivo sono precedute da *que*. Es.: *que je chante, que nous finissions, qu'ils aient.*

Verbi irregolari

Elenchiamo qui di seguito i verbi e i tempi comunemente usati nel francese parlato. La lettera a) indica il presente, b) l'imperfetto, c) il futuro, d) il condizionale, e) il congiuntivo presente e f) il participio passato. Per il presente diamo tutte le voci mentre per gli altri tempi indichiamo solo la prima persona singolare poiché la loro coniugazione è simile a quella dei verbi regolari. Mettiamo un asterisco accanto a quei verbi che richiedono l'ausiliare *être*, invece di *avoir* al participio passato. Se non è indicato, i prefissi *ab-, ac-, com-, con-, contre-, de-, dé-, dis-, en-, entre(e)-, ex-, in-, par-, pré-, re-, ré-, sous-*, non modificano la coniugazione del verbo.

absoudre *assolvere* — a) absous, absous, absout, absolvons, absolvez, absolvent; b) absolvais; c) absoudrai; d) absoudrais; e) absolve; f) absous, absoute

accroître *aumentare* — a) accrois, accrois, accroît, accroissons, accroissez, accroissent; b) accroissais; c) accroîtrai; d) accroîtrais; e) accroisse; f) accru(e)

acquérir	a) acquiers, acquiers, acquiert, acquérons, acquérez, acquièrent;
acquisire	b) acquérais; c) acquerrai; d) acquerrais; e) acquière; f) acquis(e)
aller	a) vais, vas, va, allons, allez, vont; b) allais; c) irai; d) irais;
andare	e) aille; f) allé(e)
apercevoir	→recevoir
scorgere	
apparaître	→connaître
apparire	
assaillir	a) assaille, assailles, assaille, assaillons, assaillez, assaillent;
assalire	b) assaillais; c) assaillirai; d) assaillirais; e) assaille; f) assailli(e)
asseoir	a) assieds, assieds, assied, asseyons, asseyez, asseyent; b) asseyais;
sedere	c) assiérai; d) assiérais; e) asseye; f) assis(e)
astreindre	→peindre
costringere	
battre	a) bats, bats, bat, battons, battez, battent; b) battais; c) battrai;
battere	d) battrais; e) batte; f) battu(e)
boire	a) bois, bois, boit, buvons, buvez, boivent; b) buvais;
bere	c) boirai; d) boirais; e) boive; f) bu(e)
bouillir	a) bous, bous, bout, bouillons, bouillez, bouillent; b) bouillais;
bollire	c) bouillirai; d) bouillirais; e) bouille; f) bouilli(e)
ceindre	→peindre
cingere	
circoncire	→suffire
circoncidere	
circonscrire	→écrire
circoscrivere	
clore	a) je clos, tu clos, il clôt, ils closent; b) —; c) clorai;
chiudere	d) clorais; e) close; f) clos(e)
concevoir	→recevoir
concepire	
conclure	a) conclus, conclus, conclut, concluons, concluez, concluent;
concludere	b) concluais; c) conclurai; d) conclurais; e) conclue; f) conclu(e)
conduire	→cuire
guidare	
connaître	a) connais, connais, connaît, connaissons, connaissez,
conoscere	connaissent; b) connaissais; c) connaîtrai; d) connaîtrais;
	e) connaisse; f) connu(e)
conquérir	→acquérir
conquistare	
construire	→cuire
costruire	
contraindre	→craindre
obbligare	
contredire	→médire
contraddire	

coudre
cucire
a) couds, couds, coud, cousons, cousez, cousent; b) cousais;
c) coudrai; d) coudrais; e) couse; f) cousu(e)

courir
correre
a) cours, cours, court, courons, courez, courent; b) courais;
c) courrai; d) courrais; e) coure; f) couru(e)

couvrir
coprire
a) couvre, couvres, couvre, couvrons, couvrez, couvrent;
b) couvrais; c) couvrirai; d) couvrirais; e) couvre; f) couvert(e)

craindre
temere
a) crains, crains, craint, craignons, craignez, craignent;
b) craignais; c) craindrai; d) craindrais; e) craigne; f) craint(e)

croire
credere
a) crois, crois, croit, croyons, croyez, croient; b) croyais;
c) croirai; d) croirais; e) croie; f) cru(e)

croître
crescere
a) crois, croîs, croît, croissons, croissez, croissent; b) croissais;
c) croîtrai; d) croîtrais; e) croisse; f) crû, crue

cueillir
cogliere
a) cueille, cueilles, cueille, cueillons, cueillez, cueillent;
b) cueillais; c) cueillerai; d) cueillerais; e) cueille; f) cueilli(e)

cuire
cuocere
a) cuis, cuis, cuit, cuisons, cuisez, cuisent; b) cuisais;
c) cuirai; d) cuirais; e) cuise; f) cuit(e)

décevoir
deludere
→recevoir

décrire
descrivere
→écrire

déduire
dedurre
→cuire

détruire
distruggere
→cuire

devoir
dovere
a) dois, dois, doit, devons, devez, doivent; b) devais;
c) devrai; d) devrais; e) doive; f) dû, due

dire
dire
a) dis, dis, dit, disons, dites, disent; b) disais; c) dirai;
d) dirais; e) dise; f) dit(e)

dissoudre
dissolvere
→absoudre

dormir
dormire
a) dors, dors, dort, dormons, dormez, dorment; b) dormais;
c) dormirai; d) dormirais; e) dorme; f) dormi

échoir
scadere
a) il échoit; b) —; c) il échoira; d) il échoirait;
e) qu'il échoie; f) échu(e)

écrire
scrivere
a) écris, écris, écrit, écrivons, écrivez, écrivent; b) écrivais;
c) écrirai; d) écrirais; e) écrive; f) écrit(e)

élire
eleggere
→lire

émettre
emettere
→mettre

émouvoir
commuovere
→mouvoir; f) ému(e)

empreindre
imprimere
→peindre

enduire →cuire
spalmare

enfreindre →craindre
infrangere

envoyer a) envoie, envoies, envoie, envoyons, envoyez, envoient;
mandare b) envoyais; c) enverrai; d) enverrais; e) envoie; f) envoyé(e)

éteindre →peindre
spendere

étreindre →peindre
serrare

exclure →conclure
escludere

faillir a) —; b) —; c) faillirai; d) faillirais; e) faille; f) failli
fallire

faire a) fais, fais, fait, faisons, faites, font; b) faisais; c) ferai;
fare d) ferais; e) fasse; f) fait(e)

falloir a) il faut; b) il fallait; c) il faudra; d) il faudrait; e) qu'il faille;
bisognare f) il a fallu

feindre →peindre
fingere

frire →confire
friggere

fuir a) fuis, fuis, fuit, fuyons, fuyez, fuient; b) fuyais; c) fuirai;
fuggire d) fuirais; e) fuie; f) fui

geindre →craindre
gemere

haïr a) hais, hais, hait, haïssons, haïssez, haïssent; b) haïssais;
odiare c) haïrai; d) haïrais; e) haïsse; f) haï(e)

inclure →conclure
includere

induire →cuire
indurre

inscrire →écrire
iscrivere

instruire →cuire
istruire

interdire →médire
interdire

introduire →cuire
introdurre

joindre a) joins, joins, joint, joignons, joignez, joignent;
unire b) joignais; c) joindrai; d) joindrais; e) joigne; f) joint(e)

lire a) lis, lis, lit, lisons, lisez, lisent; b) lisais; c) lirai;
leggere d) lirais; e) lise; f) lu(e)

luire
brillare
a) luis, luis, luit, luisons, luisez, luisent; b) luisais;
c) luirai; d) luirais; e) luise; f) lui

maudire
maledire
a) maudis, maudis, maudit, maudissons, maudissez, maudissent;
b) maudissais; c) maudirai; d) maudirais; e) maudisse;
f) maudit(e)

médire
sparlare
a) médis, médis, médit, médisons, médisez, médisent;
b) médisais; c) médirai; d) médirais; e) médise; f) médit(e)

mentir
mentire
a) mens, mens, ment, mentons, mentez, mentent; b) mentais;
c) mentirai; d) mentirais; e) mente; f) menti

mettre
mettere
a) mets, mets, met, mettons, mettez, mettent; b) mettais;
c) mettrai; d) mettrais; e) mette; f) mis(e)

moudre
macinare
a) mouds, mouds, moud, moulons, moulez, moulent; b) moulais;
c) moudrai; d) moudrais; e) moule; f) moulu(e)

mourir
morire
a) meurs, meurs, meurt, mourons, mourez, meurent; b) mourais;
c) mourrai; d) mourrais; e) meure; f) mort(e)

mouvoir
muovere
a) meus, meus, meut, mouvons, mouvez, meuvent; b) mouvais;
c) mouvrai; d) mouvrais; e) meuve; f) mû, mue

naître
nascere
a) nais, nais, naît, naissons, naissez, naissent; b) naissais;
c) naîtrai; d) naîtrais; e) naisse; f) né(e)

nuire
nuocere
→cuire; f) nui

offrir
offrire
→couvrir

ouvrir
aprire
→couvrir

paître
pascolare
a) pais, pais, paît, paissons, paissez, paissent; b) paissais;
c) paîtrai; d) paîtrais; e) paisse; f) —

paraître
parere
→connaître

partir
partire
→mentir; f) parti(e)

peindre
dipingere
a) peins, peins, peint, peignons, peignez, peignent;
b) peignais; c) peindrai; d) peindrais; e) peigne; f) peint(e)

percevoir
percepire
→recevoir

plaindre
compiangere
→craindre

plaire
piacere
a) plais, plais, plaît, plaisons, plaisez, plaisent; b) plaisais;
c) plairai; d) plairais; e) plaise; f) plu

pleuvoir
piovere
a) il pleut; b) il pleuvait; c) il pleuvra; d) il pleuvrait;
e) qu'il pleuve; f) il a plu

pourvoir
provvedere
a) pourvois, pourvois, pourvoit, pourvoyons, pourvoyez,
pourvoient; b) pourvoyais; c) pourvoirai; d) pourvoirais;
e) pourvoie; f) pourvu(e)

pouvoir *potere*	a) peux (puis), peux, peut, pouvons, pouvez, peuvent; b) pouvais, c) pourrai; d) pourrais; e) puisse; f) pu
prédire *predire*	a) prédis, prédis, prédit, prédisons, prédisez, prédisent; b) prédisais; c) prédirai; d) prédirais; e) prédise; f) prédit(e)
prendre *prendere*	a) prends, prends, prend, prenons, prenez, prennent; b) prenais; c) prendrai; d) prendrais; e) prenne; f) pris(e)
prescrire *prescrivere*	→écrire
prévoir *prevedere*	a) prévois, prévois, prévoit, prévoyons, prévoyez, prévoient; b) prévoyais; c) prévoirai; d) prévoirais; e) prévoie; f) prévu(e)
produire *produrre*	→cuire
proscrire *proscrivere*	→écrire
recevoir *ricevere*	a) reçois, reçois, reçoit, recevons, recevez, reçoivent; b) recevais; c) recevrai; d) recevrais; e) reçoive; f) reçu(e)
requérir *richiedere*	→acquérir
restreindre *ridurre*	→peindre
rire *ridere*	a) ris, ris, rit, rions, riez, rient; b) riais; c) rirai; d) rirais; e) rie; f) ri
savoir *sapere*	a) sais, sais, sait, savons, savez, savent; b) savais; c) saurai; d) saurais; e) sache; f) su(e)
séduire *sedurre*	→cuire
sentir *sentire*	→mentir; f) senti(e)
servir *servire*	a) sers, sers, sert, servons, servez, servent; b) servais; c) servirai; d) servirais; e) serve; f) servi(e)
sortir *uscire*	→mentir; f) sorti(e)
souffrir *soffrire*	→couvrir
souscrire *sottoscrivere*	→écrire
suffire *bastare*	a) suffis, suffis, suffit, suffisons, suffisez, suffisent; b) suffisais; c) suffirai; d) suffirais; e) suffise; e) suffi
suivre *seguire*	a) suis, suis, suit, suivons, suivez, suivent; b) suivais; c) suivrai; d) suivrais; e) suive; f) suivi(e)
taire *tacere*	a) tais, tais, tait, taisons, taisez, taisent; b) taisais; c) tairai; d) tairais; e) taise; f) tu(e)
teindre *tingere*	→peindre

tenir
tenere
a) tiens, tiens, tient, tenons, tenez, tiennent; b) tenais;
c) tiendrai; d) tiendrais; e) tienne; f) tenu(e)

traduire
tradurre
→cuire

traire
mungere
a) trais, trais, trait, trayons, trayez, traient; b) trayais;
c) trairai; d) trairais; e) traie; f) trait(e)

transcrire
trascrivere
→écrire

tressaillir
sussultare
→assaillir

vaincre
vincere
a) vaincs, vaincs, vainc, vainquons, vainquez, vainquent;
b) vainquais; c) vaincrai; d) vaincrais; e) vainque; f) vaincu(e)

valoir
valere
a) vaux, vaux, vaut, valons, valez, valent; b) valais; c) vaudrai;
d) vaudrais; e) vaille; f) valu(e)

venir
venire
→tenir

vêtir
vestire
a) vêts, vêts, vêt, vêtons, vêtez, vêtent; b) vêtais; c) vêtirai;
d) vêtirais; e) vête; f) vêtu(e)

vivre
vivere
a) vis, vis, vit, vivons, vivez, vivent; b) vivais; c) vivrai;
d) vivrais; e) vive; f) vécu(e)

voir
vedere
a) vois, vois, voit, voyons, voyez, voient; b) voyais; c) verrai;
d) verrais; e) voie; f) vu(e)

vouloir
volere
a) veux, veux, veut, voulons, voulez, veulent; b) voulais;
c) voudrai; d) voudrais; e) veuille; f) voulu(e)

Abbreviazioni francesi

ACF	*Automobile-Club de France*	Automobile Club Francese
ACS	*Automobile-Club de Suisse*	Automobile Club Svizzero
AELE	*Association européenne de libre-échange*	Associazione Europea di Libero Scambio
apr. J.-C.	*après Jésus-Christ*	dopo Cristo
av. J.-C.	*avant Jésus-Christ*	avanti Cristo
bd	*boulevard*	viale
c.-à-d.	*c'est-à-dire*	cioè
c/c	*compte courant*	conto corrente
CCP	*compte de chèques postaux*	conto corrente postale
CFF	*Chemins de fer fédéraux*	Ferrovie Federali Svizzere
ch	*chevaux-vapeur*	cavalli (vapore)
Cie, Co.	*compagnie*	società
CRS	*Compagnies républicaines de sécurité*	polizia stradale e di pubblica sicurezza
ct	*courant; centime*	corrente mese; centesimi
CV	*chevaux-vapeur*	cavalli (vapore)
EU	*Etats-Unis*	Stati Uniti
exp.	*expéditeur*	mittente
Fs/Fr.s	*franc suisse*	franco svizzero
h.	*heure*	ora
hab.	*habitants*	abitanti, popolazione
M.	*Monsieur*	Signore
Me	*Maître*	titolo di avvocato
Mgr	*Monseigneur*	Monsignore
Mlle	*Mademoiselle*	Signorina
MM.	*Messieurs*	Signori
Mme	*Madame*	Signora
nº	*numéro*	numero
ONU	*Organisation des Nations Unies*	N.U., Nazioni Unite
OTAN	*Organisation du Traité de l'Atlantique Nord*	Organizzazione del Trattato Nord Atlantico (NATO)
PCV	*payable chez vous*	a carico del destinatario
PDG	*président-directeur général*	Presidente
p. ex.	*par exemple*	per esempio
PJ	*police judiciaire*	polizia giudiziaria
PMU	*pari mutuel urbain*	scommessa (sui cavalli)
p. p.	*port payé*	porto pagato

P & T	*Postes et Télé-communications*	Poste e Telecomunicazioni (Francia)
PTT	*Postes, Télégraphes, Téléphones*	Poste, Telegrafi, Telefoni (Svizzera e Belgio)
RATP	*Régie autonome des transports parisiens*	compagnia dei trasporti parigini
RF	*République française*	Repubblica Francese
RN	*route nationale*	strada nazionale
RP	*Révérend Père*	Reverendo
RSVP	*répondez, s'il vous plaît*	si prega rispondere
s/	*sur*	su, sopra
SA	*société anonyme*	società anonima
S. à r.l.	*société à responsabilité limitée*	società a responsabilità limitata
SE	*Son Eminence; Son Excellence*	Sua Eminenza; Sua Eccellenza
SI	*Syndicat d'Initiative*	ufficio informazioni turistiche
SM	*Sa Majesté*	Sua Maestà
SNCB	*Société nationale des chemins de fer belges*	ferrovie nazionali belghe
SNCF	*Société nationale des chemins de fer français*	ferrovie nazionali francesi
St, Ste	*saint, sainte*	Santo, Santa
succ.	*successeur; succursale*	successore; succursale
s.v.p.	*s'il vous plaît*	per favore
TCB	*Touring-Club royal de Belgique*	Touring Club Reale del Belgio
TCF	*Touring-Club de France*	Touring Club Francese
TCS	*Touring-Club Suisse*	Touring Club Svizzero
TEE	*Trans Europ Express*	treno di lusso, solo prima classe
t.s.v.p.	*tournez, s'il vous plaît*	vedi retro
TVA	*taxe à la valeur ajoutée*	I.V.A.
UE	*Union européenne*	Unione europea
Vve	*veuve*	vedova

Numeri

Numeri cardinali		Numeri ordinali	
0	zéro	1er	premier
1	un	2^e	deuxième (second)
2	deux	3^e	troisième
3	trois	4^e	quatrième
4	quatre	5^e	cinquième
5	cinq	6^e	sixième
6	six	7^e	septième
7	sept	8^e	huitième
8	huit	9^e	neuvième
9	neuf	10^e	dixième
10	dix	11^e	onzième
11	onze	12^e	douzième
12	douze	13^e	treizième
13	treize	14^e	quatorzième
14	quatorze	15^e	quinzième
15	quinze	16^e	seizième
16	seize	17^e	dix-septième
17	dix-sept	18^e	dix-huitième
18	dix-huit	19^e	dix-neuvième
19	dix-neuf	20^e	vingtième
20	vingt	21^e	vingt et unième
21	vingt et un	22^e	vingt-deuxième
22	vingt-deux	23^e	vingt-troisième
30	trente	30^e	trentième
40	quarante	40^e	quarantième
50	cinquante	50^e	cinquantième
60	soixante	60^e	soixantième
70	soixante-dix	70^e	soixante-dixième
71	soixante et onze	71^e	soixante et onzième
72	soixante-douze	72^e	soixante-douzième
80	quatre-vingts	80^e	quatre-vingtième
81	quatre-vingt-un	81^e	quatre-vingt-unième
90	quatre-vingt-dix	90^e	quatre-vingt-dixième
100	cent	100^e	centième
101	cent un	101^e	cent unième
230	deux cent trente	200^e	deux centième
1 000	mille	330^e	trois cent trentième
1 107	onze cent sept	1 000^e	millième
2 000	deux mille	1 107^e	onze cent septième
1 000 000	un million	2 000^e	deux millième

L'ora

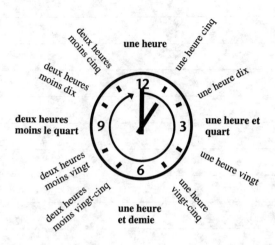

Si useranno, come nella lingua italiana, le espressioni *du matin* (del mattino), *de l'après-midi* (del pomeriggio), *du soir* (della sera).

Quindi:

huit heures du matin	8 del mattino
deux heures de l'après-midi	2 del pomeriggio
huit heures du soir	8 di sera

I giorni della settimana

dimanche	domenica	*jeudi*	giovedì
lundi	lunedì	*vendredi*	venerdì
mardi	martedì	*samedi*	sabato
mercredi	mercoledì		

Notes

Notes

Notes

Appunti

Appunti

Appunti

Appunti

Appunti